René Goetschi

Der Mensch und seine Schuld

Das Schuldverständnis der Psychotherapie
in seiner Bedeutung für Theologie und Seelsorge

Benziger Verlag

Hergestellt im Graphischen Betrieb Benziger AG, Einsiedeln
ISBN 3 545 21023 5

INHALTSVERZEICHNIS

DRITTES KAPITEL

VIERTES KAPITEL

FUENFTES KAPITEL

EINLEITUNG

Im letzten Konzil, dem Zweiten Vaticanum, hat die Kirche im Dialog mit der Welt einen ihr wesentlichen Auftrag erkannt. Seither ist das Wort "Dialog" so viel gebraucht worden, dass es zu einem leeren Schlagwort zu werden droht. Dieser Gefahr kann nur so begegnet werden, dass die Kirche in Wirklichkeit mit der Welt, d.h. mit dem Menschen unserer Zeit, ins Gespräch kommt und im Gespräch bleibt.

Von daher erwächst auch der Theologie eine neue Aufgabe. Sie kann sich weniger denn je damit begnügen, das in Schrift und Tradition Niedergelegte einfach zu wiederholen. Die alte Wahrheit muss neu gesagt, neu interpretiert werden, damit sie auch heute noch als die alte Wahrheit bleibende Gültigkeit beanspruchen kann und den Menschen in seiner Existenz zu erreichen vermag. Um dieser Aufgabe gerecht zu werden, ist eine Auseinandersetzung der Theologie mit andern Wissenschaftsgebieten unumgänglich, mit Wissenschaften wie Philosophie, Religionskunde, Soziologie, Psychologie, Medizin, Paläontologie u.a.m. Unter ihnen nimmt ohne Zweifel die Tiefenpsychologie eine besondere Stellung ein, gewinnt sie doch wie keine andere vor und neben ihr einen tiefen Einblick in die Nöte und Probleme des einzelnen Menschen, in jene existentiellen Fragen, die im Grunde jeden Menschen bewegen, dem seelisch Leidenden aber in besonderer Weise zum Problem geworden sind. Es ist zu erwarten und zu hoffen, dass ein Gespräch mit der Tiefenpsychologie auch ein Gewinn für die Theologie sein wird, und wäre es nur der Gewinn einer grösseren Lebensnähe der Seelsorge und Verkündigung. Es kann übrigens festgestellt werden, dass Theologie und Seelsorge der Tiefenpsychologie schon seit langem sehr viel zu verdanken haben.

Der Wert der Psychologie für Theologie und Seelsorge darf nicht zu gering veranschlagt werden. Zwar bewegt sich die Psychologie im Bereich der Empirie, der Theologie hingegen geht es darum, den Transzendenzbezug des Menschen aufzuzeigen. Dazu aber kann diese der empirischen Grundlage nicht entbehren. Wenn die Theologie z.B. sagt, dass ein unsittliches Verhalten das Transzendenzverhältnis stört, nicht aber ein bloss psychischer Konflikt, so stellt sich sofort die Frage, ob und inwieweit ein Schulderleben einen psychischen Konflikt darstellt oder aber (auch) sittliche Schuld anzeigt. Es dürfte klar sein, dass besonders in der Seelsorge diese Unterscheidung von grundlegender Bedeutung ist, dass hier nämlich leicht die Gefahr besteht, unter Auslassung wichtiger psychischer Phänomene vorschnell den Transzendenzbezug ins Gespräch zu bringen. In der vorliegenden Arbeit geht es im wesentlichen darum, ein vertieftes und möglichst umfassendes Verständnis des Schuldphänomens in dessen verschiedensten Bezügen und Aspekten zu gewinnen.

Dass hier die Schuld zum Thema des Dialogs gemacht wurde, hat seinen Grund. Einmal bewahrt die Eingrenzung der Thematik vor der Gefahr, ins Uferlose zu geraten. Zudem ist in den vergangenen Jahren die Schuld auch in der Tiefenpsychologie zu einem zentralen Thema geworden. Kein Wunder, wenn gerade in der Schuldfrage Nähe und zugleich Diskrepanz zwischen Theologie und Tiefenpsychologie besonders deutlich hervortreten. Die Theologie spricht von der Schuld, der Sünde des Menschen, die Tiefenpsychologie vorwiegend vom Schuldgefühl als einem Symptom seelischer Krankheit, das es im Verlaufe der Analyse zu überwinden gilt. Daraus ergibt sich die Frage, wie die beiden Aussagen sich zueinander verhalten, ob sie sich gegenseitig ausschliessen, ob sie sich decken oder ergänzen.

Die Wahl dieses Themas hat noch einen anderen Grund. Es scheint nämlich, dass der moderne Mensch das Gefühl der Schuld und Sünde weitgehend verloren hat. Ist damit nicht eine wesentliche Dimension christlicher Existenz verlorengegangen? Ist der sich schuldlos fühlende Mensch überhaupt noch von der christlichen Botschaft erreichbar, die ihm Schuldvergebung und Erlösung durch Jesus Christus zusagt? Ist es nicht so, dass der heutige Mensch - auch der innerhalb der Kirche - sich entweder schuldlos fühlt und dann keiner Erlösung bedarf, oder, falls er sich schuldig fühlt, sich dann durch Jesus Christus doch nicht erlöst fühlen kann? Wie ist eine solche Situation zu beurteilen und wie ist ihr zu begegnen? Muss man sich da nicht an ein vielzitiertes Wort Pius XII. erinnern: "Vielleicht besteht die grösste Sünde der heutigen Welt darin, dass die Menschen angefangen haben, das Sündenbewusstsein zu verlieren"[1]. Ein solcher Satz muss einen nachdenklich stimmen. Es liesse sich im Schwinden des Sündenbewusstseins ein Verlust der religiösen Dimension des heutigen Menschen erblicken, ein, wenn nicht offenkundiger, so doch verborgener existentieller Atheismus. Unterstützt nicht auch die Tiefenpsychologie, wenn sie das Schuldgefühl "bekämpft", diese von der Kirche aus gesehen beklagenswerte Entwicklung? Und weiter: Nicht selten beruft sich ein sich selbst entschuldigender Mensch auf die angeblich deterministische Psychologie. Tut er dies zu recht oder nicht?

Auf solche Fragen versuchen wir im Gespräch mit der Tiefenpsychologie eine Antwort zu finden. Dabei zeigt sich gleich eine neue Schwierig-

---

1 Radioansprache Pius XII. an den Nationalen Katechetischen Kongress der Vereinigten Staaten in Boston vom 26. Oktober 1946: "Venerable brethren ... what wonder that you have responded". In: Discorsi e radio-messaggi di Sua Santità Pio XII. Bd. VIII, Rom o.J., 285-289, Zitat S. 288: "Perhaps the greatest sin in the world today is that men have begun to loose the sense of sin".

keit: *Die* Tiefenpsychologie gibt es nicht, noch weit weniger als es *die* Theologie gibt. Die Tiefenpsychologie ist kein einförmiges Gebilde, sie spricht nicht una voce, sie setzt sich vielmehr zusammen aus sehr verschiedenen Stimmen. Um ihr gerecht zu werden, muss man demnach verschiedene Vertreter und Richtungen zu Wort kommen lassen. Es liegt nahe, mit den drei "Säulen" der Tiefenpsychologie zu beginnen, mit *Freud, Adler* und *Jung*. Mit dem Anfang anzufangen, bringt gleich zwei Vorteile mit sich. Erstens ist die heutige Tiefenpsychologie, auch und gerade da, wo sie weiterschreitend über die Alten hinausgeht, kaum zu verstehen, wenn man nicht weiss, wie ihr Ursprung ausgesehen hat. Zweitens hat es den Vorteil, dass wir uns bei den neueren Vertretern der Psychotherapie auf jene beschränken können, die ausdrücklich über das Schuldthema sprechen, in der Annahme, dass jene, die schweigen, nichts wesentlich Neues beizutragen haben. Eine gewisse Auswahl ist natürlich immer noch zu treffen. Es ist nicht möglich, jeden, der irgendwann etwas über das Schuldgefühl gesagt hat, anzuführen. Es geht lediglich darum, die hier grundsätzlich möglichen Ansichten darzustellen.

Wir sprechen von "Dialog". Das heisst nun nicht, es handle sich bei der vorliegenden Arbeit um eine Art von Rede und Gegenrede, von Wort und Antwort. Ein Dialog besteht auch und nicht zuletzt im "Hören". Das muss gelernt werden. Der Dialog setzt das Hören-Können voraus, ein Verstehen-Wollen, das nicht gleich mit Kritik und Gegenargumenten dreinfährt. Das wollen wir hier versuchen - den Psychotherapeuten auf seinem nicht mühelosen Weg des Denkens und Sprechens zu begleiten. Damit ist auch der Aufbau dieser Arbeit bestimmt. Eine systematische Darstellung ist nicht möglich, auch nicht eine Theologie der Sünde[2]. Darum sind Wiederholungen nicht zu vermeiden. Und noch etwas: Um den angeführten Autoren möglichst gerecht zu werden, sollen sie wo immer möglich selber zu Wort kommen. Um vor allem dem Theologen einen guten Einblick in die psychotherapeutische Praxis zu gewähren, wurden auch möglichst viele Falldarstellungen, die von der Schulderfahrung handeln, in die Arbeit aufgenommen. Ganz bewusst werden die aufgeführten Autoren häufig zitiert, teils auch in längeren Auszügen. Das stört zwar bisweilen den Fluss der Darstellung, muss jedoch um der erstrebten Authentizität willen in Kauf genommen werden.

Um das Thema etwas anschaulicher zu machen, wollen wir, gleichsam als Einstieg und Provokation, einen Teil aus einer Ansprache Pius XII. wiedergeben. Das Verhältnis des Schuldverständnisses zwischen Theologie und Tiefenpsychologie ist hier klar und einfach dargestellt. Wie-

---

2 S. das Wichtigste dazu im ersten Kapitel: Schuld und Gewissen in theologischer Sicht

weit das, was der Papst zum Ausdruck bringt, auch zutreffend ist, soll im Verlaufe der Arbeit geprüft werden, dann nämlich, wenn wir Genaueres über das psychotherapeutische Schuldverständnis erfahren haben. Es folgt also der Ausschnitt der Rede:

"In den Bereich der transzendenten Beziehungen des Psychischen gehört sodann das Schuldbewusstsein, das Bewusstsein, gegen ein höheres Gesetz verstossen zu haben, obwohl man seine Verpflichtung anerkennt. Ein Bewusstsein, das zur Qual, ja zur schweren psychischen Störung werden kann.

Die Psychotherapie steht hier vor einem Phänomen, das nicht zu ihrer ausschliesslichen Zuständigkeit gehört, denn es ist ebenso, wenn nicht vorwiegend religiöser Art. Niemand wird in Abrede stellen, dass es ein unbegründetes, auch krankhaftes Schuldgefühl geben kann und nicht selten gibt. Es kann aber auch das Bewusstsein einer wirklichen Schuld vorliegen, die nicht gebüsst ist. Weder die Psychologie noch die Ethik haben ein unfehlbares Kriterium für den Einzelfall, denn der Gewissensvorgang des Schuldigwerdens ist von persönlicher und empfindlicher Struktur. Wesentlich aber ist, dass ein wirkliches Schuldiggewordensein durch keine bloss psychologische Behandlung geheilt werden kann. Wenn der Psychotherapeut es auch in Abrede stellt, vielleicht im besten Glauben, es besteht fort. Mag durch die ärztliche Autorität, durch Auto- oder Fremdsuggestion das Schuldgefühl zum Abklingen gebracht werden - die Schuld bleibt, und es wäre Selbst- und Fremdtäuschung, wollte die Psychotherapie, um das Schuldbewusstsein zu beheben, behaupten, die Schuld bestehe nicht mehr.

Der Weg, die Schuld zu beheben, liegt ausserhalb des rein Psychologischen; er liegt, wie der Christ weiss, in der Reue und in der sakramentalen Lossprechung durch den Priester. Hier wird die Quelle des Uebels, die Schuld selbst, weggenommen, auch wenn das Schuldbewusstsein weiterwirken sollte. Es ist heutzutage nicht selten, dass der Priester seinen Pönitenten bei gewissen pathologischen Fällen an den Arzt verweist; hier ist der Fall gegeben, wo umgekehrt der Arzt seinen Patienten Gott bzw. jenen zuführen sollte, die die Macht haben, ihm an Gottes Stelle die Schuld selber abzunehmen.

Ein letztes sei bezüglich des transzendenten psychischen Gerichtetseins auf Gott betont: Die Ehrfurcht vor Gott und seiner Heiligkeit sollte sich immer im bewussten Tun und Lassen des Menschen widerspiegeln. Wenn solches Tun - auch ohne subjektive Schuld des Handelnden - vom göttlichen Urbild abweicht, so widerspricht es seiner letzten Bestimmung. Hier liegt der Grund, warum auch die sogenannte "materielle Sünde" etwas ist, was nicht sein soll, warum sie in der sittlichen Ordnung nichts Indifferentes darstellt.

Für die Psychotherapie ergibt sich daraus eine Schlussfolgerung: sie darf der materiellen Sünde nicht gleichgültig gegenüberstehen. Sie mag dulden, was für den Augenblick unvermeidlich ist. Aber sie muss wissen, dass Gott jenes Tun nicht billigen kann. Noch weniger darf die Psychotherapie dem Kranken den Rat erteilen, das materiell Verkehrte ruhig weiterzutun, weil er es ja ohne subjektive Schuld tun wird, und dieser Rat ist auch dann abwegig, wenn solches Tun des Kranken für seine psychische Entspannung, also für den Zweck des Heilverfahrens notwendig erscheinen sollte. Es darf nie zu einem bewussten Tun geraten werden, das eine Entstellung, kein Bild der göttlichen Vollkommenheit wäre"[3].

---

3 Ansprache des Papstes vom 13. April 1953 an die Teilnehmer des 5. Internationalen Kongresses für Psychotherapie und klinische Psychologie in Rom: "Ueber die Möglichkeiten und Grenzen der Psychotherapeutik", in: Herder-Korrespondenz, 7. Jg. 1952/53, H. 8, 1953, 356f., Acta Apostolicae Sedis 45 (1953), 278-286.

ERSTES KAPITEL

SCHULD UND GEWISSEN IN THEOLOGISCHER SICHT

Damit eine Konfrontation möglich wird, oder anders gesagt, um zu sehen, ob und inwiefern den tiefenpsychologischen Schuldauffassungen eine Bedeutung für die Theologie zukommt, ist es unumgänglich, zunächst die moraltheologische Sicht von Schuld und Gewissen in Grundzügen darzustellen. Es soll hier ein Ueberblick über die gängige philosophisch-theologische Lehre versucht werden, wobei neuere Tendenzen in der heutigen Moraltheologie nicht durchdiskutiert und Einzelfragen, die nicht in engerem Zusammenhang mit unserem Thema stehen, nicht näherhin erörtert werden können. Diese Darstellung wird uns nicht nur für die Auseinandersetzung mit Freud, sondern auch für jene mit den andern tiefenpsychologischen Schuldauffassungen als Grundlage dienen.

Wir wählen hier als Grundlage die systematische Theologie. An sich könnte man auch vom biblischen Sündenbegriff ausgehen, wobei allerdings kaum zu erwarten wäre, damit - unter Berücksichtigung der verschiedenen biblischen Traditionen - schneller ans Ziel zu kommen. Schliesslich ist noch etwas anderes vorauszuschicken: Dadurch, dass wir neueste, anthropologisch orientierte und mit der Tradition verbundene Theologie zur Grundlage machen, kommt eine relativ grosse Nähe der Tiefenpsychologie zur Theologie zum Vorschein. Dies kommt daher, dass "moderne" (Moral-)Theologen ausdrücklich oder nicht in ihrem Denken auch von den in den letzten Jahrzehnten gewachsenen Erfahrungen und Aussagen der Psychotherapie(n) Kenntnis genommen, sie ernst genommen und ebenso wie die Ergebnisse anderer Humanwissenschaften integriert haben. Ihre Nähe zu Aussagen der Psychologie ist also mindestens zu einem Teil bereits eine Frucht der Psychologie. Es dürfte klar sein, dass die Wahl des einen oder andern Verfassers moraltheologischer Hand- und Lehrbücher (vom Stil etwa der "Pillenenzyklika") ein ganz anderes Ergebnis zeitigen würde. Es würden sich dann jene - scheinbaren - Unvereinbarkeiten tiefenpsychologischer und theologischer Auffassungen ergeben, wie sie jahrzehntelang die einschlägige Polemik (beiderseits) kennzeichneten. Da ein diesbezüglicher historischer Einbau den ohnehin schon grossen Rahmen sprengen würde, sei darauf verzichtet.

I. DAS GEWISSEN IN THEOLOGISCHER SICHT

A. Der systematische Ort des Gewissens

Die Moraltheologie handelt über das Gewissen im Rahmen der menschlichen Sittlichkeit überhaupt, im Rahmen der Frage nach der sittlichen Norm. Unter Sittlichkeit (moralitas) versteht man allgemein die Beziehung der freigewollten Handlung zur Regel, der Norm der Sittlichkeit. Die Norm des Sittlichen ist letztlich Gott selber als Urbild des Guten, das Ewige Gesetz (lex aeterna). Das ewige Gesetz Gottes findet seinen Niederschlag, seine zeitliche Promulgation, in der Schöpfung und Offenbarung, allgemein gesagt in der Ordnung des Seins und damit des Sollens, wobei jedoch das Sein nicht statisch auf seine Faktizität eingeengt verstanden werden darf, sondern in seiner inneren Dynamik auf Wesenserfüllung, auf Vollendung hin gesehen werden muss. Die klassische und thomistische Ethik versteht sich somit als Seinsethik. "Alles Sollen gründet im Sein. Die Wirklichkeit ist das Fundament des Ethischen. Das Gute ist das Wirklichkeitsgemässe" (Josef Pieper)[1]. Das sittlich Gute (und übrigens auch das Wesen der Liebe) kann umschrieben werden als ein "Ja zur Wirklichkeit" und als Anerkennung des in der Wirklichkeit implizierten Anspruchs[2]. In den Strukturen des Seins, der Wirklichkeit und Wirksamkeit (actualitas)[3] ist demnach die objektive Norm der Sittlichkeit gegeben, welche sich unterteilen lässt in das natürliche Sittengesetz und das positive göttliche Gesetz der lex divina positiva[4]. Letztere besteht in den ausdrücklichen göttlichen Vorschriften aus der Offenbarung, die ihren Grund im "Gesetz des Evangeliums", im "Gesetz" der Freiheit, der Liebe und Gnade haben, wobei auch hier das Handeln aus dem Sein folgt (agere sequitur esse), der Imperativ aus dem Indikativ: Das neue Sein in Christus verlangt und ermöglicht die Christusnachfolge. Der Kern der Lehre vom natürlichen Sittengesetz ist der Gedanke des Verpflichtetseins einem Vorgegebenen gegenüber, die Tatsache, dass die Norm des Sittlichen das Sein (die Natur) selber ist. Dabei ist zu beachten, dass die Natur (und dazu gehört vornehmlich die Natur des Menschen selber) keine in sich geschlossene Grösse ist, dass ganz im Gegenteil die Natur des Menschen "definiert" werden kann als ein ständiges "über sich hinaus Sein", als "Offenheit". "Sie ist also nicht die Wirklichkeit eines 'fertigen' Seienden", so schreibt J.B. Metz, "sondern eines Sein-Könnens, nicht

---

1 So beginnt Joseph Pieper seine Schrift: Die Wirklichkeit und das Gute.
2 Vgl. A. Auer: Autonome Moral ..., 16ff.
3 A.a.O. 17. Anm. 6.
4 Darüber orientiert kurz: Franz Böckle: Grundbegriffe der Moral, 46-63.

einer 'Gegebenheit', sondern einer 'Aufgegebenheit' und ihre 'Notwendigkeit' besteht zunächst formal darin, dass der Mensch in ihr unabwerfbar sich selbst aufgetragen und zugelastet ist; durch sie muss der Mensch noch *werden*, was er *ist*, noch mit sich selbst (d.h. mit seinen ins Unendliche eröffneten Möglichkeiten) 'fertig' werden, noch sich selbst erwerben, sich selbst interpretieren, gleichsam noch selbst entscheiden, als was er wirklich ist" (Hervorh. im Or.)[5].
Das Axiom, das Sollen gründe im Sein, darf also nicht einseitig dahin interpretiert werden, als müsse man möglichst viele Sätze (Gebote und Verbote) aufstellen, die für alle Menschen und für alle Zeiten Gültigkeit hätten. Die Faktizität (biologische Funktionen, psychische Triebstrukturen, Sitten und Gebräuche etc.) hat an sich noch keinen normativen Wert. Die bestehende Natur- (und Kultur-) Ordnung ist noch kein Sittengesetz. Neben anderem macht F. Böckle auf diesen Umstand aufmerksam, wenn er schreibt: "Das natürliche Sittengesetz wird nicht aus der Natur abgelesen wie ein Naturgesetz ... Das natürliche Sittengesetz ist für Thomas ein Vernunftgesetz. Es gründet in der Tatsache, dass der Mensch als vernünftiges Wesen nicht einfach triebhaft zu seinen Zielen gesteuert wird, dass er vielmehr in freier Verantwortung seine Wege gehen muss. So hat der Mensch am ewigen Gesetz nicht in der passiven Weise des Geordnet-seins, sondern in der aktiven Weise der eigenen Vor- und Fürsorge teil. Gott hat den Menschen antwortfähig geschaffen und damit auch in seine eigene Verantwortung gestellt. Gerade darin ist er Ebenbild und nimmt dadurch in einer höheren Weise an Gottes Vorsehung (das heisst am ewigen Gesetz) teil, indem er für sich und andere vorsorgt (fit providentiae particeps, sibi ipsi et aliis providens)"[6]. Aus der oben erwähnten Offenheit und Geschichtlichkeit der menschlichen Natur folgt, dass, wie Böckle mit Recht feststellt, der Verstand nicht nur "ein blosses Ableseorgan einer vorgegebenen Ordnung" ist, sondern "vielmehr selbst ordnende Funktion" hat[7]. Böckle kommt schliesslich zu folgendem Ergebnis: "Erstens: Wurzelgrund des Naturrechtsgedankens ist die Urerfahrung eines transzendenten Sollensanspruchs zur Selbstverwirklichung. Es ist die Unentrinnbarkeit, mit der wir uns selbst zugelastet sind. Dies ist der eigentliche Sinn der Korrelation von Sein und Sollen. Zweitens: Der konkrete Sollensgehalt kann nur aus der Sinndeutung menschlichen Daseins gefunden werden. Dabei ist der Mensch nicht einfach fixiert, er ist in eine echte Geschichte gestellt, in der er in steter geistiger Auseinandersetzung konkrete Daseinsentwürfe suchen muss"[8].

---

5 J.B. Metz: "Natur": LThK 807.
6 F. Böckle: Grundbegriffe 48. Böckle beruft sich hier auf die Summa Theologiae I-II q. 91 a.2, wo Thomas erklärt, "quod lex naturalis nihil aliud est quam participatio legis aeternae in rationali creatura".
7 F. Böckle: Das Naturrecht ... 123.
8 A.a.O. 140.

Hier kann sich nun die Frage nach dem Wesen und der Aufgabe des Gewissens anschliessen. Das Gewissen darf nicht subjektivistisch (miss) verstanden werden. Die Verbindung von objektiv gültigem Gesetz (der Seinsordnung) und dem persönlichen Gewissen, (das sich nach dem Gesetz auszurichten hat), gehört zur grundlegenden Lehre katholischer Moraltheologie.

B. Wesen und Aufgabe des Gewissens

Mit dem eben Gesagten ist das Wesen des Gewissens bereits bestimmt: Das Gewissen ist die subjektive Erkennungsnorm des Sittlichen. Im Gewissen vollzieht sich die persönliche Aneignung der objektiven Norm. "Während die objektive Norm Auskunft gibt über den sittlichen Charakter einer Handlung im allgemeinen (objektive Sittlichkeit), bestimmt das Gewissen die Sittlichkeit einer persönlichen Handlung für die betreffende Person (subjektive Sittlichkeit)"[9]. Das Gewissen ist letzte Norm für das persönliche Handeln, aber als solche selber wesensmässig schon bezogen auf die objektive Seinsordnung. Das Gewissen ist also zugleich norma normans und norma normata[10]. Von dieser Tatsache her, dass nämlich das Gewissen von der Seinswirklichkeit Ausrichtung und Mass empfängt, wird auch verständlich, dass Thomas und mit ihm die Scholastik das Gewissen dem Vermögen der Erkenntnis, der Vernunft, zuordnet. Der "Befehl" des (Ur-)Gewissens bzw. jener der Klugheit ist rückübersetzbar in eine Erkenntnis: "Die Erkenntnis ist Subjekt gewordene Wirklichkeit, der Befehl ist richtegebende Erkenntnis, die sittliche Handlung ist verwirklichter Befehl"[11]. Sittlich gut handeln heisst also: das Wahre tun, veritatem facere. Des Weitern darf man in dieser Rückverbindung des Gewissens auch den Grund sehen, warum Thomas das Gewissen nur sehr kurz, die Tugend der Klugheit (zusammen mit den andern Kardinaltugenden) jedoch sehr ausführlich behandelt. In der Umkehrung dieses Grössenverhältnisses (Gewissen-Klugheit) von neueren Moralsystemen sieht Josef Pieper mit Garrigou-Lagrange "eine Abweichung vom eigentlich ontischen Fundament der Thomas-Ethik"[12]. Auch z.B. Wilhelm van der Marck zieht das Viertugendschema dem Begriff des Gewissens vor, da mit "Gewissen" oft nichts anderes gemeint zu sein scheine als ein persönliches Urteil, eine persönliche Ueberzeugung "*unter Ausschluss* der objektiven Forderungen der menschlichen Situation" (Hervorh. im Or.)[13]. Für den realen Inhalt der christlichen Ethik könne man verschiedene Titel

9 F. Böckle: Grundbegriffe ... 67.
10 Vgl. J. Gründel: Das Gewissen als norma normans ...
11 J. Pieper: Die Wirklichkeit ... 83.
12 A.a.O. 79.
13 W.v.d. Marck: Grundzüge ... 156.

wählen, wie Glaube und Nächstenliebe, Gottesliebe und Mitmenschlichkeit, Gnade und Humanität u.a.m., das Gewissen aber lasse man besser im Staub der Vergangenheit ruhen, in den es allein gehöre[14]. In diesen letzten Sätzen zeigt sich uns ein berechtigtes Anliegen. Die Berufung auf das Gewissen darf nämlich nicht der Willkür und dem Subjektivismus Vorschub leisten. Anderseits aber darf im vermehrten Bewusstwerden der je eigenen Subjektivität und Identität doch ein Fortschritt gesehen werden, gerade dann, wenn die (echte!) Ueberzeugung, Freiheit und Würde des Individuums durch Vermassung, Bevormundung, Institutionalisierung und Ideologie gefährdet ist und ein Konflikt unvermeidlich wird. Es kann deshalb nicht darum gehen, das Gewissen "im Staube der Vergangenheit" ruhen zu lassen, sondern darum, im Gewissen beide Elemente (sowohl das objektive wie das subjektive) sichtbar zu machen, die persönliche Ueberzeugung einerseits und die Forderung der menschlichen Situation anderseits, wie es auch in den Verlautbarungen des letzten Konzils deutlich zum Ausdruck kommt, wenn es da heisst: "Im Inneren seines Gewissens entdeckt der Mensch ein Gesetz, das er sich nicht selbst gibt, sondern dem er gehorchen muss und dessen Stimme ihn immer zur Liebe und zum Tun des Guten und zur Unterlassung des Bösen anruft ...; denn der Mensch hat ein Gesetz, das von Gott seinem Herzen eingeschrieben ist, dem zu gehorchen eben seine Würde ist und gemäss dem er gerichtet werden wird. Das Gewissen ist die verborgenste Mitte und das Heiligtum im Menschen, wo er allein ist mit Gott, dessen Stimme in diesem seinem Innersten zu hören ist. Im Gewissen erkennt man in wunderbarer Weise jenes Gesetz, das in der Liebe zu Gott und dem Nächsten seine Erfüllung hat"[15].

Wir haben festgestellt, dass die Scholastik das Gewissen der Erkenntnis zuteilt. Im Gegenwärtighaben des natürlichen Sittengesetzes kann der Mensch in der konkreten Situation erkennen, was zu tun ist. So verstanden ist das Gewissen wesentlich ein Urteil der praktischen Vernunft über die Sittlichkeit des eigenen Handelns[16]. Die Tradition versteht den Gewissensentscheid als eine Konkretisierung, als eine Anwendung der allgemeinen Gewissheit auf einen konkreten Fall. In der neueren Moraltheologie wird dabei deutlich gesehen, dass die konkrete Handlung immer mehr beinhaltet als das (abstrakte) Gesetz auszudrücken vermag, also immer mehr ist als ein blosser "Fall" der allgemeinen Norm. Von daher kann die Tradition zwei Formen des Gewissens unter-

---

14 A.a.O. 157.

15 Vaticanum II. Pastoralkonstitution über "Die Kirche in der Welt von heute" (Gaudium et spes) I. Hauptteil, Art. 16. S. weitere kirchliche Aussagen zum Gewissen und zur Gewissensbildung (vor allem in bezug auf die Gewissens- und Religionsfreiheit) in: O. Engelmayer etc.: Gewissen und Gewissensbildung, 73-82.

16 Vgl. Mausbach-Ermecke: Katholische Moraltheologie I, 158. Zum Verhältnis von Klugheit und Gewissen s. Franz Furger: Gewissen und Klugheit in der katholischen Moraltheologie der letzten Jahrzehnte, Luzern-Stuttgart 1965.

scheiden, nämlich das Urgewissen (Syneidesis) und den eigentlichen Gewissensakt (conscientia), die noch gesondert zu behandeln sind. Zusätzlich werden wir im folgenden ein Drittes, das zwischen den beiden Gewissensformen steht, besonders hervorheben: das moralische Wissen:

1. Die Gewissensanlage (Urgewissen, Syneidesis)

Oberstes Erkenntnisprinzip des sittlichen Handelns ist nach Thomas das Gewissen als Anlage ("synderesis"), die er als "habitus naturalis principiorum operabilium" bestimmt, analog zum Intellekt, der "habitus est principiorum speculabilium"[17]. Die Syneidesis ist somit Grund der Möglichkeit sittlichen Handelns. In ihr beginnt die Vernunft praktisch zu werden, indem sie sich auf den Willen bezieht mit dem Imperativ: das Gute ist zu tun, das Böse ist zu meiden[18]. Im Spruch des Urgewissens offenbart sich gleichsam das Sein des Menschen selber, der Spruch des Urgewissens ist abhängig von der wesenhaften Ausrichtung des Willens (des Willens als Natur), darf also nicht intellektualistisch eingeengt werden: Die Ausrichtung besteht in der naturhaften Neigung allen Seins, zu werden, was es ist (cum omnis natura appetat suum esse et suam perfectionem)[19]. Diese Wesensneigung wird im Spruch des Urgewissens zum Befehl, zum "Soll-sein". Die Möglichkeit der Sollens-Forderung liegt darin, dass das Sein der Kreatur nicht schon verwirklicht, am Ende und Ziel ist, sondern erst auf dem Weg dazu - werdend, was es ist. Daraus wird nun auch ersichtlich, weshalb inhaltlich das Urgewissen das natürliche Sittengesetz ist, welches selber nicht verschieden ist vom "Ewigen Gesetz" Gottes[20]. Das natürliche Gesetz ist nach Thomas von Aquin nichts anderes als die innewohnende, von Gott in die Kreatur hineingelegte Bewegungsrichtung der Wirklichkeit[21]. Diese Grundausrichtung nachzuvollziehen, befiehlt das Urgewissen. Es stellt den Menschen unter die Verpflichtung des "Werde, was du bist"[22].

Man kann sich hier mit Recht fragen, wie denn überhaupt noch eine Forderung möglich sei, wenn sie doch "nur" die naturhafte Grundausrichtung des Menschen verlange. Tatsächlich ist es möglich, und darin besteht die Sünde, dass der Mensch dieser Wesensrichtung widersprechen kann, sich ihr widersetzt, was möglich ist aufgrund der Endlichkeit (Potentialität) des Willens. Der Mensch kann das Böse (als Widerspruch zu sich selbst) wollen, bleibt aber immer noch mit seiner naturhaften

---

17 Vgl. Summa Theologiae I q. 79 a.12.

18 "Bonum est faciendum et prosequendum et malum vitandum": Summa Theologiae I-II q. 94 a.2, vgl. De Veritate 16,2: "Et hoc est synderesis, cuius officium est remurmurare malo et inclinare ad bonum; et ideo concedimus quod in ea non possit esse peccatum".

19 Summa Theologiae I q. 48 a.1.

20 Summa Theologiae I-II q. 92 a.2 ad 1: non autem est nisi quaedam participatio eius.

21 Vgl. Summa Theologiae I-II q.94 a.2, q.94 a.1 ad 2.

22 Vgl. J. Pieper: Die Wirklichkeit ..., 71.

Tendenz verbunden, insofern er auch das Böse noch unter dem Aspekt des Guten will, wollen muss, denn sonst könnte er es nicht mehr wollen. "Und so ist denn das Böse des Menschen ein Vollziehen seiner selbst im Aufgeben seiner selbst (...). Es ist für ihn zugleich ein Aufgeben des Gesamtsinnes seines Daseins gerade in der gewaltsamen Statuierung eines solchen Gesamtsinnes, es ist der vollzogene Widerspruch der vollzogenen Existenz gegen die gleichfalls im Vollzuge lebende Essenz, der Widerspruch, der sich phänomenal im bösen Gewissen geltend macht, wie man dies auch im einzelnen verstehen mag" (Bernhard Welte)[23]. Wir können das Böse immer nur wählen im Horizont des Guten überhaupt, das Gute bleibt Grund und Ziel unseres Selbstvollzugs. Dieses Gute ist letztlich als das objektive höchste Gut Gott selber, der uns zur Selbstverwirklichung aufruft und zur Selbstvollendung zu sich ruft. Dies ist das eigentlich Gemeinte in der Lehre der Syneidesis wie auch in der Lehre vom Naturrecht[24].

2. Das Wertbewusstsein

Das Urgewissen, das nur sagt, die Verwirklichung des Guten sei gut, ist noch nicht das Gewissen im vollen Sinne, denn ein Gewissen, das nur dies weiss, ist hilflos gegenüber der konkreten Situation. Das Urgewissen muss sich zum praktischen Gewissen konkretisieren. Nach der traditionellen Lehre kann der Gewissensvorgang in einem Syllogismus dargestellt werden. Er sieht so aus: I. Obersatz: Das Gute ist zu tun (Urgewissen). II. Untersatz: Diese Handlung wäre gut bzw. böse (moralisches Wissen). III. Conclusio: Diese Handlung ist zu tun bzw. zu unterlassen (praktisches Gewissen). - Es ist laut Tradition Aufgabe der Klugheit, die geeigneten Mittel zu sichten und schliesslich jenes geeignete Mittel zu wählen, das zum Ziele führt. Dies geschieht durch die Akte der Ueberlegung (consilium), durch ein Urteil (iudicium ultimo-practicum) und den Beschluss, den Befehl zur Handlung (imperium). Das Urteil, welche Handlungen gut sind, was im einzelnen gut und wertvoll ist, hängt nun weitgehend von der Erfahrung und Erziehung ab. Die Entscheidung darüber, was einem Menschen gut erscheint, ist nicht allein vom Intellekt abhängig, sondern auch vom Willen und von den sinnlichen Strebekräften. Thomas übernimmt von Aristoteles das Axiom: So wie jemand ist, so erscheint ihm sein Ziel (qualis unusquisque est, talis finis videtur ei)[25]. Die richtige Anwendung der Vernunft auf die Handlung geschieht nicht "sine appetitu recto", und deshalb ist die Klugheit eine moralische Tugend[26]. Was dem einzelnen demnach als gut

---

23 B. Welte: Ueber das Böse, 23.
24 Vgl. F. Böckle: Das Naturrecht... 124f.
25 Summa Theologiae I-II q.9 a.2.
26 Summa Theologiae II-II q.47 a.4.

erscheint, hängt davon ab, wie er die Dinge sieht, wie er sie bewertet, es ist abhängig von seinem Wertbewusstsein. Das moralische Wissen kann nicht (wie das in einer fehlgeleiteten Naturrechtslehre geschieht) rein intellektuell aus sogenannten ersten Prinzipien abgeleitet werden. Solche "conclusiones" gelten als praktische Verhaltensregeln ja auch nur "ut in pluribus"[27]. Zudem gehören nach Thomas zum Naturgesetz nur die "principia naturaliter cognita", die unmittelbar evidenten Urteile. Was nun inhaltlich zu solchen Prinzipien (näherhin zum metaphysischen gleichbleibenden Wesen des Menschen) gehört, ist schwerlich auszumachen. Man wird etwa des Menschen Geistigkeit, Freiheit, Gottbezogenheit, Mitmenschlichkeit, Geschlechtlichkeit dazu rechnen dürfen, woraus sich gewisse unveränderliche Normen gewinnen liessen. Nicht alles Faktische aber gehört zum notwendigen Wesen, und deshalb ist beim Aufstellen von allgemein gültigen Normen Zurückhaltung zu üben, wenn man nicht einem freiheits- und entwicklungsfeindlichen Legalismus verfallen will. Deshalb wird es "weiterhin strittig bleiben, ob überhaupt und inwieweit es Gewissensinhalte gibt, die dem Menschen unveränderlich und unaufhebbar gegeben sind", wie Johannes Gründel sicher zu Recht meint[28]. Wie man sich auch zu diesem Problem stellt, für unseren Zusammenhang ist wichtig festzuhalten, dass hinter solchen Verhaltensnormen die verschiedenen Werte in den Blick kommen, die (wie Wertphilosophie und Strukturpsychologie neu ins Bewusstsein gebracht haben) nicht rein intellektuell, sondern jeweils in einem ganzheitlichen menschlichen (emotionalen) Akt erfahren werden, welcher Akt wiederum von der menschlichen Erfahrung und Erziehung, - wie natürlich auch von der eigenen (Vor-)Entscheidung - abhängig ist. In der Kraft des Urgewissens erhalten diese Werte den verpflichtenden Charakter. Entscheidend ist, dass diese Werte (bzw. das sittliche Wissen) nicht rein theoretisch angeeignet, sondern tief erfasst werden, denn nur so können sie Richtlinien für das persönliche Verhalten werden. "So bauen sich im Menschen auf dem Urgewissen immer mehr das sittliche Wissen, die persönliche Wertetafel (Wertbewusstsein) und die sittlichen Grundhaltungen auf: es bildet sich der Gewissenshabitus, der für das eigentliche praktische Gewissensurteil die entscheidende Voraussetzung bildet" (F. Böckle)[29]. Es scheint, dass dem Gewissen in diesem mittleren Bereich - zwischen Syneidesis als Gewissensanlage einerseits und der auf die konkrete Handlung bezogenen Conscientia anderseits - eine nicht zu unterschätzen-

---

27 II. Sent. d.33 q.1 a.2 und J. Th. C. Arntz: Die Entwicklung des naturrechtlichen Denkens innerhalb des Thomismus, in: Das Naturrecht.., (Hrsg. F. Böckle), 87-120.

28 J. Gründel: Das Gewissen in moraltheologischer Sicht, 50.

29 F. Böckle: Grundbegriffe... 69. Vgl. J. Stelzenberger: Das Gewissen, 21ff. Ueber die determinierenden Kräfte, besonders in bezug auf die Grundgestalten (Vater, Mutter etc.), und die Entfaltung des Gewissens handelt: Wilhelm Heinen: Das Gewissen - sein Werden und Wirken zur Freiheit, Hrsg. Hans Kramer, Würzburg 1971.

de Bedeutung zukommt. Wenn es wahr ist (und von der Psychologie bestätigt wird)[30], dass sich die Wertnahme durch das "Gefühl" im Zentrum der Person, im Gemüt, vollzieht und anderseits auch das Gewissen zu dem Kardia-Bereich gehört (so A. Vetter)[31], dann haben Werterkenntnis und Gewissen zumindest miteinander zu tun. Die Beziehung beider Grössen ist leicht einzusehen. Der Anspruch der Wirklichkeit, der Werte, macht sich im Innern der Person geltend (mittels des Gewissens), und die Person entscheidet sich, ob sie dem Wertanspruch Folge leisten will oder nicht, wobei sie um diese Antwort im Gewissen (wenngleich auch unreflex) weiss. Hans Kramer stellt im wesentlichen eine Uebereinstimmung zwischen psychologischer und philosophischer Anthropologie fest, wenn er in bezug auf das unreflexe Wissen schreibt: "Nach dem dargelegten Strukturbild der Person (nach A. Vetter, Verf.) ist leicht einsichtig, dass die Person ein sehr intimes Wissen um ihre Vorentscheidungen, d.h. um ihre innere Einstellung zu bestimmten Objekten oder Wertbereichen besitzt. Denn alle personalen Kräfte, auch das Bewusstsein, sind in der Kerninstanz, welche die innerlichsten Entscheidungen fällt, zentriert. Da das Gewissen als eine Komponente der Personmitte genannt wird, erhält die Aussage Hengstenbergs, dass die Vorentscheidungen im Gewissen bewusst werden, von dem Strukturbild her eine neue Begründung"[32].

Das sittliche Wissen ist als Wertnahme nicht ein (wert-)neutrales, rein intellektuelles Zur-Kenntnis-Nehmen, es impliziert eine grundsätzliche Stellungnahme der Person, eine Entscheidung, (Wertbejahung oder Wertverneinung) die *vor* der Entscheidung zur einzelnen Handlung vollzogen wird (und insofern "Vorentscheidung" genannt werden kann), in sich aber schon die Grunddynamik auf wert- und seinsgerechtes (bzw. wert- und seinswidriges) Handeln hat[33]. H. Kramer schreibt dazu: "Die Folgen einer guten Vorentscheidung sind wachsende Klarsichtigkeit für das Objekt oder den Wert, wie auch eine Bereitschaft, den Anforderungen dieses Wertes nachzukommen. Anderseits bewirkt die negative Vorentscheidung eine Verdunkelung der Sicht und eine relative Unbeweglichkeit, dem Anspruch dieses Wertes Folge zu leisten". Somit "erfahren Wahrnehmen und Erkennen wie auch Streben und Wollen ihre ordnende Steuerung aus der Personmitte. Ein Ja oder Nein im Steuerungszentrum bestimmt folglich auch die gesteuerten Kräfte. In gleicher Weise wird verständlich, dass die in einer Vorentscheidung eingenommene Ge -

30 Vgl. u.a. Philipp Lersch: Aufbau der Person, München, 8. Aufl. 1962, August Vetter: Personale Anthropologie, Freiburg 1966, Albert Wellek: Das Problem des seelischen Seins, Meisenheim, 2. Aufl. 1953.

31 A. Vetter: Personale Anthropologie, Freiburg 1966, 159.

32 H. Kramer: Die sittliche Vorentscheidung, 130f.

33 Zum philosophischen Begriff der Vorentscheidung s.: H.E. Hengstenberg: Philosophische Anthropologie, Berlin-Köln-Mainz, 3. Aufl. 1957, 45ff.

sinnungshaltung die Tendenz zeigt, sich in Taten oder Unterlassungen zu äussern. Der innerlich orientierten Person eignet die Gelassenheit, da vom Kernbezirk aus sowohl das Weltinnewerden wie die Handlungsbereitschaften gesteuert werden"[34].
Aufgrund der Verankerung der Wertantwort und des Gewissens im Personkern, im Gemüt, ergibt sich, dass die "Gewissensbildung" vordringlich hier anzusetzen hat, also wesentlich Gemütsbildung ist. Ohne Zweifel kommt hier dem "Vorbild" eine bedeutende Rolle zu[35]. Entscheidend bleibt der Einfluss der Eltern, wie besonders die Tiefenpsychologie überzeugend gezeigt hat.

3. Das funktionelle Gewissen (conscientia)
Unter der Gewissensfunktion wird die Betätigung der Gewissensanlage in der konkreten sittlichen Entscheidung verstanden. In der Tradition ist es das iudicium ultimo-practicum, das Urteil über das, was hier und jetzt zu tun bzw. zu unterlassen ist[36]. Die Gewissensfunktion ist kein habitus, keine Anlage, sondern ein Akt, "aktueller Vorgang in der Person"[37]. Es ist "aktuelle Funktion einer personalen ethisch-sittlichen Entscheidung" (J. Stelzenberger)[38]. Nochmals muss betont werden, dass auch das funktionelle Gewissen nicht auf eine Seelenkraft beschränkt oder lokalisiert werden kann. Das starke innere Erleben der Gewissensstimme zeigt, dass sie ihren Sitz in der Mitte der Person hat, ist es doch auch die Person, die entscheidet, und nicht eine einzelne Fähigkeit. Mit der Annahme, der konkrete Gewissensanspruch sei die logische Schlussfolgerung eines Syllogismus, ist zuwenig gesagt, damit ist höchstens die logische, erkenntnismässige Seite des Phänomens in etwa erfasst. Mit den Phänomenologen und Moraltheologen wie F.X. Linsenmann, A. Koch, Th. Müncker, Th. Steinbüchel und B. Häring ist diese Einseitigkeit überwunden und damit den Ansätzen der Franziskanerschule (Bonaventura) neuerdings zu ihrem Recht verholfen worden. Nach Th. Müncker ist das Gewissen *"die Funktion der ganzen menschlichen Persönlichkeit, in der die persönlich verpflichtende Forderung des sittlichen Sollens zum Bewusstsein kommt"* (Hervorh. im Or.)[39].

34 H. Kramer: Die sittliche Vorentscheidung, 131.
35 A.a.O. 133-145.
36 Vgl. Mausbach-Ermecke: Katholische Moraltheologie I, 160.
37 J. Stelzenberger: Moraltheologie, Paderborn, 2. Aufl. 1965, 104.
38 Ders.: Das Gewissen, 38.
39 Theodor Müncker: Die psychologischen Grundlagen der katholischen Sittenlehre, Düsseldorf, 4. Aufl. 1953, 30. Vgl. Franz Böckle: Gesetz und Gewissen, bes. 72ff.

In der Gewissensfunktion lassen sich bekanntlich drei Phasen unterscheiden:

a) Das vorausgehende Gewissen:

Im vorausgehenden Gewissen mahnt das sittliche Bewusstsein zur Werttreue. Es tritt vor allem in Konfliktsituationen auf, wenn Gefahr droht, gegen die sittliche, persönliche Werttafel zu verstossen. In diesem Stadium spielt die Tugend der Klugheit eine bedeutende Rolle. Sie hat in Umsicht und Voraussicht die verschiedenen Möglichkeiten (Mittel und Wege), die dem Sinn und dem Ziel des Menschen dienen, zu beurteilen und in einem Befehl dem Willen vorzulegen. Dieser Befehl ist das "Mass" der konkreten sittlichen Willenshandlung[40]. Das der Tat vorausgehende Gewissen regt sich in verschiedenen Formen. Es tritt befehlend, gebieterisch oder mahnend und warnend auf[41]. Der Mensch empfindet einen Anruf, beim Werte zu bleiben und die eigene Person nicht zu gefährden. Gewarnt wird vor einem Verstoss gegen einen anerkannten Wert, es geht um die Gefährdung und (sittliche) Existenzbedrohung der Person. Das warnende Gewissen wird, wie die Erfahrung zeigt, stärker empfunden als das gebietende. Das Gewissen warnt uns mehr davor, Schlechtes zu tun, als es uns gebietet, sittlich Gutes zu tun.

Die Erklärung dafür ergibt sich aus der Entsprechung mit dem nachfolgenden "schlechten" Gewissen, welches intensiver gespürt wird als das sog. "gute" Gewissen - analog zum Gespür für Gesundheit und Krankheit. Allerdings sollte nicht übersehen werden, dass eine einseitige Akzentuierung der *warnenden* Gewissensfunktion Folge einer negativen Gewissenserziehung sein dürfte.

b) Die eigentliche Gewissensentscheidung

In der konkreten Situation entscheidet sich der Mensch gemäss oder entgegen dem im Gewissensspruch erfahrenen Soll des entsprechend der persönlichen Werttafel hic et nunc zu Tuenden. Da es sich - bis in die konkrete Entscheidung hinein - um die rechte Ausrichtung (letztlich auf Gott hin) handelt, geht es auch hier nicht allein um die *sach*gerechte Handlung, sondern zutiefst um die *Person* selbst. "Das Ich erfährt sich entweder in der Identität mit seinem eigentlichen Selbst oder aber im unendlichen Abstand der Lossagung von ihm" (F. Böckle)[42]. Diese Situation wird erlebt in der dritten Phase des funktionellen Gewissens.

---

40 Summa Theologiae I-II q.64 a.3.

41 Vgl. dazu J. Stelzenberger: Das Gewissen, 40f.

42 F. Böckle: Grundbegriffe... 71.

c) Das nachfolgende Gewissen

Es äussert sich je nach der vorhergehenden Entscheidung positiv oder negativ. Es billigt die getroffene Wahl, wenn sie der eigenen Ueberzeugung, der eigenen Werttafel entsprach, in einem beglückenden Gefühl, in der Gewissensruhe (was oft das gute Gewissen genannt wird), es missbilligt die schlechte Entscheidung, es klagt an, straft, macht Vorwürfe - was erlebt wird in Gewissensbissen, Schuldgefühlen ("schlechtes Gewissen" genannt). "Phänomenologisch ist das Schuldgefühl die hervorstechendste Form von inneren Erlebnissen. Das peinigende Empfinden nach einem Handeln gegen die eigene Ueberzeugung und die verbindlich gehaltenen Wertnormen ist sehr stark. Es wirkt intensiver als die Befriedigung über sogenanntes Gutes Handeln und wühlt tiefer und nachhaltiger auf. Vielfach wird deshalb Bewusstsein schlechter Taten und das Erleiden der Schuld als die Erscheinung des Gewissens-Erlebens schlechthin aufgefasst" (J. Stelzenberger)[43].

C. Eigenschaften des Gewissens

1. Das zweifelnde Gewissen

Schon D.M. Prümmer stellte fest, dass der Ausdruck "conscientia dubia" streng genommen eine "contradictio in adjecto" einschliesse, denn das "Gewissen" (conscientia) sei ja ein Urteil oder ein Befehl, der "Zweifel" jedoch als solcher die Verunmöglichung eines Urteils; man spreche deshalb besser von einem "moralischen" Zweifel[44]. Versteht man das Gewissen als "*actus*, quo persona agens iudicat de moralitate actionis hic et nunc concretae", dann kann es sich beim sogenannten Gewissenszweifel nur um ein "iudicium praeparativum conscientiae" handeln (Hervorh. im Or.)[45]. J. Stelzenberger versteht unter dem Ausdruck zweifelndes Gewissen "die *Unsicherheit des Wertgefühles* oder -urteils vor einer zu vollziehenden Handlung" (Hervorh. im Or.)[46].

Der Gewissenszweifel reicht schon in den Bereich des vorausgehenden Gewissens, insofern nämlich vor der konkreten Entscheidung die Frage möglich ist, welche Handlung denn dem anerkannten Wert (am meisten) entspricht. Dieses Abwägen ist nun vorwiegend Aufgabe der Klugheit. Aber auch dem Gewissen kommt hier eine Aufgabe zu, wenn es eben verlangt, dass hier die sachgerechte, der persönlichen Werttafel entsprechende Handlung gesetzt werden *soll*. Das Gewissen spricht auch

---

43 J. Stelzenberger: Das Gewissen, 41.
44 D.M. Prümmer: Manuale.., 200 und 215 Anm. 68.
45 J. Fuchs: Manuale Theologiae Moralis I, 163 und 178.
46 J. Stelzenberger: Das Gewissen, 53.

dann, wenn der Zweifel sich auf die Wertnahme, das Wertgefühl, bezieht. J. Stelzenberger schreibt dazu: "Bei dem Schwanken des Normgefühles entsteht naturgemäss Unlust und Unbehagen vor einer Entscheidung. Mit einer solchen Unsicherheit darf man nicht handeln. Erst muss die Unklarheit beseitigt werden. Der Zweifel im Bereich der Wertskala ist zu beheben. Es ist alles zu versuchen, zu einer Sicherheit des Wertes oder Unwertes zu kommen. Klarheit des sittlichen Urteils muss mit allen Mitteln angestrebt werden. Jeder muss die Wahl treffen, die nach subjektivem Dafürhalten eine Unsittlichkeit am sichersten vermeidet"[47]. Der Gewissenszweifel impliziert also doch einen Gewissensspruch, nämlich den, zur Klarheit des sittlichen Urteils zu kommen, bzw. nicht zu handeln, solange der Zweifel nicht praktisch behoben ist[48]. Die Moraltheologie folgt hier dem "Axiom" des Paulus, der bezugnehmend auf das alttestamentliche Speiseverbot erklärt: "Alles, was nicht aus Glaubensüberzeugung geschieht, ist Sünde" (Röm 14,23), d.h. die "Schwachen" dürfen nicht vom Götzenopferfleisch essen, solange sie nicht überzeugt sind, dass sie damit nicht gegen den Willen Gottes verstossen.

Das "zweifelnde Gewissen" kann auch mit dem nachfolgenden Gewissen in Verbindung gebracht werden, dann nämlich, wenn nach der Tat die Frage nach der Schuldhaftigkeit des Tuns bzw. der Unterlassung entsteht.

In der Tradition hat man das "zweifelnde Gewissen" vorwiegend unter dem Aspekt der Legalität einer Handlung untersucht und versucht, Grundsätze aufzustellen, nach welchen der Zweifel des moralischen Urteils gelöst und eine moralische Gewissheit ermöglicht wird. Der Weg zur praktischen Sicherheit führt über die Lösung des theoretischen Zweifels. Wenn das nicht möglich ist, kommen die allgemeinen Klugheitsregeln und schliesslich die sogenannten "Moralsysteme" zur Anwendung[49].

In diesem Zusammenhang ist an die Tugend der Epikie zu erinnern, die Thomas im Anschluss an Aristoteles als "interpretatio legis secundum iustum et aequum" umschreibt[50]. Epikie ist nicht Instrument schlauer Gesetzesumgehung, sondern Einsicht in den Sinn des Gesetzes und eine entsprechende Anwendung auf den konkreten Fall. So vermag die Tugend der Epikie vor dem Gesetzesgehorsam zu schützen. Mit Recht bemerkt Josef Rief, dass "das Phänomen des sogenannten zweifelnden Gewissens vor allem dort gegeben ist, wo das sittliche Handeln legalistisch vollzogen wird ... Das sogenannte zweifelnde Gewissen ist möglicherweise

---

47 A.a.O. 54.
48 Vgl. B. Häring: Das Gesetz Christi I, 217.
49 Vgl. F. Böckle: Grundbegriffe.., 75-77, B. Häring: Das Gesetz Christi I, 215-236, Mausbach-Ermecke: Katholische Moraltheologie, 176-187.
50 Vgl. Summa Theologiae I-II q.120a.1+2.

der Reflex jener Sittlichkeit, die ohne das verantwortete und von der Klugheit gerechtfertigte Wagnis auszukommen gesucht hat und nicht wusste, dass über das Gesetz hinaus 'in freier Liebesentscheidung ... nach dem Willen des himmlischen Vaters' gefragt werden muss"[51]. Dieser Hinweis J. Riefs verdient Beachtung. Gewiss muss, wie J. Stelzenberger verlangt, die Klarheit des sittlichen Urteils so weit wie möglich angestrebt werden. Eine solche Klarheit darf aber nicht etwa mit einer kasuistischen Richtigkeit verwechselt werden. In der Diskussion über das sog. zweifelnde Gewissen scheint man noch vielfach von einem kasuistisch-legalistischen Moralbegriff auszugehen, was dann den Eindruck erweckt, als gäbe es für jegliches Handeln eine zu erfüllende, bereits festgelegte Norm. Demgegenüber sollte vermehrt gesehen werden, dass im Leben die Situationen oft selber offen, ambivalent sind und sich jemand mit guten Gründen sowohl für das eine wie für das andere entscheiden kann - was eine Frage des sachlich Richtigen bzw. Besseren ist und nicht eine Frage des Guten oder Bösen - also auch keine Frage des Gewissens. Das sog. zweifelnde Gewissen wird demnach vorwiegend dort zu finden sein, wo jemand seine Entscheidung in legalistischer Verengung an die Gebote und Verbote einer äusseren Autorität bindet und nicht von der Frage (dem Zweifel) loskommt, ob sein Handeln gesetzeskonform sei oder nicht. Das zweifelnde Gewissen kann so verstanden werden als eine Form des moralistischen (Ueberich-) Gewissens, von dem in den folgenden Kapiteln noch ausführlich die Rede sein wird.

2. Das irrige Gewissen

Wie das "zweifelnde Gewissen" ist auch der Ausdruck "irriges Gewissen" unklar. Der Moraltheologe Xaver Linsenmann (1878) betont die Wichtigkeit der Unterscheidung zwischen sittlichem Bewusstsein und Gewissen (als Funktion), wenn er erklärt: "Die Doppelbedeutung des Wortes conscientia hat auch in die vorliegende Frage, ob man dem irrenden Gewissen folgen dürfe, die grösste Unklarheit gebracht. Das Wissen kann in die Irre gehen, aber das ist noch kein irrendes Gewissen ... Der Unterschied von error vincibilis und invincibilis ist zunächst bedeutungslos; der Kopf weiss ja überhaupt nicht, dass der Fuss irrt"[52]. Aus diesem Grunde kann man nicht von einem irrigen Gewissen, sondern nur von einer irrenden Werterkenntnis sprechen. Der Gewissensspruch folgt der Werterkenntnis. "Das Erlebnis kann nicht irren und sich nicht täuschen. Sein funktioneller Ablauf ist immer richtig. Die Naturanlage

---

51 Josef Rief: Das ... Gewissen.., 47. J. Rief zitiert J. Stelzenberger: Das Gewissen, 53.

52 F.X. Linsenmann: Lehrbuch der Moraltheologie, Freiburg 1878, 91.

entfaltet sich völlig ordnungsgemäss. Sie kann gar nicht anders als richtig reagieren" (J. Stelzenberger)[53].

In jedem Fall ist dem Gewissensspruch zu folgen, ob er nun der objektiven Norm widerspricht oder nicht, selbst dann, wenn die falsche Wertnahme nicht ohne Schuld geschehen wäre, denn von einem Gewissensspruch im strengen Sinne kann nur die Rede sein, wenn sich die Person im Moment der sittlichen Entscheidung des Irrtums nicht bewusst ist und es dann gleichgültig ist, ob der Irrtum selbst verschuldet ist oder nicht. Weiss im anderen Fall jemand um den Irrtum und macht ihn zur Grundlage seiner Entscheidung, so kann er sich zur Rechtfertigung seiner Handlung nicht mehr auf sein Gewissen berufen. Schliesslich kann auch der Fall eintreten, "dass das Wissen um die zurückliegende schuldhafte Vernachlässigung des sittlichen Wertbewusstseins in die hier und jetzt zu treffende Gewissensentscheidung hineinwirkt, so dass derjenige, der in die Entscheidung gestellt ist, sich die Frage vorlegt, ob er zu einem objektiv vertretbaren Gewissensspruch fähig sei, aber auch die dadurch geschaffene 'Gewissenssituation' kann mit dem Begriff irriges Gewissen nicht bezeichnet werden. Denn wer die Ausrichtung seines Wertbewusstseins an der objektiven Norm bezweifeln muss, befindet sich im Zustand des praktischen Zweifels, und es gilt von ihm das, was über das sogenannte zweifelnde Gewissen gesagt worden ist" (Josef Rief)[54]. Wenn also von moraltheologischer Seite gesagt wird, das überwindlich irrige Gewissen könne nur in sehr bedingter Weise Richtschnur des Handelns sein[55], so deswegen, weil es sich hier nicht um einen echten Gewissensspruch handelt. Mausbach-Ermecke meint deswegen das Richtige, wenn er sagt, dass sich die Kraft der Synderesis nicht auf diesen Gewissensspruch übertrage, ehe dieser geklärt worden sei. Es sei vielmehr Pflicht, den überwindlichen Irrtum tatsächlich zu überwinden, soweit es möglich sei[56]. B. Häring nimmt sogar an, dass beim verschuldeten Irrtum die Synderesis immer irgendwie gegen die falsche Haltung protestiere und der wahre, freilich nicht auf der verdunkelten Oberfläche liegende Gewissensspruch mahne: "*Reinige dein Gewissen!* Beseitige die schuldbare Verdunkelung deines Gewissens!" (Hervorh. im Or.)[57].

---

53 J. Stelzenberger: Das Gewissen, 50f., ähnlich J. Rief: Das... Gewissen... 47, B. Häring: Das Gesetz Christi I, 199, J. Fuchs: Theologia moralis.., I, 181.

54 J. Rief: Das... Gewissen.., 48.

55 Mausbach-Ermecke: Katholische Moraltheologie I, 170.

56 A.a.O. 170f.

57 B. Häring: Das Gesetz Christi I, 202.

3. Das skrupulöse Gewissen

D.M. Prümmer muss feststellen, das sogenannte skrupulöse Gewissen sei eher eine gehaltlose leere Furcht oder Angst als ein Gewissen oder ein Urteil des gesunden Geistes und ein solches Gewissen sei eine wahre Tortur sowohl für den Beichtvater wie für den Poenitenten. Obschon es niemals erlaubt sei, gegen das eigene Gewissen zu handeln, sei es in einem solchen Falle nicht nur erlaubt, sondern sogar notwendig, gegen das skrupulöse Gewissen zu handeln[58].

Das skrupulöse Gewissen bzw. der Skrupulant wird von der Moraltheologie vorwiegend aus der Sicht der Beichtpraxis angegangen, und da werden etwa folgende gute Ratschläge gegeben: Der Beichtvater soll dem Poenitenten ein fester, väterlicher und gütiger Freund sein - vom Skrupulanten unbedingten Gehorsam verlangen, da es sich um ein krankhaftes Gewissen handle, das der sicheren Führung bedürfe - Generalbeichten, wie auch ausführliche und häufige Beichten sind zu untersagen. - Ablenkung durch interessante Arbeit und Erholung usw. ist zu empfehlen, um so von der Fixierung auf einzelne Gebote gelöst zu werden. - Der Beichtende soll bei *einem* Beichtvater bleiben, um nicht durch verschiedene Ansichten noch mehr verwirrt zu werden. - Schwere Sünden sind für den Skrupulanten nicht möglich, also kann ihm ruhig von den dauernden Selbsterforschungen abgeraten werden. - Empfehlung zum Gebet. - Dem Skrupulanten soll das Bild des gütigen Gottes ins Herz gezeichnet werden. Natürlich kann auf diese Weise eine schwere Neurose kaum behoben werden, da eine solche Betreuung in der Regel bei der Symptombehandlung stehen bleibt und nicht in tiefere Bereiche vorzustossen vermag. Man sieht auch von theologischer Seite, dass es sich hier primär nicht um eine Aufgabe des Priesters, sondern um eine des Psychotherapeuten handelt[59]. Immerhin wird es auch für den Priester von Nutzen sein, etwas tiefer in das Wesen des skrupulösen Menschen und in die Möglichkeiten der Heilung Einblick zu erhalten, wozu ihm der Tiefenpsychologe seine Dienste anbieten kann. An dieser Stelle seien nur einige Merkmale der Skrupulosität angeführt: Sündenangst und Schuldgefühl - Uebermächtigtsein von einem Dressur-Gewissen, das noch mit Gott verwechselt wird - Gewissensangst - ein auf die Vergangenheit hin gerichtetes Leben - wirklichkeitsfremder Perfektionismus - Ichbezogenheit - grenzenloses Sicherheitsbedürfnis verbunden mit dem Mangel an jeglicher Risikobereitschaft[60].

Es dürfte klar sein, dass bei einer solchen neurotischen Fehlhaltung der Seelsorger nur indirekt Einfluss nehmen kann, nämlich durch das

---

58 D.M. Prümmer: Manuale.., 208.

59 B. Häring: Das Gesetz Christi I, 203ff. (3. Aufl. 1953: 202).

60 J. Rief: Das... Gewissen... 50. J. Rief bezieht sich auf Fr. v. Gagern und V.E.v. Gebsattel. S.auch: H. Stenger: "Skrupulosität", LThK IX 827-829.

seelsorgliche Gespräch, durch eine gesunde theologische und sittliche Unterweisung. Allerdings sollte dies nicht erst beim Skrupulanten geschehen, sondern vorbeugend schon früher ansetzen. Es kommt nicht von ungefähr, dass man die Skrupulosität als "ekklesiogene Neurose", als "maladie catholique" bezeichnet hat[61]. Ohne Zweifel haben kirchliche Verkündigung und Seelsorge oft durch einen offenen oder verhüllten Legalismus der Skrupulosität einen guten Nährboden bereitet[62].

4. Das zarte und laxe Gewissen - gewissenlos und gewissenhaft

Mit dem Ausdruck "gewissenlos" ist im allgemeinen Sprachgebrauch nicht die Tatsache gemeint, dass es Menschen gibt, bei denen infolge Krankheit die Gewissensanlage ihrer Funktion gehindert wird und bei denen speziell das Wertgefühl, das Empfinden für Gut und Böse, fehlt. Gewissenlos wird ein Mensch dann genannt, wenn er trotz gefühlter Verbindlichkeit nicht tut, was er als Pflicht erkennt[63]. Vorstufe dieser Gewissenlosigkeit ist der Mensch mit sogenanntem laxem Gewissen, derjenige nämlich, der gegen den Gewissensspruch Vorbehalte anzumelden hat, je nach Situation (Nützlichkeit) dem Gewissensspruch gemäss oder ihm zuwider handelt. Folge davon ist, dass früher oder später das Wertbewusstsein verändert wird.

Der Mensch mit zartem Gewissen ist derjenige, der bereitwillig und hellhörig dem Anspruch des Gewissens folgt. Gewöhnlich versteht man darunter jenen, der sich streng an einen Sittenkodex gebunden fühlt. Besser aber bezeichnete man damit jenen Menschen, der sich vom Gewissen nicht nur das streng Verbotene oder Gebotene sagen lässt, sondern sich auch die freien Chancen zum Guten zur Pflicht macht. J. Stelzenberger versteht unter "zartem Gewissen" "nicht so sehr den jeweils beim Funktionsablauf des Gewissenserlebens zu Tage tretenden Grad von Bindungsgefühl an die subjektiven Leitsätze als vielmehr das gute Gespür für sittliche Werte, Forderungen und Verpflichtungen bzw. die Gültigkeit von Werten". Entsprechend bezeichnet "weites oder laxes Gewissen vornehmlich die Abgestumpftheit des Wertgefühles, weniger dessen Durchbruch bei einer aktuellen Entscheidung"[64]. Zartes Gewissen kann auf beides bezogen werden, auf das Wertnehmen ("Empfänglichkeit für positive Werte") und auf den Gewissensspruch ("eine sehr starke Neigung, sich jeweils für die ergriffenen Kostbarkeiten zu entscheiden")[65].

---

61 Vgl. J. Rief: Das... Gewissen.., 54.
62 Vgl. unten "Ergebnis" und A. Beeli: Ekklesiogene Neurosen, A. Görres: Pathologie.., bes. 315-324.
63 Vgl. J. Stelzenberger: Das Gewissen, 57.
64 A.a.O. 59.
65 A.a.O. 60.

D. Der transzendentale und personale Charakter des Gewissens

Das Gewissen ist die letzte subjektive Norm des Sittlichen. Norm des Gewissens wiederum ist das Seinsgesetz, der Wille Gottes selber, das Gesetz Gottes (lex aeterna). Der Ruf des Gewissens "kommt aus mir und doch über mich" (Heidegger). Der Ruf kommt letztlich von einem anderen her. Im Spruch des Gewissens leuchtet die transzendente Wirklichkeit auf, und diese kann nur eine personale sein, wenn sie den Menschen unbedingt verpflichten soll. Als bedeutendster Vertreter dieser Auffassung gilt J.H. Newman[66], aber auch Phänomenologen wie M. Scheler und H.G. Stoker teilen diese Ansicht. Im Spruch des Gewissens erfährt der Mensch den Anspruch Gottes, ob er es weiss oder nicht, ob er es haben will oder nicht. Darin liegt der personale, dialogische, responsorische und religiöse Charakter des Gewissens. Im Anschluss an Theodor Steinbüchel erklärt Alfons Auer: "Der Mensch weiss genau, dass er sich mit seiner Sünde nicht nur gegen eine anonyme sittliche Ordnung, nicht nur gegen die Rangordnung der Werte, nicht nur gegen die Seinsordnung verfehlt, sondern dass seine Sünde eine Ablehnung der personalen Gemeinschaft mit Gott bedeutet. Das Unbedingte, der absolute Geist, in dem die sittliche Norm ihre letzte Verwurzelung hat, kann nur als personaler, das heisst als seiner selbst bewusster und sich selbst besitzender, über allem Bedingten stehender, transzendenter Geist gefasst werden. Das Sittliche ist in seinem besonderen Gehalt als personaler Wert und als personaler Anspruch aus einem Apersonalen überhaupt nicht zu erklären"[67]. Sünde ist demnach sowohl ein Widerspruch mit sich selbst als auch Ablehnung des Rufes Gottes, der mittels der kategorialen Wirklichkeit (vornehmlich mittels des Anspruchs von Seiten des Mitmenschen) an mich ergeht. Widerspruch mit sich selbst ist Sünde deshalb, weil das sittliche Naturgesetz dem Menschen innerlich gegeben ist. Der Mensch will ein anderer sein, als er von Natur aus ist (als "ens ab alio")[68]. Aber auch die lex gratiae ("des Menschen übernatürliches Sein in Christus, insofern dieses Sein dem Menschen zu freier Annahme aufgegeben ist", B. Schüller)[69] ist ein *inneres* Gesetz - "Die Liebe Gottes ist ausgegossen in unseren Herzen durch den Heiligen Geist, der uns gegeben wurde" (Röm 5,5) - und damit ist Sünde Widerspruch mit sich selbst auch bezüglich der übernatürlich

---

66 Vgl. dazu Josef Schmucker: Die primären Quellen des Gottesglaubens. Quaestiones disputatae 34, Freiburg 167, 181-213. F. Wiedmann: Theorie des realen Denkens nach John Henry Newman, in: Newman-Studien 4, Hrsg. H. Fries und W. Becker, Nürnberg 1960, 213f. John Henry Kardinal Newman: Entwurf einer Zustimmungslehre, ausgewählte Werke 7, Hrsg. M. Laros und W. Becker, Mainz 1962, 162f.

67 A. Auer: Das Gewissen... 47.

68 B. Schüller: Gesetz... 148 Anm. 58.

69 A.a.O. 177.

erhobenen menschlichen Natur. Anderseits ist Sünde, in personaler Deutung, Ablehnung des Anspruchs, der von der Wirklichkeit an den Menschen ergeht, letztlich Ablehnung des Anspruchs Gottes. Damit wird die Schuld bzw. die Sünde zum religiösen Phänomen. "Sie ist nicht nur Uebertretung eines Gebotes, nicht Widerspruch zum eigenen Wesen, sondern Auflehnung gegen das göttliche Du und erst dadurch ein moralisches Sich-selbst-aufgeben, weil eben die Mitte der menschlich personalen Existenz in der dialogischen Beziehung zu Gott liegt" (A. Auer)[70].

In der unbedingten Forderung des Gewissensrufes liegt die Berechtigung der Rede vom Gewissen als der "Stimme Gottes", weil eben der Mensch in der Uebernahme oder Ablehnung der Gewissensforderung sein Verhältnis zu Gott selber bestimmt. Wer vom Gewissen als der Stimme Gottes spricht, kann jedoch nicht schon meinen, jeder einzelne Gewissensspruch bekunde inhaltlich den "Willen Gottes". Johannes Stelzenberger etwa macht hier geltend, dass sich widersprechende Gewissensentscheide auch einen Widerspruch und einen Zwiespalt in Gott hineintragen würden, wenn man einfach Gewissen und Stimme Gottes gleichsetzen wollte[71]. Allerdings ist diese Ueberlegung aus der Sicht einer Hermeneutik moraltheologischer Rede problematisch, weil der Begriff des "Willens Gottes" die Gefahr beinhaltet, von Gott kategorial zu sprechen und ihn in die Grenzen menschlicher Logik einzuschliessen.

Wenn man das Gewissen als "Stimme Gottes" auf das sog. Urgewissen einschränkt, heisst das jedoch nicht, die "Richtigkeit" der Gewissensentscheidung sei gering zu achten. Der den Irrtum, das heisst das schuldlos irrende Gewissen, ermöglichende Grund ist nach moraltheologischer Auffassung nur aus der durch die Ursünde verursachten Störung der gesamten Schöpfungsordnung zu erklären. Im Gewissensirrtum zeigt sich laut J. Gründel "das Nachwirken der Ursünde als Macht in dieser Welt, etwa als ein objektiver Ungeist, der bis in unsere Zeit hinein wirkt"[72]. Wichtige Aufgabe ist es, nicht diesem Ungeist zu verfallen, sondern sich redlich zu bemühen, den wirklichen "Willen Gottes" zu erkennen. Wer das nicht tut, wird sich nicht auf sein Gewissen berufen können, denn es wird sich dann oft um gar keinen wirklichen Gewissensspruch handeln, sondern bloss um eine persönliche Meinung. Was allerdings im Einzelfall vorliegt, persönliche Meinung oder wirklicher Gewissensspruch, das wird nicht endgültig auszumachen sein. Aber gerade in bezug auf das (richtige) Gewissen ist die Grundhaltung des Menschen entscheidend, nämlich seine entschiedene Lebensausrichtung auf Gott hin.

---

70 A. Auer: Das Gewissen.., 55.

71 J. Stelzenberger: Das Gewissen, 68.

72 J. Gründel: Das Gewissen als norma.., 416 und 419. Vgl. B. Schüller: Das irrige Gewissen, 22f.

II. DER THEOLOGISCHE BEGRIFF DER SUENDE

Sobald anthropologische Schuld in bezug auf die Transzendenz gesehen wird, spricht man von Sünde. Nachdem schon in diesen Bemerkungen über das Gewissen die Schuld in den Blick gekommen ist, können wir uns hier kurz fassen, ohne den Anspruch erheben zu wollen, alles theologisch Wichtige über die Sünde sagen zu können.

A. Die Sünde als Entscheidung

Nach der Tradition besteht das Wesen der Sünde formal in der Abkehr von Gott, in der "aversio a Deo"[73], in einem (sittlichen) Handeln gegen den Willen Gottes, das ewige Gesetz[74]. Der Mensch widerspricht damit der von Gott in sein Innerstes gelegten Zieldynamik seiner Existenz ("inordinatio circa finem")[75]. Die Abwendung von Gott braucht deshalb nicht explizit gewollt zu sein, sie kann in einer ungeordneten Hinneigung zum Geschöpf mitgegeben sein ("conversio inordinata ad creaturam")[76].

Die "Abkehr von Gott" geschieht nicht in isolierter Innerlichkeit, Gott begegnet dem Menschen im Medium der Welt (des Mitmenschen). In diesem Medium entscheidet der Mensch über sein Verhältnis zu Gott. *Die* Sünde (als Abkehr von Gott) realisiert sich in "Sünden". "Der sachhaft greifbare Verstoss gegen die Natur des Menschen, gegen sein gesetzhaft formulierbares, seinsollendes Verhältnis zu Gott, gegen das innerweltliche Ordnungsgefüge der Personen und Dinge seiner Umwelt ist das konstitutive *Zeichen* seines eigentlichen, in der Tiefe des Geistes vor sich gehenden, diese total bestimmenden Abfalls von Gott" (K. Rahner) (Hervorh. im Or.)[77]. Selbst dort noch, wo der Mensch sich ausdrücklich für oder wider Gott entscheidet, geschieht es im kategorialen Material der Welt. Das bedeutet, dass der bewusste Gott und der (in der ursprünglichen Person) intentional gemeinte Gott zweierlei sind und es deshalb möglich ist, dass jemand, der Gott bewusst ablehnt, ihn im Grunde seiner Person bejahen kann und umgekehrt. Dieses ist möglich aufgrund der unbehebbaren Zweideutigkeit der Zeichenhaftigkeit menschlichen Handelns. Daraus folgt auch, wie die Kirche lehrt, dass kein Mensch über seinen Heilszustand Bescheid wissen kann[78].

---

73 Summa Theologiae I-II q. 10 a.3.
74 Summa Theologiae I-II q.71 a.6.
75 Vgl. Summa Theologiae I-II q.72 a.5.
76 Summa Theologiae III q.86 a.4.
77 K. Rahner: Schuld und Schuldvergebung.., 284f.
78 D 805.

Damit befinden wir uns auf der Ebene der biblischen Aussagen über das Gewissen. Einige Hinweise dürfen uns hier genügen. Das AT kennt (abgesehen von Weish 17,11) keinen eigenen Begriff für das Gewissen; als Ersatzbezeichnung dient der Begriff "Herz" (leb) als Inbegriff des inneren Menschen, er bezeichnet also das gleiche, was in moderner Terminologie mit "Mitte der personalen Existenz" bzw. "Gemüt" ausgedrückt wird. Von Anfang an wird das Gewissen (das "Herz") theonom verstanden. Adam wie Kain müssen sich vor Gott verbergen (Gen 3,8ff., 4,12ff.). Gottes Stimme erreicht den Menschen und verlangt von ihm Rechenschaft, er prüft "Herz und Nieren" (Ps 7,10). Auch die Erfahrung des "guten Gewissens" ist bekannt. Iobs Herz tadelt ihn wegen keinem seiner Tage (Ijob 27,6) und der Fromme spricht aus: "Erprobe mich, Herr, rein ist mein Herz" (Ps 25,2). Das Gewissen erscheint als der Ratgeber für den rechten Weg: "Auf den Rat des Gewissens achte, denn nichts ist dir treuer als dieses. Das Gewissen des Menschen gibt bessere Auskunft als sieben Wächter auf der Warte. Und bei alledem flehe zu Gott, dass er in Treue deine Schritte lenke!" (Sir 37,13-15). Nicht zufällig ist, dass der personale Charakter des Gewissens zur Exilszeit (in der Predigt der Propheten) deutlich hervortritt: Nicht die (äussere) Zugehörigkeit zum Volk Israel und die Beobachtung der rechtlichen (obschon theonom begründeten) Gesetze ist entscheidend, sondern das Gottesverhältnis des einzelnen. Jeder steht in seinem Handeln selbstverantwortlich vor Gott. Nicht auf das äussere Tun allein kommt es an, sondern vorwiegend auf das Herz. Im Herzen muss auch die Umkehr vollzogen werden: "Zerreisst eure Herzen und nicht eure Kleider" (Joel 2,13).
Die prophetische Tradition wird von der Predigt Jesu wieder aufgegriffen und vertieft. Auch Jesus verwendet für das Gewissen das Wort "Herz" - einmal auch das "Auge" als Leuchte des Leibes, (Lk 11,34-36). Kern allen sittlichen und religiösen Handelns ist das Herz. Das Herz (die gute oder böse Schatzkammer) entscheidet über rein oder unrein (Mk 7,15. 20-23; Mt 12,35). Die direktesten Aussagen über das Gewissen finden sich im Römer- und 1. Korintherbrief des Apostels Paulus, der den Begriff "Syneidesis" von der Stoa übernimmt in der Bedeutung des sittlich urteilenden Selbstbewusstseins und Urteilsvermögens. Dieses Gewissen gehört zur Menschennatur. Den Heiden, den "Gesetzeslosen", ist das Gesetz ins Herz geschrieben (Röm 2,14 f.). Das Gewissen ist letztgültige Instanz des Handelns, es ist ein Gewissen, dessen letzte Norm die Liebe ist. "Wenn daher eine Speise meinem Bruder Anstoss gibt, so will ich in Ewigkeit kein Fleisch essen, damit ich meinem Bruder nicht Aergernis gebe" (1 Kor 8,13). Zur klassischen Stelle ist Röm 14,23 geworden: "Alles, was nicht aus Glaubensüberzeugung kommt, ist Sünde". Bezeichnend ist, dass hier das Wort "Glaube" die Bedeutung von "Ueberzeugung" hat. Das Gewissen erhält durch den Glauben ein neues

Gesetz, das "Gesetz des Geistes", welches ist "das Leben in Jesus Christus" (Röm 8,2). Der Heilige Geist gibt Zeugnis im Gewissen (Röm 9,1) und schenkt Ueberzeugung in Jesus dem Herrn (Röm 14,14). Das Leben in Gott durch Jesu Christi Erlösungstat reinigt unsere Herzen vom "bösen Gewissen" (Hebr 10,22; 9,9; 9,14). In diesem Zusammenhang ist auch noch 1 Petr 3,21 zu erwähnen: "(Die Taufe) besteht nicht in der Entfernung körperlichen Schmutzes, sondern im Flehen zu Gott um ein gutes Gewissen". Das "gute Gewissen" ist möglich angesichts des "guten Herzens", das dem Menschen aus Gnade geschenkt ist, das er nicht aus eigener Kraft herstellen kann. Wo der Mensch sich sein "gutes Herz" von Gott schenken lässt - wobei dieses "Sich-geschenkt-sein-lassen-können" selber Gnadengeschenk Gottes ist - im Innewerden der Barmherzigkeit Gottes, da "hat" er auch ein gutes Gewissen, welches noch einmal Geschenk Gottes ist. Und wie der Mensch das "gute Herz" eigentlich nur im Glauben haben kann, das heisst sich des Besitzes nicht rühmen kann, das "gute Herz" deshalb auch immer von Gott erflehen muss, so kann er des guten Gewissens letztlich auch nicht im Blick auf sich selbst gewahr werden, er muss es ebenso immer von neuem von Gott erflehen, er *darf* es erflehen im festen Glauben und in der Hoffnung, dass Gott, der den Anfang gemacht hat, auch die Vollendung schenken wird. Für Paulus ist es klar, dass er das Gewissen nie ganz ergründen kann, es bleibt ihm nichts anderes übrig, als sich dem Herrn anzuvertrauen: "Der mich richtet, ist der Herr" (1 Kor 4,4).
Die Sünde ist nach der katholischen Moraltheologie ein sittlich religiöser Akt des Menschen. Ursprung der Sünde ist der Mensch selber in seiner freien Entscheidung. Das Wogegen der Sünde ist Gott und sein heiliger Wille, die lex aeterna, oder um mit P. Schoonenberg die dynamische Seite deutlicher hervorzuheben, die "Weigerung, sich in einer Geschichte des Heils zu engagieren"[79]. Die Sünde ist also *"aktueller personaler Widerspruch gegen die Anrede des persönlichen Gottes in der Tiefe der geistigen Person"* (F. Böckle) (Hervorh. im Or.)[80]. Letztlich ist also Sünde "Unglaube", wie es das Neue Testament bezeugt, Ablehnung des Heils- und Liebesangebotes Gottes, ein In-sich-selbst-verschliessen, ein Sich-verweigern des Menschen.
Hieraus wird verständlich, dass die Sünde im wahren Sinne nur die sogenannte schwere Sünde, die Todsünde sein kann[81]. Richtigerweise kann von einer "aversio a Deo" nur dann gesprochen werden, wenn die Person in der Grundentscheidung über sich selbst als ganze verfügt. Während die Scholastik den Unterschied zwischen lässlicher Sünde und Todsünde

79 P. Schoonenberg: Sünde und Schuld, 769.
80 F. Böckle: Grundbegriffe... 91.
81 Summa Theologiae I-II q.88 a.1 ad 1.

durch die Formeln "inordinatio circa media, non circa finem" ausdrückte[82] und eine Art moralischer Zwei-Quellen-Theorie vertrat (zur schweren Sünde gehört auf der einen Seite volle Erkenntnis und freier Wille und auf der andern Seite eine wichtige Sache, eine "grosse Materie") neigt die neuere katholische Theologie dazu, nur mehr *ein* Kriterium in der Unterscheidung zwischen schwerer und lässlicher Sünde gelten zu lassen: Das Vorhandensein der vollen Erkenntnis und des freien Willens (perfectio actus) - oder das Fehlen dieses Aktes. Entscheidend ist demnach, ob die Tat (die Sünde) der "Mitte" der Person entspringt oder bloss der "Peripherie"[83]. Natürlich wird dabei zugegeben, dass normalerweise bei einer wichtigen Sache auch die Entscheidung zentraler sein wird als bei einer Nebensächlichkeit. Mit Recht wird jedoch der Akzent von der Materie auf das Subjekt und vom einzelnen objektiv messbaren Akt auf die Grundhaltung verlegt, auf die Grundausrichtung der personalen Existenz. Nicht die formale Freiheit des Willens allein genügt (die ist die gleiche bei der schweren wie bei der leichten Sünde), notwendig ist die existentielle Tiefe des Aktes, es geht um die Frage, wie intensiv und radikal eine freie Tat vollzogen wird, ob es eine Tat aus "ganzem Herzen" oder nur eine mit "geteiltem" Herzen ist. Willensfreiheit besagt Selbstbestimmung, die zur totalen und definitiven Selbstbestimmung drängt. Freiheit bestimmt J.B. Metz als "Vermögen zur Totalität" und als "Vermögen zur Definitivität"[84].

Aus der Grundentscheidung folgt die Entschiedenheit. Der sündige Mensch ist nicht Sünder nur wegen einer vergangenen sündigen Tat, sondern aufgrund einer habituellen Grundausrichtung, die der Grundentscheidung folgt, gibt doch die Grundentscheidung als total verfügende Entscheidung dem Menschen die Grundausrichtung, die Entschiedenheit. Die sündige Grundausrichtung (die "Urentschiedenheit" gegen Gott) ist das peccatum habituale, die Grundentscheidung peccatum actuale. Die Grundentschiedenheit ist nicht nur ein habitus im traditionellen Sinne einer Disposition und Geneigtheit zum sittlichen Akt, sondern selber schon sittlicher Akt, dem aber, da in der Tiefe der Person vollzogen, "überaktuelle Existenz" (Hildebrand) zukommt, er ist also eine Art bleibender Akt, ein "actus permanens" (B. Schüller)[85].

Zusammenfassend können wir sagen, dass theologisch gesehen die Unterscheidung von lässlicher Sünde und Todsünde grundlegend ist, dass es

---

82 De malo q.7 a.1 ad 1.
83 Vgl. Hermann Reiners: Grundintention...
84 J.B. Metz: "Freiheit" HthG I 410f.
85 B. Schüller: Gesetz.., 125. Vgl.: D.v. Hildebrand: Christliche Ethik. Düsseldorf 1959, 421ff.

jedoch praktisch kein eindeutiges Kriterium der Unterscheidung gibt, da jede Tat (auch schon die "innere" Tat des Willens) immer nur zweideutiges Indiz und Zeichen sein kann, das die Subjektivität menschlicher Entscheidung zugleich ent-hüllt und ver-hüllt. Deshalb braucht eine objektiv schwere Verfehlung (eine sogenannte objektiv schwere Sünde, Todsünde) nicht eine Todsünde zu sein, auch dann nicht, wenn diese Tat "mit voller Erkenntnis und freiem Willen" vollzogen wurde, weil damit noch nicht gesagt ist (und auch nie eindeutig gesagt werden kann), ob diese dem Zentrum der Person entsprang oder nicht, ob sich darin eine Person ganz ausgesagt hat ins Nein gegen den Mitmenschen, gegen die sittliche Ordnung überhaupt und damit gegen Gott. Anderseits können schon geringfügige Nachlässigkeiten Zeichen einer in der Tiefe der Person vollzogenen Ablehnung des Anspruchs Gottes sein. In jeder Tat kann der Zusammenhang zwischen Innen und Aussen täuschen, "eine falsche äussere Handlung mag nur materiell Sünde sein, eine gute Handlung Heuchelei, ein grosser Fehltritt mag nicht von unserem Personzentrum ausgehen, und es ist sogar denkbar, dass ein kleiner Fehltritt der Ausdruck einer tiefen Bosheit ist" (P. Schoonenberg)[86].
Durch die Verlegung der Todsünde in den Personkern kann auch verständlich gemacht werden, dass Sünde (obschon primär eine Entscheidung) "nicht zuerst in der einzelnen Tat gesucht werden muss, sondern im ganzen Lebensentwurf ...: Ehrlichkeit oder Falschheit, Keuschheit oder Unkeuschheit, Liebe oder Egoismus verwirklichen sich letzten Endes in einem ganzen Leben oder in einem Lebensabschnitt und zeigen sich nur selten deutlich in *einer* Tat. Das Bekenntnis unserer Sünden wird dann auch eher eine Aussprache des Lebens als eine Aufzählung von Taten sein, sicher im Gebet, aber auch im Bussakrament" (P. Schoonenberg) (H.i.O.)[87]. Auch die einzelnen Tugenden und Laster gehören in den Bereich der Zeichenhaftigkeit. Da jedoch nicht jeder Akt der Person die Grundentscheidung aufhebt (sondern nur wieder einer von gleicher existentieller Mächtigkeit), können die Tugenden, der Lebensentwurf als dauernde Haltung, deutlicher Auskunft geben über die Grundentschiedenheit des Menschen als ein einzelner Akt. Aber auch der Haltung, die in den sittlichen Tugenden oder Lastern zum Ausdruck kommt, eignet noch die unaufhebbare Zweideutigkeit in bezug auf den Personkern. Diesen kann der Mensch, weil Subjektivität, nie reflex aufholen, nie objektivierend anschauen. "Homo videt faciem, Deus autem cor".

---

86 P. Schoonenberg: Sünde und Schuld, 772f.
87 A.a.O. 773.

B. Die Sünde als Macht

Als Ursprung der Sünde haben wir die Freiheitstat des Menschen erkannt. Dass Sünde Tat und Ereignis ist und nicht einfach ein Noch-Nicht menschlicher Erfüllung, wird von der heiligen Schrift mehrfach bezeugt. Sünde ist Götzenanbetung, Bundesbruch, ist Untreue, Ehebruch, Verfehlen des Zieles, Verirrung, Aufstand, Rebellion, Starrköpfigkeit, ist Abfall von Gott, Widerspruch gegen Gott und seine Schöpfung in einem Akt menschlicher Freiheit.

Doch damit ist das Phänomen des Bösen noch nicht genügend erfasst. Sünde ist für den Menschen auch etwas ihm Aeusserliches, Fremdes. Der Mensch wird zur Sünde verführt, wie schon die Genesiserzählung vom Urelternpaar deutlich macht. Die Sünde erscheint als eine Macht, der der Mensch nicht gewachsen ist. Das zeigt sich schon darin, dass kein Mensch ohne Sünde ist: "Keiner ist gerecht, nicht ein einziger" Röm 3,10. Paulus will an dieser Stelle nicht sagen, dass die Menschen deshalb für ihr Tun nicht verantwortlich wären, aber trotzdem ist es so, dass (ohne die Gnade Gottes, in Jesus Christus) alle gescheitert sind. Und in diesem Scheitern verbirgt sich eine verhängnisvolle Unheilssituation. Wie alle Menschen dem Tod verfallen sind, so sind sie auch der Sünde verfallen, "unter die Sünde verkauft" (Röm 7,14). Angesichts der allgemeinen Sündhaftigkeit kann Paulus, theologisch vertiefend, sagen, dass *grundsätzlich* jeder Mensch Sklave der Sünde ist und nur Jesus Christus ihn aus dieser Knechtschaft der Sünde zu befreien vermag, dass der Mensch nicht aus eigener Kraft gerecht zu werden vermag, dass nur Gott die Kluft zwischen der Gnadenlosigkeit des menschlichen Schuldzustandes in neuer, gnädiger Zuwendung zum Menschen überbrücken kann. Die Tatsache, dass der Mensch eben grundsätzlich schuldig ist, das heisst schuldig schon vor jeglicher persönlichen Entscheidung, hat die Kirche in der Lehre von der sogenannten "Erbsünde" zu umschreiben versucht.

Die Forderung zu glauben, dass der Mensch schon Sünder ist, bevor er überhaupt sündigen kann, wird vom heutigen Menschen vielfach als eine Zumutung abgewiesen. Diese Schwierigkeit kann zumindest teilweise überwunden werden, wenn die Erbsünde (wie es laut Tradition geschieht) formal als Mangel der übernatürlichen Gnade bestimmt wird, weil damit deutlich wird, dass dieser Zustand der Schuld nur in analoger Weise Schuld genannt werden darf. Zudem wurde in neuerer Zeit vermehrt versucht, die Solidarität des Menschen, die Abhängigkeit des einzelnen Menschen von seinem "Milieu", das Geprägtsein von der Situation noch vor einer persönlichen Entscheidung deutlicher zu machen, wodurch dann auch in etwa verständlich wird, dass eine "äussere" Bestimmung zu einem Moment der inneren Entscheidung, dass die "Sünde der Welt", die gnadenlose Welt auch zur "Sünde" des einzelnen werden kann, dass somit im Ursprung menschliche Freiheit schon als böse Freiheit qualifiziert werden muss[88].

Gleichgültig, wie man den Begriff Erbsünde fassen will, die Spannung zwischen Schuld als freier Entscheidung und Verhängnis wird bestehen bleiben und muss ausgehalten werden. Für Paulus ist, und das ist das Entscheidende, die Sündenverfallenheit des Menschen nur Anlass zum Lobpreis der Gnade Gottes - und umgekehrt: erst im Lichte des Erlösungswerkes Gottes kann der Abgrund menschlicher Sünde überhaupt erst (im Glauben) ermessen werden.

C. Die Ueberwindung der Sünde

Die Folge der Sünde als einer Abwendung von Gott ist die Gottesferne, ein Zustand der Schuld (reatus culpae), eine überaktuelle Entschiedenheit gegen Gott. Kann der Sünder diese Grundhaltung zurücknehmen, kann er sich selber von der Schuld befreien? Zunächst ist klar, dass der Sünder durch Umkehr und Reue sich Gott zuwenden muss. Es bleibt aber die Frage, woher er diese Möglichkeit hat, ob aus sich selbst oder nicht. Durch die definitive Absage an Gott hat der Sünder die innere Möglichkeit der Hinwendung auf Gott als (natürliches und übernatürliches) Ziel entäussert. Von sich aus hat er "seine Freiheit an die Sünde abgegeben und kann sie nicht mehr aus eigenem Vermögen zurückholen; er ist Knecht der Sünde, er hat sich nach dem Masse seiner in der Sünde aktualisierten Freiheit an die Sünde verkauft" (B. Schüller)[89]. Gott selber muss von neuem den Grund einer Neuorientierung im Sünder schaffen, indem er die Schuld vergibt, die Sünde verzeiht, wobei er zugleich die Umkehr des Sünders bewirkt, die trotzdem noch die ureigenste Tat des Menschen ist, aber als Gnade dem Menschen *geschenkte* Tat. Erst wenn Gott den Sünder "erneut und tiefer als zuvor anruft, kann er sich selber in seiner Sünde so fraglich werden, dass er sich aus einer existentiell tiefer aufgerufenen Freiheit in Reue

---

88 P. Schoonenberg: Theologie der Sünde, Der Mensch in der Sünde, Urs Baumann: Erbsünde? Ihr traditionelles Verständnis in der Krise heutiger Theologie. Freiburg 1970. Karl-Heinz Weger: Theologie der Erbsünde, Quaestiones disputatae 44, Freiburg-Basel-Wien 1970. Zu einer Schuldphänomenologie ist erwähnenswert: Paul Ricoeur: Culpabilité..., ders.: Finitude et culpabilité II. La Symbolique du Mal, Paris 1960, deutsch: Symbolik des Bösen. Phänomenologie der Schuld II, Freiburg-München 1971, bes. 175-181.

89 B. Schüller: Gesetz.., 143.

von seiner Sünde distanzieren kann"[90]. Schon der Ruf in die Umkehr hat bereits, wie B. Schüller darlegt, den Charakter der Erlösung und Befreiung, eine Befreiung der versklavten Freiheit des Sünders. Die erste von Christus geschenkte Freiheit ist die Entscheidungsfreiheit des Sünders. Die zweite Freiheit, die freie Entschiedenheit für Gott, wird dem Menschen erst geschenkt, wenn er sich schon für Gott entschieden hat, es ist die Freiheit der Sohnschaft, die Freiheit der Kinder Gottes. Die allgemeine Vergebungsbereitschaft Gottes, die Versöhnungstat Christi und der von diesen ausgehende "Ruf zur Umkehr, hat bereits insoweit die Herrschaft der Sünde gebrochen, als nun alle Menschen prinzipiell ihre Freiheit von der Sünde zurückgenommen haben. Alle Menschen sind grundsätzlich wieder zur echten Möglichkeit erlöst, sich aus der Herrschaft der Sünde in die Herrschaft Christi befreien zu lassen"[91].

Der Ruf zur Umkehr gilt jedoch nicht nur dem (schweren) Sünder, sondern auch dem in der Gnade stehenden Christen: als Mahnung zur Vertiefung des in der Bekehrung Begonnenen, zu einem Wandel würdig der Berufung (1 Kor 5,7ff., Eph 2,1ff.; 4,20, Kol 1,21ff.). Vorab in der Drangsal (Röm 5,3f.), wenn der Christ in die (unentschiedene) Entscheidungssituation zurückversetzt ist, geht es darum, in einer existentiell vertiefteren Entscheidung für Gott sich zu bewähren, seine Hoffnung ganz auf den Herrn zu werfen. Es gibt Grade in der Entschiedenheit für Gott, Grade der Liebe Gottes und der Liebe zum Nächsten "aus ganzem Herzen". Ziel der sittlichen und religiösen Reife ist es, "dass der Mensch in einer sittlich guten Entscheidung immer mehr sich selbst ganz restlos zum Einsatz bringt, Gott - biblisch gesprochen - immer mehr aus *ganzem* Herzen und aus *allen* Kräften liebt" (Hervorh. im Or.) (Karl Rahner)[92].

Nach diesem kurzen Ueberblick über den theologischen Gewissens- und Schuldbegriff ist nun nach dem Schuldverständnis der tiefenpsychologischen Schulen zu fragen, wobei dann nach der jeweiligen Darstellung (der Auffassung Freuds, Adlers etc.) eine Konfrontation mit der Theologie versucht werden soll.

---

90 Ebd. Es ist darauf hinzuweisen, dass nach dem Kontext der hier genannten Werke die Aussagen über "Gottes Vergebung" nicht kategorial zu verstehen sind, sondern im transzendenten Sinne, d.h. so, dass sich der Mensch vor dem transzendenten Gott als der Begnadete verstehen darf. Demnach darf "Gott" nicht als eine menschliche Instanz verstanden werden, die Gebote aufstellt und Strafen erteilt bzw. Schuld vergibt. Allerdings lässt sich das Verhältnis des Menschen zu Gott noch am ehesten in personalen "Kategorien" aussprechen, man muss aber dabei wissen, dass man dann so redet, wie man unter Menschen reden würde und sich des bildhaften, analogen Gebrauchs dieser Aussagen bewusst bleiben.

91 B. Schüller: Gesetz... 144.

92 K. Rahner: Zum theologischen Begriff.., 405.

ZWEITES KAPITEL

DAS SCHULDVERSTÄNDNIS SIGMUND FREUDS IN DER KONFRONTATION MIT DER THEOLOGIE

I. DAS SCHULDVERSTAENDNIS SIGMUND FREUDS

A. Einführung

Um Freud richtig zu verstehen, muss man versuchen, ihn von dessen eigenen Voraussetzungen her zu verstehen. Als erstes ist zu beachten, dass Freud seiner Herkunft nach Neurologe war. Dies in einer Zeit, in der auf naturwissenschaftlicher Seite die Auffassung herrschte, dass alle psychischen Erscheinungen auf physikalisch-chemische Prozesse in Gehirn und Nervensystem zurückgeführt und als solche erklärt werden können[1]. Vom Pathos der Naturwissenschaftlichkeit war Freud zeitlebens getragen, welches Pathos sich verband mit einem antiphilosophischen Affekt, obwohl Freud schon in seinen Jugendjahren eine Neigung zur Spekulation verspürte, der er schliesslich in seinen Spätwerken freien Lauf liess[2].

Anfänglich stand Freuds Denken gänzlich im Banne des naturwissenschaftlichen Ideals, und er versuchte denn auch, psychische Vorgänge als quantitative Prozesse innerhalb des Nervensystems darzustellen, d.h. mittels der Begriffe der Hirnphysiologie. Einen Niederschlag fand dieses Bestreben in seinem "Entwurf einer Psychologie" (1895), den er wie folgt einleitet: "Es ist die Absicht dieses Entwurfs, eine naturwissenschaftliche Psychologie zu liefern, d.h. psychische Vorgänge darzustellen als quantitativ bestimmte Vorgänge aufzeigbarer materieller Teile, und sie damit anschaulich und widerspruchsfrei zu machen. Der Entwurf enthält zwei Hauptideen, 1. das, was Tätigkeit von Ruhe unterscheidet, als Quantität (Q) aufzufassen, die dem allgemeinen Bewegungsgesetz unterworfen ist, 2. als materielle Teilchen die Neuronen anzunehmen"[3].

---

1 Als Vertreter dieser Richtung sind zu nennen: Hermann Helmholtz, Emil Du Bois-Reymond, Freuds Lehrer Ernst Brücke und Theodor H. Meynert.
2 Vgl. Freud: Briefe 1873-1939, 341.
3 Aus den Anfängen ... 305.

Allmählich jedoch hat sich Freud von diesem seinem Bestreben freigemacht, so zwar, dass er das Ideal der Naturwissenschaftlichkeit weiterhin hochhielt, aber doch die starke Bindung an die Biologie und Physiologie aufgab. Zur Ablösung sah sich Freud gezwungen durch die Natur des Gegenstandes selbst, d.h. aufgrund seiner Beobachtungen in der klinischen Praxis. Hier wandte er sich zunächst ganz dem Studium der Hysterie zu, die damals ein Kreuz für die ärztliche Praxis und Wissenschaft war. Einen guten Einstieg gewährte ihm ein Aufenthalt an der berühmten Salpêtrière in Paris, bei *J.M. Charcot*, der die hypnotische Suggestion anwandte, ein Verfahren, das die damalige Medizin ablehnte. Auch nach der Rückkehr wandte Freud sein Interesse den Hysterikern zu (zusammen mit seinem Freund und Mentor Joseph *Breuer*), jenen Kranken, mit denen damals ein Arzt womöglich nichts zu tun haben wollte. Der Grund für das Desinteresse des Arztes ist einfach: "Vor den Details der hysterischen Phänomene lässt ihn (aber) all sein Wissen, seine anatomisch-physiologische und pathologische Vorbildung im Stiche. Er kann die Hysterie nicht verstehen, er steht ihr selbst wie ein Laie gegenüber. Und das ist nun niemandem recht, der sonst auf sein Wissen so grosse Stücke hält. Die Hysterischen gehen also seiner Sympathie verlustig; er betrachtet sie wie Personen, welche die Gesetze seiner Wissenschaft übertreten, wie die Rechtgläubigen die Ketzer ansehen; er traut ihnen alles mögliche Böse zu, beschuldigt sie der Uebertreibung und der absichtlichen Täuschung, Simulation; und er bestraft sie durch die Entziehung seines Interesses"[4].

Sieben Jahre nach der Rückkehr aus Paris (1893) kann Freud sagen, dass sich eine hysterische Lähmung so benimmt, "als ob es eine Gehirnanatomie nicht gäbe", sie habe vielmehr mit der "Ansprechbarkeit eines bestimmten Vorstellungskreises" zu tun[5]. Zur Veranschaulichung des Vorgangs erwähnt Freud einige analoge Fälle aus dem Alltagsleben, wie z.B. den Brauch, dass man die Gläser, aus denen zum Wohle eines neuvermählten Ehepaares getrunken wurde, zerschlägt. Die Beziehung der Gläser zum Ehepaar ist so bedeutsam, dass ein neuer Gebrauch unmöglich wird. "La valeur affective que nous attribuons à la première association d'un objet répugne à le faire entrer en association nouvelle avec un autre objet et par suite rend l'idée de cet objet inaccessible à l'association"[6]. Aehnlich hat man sich nun die Genese einer hysterischen Lähmung - in dem von Freud besprochenen Fall handelt es sich um eine Armlähmung - vorzustellen, wobei allerdings die erste Assoziation

---

4 Ueber Psychoanalyse VIII 6.
5 Quelques Considerations.., I 50 u. 52, vgl. Aus den Anfängen.., 26.
6 A.a.O. I 53.

unbewusst ist: "Si la conception du bras se trouve engagée dans une association d'une grande valeur affective, elle sera inaccessible au jeu libre des autres associations... on trouve *que l'organe paralysé ou la fonction abolie est engagé dans une association subconsciente qui est munie d'une grande valeur affective, et l'on peut montrer que le bras devient libre aussitôt que cette valeur affective est effacée*"[7]. Im letzten Teil des Zitats wird schon deutlich, worin die Heilung besteht: Die erste Assoziation muss bewusst gemacht werden, damit der mit ihr verbundene Affekt abreagiert werden kann. Dieser Affektbetrag ("Erregungssumme") wurde nämlich, da er nicht durch eine normale "Abfuhr", (wie etwa Austoben, Ausweinen, Aussprechen[8]), unschädlich gemacht werden konnte, *"ins Körperliche umgesetzt"*, wofür Freud den Terminus *"Konversion"* vorschlägt (Hervorh. im Or.)[9].
Freud stellt nun fest, dass *jede* Hysterie (und nicht nur die "traumatische", wie Charcot annahm) auf ein die Krankheit veranlassendes Ereignis, ein sog. "Trauma", zurückgeführt werden kann, wobei das Trauma, meist ein Erlebnis aus der Kinderzeit, auch die Art der Symptome bestimmt: "Unsere Erfahrungen haben uns (aber) gezeigt, *dass die verschiedensten Symptome, welche für spontane, sozusagen idiopathische Leistungen der Hysterie gelten, in ebenso stringentem Zusammenhang mit dem veranlassenden Trauma stehen*... (Hervorh. im Or.)[10]. Das veranlassende Ereignis bekommt bei Freud eine viel grössere Bedeutung als noch bei Charcot, für den die Heredität ausschlaggebend war und die anderen ätiologischen Momente nur die Rolle von "Gelegenheitsursachen, von *agents provocateurs*" (Hervorh. im Or.)[11] spielten. Das Ereignis machte und macht deswegen krank, weil es unbewusst ist, d.h. von der betreffenden Person "abgewehrt", "verdrängt" wurde. Das Ereignis war mit einem solchen Affekt (laut Freud in der Regel sexueller Natur) verknüpft, dass die Person die Vorstellung darüber von sich wies. Freud erklärt: "Bei den von mir analysierten Patienten hatte nämlich psychische Gesundheit bis zu dem Moment bestanden, in dem *ein Fall von Unverträglichkeit in ihrem Vorstellungsleben vorfiel*, d.h. bis ein Erlebnis, eine Vorstellung, Empfindung an ihr Ich herantrat, welches einen so peinlichen Affekt erweckte, dass die Person beschloss, daran zu vergessen, weil sie sich nicht die Kraft zutraute, den Widerspruch dieser unverträglichen Vorstellung mit ihrem Ich durch Denkarbeit zu lösen" (Hervorh. im Or.)[12]. Freud kann dazu verschiedene Beispiele aus seiner

---

7 Ebd.
8 Ueber den ps. Mech..., I 87.
9 Die Abwehr-Neurops. I 63.
10 Ueber den ps. Mech..., I 82.
11 "Charcot" I 33.
12 Die Abwehr-Neurops., I 61f.

Praxis anführen: "Der Fall eines jungen Mädchens, welches es sich verübelt, während der Pflege ihres kranken Vaters an den jungen Mann zu denken, der ihr einen leisen erotischen Eindruck gemacht hat; der Fall einer Erzieherin, die sich in ihren Herrn verliebt hatte, und die beschloss, sich diese Neigung aus dem Sinne zu schlagen, weil sie mit ihrem Stolze unverträglich schien u. dgl. m."[13].
Wir sahen, dass bei der Hysterie, wie Freud sagt, der abgewehrte Affekt sich durch eine Konversion eine Abfuhr verschafft, es findet eine Verlegung der "Erregungssumme in die Körperinnervation" statt[14]. Wo nun die Eignung zur Konversion fehlt, *"muss dieser Affekt auf psychischem Gebiet verbleiben"* (Hervorh. im Or.)[15], er wird jedoch von der ihm zugehörigen Vorstellung getrennt und verbindet sich mit einer nicht unverträglichen Vorstellung[16]. Eine solche "falsche Verknüpfung" beobachtet Freud bei den Zwangsneurosen und Phobien. Zur Verknüpfung mit dem frei gewordenen Affekt "kann jede Vorstellung benützt werden, die entweder ihrer Natur nach mit einem Affekt von solcher *Qualität* vereinbar ist, oder die gewisse Beziehungen zur unverträglichen hat, denen zufolge sie als Surrogat derselben brauchbar erscheint. So z.B. wirft sich frei gewordene Angst, deren sexuelle Herkunft nicht erinnert werden soll, auf die gemeinen primären Phobien des Menschen vor Tiere, Gewitter, Dunkelheit u. dgl., oder auf Dinge, die unverkennbar mit dem Sexuellen in irgend einer Art assoziiert sind, auf das Urinieren, die Defäkation, auf Beschmutzung und Ansteckung überhaupt" (Hervorh. im Or.)[17]. Aehnlich wie bei den Phobien kann Freud auch bei den Zwangsneurosen das Problem auf die Sexualität zurückführen. Aus den Beispielen Freuds sei eins herausgegriffen: "Eine junge Frau, die aus fünfjähriger Ehe nur ein Kind hatte, klagte mir über den Zwangsimpuls, sich vom Fenster oder Balkon zu stürzen, und über die Furcht, die sie beim Anblick eines scharfen Messers ergreife, ihr Kind zu erstechen. Der eheliche Verkehr, gestand sie zu, werde selten und nur mit Vorsicht gegen die Konzeption ausgeübt; allein das fehle ihr nicht, sie sei keine sinnliche Natur. Ich getraue mich darauf, ihr zu sagen, dass sie beim Anblicke eines Mannes erotische Vorstellungen bekomme, dass sie darum das Vertrauen zu sich verloren habe und sich als eine verworfene Person vorkomme, die zu allem fähig sei. Die Rückübersetzung der Zwangsvorstellung ins Sexuelle war gelungen; sie gestand sofort weinend ihr lange verborgenes eheliches Elend ein und teilte später auch peinliche

---

13 A.a.O. 62, (vgl. Falldarstellungen, I 99-251)
14 A.a.O. 65
15 Ebd.
16 A.a.O. 65f.
17 A.a.O. 68

Vorstellungen von verändert sexuellem Charakter mit, so die häufig wiederkehrende Empfindung, als ob sich etwas unter ihre Röcke dränge"[18].

Sicher braucht man das ätiologische Moment nicht so sehr, wie Freud das tut, auf das Sexuelle einzuengen und kann sagen: Bei der Frau kommt es zu zwangshaft erotischen Vorstellungen, weil sie das Vertrauen zu sich selbst verloren hat. Die Mordimpulse (gegen sich selbst und das Kind) zeigen, dass sie weder sich selbst, ihr Frausein, noch ihr Kind annehmen, bejahen kann. Damit im Zusammenhang steht ihre Ehezerrüttung, die sie sich aber nicht eingestehen will oder kann, wodurch eine Lösung des Konflikts verunmöglicht wird. Wahrscheinlich würde eine weitere Exploration ergeben, dass die Wurzeln ihres unglücklichen Lebens bis in ihre Kindheit zurückreichen, d.h., dass sie selbst nicht angenommen, nicht geliebt worden ist. Die peinlichen Vorstellungen sexueller Natur wären dann recht eigentlich Symptome, Symptome der falschen, lieblosen Weise des Existierens. In den triebhaften Impulsen kann man auch die Folge einer Mangelsituation, eine Mangelerscheinung, sehen. "Sie treten dort als triebhafter Drang auf, wo die mitmenschliche Kommunikation ihre Unmittelbarkeit verloren hat" (Gustav Bally)[19].

Eine solche Erklärungsweise hätte Freud allerdings als zu unwissenschaftlich ablehnen müssen. Der naturwissenschaftlichen Methode verpflichtet, oblag es ihm, die psychischen Erscheinungen quantitativ, energetisch zu erklären. Dazu bediente er sich einer "Hilfsvorstellung": "Es ist dies die Vorstellung, dass an den psychischen Funktionen etwas zu unterscheiden ist (Affektbetrag, Erregungssumme), das alle Eigenschaften einer Quantität hat - wenngleich wir kein Mittel besitzen, dieselbe zu messen - etwas, das der Vergrösserung, Verminderung, der Verschiebung und der Abfuhr fähig ist und sich über die Gedächtnisspuren der Vorstellungen verbreitet, etwa wie eine elektrische Ladung über die Oberfläche der Körper"[20]. Freuds theoretisches Denken bewegt sich in den genannten Kategorien. So kann z.B. eine Vorstellung nur erlebt werden, wenn sie mit (seelischer) Energie (=Libido) "besetzt" ist. Auch die innerseelischen Konflikte (zwischen den drei psychischen Instanzen Ich, Es und Ueberich) erklärt Freud mit Hilfe der Vorstellung von Energieverschiebung und -umwandlung. Die Energieverschiebung kann vom dynamischen und ökonomischen Gesichtspunkt aus betrachtet werden. Im seelischen Apparat herrscht das Lust-Unlustprinzip. Laut Freud ist der Mensch grundsätzlich bestrebt, Lust zu gewinnen und Unlust zu vermeiden. Angestaute Libido wird als Unlust

---

18 A.a.O. 71
19 G. Bally: Einführung.., 133.
20 Die Abwehr-Neurops., I 74.

empfunden, Abfuhr der Energie (Spannungslosigkeit) als Lust: "Es scheint, dass unsere gesamte Seelentätigkeit darauf gerichtet ist, Lust zu erwerben und Unlust zu vermeiden, dass sie automatisch durch das *Lustprinzip* reguliert wird... so viel darf man getrauen zu behaupten, dass die Lust *irgendwie* an die Verringerung, Herabsetzung oder das Erlöschen der im Seelenapparat waltenden Reizmenge gebunden ist, die Unlust aber an eine Erhöhung derselben" (Hervorh. im Or.)[21]. Die Aussenwelt, die Realität, lässt es aber nicht zu, dass der einzelne uneingeschränkt nach dem Lustprinzip leben kann. Dem Ich, den Ichtrieben (dem Selbsterhaltungstrieb im Unterschied zum Arterhaltungstrieb) kommt es zu, die Realität zu berücksichtigen, obwohl auch sie grundsätzlich unter dem Lustprinzip stehen wie der Sexualtrieb: "Das nämliche streben auch die anderen, die Ichtriebe anfänglich an. Aber unter dem Einfluss der Lehrmeisterin Not lernen die Ichtriebe bald, das Lustprinzip durch eine Modifikation zu ersetzen. Die Aufgabe, Unlust zu verhüten, stellt sich für sie fast gleichwertig neben die des Lustgewinns; das Ich erfährt, dass es unvermeidlich ist, auf unmittelbare Befriedigung zu verzichten, den Lustgewinn aufzuschieben, ein Stück Unlust zu ertragen und bestimmte Lustquellen überhaupt aufzugeben. Das so erzogene Ich ist 'verständig' geworden, es lässt sich nicht mehr vom Lustprinzip beherrschen, sondern folgt dem *Realitätsprinzip*, das im Grunde auch Lust erzielen will, aber durch die Rücksicht auf die Realität gesicherte, wenn auch aufgeschobene und verringerte Lust" (Hervorh. im Or.)[22].
Aus dem hier Gesagten dürfte schon deutlich geworden sein, wie Freud mit Hilfe der Sprache und der Begriffe der Naturwissenschaft den seelischen Erscheinungen Gestalt zu geben versucht. Wie schon erwähnt, hat er den direkten Anschluss an die Physiologie bald aufgegeben. Er erklärt also die seelischen Vorgänge nicht physiologisch, sondern psychologisch, wenngleich mit den aus der Tradition entlehnten Termini. In der Psychoanalyse Freuds haben nun diese Termini eine neue (psychologische) Bedeutung erhalten. Trotz Freuds zeitbedingter (mechanistischer) Vorstellungsweise hat er die mechanistische Betrachtungsweise des Menschen im Grunde schon überwunden. Ohne Zweifel hat Freud für die Psychologie grundlegende Erkenntnisse gewonnen. Der Sache nach hat er die entscheidende Bedeutung der zwischenmenschlichen Beziehung für die seelische Gesundheit des Menschen neu entdeckt. Er stellt fest, dass die gestörte Eltern-Kind-Beziehung den Hauptgrund für das Entstehen der Neurose bildet. Entsprechend geschieht dann die Heilung

---

21 Vorlesungen... XI 369, (vgl. Psycho-Analysis, XIV 301f.)
22 A.a.O. XI 370.

in einer mitmenschlichen Beziehung, in der Beziehung Arzt - Patient (durch die sog. Uebertragung und Gegenübertragung). Bezeichnend ist, dass Freud bald die Hypnose als Therapeutikum aufgeben musste, da sie keine Heilung auf Dauer gewährte. An ihre Stelle tritt "ein Gespräch zwischen zwei gleich wachen Personen"[23]. Freud entdeckt in der Sprache das eigentliche Therapeutikum. In der Begegnung mit dem Analytiker gewinnt der Analysand eine neue Beziehung zur Umwelt und zu sich selbst, er wird von der infantilen Fixierung an die Vergangenheit befreit, befreit aus der Verkettung an die Vergangenheit, um frei zu werden für die Zukunft. Im Wesentlichen geht es in der Analyse um einen Reifungsprozess, um eine Erziehung zum reifen Menschsein, denn "die Welt ist keine Kinderstube"[24], "der Infantilismus ist dazu bestimmt, überwunden zu werden. Der Mensch kann nicht ewig Kind bleiben, er muss endlich hinaus, ins 'feindliche Leben'. Man darf das 'die *Erziehung zur Realität*' heissen,.." (Hervorh. im Or.)[25]. "Die psychoanalytische Behandlung wird so zu einer Nacherziehung des Erwachsenen, einer Korrektur der Erziehung des Kindes"[26].
Nach dieser kurzen Einführung können wir uns dem Thema der Schuld zuwenden. Gleich eingangs sei bemerkt, dass Freud die Frage, was Schuld sei, explizit nicht stellt. Was ihm bei seinen Patienten auffällt, ist ihr Schuld*gefühl*. Es stellen sich uns demnach im Wesentlichen folgende Fragen: Welcher Art ist das Schuldgefühl, das Freud bei seinen Analysanden antrifft? - Welche Erklärung findet das Schuldgefühl in der Theorie Freuds? - Ist eine Befreiung vom Schuldgefühl möglich? - Impliziert nach Freud das Schuldgefühl auch eine echte Schuld?

B. Das Erscheinungsbild (Phänomen) des Schuldgefühls

Was ein "Schuldgefühl" bzw. "Schuldbewusstsein" ist (Freud braucht beide Termini meist synonym), weiss wohl jeder von uns aus eigener Erfahrung. Man kann in kurzer Umschreibung sagen, es sei das Gefühl, das Bewusstsein, etwas Schlechtes getan oder etwas (gefordertes) Gutes nicht getan zu haben, an irgend einem Unheil, Unglück, "schuld" zu sein. Es kann sich bis zum Gefühl steigern, man sei selbst ein schlechter Mensch, immer noch oder jedenfalls gewesen. Mehr oder weniger deutlich ausgeprägt findet Freud ein solches Schuldgefühl bei all sei-

---

23 Die Freudsche psychoanalytische Methode, V 5.
24 Neue Folge.., XV 181.
25 Die Zukunft.., XIV 373.
26 Psycho-Analysis, XIV 305.

nen Patienten. Am auffälligsten gebärdet es sich beim Depressiven, beim Melancholiker: "Der Kranke schildert uns sein Ich nichtswürdig, leistungsunfähig und moralisch verwerflich, er macht sich Vorwürfe, beschimpft sich und erwartet Ausstossung und Strafe. Er erniedrigt sich vor jedem anderen, bedauert jeden der Seinigen, dass er an eine so unwürdige Person gebunden sei"[27]. Die Melancholie zeigt uns das Bild des moralischen "Kleinheitswahnes", des "moralischen Masochismus"[28]. Der Melancholiker fühlt sich sowohl schuldig als auch minderwertig. Schuldgefühl und Minderwertigkeitsgefühl sind oft miteinander verknüpft, sie sind, wie Freud sagt, "überhaupt schwer auseinanderzuhalten"[29].

Neben der Melancholie ist es die Zwangsneurose, in der das Schuldgefühl eine bedeutende Rolle spielt. Freud schildert folgenden Fall: "Ein junges Mädchen leidet an Zwangvorwürfen. Las sie in der Zeitung von Falschmünzern, so kam ihr der Gedanke, sie habe auch falsches Geld gemacht; war irgendwo von einem unbekannten Täter eine Mordtat geschehen, so fragte sie sich ängstlich, ob sie nicht diesen Mord begangen habe. Dabei war sie sich der Ungereimtheit dieser Zwangsvorwürfe klar bewusst. Eine Zeitlang gewann das Schuldbewusstsein solche Macht über sie, dass ihre Kritik erstickt wurde und sie sich vor ihren Verwandten und vor dem Arzt anklagte, sie habe alle diese Untaten wirklich begangen"[30]. Die Analyse (Freud verwendete zunächst noch das Breuersche Verfahren "der Ausforschung in der Hypnose", das oft die Form eines "scharfen Verhörs" annahm[31]) konnte die Quelle des Schuldbewusstseins aufdecken: "Durch eine zufällige wollüstige Empfindung angeregt, hatte sie sich von einer Freundin zur Masturbation verleiten lassen und betrieb diese seit Jahren mit dem vollen Bewusstsein ihres Unrechts und unter den heftigsten, aber wie gewöhnlich nutzlosen Selbstvorwürfen. Ein Exzess nach dem Besuche eines Balles hatte die Steigerung zur Psychose hervorgerufen"[32]. Auf den ersten Blick scheint es, die Masturbation, d.h. die Patientin selber, sei schuld an der Entstehung der Neurose bzw. Psychose. Man könnte versucht sein, hier die Krankheit als Folge einer Sünde zu sehen. Selbst Freud scheint in diese Richtung zu weisen, obwohl er nicht das Unrecht, die Schuld, sondern die Sexualität in den Vordergrund stellt. So einfach liegen die Dinge allerdings nicht. Es stellt sich nämlich die Frage, aus welchem Grund das Mädchen der exzessiven Masturbation verfiel und warum ihr die "wie gewöhnlich nutzlosen Selbstvorwürfe" nichts halfen. Eine

---

27 Trauer.., X 431.
28 Das ökonomische Problem.., XIII 369ff.
29 Neue Folge. XV 71.
30 Die Abwehr-Neurops. I 69.
31 Ebd. und Studien.., I 99.
32 Die Abwehr-Neurops. I 69.

Analyse hätte also diesen Fragen nachzugehen. Zur Sache Onanie sei hier nur gesagt, dass sie je nach dem Lebensalter, in dem sie auftritt, verschieden bewertet werden muss. So tut es auch Freud[33]. Eine schädliche Wirkung der Onanie möchte Freud nicht ausschliessen. Sie bestünde u.a. darin, dass sie eine *"Fixierung infantiler Sexualziele"* und das "Verbleiben(s) im psychischen Infantilismus" ermöglicht[34]. Sicher zu Recht unterscheidet Freud das, "was man die *direkten* Schädigungen durch die Onanie heissen kann, und was sich in *indirekter* Weise aus dem Widerstand und der Auflehnung des Ichs gegen diese Sexualbetätigung ableitet" (Hervorh. im Or.)[35]. So betrachtet braucht man die schädigende Wirkung nicht in der Onanie selber zu sehen, sondern in der Auflehnung des Ichs, in den nutzlosen Selbstvorwürfen also. Die (bewusste) Onanie kann u.U. sogar positiv bewertet werden, dann nämlich, wenn die Sexualität ganz verdrängt worden ist und dann oft unbewusst onaniert wird (im Schlafe, in Anfällen)[36]. Freud sagt: "Mehrere von Ihnen werden bereits wie ich die Erfahrung gemacht haben, dass es einen grossen Fortschritt bedeutet, wenn der Patient sich während der Behandlung wiederum der Onanie getraut, wenngleich er nicht die Absicht hat, dauernd auf dieser infantilen Station zu verweilen"[37].

Das eben angeführte praktische Beispiel Freuds zeigt deutlich den Vorgang der "falschen Verknüpfung". Die Zwangsvorwürfe des Mädchens haben sich von ihrem ursprünglichen Beziehungspunkt losgelöst und auf einen anderen verschoben. Laut Freud ist dabei eine Abwehr am Werk, eine der Person unverträgliche Vorstellung muss vom Bewusstsein ferngehalten werden. Es geschieht eine "Abwehr der unverträglichen Vorstellung durch Trennung derselben von ihrem Affekt". Die unverträgliche Vorstellung "bleibt abseits von aller Assoziation im Bewusstsein übrig, ihr *frei gewordener Affekt aber hängt sich an andere, an sich nicht unverträgliche Vorstellungen an, die durch diese 'falsche Verknüpfung' zu Zwangsvorstellungen werden"* (Hervorh. im Or.)[38].

Die unverträgliche und deshalb abgewehrte Vorstellung braucht nicht in jedem Fall sexueller Natur zu sein, sie kann auch eine Aggression zum Inhalt haben. Zum Beispiel macht sich ein Patient Freuds, ein junger Mann, Vorwürfe, dass er beim Tode seines Vaters nicht anwesend war. Die Erinnerung an sein Versäumnis beginnt ihn entsetzlich zu quälen, so dass er sich als Verbrecher betrachtet[39]. Freud erklärt

---

33 Schlusswort.., VIII 336.
34 A.a.O. 342.
35 A.a.O. 343.
36 A.a.O. 344.
37 A.a.O. 344f.
38 A.a.O. 65f.
39 Bemerkungen.., VII 398f.

seinem Patienten: "Wenn eine Mesalliance zwischen Vorstellungsinhalt und Affekt, also zwischen Grösse des Vorwurfs und Anlass des Vorwurfs vorliegt, so würde der Laie sagen, der Affekt sei zu gross für den Anlass, also übertrieben, die aus dem Vorwurfe gezogene Folgerung, ein Verbrecher zu sein, sei also falsch. Der Arzt sagt im Gegenteil: Nein, der Affekt ist berechtigt, das Schuldbewusstsein ist nicht weiter zu kritisieren, aber es gehört zu einem andern Inhalte, der nicht bekannt (*unbewusst*) ist und der erst gesucht werden muss. Der bekannte Vorstellungsinhalt ist nur durch falsche Verknüpfung an diese Stelle geraten. Wir sind aber nicht gewohnt, starke Affekte ohne Vorstellungsinhalt in uns zu verspüren, und nehmen daher bei fehlendem Inhalt einen irgendwie passenden anderen als Surrogat auf, etwa wie unsere Polizei, wenn sie den richtigen Mörder nicht erwischen kann, einen unrechten an seiner Stelle verhaftet" (Hervorh. im Or.)[40]. Es stellt sich nun heraus, dass der Patient im Verborgenen einen Todeswunsch gegen seinen Vater hegt. Dieser Wunsch ist ihm nicht bewusst, er steht sogar im "kontradiktorische(n) Gegensatz zum Bewussten", der Vater ist dem jungen Mann "der liebste aller Menschen"[41]. Die unbewusste Feindschaft kommt daher, dass der Vater ihn in seiner Liebe zu einer Frau stört, ihm im Wege steht, (natürlich nur vermeintlich,- denn der Vater ist ja gestorben - aufgrund einer Identifikation des Sohnes mit dem Vater). Der Todeswunsch kann aber nur in Form einer Befürchtung bewusst werden. Eine seiner Zwangsideen lautet: *"Wenn ich die Dame heirate, geschieht dem Vater ein Unglück* (im Jenseits)" (Hervorh. im Or.)[42]. Wenn wir ergänzend beifügen, dass der Vater oft jähzornig wurde und den Patienten (als Knaben) auch verprügelte, dann lautet die Zwangsvorstellung in Wirklichkeit: "Wenn der Vater lebte, so würde er über meinen Vorsatz, die Dame zu heiraten, ebenso wütend werden wie damals in der Kinderszene, so dass ich wiederum eine Wut gegen ihn bekäme und ihm alles Böse wünschte, was sich kraft der Allmacht meiner Wünsche an ihm erfüllen müsste"[43]. - Unser Patient liebt und hasst also seinen Vater gleichzeitig. Den Hass kann er sich jedoch nicht eingestehen. Irgendwie weiss er zwar darum, und deswegen muss er sich selbst seiner Liebe zum Vater um so mehr bewusst werden. Man sollte meinen, "dass die grosse Liebe längst den Hass überwunden hätte oder von ihm aufgezehrt worden wäre". Das ist aber nicht der Fall. Die Hassgefühle sind nur verdrängt und werden durch die grosse Liebe kompensiert, die Liebe ist eine "Reaktionsbildung": "Die Liebe hat den Hass nicht auslöschen, sondern nur ins Unbewusste drängen können, und

40 A.a.O. 399f.
41 A.a.O. 403.
42 A.a.O. 443.
43 A.a.O. 443f.

im Unbewussten kann er, gegen die Aufhebung durch die Bewusstseinseinwirkung geschützt, sich erhalten und selbst wachsen. Die bewusste Liebe pflegt unter diesen Umständen reaktionsweise zu einer besonders hohen Intensität anzuschwellen, damit sie der ihr konstant auferlegten Arbeit gewachsen sei, ihr Gegenspiel in der Verdrängung zurückzuhalten"[44]. - Die ambivalente Gefühlseinstellung zeigt der Patient übrigens auch seiner Geliebten gegenüber. Den Kampf zwischen Liebe und Hass, die Ambivalenz, stellt folgende Zwangshandlung plastisch dar: "Am Tage, als sie abreiste, stiess er mit dem Fuss gegen einen auf der Strasse liegenden Stein und *musste* ihn nun auf die Seite räumen, weil ihm die Idee kam, in einigen Stunden werde ihr Wagen auf derselben Strasse fahren und vielleicht an diesem Stein zu Schaden kommen, aber einige Minuten später fiel ihm ein, das sei doch ein Unsinn, und er *musste* nun zurückgehen und den Stein wieder an seine frühere Stelle mitten auf der Strasse legen" (Hervorh. im Or.)[45]. Die ambivalente Beziehung des Mannes zur Geliebten ist zum Teil begreiflich, da diese seine ersten Werbungen vor zehn Jahren zurückgewiesen hatte[46]. Im Schwanken der Liebe zwischen dem Vater und der Frau sieht Freud eine normale Erscheinung, dem schon das Kind (im Schwanken zwischen Vater und Mutter) ausgesetzt sei. Der "Gegensatz zwischen dem Vater und der Geliebten und der Widerspruch von Liebe und Hass in jedem einzelnen Verhältnisse" haben, wie Freud meint, "inhaltlich wie genetisch nichts miteinander zu schaffen"[47]. Freud wendet denn auch sein Interesse dem Konflikt zwischen Hass und Liebe als solchem zu. Es scheint jedoch, dass die Beziehung zum Vater und jene zur Frau durchaus etwas miteinander zu tun haben. Die infantile Gefühlsbindung an den Vater verhindert oder erschwert offenbar eine reife Bindung an die Frau. Parallel mit dem Bewusstwerden des Hasses dem Vater gegenüber muss auch eine Ablösung vom Vater erfolgen, die infantile Bindung muss durch eine reife Beziehung ersetzt werden. Der Patient muss selbständig werden, er muss eine dem (vermeintlichen) Willen des Vaters widersprechende Haltung einnehmen können, ohne Furcht vor Strafe und ohne den daraus resultierenden Hass. Dann brauchen im Gefühlsleben des Patienten Vater und Frau nicht mehr zwei konkurrierende Grössen zu sein.

Wir wollen das bisher Gesagte kurz zusammenfassen: Das Schuldgefühl bezieht sich entweder auf eine verpönte und deshalb verdrängte Liebe[48], auf einen sexuellen, (zu recht oder zu unrecht) nicht akzeptierten

---

44 A.a.O. 455.
45 A.a.O. 412.
46 A.a.O. 416.
47 A.a.O. 454.
48 Wie z.B. die Liebe zum Schwager der "Fräulein Elisabeth v.R.", s. Krankengeschichten, I 222.

Wunsch, auf eine unreife Form der Sexualbetätigung (wie Onanie) - oder anderseits auf eine verdrängte, abgewehrte Aggressionsneigung (Feindseligkeit, Hass, Todeswunsch), wobei die (gestörte) Beziehung zu den Eltern (eine infantile Vater- oder Mutterbindung) eine wichtige Rolle zu spielen scheint.
Bislang war nur vom bewussten Schuldgefühl die Rede, d.h. von Fällen, da der Patient sich tatsächlich schuldig fühlt. Interessant ist nun, dass Freud auch von einem "unbewussten" Schuldgefühl, von einem "unbewussten Schuldbewusstsein" spricht, "mit Hinwegsetzung über das Sträuben der hier zusammentreffenden Worte"[49]. Welche Beobachtungen berechtigen Freud zu dieser Annahme? Zur Beantwortung kehren wir nochmals zur zuletzt besprochenen Falldarstellung Freuds zurück: Die Geliebte des Mannes war abgereist, um ihre schwer erkrankte Grossmutter zu pflegen. Mitten im Studium fiel dem Manne das Gebot ein, sich mit dem Rasiermesser den Hals durchzuschneiden. Wie er nun zum Schranke ging, um das Rasiermesser zu holen, fiel ihm ein: "Nein, so einfach ist das nicht. Du musst (Freud ergänzt: "vorher") hinreisen und die alte Frau umbringen. Da fiel er vor Entsetzen auf den Boden"[50]. Freud sieht im Selbstmordimpuls eine Selbstbestrafungstendenz am Werk, als Reaktion auf den Wunsch des Mannes, die alte Frau umzubringen, da diese ihn seiner Geliebten beraube[51]. Ausserdem stellt sein neurotisches Leiden selbst eine Selbstbestrafung dar. Obschon der Patient nicht glaubt, je einen bösen Wunsch gegen seinen Vater gehabt zu haben, fällt ihm eine Novelle von *Sudermann* ein, "in welcher eine Schwester am Krankenbette der andern diesen Todeswunsch gegen sie verspüre, um deren Mann heiraten zu können. Sie töte sich dann, weil sie nach solcher Gemeinheit nicht verdiene zu leben". Und der Patient fügt hinzu: "Er verstehe das, und es sei ihm ganz recht, wenn er an seinen Gedanken zugrunde gehe, denn er verdiene es nicht anders"[52]. Eine solche Selbstbestrafungsneigung findet Freud bei seinen Kranken regelmässig und zwar auch dann, wenn sie sich nicht schuldig fühlen. Da für Freud ein Strafbedürfnis ohne Schuldgefühl offenbar nicht denkbar ist, spricht er in diesen Fällen von einem *unbewussten* Schuldgefühl. Die Tatsache der Erkrankung selber verrät schon die Existenz eines (unbewussten) Schuldgefühls. Freud stellt fest, dass die Kranken sich der Genesung widersetzen, sie zeigen eine *"negative therapeutische Reaktion"* (Hervorh. im Or.)[53]: "Das Individuum soll

49 Zwangshandlungen.., VII 135.
50 Bemerkungen.., VII 410.
51 Ebd.
52 A.a.O. 406.
53 Das Ich und das Es, XIII 278.

nicht gesund werden, sondern krank bleiben, denn es verdient nichts besseres"[54]. Freud sieht im Krankheits- und Leidensbedürfnis "einen der schwersten Widerstände und die grösste Gefahr für den Erfolg unserer ärztlichen oder erzieherischen Absichten"[55]. Ein Strafbedürfnis zeigen z.B. auch jene Leute, "die am Erfolg scheitern", die das Glück, das ihnen die Welt anbietet, nicht annehmen können[56]. Ferner ist das Strafbedürfnis auch bei den "Verbrecher(n) aus Schuldbewusstsein" am Werk. Die analytische Arbeit Freuds brachte "das überraschende Ergebnis", dass unerlaubte Handlungen wie Diebstähle, Betrügereien und selbst Brandstiftungen "vor allem darum vollzogen wurden, weil sie verboten und weil mit ihrer Ausführung eine seelische Erleichterung für den Täter verbunden war. Er litt an einem drückenden Schuldbewusstsein unbekannter Herkunft, und nachdem er ein Vergehen begangen hatte, war der Druck gemildert. Das Schuldbewusstsein war wenigstens irgendwie untergebracht"[57]. Schon bei Kindern "kann man ohne weiteres beobachten, dass sie 'schlimm' werden, um Strafe zu provozieren, und nach der Bestrafung beruhigt und zufrieden sind"[58]. Etwas ähnliches tun gelegentlich auch die Neurosekranken: "Dieses Schuldbewusstsein" - "wie es mit Hinwegsetzung über die Tatsache genannt wird, dass es der Kranke nicht verspürt und nicht erkennt" - "erklärt auch die gelegentlich beobachtete Heilung oder Besserung schwerer Neurosen durch reale Unglücksfälle"[59].

Das Schuldgefühl kann selber unbewusst sein und sich 'nur' im Strafbedürfnis äussern. An die Stelle des Begriffes "unbewusstes Schuldbewusstsein" kann man deshalb auch den Begriff "Strafbedürfnis" setzen. Freud erklärt: "Das unbewusste Schuldgefühl wird uns von den Patienten nicht leicht geglaubt. Sie wissen zu gut, in welchen Qualen (Gewissensbissen) sich ein bewusstes Schuldgefühl, Schuldbewusstsein, äussert, und können darum nicht zugeben, dass sie ganz analoge Regungen in sich beherbergen sollten, von denen sie so gar nichts verspüren. Ich meine, wir tragen ihrem Einspruch in gewissem Masse Rechnung, wenn wir auf die ohnehin psychologisch inkorrekte Benennung 'unbewusstes Schuldgefühl' verzichten und dafür 'Strafbedürfnis' sagen, womit wir den beobachteten Sachverhalt ebenso treffend decken. Wir können und aber nicht abhalten lassen, dies unbewusste Schuldgefühl nach dem Muster des bewussten zu beurteilen und zu lokalisieren"[60].

---

54 Abriss.., XVII 106.
55 Das ökonomische Problem.., XII 378.
56 Einige Charaktertypen, X 370ff.
57 A.a.O. 390.
58 A.a.O. 391, vgl. Hans Zulliger: Was weisst du vom Gewissen deines Kindes, Stuttgart 1954, Umgang mit dem kindlichen Gewissen, Stuttgart 4. Aufl. 1965.
59 Abriss.., XVII 105f.
60 Das ökonomische Problem.., XIII 379.

Es ist einigermassen erstaunlich, wie Freud Strafbedürfnis und Schuldbewusstsein miteinander liiert. Es würde naheliegen, an dieser Stelle auch die Schuldfrage aufzuwerfen, was Freud allerdings unterlässt. Soviel steht auch für ihn fest, dass das Schuldgefühl etwas mit dem Moralischen im Menschen zu tun hat: "Man kommt endlich zur Einsicht, dass es sich um einen sozusagen 'moralischen' Faktor handelt, um ein Schuldgefühl, welches im Kranksein seine Befriedigung findet und auf die Strafe des Leidens nicht verzichten will. An dieser wenig tröstlichen Aufklärung darf man endgültig festhalten"[61]. Wir wissen schon, dass dem Analytiker der Kampf gegen dieses unbewusste Schuldgefühl - "es sagt ihm (dem Kranken) nicht, dass er schuldig ist, er fühlt sich nicht schuldig, sondern krank"[62] - nicht leicht gemacht wird. "Man kann direkt nichts dagegen tun", erklärt Freud, "indirekt nichts anderes, als dass man langsam seine unbewusst verdrängten Begründungen aufdeckt, wobei es sich allmählich in bewusstes Schuldgefühl verwandelt"[63]. Einige Begründungsmöglichkeiten des bewussten Schuldgefühls haben wir schon aufgezeigt. Es fragt sich nun, ob der Analysand sich bei der Umwandlung des unbewussten ins bewusste Schuldgefühl wirklich schuldig zu fühlen hat, d.h., ob er sein Schuldigsein auf sich nehmen muss, sofern ein solches Schuldigsein überhaupt vorliegt. Doch bevor wir auf die Frage nach der Beziehung zwischen Schuldgefühl und Schuld, zwischen Neurose und Schuld, eigens eingehen, müssen wir noch näher die Frage nach der Begründung des Schuldgefühls erörtern und zeigen, welche Erklärung das Schuldgefühl in Freuds theoretischem System findet.

C. Das Schuldgefühl und Freuds Theorie

Seiner theoretischen Voraussetzung gemäss versucht Freud, das Schuldgefühl triebdynamisch, triebökonomisch zu erklären. Eine einfache Begründung gibt Freud zunächst allerdings nicht für das Schuldgefühl, sondern für die bei neurotisch Erkrankten ebenso häufig anzutreffende *Angst*. Bis zu seiner Schrift "Hemmung, Symptom und Angst"[64] vertritt Freud die Auffassung, dass sich Libido (sexuelle Erregung) selbst in Angst verwandle. Da bei der Neurose eine dem Ich anstössige Vorstellung der Verdrängung unterliegt, stellt sich die Frage, was mit dem entsprechenden Affekt geschieht. "Was mit dem Affekt geschieht, der an der verdrängten Vorstellung hing, das haben wir immer beiseite gelassen,

---

61 Das Ich und das Es XII 279.
62 Ebd.
63 Ebd. (Fussnote)
64 Hemmung.., XIV 111ff.

und wir erfahren erst jetzt, dass es das nächste Schicksal dieses Affektes ist, in Angst verwandelt zu werden, in welcher Qualität immer er sich sonst bei normalem Ablauf gezeigt hätte. Diese Affektverwandlung ist aber das bei weitem wichtigere Stück des Verdrängungsvorganges"[65].

Freud hat festgestellt, "dass bestimmte sexuelle Praktiken wie Coitus interruptus, frustrane Erregung, erzwungene Abstinenz Angstausbrüche und eine allgemeine Angstbereitschaft erzeugen, also immer, wenn die Sexualerregung in ihrem Ablauf zur Befriedigung gehemmt, aufgehalten oder abgelenkt wird"[66]. Angst ist also ein Libido-Ersatz, "abnorm verwendete Libido", die in Angst umgesetzt, als Angst abgeführt wird[67].

Die Angst gehört auch zum Syndrom der Zwangsneurose und Hysterie. Wenn wir die Zwangskranken "an der Ausführung ihrer Zwangshandlung, ihres Waschens, ihres Zeremoniells zu hindern versuchen, oder wenn sie selbst den Versuch wagen, einen ihrer Zwänge aufzugeben, so werden sie durch eine entsetzliche Angst zur Gefügigkeit gegen den Zwang genötigt. Wir verstehen, dass die Angst durch die Zwangshandlung gedeckt war, und dass diese nur ausgeführt wurde, um die Angst zu ersparen. Es wird also bei der Zwangsneurose die Angst, die sich sonst einstellen müsste, durch Symptombildung ersetzt,.."[68]. Den Vorgang bei der hysterischen Phobie stellt sich Freud wie folgt vor: "Wenn wir die Situation, aus welcher die Angst oder von Angst begleitete Symptome hervorgegangen sind, der Analyse unterziehen, so können wir in der Regel angeben, welcher normale psychische Ablauf unterblieben ist und sich durch das Angstphänomen ersetzt hat. Drücken wir uns anders aus: Wir konstruieren den unbewussten Vorgang so, als ob er keine Verdrängung erfahren und sich ungehindert zum Bewusstsein fortgesetzt hätte. Dieser Vorgang wäre auch von einem bestimmten Affekt begleitet gewesen, und nun erfahren wir zu unserer Ueberraschung, dass dieser den normalen Ablauf begleitende Affekt nach der Verdrängung in jedem Falle durch Angst ersetzt wird, gleichgültig, was seine eigene Qualität ist. Wenn wir also einen hysterischen Angstzustand vor uns haben, so kann sein unbewusstes Korrelat eine Regung von ähnlichem Charakter sein, also von Angst, Scham, Verlegenheit, ebenso eine positiv libidinöse Erregung oder eine feindselig aggressive, wie Wut und Aerger. Die Angst ist also die allgemein gangbare Münze, gegen welche alle Affektregungen eingetauscht werden oder werden können, wenn der dazugehörige Vorstellungsinhalt der Verdrängung unterlegen ist"[69].

---

65 Vorlesungen... XI 425.
66 Hemmung.., XIV 138.
67 Vorlesungen.., XI 420 u. 422.
68 A.a.O. 419.
69 A.a.O. 418f.

Es ist naheliegend, sich die Entstehung des Schuldgefühls auf die selbe Weise vorzustellen wie jene der Angst, zumal das Schuldgefühl "viel von der Natur der Angst hat"[70] - nämlich als Umsetzung von Libido. Freud spricht denn auch einmal davon, dass das Schuldgefühl die Folge einer Libidoverwandlung sei. Er sagt, dass das von einem Menschen in sich aufgerichtete Ideal (das "Ichideal") die Libido binde. Wenn nun das Ideal nicht befriedigt werde, so würde sich die Libido in Schuldgefühl verwandeln: "Die Unbefriedigung durch Nichterfüllung dieses Ideals macht homosexuelle Libido frei, welche sich in Schuldbewusstsein (soziale Angst) verwandelt"[71].

Das Schuldgefühl hat viel von der Natur der Angst. Es besagt aber weniger Angst vor den Triebansprüchen des Es als vielmehr Angst vor den Ansprüchen des Ichideals, des Gewissens; "es kann ohne Bedenken als 'Gewissensangst' beschrieben werden"[72]. Der Frage nach dem Wesen und der Genese des Gewissens wollen wir nun zusammen mit Freud nachgehen, in der Hoffnung, dann auch mehr über das Schuldgefühl sagen zu können.

Wir haben gesehen, dass eine Verdrängung dann zustande kommt, wenn ein Triebanspruch mit dem Ich unvereinbar ist. Der Anspruch braucht jedoch nicht mit dem unverträglich zu sein, was das Ich tatsächlich ist, sondern mit dem, was es sein soll, wie das Ich sein möchte, mit dem also, was Freud "Ideal-Ich", "Ich-Ideal" nennt. Die libidinösen Triebregungen, "Eindrücke, Erlebnisse, Impulse, Wunschregungen" werden "in voller Empörung zurückgewiesen oder bereits vor ihrem Bewusstwerden erstickt", "wenn sie in Konflikt mit den kulturellen und ethischen Vorstellungen des Individuums geraten"[73]. Von seiten des Ichs ist also die Idealbildung die "Bedingung der Verdrängung", ihre "stärkste Begünstigung"[74]. Freud führt nun das Gewissen, bzw. das Ideal, "als dessen Wächter das Gewissen bestellt ist"[75], als eigene Instanz in den psychischen Apparat ein: "Es wäre nicht zu verwundern, wenn wir eine besondere psychische Instanz auffinden sollten, welche die Aufgabe erfüllt, über die Sicherung der narzisstischen Befriedigung aus dem Ichideal zu wachen, und in dieser Absicht das aktuelle Ich unausgesetzt beobachtet und am Ideal misst. Wenn eine solche Instanz existiert, so kann es uns unmöglich zustossen, sie zu entdecken; wir können sie nur als solche agnoszieren und dürfen uns sagen, dass das, was wir unser *Gewissen* heissen, diese Charakteristik erfüllt" (Hervorh. im Or.)[76].

---

70 Totem und Tabu IX 86.
71 Zur Einführung.., X 169.
72 Totem und Tabu IX 86.
73 Zur Einführung.., X 160.
74 A.a.O., 161f.
75 A.a.O., 163.
76 A.a.O., 162.

Gleich an dieser Stelle wollen wir beachten, dass Freud von einer "narzisstischen" Befriedigung des Ichs spricht. Es handelt sich also um eine Art Selbst-Liebe. Freud nimmt an, dass sie in der frühen Kindheit dem Ich galt, dann aber vom Ich auf das Ichideal verschoben wurde: "Diesem Ichideal gilt nun die Selbstliebe, welche in der Kindheit das wirkliche Ich genoss. Der Narzissmus erscheint auf dieses neue ideale Ich verschoben, welches sich wie das infantile im Besitz aller wertvollen Vollkommenheiten befindet. Der Mensch hat sich hier, wie jedesmal auf dem Gebiete der Libido, unfähig erwiesen, auf die einmal genossene Befriedigung zu verzichten. Er will die narzisstische Vollkommenheit seiner Kindheit nicht entbehren, und wenn er diese nicht festhalten konnte, durch die Mahnungen während seiner Entwicklungszeit gestört und in seinem Urteil geweckt, sucht er sie in der neuen Form des Ichideals wieder zu gewinnen. Was er als sein Ideal vor sich hin projiziert, ist der Ersatz für den verlorenen Narzissmus seiner Kindheit, in der er sein eigenes Ideal war"[77].

In der Schrift "Das Ich und das Es" nennt Freud die neue Instanz auch "Ueber-Ich". Zunächst braucht er beide Termini (Ichideal und Ueberich) synonym. Dann aber bezeichnet er mit "Ich-Ideal" vorwiegend den Inhalt der Instanz, eben das Ideal, den Massstab. Meist nennt nun Freud die neue Instanz "Ueber-Ich". Es ist "der Träger des Ich-Ideals, an dem das Ich sich misst, dem es nachstrebt, dessen Anspruch auf immer weiter gehende Vervollkommnung es zu erfüllen bemüht ist"[78]. Freud schreibt dem Ueber-Ich verschiedene Funktionen zu: Die Idealfunktion, die Selbstbeobachtung, das moralische Gewissen (das Richten und Strafen), die Traumzensur und den Haupteinfluss bei der Verdrängung[79].

Wie kommt Freud überhaupt dazu, eine neue Instanz im psychischen Apparat anzunehmen, "eine Stufe im Ich", "eine Differenzierung innerhalb des Ichs"?[80]. Auch hier ist es seine ärztliche Erfahrung (mit der Melancholie und dem Beobachtungswahn), die ihm eine solche Annahme nahelegt und ihm zudem die Möglichkeit gibt, etwas über die Genese dieses Ueber-Ichs zu sagen. Wir haben schon gehört, wie der Melancholiker sich mit Selbstvorwürfen plagt. Freud führt dazu aus: "Wir sehen bei ihm, wie sich ein Teil des Ichs dem anderen gegenüberstellt, es kritisch wertet, es gleichsam zum Objekt nimmt. Unser Verdacht, dass die hier vom Ich abgespaltene kritische Instanz auch unter anderen Verhältnissen ihre Selbständigkeit erweisen könne, wird durch alle weiteren Beobachtungen bestätigt werden. Wir werden wirklich Grund finden,

---

77 A.a.O. 161.
78 Neue Folge.., XV 71.
79 A.a.O. 65 u. 72, Massenpsychologie.., XII 121.
80 Das Ich und das Es XIII 256.

diese Instanz vom übrigen Ich zu sondern. Was wir hier kennen lernen, ist die gewöhnlich *Gewissen* genannte Instanz" (Hervorh. im Or.)[81]. Der Melancholiker führt Freud noch auf eine andere Vermutung: "Hört man die mannigfachen Selbstanklagen des Melancholikers geduldig an, so kann man sich endlich des Eindruckes nicht erwehren, dass die stärksten unter ihnen zur eigenen Person oft sehr wenig passen, aber mit geringfügigen Modifikationen einer anderen Person anzupassen sind, die der Kranke liebt, geliebt hat oder lieben sollte. So oft man den Sachverhalt untersucht, bestätigt er diese Vermutung. So hat man den Schlüssel des Krankheitsbildes in der Hand, indem man die Selbstvorwürfe als Vorwürfe gegen ein Liebesobjekt erkennt, die von diesem weg auf das eigene Ich gewälzt sind"[82]. Zu einem anderen Beispiel erklärt Freud: "Die Frau, die laut ihren Mann bedauert, dass er an eine so untüchtige Frau gebunden ist, will eigentlich die Untüchtigkeit des Mannes anklagen, in welchem Sinne diese auch gemeint sein mag"[83]. Von daher wird auch verständlich, warum das Benehmen der Kranken nicht die "Demut und Unterwürfigkeit" bezeugt, "die allein so unwürdigen Personen geziemen würde, sie sind vielmehr im höchsten Grade quälerisch, immer wie gekränkt und als ob ihnen ein grosses Unrecht widerfahren wäre"[84]. Freud sieht in diesem psychischen Vorgang die Ablösung einer Objektbesetzung durch eine Identifizierung; die Libido, die an eine andere Person gebunden war, wird dabei ins eigene Ich zurückgezogen. "Die Objektbesetzung erwies sich als wenig resistent, sie wurde aufgehoben, aber die freie Libido nicht auf ein anderes Objekt verschoben, sondern ins Ich zurückgezogen. Dort fand sie aber nicht eine beliebige Verwendung, sondern diente dazu, eine *Identifizierung* des Ichs mit dem aufgegebenen Objekt herzustellen. Der Schatten des Objekts fiel so auf das Ich, welches nun von einer besonderen Instanz wie ein Objekt, wie das verlassene Objekt, beurteilt werden konnte. Auf diese Weise hatte sich der Objektverlust in einen Ichverlust verwandelt, der Konflikt zwischen dem Ich und der geliebten Person in einen Zwiespalt zwischen der Ichkritik und dem durch Identifizierung veränderten Ich" (Hervorh. im Or.)[85]. Die Darstellung des Sachverhalts mag hier etwas kompliziert erscheinen. Vereinfachend könnte man auch sagen, dass der Vorwurf, der einer andern Person galt, gegen das eigene Ich gerichtet wurde. So sagt es Freud dann auch - worauf wir noch zurückkommen.

---

81 Trauer und Melancholie X 433.
82 A.a.O. 434.
83 Ebd.
84 A.a.O. 434f.
85 A.a.O. 435.

Wie die Melancholie eine Ich-Spaltung verrät, so auch der Beobachtungswahn. Freud schreibt: "Aus der Analyse des Beobachtungswahnes haben wir den Schluss gezogen, dass es im Ich wirklich eine Instanz gibt, die unausgesetzt beobachtet, kritisiert und vergleicht und sich solcherart dem anderen Anteil des Ichs entgegenstellt. Wir meinen also, dass der Kranke uns eine noch nicht genug gewürdigte Wahrheit verrät, wenn er sich beklagt, dass jeder seiner Schritte ausgespäht und beobachtet, jeder seiner Gedanken gemeldet und kritisiert wird. Er irrt nur darin, dass er diese unbequeme Macht als etwas ihm Fremdes nach aussen verlegt. Er verspürt das Walten einer Instanz in seinem Ich, welches sein aktuelles Ich und jede seiner Betätigungen an einem *Ideal-Ich* misst, das er sich im Laufe seiner Entwicklung geschaffen hat" (Hervorh. im Or.)[86]. Freud nimmt an, dass "eine solche Macht, die alle unsere Absichten beobachtet, erfährt und kritisiert, wirklich besteht, und zwar bei uns allen im normalen Leben"[87]. Interessant ist nun, dass der Beobachtungswahn etwas über die Herkunft der kritisierenden Instanz verrät, insofern nämlich der Kranke "die Entwicklungsgeschichte des Gewissens regressiv reproduziert"[88]. Die Instanz ist zu verstehen "aus den Einflüssen von Eltern, Erziehern und sozialer Umgebung, aus den Identifizierungen mit einzelnen dieser vorbildlichen Personen"[89].
Die Entstehungszeit des Ueber-Ichs führt uns zurück in die frühe Kindheit. Freud sieht im Ueber-Ich "das Ergebnis zweier höchst bedeutsamer biologischer Faktoren, der langen kindlichen Hilflosigkeit und Abhängigkeit des Menschen und der Tatsache seines Oedipuskomplexes...[90]."
Sehen wir etwas näher zu, wie es zur Einsetzung des Ueber-Ichs kommt.
Die Bildung des Ueber-Ichs basiert auf der Identifizierung, welche in der Psychoanalyse "als früheste Aeusserung einer Gefühlsbindung an eine andere Person bekannt" ist[91]. Sie spielt schon für das Kleinkind eine bedeutende Rolle: das Kind will so werden und so sein wie sein Vater oder seine Mutter ist, es nimmt sie zum Ideal. Neben der Identifizierung gibt es auch eine andere Form der Beziehung, die Freud Objektbeziehung, Objektwahl nennt. Der Unterschied zur ersteren entspricht dem zwischen Sein und Haben: "Wenn der Knabe sich mit dem Vater identifiziert, so will er so *sein* wie der Vater; wenn er ihn zum Objekt seiner Wahl macht, so will er ihn *haben*, besitzen." Der Unterschied ist für das Ich (des Knaben) bedeutsam, denn "im ersten Fall

---

86 Vorlesungen XI 444.
87 Zur Einführung.., X 163.
88 Ebd.
89 Vorlesungen.., XI 444.
90 Das Ich und das Es XIII 263.
91 Massenpsychologie.., XIII 115.

wird sein Ich nach dem Vorbild des Vaters verändert, im zweiten Fall ist dies nicht notwendig" (Hervorh. im Or.)[92]. Freud hat den Unterschied beider Beziehungen sowohl "an Kindern wie Erwachsenen, normalen und kranken Menschen" beobachten können. Sehr oft wird die Objektwahl durch die (entwicklungsgeschichtlich frühere) Identifizierung abgelöst: "Wenn man ein Objekt verloren hat oder es aufgeben musste, so entschädigt man sich oft genug dadurch, dass man sich mit ihm identifiziert, es in seinem Ich wieder aufrichtet, so dass hier die Objektwahl gleichsam zur Identifizierung regrediert"[93]. Eine soche Umwandlung der Objektbesetzung in eine Identifizierung findet nun laut Freud auch beim Untergang des Oedipuskomplexes statt. Der Oedipuskomplex des Knaben besteht darin, dass dieser (neben der Identifizierung mit dem Vater) "eine richtige Objektbesetzung der Mutter" vornimmt. Nach einer Weile merkt der Kleine, "dass ihm der Vater bei der Mutter im Wege steht; seine Identifizierung mit dem Vater nimmt jetzt eine feindselige Tönung an und wird mit dem Wunsch identisch, den Vater auch bei der Mutter zu ersetzen"[94]. Analog ist die Bindung beim Mädchen. Wie der Sohn beginnt, "eine besondere Zärtlichkeit für die Mutter zu entwickeln, die er als sein eigen betrachtet, und den Vater als Konkurrenten zu empfinden, der ihm diesen Alleinbesitz streitig macht", so "sieht die kleine Tochter in der Mutter eine Person, die ihre zärtliche Beziehung zum Vater stört und einen Platz einnimmt, den sie sehr gut selbst ausfüllen könnte"[95]. Der infantile Wunsch des Knaben, die Mutter zur Frau zu nehmen und den Vater zu beseitigen, kann natürlich nicht erfüllt werden, der Oedipuskomplex ist zum Untergang verurteilt. Den unmittelbaren Anlass dazu sieht Freud in der Kastrationsandrohung[96]. Im weiteren Sinne darf man in der Kastrationsangst die "Angst vor dem Liebesverlust" von seiten der Eltern erblicken, welche Angst "ersichtlich eine Fortbildung der Angst des Säuglings (ist), wenn er die Mutter vermisst"[97]. Aus Angst vor Liebesverlust und Strafe wird die libidinöse Objektbeziehung aufgegeben und die Identifizierung verstärkt. In der Identifikation werden die Elternimagines ins eigene Ich aufgenommen (introjiziert), wodurch es zur Bildung der neuen Instanz, des Ueber-Ichs kommt. "Die ins Ich introjizierte Vater- oder Elternautorität bildet dort den Kern des Ueber-Ichs, welches vom Vater die Strenge entlehnt, sein Inzestverbot perpetuiert und so das Ich gegen die Wiederkehr der libidinösen Objektbesetzung versichert. Die dem Oedipus-

92 Neue Folge.., XV 69.
93 Ebd.
94 Massenpsychologie.., XIII 115f.
95 Vorlesungen.., XI 211.
96 Vgl. a.a.O. 383f. und Abriss.., XVII 116-121.
97 Neue Folge.., XV 94

komplex zugehörigen libidinösen Strebungen werden zum Teil desexualisiert und sublimiert, was wahrscheinlich bei jeder Umsetzung in Identifizierung geschieht, zum Teil zielgehemmt und in zärtliche Regungen verwandelt. Der ganze Prozess hat einerseits das Genitale gerettet, die Gefahr des Verlustes von ihm abgewendet, anderseits es lahmgelegt, seine Funktion aufgehoben. Mit ihm setzt die Latenzzeit ein, die nun die Sexualentwicklung des Kindes unterbricht"[98].

Wir sehen jetzt, dass die Gewissensangst, das Schuldbewusstsein, ursprünglich Angst vor Strafe und Liebesverlust der Eltern war, d.h. "'soziale' Angst" - was übrigens auch für viele Erwachsene noch zutrifft, wobei sie die Gesellschaft oder das Schicksal (bzw. Gott) als Ersatz für die Elterninstanz ansehen[99]. Die Situation verändert sich mit der Introjektion der äusseren Autorität, und "im Grunde sollte man erst jetzt von Gewissen und Schuldgefühl sprechen"[100]. Aus der Angst vor der äusseren Autorität wird jetzt Gewissensangst, Schuldgefühl.

Das Schuldgefühl kann Freud nun kurz umschreiben als Spannung zwischen Ich und Ueber-Ich: "Wir haben dem Ueber-Ich die Funktion des Gewissens zugeschrieben und im Schuldbewusstsein den Ausdruck einer Spannung zwischen Ich und Ueber-Ich erkannt. Das Ich reagiert mit Angstgefühlen (Gewissensangst) auf die Wahrnehmung, dass es hinter den von seinem Ideal, dem Ueber-Ich, gestellten Anforderungen zurückgeblieben ist"[101].

Die Einsetzung des Ueber-Ichs bringt den Vorteil mit sich, dass nun "die Angst vor dem Entdecktwerden" entfällt. Auch ist "der reale Ernst der Situation...vergangen, denn die neue Autorität, das Ueber-Ich, hat unseres Glaubens kein Motiv, das Ich, mit dem es innig zusammengehört, zu misshandeln"[102]. Anderseits entfällt "der Unterschied zwischen Böses tun und Böses wollen, denn vor dem Ueber-Ich kann sich nichts verbergen, auch Gedanken nicht"[103]. Dazu kommt, dass das Ueber-Ich die Triebansprüche einzuschränken hat. Es kennt die Triebansprüche des Es, es "taucht in das Es ein"[104]. Das Ueber-Ich ist nicht nur Träger des "jeweiligen sozialen Milieus", der "Familien-, Rassen- und Volkstradition"[105], es weiss auch, als Abkömmling, "Vertreter" und "Anwalt" des Es[106], um dessen Triebwünsche, denn es ist "der Erbe des Oedipuskomplexes und somit Ausdruck der mächtigsten Regungen und wichtigsten

98 Der Untergang.., XIII 399.
99 Das Unbehagen.., XIV 484-486.
100 A.a.O. 484.
101 Das ökonomische Problem.., XIII 379.
102 Das Unbehagen.., XIV 484.
103 Ebd.
104 Neue Folge.., XV 85. "Es" nennt Freud jene psychische Instanz, in der die Triebe herrschen und welche dem "unerbittlichen Lustprinzip" gehorchen (Abriss.., XVII 129).
105 Abriss.., XVII 69.
106 Das ökonomische Problem.., XII 380.

Libidoschicksale des Es"[107]. Diese Tatsache bringt nun einen grossen "ökonomischen Nachteil" mit sich. Das Ueber-Ich verurteilt nicht erst die Triebbefriedigung, sondern auch schon die Triebwünsche. "Hier hilft der Triebverzicht nicht genug, denn der Wunsch bleibt bestehen und lässt sich vor dem Ueber-Ich nicht verheimlichen. Es wird also trotz des erfolgten Verzichts ein Schuldgefühl der Ueber-Ich-Einsetzung, wie man sagen kann, der Gewissensbildung... für ein drohendes äusseres Unglück - Liebesverlust und Strafe von Seiten der äusseren Autorität - hat man ein andauerndes inneres Unglück, die Spannung des Schuldbewusstseins, eingetauscht"[108]. Von hier aus wird uns ein seelischer Zustand (jener der Zwangsneurose) verständlich, "in dem sich das arme Ich für allerlei böse Regungen schuldig fühlt, von denen es nichts weiss, die ihm zwar im Bewusstsein vorgehalten werden, zu denen es sich aber unmöglich bekennen kann". "Ein wenig davon findet sich", wie Freud bekennt, "bei jedem Normalen. Sein 'Gewissen' ist merkwürdigerweise um so empfindlicher, je moralischer er ist... Das kommt wohl daher, dass das Gewissen selbst eine Reaktionsbildung auf das Böse ist, das im Es verspürt wird. Je stärker dessen Unterdrückung, desto reger das Gewissen"[109]. Auf diese Weise kann sich Freud "die ausserordentliche Strenge des Gewissens bei den Besten und Fügsamsten"[110] erklären.

Kann man die so häufig anzutreffende unbeugsame Härte des Ueber-Ichs auch genetisch erklären? Wir haben gesehen, dass das Ueber-Ich die äussere elterliche Autorität im Innern fortsetzt. War die Erziehung streng und hart, so ist es nicht erstaunlich, wenn dann auch das Ueber-Ich streng und hart wird. Wie aber, wenn die Eltern nachsichtig und nachgiebig waren? Um die endgültige Antwort Freuds auf diese Frage geben zu können (s. unten S. 68), müssen wir mit Freud noch einen neuen Trieb einführen, den *Todestrieb*. Soviel können wir jetzt schon sagen: Das Ueber-Ich hängt ja nicht nur von der äusseren Autorität ab, sondern auch von der Triebstärke des Es. Die äussere Autorität musste sich umso härter auswirken, je stärker die Triebwünsche waren, je stärker der Oedipuskomplex war. "Da die Eltern, besonders der Vater, als das Hindernis gegen die Verwirklichung der Oedipuswünsche erkannt werden, stärkte sich das infantile Ich für diese Verdrängungsleistung, indem es dies selbe Hindernis in sich aufrichtete. Es lieh sich gewissermassen die Kraft dazu vom Vater aus, und diese Ausleihe ist ein ausserordentlich folgenschwerer Akt. Das Ueber-Ich wird den Charakter des Vaters bewahren, und je stärker der Oedipuskomplex war,... desto strenger

---

107 Das Ich und das Es, XIII 264.
108 Das Unbehagen.., XIV 487.
109 Einige Nachträge.., I 568.
110 Das Unbehagen.., XIV 487.

wird später das Ueber-Ich als Gewissen, vielleicht als unbewusstes Schuldgefühl über das Ich herrschen"[111].
Wir haben festgestellt, dass nicht nur verdrängte Libido, sondern auch die Aggressionsneigung - wie Hass, Feindseligkeit, Tötungswunsch - zu Schuldgefühlen führen muss. Erst relativ spät (mit seiner Schrift "Jenseits des Lustprinzips" im Jahre 1920) hat Freud der Aggression durch die Einführung des Todestriebes die ihr - neben der Sexualität - gebührende Bedeutung eingeräumt. Freud selber schreibt hiezu: "Warum haben wir selbst so lange Zeit gebraucht, ehe wir uns zur Anerkennung eines Aggressionstriebes entschlossen, warum nicht Tatsachen, die offen zu Tage liegen und jedermann bekannt sind, ohne Zögern für die Theorie verwertet? Wahrscheinlich würde es auf geringen Widerstand stossen, wenn man den Tieren einen Trieb mit solchem Ziel zuschreiben wollte. Aber ihn in die menschliche Konstitution aufzunehmen, erscheint frevelhaft; es widerspricht zu vielen religiösen Voraussetzungen und sozialen Konventionen. Nein, der Mensch muss von Natur aus gut oder wenigstens gutmütig sein... Leider spricht, was uns die Geschichte berichtet und was wir selbst erlebt haben, nicht in diesem Sinne, sondern rechtfertigt eher das Urteil, dass der Glaube an die 'Güte' der menschlichen Natur eine jener schlimmen Illusionen ist, von denen die Menschen eine Verschönerung und Erleichterung ihres Lebens erwarten, während sie in Wirklichkeit nur Schaden bringen"[112].
Die Neurose besteht wesentlich in einem psychischen Konflikt, für Freud näherhin in einem Triebkonflikt. Vor der Annahme eines Todestriebes versuchte Freud den seelischen Konflikt mit Hilfe des Gegensatzpaares Ichtriebe - Sexualtriebe darzustellen. Diese Scheidung entspricht "der populär so geläufigen Trennung von Hunger und Liebe". "Zweitens machen sich *biologische* Rücksichten zu ihren Gunsten geltend": Die beiden Triebe entsprechen der doppelten Funktion des Individuums, nämlich der Selbst- und Arterhaltung (Hervorh. im Or.)[113].
Diesen Triebantagonismus konnte Freud jedoch so nicht aufrecht erhalten, denn die sog. "Paraphreniker" (Dementia praecox, Schizophrenie) zeigten folgende zwei charakteristische Züge: "den Grössenwahn und die Abwendung ihres Interesses von der Aussenwelt"[114]. Freud stellt sich nun die Frage: "Welches ist das Schicksal der den Objekten entzogenen Libido bei der Schizophrenie?" - und antwortet: "Die der Aussenwelt entzogene Libido ist dem Ich zugeführt worden, so dass ein Verhalten entstand, welches wir Narzissmus nennen können"[115]. Eine narzisstische

---

111 Das Ich und das Es XIII 263.
112 Neue Folge.., XV 110f.
113 Zur Einführung.., X 143.
114 A.a.O. 139.
115 A.a.O. 140.

Einstellung sieht Freud auch bei den Perversen und Homosexuellen, die "ihr späteres Liebesobjekt nicht nach dem Vorbild der Mutter wählen, sondern nach dem ihrer eigenen Person. Sie suchen offenkundigerweise sich selbst als Liebesobjekt, zeigen den *narzisstisch* zu nennenden Typus der Objektwahl" (Hervorh. im Or.)[116]. Hieraus folgert Freud: "Die Selbsterhaltungstriebe waren also auch libidinöser Natur, es waren Sexualtriebe, die anstatt der äusseren Objekte das eigene Ich zum Objekt genommen hatten". Das Ich muss "als ein grosses Libidoreservoir" angesehen werden[117]. Jetzt fällt aber der angenommene Gegensatz von Ichliebe und Objektliebe dahin, denn "er fällt noch innerhalb des Eros"[118]. Freud führt aus: "Wenn auch die Selbsterhaltungstriebe libidinöser Natur sind, dann haben wir vielleicht überhaupt keine anderen Triebe als libidinöse. Es sind wenigstens keine anderen zu sehen. Dann muss man aber doch den Kritikern recht geben, die von Anfang an geahnt haben, die Psychoanalyse erkläre *alles* aus der Sexualität,... In unserer Absicht läge dies Resultat allerdings nicht. Wir sind ja vielmehr von einer scharfen Scheidung zwischen Ichtrieben-Todestrieben und Sexualtrieben-Lebenstrieben ausgegangen. Wir waren ja bereit, auch die angeblichen Selbsterhaltungstriebe des Ichs zu den Todestrieben zu rechnen, was wir seither berichtigend zurückgezogen haben. Unsere Auffassung war von Anfang an eine *dualistische* und sie ist es heute schärfer denn zuvor, seitdem wir die Gegensätze nicht mehr Ich- und Sexualtriebe, sondern Lebens- und Todestriebe benennen" (Hervorh. im Or.)[119]. Die beiden Antagonisten - Eros und Todestrieb - lassen sich kurz so charakterisieren: "Das Ziel der ersten ist, immer grössere Einheiten herzustellen und so zu erhalten, also Bindung, das Ziel des anderen im Gegenteil, Zusammenhänge aufzulösen und so die Dinge zu zerstören"[120]. Im Gegensatzpaar Eros (Sexualtrieb) - Todestrieb (Destruktions- und Aggressionstrieb) hat Freud einen neuen Schlüssel zur Hand, um die verschiedensten Lebensvorgänge zu deuten. "In den biologischen Funktionen wirken die beiden Grundtriebe gegeneinander oder kombinieren sich miteinander. So ist der Akt des Essens eine Zerstörung des Objekts mit dem Endziel der Einverleibung, der Sexualakt eine Aggression mit der Absicht der innigsten Vereinigung. Diese Mit- und Gegeneinander der beiden Grundtriebe ergibt die ganze Buntheit der Lebenserscheinungen. Ueber den Bereich des Lebenden hinaus führt die Analogie unserer beiden Grundtriebe zu dem im Anorganischen herrschenden Gegensatzpaar von Anziehung und Abstossung. -

---

116 A.a.O. 154.
117 "Psychoanalyse".., XIII 231.
118 Abriss.., XVII 71.
119 Jenseits.., XIII 56f.
120 Abriss.., XVII 71.

Veränderungen im Mischverhältnis der Triebe haben die greifbarsten Folgen. Ein stärkerer Zusatz zur sexuellen Aggression führt vom Liebhaber zum Lustmörder, eine starke Herabsetzung des aggressiven Faktors macht ihn scheu und impotent"[121].
So etwas wie Triebmischung und Triebentmischung hat Freud schon früher gekannt, wenn er den "Geschlechtstrieb selbst als etwas aus vielen Faktoren Zusammengesetztes" dachte, das, in den Perversionen etwa, "gleichsam in seine Komponenten zerfällt"[122]. Schon immer wusste Freud um die sadistische, aggressive Komponente des Sexualtriebes[123]. Die erste (orale) Phase der frühkindlichen Sexualität nennt er auch die "*kannibalistische*", die zweite prägenitale Phase ist jene der "*sadistisch-analen*" Organisation (Hervorh. im Or.)[124]. Vom Masochismus nimmt er an, dass dieser in der Regel "nichts anderes ist als eine Fortsetzung des Sadismus in Wendung gegen die eigene Person"[125]. In "Jenseits des Lustprinzips" kann Freud dann diese sadistische Komponente einem eigenen Trieb zueignen, dem Todestrieb[126].
Wie wir schon andeuteten[127], findet nun bei der Umsetzung der Objektwahl in eine Identifizierung eine Triebentmischung statt. Freud sieht sich zu dieser Annahme gezwungen, damit er den grausamen Zug des Ueber-Ichs erklären kann. Er führt aus: "Das Ueber-Ich ist ja durch eine Identifizierung mit dem Vatervorbild entstanden. Jede solche Identifizierung hat den Charakter einer Desexualisierung oder selbst Sublimierung. Es scheint nun, dass bei einer solchen Umsetzung auch eine Triebentmischung stattfindet. Die erotische Komponente hat nach der Sublimierung nicht mehr die Kraft, die ganze hinzugesetzte Destruktion zu binden, und diese wird als Aggressions- und Destruktionsneigung frei. Aus dieser Entmischung würde das Ideal überhaupt den harten, grausamen Zug des gebieterischen Sollens beziehen"[128].
Die frei gewordene Aggression wendet sich jetzt, und das ist das Entscheidende, gegen das eigene Ich. Diese Annahme scheint der Beobachtung gerecht zu werden: "Je mehr ein Mensch seine Aggression meistert, desto mehr steigert sich die Aggressionsneigung seines Ideals gegen sein Ich. Es ist wie eine Verschiebung, eine Wendung gegen das eigene Ich. Schon die gemeine, normale Moral hat den Charakter des hart Ein-

---

121 Ebd.
122 Drei Abhandlungen.., V 133.
123 A.a.O. 57.
124 A.a.O. 98f.
125 A.a.O. 57.
126 Jenseits.., XIII 58.
127 Vgl. Zitat Anm. 106.
128 Das Ich und das Es XIII 284f. Die "Triebentmischung" dient auch zur Erklärung der Regression, wie z.B. der Regression des Zwangsneurotikers in die anal-sadistische Phase, sh. Hemmung.., XIV 142f., Das Ich und das Es, XIII 285.

schränkenden, grausam Verbietenden. Daher stammt ja die Konzeption des unerbittlich strafenden höheren Wesens"[129]. In der Analyse von Melancholikern hat Freud festgestellt, dass bei ihnen die Selbstvorwürfe ursprünglich oft Anklagen waren. Das Objekt, das "sich der Liebe unwürdig gezeigt hatte", wird aufgegeben, "dann im Ich wieder aufgerichtet und vom Ichideal streng gerichtet. Die Vorwürfe und Aggressionen gegen das Objekt kommen als melancholische Selbstvorwürfe zum Vorschein"[130].

Freud ist nun in der Lage, die Härte des Ueber-Ichs sowie das Schuldgefühl triebdynamisch befriedigend zu erklären. Aus der Tatsache allein, dass das Ueber-Ich "Rechtsnachfolger" der Elterninstanz ist, konnte er den grausamen Zug des Ueber-Ichs nicht hinreichend verständlich machen, denn es ergab sich eine Unstimmigkeit: "Das Ueber-Ich scheint in einseitiger Auswahl nur die Härte und Strenge der Eltern, ihre verbietende und strafende Funktion aufgegriffen zu haben, während deren liebevolle Fürsorge keine Aufnahme und Fortsetzung findet. Haben die Eltern wirklich ein strenges Regiment geführt, so glauben wir es leicht begreiflich zu finden, wenn sich auch beim Kind ein strenges Ueber-Ich entwickelt, aber die Erfahrung zeigt, dass das Ueber-Ich denselben Charakter unerbittlicher Härte erwerben kann, auch wenn die Erziehung milde und gütig war, Drohungen und Strafen möglichst vermieden hat"[131]. Die Unstimmigkeit kann zum Schwinden gebracht werden, "wenn wir für diese erste Aggressionsausstattung des Ueber-Ichs eine andere Ableitung annehmen. Gegen die Autorität, welche das Kind an den ersten, aber auch bedeutsamen Befriedigungen verhindert, muss sich bei diesem ein erhebliches Mass von Aggressionsneigung entwickelt haben, gleichgültig welcher Art die geforderten Triebentsagungen waren. Notgedrungen musste das Kind auf die Befriedigungen dieser rachsüchtigen Aggression verzichten. Es hilft sich aus dieser schwierigen ökonomischen Situation auf dem Wege bekannter Mechanismen, indem es diese unangreifbare Autorität durch Identifizierung in sich aufnimmt, die nun das Ueber-Ich wird und in den Besitz all der Aggression gerät, die man gern als Kind gegen sie ausgeübt hätte"[132]. "Bei der ersten Einsetzung des Ueber-Ichs ist gewiss zur Ausstattung dieser Instanz jenes Stück Aggression gegen die Eltern verwendet worden, dem das Kind infolge seiner Liebesfixierung

---

129 Das Ich und das Es, 284.

130 Massenpsychologie.., XIII 149. Eine solche Wendung der Aggression nach innen demonstriert z.B. auch "eine Person im Wutanfall, wenn sie sich die Haare rauft, mit den Fäusten ihr Gesicht bearbeitet, wobei sie offenbar diese Behandlung lieber einem anderen zugedacht hätte" (Abriss.., XVII 72).

131 Neue Folge, XV 68.

132 Das Unbehagen.., XIV 488f.

wie der äusseren Schwierigkeiten keine Abfuhr nach aussen schaffen konnte, und darum braucht die Strenge des Ueber-Ichs nicht einfach der Härte der Erziehung zu entsprechen"[133]. Sowohl die harte wie die verwöhnende Erziehung haben also die gleiche Wirkung: das strenge Ueber-Ich. "Der übermässig weiche und nachsichtige Vater wird beim Kind Anlass zur Bildung eines überstrengen Ueber-Ichs werden, weil diesem Kind unter dem Eindruck der Liebe, die es empfängt, kein anderer Ausweg für seine Aggression bleibt als die Wendung nach innen... Sieht man also von einem anzunehmenden konstitutionellen Faktor ab, so darf man sagen, das strenge Gewissen entstehe aus dem Zusammenwirken zweier Lebenseinflüsse, der Triebversagung, welche die Aggression nach innen wendet und dem Ueber-Ich überträgt"[134]. Anders ist die Situation einzig "beim Verwahrlosten, der ohne Liebe erzogen wurde". Bei ihm entfällt die Spannung zwischen Ich und Ueber-Ich, seine ganze Aggression kann sich nach aussen richten"[135].

Die Wendung der Aggression auf die eigene Person entspricht in der Freudschen Konzeption durchaus dem Wirken des Todestriebes. Denn das Ziel des Todestriebes ist das Leblose, die organische Stabilität. Noch bevor er als Destruktionstrieb nach aussen in Erscheinung tritt, wirkt er schon im Subjekt selber, wirkt hier selbstzerstörend. Aus diesem Grunde nimmt Freud neben dem "sekundären" einen ursprünglicheren "primären" Masochismus an. "Der Masochismus, die Wendung des Triebes gegen das eigene Ich, wäre dann in Wirklichkeit eine Rückkehr zu einer früheren Phase desselben, eine Regression"[136]. Weiterhin ergibt sich daraus, dass "der Masochismus älter ist als der Sadismus, der Sadismus aber ist nach aussen gewendeter Destruktionstrieb, der damit den Charakter der Aggression erwirbt"[137]. Triebdynamisch kann man sich den Vorgang etwa so vorstellen: Ein Teil des ursprünglichen Destruktionstriebes verbleibt im Innern, ein Teil desselben wendet sich nach aussen, kehrt jedoch wieder zurück, wenn er keine Befriedigung in der Aussenwelt findet. Ein Teil von der aus der Aussenwelt zurückgekehrten Aggression wird vom Ueber-Ich gebunden und gegen das Ich gewendet, ein Teil von ihr übt "seine stumme und unheimliche Tätigkeit als freier Destruktionstrieb im Ich und Es" aus[138], vermehrt also "das Ausmass der im Inneren waltenden Selbstdestruktion"[139].

---

133 Neue Folge.., 117.
134 Das Unbehagen.., XIV 490 (Fussnote).
135 Ebd.
136 Jenseits.., XIII 59.
137 Neue Folge.., XV 112.
138 A.a.O. 117.
139 A.a.O. 112.

Wie wir gesehen haben, misst Freud dem Destruktionstrieb, der Aggression, bei der Entstehung des Ueber-Ichs und des Schuldgefühls, mehr und mehr eine grössere Bedeutung zu. Schliesslich führt er den Vorgang auf die einfache Formel zurück: "Wenn eine Triebstrebung der Verdrängung unterliegt, so werden ihre libidinösen Anteile in Symptome, ihre aggressiven Komponenten in Schuldgefühle umgesetzt"[140].
Es versteht sich, dass bei einem solchen Schicksal des Aggressionstriebes das Ergebnis in bezug auf das Glück des Menschen nicht gerade vorteilhaft ausfallen kann. Nach Freuds Ansicht ist die Triebeinschränkung (sowohl der Sexual- wie der Aggressionstriebe) für das Wohl der Gesellschaft und die Ermöglichung der Kulturentwicklung notwendig. Lebt der einzelne Mensch gemäss den Forderungen der Gemeinschaft, dann ist er selber der Leidtragende, denn "das Ich fühlt sich nicht wohl dabei, wenn es so den Bedürfnissen der Gesellschaft geopfert wird, wenn es sich den destruktiven Tendenzen der Aggression unterwerfen muss, die es gern selbst gegen andere betätigt hätte. Es ist wie eine Fortsetzung jenes Dilemmas vom Fressen und Gefressenwerden, das die organische Lebewelt beherrscht, aufs psychische Gebiet"[141]. Will der einzelne nicht sich selbst zerstören, dann muss er andere vernichten - und umgekehrt. "Gewiss eine traurige Eröffnung für den Ethiker!"[142] - sicher, und auch für jeden, dem das Wohl des Menschen am Herzen liegt.
Gibt es denn keinen Ausweg aus diesem Dilemma? Auf diese Frage kommen wir zurück, wenn von der Ueberwindung des Schuldgefühls die Rede sein wird.

D. Schuldgefühl und Schuld

Wir müssen noch auf die Frage eine Antwort zu geben versuchen, ob Freud, wenn er von Schuldgefühl und Schuldbewusstsein spricht, auch Schuld impliziert, ob nach Freud das Schuldgefühl Reflex einer echten Schuld ist oder zumindest sein kann.
Freud geht auf die Frage ein in seiner Abhandlung "Das Unbehagen in der Kultur", in der er nicht nur ontogenetisch, sondern auch (im Anschluss an "Totem und Tabu") phylogenetisch die Entstehung des Gewissens und des Schuldgefühls zu erhellen versucht. Schon Freud fiel auf, dass gerade *verhinderte* Aggression ein Schuldgefühl erzeugt, ganz im Gegensatz zur üblichen Auffassung, dass unterdrückte Aggression

140 Das Unbehagen.., XIV 499.
141 Neue Folge.., XV 118.
142 A.a.O. 112.

doch eher Anlass für ein "gutes Gewissen" sein müsste. Allgemein bekannt ist das Schuldgefühl nach ausgeführter Aggression, "dass man sich schuldig fühlt, weil man wirklich etwas, was nicht zu rechtfertigen ist, getan hat". In einem solchen Fall, sagt Freud, sollte man dies Gefühl eher *"Reue"* nennen (Hervorh. im Or.)[143]. Die Reue könne uns aber nicht dazu verhelfen, den Ursprung des Gewissens und des Schuldgefühls zu finden, denn es beziehe sich nur auf die Tat, es "setzt natürlich voraus, dass ein *Gewissen*, die Bereitschaft sich schuldig zu fühlen, bereits vor der Tat bestand" (Hervorh. im Or.)[144].
Wir sehen, dass Freud die Möglichkeit der Reue durchaus kennt, sie jedoch einschränkt auf das Schuldgefühl nach ausgeführter Aggression. Deshalb ist sie für die Psychoanalyse nicht von besonderem Interesse, denn die in der Aussenwelt befriedigte Aggression ist - triebökonomisch gesehen - für das Individuum nur von Vorteil: "Der Hergang dieser alltäglichen Fälle ist gewöhnlich der, dass ein Triebbedürfnis die Stärke erworben hat, seine Befriedigung gegen das in seiner Stärke auch nur begrenzte Gewissen durchzusetzen, und dass mit der natürlichen Abschwächung des Bedürfnisses durch seine Befriedigung das frühere Kräfteverhältnis wiederhergestellt wird. Die Psychoanalyse tut also recht daran, den Fall des Schuldgefühls aus Reue von diesen Erörterungen auszuschliessen, so häufig er auch vorkommt und so gross seine praktische Bedeutung auch ist"[145].
Wo ist denn der Ursprung des Schuldgefühls, des Gewissens zu suchen? Wir wissen, dass nach Freud beim Untergang des Oedipuskomplexes durch Identifizierung der Elternimagines das Ueber-Ich aufgerichtet wird. Eine phylogenetische Parallele dazu findet Freud in der Darwinschen "Urhorden"-Hypothese[146], mit dem Unterschied allerdings, dass in ihr der "Urvater" tatsächlich von der Brüderschar getötet wurde[147]. Die Brüder sollen nach der Tat Reue empfunden haben. Wie war das aber möglich vor der Entstehung des Gewissens? "Aber wenn das menschliche Schuldgefühl auf die Tötung des Urvaters zurückgeht, das war doch ein Fall von 'Reue', und damals soll der Voraussetzung nach Gewissen und Schuldgefühl vor der Tat nicht bestanden haben?"[148]. Die Antwort Freuds auf diese Schwierigkeit ist klar: "Diese Reue war das Ergebnis der uranfänglichen Gefühlsambivalenz gegen den Vater, die Söhne hassten ihn, aber sie liebten ihn auch; nachdem der Hass durch die Aggression

---

143 Das Unbehagen.., XIV 491.
144 Ebd.
145 Ebd.
146 Totem und Tabu, IX 152f.
147 A.a.O. 172f. In diesem Zusammenhang spricht Freud von einer "Erbsünde", vgl. a.a.O. 184-186, Zeitgemässes.., X 345, Der Mann Moses.., 192.
148 Das Unbehagen.., XIV 491f.

befriedigt war, kam in der Reue über die Tat die Liebe zum Vorschein, richtete durch Identifizierung mit dem Vater das Ueber-Ich auf, gab ihm die Macht des Vaters wie zur Bestrafung für die gegen ihn verübte Tat der Aggression, schuf die Einschränkungen, die eine Wiederholung der Tat verhüten sollten. Und da die Aggressionsneigung gegen den Vater sich in den folgenden Geschlechtern wiederholte, blieb auch das Schuldgefühl bestehen und verstärkte sich von neuem durch jede unterdrückte und dem Ueber-Ich übertragene Aggression. Nun, meine ich, erfassen wir endlich zweierlei in voller Klarheit, den Anteil der Liebe an der Entstehung des Gewissens und die verhängnisvolle Unvermeidlichkeit des Schuldgefühls. Es ist wirklich nicht entscheidend, ob man den Vater getötet oder sich der Tat enthalten hat, man muss sich in beiden Fällen schuldig finden, denn das Schuldgefühl ist der Ausdruck des Ambivalenzkonflikts, des ewigen Kampfes zwischen dem Eros und dem Destruktions- oder Todestrieb. Dieser Konflikt wird angefacht, sobald den Menschen die Aufgabe des Zusammenlebens gestellt wird"[149]. Mit dem lapidaren Satz "Im Anfang war die Tat" schloss Freud seine Schrift "Totem und Tabu"[150]. In einer Tat also, in einer Schuldtat, ist der Ursprung des Schuldgefühls zu suchen. Das gilt aber nur für den Anfang der Menschheitsgeschichte, nicht für das Individuum, jedenfalls nicht für den Neurotiker, denn der "ist vor allem im Handeln gehemmt, bei ihm ist der Gedanke der volle Ersatz für die Tat"[151]. Bei ihm genügt schon die blosse Absicht, etwas Unrechtes zu tun, zur Entstehung des Schuldgefühls. Dass dem so ist, das hat laut Freud die Psychoanalyse neu entdeckt. Zuerst war die vollführte Aggression Grund des Schuldgefühls, der Reue. "Nachher verlor infolge der Allwissenheit des Ueber-Ichs der Unterschied zwischen beabsichtigter und erfüllter Aggression seine Kraft; nun konnte sowohl eine wirklich ausgeführte Gewalttat Schuldgefühl erzeugen - wie alle Welt weiss - als auch eine bloss beabsichtigte - wie die Psychoanalyse erkannt hat"[152].

Die Frage, welche Art von beabsichtigter Tat denn in Betracht komme, ist nach dem Gesagten nicht schwer zu beantworten. "Das regelmässige Ergebnis der analytischen Arbeit lautete, dass dieses dunkle Schuldgefühl aus dem Oedipus-Komplex stamme, eine Reaktion sei auf die beiden grossen verbrecherischen Absichten, den Vater zu töten und mit der Mutter sexuell zu verkehren". In "Vatermord und Mutterinzest" sieht Freud "die beiden grossen Verbrechen der Menschen" - "die einzigen, die in primitiven Gesellschaften als solche verfolgt und ver-

149 A.a.O. 492.
150 Totem und Tabu, IX 194.
151 Ebd.
152 Das Unbehagen.., XIV 497.

abscheut werden"[153]. Inzest- und Tötungswunsch hat Freud bei seinen Patienten regelmässig feststellen können. Mit J.G. Frazer[154] schliesst er aus der Tatsache des Inzestverbots, dass eine Inzestneigung im Menschen tatsächlich bestehen muss. Natürlich brauchen wir, wie Freud zugibt, in dieser Beziehung nicht die geringste Versuchung zu spüren, auch nicht den Wunsch, den Vater (oder sonst jemanden) zu töten. "Wir würden dann mit einer nicht zu übertreffenden Sicherheit behaupten, dass wir nicht die geringste Versuchung verspüren, eines dieser Gebote zu übertreten, z.B. das Gebot: Du sollst nicht morden, und dass wir vor der Uebertretung desselben nichts anderes verspüren als Abscheu"[155]. Und dennoch soll eine "positive begehrende Strömung" in uns vorhanden sein, wenngleich unbewusst. Die Analyse der Träume zeige, "dass die Versuchung, den anderen zu töten, auch bei uns stärker und häufiger ist als wir ahnen, und dass sie psychische Wirkungen äussert, auch wo sie sich unserem Bewusstsein nicht kundgibt, wenn wir ferner in den Zwangsvorschriften gewisser Neurotiker die Sicherungen und Selbstbestrafungen gegen den verstärkten Impuls zu morden erkannt haben, dann werden wir zu dem vorhin aufgestellten Satz: Wo ein Verbot vorliegt, muss ein Begehren dahinter sein, mit neuer Schätzung zurückkehren. Wir werden annehmen, dass dies Begehren, zu morden, tatsächlich im Unbewussten vorhanden ist, und dass das Tabu wie das Moralverbot psychologisch keineswegs überflüssig ist, vielmehr durch die ambivalente Einstellung gegen den Mordimpuls erklärt und gerechtfertigt wird"[156].

Offenbar ist also nach Freud auch das neurotische Schuldgefühl tatsächlich Reflex einer Schuld, obschon Freud nicht explizit von "Schuld" spricht, sondern von einem Verbrechen bzw. der entsprechenden Wunschregung[157]. Natürlich setzt Freud eine böse Tat und eine böse Absicht nicht gleich, aber trotzdem ist nach Freud die böse Absicht, auch wenn sie unbewusst ist, als "psychische Realität" durchaus ernst zu nehmen. "Unser Unbewusstes führt die Tötung nicht aus, es denkt und wünscht sie bloss. Aber es wäre unrecht, diese *psychische* Realität im Vergleiche zur *faktischen* so ganz zu unterschätzen. Sie ist bedeutsam und folgenschwer genug. Wir beseitigen in unseren unbewussten Regungen täglich und stündlich alle, die uns im Wege stehen, die uns beleidigt und geschädigt haben... So sind wir auch selbst, wenn man uns nach unseren unbewussten Wunschregungen beurteilt, wie

153 Einige Charaktertypen.., X 390.
154 Totemism and Exogamy 1910, s. Totem und Tabu IX 150 .
155 Totem und Tabu IX 87.
156 Ebd. S. auch: Dostojewski.., XIV 397ff.
157 Die Beziehung zwischen Schuldgefühl und Schuld (bzw. Sünde) sieht Freud selber doch sehr eng, sonst könnte er nicht sagen, dass die Religionen den Anspruch geltend machten, die Menschheit vom "Schuldgefühl" zu erlösen, "das sie Sünde heissen". (Das Unbehagen.., XIV 495).

die Urmenschen eine Rotte von Mördern" (Hervorh. im Or.)[158]. Das Schuldgefühl des Neurotikers ist also durchaus begründet; "es fusst auf den intensiven und häufigen Todeswünschen, die sich in ihm unbewusst gegen seine Mitmenschen regen. Es ist begründet, insofern unbewusste Gedanken und nicht absichtliche Taten in Betracht kommen. So erweist sich die Allmacht der Gedanken, die Ueberschätzung der seelischen Vorgänge gegen die Realität, als unbeschränkt wirksam im Affektleben des Neurotikers und in allen von diesem ausgehenden Folgen"[159]. Gewiss, der Neurotiker überschätzt die innere psychische Realität gegenüber der äusseren - eine Form von Aberglaube, Animismus[160]. Nichtsdestoweniger ist für Freud das Schuldgefühl begründet. Darüber kann kein Zweifel bestehen, wenn wir von Freud sogar die Ansicht hören, dass dem Schuldgefühl des Zwangsneurotikers nicht nur eine psychische, sondern auch eine "historische Realität" zugrunde liege: "Es ist nicht richtig, dass die Zwangsneurotiker, welche heute unter dem Drucke einer Uebermoral stehen, sich nur gegen die psychische Realität von Versuchungen verteidigen und wegen bloss verspürter Impulse bestrafen. Es ist auch ein Stück historischer Realität dabei; in ihrer Kindheit hatten diese Menschen nichts anderes als die bösen Impulse, und insoweit sie in der Ohnmacht des Kindes es konnten, haben sie diese Impulse auch in Handlungen umgesetzt. Jeder von diesen Uebergguten hatte in der Kindheit seine böse Zeit, eine perverse Phase als Vorläufer und Voraussetzung der späteren übermoralischen"[161]. Dem "Edelsinn der Neurose, die nichts für sich und alles für die geliebte Person fürchtet", steht Freud sehr skeptisch gegenüber. "Die analytische Untersuchung zeigt, dass er nicht primär ist. Ursprünglich, das heisst zu Anfang der Erkrankung, galt die Strafandrohung wie bei den Wilden der eigenen Person; man fürchtete in jedem Falle für sein eigenes Leben; erst später wurde die Todesangst auf eine andere geliebte Person verschoben... Zugrunde der Verbotbildung liegt regelmässig eine böse Regung - ein Todeswunsch - gegen eine geliebte Person... und der ursprüngliche Todeswunsch gegen den geliebten anderen ist dann durch die Todesangst um ihn ersetzt. Wenn die Neurose sich also so zärtlich altruistisch erweist, so *kompensiert* sie damit nur die ihr zugrunde liegende gegenteilige Einstellung eines brutalen Egoismus" (Hervorh. im Or.)[162]. - Und wir können als Fazit die Ansicht Freuds kurz wiedergeben in seinem Satz: "Die Psychoanalyse bestätigt hier, was die Frommen zu sagen pflegen, wir seien alle arge Sünder"[163].

---

158 Zeitgemässes.., X 351.
159 Totem und Tabu, IX 107.
160 Ebd. und 108.
161 A.a.O. 193.
162 A.a.O. 89f.
163 A.a.O. 89, "Vatermord und Mutterinzest (sind) die beiden grossen Verbrechen der Menschheit": Einige Charaktertypen.., X 390.

Im Hintergrund einer Neurose stehen nach Freud die Oedipuswünsche, Inzest- und Mordimpulse. Wir bleiben der Auffassung Freuds treu, wenn wir in diesen Impulsen auch eine "Schuld" sehen. In dieser "Schuld" liegt nach Freud schliesslich der Grund für die Schuldgefühle. Vorausgesetzt wird dabei nur, dass nicht erst die vollführte, schlechte Tat "Schuld" bedeutet, sondern schon das innere Begehren, der Impuls. In mehr moralischer Ausdrucksweise kann man diesen Impuls kurz "Hass" nennen, er ist die Quelle der bösen Tat wie des Schuldgefühls. "Schuldbewusstsein entsteht auch aus unbefriedigter Liebe. Wie Hass". - so Freud in einer seiner letzten Notizen[164].
Das Schuldgefühl ist nun aber nicht nur ein Zeichen verborgenen Hasses, es verrät auch Liebe. Wir haben gehört, dass in der Reue - im Schuldbewusstsein überhaupt - auch die Liebe zum Vorschein kommt[165]. Freud behauptet nicht etwa, der Mensch sei von Natur aus nur böse und zu nichts Gutem fähig. Der Mensch ist selten "im ganzen 'gut' oder 'böse', meist 'gut' in dieser Relation, 'böse' in einer anderen oder 'gut' unter solchen äusseren Bedingungen, unter anderen entschieden 'böse'"[166]. Im Menschen findet sich immer beides, Hass *und* Liebe, und das Schuldgefühl gibt Zeugnis von beiden, es ist ja "der Ausdruck des Ambivalenzkonflikts, des ewigen Kampfes zwischen dem Eros und dem Destruktions- oder Todestrieb"[167]. Zudem weiss der Mensch über sein wahres Gutsein oder Bösesein kaum je Bescheid. Was entscheidet, sind die *Motive*, die seine Handlungen bestimmen[168]. Und seine Motive sind dem Menschen meist nicht bewusst. Freud erklärt, "dass die Natur des Menschen im Guten wie im Bösen weit über das hinausgeht, was er von sich glaubt, das heisst was seinem Ich durch Bewusstseinswahrnehmung bekannt ist"[169].
Das Gesagte könnte der Ansicht Vorschub leisten, die Neurose sei die Folge einer Sünde, gleichsam eine Strafe für diese. Wenn Freud das Schuldgefühl in einer verdrängten Aggression begründet sieht, so hat er über die Entstehung der Neurose damit noch nichts gesagt. Allerdings liegt die Vermutung nahe, dass auch im Ursprung der Neurose eine Schuld vorhanden sei, und auch Freud schliesst diese Möglichkeit nicht aus. So schreibt er einmal: "... die Bewusstseinsspaltung, wird dadurch ersetzt, dass die meisten Neuropathen von den wirklichen Ursachen (oder wenigstens Gelegenheitsursachen) ihres Leidens teils keine Kenntnis haben, teils absichtlich keine Kenntnis nehmen wollen,

---

164 Ergebnisse, Probleme, Ideen XVII 152. S. Ernst Spengler: Das Gewissen bei Freud und Jung, 29.
165 Das Unbehagen.., 492.
166 Zeitgemässes.., X 332.
167 Das Unbehagen.., XIV 492.
168 Vgl. Zeitgemässes.., X 334.
169 Das Ich und das Es XIII 282 (Fussnote)

weil sie ungerne an den Anteil erinnert sind, den eigenes Verschulden daran trägt"[170]. Wenn von der Beziehung zwischen Schuldgefühl und Schuld die Rede ist, dann muss auch die Frage nach der Beziehung zwischen Neurose und Schuld laut werden. Das Problem führt uns zu einem neuen Themenkreis, dem der Freiheit und Verantwortlichkeit in der Neurose.

In der Abwehr hat Freud die wichtigste Ursache der Neurose erkannt. Es fragt sich nun, inwiefern in dieser Abwehr von einem sittlichen Akt des Menschen gesprochen werden kann. Der Begriff der Abwehr (näherhin der Verdrängung[171]) wird von Freud nicht einheitlich gebraucht. In den früheren Schriften sieht er in der Verdrängung eine Leistung des Ichs, einen bewussten, willentlichen Abwehrakt. Freud spricht davon, dass "die Person *beschloss*" (Hervorh. vom Verf.) ein Erlebnis, eine Erinnerung oder Empfindung zu vergessen - sie "beschloss", sich eine "Neigung aus dem Sinne zu schlagen, weil sie ihr mit ihrem Stolze unverträglich schien"[172]. In einer Reihe von Fällen sollen die Kranken selbst darüber Aufschluss geben, "dass die Phobie oder Zwangsvorstellung erst dann auftrat, nachdem die Willensanstrengung scheinbar ihre Absicht erreicht hatte"[173]. Eine Patientin sagte z.B.: "Mir ist einmal etwas sehr Unangenehmes passiert, ich habe mich mit Macht bemüht, es fortzuschieben, nicht mehr daran zu denken. Endlich ist es mir gelungen, da bekam ich das andere, das ich seither nicht losgeworden bin"[174]. Die Vorstellung wird demnach "*absichtlich aus dem Bewusstsein verdrängt*, von der assoziativen Verarbeitung ausgeschlossen", ausgeschlossen wegen der "Unverträglichkeit der einen zu verdrängenden Idee mit der herrschenden Vorstellungsmasse des Ich" (Hervorh. im Or.)[175]. Der bewussten, willentlichen Abwehr entspricht ein bewusster und willentlicher Widerstand gegen das Bewusstwerden des Abgewehrten. Freud berichtet von einer 30-jährigen Frau, sie habe nach einem sexuellen Erlebnis mit einem Mann, (der danach abreiste), angefangen, an einem Verfolgungswahn zu leiden: "... die Nachbarinnen bedauerten sie als eine Sitzengebliebene, die immer noch auf jenen Mann warte, man machte ihr Andeutungen dieser Art, sagte ihr allerlei in bezug auf diesen Mann nach und dergleichen. Das sei natürlich alles unwahr"[176]. Freud versuchte nun die Patientin zu heilen, indem er "die

---

170 Krankheitsgeschichten I 222 (Fussnote).
171 Zuerst verwendete Freud den Begriff "Abwehr", den er dann durch den der "Verdrängung" ersetzte. Später (vgl. Hemmung.., XIV 144 und 195ff.) hat er neben der Verdrängung auch andere Abwehrformen angenommen. Vgl. dazu Anna Freud: Das Ich und die Abwehrmechanismen, München o.J., Kindler Tb, Geist und Psyche 2001.
172 Die Abwehr-Neurops., I 61f.
173 A.a.O. 66.
174 Ebd.
175 Krankengeschichten, I 174.
176 Aus den Anfängen.., 98.

Erinnerung an jene Szene in ihr Recht einsetzen wollte"[177]. Es gelang ihm nicht. Auf seine Fragen, ob nicht so etwas vorgefallen war, bekam er "die entschiedenste Verneinung zur Antwort und - sah sie nicht wieder". Freud berichtet: "Sie liess mir mitteilen, es rege sie zu sehr auf. Abwehr! Das war klar zu erkennen. Sie *wollte* nicht daran erinnert werden, folglich hat sie es absichtlich verdrängt" (Hervorh. im Or.)[178]. Mit der Abwehr, bzw. dem Widerstand hat die Frau etwas gewonnen: "Sie ersparte sich also den Vorwurf: eine 'schlechte' Person zu sein. Denselben bekam sie dann von aussen zu hören... Früher war es ein innerer Vorwurf, jetzt eine von aussen kommende Zumutung. Das Urteil über sie war nach aussen versetzt, die Leute sagten das, was sonst sie sich gesagt hätte. Etwas war profitiert dabei. Das von innen erfolgte Urteil hätte sie akzeptieren müssen. Das von aussen anlangende konnte sie ablehnen" - die Frau hat die Vorstellung abgewehrt durch "den psychischen Mechanismus der Verlegung oder Projektion"[179].
Später hat Freud das willentliche Moment bei Verdrängung und Widerstand nicht mehr in dieser Schärfe beibehalten. Er spricht jetzt auch von "(unbewusster) Abwehr"[180]. Der Patient kann nämlich auch unter einem Widerstand stehen, von dem er nichts weiss. Der Widerstand äussert sich in der Analyse lediglich darin, "dass seine Einfälle versagen oder sich weit von dem behandelten Thema entfernen. Er kann den Widerstand auch subjektiv daran erkennen, dass er peinliche Empfindungen verspürt, wenn er sich dem Thema annähert. Aber dies letzte Zeichen kann auch wegfallen. Dann sagen wir dem Patienten, dass wir aus seinem Verhalten schliessen, er befinde sich jetzt im Widerstande, und er antwortet, er wisse nichts davon, er merke nur die Erschwerung der Einfälle. Es zeigt sich, dass wir Recht hatten, aber dann war sein Widerstand auch unbewusst, ebenso unbewusst wie das Verdrängte, an dessen Hebung wir arbeiteten"[181]. Da Abwehr und Widerstand einander entsprechen - Freud bekam "dieselbe Kraft als *Widerstand* zu spüren, die sich bei der Genese des Symptoms als *Abstossung* gezeigt hatte" (Hervorh. im Or.)[182] - können sowohl Verdrängung wie Widerstand unbewusst sein. Aus seiner Feststellung folgert Freud, dass ein Teil des Ichs, vor allem das Ueber-Ich, unbewusst ist: "Der Widerstand kann nur eine Aeusserung des Ichs sein, das seinerseits die Verdrängung durchgeführt hat und sie jetzt aufrecht halten will.

---

177 Ebd.
178 A.a.O. 99.
179 Ebd.
180 Zuerst in: Weitere Bemerkungen.., I 379.
181 Neue Folge.., XV 74f.
182 Zur Psychotherapie.., I 269.

So haben wir's auch früher immer aufgefasst. Seitdem wir eine besondere Instanz im Ich annehmen, die die einschränkenden und abweisenden Forderungen vertritt, das Ueber-Ich, können wir sagen, die Verdrängung sei das Werk dieses Ueber-Ichs, es führe sie entweder selbst durch oder in seinem Auftrag das ihm gehorsame Ich. Wenn nun der Fall vorliegt, dass der Widerstand in der Analyse dem Patienten nicht bewusst wird, so heisst das entweder, dass das Ueber-Ich und das Ich in ganz wichtigen Situationen unbewusst arbeiten können oder, was noch bedeutsamer wäre; dass Anteile von beiden, Ich und Ueber-Ich selbst, unbewusst sind"[183].

Die Frage, ob Verdrängung und Widerstand bewusste und willentliche Vorgänge sind oder nicht, kann man offenbar nicht eindeutig mit ja oder nein beantworten. Beide können anscheinend mehr oder weniger bewusst oder unbewusst, willentlich oder unwillentlich erfolgen - die Schwierigkeit liegt allein schon in den korrelativen Begriffen von "bewusst" und "unbewusst". Meist wird es sich um den "eigentümlichen Zustand des Wissens und gleichzeitigen Nichtwissens" handeln[184], um ein "mehr oder minder bewusstes-Nichtwissenwollen"[185] und, auf den Willen bezogen, um ein gleichzeitiges Wollen und Nicht-Wollen. Damit ist zugegebenerweise nicht sehr viel gesagt, immerhin soviel, dass man bei Abwehr und Widerstand nicht leichthin von einem sittlichen Akt im Vollsinn sprechen sollte. Auch dann, wenn das wissentliche und willentliche Moment stark hervortritt, bleibt immer noch die Frage zu beantworten, *warum* gewisse Vorstellungen und Triebregungen vom Ich nicht zugelassen werden können. In diesem Punkt ist Freuds Antwort eindeutig: Gegen die Annahme des Abgewehrten sträuben sich das moralische Wesen, die kulturellen und ethischen Vorstellungen des Individuums, d.h. das (unbewusst) herrschende Ueber-Ich. Das Ueber-Ich wiederum ist durch Introjektion der Elternautorität entstanden, also heterogen. Die Frage nach der Verantwortlichkeit bei der Verdrängung verschiebt sich also auf die Frage nach der Verantwortlichkeit bei der Entstehung des Ueber-Ichs. Hier tragen die Verantwortung doch in erster Linie die Elterninstanzen. Durch zu strenge oder zu verwöhnende (in beiden Fällen lieblose) Erziehung kommt es zu einem überstrengen Ueber-Ich des Kindes und den daraus resultierenden Schuldgefühlen.

Man kann die Frage auch anders stellen: War die neurotische Entwicklung unumgänglich oder wäre es dem Neurotiker auch möglich gewesen, sich anders zu entwickeln?

---

183 Neue Folge.., XV 75, vgl. Das Ich und das Es, XIII 243f.
184 Krankengeschichten, I 232.
185 Zur Psychotherapie.., I 269.

Freud bekennt sich grundsätzlich zum Determinismus. Unsere "Lebensdeterminierung" lässt sich nach ihm aufteilen "zwischen den 'Notwendigkeiten' unserer Konstitution und den 'Zufälligkeiten' unserer Kindheit"[186]. Freuds Determinismus ist jedoch nicht absolut. Er bekennt sich zum Sinnzusammenhang alles seelischen Lebens, zum "Zusammenhang", "der alles mit allem verknüpft, auch das Kleine mit dem Grossen"[187]. Falsch ist allerdings bei ihm, dass er psychische Freiheit und Willkür gleichsetzt. Seine Auffassung wird vor allem an jenen Stellen deutlich, wo er von den Einfällen des Analysanden zu den Träumen spricht. Er erklärt: "Wenn sie meinen, es sei willkürlich anzunehmen, dass der nächste Einfall des Träumers gerade das Gesuchte bringen oder zu ihm führen müsse, der Einfall könne vielmehr ganz beliebig und ausser Zusammenhang mit dem Gesuchten sein, es sei nur eine Aeusserung meines Gottvertrauens, wenn ich es anders erwarte, so irren Sie gross. Ich habe mir schon einmal die Freiheit genommen, Ihnen vorzuhalten, dass ein tief wurzelnder Glaube an psychische Freiheit und Willkürlichkeit in Ihnen steckt, der aber ganz unwissenschaftlich ist und vor der Anforderung eines auch das Seelenleben beherrschenden Determinismus die Segel streichen muss. Ich bitte Sie, es als eine Tatsache zu respektieren, dass dem Gefragten dies eingefallen ist und nichts anderes. Aber ich setze nicht dem einen Glauben einen anderen entgegen. Es lässt sich beweisen, dass der Einfall, den der Gefragte produziert, nicht willkürlich, nicht unbestimmbar ist, nicht ausser Zusammenhang mit dem von uns Gesuchten steht"[188]. Die Tatsache, dass alle seelischen Phänomene in einem Sinnzusammenhang stehen, macht nicht die Annahme eines strengen Determinismus naturwissenschaftlicher Art notwendig, berechtigt jedoch einen methodologischen Determinismus. Ein solcher bestreitet nicht die menschliche Freiheit, sondern nur die Motivlosigkeit, die reine Willkürlichkeit menschlichen Tuns. Aufgabe der Psychotherapie ist es ja gerade, die unbewussten, aber deswegen nicht minder herrschenden Determinanten dem Patienten bewusst zu machen, wodurch dieser ihrer und damit auch seiner selbst mächtig wird. Die Analyse hat den Freiheitsraum des Analysanden zu erweitern. Auch nach Freud muss sie ihn zur Freiheit führen, in ihm die "*Freiheit* schaffen", "sich so oder anders zu entscheiden" (Hervorh. im Or.)[189].

Wenn die Psychoanalyse zur Freiheit verhelfen soll, so ist damit nicht gemeint, dass der Neurotiker in allen Stücken unfrei wäre. Selbst für die frühe Kindheit ist das Moment der Freiheit nicht aus-

186 Eine Kindheitserinnerung.., VIII 210.
187 Vorlesungen.., XI 20.
188 A.a.O. 104.
189 Das Ich und das Es, XIII 280 (Fussnote).

zuschliessen. "Wir müssen hier", schreibt Freud, "einen Grad von Freiheit anerkennen, der psychoanalytisch nicht mehr aufzulösen ist", obwohl nach Freuds Ansicht "Verdrängungsneigung sowie Sublimierungsfähigkeit... auf organische Grundlagen des Charakters zurückzuführen" sind, "über welche erst sich das seelische Gebäude erhebt"[190]. Freud hält auch dafür, dass man für seelische Regungen, die aus der Kinderzeit stammen, verantwortlich sei. In einem Gespräch mit einem Patienten - der unter eigener Feigheit leidet - macht er geltend, "dass er sich ja logischerweise für ganz unverantwortlich für alle diese Charakterzüge erklären müsse, denn all diese verwerflichen Regungen stammten aus dem Kinderleben, entsprächen den im Unbewussten fortlebenden Abkömmlingen des Kindercharakters, und er wisse doch, dass für das Kind die ethische Verantwortlichkeit nicht gelten könne. Aus der Summe der Anlagen des Kindes entstehe der ethisch verantwortliche Mensch erst im Laufe der Entwicklung" - und Freud fügt in einer Anmerkung gleich hinzu: "Ich bringe diese Argumente nur vor, um mir wieder von neuem bestätigen zu lassen, wie ohnmächtig sie sind. Ich kann es nicht begreifen, wenn andere Psychotherapeuten berichten, dass sie mit solchen Waffen die Neurosen erfolgreich bekämpfen"[191].
In diesem Zusammenhang sei noch Freuds Aufsatz "Ueber die Psychogenese eines Falles von weiblicher Homosexualität" erwähnt[192]: Ein achzehnjähriges Mädchen schwärmt für eine etwa zehn Jahre ältere Dame und erregt damit das Missfallen und die Sorge ihrer Eltern. Mit dreizehn und vierzehn Jahren hatte sie eine übertrieben starke, zärtliche Vorliebe für einen kleinen Jungen gezeigt. Kurze Zeit danach wurde ihr der Knabe gleichgültig und sie begann, ein Interesse für reife, doch noch jugendliche Frauen zu zeigen, wodurch sie sich bald eine empfindliche Züchtigung von seiten des Vaters zuzog. Das bedeutsamste Ereignis war die Geburt eines dritten Bruders, als sie etwa sechzehn Jahre alt war. Wie Freud mitteilt, liess die Analyse erkennen, dass die geliebte Dame ein Ersatz für die Mutter war. Für ihre Mutter war die rasch erblühte Tochter eine unbequeme Konkurrentin, "sie setzte sie hinter den Knaben zurück, schränkte ihre Selbständigkeit möglichst ein und wachte besonders eifrig darüber, dass sie dem Vater fern blieb". Freud erklärt: "Das Mädchen befand sich in der Phase der Pubertätsauffrischung des infantilen Oedipuskomplexes, als die Enttäuschung über sie kam. Hell bewusst wurde ihr der Wunsch, ein Kind zu haben, und zwar ein männliches; dass es ein Kind vom Vater und dessen

---

190 Eine Kindheitserinnerung.., VIII 209.
191 Bemerkungen.., VII 408.
192 Ueber die Psychogenese.., XII 269-302.

Ebenbild sein sollte, durfte ihr Bewusstes nicht erfahren. Aber da geschah es, dass nicht sie das Kind bekam, sondern die im Unbewussten gehasste Konkurrentin, die Mutter. Empört und erbittert wendete sie sich vom Vater, ja vom Manne überhaupt ab... Unser Mädchen hatte also nach jener Enttäuschung den Wunsch nach dem Kinde, die Liebe zum Manne und die weibliche Rolle überhaupt von sich gewiesen. Und nun hätte offenbar sehr Verschiedenartiges geschehen können; was wirklich geschah, war das Extremste. Sie wandelte sich zum Manne um und nahm die Mutter an Stelle des Vaters zum Liebesobjekt... Da mit der realen Mutter wenig anzufangen war, ergab sich aus der geschilderten Gefühlsumsetzung das Suchen nach einem Mutterersatz, an dem man mit leidenschaftlicher Zärtlichkeit hängen konnte"[193]. Mit der homosexuellen Einstellung konnte sich die Beziehung zur Mutter verbessern, indem der Konkurrenzkampf wegfiel. "Wenn sie also homosexuell wurde, der Mutter die Männer überliess, ihr sozusagen 'auswich', räumte sie etwas aus dem Wege, was bisher an der Missgunst der Mutter Schuld getragen hatte". An der neuen Bindung wurde zudem die gegen den Vater gerichtete Racheabsicht deutlich: "Die so gewonnene Libidoeinstellung wurde nun gefestigt, als das Mädchen merkte, wie unangenehm sie dem Vater war. Seit jener ersten Züchtigung wegen einer allzu zärtlichen Annäherung an eine Frau wusste sie, womit sie den Vater kränken, und wie sie sich an ihm rächen konnte. Sie blieb jetzt homosexuell aus Trotz gegen den Vater"[194]. Es scheint, dass bei der Tochter auch ein Willensmoment dazu beitrug, dass sie homosexuell wurde, bzw. homosexuell blieb. Freud geht auf die Frage nicht näher ein. Interessant ist immerhin, dass seiner Auffassung nach aus der Kenntnis der Voraussetzungen, der Ursachen, das Ergebnis nicht mit Sicherheit vorauszusagen ist. "Solange wir die Entwicklung von ihrem Endergebnis aus nach rückwärts verfolgen, stellt sich uns ein lückenloser Zusammenhang her, und wir halten unsere Einsicht für vollkommen befriedigend, vielleicht für erschöpfend. Nehmen wir aber den umgekehrten Weg, gehen wir von den durch die Analyse gefundenen Voraussetzungen aus und suchen diese bis zum Resultat zu verfolgen, so kommt uns der Eindruck einer notwendigen und auf keine andere Weise zu bestimmenden Verkettung ganz abhanden. Wir merken sofort, es hätte sich auch etwas anderes ergeben können, und dies andere Ergebnis hätten wir ebensogut verstanden und aufklären können. Die Synthese ist also nicht so befriedigend wie die Analyse; mit anderen Worten, wir wären nicht imstande, aus der Kenntnis der Voraussetzungen die Natur des Ergebnisses vorherzusagen"[195]. Und Freud zieht daraus den Schluss: "Wir wollen also nicht behaupten, dass jedes Mädchen,

193 A.a.O. 284f.
194 A.a.O. 286.
195 A.a.O. 296.

dessen aus der Oedipuseinstellung der Pubertätsjahre herrührende Liebessehnsucht eine solche Enttäuschung erfährt, darum notwendigerweise der Homosexualität verfallen wird. Andersartige Reaktionen auf dieses Trauma werden im Gegenteil häufiger sein. Dann müssen aber bei diesem Mädchen besondere Momente den Ausschlag gegeben haben, solche ausserhalb des Traumas, wahrscheinlich innerer Natur"[196]. Zu einem solchen Moment innerer Natur könnte man nun auch den freien Willen des Mädchens rechnen. Diese Möglichkeit berücksichtigt Freud allerdings nicht, er fragt sich vielmehr, welche Rolle der Vererbung und welche der Erwerbung zukommt und kommt zum Schluss, dass beide einander bedingen und praktisch nicht voneinander zu trennen sind: "So vermengt und vereinigt sich in der Beobachtung beständig, was wir in der Theorie zu einem Paar von Gegensätzen - Vererbung und Erwerbung - auseinanderlegen möchten... Wir treffen das Richtige, wenn wir den Wert dieser Fragestellung überhaupt gering veranschlagen"[197].
Die Frage, ob das Mädchen sich unter den gegebenen Voraussetzungen auch anders hätte entwickeln können, ist offenbar kaum zu beantworten. Albert *Görres* schreibt zur Stelle: "Wenn das junge Mädchen 'aus Trotz gegen den Vater' homosexuell blieb, dann kann man zwar weder beweisen noch widerlegen, dass es vielleicht gelegentlich in der freien Lage war, diesen Trotz aus einem vernünftigen Motiv - Verständnis für die Situation des Vaters, Toleranz für die Beschränktheit seiner inneren Möglichkeiten, Einsicht in das Recht seines Standpunktes - zu ermässigen oder aufzugeben"[198]. Aber die Möglichkeit, "dass solche Situationen der Freiheit wie gute oder böse Feen auch an der Wiege einer Neurose gestanden haben könnten", ist jedenfalls nicht auszuschliessen und sie müsste dann auch in der Therapie mitberücksichtigt werden. "Denn es könnte ja dann" - sagt Görres weiter - "die wiederum freie Revision der früheren Fehlentscheidung, wie immer so etwas aussehen mag, eine unerlässliche Bedingung der Heilung sein. Endlich wäre es denkbar und unter diesen Voraussetzungen sogar wahrscheinlich, dass als conditio sine qua non der Heilung nicht nur eine punktuelle Fehlentscheidung, sondern der Grundentwurf, eine 'option fondamentale' für das Mögen gegen das Recht und das Sollen, für das Lust- und gegen ein anthropologisch voll genommenes Realitätsprinzip, revidiert werden müsste. Eine Revision, die nicht mehr und nicht weniger als eine Umstrukturierung des personalen ethischen Charakters bedeuten würde... Katharsis wäre dann nicht nur ein affektives, sondern auch ein moralisches Ereignis"[199].

---

196 A.a.O. 297.
197 A.a.O. 299.
198 A. Görres: Vernunft und Leidenschaft, 52f.
199 A.a.O. 54.

Ist also mit der Neurose auch persönliche Schuld verknüpft? Wenn ja, könnte das Schuldgefühl eine befriedigende Erklärung finden: Es wäre Ausdruck echter Schuld. Eine solche Begründung aber wäre doch eine grobe Simplifizierung - und eine Ungerechtigkeit dem Neurotiker gegenüber. Die Neurose lässt sich nicht auf eine persönliche Schuld zurückführen, obschon der Neurotiker nicht einfach schuldlos zu nennen ist - soweit Freud. Hier bietet sich nun eine Lösungsmöglichkeit an, die der Auffassung Freuds nicht widerspricht, obschon sie über Freud hinausgeht. Wir können sagen: Das Schuldgefühl ist Ausdruck, Symptom einer fehlerhaften Entwicklung - und nicht bloss (wie bei Freud) Folge verdrängter Aggression. Persönliche Schuld wird dabei ein - wenn auch nicht ausschlaggebendes Moment - unter anderen sein, neben den beiden mächtigen Faktoren der Vererbung und des Milieueinflusses. Es dürfte klar sein, dass mit dieser Annahme keineswegs eine Gleichsetzung von Sünde und Neurose gemeint sein kann. Sie besagt lediglich, dass die Neurose den *ganzen* Menschen betrifft, also auch die moralisch-ethische Person. Es sei nicht bestritten, dass die Neurose primär ein Nicht-Können und nicht ein Nicht-Wollen bedeutet, dass sie primär dem "ordo sentiendi" und nicht dem "ordo consentiendi" angehört[200] (A. Görres).
Vor allem wird für die Entstehung der Neurose nicht persönliche Schuld verantwortlich gemacht werden können. Wir haben gesehen, dass hier das Ueber-Ich (die ganze Ichorganisation) von entscheidender Bedeutung ist. Dieses aber ist zu verstehen aus der ursprünglichen Abhängigkeit des Menschen. Die Lehre Adolf *Portmanns* vom extrauterinen Frühjahr vorwegnehmend[201] sieht Freud in der "anfänglichen Hilflosigkeit des Menschen (ist) die *Urquelle* aller *moralischen Motive*" (Hervorh. im Or.)[202]. Die Abhängigkeit gilt nun vor allem für das erste Lebensjahr, sie besteht aber auch noch zur Zeit des Oedipuskomplexes (ca. vom 3.-5. Lebensjahr), in welchem Freud "immer deutlicher den Kern eines jeden Falles von Neurose erkannte"[203]. Die Abhängigkeit des Menschen schliesst zwar eigene, persönliche Schuld nicht aus, verbietet uns aber doch, in einer persönlichen Schuld ein entscheidendes ätiologisches Moment der Neurose zu sehen. Es liegt, wie schon gesagt, näher, den Grund der Schuldgefühle nicht auf einzelne schuldige Akte (wie Hass, Feindseeligkeit u.dgl.) einzuengen, sondern ihn in dem verfehlten Leben als ganzem, d.h. in einer Reifungs-, "Entwick-

200 S. A. Görres: Methode und Erfahrungen.., 34 und 118f., ders.: Heilung und Heil.., 201. V.E.v. Gebsattel: Imago Hominis, 86.
201 Hemmung.., XIV 186f. Vgl. A. Portmann: Biologische Fragmente zu einer Lehre vom Menschen, Basel 1944.
202 Aus den Anfängen.., 326.
203 Kurzer Abriss.., XIII 413. Neuerdings bestätigt von P.C. Kuiper: Die seelischen Krankheiten... 177.

lungshemmung"[204] zu sehen. Wahrscheinlich hätte Freud eine solche Deutung abgelehnt - aus der nicht unberechtigten Befürchtung heraus, die Analyse könnte so zu sehr ins moralische Fahrwasser geraten und dem Analysanden mit Willensappellen Dinge abverlangen, die zu leisten er noch gar nicht in der Lage ist. Sich gegen C.G. *Jung* wendend lehnt er die Ansicht ab, dass das Wesentliche der Neurose im "Nichterfüllen der Lebensaufgabe" bestehe und das Schuldbewusstsein dem Vorwurf entspreche, "seiner Lebensaufgabe nicht gerecht zu werden"[205]. Eine solche Deutung muss nach Freuds Ansicht zu moralisierenden Tendenzen führen, die der Analyse schlecht bekommt. Ein Beispiel dieser Art wird Freud von einem Analysanden mit folgenden Worten mitgeteilt: "Diesmal keine Spur von Rücksicht auf Vergangenheit und Uebertragung. Wo ich letztere zu greifen glaubte, wurde sie für reines Libidosymbol ausgegeben. Die moralischen Belehrungen waren sehr schön und ich lebte ihnen getreulich nach, aber ich kam keinen Schritt vorwärts... Statt analytisch zu befreien, brachte jede Stunde neue ungeheure Forderungen, an deren Erfüllung die Ueberwindung der Neurose geknüpft wurde, z.B. innerliche Konzentration durch Introversion, religiöse Vertiefung, neues Gemeinschaftsleben mit meiner Frau in liebevoller Hingabe usw.. Es ging fast über die Kraft, lief es doch auf eine radikale Umgestaltung des ganzen inneren Menschen hinaus. Man verliess die Analyse als armer Sünder mit den stärksten Zerknirschungsgefühlen und den besten Vorsätzen, aber gleichzeitig in tiefster Entmutigung. Was er (der Analytiker, Verf.) mir empfahl, hätte jeder Pfarrer mir auch geraten, aber woher die Kraft?"[206]. Natürlich lässt sich nicht nachprüfen, wie weit die Angaben des betreffenden Analysanden objektiv sind, aber eine solche (moralisierende) Art des Therapeutisierens ist sicher verfehlt - auch in Jungscher Sicht. Es scheint jedoch, dass man in der Neurose durchaus die Nichterfüllung einer Lebensaufgabe (als Reifungsauftrag) sehen kann (und darin einen, wenn nicht sogar den wesentlichen Grund der Schuldgefühle), ohne deswegen den methodischen Determinismus aufgeben zu müssen, ohne deswegen in der Analyse ins Predigen und Moralisieren zu geraten.

---

204 Ueber neurot. Erkrankungstypen, VIII 327.
205 Zur Geschichte.., X 108f.
206 A.a.O. 109f.

E. Die Ueberwindung des Schuldgefühls

Zum Schluss wollen wir versuchen, in der Erklärung des Schuldgefühls noch einen Schritt weiterzugehen und fragen uns, wie nach Freud Schuldgefühl und Neurose überwunden werden können.
Für Freud ist die Neurose wesentlich ein Konfliktgeschehen. Zunächst stellt Freud den Konflikt dar mit Hilfe des Gegensatzpaares Ichtriebe-Sexualtriebe, später des Paares Erostrieb-Todestrieb. Zudem beschreibt Freud den Konflikt auch durch den Widerstreit der drei psychischen Instanzen Ich, Es und Ueber-Ich. Von Bedeutung ist vor allem das Ueber-Ich, welches in schonungsloser Härte gegen das Ich wütet und sich wenig um die Triebansprüche aus dem Es kümmert. Es ist leicht einzusehen, wie schwer es das Ich in dieser fast ausweglosen Situation hat. Freud versteht es denn auch, diese Not des Ichs plastisch zu schildern. Er sieht das Ich "als armes Ding, welches unter dreierlei Dienstbarkeiten steht und demzufolge unter den Drohungen von dreierlei Gefahren leidet, von der Aussenwelt her, von der Libido des Es und von der Strenge des Ueber-Ichs"[207]. - "Durch seine Herkunft aus den Erfahrungen des Wahrnehmungssystems ist es (das Ich, Verf.) dazu bestimmt, die Anforderungen der Aussenwelt zu vertreten, aber es will auch der getreue Diener des Es sein, im Einvernehmen mit ihm bleiben... Anderseits wird es auf Schritt und Tritt von dem gestrengen Ueber-Ich beobachtet, das ihm bestimmte Normen seines Verhaltens vorhält, ohne Rücksicht auf die Schwierigkeiten von Seiten des Es und der Aussenwelt zu nehmen, und es im Falle der Nichteinhaltung mit den Spannungsgefühlen der Minderwertigkeit und des Schuldbewusstseins bestraft. So vom Es getrieben, vom Ueber-Ich eingeengt, von der Realität zurückgestossen, ringt das Ich um die Bewältigung seiner ökonomischen Aufgabe, die Harmonie unter den Kräften und Einflüssen herzustellen, die in ihm und auf es wirken, und wir verstehen, warum wir so oft den Ausruf nicht unterdrücken können: Das Leben ist nicht leicht! Wenn das Ich seine Schwäche einbekennen muss, bricht es in Angst aus, Realangst vor der Aussenwelt, Gewissensangst vor dem Ueber-Ich, neurotische Angst vor der Stärke der Leidenschaften im Es"[208]. Wie in diesem Zitat schon angedeutet ist, muss die Befreiung aus dem Konflikt dahin führen, die Harmonie unter den verschiedenen Seelenkräften herzustellen. Diese Aufgabe fällt dem Ich zu. Um ihr gewachsen zu sein, um seine "so ausserordentlich wichtige synthetische Funktion"[209] ausüben zu können, muss das Ich gestärkt werden.

---

207 Das Ich und das Es XIII 286.
208 Neue Folge.., XV 84f.
209 Die Ichspaltung.., XVII 60.

Absicht der Psychoanalye ist es, "das Ich zu stärken, es vom Ueber-Ich unabhängiger zu machen, sein Wahrnehmungsfeld zu erweitern und seine Organisation auszubauen, so dass es sich neue Stücke des Es aneignen kann. Wo Es war; soll Ich werden"[210] und man kann ergänzend beifügen: Wo Ueber-Ich war, soll Ich werden. Ziel der Therapie ist ein neues, erweitertes Bewusstsein. Das Ich muss sich der treibenden und plagenden (unbewussten) Kräfte bewusst werden, damit es die Herrschaft über sie erlangt. Bewusst müssen auch die Forderungen des Ueber-Ichs werden. Das Ueber-Ich ist ja weitgehend ein Tabu-Gewissen. "Das Tabugewissen ist wahrscheinlich die älteste Form, in welcher uns das Phänomen des Gewissens entgegentritt"[211]. Tabuverbote aber "entbehren jeder Begründung"[212]. Der despotische, oft grausame Zug des Ueber-Ichs findet seine Erklärung zu einem grossen Teil darin, dass die Gebote und Verbote des Ueber-Ichs unbewusst sind und sich so der Kontrolle entziehen. Durch das Bewusstwerden wird eine kritische Auseinandersetzung mit den Ueber-Ich-Ansprüchen möglich, und unsachliche, unberechtigte Vorschriften können als solche erkannt und abgebaut werden. Indem der Arzt eine Partei bildet mit dem geschwächten Ich des Kranken - gegen die Triebansprüche des Es und die Gewissensansprüche des Ueber-Ichs - kommt (mit Hilfe der Uebertragung) der Bewusstwerdungsprozess in Gang, und die "Herrschaft über verlorene Bezirke des Seelenlebens" wird dem Ich wiedergegeben[213], der Patient kann "jenes Mehr von seelischer Freiheit erwerben, durch welches sich die bewusste Seelentätigkeit... von der unbewussten unterscheidet"[214].

Mit der Bewusstseinserweiterung können nun die Schuldgefühle aus unberechtigten Ueber-Ich-Ansprüchen abklingen. Anderseits kann aber auch der Fall eintreten, dass Schuldgefühle nun erst bewusst werden. "Es gibt Zwangsneurosen ganz ohne Schuldbewusstsein"[215]. Unbewusst ist das Schuldgefühl vor allem in der Hysterie, weil bei ihr die Ueber-Ich-Forderungen vom Ich abgewehrt werden: "Das hysterische Ich erwehrt sich der peinlichen Wahrnehmung, die ihm von Seiten der Kritik seines Ueber-Ichs droht, in derselben Weise, wie es sich sonst einer unerträglichen Objektbesetzung zu erwehren pflegt, durch einen Akt der Verdrängung. Es liegt also am Ich, wenn das Schuldgefühl unbewusst bleibt. Wir wissen, dass sonst das Ich die Verdrängungen im Dienst und Auftrag seines Ueber-Ichs vornimmt; hier ist aber ein Fall, wo es

---

210 Neue Folge.., XV 86.
211 Totem und Tabu, IX 85.
212 A.a.O. 27.
213 Abriss.., XVII 98.
214 Bemerkungen über die Uebertragungsliebe, X 319f.
215 Hemmung.., XIV 147.

sich derselben Waffe gegen seinen gestrengen Herrn bedient"[216]. Es kann auch möglich sein, dass Schuldgefühle auftreten, die vorher unbewusst waren infolge Abwehr *berechtigter* Gewissensforderungen. Diese Möglichkeit scheint Freud einzuräumen, wenn er in einem Brief (vom 25.11.1928) an Oskar *Pfister* schreibt: "Es kommt wirklich vor, dass im Gegensatz zur gewöhnlichen Anordnung, nicht das triebhafte 'Böse', Unzweckmässige verdrängt ist, sondern vielmehr das Gewissen, die bessere Einsicht, das 'Edlere'"[217]. Es ist klar, dass in der Analyse solchen berechtigten Forderungen Rechnung zu tragen ist. Charakteristisch für die Neurose ist, dass die Forderungen - ob berechtigte oder nicht - unbewusst sind und aus schon erörterten Gründen nicht bewusst werden dürfen.

Mit der Vergrösserung des Freiheitsraumes wird auch der Bereich der Verantwortung erweitert. Der Mensch ist nicht nur für die nach aussen sichtbaren Taten verantwortlich. Er muss lernen, auch seine unbewussten Strebungen in seine Verantwortung zu übernehmen. Da wir auch das sind, was wir z.B. im Traume sind, sind wir auch für unsere Träume verantwortlich. Darin ist die Ansicht Freuds eindeutig. In seinem Aufsatz "Die sittliche Verantwortung für den Inhalt der Träume" fragt er: "Muss man die Verantwortlichkeit für den Inhalt seiner Träume übernehmen?" und antwortet: "Selbstverständlich muss man sich für seine bösen Traumregungen verantwortlich halten. Was will man sonst mit ihnen machen? Wenn der - richtig verstandene - Trauminhalt nicht die Eingebung fremder Geister ist, so ist er ein Stück von meinem Wesen. Wenn ich die in mir vorfindlichen Strebungen nach sozialen Massstäben in gute und böse klassifizieren will, so muss ich für beide Arten die Verantwortlichkeit tragen, und wenn ich abwehrend sage, was unbekannt, unbewusst und verdrängt in mir ist, das ist nicht mein 'Ich', so stehe ich nicht auf dem Boden der Psychoanalyse, habe ihre Aufschlüsse nicht angenommen und kann durch die Kritik meiner Nebenmenschen, durch die Störungen meiner Handlungen und die Verwirrungen meiner Gefühle eines Besseren belehrt werden. Ich kann erfahren, dass dies von mir Verleugnete nicht nur in mir 'ist', sondern gelegentlich auch aus mir 'wirkt'"[218]. Freud denkt hier etwa an Träume, die "der Ausdruck von unsittlichen, inzestuösen und perversen Regungen oder von mörderischen, sadistischen Gelüsten" sind und meint dazu: "Diese verkappten Verbrecher sind wie in der Welt des Wachlebens unvergleichlich häufiger als die mit offenem Visier"[219]. Obschon im metapsychologischen Sinne dies "böse Verdrängte" nicht zum Ich gehört - "wenn ich

---

216 Das Ich und das Es, XIII 281.
217 S. Freud und O. Pfister: Briefe, 136.
218 Einige Nachträge.., I 567.
219 A.a.O. 566.

nämlich ein moralisch untadeliger Mensch sein sollte" - sondern zum Es, so gehören die im Es verspürten Regungen dennoch in den Bereich der Verantwortung[220]. Nicht nur das Gute, sondern auch das Böse gehört zum Wesen des Menschen. Das Böse in sich hat er anzuerkennen, wenn er von unverständlichen Schuldgefühlen frei sein und nicht zum Heuchler werden will. "Dem ethischen Narzissmus des Menschen sollte es genügen, dass er in der Tatsache der Traumentstellung, in den Angst- und Strafträumen ebenso deutliche Beweise seines sittlichen Wesens erhält wie durch die Traumdeutung Belege für Existenz und Stärke seines bösen Wesens. Wer, damit nicht zufrieden, 'besser' sein will, als er geschaffen ist, möge versuchen, ob er es im Leben weiter bringt als zur Heuchelei oder zur Hemmung"[221].
Von der Erkenntnis, dass der Mensch "nicht nur viel unmoralischer ist, als er glaubt, sondern auch viel moralischer als er weiss"[222], hat Freud auch in den Analysen Gebrauch gemacht. Aus der Therapie der Fräulein Elisabeth v. R., die sich ihre Liebe zum Schwager nicht eingestehen wollte, berichtet Freud folgendes: "Der Effekt der Wiederaufnahme jener verdrängten Vorstellung war ein niederschmetternder für das arme Kind. Sie schrie laut auf, als ich den Sachverhalt mit den trockenen Worten zusammenfasste: Sie waren also seit langer Zeit in Ihren Schwager verliebt. Sie klagte über die grässlichsten Schmerzen in diesem Augenblicke, sie machte noch eine verzweifelte Anstrengung, die Aufklärung zurückzuweisen. Es sei nicht wahr, ich habe es ihr eingeredet, es könne nicht sein, einer solchen Schlechtigkeit sei sie nicht fähig. Das würde sie sich auch nie verzeihen. Es war leicht, ihr zu beweisen, dass ihre eigenen Mitteilungen keine andere Deutung zuliessen, aber es dauerte lange, bis meine beiden Trostgründe, dass man für Empfindungen unverantwortlich sei, und dass ihr Verhalten, ihr Erkranken unter jenen Anlässen ein genügendes Zeugnis für ihre moralische Natur sei, bis diese Tröstungen, sage ich, Eindruck auf sie machten"[223]. Wir haben schon festgestellt (vgl. S. 87), dass die Aussage, man sei für Empfindungen unverantwortlich, nur als Trostgrund sinnvoll sein kann. Die Patientin kann für ihre Empfindungen nicht von jeder Verantwortung freigesprochen werden. Jedenfalls muss sie es lernen, die Verantwortung dafür zu übernehmen.
Wenn nach Freud die Neurose im Wesentlichen infolge einer Triebverdrängung entsteht, so könnte es naheliegen, eine Heilung der Neurose durch ein "Ausleben" der Triebe (etwa der Sexualität) herbeizuführen.

---

220 A.a.O. 567f.
221 A.a.O. 568.
222 Das Ich und das Es, XIII 282.
223 "Psychoanalyse"., XIII 227f.

Freud selber hat ein solches Ansinnen entschieden zurückgewiesen. "Ein böses und nur durch Unkenntnis gerechtfertigtes Missverständnis ist es, wenn man meint, die Psychoanalyse erwarte die Heilung neurotischer Beschwerden vom 'freien Ausleben' der Sexualität. Das Bewusstmachen der verdrängten Sexualgelüste in der Analyse ermöglicht vielmehr eine Beherrschung derselben, die durch die vorgängige Verdrängung nicht zu erreichen war. Man kann mit Recht sagen, dass die Analyse den Neurotiker von den Fesseln seiner Sexualität befreit"[224]. Nicht die Triebregung als solche ist schuld an der Neurose, sondern die Verdrängung derselben. Infolge der Verdrängung kann der Konflikt "zwischen der sinnlichen und der asketischen Richtung" nicht ausgetragen werden. Die Verdrängung ist kein Opfer, sie ist ein Umgehen des Opfers. Die Therapie dient dazu, den Konflikt auszutragen, sie ermöglicht dem Analysanden die Entscheidung[225]. An dieser Stelle muss allerdings noch erwähnt werden, dass die herrschende Gesellschaftsmoral "mit kritischen Augen" beobachtet werden muss, denn, so sagt Freud: "Wir können es der Gesellschaft glatt vorrechnen, dass das, was sie ihre Sittlichkeit heisst, mehr Opfer kostet, als es wert ist, und dass ihr Verfahren weder auf Wahrhaftigkeit beruht noch von Klugheit zeugt". Und er fährt weiter: "Wir ersparen es unseren Patienten nicht, diese Kritik mitanzuhören, wir gewöhnen sie an vorurteilsfreie Erwägung der sexuellen Angelegenheiten wie aller anderen, und wenn sie, nach Vollendung ihrer Kur selbständig geworden, sich aus eigenem Ermessen zu irgend einer mittleren Position zwischen dem vollen Ausleben und der unbedingten Askese entschliessen, fühlen wir unser Gewissen durch keinen dieser Ausgänge belastet. Wir sagen uns, wer die Erziehung zur Wahrheit gegen sich selbst mit Erfolg durchgemacht hat, der ist gegen die Gefahr der Unsittlichkeit dauernd geschützt, mag sein Massstab der Sittlichkeit auch von dem in der Gesellschaft gebräuchlichen irgendwie abweichen"[226].
Nicht im Ausleben liegt die Lösung, vielmehr in einer Befreiung der Liebe, wie es Freud in seiner Studie "Der Wahn und die Träume in W. Jensens 'Gradiva'"[227] sehr schön beschreibt. "In einem Liebesrezidiv", erklärt er hier, "vollzieht sich der Prozess der Genesung, wenn wir alle die mannigfaltigen Komponenten des Sexualtriebes als 'Liebe' zusammenfassen... Jede psychoanalytische Behandlung ist ein Versuch, verdrängte Liebe zu befreien, die in einem Symptom einen kümmerlichen Kompromissausweg gefunden hatte"[228]. Die Therapie soll zur Liebe be-

224 Ebd.
225 Vorlesungen.., 449f.
226 A.a.O. 450f.
227 Der Wahn.., VII 31-125.
228 A.a.O. 118.

freien, sie selbst ist "eigentlich eine Heilung durch Liebe"[229]. Allerdings kann der Arzt die aus dem Unbewussten zum Bewusstsein durchdringende Liebe nicht so wie Jensens Gradiva erwidern. "Der Arzt ist ein Fremder gewesen und muss trachten, nach der Heilung wieder ein Fremder zu werden; er weiss den Geheilten oft nicht zu raten, wie sie ihre wiedergewonnene Liebesfähigkeit im Leben verwenden können. Mit welchen Auskunftsmitteln und Surrogaten sich dann der Arzt behilft, um sich dem Vorbild einer Liebesheilung, das uns der Dichter gezeichnet, mit mehr oder weniger Erfolg zu nähern, das anzudeuten würde uns viel zu weit weg von der uns vorliegenden Aufgabe führen"[230].
Die Heilung darf demnach in einem Lernen der Liebe verstanden werden. Das bedeutet auch nach Freud nicht einfach Sexualbetätigung. Da er jedoch das menschliche Leben von der Basis des Triebhaften her begreift, muss er den Begriff der Sublimierung einführen, um der Tatsache Rechnung zu tragen, dass es ein gesundes und befriedigendes Leben auch geben kann ohne Betätigung der Sexualität im engeren Sinn. Nicht nur betreffs der Sexualität, auch für den Aggressionstrieb gibt es so etwas wie Sublimierung. Die "bösen", "eigensüchtigen" Triebe können in soziale umgebildet werden. Das geschieht durch "Zumischung der *erotischen* Komponenten". "Man lernt das Geliebtwerden als einen Vorteil schätzen, wegen dessen man auf andere Vorteile verzichten darf" (Hervorh. im Or.)[231]. Ein äusserer Faktor, "der Zwang der Erziehung, welche die Ansprüche der kulturellen Umgebung vertritt", fördert diesen Prozess. "Die Kultureinflüsse leiten dazu an, dass immer mehr von den eigensüchtigen Strebungen durch erotische Zusätze in altruistische, soziale verwandelt werden"[232]. Der Aggressionstrieb kann seine destruktive Seite verlieren, wenn er mit dem Eros vermischt, mit ihm legiert wird. "Gemässigt und gebändigt, gleichsam zielgehemmt, muss der Destruktionstrieb, auf die Objekte gerichtet, dem Ich die Befriedigung seiner Lebensbedürfnisse und die Herrschaft über die Natur verschaffen"[233]. Auf der andern Seite kann die Sexualität auch für nicht-sexuelle Ziele verwendet werden. Freud weiss um "die höchste psychische Leistung, die einem Menschen möglich ist, (für) das Niederringen der eigenen Leidenschaft zugunsten und im Auftrage einer Bestimmung, der man sich geweiht hat"[234]. In der Annahme der je eigenen Bestimmung zeigt sich die reife Form der Liebe. Die (notwendige) Aggression wird von der Liebe in Dienst genommen, und

229 Brief an C.G. Jung vom 6.12.1906, in: E. Jones: Das Leben.., 509.
230 Der Wahn.., VII 119.
231 Zeitgemässes.., X 333.
232 Ebd.
233 Das Unbehagen.., XIV 480 vgl. Warum Krieg, XVI 23.
234 Der Moses.., X 198.

die Liebe wiederum kann auch auf Nicht-Sexuelles bezogen werden, wenn es die Realität (die eigene Bestimmung) verlangt.
Wir fragten nach Wesen und Ziel der Heilung. Die Antwort ist einfach. Die Heilung besteht letztlich in einer inneren und äusseren Harmonie, im Bejahen-Können seiner selbst, der Umwelt, ja des Daseins in der Welt überhaupt. Möglich ist die Heilung nur, wenn der Eros die Herrschaft übernimmt, denn "Hauptabsicht" des Eros ist es, "zu vereinigen und zu binden"[235].
Von hieraus lässt sich auch das Schuldgefühl auf eine einfache Weise begründen. Es ist Zeichen einer inneren und äusseren Disharmonie, Zeichen des Zerwürfnisses mit sich selbst und der Welt. Das Schuldbewusstsein entsteht "aus unbefriedigter Liebe"[236], wobei nicht primär an eine Triebhemmung oder Aggressionsneigung zu denken ist, sondern an eine Störung in der zwischenmenschlichen Beziehung. Denn die übergrosse Strenge des Ueber-Ichs ist bereits Folge der gestörten zwischenmenschlichen Kommunikation. Im Bruch des ursprünglichen Mitseins ist die Ursache der Neurose zu suchen. Die Folge davon ist, wie die Zwangsneurose deutlich aussagt, der reine Ueber-Ich-Gehorsam als ethisches Prinzip, eine narzisstische Leistungsmoral. Gustav *Bally* schreibt: "Anstelle einer unmittelbar kreatürlichen ursprünglichen Verbundenheit wird es (das Kind, Verf.) auf sich selbst zurückgewiesen. Es ist dann primär mit der Welt entzweit und kann sich ihr nur auf Grund der angelernten Dressate, das heisst durch Leistungen, empfehlen. Wenn also das Kind in seinem Wesen verkannt, das heisst unverständig erzogen wird, so entsteht eine frühe Ichhaltung, die sich an die Stelle des ursprünglichen unmittelbaren Begegnens setzt... Der Zwangsneurotiker glaubt, dass er bestenfalls als Könner, als Leistender anerkannt werden kann"[237].
Wir können nun sagen, dass das Schuldgefühl Ausdruck der Spannung zwischen Ich, Es und Ueber-Ich ist und Freud ergänzend beifügen, dass es noch ursprünglicher die narzisstische Fehlhaltung als solche anzeigt, ja anklagt. Das Ideal ist nicht einfach das von der Gesellschaft dem Individuum (entgegen seinen Triebbedürfnissen) auferlegte. Es gibt auch ein Ideal, das dem Menschen aufträgt, sich im Mitsein mit anderen selbst zu verwirklichen. So gesehen würde im Schuldgefühl sich nicht nur das Ueber-Ich (das Moralgewissen), sondern auch das Reifungsgewissen zu Gehör bringen. Die eigentliche "Schuld" wäre somit in der Reifungshemmung zu finden und im Schuldgefühl die Mahnung zu sehen, - wie Freud sagt - "dem Leben die Schuld abzutragen, mit der

---

235 Das Ich und das Es, XIII 274.
236 Ergebnisse.., XVII 152.
237 G. Bally: Einführung.., 207.

wir von unserer Geburt an belastet sind"[238]. Wenn der Neurotiker bereit wird, diese seine Schuldigkeit anzuerkennen und abzutragen, dann wird er auch von neurotischen Schuldgefühlen frei werden können, was nicht ausschliesst, dass er sich und anderen immer etwas schuldig bleibt und immer wieder in Schuld kommt.

Die Ansicht Freuds von der verhängnisvollen Unvermeidlichkeit des Schuldgefühls braucht man nicht unbedingt zu teilen oder sie jedenfalls nicht auf die gleiche Weise wie er zu begründen. Freud geht von der Voraussetzung aus, dass Individuum und Gesellschaft grundsätzlich im Widerstreit gegeneinander stehen, wie er sagt, "müssen die beiden Prozesse der individuellen und der Kulturentwicklung einander feindlich begegnen und sich gegenseitig den Boden bestreiten"[239]. Die natürliche Triebanlage des Menschen widerspricht nach Freud den moralischen Forderungen, die notwendig werden, sobald Menschen zusammenleben. Die Menschen sind sich von Natur aus feindlich gesinnt: *"Homo homini lupus"* (Hervorh. im Or.)[240]. Selbst das Liebesgebot ist dem Menschen nicht auf den Leib geschnitten. Gemeinschaftsfähig wird der Mensch erst durch die Triebhemmung. Daher die Unvermeidlichkeit des Schuldgefühls. "Die Kultur muss alles aufbieten, um den Aggressionstrieben der Menschen Schranken zu setzen, ihre Aeusserungen durch psychische Reaktionsbildungen niederzuhalten. Daher also das Aufgebot von Methoden, die die Menschen zu Identifizierungen und zielgehemmten Liebesbeziehungen auftreiben sollen, daher auch das Idealgebot, den Nächsten so zu lieben wie sich selbst, das sich wirklich dadurch rechtfertigt, dass nichts anderes der ursprünglichen menschlichen Natur so sehr zuwiderläuft"[241].

Man wird Freud zugestehen müssen, dass seine Beschreibung in der Tat sehr oft zutrifft. Die Frage ist nur, ob er damit nicht schon ein Zerrbild des Menschen zeichnet, das also nicht notwendig so sein muss. Man kann im Gegensatz zu Freud von der Annahme ausgehen, dass der Mensch von Natur aus ein Gemeinschaftswesen ist - und Schuldgefühle immer dort auftreten müssen, wo das Leben in der Gemeinschaft krank geworden ist. Jetzt trifft es auch zu, dass das Individuum gemeinschaftsunfähig geworden ist und anderseits die Gesellschaft die natürliche Entwicklung des Einzelnen hemmt. Nicht das Gebot der Liebe ist für das Schuldgefühl verantwortlich zu machen, sondern ganz im Gegenteil die Lieblosigkeit, auch und besonders dann, wenn sie im Namen der Religion und der Liebe auftritt.

---

238 Der Wahn.., VII 76, vgl. 92 und 96.
239 Das Unbehagen.., XIV 501.
240 A.a.O. 471.
241 Ebd.

Von Geburt an hat das Kind "das Bedürfnis, geliebt zu werden, das den Menschen nicht mehr verlassen wird"[242]. Schuldig fühlt sich, wer nicht geliebt wird. Und wer nicht geliebt worden ist, ist auch selber unfähig zu lieben - und wird deswegen auch unter Schuldgefühlen zu leiden haben. Auf diese einfache Formel können wir am Ende Freuds Auffassung über das Schuldproblem bringen, über ein Thema, dem Freud zeitlebens grösste Aufmerksamkeit geschenkt hat.

242 Hemmung.., XIV 187.

II. DIE GEGENUEBERSTELLUNG VON PSYCHOANALYTISCHER UND THEOLOGISCHER SCHULDAUFFASSUNG

A. Problemstellung

Nachdem im ersten Kapitel zu zeigen versucht wurde, wie der Theologe Schuld und Gewissen versteht und interpretiert, drängt sich die Frage auf, ob das, was Freud über diese Phänomene zu sagen wusste, überhaupt etwas mit dem theologischen Schuldverständnis zu tun hat, und nicht etwas völlig Disparates ist, ob sich gewisse Bezugspunkte ergeben, ob Freud unter Umständen sogar theologisch integriert werden kann.

Eine erste Möglichkeit, die nämlich, dass beide Richtungen etwas total Disparates sind, scheidet zum vornherein aus, denn Freud wie der Theologe brauchen (zum Teil wenigstens) die gleichen Termini, wie eben "Schuld", "Sünde", "Gewissen". Terminus und Begriff brauchen sich zwar nicht zu decken. Wenn aber die Sprache wirklich etwas aussagt und nicht reine Willkür ist, dann ist zumindest ein Beziehungspunkt bereits gegeben. Ohne diesen wäre eine Konfrontation zum vornherein sinnlos, unmöglich. Ein erster Beziehungspunkt ist also schon von der Sprache her gegeben, die auf beiden Seiten nicht völlig willkürlich, wenngleich wissenschaftlich spezifisch gebraucht werden kann. Die Verwandtschaft zeigt sich weithin auch darin, dass sowohl bei Freud wie beim Theologen Schuld und Gewissen selber jeweils aufeinander bezogen werden, so dass offenbar das eine (Schuld, Sünde) nicht ohne das andere (Gewissen) verstanden werden kann. Der Theologe spricht von Gewissen, wenn er den Ort (das "Organ") anzugeben versucht, wo dem Menschen sittlicher und göttlicher Anspruch begegnen, und er weiss um die Schuld des Menschen dort, wo dieser jenem Anspruch nicht entspricht. Freud hingegen begegnet in der Praxis zunächst dem von Schuldgefühl gequälten Menschen und fragt nach der Instanz, vor der sich der Mensch schuldig fühlt.

Es scheint, dass, ausgehend von der gleichen (vorwissenschaftlichen) Basis, Psychoanalyse und Theologie dann doch verschiedene Wege gehen, dass sie Schuld und Gewissen unter zwei verschiedenen Gesichtspunkten betrachten, wie sie ja auch den Menschen jeweils unter verschiedenem Gesichtspunkt sehen. Einmal den seelisch leidenden und von diesem Leiden zu befreienden Menschen, das andere Mal den Menschen in seiner Beziehung zu Gott, wobei der Theologe dann auch etwas über das "Wesen" des Menschen überhaupt zu sagen hat.

Diese beiden verschiedenen Gesichtspunkte in ihrer Differenz und möglichen Kohärenz in bezug auf Schuld und Gewissen aufzuzeigen, muss jetzt unsere Aufgabe sein.

B. Grundsätzliche Erwägungen

Wir haben festgestellt, dass Theologie und Tiefenpsychologie aus je verschiedenen Gesichtspunkten den Menschen angehen und Aussagen über ihn machen. Es fragt sich zunächst, wo die Theologie eigentlich anzusetzen hat. Es ist nicht ihre Aufgabe, empirische Wirklichkeitsaussagen zu machen, sie hat diese vielmehr von den Einzelwissenschaften zu übernehmen und dann den jeweiligen Transzendenzbezug aufzuzeigen. Natürlich ist die Theologie bestrebt, möglichst solche Aussagen zu übernehmen, denen eine gewisse Sicherheit und Allgemeingültigkeit zukommt. Von daher kommt es, dass sie sich häufig der Philosophie bedient, wie uns schon das erste Kapitel gezeigt hat. Die Philosophie ihrerseits geht vom Empirischen aus, sie sieht aber das Seiende unter dem Aspekt des Seins, oder - anthropologisch gewendet - den ganzen Menschen unter dem Aspekt des Menschseins, unter Abstraktion von einzelnen empirischen Daten, nicht aber im Gegensatz zum Empirischen. Die Bedeutung der Philosophie für die Theologie bringt es mit sich, dass sich der Theologe häufig im philosophischen Vorfeld aufhält, wobei aber der Unterschied der beiden Wissenschaften nicht übersehen werden darf.
Aus der Sicht von Philosophie und Theologie ist nun gegenüber Freud ein erster und grundsätzlicher Vorbehalt anzubringen: Ein auf mechanistischer Grundlage aufgebautes Menschenbild kann den Menschen nicht ganz und nicht in seinem Wesentlichen erfassen und wird dann falsch, wenn es alle menschlichen Phänomene mit dem einen Mechanismus erklären und sie auf diesen Mechanismus reduzieren will. Interessant ist, dass diese Kritik nicht nur von seiten der Theologie geübt wird, sondern auch schon von der Tiefenpsychologie selber, wie die verschiedenen Schulrichtungen zeigen. Das Bemühen um ein ganzheitliches Verständnis des (kranken) Menschen hat immer wieder dazu geführt, die alte Grenzlinie zu überschreiten, um auch eine andere bislang nicht oder schlecht gesehene Seite der Wirklichkeit ans Licht zu bringen. Angesichts dieser Transzendierungstendenz ist es schwer, eine letzte Grenze festlegen zu wollen. Die Grenze muss sich immer wieder nach dem Objekt bzw. nach der Intention richten: die Hilfe an den seelisch leidenden Menschen. Zieht man noch die Geschichtlichkeit des Menschen in Betracht, wird klar, dass durch die jeweils veränderte Situation immer wieder neue Fragen und Probleme auftauchen, die einer Lösung harren und neue Aspekte des Menschen sichtbar machen. Mit dem Vorwurf, Freud mache sich einer unzulässigen Reduktion schuldig, kann es sich der Theologe aber auch zu leicht machen. Nicht selten muss er sich von der Gegenseite den Vorwurf gefallen lassen, er sehe im

Menschen nur das Geistige, Höhere und Allgemeine und nehme die konkrete und leibliche Wirklichkeit des Menschen nicht ernst genug. Die Lösung wird darin zu suchen sein, dass jeder die Relativität der je eigenen Sichtweite anerkennt und sich von der andern Seite etwas sagen lässt - im Wissen um die Selbständigkeit jeder Wissenschaft und ihre gegenseitige Verwiesenheit und Angewiesenheit. Hieraus ergibt sich, dass grundsätzlich eine Integration psychologischer und philosophisch-theologischer Erkenntnisse möglich und nützlich ist.

C. Gewissen und Ueber-Ich

Schon ein flüchtiger Blick auf die Freud'sche und auf die theologische Behandlung der Gewissensthematik zeigt die Diskrepanz der beiden Anschauungen. Für den Theologen ist das Gewissen die letzte subjektive Norm des Handelns, deren Befolgen über Heil oder Unheil des Menschen entscheidet - Freud sieht im Gewissen (dem Ueber-Ich) im wesentlichen die Stimme der introjizierten Eltern, der öffentlichen Moral, ein Dressat, "das dem Ich übergestülpte Oktroy" (E. Stadter)[243], dem die Aufgabe zukommt, den Trieben Einhalt zu gebieten, den Menschen der Gesellschaft anzupassen, ihn gefügig zu machen.

Der Unterschied beider Positionen kann noch verdeutlicht werden, wenn auf ihre jeweiligen Grundlagen zurückgefragt wird. Aus theologischer Sicht ist das Gewissen die Kontrollinstanz für das seinsgerechte (und gottgewollte) Verhalten, seine Funktion ist dem Wesen nach positiv, es verhilft dem Menschen zum wahren Glück und wirkt nur dort störend, wo die Gefahr der Verfehlung besteht oder diese bereits eingetroffen ist. Für Freud hat das Ueber-Ich "von Natur aus" eine für das Individuum hemmende, einschränkende Bedeutung. Warum? Erstens hat Freud das "Gewissen" bei seinen Patienten in dieser Form kennengelernt und zweitens sieht er, dass im Menschen offenbar das Lustprinzip herrscht, dem aber die harte Realität (die soziale Realität) nicht entspricht. Die Wirklichkeit ist demnach zutiefst nicht eine Harmonie, sondern ein Konflikt, ein Dualismus von Lustprinzip und Realitätsprinzip, von Eros und Thanatos. Diesem Konflikt ist Freud in der Therapie seiner Neurosekranken dauernd begegnet. Wer wollte diese Wahrheit leugnen? Man kann aber auch der Auffassung sein, dass auf diese Weise nicht alle und nicht die ganze Wahrheit ausgesprochen ist und sagen: Letztlich ist die Wirklichkeit nicht Konflikt, sondern Harmonie, Einheit (nicht Einheitlichkeit), die

---

243 E. Stadter: Psychoanalyse.., 65.

Wirklichkeit ist auf Harmonie, Einheit, Glück und Sinn hin geschaffen. So gesehen bekommt der Konflikt, und mit ihm der Freud'sche Dualismus einen andern Stellenwert; er wird nicht geleugnet, aber als ein Vorletztes und als etwas zu Ueberwindendes bestimmt. Das Gewissen liesse sich von daher definieren als jene Instanz im Menschen, die Einheit, Harmonie und Glück stiftet. Diese Qualifizierung des Gewissens entspricht genau jener früheren, nach der im Gewissen dem Menschen der Wille Gottes, der seinsgerechte (und damit gute, glücklich machende) Sollensanspruch inne wird.

Der Dualismus bei Freud hat, das ist nicht zu bestreiten, eine empirische Grundlage, aber er ist als theoretisches Erklärungsprinzip nicht allein aus der Erfahrung abzuleiten, schliesst vielmehr ein philosophisches, weltanschauliches (Vor-)Urteil ein, nämlich dies, dass der Mensch "im Grunde nichts anderes" als ein narzisstisches Triebwesen ist, das nur durch äussere Nötigung gemeinschaftsfähig gemacht werden kann, denn: homo homini lupus, - wobei der Gegensatz zwischen Innen und (introjiziertem) Aussen notwendigerweise eine Spannung hervorrufen muss, die sich im Schuldgefühl äussert.

Die gleiche Wirklichkeit, der Freud begegnete, lässt jedoch auch eine andere Deutung zu, und darin zeigt sich, wie immer schon in einer Deutung ein Menschenbild beteiligt ist. Gehen wir von dem Freud entgegengesetzten Axiom aus, (das sich ebenso gut wie die These Freuds "verifizieren" liesse), - homo homini homo, bzw. amicus, - dann bekommt das Gewissen sofort eine andere Bedeutung. Es fordert den Menschen auf, dem Menschen Freund zu sein und darin seiner Natur gemäss zu leben. Das Schuldgefühl kann dann nicht mehr mit einer nach Innen gekehrten Aggression erklärt werden, - eine Erklärung, die sich auf die sogenannte "Wolfsnatur" stützt, - sondern verlangt eine andere Erklärungsgrundlage, d.h. der Bezugspunkt ist dann eine andere "Natur".

Des weitern wird der Theologe Freud entgegenhalten müssen, dass mit Hilfe eines Triebmechanismus das sittliche Phänomen gar nicht adäquat beschrieben werden kann. Das ursprüngliche Phänomen ist doch dies, dass der Mensch sich im Gewissensspruch vor eine verpflichtende Forderung gestellt sieht, der er zu entsprechen hat. Folgt er ihr nicht, dann wehrt sich gleichsam seine innere Dynamik gegen sein Fehlverhalten, was sich in Schuldgefühlen kundtut. Ob dabei ein Trieb befriedigt wird oder nicht, ist von sekundärer Bedeutung, - mit andern Worten, die Frage nach der Sittlichkeit des Handelns kann nicht triebdynamisch geklärt werden. Daraus ergibt sich, dass das Ueber-Ich sich nicht deckt mit dem, was der Theologe unter Gewissen versteht.

Ist es möglich, die psychoanalytische Gewissensauffassung theologisch zu integrieren? Um die Frage zu beantworten, muss geklärt werden, ob bei aller Verschiedenheit der Gesichtspunkte Freud doch etwas erkannt hat, das mit dem Gewissen im sittlichen, theologischen Verständnis im Zusammenhang steht, dass Freud einen Aspekt des Phänomens gesehen hat, den die Theologie vielleicht bislang zu gering veranschlagte.

Freud ging es in seiner Arbeit nicht darum, das Wesen des Sittlichen und des Gewissens zu bestimmen. Was ihn interessierte, war die konkrete Gestalt des Gewissens, so, wie es sich ihm in der Analyse darbot. Dabei kam der Frage nach der Entstehung eines Phänomens, (deren Genese), eine primäre Bedeutung zu. Erklären, verstehen einer Sache heisst somit psychoanalytisch: deren Anfang und Ursprung erkennen, deren Genese erhellen und ins Bewusstsein bringen. Freuds Verdienst besteht darin, Aufschluss gebracht zu haben über den Verlauf der Moral- und Gewissensentstehung. Bei der typisch "archäologischen" Betrachtungsweise Freuds[244] ist es nicht erstaunlich, dass er eine Früh- bzw. Vorform des Gewissens entdeckte, nämlich das kindliche, infantile Gewissen. Vom Neurotiker weiss Freud zu sagen, dass dieser auf einer niedrigen Entwicklungsstufe stehengeblieben, bzw. auf eine solche regrediert ist. Nicht erstaunlich, wenn dann auch das neurotische Gewissen ein infantiles Gewissen geblieben oder geworden ist und deshalb nicht die reife Gestalt jenes Gewissens hat, das von der Theologie eigentlich gemeint ist und eher eine Abart, eine kranke Form dieses Gewissens darstellt (etwa in der Art des sogenannten skrupulösen Gewissens).

Obschon man zugeben muss, dass die philosophisch-theologische Erörterung das Wesen der Sache erhellt, einer Gefahr ist sie doch, wie Freud deutlich gemacht hat, ständig ausgesetzt: der unbesehenen Anwendung ihrer Erkenntnisse auf die alltägliche Wirklichkeit, in der selbstverständlichen Annahme, dass immer und überall, wo zum Beispiel von Gewissen die Rede sei und ein normaler Mensch das Gewissen erlebe, auch schon das von der Theologie gemeinte Gewissen in Erscheinung trete. Diese naive Selbstverständlichkeit hat Freud zerstört. Er hat uns feinfühliger gemacht für die Komplexität des Gewissens- und Schuld-Phänomens. Häufiger als man meint wird also das Gewissen die noch vorsittliche Form des Ueber-Ichs haben. Häufiger wohl als erwartet wird sich im sogenannten Gewissen noch die Stimme der Eltern aus der frühen Kindheit melden und werden Erlebnisse aus der frühen Kindheit eine gesunde Weiterentwicklung der Gewissensanlage verhindern. Kann denn da noch von Gewissens-Stimme oder gar von einer Stimme Gottes die Rede sein? Ist es da noch richtig zu sagen, dass der Mensch immer

---

244 Vgl. P. Ricoeur: De l'interprétation.

der Stimme des Gewissens folgen müsse, um nicht schuldig zu werden? So zweifellos richtig die Forderung aus ethischer Sicht ist, so fragwürdig wird sie bei einer unbesehenen Anwendung auf die konkrete Wirklichkeit. Das heisst nun nicht, dass das Prinzip nicht Geltung hätte, aber fraglich ist, wo es überhaupt zur Anwendung kommen kann, wo denn tatsächlich ein solcher Spruch des Gewissens vorliegt (die quaestio facti also, nicht die quaestio iuris). Es könnte ja sein, dass die Ausnahmefälle (wo der Gewissensspruch irrtümlicherweise als Gewissensspruch genommen wird) häufiger sind als der sogenannte Normalfall. Nochmals: Das moraltheologische Prinzip behält Gültigkeit, aber es ist mit Vorsicht zu handhaben. Wir haben bereits gesehen, dass in der Theologie ein Fragezeichen hinter dem Gewissen als "Stimme Gottes" gemacht wird, aber dies nur in bezug auf den Inhalt des Gewissens. Muss das Fragezeichen nicht auch hinter dem Gewissen als Funktion in dem eben angedeuteten Sinne gemacht werden? Gibt es ein Kriterium dafür, ob ein Gewissensspruch tatsächlich vorliegt oder nicht? Die Stärke des Erlebens allein genügt nicht, auch sie kann täuschen und ist sehr oft Zeichen eines noch herrschenden Ueber-Ichs. Kriterium ist im Grunde nur die Stufe der Reifung, und Reife bleibt selber stets relativ. Eine absolute Sicherheit kann in dieser Frage nicht erreicht werden. Das paulinische Axiom, dass alles, was nicht aus Ueberzeugung geschehe, Sünde sei (Röm 14,23), wird deswegen nicht ungültig. Es muss aber so variiert werden, dass man auch sagen kann: Die Ueberzeugung, der nicht zu folgen Sünde wäre, ist oft die, dass absolute Sicherheit gar nicht möglich ist, ich also meiner eigenen Sicherheit kritisch begegnen soll und oft auch ohne Absicherung zu handeln habe, das Wagnis des Handelns (des Lebens) auf mich zu nehmen habe. Eine solche Haltung darf nicht mit Leichtsinn und Gleichgültigkeit einer Sünde gegenüber verwechselt werden.
Eine zweite wichtige Erkenntnis aus der Konfrontation mit Freud ist die, dass das Gewissen nicht einfach da ist, sondern erst entsteht in einem langen Werde- und Reifungsprozess. Das Wesen des Gewissens lässt insofern Grade des Verwirklichtseins zu. Erst beim erwachsenen, selbständigen und reifen Menschen kann im strengen Sinne von einem Gewissen die Rede sein. Dass es eine Entwicklung vom infantilen zum reifen, autonomen Gewissen gibt, hat zwar Freud nicht weiter beachtet, ist aber von der Psychologie und Tiefenpsychologie verschiedentlich betont worden. Das Ueber-Ich muss stufenweise übergeführt werden in das reife und mündige Gewissen. Das "autoritäre Gewissen", (das die Vorschriften nicht übernimmt, weil sie gut sind, sondern weil es Vorschriften sind) muss dem "humanistischen Gewissen" weichen. Es ist nach Erich *Fromm* Ausdruck der "Reaktion unserer Gesamtpersönlichkeit auf deren richtiges oder gestörtes Funktionieren", "die Re-Aktion

unseres Selbst auf uns selbst", es bezeugt die Interessiertheit des Menschen an sich und seiner Integrität[245].

Auch nach *Albert Görres* ist das Ueber-Ich nicht das Gewissen, "sondern eine seelische Struktur, die mehr dem Trieb, Instinkt und Gefühlsbereich des Menschen zugehört, ein vorpersonales Gebilde, das mehr aus triebhafter und ängstlicher sozialer Anpassung und Dressur entsteht als aus Wertintuition, Werteinsicht und Wertfühlen". Es hat aber auch teil an der Reifung der Person, es ist "dem reifen Gewissen des erwachsenen Menschen eingefügt", es "entlastet das bewusste Fragen und Suchen in all den Situationen, die mit Recht und Sitte, Geschmack und Konvention im Sinne 'Das tut man' und "Das tut man nicht' vorentschieden sind. Ein gut gebildetes Ueber-Ich hemmt den Menschen da, wo Hemmungen eine Lebenshilfe sind, und lässt ihn ungehemmt gehen, wo er wirklich gehen darf und soll"[246].

Als Vorform des Gewissens ist das Ueber-Ich sogar notwendig. Das Kind braucht eine Führung durch die Eltern. Freud hat richtig gesehen, dass das Kind gut und böse (das was es tun soll und nicht tun darf) zuerst im Verhältnis zu den Eltern kennen lernt. Gut ist, was die Mutter "gütig" macht, böse ist, was die Mutter "böse" macht. Die Beziehung der Liebe zwischen Mutter und Kind ist grundlegend. Eine gute Beziehung des Kindes zur Mutter bildet das Fundament für das spätere reife Gewissen, insofern schon hier die Liebe zum Motiv des Handelns wird. "Wenn das Kind" der Mutter zuliebe "kränkende Handlungen unterlässt, so geschieht hier eine Triebregulierung, die zu einem richtigen Verhalten führt. Das wirksame Motiv ist zunächst durchaus triebhaft egoistisch: Das Kind handelt so, weil es sich die Harmonie erhalten und den Liebesverlust vermeiden möchte. Aber die Verhaltensstruktur bleibt offen; an die Stelle der triebmechanisch wirksamen Selbstliebe kann in einer gesunden Atmosphäre jederzeit als Motiv die bewusste, freie Zuwendung zum Du treten, das um seiner selbst willen geliebt und auf diese Weise zum Normträger des Verhaltens wird" (Gottfried Griesl)[247]. Regel und Norm können schon in ihrer Beziehung zur Gemeinschaft, zum Miteinandersein (noch unreflektiert) erkannt werden, als Ordnungsprinzipien, ohne die eine Gemeinschaft nicht bestehen kann[248]. Deshalb braucht auch das Ueber-Ich nicht (wie es Freud offenbar sieht) notwendigerweise ich-bezogen zu sein, und so im Gegensatz zu stehen zum personalen Gewissen, das dann du-bezogen wäre. J. *Caruso* macht eine solche Gegenüberstellung, wenn

---

245 E. Fromm: Psychoanalyse und Ethik, 173f.
246 A. Görres: Methode.., 168f.
247 G. Griesl: Gewissen.., 86.
248 A.a.O. 89ff.

er schreibt: "Je mehr Ichbezogenheit also, um so massiver das Ueber-Ich... je mehr Dubezogenheit, um so reiner die Verwirklichung der Gewissensfunktion ..."[249].
Vielleicht könnte auch das Ich-Ideal Freuds etwas anders (d.h. nicht rein ich-bezogen) gesehen werden. Das Ich-Ideal ist nach Freud eine Funktion des Ueber-Ichs, ein Ideal, an dem das Ich ständig gemessen wird, ein Ideal, zu dessen Wächter, wie Freud sagt, das Gewissen bestellt ist[250]. Das Ich-Ideal gehört also dem Ueber-Ich, dem heteronomen Gewissen, an. Erinnern wir uns an den Ursprung dieses Ich-Ideals: Die Eltern bestimmen durch ihr Verhalten, was für das Kind gut und böse ist, das heisst wie das Kind sein soll. Das Kind nimmt die Vorschriften an, weil es auf die Zuneigung der Eltern nicht verzichten kann, denn diese Zuneigung ist für das Kind lebensnotwendig. Das Gewissen hat insofern auch, worauf *G. Griesl* hinweist, eine Selbsterhaltungsfunktion: "Was dem Kind das Böse schrecklich macht, ist die Angst vor dem *Liebesverlust*. Da die Geborgenheit in der Liebe subjektiv eine Voraussetzung für eine gesunde seelische Entwicklung darstellt, erschüttert der Liebesverlust die Existenz des Kindes. Wir wissen heute, dass der Mangel an Liebe auch objektiv zur Verwahrlosung führt und das Gewissen im Keim verkümmern lässt. Durch den Liebesverlust sieht das Kind sein Dasein gefährdet und vermeidet deshalb das Böse. Auf diese Weise hängt das Gewissen mit der *Selbsterhaltung* zusammen und vermag daher eine grosse Macht zu entfalten" (Hervorh. im Or.)[251]. Auf diese Selbsterhaltungstendenz des Gewissens macht auch Walter Furrer aufmerksam, wenn er erklärt, dass das Spezifische beim Ich-Ideal darin liege, dass es aus der Verinnerlichung nicht der konkreten Elternautorität, sondern eines *idealisierten* Elternbildes entstanden sei. Furrer sieht darin das "geistige Phänomen eines originären Vollkommenheitsstrebens" und nicht nur die "Zähigkeit des infantilen Bedürfnisses nach Allmacht und Vollkommenheit, das auf die Eltern projiziert und dann in Form des Ich-Ideals von dort her wieder in die eigene Persönlichkeit hineingenommen" wird[252]. Mit wachsender Reifung des Menschen tendiert das Ich-Ideal dahin, sich von den idealisierten Vorbildern zu lösen und zu einem "personalen Leitbild" zu werden, "das dann selbständige Bedeutung bekommt und als absolut verbindliche Lebensnorm erlebt wird"[253]. Das Ich-Ideal Freuds ist so "als eine echte Zwischenstufe zwischen triebhaftem Ueber-Ich und geistbestimmtem personalem Gewissen zu inter-

---

249 I.A. Caruso: Psychoanalyse.., 57.
250 S. Freud: Zur Einführung.., X 163.
251 G. Griesl: Gewissen.., 85.
252 W. Furrer: Psychoanalyse.., 52.
253 A.a.O. 51.

pretieren und nicht, wie Freud dies getan hat, als eine blosse Funktion des Ueber-Ichs. Es hat Anteil an beiden Bereichen, indem es einerseits mit dem innerseelischen Bilden der idealisierten Eltern verknüpft bleibt, andererseits aber über die selbstsüchtige Orientierung, die Sinnenhaftigkeit und Selbstbefangenheit der triebhaften Seele hinauszukommen vermag" (W. Furrer)[254].
Die Freud'sche Gleichsetzung von Ueber-Ich und Gewissen hat, so können wir feststellen, in der letzten Zeit einer differenzierteren Betrachtungsweise Platz gemacht. Nicht nur in theologisch-philosophischer, sondern auch in empirisch-psychologischer Sicht konnte offenbar die psychoanalytische Lehre vom Gewissen nicht voll befriedigen. Eine Unterscheidung zwischen dem Ueber-Ich Freuds, als dem infantilen, heteronomen, autoritären Gewissen einerseits und dem reifen, personalen, autonomen und humanistischen Gewissen anderseits hat sich aufgedrängt. Eine weitere Präzisierung ist ferner auch in Richtung der körperlichen (biologischen, triebhaften) Fundierung des Gewissens erfolgt. Dazu einige Hinweise.
Eine prämoralische Vorgestalt des kindlichen Gewissens kann bereits in der biologischen Selbststeuerung (der "Hormé" C.v. *Monakovs*)[255], einem Drang zur Vervollkommnung, weiterhin den angeborenen und bedingten Reflexen (Pawlov), wie den verschiedenen eingeprägten Verhaltensmustern gesehen werden[256]. Die *Gestaltpsychologie* (F. Sander, F. Krueger) spricht vom "Drang zur guten Gestalt" der gesunden Seele, die empfindlich darauf reagiert, falls das Ordnungsgefüge gestört wird und nicht ruht, bis die Stimmigkeit wieder hergestellt ist[257]. *W. Furrer* spricht im Zusammenhang mit all den grundlegenden Regulationsvorgängen des ersten Lebensjahres vom "biologischen Gewissen"[258] und erinnert dabei an den Begriff des "Lebensgewissens" Romano Guardinis[259].
Aus dieser Sicht wird erneut verständlich, wenn Psychologen wie *A. Wellek* und *Ph. Lersch* das Gewissen im Gemüt fundiert sehen. Zudem

254 A.a.O. 53.
255 C.v. Monakov: Gehirn und Gewissen, Zürich 1950, 114ff.
256 G. Griesl: Gewissen.., 18ff. O. Engelmayer: Die Frage des Gewissens.., 109-149.
257 O. Engelmayer: Die Frage des Gewissens.., 134.
258 W. Furrer: Psychoanalyse.., 46ff.
259 S. R. Guardini: Sigmund Freud und die Erkenntnis der menschlichen Wirklichkeit, in: Der leidende Mensch, Hrsg. A. Sborowitz, Darmstadt, 2. Aufl. 1965, 209. Guardini prägt diesen Begriff bei der Feststellung, dass eine Störung eintritt, wenn die Lebensführung den Konflikt verdrängt, statt ihn zu lösen. Lebensgewissen nennt er jene Instanz, welche die Logik durchsetzt, die hier deutlich wird: "Es überwacht den Gang des Erfahrens und kontrolliert das daraus hervorgehende Handeln mit Bezug auf den Sinnzusammenhang des individuellen Lebens... Das alles bedeutet, dass psychische Störungen... mit Verletzungen des Gewissens zusammenhängen. Dadurch bekommt das Phänomen der Krankheit neue und zwar ethische Tiefe". Ebd.

könnten wir in der sogenannten "guten Gestalt" eine psychologische Parallele zum sittlichen Naturgesetz sehen. Die gute Gestalt des Menschen ist allerdings nicht nur physikalische oder biologische Naturgesetzlichkeit, sie ist immer schon eine von menschlicher Kultur überformte, wenngleich noch prämoralische Gestalt. Es zeigt sich hier einmal mehr, dass Naturrecht nicht biologisch verkürzt werden darf.
Ueber dem sogenannten biologischen Gewissen und dem Ueber-Ich und Ich-Ideal Freuds erhebt sich das personale, autonome Gewissen. Es ruht auf den archaischen Vorstufen des Gewissens auf, steht in ständigem Beziehungszusammenhang mit ihnen, kann aber als geistige Funktion nicht von ihnen abgeleitet werden[260]. Das autonome, personale Gewissen ruft den einzelnen Menschen zur Realisierung seiner selbst, es bringt ihn in seine Verantwortung. Erst auf dieser Stufe kann man im Vollsinn von Moralität und Sittlichkeit sprechen. Charles Odier hat eine lange Liste zusammengestellt, in der er die charakteristischen Elemente der Moral des Ueber-Ich einerseits und jene der Moral des Gewissens aufführt[261]. Typische Merkmale der ersteren sind etwa: Unbewusstheit, - kategorischer Imperativ von Seiten des Ueber-Ich, dem das Ich machtlos ausgeliefert ist, dem es automatisch gehorcht. - Ueberlegung, Abwägen und Entscheidung fallen weg. - Motiv der Handlung ist die Angst. - Anstelle eines bewussten Verzichts steht die Verdrängung. - Im Vordergrund finden wir das Bewusstsein der Pflicht, des Müssens, des Zwangs, der Schuldangst, der Autorität. Im Gegensatz dazu ist die Moral des Gewissens eine bewusste Moral. Das Ich beherrscht die Situation, es weiss um die Motive, um die Werte, die es zu verwirklichen gilt. Es entscheidet in freier Wahl. Im Vordergrund stehen nicht Autorität und Pflicht, sondern der Mensch (die Person) und das Gute. Es handelt sich hier um die Moral des selbständigen, reifen, verantwortungsbewussten Menschen.
Gewissen und Entwicklungsstufe stehen in gegenseitiger Abhängigkeit. Personales Gewissen und reife erwachsene Person entsprechen einander. Wie der reife Mensch erst werden muss, so muss auch das personale Gewissen erst gebildet werden. Wenn die Moraltheologie von Sittlichkeit, Gewissen und Sünde spricht, setzt sie diese Reifungsstufe voraus und beachtet oft zu wenig, dass diese Stufe gar nicht erreicht, dieser näher zu kommen aber selber sittliche Aufgabe ist. Freud hat andererseits das personale Gewissen in seinem System nicht genügend würdigen können, da es bei seinen Beobachtungen hinter den augenfälligen Erscheinungen des Ueber-Ich verborgen lag. In Wirklichkeit hat es aber

---

260 Vgl. W. Furrer: Psychoanalyse.., 46.
261 Ch. Odier: Les deux sources.., 204-233.

auch Freud gekannt, wenn er fortschreitende Bewusst- und Ich-Werdung anstrebte. Erst das Ich ermöglicht richtiges Erkennen und klares Entscheiden, also sittliches, verantwortliches Tun. Wenn in der Tradition vorwiegend das Erkenntnismoment im Gewissen betont wurde, so finden wir diese Tendenz auch bei Freud, obwohl er nicht von Gewissen spricht, sondern von Vernunft. Nach der Scholastik heisst sittlich gut handeln soviel wie vernunftgemäss und wirklichkeitsgerecht handeln und ebenso bei Freud, einmal abgesehen von seinem zu engen Vernunft-, Wissenschafts- und Wirklichkeitsbegriff. Die Stimme des Gewissens nennt Freud Stimme der Vernunft, Stimme des Intellekts, die leise ist, aber nicht ruht, ehe sie sich Gehör verschafft[262]. Wird der Vernunft- und Realitätsbegriff bei Freud voll genommen, so steht er der scholastischen Auffassung gar nicht mehr so fern. "Dieses Ethos der Sachlichkeit", so meint *Ernst Stadter*, "rückt Freud in die Nähe der besten geistesgeschichtlichen Vergangenheit" (E. Stadter)[263]. Gegen den Missbrauch von Moral und Religion muss die Vernunft dem Menschen zu Hilfe eilen. Freud begreift den Intellekt "als den unbestechlichen Richter im Urteil über den positiven oder menschenfeindlichen Charakter von herrschenden Institutionen. Moral und Religion haben menschliches Dasein nicht nur erleichtert, sondern streckenweise auch unnötig und sinnlos erschwert. Die wissenschaftliche Vernunft anerkennt keinen Anspruch, der sich nicht durch das Kriterium der Rationalität ausweist. Sie macht weder Halt vor irrationalen Tabus noch vor altehrwürdigen Ueberlieferungen"[264].
Aehnlich (nicht "gleich", denn Freud war zwar A-theist, aber sicher nicht A-Moralist) wie wir Freuds Religionskritik als "Herausforderung für den christlichen Glauben" (Scharfenberg) annehmen müssen, so sollten wir auch Freuds Gewissenslehre als "Herausforderung für die christliche Ethik" verstehen können.

D. Schuld, Schuldbewusstsein und Schuldgefühl

"Schuld" ist ein ethischer Begriff, "Schuldgefühl" ein psychologischer. Das Objekt der Theologie ist die Schuld des Menschen vor Gott (= Sünde), eine vor Gott zu verantwortende Schuld, wofür der Mensch Rechenschaft abzulegen hat. Daraus folgt, dass moraltheologisch gesehen, Schuld nicht einfach Schicksal sein kann, weder von aussen noch von innen verhängtes Schicksal. Schuld gibt es nur und kann es nur geben

262 Die Zukunft einer Illusion, XIV 377.
263 E. Stadter: Psychoanalyse.., 78.
264 Ebd.

als freie Tat des Menschen. Die Folge einer solchen schuldigen Tat ist das Bewusstsein dieser Schuld, die angemahnt wird vom (nachfolgenden) Gewissen. Da die Schuldtat den ganzen Menschen mehr oder weniger zentral und total betrifft, und das Gewissen in der Mitte der Person seinen Sitz hat, ist auch das Schuldbewusstsein ein Bewusstsein des ganzen Menschen, nicht bloss rein intellektuelles, wertneutrales, affektloses Registrieren. Je nach der Schwere der Tat wird also auch das Schuldbewusstsein den ganzen Menschen mehr oder weniger erfassen, das heisst das Schuldbewusstsein ist auch als emotionaler Vorgang zu verstehen, schliesst demnach auch ein Schuld*gefühl* ein. Der Theologe misst allerdings oft dem Gefühl eine nur zweitrangige Rolle zu, denn Schuldbekenntnis und Reue betreffen zunächst und primär den Menschen in seiner Geistnatur. Das begleitende Gefühl ist erwünscht, (ohne deswegen schlechterdings unentbehrlich zu sein) als Diffusion des sittlichen Personkerns in die psychisch-physische Schicht der Persönlichkeit. Dieser Fortgang von der Schuld zum Schuldbewusstsein und -gefühl ist der wesensgemässe, normale Fall.

Das Schuldgefühl, das in der Sicht des Theologen am Ende steht, ist für den Psychologen Ausgangspunkt seiner Beobachtung und Untersuchung. Nicht die sittliche Schuld interessiert diesen primär, sondern die Erlebnisweise des Menschen. Die Eindeutigkeit, mit der in philosophisch-ethischer Abstraktion das Schuldgefühl auf die Schuld verweist, wird nun fragwürdig. Dieser Umstand liegt zunächst einmal darin begründet, dass die Gefühle in ihrer Mannigfaltigkeit und Verflochtenheit sich gegen eine genaue Klassifizierung sträuben und immer eine schillernde Vieldeutigkeit beibehalten. Wir haben schon bei Freud feststellen können, dass er ohne genaue begriffliche Abgrenzung von bewusstem und unbewusstem Schuldgefühl bzw. Schuldbewusstsein spricht, ebenso von Angst- und Minderwertigkeitsgefühlen. Die Erfahrung zeigt, dass ein Schuldgefühl (-bewusstsein) nicht notwendigerweise sittliche Schuld anzeigen muss, und umgekehrt sittliche Schuld nicht ein Schuldbewusstsein nach sich ziehen muss, dass die Intensität des Schuldbewusstseins nicht der Grösse der Schuld entspricht, dass, wie Freud zeigt, das Schuldgefühl sich auf einen falschen Inhalt beziehen kann, dass die Schuld nicht bei sich, sondern bei andern gesucht wird (Projektion der Schuld). Die Beziehung zwischen Schuld, Schuldbewusstsein und Schuldgefühl ist also nicht direkt proportional. Je nach der Entsprechung mit der Schuld kann man so unterscheiden zwischen echtem und unechtem Schuldgefühl bzw. Schuldbewusstsein. Ein echtes Schuldgefühl liegt dann dort vor, wo

ein echtes Schuldbewusstsein besteht und ein echtes Schuldbewusstsein dort, wo auch eine wirkliche Schuld vorliegt[265].
Die Beurteilung, ob ein Schuldgefühl echt oder unecht sei, ist nicht so einfach, wie das auf den ersten Blick erscheinen mag. Wir konnten feststellen, dass es streng genommen ein irrendes Gewissen nicht geben kann, da für den jeweils Betroffenen die subjektive Wertetafel gültig ist. Anderseits sprechen wir von unechten Schuldgefühlen meist dann, wenn sich einer schuldig fühlt und anklagt, wo objektiv kein genügender Grund vorliegt. Meist handelt es sich dabei bloss um eine Ueber-Ich-Schuld, ein "gesetzliches" Schuldgefühl[266]. Ist dieses Schuldgefühl unecht oder ist Ueber-Ich-Schuld wirkliche Schuld, ist der Ueber-Ich-Spruch wirklich Spruch des Gewissens, dem nicht zu folgen Schuld bedeuten würde? Man wird antworten müssen, dass dort, wo einer einen solchen Spruch eben als Spruch des Gewissens erfährt, er auch danach zu handeln verpflichtet ist. Formal-theologisch wird man hier also mit einem einfachen Ja antworten können. Bei einer genaueren Analyse jedoch sieht die Sache schon komplexer aus. Gewissensgehorsam kann konkret so aussehen, dass einer sich (aus Gewissensgründen) mehr und mehr in eine neurotische Fehlhaltung hineinmanövriert. Macht er sich damit einer Sünde schuldig? Diese Möglichkeit darf nicht von vornherein ausgeschlossen werden. Aber die Tragik einer solchen Situation müsste doch zumindest zeigen, dass aus der abstrakt-theologischen Betrachtungsweise der Schuld dem konkreten Menschen oft wenig geholfen werden kann. (Hier zeigt sich uns bereits, inwiefern vielleicht doch in einem legitimen Sinne von dem Mut zur Sünde gesprochen werden kann.) Wenn es der beste Weg zur Wahrheit und zum objektiv richtigen Gewissen sein soll, wenn dem selbst irrigen Gewissen gefolgt wird, dann muss das auch dahingehend verstanden werden, dass der Mensch seinem Gewissensspruch gegenüber immer auch kritisch eingestellt sein muss, sich fragend, ob der vernommene Befehl auch wirklich Stimme des Gewissens ist. Im obgenannten Fall kann der Moraltheologe mit Recht sagen, es handle sich um eine Täuschung, Ueber-Ich und Gewissen seien eben nicht das gleiche und demzufolge gälte auch nicht die Gleichsetzung von Stimme des Ueber-Ichs und Stimme des Gewissens. Die kritische Einstellung des Ichs muss sich vor allem auf den Inhalt der Forderung beziehen. Es ist zu bedenken, dass das (Ur)-Gewissen nicht zur blinden Befolgung eines tabuierten Gesetzes, sondern zur Reifung, zur Ueberwindung des infantilen Entwicklungsstadiums mahnt. Nicht nur der blinde Gehorsam ist schlecht, auch der blinde *Gewissens*gehorsam. Die Gewissensforderung muss be-

---

265 W. Lauer: Schuld.., 43ff.
266 Vgl. P. Tournier: Echtes und falsches Schuldgefühl.

wusst werden, sie muss sich auch eine Kritik gefallen lassen können. Eine unbewusste, automatisierte Moral ist Kennzeichen der Ueber-Ich-Moral, erst die Moral des Gewissens zeichnet sich durch Bewusstheit und Verantwortlichkeit aus, und deswegen ist auch erst mit dieser letzteren die echte Sittlichkeit und Schuldmöglichkeit gegeben. Insofern ist die Unterscheidung von echtem und unechtem Schuldgefühl nach dem Kriterium Ueber-Ich und Gewissen berechtigt.
Zur praktischen Unterscheidung ist die Frage massgebend, welche Moralität vorherrschend ist, die bewusste oder die unbewusste. Das echte Schuldgefühl ist deshalb meist auch ein gesundes Schuldgefühl im Unterschied zum kranken. Das gesunde Schuldgefühl treibt zur Uebernahme von Verantwortung, zur Wiedergutmachung und zur echten Reue. Das krankhafte Schuldgefühl lässt keine Ruhe, es spricht dauernd schuldig und führt zur Unsicherheit und in die Einsamkeit[267]. Mit dem quälenden, kranken und krankmachenden Schuldgefühl hat es der Therapeut in erster Linie zu tun. Dessen Platz und Bedeutung im Leben des betreffenden Menschen hat er zu ergründen. Dazu darf er nicht zuerst nach der sittlichen Schuld fragen, nicht deswegen, weil er sittliche Schuld leugnen müsste, sondern weil für das Schuldgefühl die mögliche sittliche Schuld nicht in einem direkten Verhältnis steht und sich der Beeinflussung des Willensimpulses entzieht. Die Störung spielt sich nicht im personalen, sondern im vorpersonalen Raum ab. An sich sind diese störenden Strebungen sittlich wertneutral, weder gut noch böse. Erst durch die Stellungnahme der Person bekommen sie sittliche Valenz. Von daher ist die nicht-wertende Haltung des Therapeuten nicht nur erlaubt, sondern sogar gefordert. Sie verhindert nicht die wahre Sittlichkeit, sondern ermöglichst sie erst, indem sie im Dienst einer "fortschreitenden Personalisation" (Caruso) steht.
Wie wir gesehen haben, kennzeichnet Freud das neurotische Schuldgefühl als Angst vor dem Ueber-Ich. Der Bezug auf eine böse Tat oder Haltung (wie etwa Liebelosigkeit) kommt hier nicht in Betracht. Das Schuldgefühl meint hier eine dauernde Gestimmtheit, ein Gefühl der Minderwertigkeit, tiefer eigener Bedeutungslosigkeit, Unwertigkeit und Nichtigkeit, ein Gefühl der Unfähigkeit und die dauernde Furcht vor Missbilligung[268].
Die Genese des Schuldgefühls führt uns bis in die frühe Kindheit zurück. Es kann (mit Freud) umschrieben werden als Angst vor dem Liebesverlust der Mutter, später als Angst vor dem Ueber-Ich. Schon sehr früh kann im Kind das Schuldgefühl entstehen: wenn zum Beispiel die

267 Vgl. J. Vieujean: Echtes und falsches Schuldgefühl.
268 Vgl. Karen Horney: Der neurotische Mensch unserer Zeit, München 1964, 145ff.

Eltern in ihrer seelischen Tragfähigkeit durch die Kinder stark überlastet sind und das Kind dann instinktiv spürt, dass es für die Eltern eine Last ist. Seine Bedürfnisse, ja schliesslich seine ganze Existenz muss es als etwas empfinden, das nicht sein sollte, als etwas Böses, als Schuld gegenüber den Eltern[269]. In psychoanalytischer Sicht muss das Kind schon in der oralen Phase erleben, dass seine Aggression (frühkindlicher Kannibalismus) den Rückzug der Mutter zu bewirken scheint, was eine Verlust- und Trennungsangst auslöst. Das Kind scheint zu spüren, dass es durch seine Aggression dem geliebten Objekt Schaden zufügen kann. Darin besteht nach *Melanie Klein* das Schuldgefühl[270]. Fühlt sich das Kind in seinem So-Sein nicht akzeptiert, geliebt, dann muss es sich schlecht, böse, d.h. schuldig fühlen. Dieses vage, flottierende Schuldgefühl ist ein "Schuldgefühl als Haltung" *(Harald Schultz-Hencke)*[271], ein Gestimmtsein, und dieses Gestimmtsein scheint richtigerweise mit dem widersprüchlichen Ausdruck "unbewusstes Schuldgefühl" bzw. "unbewusstes Schuldbewusstsein" gemeint zu sein.

Nachdem wir das Typische des neurotischen Schuldgefühls aus psychoanalytischer Sicht nochmals hervorgehoben haben, ist nun ähnlich wie bei der Gegenüberstellung von Ueber-Ich und Gewissen abschliessend die Frage zu beantworten, ob und inwiefern das Freud'sche Schuldgefühl etwas mit sittlicher Schuld gemein hat.

Der dargelegte Gegensatz bewusst-unbewusst fordert eine fundamentale Unterscheidung zwischen psychoanalytischem und theologischem Schuldverständnis. Sündigen kann nur der Mensch qua Mensch, das heisst dort, wo und insofern er seiner selbst mächtig ist. Unbewusste Schuld ist streng genommen eine contradictio in adjecto[272]. Indirekt allerdings kann etwas Unbewusstes Schuld bedeuten, z.B. dann, wenn eine falsche Neigung Folge einer vorherigen Entscheidung (Vorentscheidung) ist. Hier ist zu fragen, wie weit die laut Freud in der Analyse auftretenden "Verbrechen" (Inzest- und Todeswunsch) tatsächlich sittlich Schuld bedeuten. Freud scheint die Frage eindeutig bejahend zu beantworten. Natürlich weiss auch er um den Unterschied zwischen blossem Impuls und akzeptierter, ja in die Tat umgesetzter Aggression. Aber der Impuls gehört doch auch zum Ich (so antwortet Freud), das heisst zum ganzen Menschen. Sicher ist ein solcher Impuls nicht einfach mit einer freien sittlichen Tat der Person gleichzusetzen, er ist etwas,

---

269 W. Furrer: Psychoanalyse.., 70.

270 M. Klein: Das Seelenleben.., 137.

271 H. Schultz-Hencke: Der gehemmte Mensch, 83. Zu den phasenspezifischen Schuld- und Reuegefühlen in psychoanalytischer Sicht vgl. Franz Schlederer: Schuld, Reue und Krankheit, München-Salzburg 1970.

272 Vgl. K. Rahner: Schuld und Schuldvergebung..

das die Person erleidet und nicht tut. Kommt diesem Impuls sittliche Bedeutung zu? In der Moraltheologie wird das Problem in etwa bei der Beurteilung der ersten Regungen des Begehrens und der Leidenschaft (den motus primi) behandelt[273]. Die ungeordneten menschlichen Regungen und sinnlichen Strebungen ("motus secundo primi") gelten bei Thomas als ganz leichte Sünden[274], mit der Begründung, die Sinnlichkeit könnte und müsste der Ratio unterstellt sein[275]. Nicht das Fleisch allein begehrt, sondern der ganze Mensch[276]. Hätten denn nicht Verstand und Wille den Regungen verhindernd und steuernd zuvorkommen können?[277] Nach neuscholastischer Auffassung hingegen fallen solche Regungen erst durch die Zustimmung des Willens (consensus) unter die sittliche Anrechnung[278]. In den moraltheologischen Handbüchern ist die Spannung zwischen rigoroser und menschlicherer Auffassung deutlich. Zum andern wird auch gesehen, dass es motus (secundo) primi geben kann, die in der Ursache frei sind[279]. Die Frage nach der sittlichen Imputation dieser spontanen Regungen der Seele ist damit verschoben auf die Frage, wie weit sie Folge einer vorgängigen Entscheidung (Haltung, Intention) sind[280].

Wir können nun die eingangs gestellte Frage präzisieren: Kann man die Inzest- und Mordimpulse laut Freud als Indiz einer noch weiterhin wirkenden Grundintention verstehen? Freud selber gibt uns dazu keine Antwort. Sehen wir das Problem im gesamten Kontext, dann muss die Antwort eher negativ ausfallen. Freud scheint den Anteil menschlicher Freiheit nicht sehr gross zu veranschlagen. Die beiden mächtigen Faktoren Vererbung und Milieu stehen im Vordergrund, oder anders gesagt, sie stehen im Hintergrund der aktuellen Seelentätigkeit. Wenn der Moraltheologe nach dem Vorher, nach der ursprünglichen Freiheitsentscheidung fragt, dann sieht hier die Psychologie vorwiegend Fremd-Bestimmung, auch wenn sie die Selbst-Bestimmung nicht leugnen will. Die Frage, wieweit die Strebungen und Haltungen sittlich gut oder schlecht sind, ist für die Therapie zunächst irrelevant. Entscheidend ist, dass diese Strebungen, Affekte und Reaktionen gegen direkte Beeinflussung durch Willen und Einsicht resistent sind. In der Beziehung zum Arzt wird das fehlerhafte Verhalten bewusst gemacht und kann jetzt auch

---

273 Vgl. H. Kramer: Die sittliche Vorentscheidung, 157ff.
274 II Sent. d.24 q.3 a.2.
275 Summa Theologiae I-II q. 74 a.3.
276 II Sent. d.21 q.1 a.2 sol.
277 Quodl. IV q.3 a.1.
278 Vgl. H. Noldin: Summa theologiae moralis, Innsbruck, Aufl. 34, 1962, Bd. 1, 46.
279 Vgl. G. Merkelbach: Summa theologiae moralis I 448, B. Häring: Das Gesetz Christi, I 152.
280 S. H. Reiners: Grundintention und christliches Tun und H. Kramer: Die sittliche Vorentscheidung.

korrigiert werden. Der Raum der Freiheit, der Selbstbestimmung wird erweitert. Ziel ist die möglichst grosse Befreiung vom Getriebensein der eigenen unbewussten Mechanismen, ein Freiwerden von den Fesseln der Vergangenheit: Wo Es war, soll Ich werden[281]. Im Verlaufe des Bewusstwerdungsprozesses können dann allerdings auch Strebungen und Haltungen gesehen werden, die nicht nur als falsch, sondern auch als schuldhaft erlebt werden. Insofern ist es möglich, dass im Verlaufe der Therapie echte Schuldgefühle erst auftreten (Gebsattel)[282]. Das scheint auch Freud zuzugeben, wenn er verlangt, dass die aufgedeckten Impulse in die eigene Verantwortung übernommen werden müssten. Moraltheologisch interpretierend könnte man sagen, dass solche Strebungen einer (mehr oder weniger) peripheren Zone der Person angehören und also auch von der Person als zu sich gehörig anerkannt werden müssen. Die Einstellung ist jetzt nicht die der Verdrängung, des Nicht-aufkommen-lassens, sondern die des Ans-Licht-kommen-lassens, denn erst dadurch kann das Ich die Kontrollfunktion übernehmen. Annehmen heisst in diesem Sinne nicht Bejahen, es kann durchaus ein Verurteilen sein, aber dazu muss der Inhalt zuerst ins Bewusstsein zugelassen werden, das Ich muss ihn als zu sich gehörig anerkennen können. Vielleicht sind die Ansichten eines Augustinus - der Gott dankt, dass er für seine Träume nicht verantwortlich ist - und eines Freud, der verlangt, die Verantwortung für die Träume zu übernehmen, nicht so diametral entgegengesetzt, wie es den Anschein macht. Natürlich ist jemand für einen im Traum begangenen Mord nicht verantwortlich, aber er ist möglicherweise indirekt für seine Regung verantwortlich, weil er durch eine einseitige (selbst-beschönigende) Ich-Haltung nicht wahr haben wollte, dass auch er ein "potentieller Mörder" ist. Der Betreffende muss es demzufolge lernen, die Aggressionen, die nicht in sein Bewusstsein eindringen durften, zu sehen und sie zu verarbeiten. Diese Bewusstwerdung führt aber nicht zu einer Vermehrung der unbewussten, unerklärlichen Schuldgefühle, sondern zu deren allmählichem Verschwinden. Der vorher gehemmte Mensch lernt sich selber annehmen, er braucht sich nicht mehr wegen seiner (auch ganz natürlichen, nicht nur schlechten) Impulse böse und schuldig zu fühlen. Er kann die Aggressionen nun unter der Kontrolle des Bewusstseins, in einem realitätsgerechten Sinne "nach aussen abführen", wie Freud sagen würde. Nun meint Freud allerdings, dass nie jede Aggression abgeführt werden kann, so dass immer ein Rest von Schuldgefühl zurückbleiben muss.

---

281 Neue Folge... XV 86.

282 Der Verfasser hat diese Stelle im Schrifttum V.E.v. Gebsattels nicht gefunden. In der tiefenpsychologischen Literatur wird aber öfters, leider ohne Stellenverweis, hierauf verwiesen.

Diese These kann jedoch nicht mehr bewiesen werden, da sie von der (fraglichen) Voraussetzung ausgeht, dass der Mensch von Natur aus quasi ein Wilder sei, der zum Zusammenleben mit andern erst gezähmt werden müsste.
Der Mensch muss sich nicht nur seiner Triebwünsche bewusst werden, er muss auch die moralischen Forderungen ins Bewusstsein heben, er muss lernen, ihnen kritisch zu begegnen, und den Mut aufbringen, die als unberechtigt erkannten abzuweisen. Die unbewusste Ueber-Ich-Moral muss einer bewussten Ich-(Gewissens-)Moral Platz machen. Das Ergebnis ist hier wiederum: Abbau der unbewussten und unberechtigten Schuldgefühle. Gewiss kann hier eine Gefahr nicht verschwiegen werden: Kann der Abbau nicht auch zu weit führen? Führt so etwas nicht zur Auflösung der sittlichen Normen überhaupt? Wo liegt hier die Grenze, wo das Kriterium? Wie wir sehen konnten, sind die Kriterien für Freud allein die Vernunft (Realitätsprinzip) und die Liebe, - soweit grundsätzlich in Uebereinstimmung mit der Moraltheologie. Der Unterschied liegt darin, dass Freud im Liebes-Gebot vorwiegend das Einschränkende und Hemmende sieht. Dies nicht ohne Grund, denn selbst das Liebes-Gebot ist nicht vor dem Missbrauch des Legalismus geschützt, dann nämlich, wenn vorgegeben wird, man wisse immer schon genau, was Liebe sei und was nicht und so tut, als ob das Liebesgebot nicht mehr sei als die Summe der Gebote und Verbote. Diesem Missverständnis ist auch Freud erlegen. Das ist weiter nicht erstaunlich, wird doch das Liebesgebot sehr oft so ausgelegt und verstanden, insbesondere auch vom neurotischen Menschen.
Nach dem Gesagten dürfte es nicht mehr schwer fallen zu verstehen, dass Freud Schuld nicht als Sünde "vor Gott" zu sehen vermag, oder dann nur wieder in einem defizienten Modus als Sünde gegenüber dem "Vater". Dieser Vater kann nichts anderes sein als der leibliche Vater in potenzierter Form, nichts als ein projizierter Vater. Durch seine genetische, archaische Blickrichtung kann Freud in der Religion nur eine "Wiederkehr des Verdrängten" sehen, eine Karikatur, eine Grimasse der Religion, nicht ihr wahres Wesen, denn es fehlt bei ihm die "Phänomenologie des Geistes"[283]. Sünde vor Gott kann somit auch nur miss-verstanden werden als Sünde vor dem Vater, vor dem Ueber-Ich. Auch hier zeichnet Freud eine Karikatur der Sünde, aber eine Karikatur, die (wie Ricoeur vom Symbol sagt) zu denken gibt. Die Karikatur fordert zur Besinnung auf. Gerade dort, wo Schuld vorschnell in Beziehung zu Gott gebracht wird, wo Schuld vor Gott abgelöst von der mitmenschlichen Realität erlebt wird, liegt der Verdacht nahe, dass

---

283 P. Ricoeur: De l'interprétation.., 449ff.

hier nicht der wahre Gott gemeint ist, sondern eine Vater-Imago, die (unbewusst) für Gott selber gehalten wird. Natürlich gilt auch theologisch, dass Gott analog zur irdischen Welt erkannt werden muss. Dazu ist aber notwendig, dass zunächst der leibliche Vater als der Liebende erlebt werden kann und zweitens dieses Vater-Bild transzendiert werden kann, was nur möglich ist durch eine Ueberwindung des infantilen Stadiums, durch Ablösung vom Ueber-Ich-Vater. Die so theoretisch anmutende Lehre von der analogia entis erweist sich hier als ein eminent existentielles Problem, sowohl für das religiöse Leben wie für das sittliche Schulderleben.

Freud meinte, so haben wir gesehen, es komme im Grunde nicht darauf an, ob man die Aggression ausführe (den Vater töte) oder nicht, beide Fälle müssten zu Schuldgefühlen führen[284], denn die Schuldgefühle seien ja Ausdruck des dauernden Ambivalenzkonflikts von Liebe und Hass, Eros und Todestrieb. Dieses Triebmodell Freuds macht zwei Dinge deutlich: 1. Es vermag (zumindest in einer Hinsicht) die Entstehung der Schuldgefühle verständlich zu machen. 2. Das sittlich relevante Moment kommt nicht in den Blick. Das soll nun noch etwas näher erläutert werden. Zwar unterscheidet Freud die beiden Ursprünge des Schuldgefühls und sagt, der Normalfall sei das Schuldgefühl nach ausgeführter Aggression. Warum? Freud bleibt uns die Antwort schuldig. Sicher ist Mord eine schuldhafte Aggression, aber nicht jede Aggression ist ein Verbrechen, das weiss auch Freud. Aggression ist ein wertneutraler Begriff, böse als Zerstörungsdrang, gut als Lebenskraft. Etwas anderes ist es, wenn Freud für das Wort Aggression Hass einsetzt, denn damit hat er die Triebbasis überschritten und befindet sich im geistig-ethischen Bereich. Da Liebe als eigentliche Existenzform des Menschen gefordert ist, wird es verständlich, dass die Verletzung der Liebe durch den Hass letztlich Selbstwiderspruch ist, der sich im Schuldgefühl kundtut. Dieses Schuldgefühl allerdings kann Freud nicht erklären. Er sagt nur, in der Reue über die Tat komme, nachdem die Aggression befriedigt sei, die Liebe zum Vorschein. Diese Liebe war offenbar schon vor der Aggresivität vorhanden, aber sie wurde unterdrückt (die Liebe und nicht die Aggression), der Forderung der Liebe wurde nicht entsprochen. Hier ist die Ursache des Schuldgefühls zu suchen und nicht im blossen "Erscheinen" der Liebe, denn ein solches Auftauchen des Triebes konnte höchstens ein Bedauern (darüber, dass der Vater tot ist) auslösen, nicht Schuldgefühl und Reue. In der Triebambivalenz, mit der Freud das normale Schuldgefühl zu erklären versucht, darf ein entferntes Abbild, ein ungenügender Ersatz für die Schuld, dem Selbst-Widerspruch der sittlichen Person, gesehen werden.

---

284 Das Unbehagen.., XIV 492.

Die Erklärung Freuds über die Entstehung der neurotischen Schuldgefühle vermag schon eher zu befriedigen. (Ob seine Erklärungsweise genügen kann oder nicht, darüber zu entscheiden liegt natürlich nicht in der Kompetenz des Theologen.) Die Tiefenpsychologien dürften darin übereinkommen, dass im Erklärungsversuch Freuds zumindest eines und ein wichtiges Moment gesehen ist: Wendung der Aggression gegen das eigene Ich. Wir haben hier das Bild des gehemmten Menschen vor uns[285], der nicht zu leben wagt, für den alles was er tut schlecht ist, für den die Welt feindlich ist, und der deswegen auch von tiefem Hass gegen die Welt erfüllt ist. Von sittlicher Schuld ist in diesem Zusammenhang nicht die Rede, denn es handelt sich hier nicht um bewusste Entscheidungen der Person, sondern um ich-fremde Zwänge. Verdrängt sind hier in erster Linie nicht der Zerstörungsdrang, sondern eher die gesunde Lebenskraft, die gesunden Antriebe und Talente. Die aus dieser Fehlhaltung resultierenden Schuldgefühle können durch Bewusstwerdung zum Verschwinden gebracht werden, durch eine Bewusstwerdung, welche die Ueber-Ich-Forderungen als verkehrt entlarvt. Es scheint fast, dass sich in den Schuldgefühlen das wahre Gewissen zeigt, ein Gewissen, das sowohl mit dem Urgewissen als auch mit dem sogenannten biologischen Gewissen in Verbindung gebracht werden kann.
Ziel der Therapie ist Freiheit von diesen neurotischen Schuldgefühlen. Dabei ist es nicht mit einem blossen Hinwegräumen von Schuldgefühlen getan. Die ganze Psyche erfährt eine Umstrukturierung. Dass dabei auch echte Schuld bewusst werden kann, wird von Freud nicht bestritten, aber vielleicht doch zu wenig deutlich gesehen[286]. Jedenfalls wäre es ein Missverständnis zu glauben, die Analyse verspreche oder erwarte die Freiheit von jeglichen Schuldgefühlen[287].
Am eklatantesten wird der Unterschied zwischen Freud und der Theologie in der Frage nach der Schuldüberwindung. Freud weiss dafür keinen Weg, es bleibt ihm jedoch die Hoffnung, dass der Eros über den Todestrieb den Sieg davontrage. Freud anerkennt zudem für das alltägliche Leben die Bedeutung der Reue. Einschlussweise ist die Ueberwindung der Schuld in der je grösseren Liebe, im Lieben und Geliebtwerden enthalten, - abgesehen hier von der Frage, wie Freud diese Liebe theoretisch erklärt.
So wenig die transzendente Dimension der Schuld in den Blick kommt, so wenig auch die Notwendigkeit oder Möglichkeit einer Schuldvergebung von Gott her. Den als Opfertod interpretierten Tod Christi sieht Freud

---

285 Vgl. H. Schultz-Hencke: Der gehemmte Mensch, 268ff.
286 Vgl. M. Buber: Schuld und Schuldgefühle
287 Vgl. H. Hartmann: Psychoanalysis and moral values. Internat. Universities Press, New York 1960, referiert von L. Poljak: Vom guten Bösen.., 36-44, bes. 41f.

auf der zu schmalen Basis der Oedipussituation, der Totemreligion als einem Versuch, die Urschuld (den Vatermord) zu sühnen und dadurch das Schuldbewusstsein zu beschwichtigen, den beleidigten Vater durch nachträglichen Gehorsam zu versöhnen[288]. Wir wissen, Freud ist nicht zur Erkenntnis einer echten Religion (einer Religion des Lebens und der Liebe)[289] gelangt und konnte deshalb auch die religiöse Bedeutung von Schuld und Schuldvergebung nicht ermessen.
Das darf jedoch den Theologen nicht darüber hinwegtäuschen, dass er von Freud etwas lernen kann. In diesem Sinne schreibt *Paul Ricoeur*: "Wir sind noch weit davon entfernt, uns die Wahrheit des Freudismus über die Religion angeeignet zu haben. Der Freudismus hat zwar den Glauben der Ungläubigen bereits gestärkt, jedoch kaum begonnen, den Glauben der Gläubigen zu läutern"[290]. Ricoeur macht an genannter Stelle darauf aufmerksam, dass wir die verschiedenen Grade der Schuldhaftigkeit (tabuhafte Furcht, Ungerechtigkeit und Selbstgerechtigkeit) durchlaufen müssten, um zum Glauben an den wahren Vater Jesu Christi zu gelangen und die eigentlich biblische Dimension der Sünde erst dann zurückgewinnen würden, wenn wir in uns alles Archaische, Infantile und Neurotische, das im "Schuldgefühl" noch drinstecke, liquidiert hätten[291]. Tut eine solche Liquidation nicht auch not, um die Schuldvergebung in ihrem wahren Wesen zu erfahren?

---

288 Vorlesungen.., XI 184-186, Der Mann Moses.., XVI 192f. Es ist hier nicht der Ort, näher auf die Beziehung zwischen dem Tod Christi und der Sündenvergebung einzugehen.

289 Vgl. P. Ricoeur: De l'interprétation.., 514f.

290 P. Ricoeur: Der Atheismus.., 435, vgl. Kasimir Birk: Sigmund Freud und die Religion, Münsterschwarzbach 1970, 52-119.

291 Zum Vergleich von biblischem und psychoanalytischem Schuldbegriff in bezug auf die Formen der Schulderfahrung s. H. Harsch: Das Schuldproblem.., 93-102.

DRITTES KAPITEL

DAS SCHULDVERSTÄNDNIS ALFRED ADLERS IN DER KONFRONTATION MIT DER THEOLOGIE

I. DAS SCHULDVERSTAENDNIS ALFRED ADLERS

A. *Die Grundgedanken der Individualpsychologie*

1. Die Individualpsychologie als Gemeinschaftspsychologie und "Teleoanalyse"[1]

Alfred Adler war ein Schüler Sigmund Freuds und gehörte seit 1902 dessen Diskussionszirkel an. Von Anfang an jedoch stimmte er in vielen Punkten nicht mit der Theorie Freuds überein. Er verliess im Jahre 1911 den Zirkel wieder, da er sich nicht zu der von Freud geforderten Sexualtheorie bekennen konnte[2].
Adler wurde mit seiner "Studie über Minderwertigkeit von Organen" (1907) und vor allem mit dem Werk "Ueber den nervösen Charakter" (1912) zum Begründer der sog. Individualpsychologie. Zu beachten ist, dass der Name "Individualpsychologie" nicht einfach "Psychologie des Individuums" bedeutet, sondern vielmehr "Psychologie der *ungeteilten* Persönlichkeit". Hervorgehoben wird hier im Gegensatz zum Ausdruck "Psycho*analyse*" die Individualität des Menschen, d.h. seine Ganzheit und Ungeteiltheit (von in-divisibilis), wie auch seine Einmaligkeit und Unwiederholbarkeit.
Der Ausdruck "Individualpsychologie" besagt nicht etwa, dass Adler einem Individualismus das Wort rede - ganz im Gegenteil: Es besteht nach ihm von seiten des Individuums geradezu ein "Zwang zur Gemeinschaft" (Hervorh. im Or.)[3]. Der Grund für diesen Gemeinschaftsbezug liegt laut Adler in der (biologisch gesehen) ungenügenden Ausrüstung des Menschen. "Vom Standpunkt der Natur aus gesehen ist der Mensch ein minderwertiges Wesen"[4]. "Schon *Darwin* weist darauf hin, dass man nie schwächliche Tiere findet, die allein leben. Und hierher muss man ganz besonders auch den Menschen rechnen, denn er ist nicht stark genug, um allein leben zu können" (Hervorh. im Or.)[5].

---

1 Nach Rudolf Dreikurs ("Grundbegriffe..." 13) kann man die Psychologie A. Adlers als eine "Teleoanalyse" bezeichnen.
2 Vgl. H. Orgler: Alfred Adler.., 15.
3 A. Adler: Menschenkenntnis, 38.
4 A.a.O. 39.
5 A.a.O. 38.

Insofern der Mensch wesenhaft auf die Gemeinschaft hingeordnet ist, ist die Gemeinschaft auch *Ziel* des Menschen; *vollkommenes* Ziel des Menschen ist die *ideale* Gemeinschaft. "Streben nach Vollkommenheit" heisst dann soviel wie Verwirklichung dieser idealen Gemeinschaft. Auf dieses vollkommene Ziel hin ist die Menschheit aus innerer Notwendigkeit ausgerichtet. Adler bekennt: "Die Individualpsychologie steht ganz auf dem Boden der Evolution und sieht alles menschliche Streben im Lichte derselben als ein Streben nach Vollkommenheit"[6]. Trotzdem ist nach Adlers Auffassung der Mensch nicht determiniert. Er kann dem inneren Gesetz zuwiderhandeln, was jedoch des Menschen Untergang zur Folge hat. Wie Adler meint, sind jene "Menschen, die nichts zum Wohle der Allgemeinheit beigetragen haben", "bis auf den letzten Rest verschwunden". Und Adler fügt hinzu: "Es ging mit ihnen wie mit ausgestorbenen Tierspezies, die keine Harmonie mit den kosmischen Gegebenheiten finden konnten. Da liegt doch eigentlich eine heimliche Gesetzmässigkeit vor, als ob der fragende Kosmos befehlen würde: Fort mit euch! Ihr habt den Sinn des Lebens nicht erfasst. Ihr könnt nicht in die Zukunft reichen"[7].
Will also der Mensch nicht untergehen, dann muss er auf dieses Ziel der Vollkommenheit ausgerichtet sein. Diese der Evolution entsprechende Ausrichtung zeigt sich nach Adler im "Gemeinschaftsgefühl". Wie Adler erklärt, besagt es "vor allem ein Streben nach einer Gemeinschaftsform, die für ewig gedacht werden muss, wie sie etwa gedacht werden könnte, wenn die Menschheit das Ziel der Vollkommenheit erreicht hat. Es handelt sich niemals um eine gegenwärtige Gemeinschaft oder Gesellschaft, auch nicht um politische oder religiöse Formen, sondern das Ziel, das zur Vollkommenheit am besten geeignet ist, müsste ein Ziel sein, das die ideale Gemeinschaft der ganzen Menschheit bedeutet, die letzte Erfüllung der Evolution"[8].
Aus dem Gesagten dürfte deutlich geworden sein, dass die *Finalität* die grundlegende Kategorie in Adlers Denken und Psychologie bildet: Der Mensch ist wesentlich vom Ziel her bestimmt. Das gilt zunächst für die ganze Menschheit, die gleichsam mit "evolutionärem Zwang"[9] der vollkommenen Gemeinschaft als ihrem Ziel zustrebt, es gilt aber auch für das Individuum. Der Mensch handelt nicht *weil*, sondern *um zu*. Die menschliche Seele müsse man sich, schreibt Adler, vorstellen "in der Form von sich bewegenden Kräften, die allerdings aus einem einheitlichen Grund hervorgegangen sind und einem einheitlichen Ziel

6 A. Adler: Der Sinn.., 33.
7 A.a.O. 185.
8 A.a.O. 182.
9 A.a.O. 24.

zustreben... Wir können uns ein Seelenleben nicht vorstellen ohne ein Ziel, zu dem hin die Bewegung, die Dynamik, die im Seelenleben enthalten ist, abrollt". Und Adler fährt fort: "Kein Mensch kann denken, fühlen, wollen, sogar träumen, ohne dass all dies bestimmt, bedingt, eingeschränkt, gerichtet wäre durch ein ihm vorschwebendes Ziel"[10]. Ein integrierender Teil der einem einheitlichen Ziel zustrebenden Seelenkräfte ist nach Adler auch der *Trieb:* "Der Trieb, soweit wir von seinem abstrakten Wesen absehen können, ist wie der Charakter, das Denken, das Fühlen, das Wollen, der Zweifel, die Affekte, das Handeln ein Teil der einheitlichen Persönlichkeit und vom Bewegungsgesetz des Individuums abhängig. Der 'Trieb' bekommt seine Richtung von der Totalität und kann nur zugleich mit der einheitlichen Persönlichkeit geändert werden"[11]. Der Trieb ist nach Adler eigentlich richtungslos, eine Richtung bekommt er "erst vom Ziel her, d.h. durch den Lebensstil des Ichs"[12].

Zum Seelenleben gehört nach Adler natürlich auch das *Unbewusste.* Auch dieses nimmt demnach an der Zielgerichtetheit teil. Ja, die Ausrichtung auf ein einheitliches Ziel (Adler nennt sie u.a. Lebensstil, Lebensplan, Lebensschablone, Leitlinie, Bewegungslinie, Bewegungsgesetz, Weltbild) kann selber unbewusst, "unerkannt"[13], sein. "Dieses (das Unbewusste, Verf.) ist in seinem ganzen Umkreis eine Leistung des seelischen Organs und zugleich der stärkste Faktor im seelischen Leben. Dort sind die Kräfte zu suchen und zu finden, die die Bewegungslinie eines Menschen, seinen (unbewussten) Lebensplan ausgestalten"[14]. "Und in der Tat, der Mensch versteht von seinem Ziele nichts und folgt ihm dennoch. Er versteht von seinem Lebensstil nichts und ist stets darin verhaftet"[15]. Adler nimmt an, dass die unbewusste Lebenslinie mit der bewussten Absicht nicht übereinstimmen muss; beide können sich durchaus widersprechen. (Dem entspricht in der Psychoanalyse in etwa der Abwehrmechanismus: 'Verkehrung ins Gegenteil' oder 'Reaktionsbildung'). Adler schreibt: "Im Bewusstsein ist nur ein Abglanz, manchmal sogar das Gegenteil davon (vom unbewussten Lebensplan, Verf.) vorhanden. So wird z.B. ein eitler Mensch in den meisten Fällen von seiner Eitelkeit keine Ahnung haben, sondern sich im Gegenteil so verhalten, dass seine Bescheidenheit jedem in die Augen springt"[16].

---

10 Menschenkenntnis 31.
11 A. Adler: Religion.., 87.
12 A.a.O. 71.
13 Ebd., vgl. Der Sinn.., 133.
14 Menschenkenntnis 95.
15 Der Sinn.., 170.
16 Menschenkenntnis 95f.

2. Die Deutung der Neurose

Das "Wohl der Allgemeinheit", die "Höherentwicklung der Menschheit", die "ideale Gemeinschaft" haben für Adler die Bedeutung einer "absoluten Wahrheit"[17]. Das "Gemeinschaftsgefühl" kennzeichnet jenen Menschen, der auf das rechte Ziel hingeordnet ist, der in der Wahrheit ist, lebt und handelt nach dem "sub specie aeternitatis Richtigen"[18]. Der Mensch kann nicht, ohne Schaden zu nehmen, vom "Wege der Evolution" abweichen. Allerdings weiss auch Adler, dass es weniger um den "*Besitz* der Wahrheit" als das "*Streben* danach" geht, und er meint, es sei "vielleicht schon ein grosser Schritt, dass wir vermeiden können, was nicht zur Gemeinschaft beiträgt" (Hervorh. im Or.)[19].

Den Grund für ein mangelndes Gemeinschaftsgefühl erblickt nun Adler - und das ist für seine Psychologie von ausschlaggebender Bedeutung - im *Minderwertigkeitsgefühl* und im Versuch, dieses Minderwertigkeitsgefühl durch Streben nach Macht, durch *Ueberlegenheitsstreben*, auszugleichen, zu kompensieren. Minderwertigkeitsgefühl und Ueberlegenheitsstreben sind in jedem Menschen zu finden. Es ist "klar, dass Menschsein heisst, ein Minderwertigkeitsgefühl zu besitzen, das ständig nach seiner Ueberwindung drängt"[20]. Bedingt ist dieses Minderwertigkeitsgefühl primär durch die Hilflosigkeit des Kleinkindes gegenüber den Erwachsenen[21], dann durch Organminderwertigkeit[22], (z.B. Seh- und Hörschwäche), durch Erziehungsfehler und schliesslich durch das ständige Zurückbleiben hinter dem Vollkommenheitsideal, denn: "Im Streben nach Vollendung ist der Mensch immer seelisch bewegt und fühlt seine Unausgeglichenheit gegenüber dem Ziele der Vollkommenheit"[23].

---

17 A.a.O. 78, Der Sinn.., 184f.
18 Der Sinn.., 112.
19 A.a.O. 184f.
20 A.a.O. 48.
21 Vgl. Menschenkenntnis, 71.
22 Vgl. A. Adler: Studie über die Minderwertigkeit von Organen, Wien 1907, 3. Aufl. Darmstadt 1967.
23 Der Sinn.., 48. R. Dreikurs weist darauf hin, dass Adler ursprünglich angenommen habe, das Minderwertigkeitsgefühl sei die wichtigste Triebkraft des Menschen, es müsse also immer zum Machtstreben führen. In seiner letzten Phase habe Adler aber erkannt, dass der Wille zur Macht und das Streben nach persönlicher Geltung nicht als natürlich und unerlässlich gelten müssten, beide würden schon eine verfehlte Richtung und Motivation darstellen. Grundlegend sei für den Menschen das Bedürfnis der Zugehörigkeit, wie es im Gemeinschaftsgefühl erlebt werde. Daraus folgt nun: "Statt Minderwertigkeitsgefühle zu kompensieren, müssen wir lernen, sie zu überwinden, uns von ihnen zu befreien. Statt Geltungsstreben, statt des Ehrgeizes persönlicher Ueberlegenheit, der nur zu einem verstärkten Konkurrenzkampf führen kann, müssen wir das Streben nach Ueberwindung setzen, Ueberwindung von Mängeln und Schwierigkeiten, in uns selbst, in unseren Mitmenschen und in der ganzen menschlichen Gesellschaft". R. Dreikurs: Grundbegriffe.., 35.

Das Minderwertigkeitsgefühl und das daraus resultierende Ueberlegenheitsstreben gehören demnach wesentlich zum Menschsein. Sie können nicht vermieden, sie können nur - und müssen - positiv überwunden werden. Das ist nur möglich, wenn das Gemeinschaftsgefühl stark genug ist und bleibt, bzw. entwickelt wird, und so das Ueberlegenheitsstreben (Selbstwertstreben) nicht zum Schaden, sondern zum Nutzen der Gemeinschaft eingesetzt wird. Allein das Wissen darum, etwas zum Wohle der Gemeinschaft beigetragen zu haben, vermag nach Adler ein echtes Selbstwertgefühl zu schaffen. "Die Erkenntnis und das Gefühl, wertvoll zu sein, die einzige Erlösung aus dem stets antreibenden menschlichen Minderwertigkeitsgefühl, stammt aus der Beitragsleistung zum allgemeinen Wohl"[24].

Die *Neurose* zeichnet sich durch ein übersteigertes Minderwertigkeitsgefühl und Ueberlegenheitsstreben aus. Adler spricht dann von einem Minderwertigkeits- und Ueberlegenheits*komplex* und erklärt: "Das Minderwertigkeitsgefühl verlässt den Menschen nie. Zum Minderwertigkeitskomplex wird es erst, wenn der Träger desselben seine Unzulänglichkeit erweist, eine Lebensfrage von sozialer Struktur mangels eines zureichenden Gemeinschaftsgefühls zu lösen. Was dabei zutage tritt, ist immer ein Fehlschlag, mag es Neurose oder Verbrechen sein. Der Minderwertigkeitskomplex erscheint angesichts einer zu schweren exogenen Belastung bei Personen, die in ihrer Lebensform immer schon ein schweres Minderwertigkeitsgefühl gezeigt haben. Infolge ihres ungünstigen Startes in der Kindheit wächst ihr Interesse für die eigene Person so stark an, dass mehr oder weniger ein Interesse für die anderen sich nicht entwickeln kann"[25].

Wir wollen die wichtigsten Momente des in diesem Zitat Gesagten hervorheben: Adler hält dafür, dass das Minderwertigkeitsgefühl erst unter dem Druck einer Forderung von seiten der Gemeinschaft zum Minderwertigkeitskomplex gesteigert wird. Voraussetzung ist ein bereits bestehendes "schweres" Minderwertigkeitsgefühl gepaart mit einem wachsenden Interesse für die eigene Person. Das Minderwertigkeitsgefühl gebiert aus sich das Ueberlegenheitsstreben "zum Zweck der Persönlichkeitserhöhung" - so Adler an anderer Stelle, wo er erklärt: "Am Anfang der Entwicklung der Neurose steht drohend das Gefühl der Unsicherheit und Minderwertigkeit und verlangt mit Macht eine leitende, sichernde, beruhigende Zwecksetzung, eine Konkretisierung des Zieles der Ueberlegenheit, um das Leben erträglich zu machen"[26]. - Entschei-

---

24 Religion.., 84.
25 A.a.O. 91.
26 Ueber den nervösen Charakter, 5.

dend für die ganze Entwicklung ist der "ungünstige Start in der Kindheit". Wie Freud misst auch Adler der frühen Kindheit eine eminente Bedeutung bei.
Nach Adler bildet sich das Lebensziel schon in den ersten Monaten des Lebens. "Dort werden bereits die ersten Spuren eines Weltbildes auftauchen, wenn auch nur in primitivster Art"[27]. Vom Milieu, in dem ein Kind aufwächst, von der Erziehung hängt es in erster Linie ab, welches Leitbild ein Mensch in sich trägt. Das Gemeinschaftsgefühl muss "gelernt, erzogen werden... Alle Charaktere haben zutiefst einen sozialen Sinn, der Mensch kommt nicht gut oder böse zur Welt, aber er kann in jeder dieser Richtungen erzogen werden". "Ist das Kind vom ersten Tag an zur Kooperation gebracht, dann wird sein Gestaltungsdrang diesen Weg nicht mehr verlassen"[28].
Wir haben gesehen, dass die Neurose gekennzeichnet ist durch Minderwertigkeits- und Ueberlegenheitskomplex und vor allem durch einen Mangel an Gemeinschaftsgefühl, wodurch eine Lösung (sozialer) Lebensfragen nicht gelingen kann. Der neurotische Mensch kann nichts wagen, ihm fehlt der Mut zum Leben. Er ist auf sich selber bezogen, er zieht sich zurück, er sichert sich ab. "Der Neurotiker wendet sein ganzes Interesse dem Rückzug zu. Jeder Schritt vorwärts wird von ihm als ein Fall in den Abgrund mit allen Schrecken ausgestattet"[29] (von Adler genannt "Distanz" und "zögernde Attitude" des Neurotikers)[30].
Obwohl der Neurotiker ein falsches Leitbild hat, das Gemeinschaftsgefühl lebt immer noch in ihm. Das Gemeinschaftsgefühl ist nach Adler "angeboren". "Das Gemeinschaftsgefühl bringt sich stets mit warnender Stimme in Erinnerung"[31]. Dies ist gerade charakteristisch für die Neurose: sie *bedeutet* nicht eine entschiedene, definitive Absage an jegliche mitmenschliche Verpflichtung, sie ist nicht Entschiedenheit, sondern Unschlüssigkeit, Ja und Nein zugleich, also eine Konfliktsituation. Adler sagt es so: "Die Stimmungslage gestaltet sich zu einem 'Ja-aber'. Im 'Ja' steckt die Anerkennung des Gemeinschaftsgefühls, im 'Aber' der Rückzug und seine Sicherungen"[32]. In diesem Zusammenhang verwendet Adler ausnahmsweise die Termini "gut" und "böse", wenn er schreibt: "In keinem dieser Fälle aber wird der Vorzug des Gemeinschaftsgefühls bestritten oder der Unterschied zwischen 'gut' und 'böse' verwischt. In jedem dieser Fälle findet sich ein 'Ja', das den Druck des Gemeinschaftsgefühls betont, immer aber gefolgt von

---

27 Menschenkenntnis, 34, (161).
28 Religion.., 90.
29 Der Sinn.., 114.
30 Menschenkenntnis, 50.
31 A.a.O. 151.
32 Der Sinn.., 114.

einem 'Aber', das stärkere Kraft besitzt und die nötige Verstärkung des Gemeinschaftsgefühls hindert. Das 'Aber' ist in allen typischen und Einzelfällen verschieden. Die Schwierigkeit einer Heilung entspricht seiner Stärke"[33].

Die *Therapie* der Neurose besteht nun im wesentlichen darin, die alte Lebenslinie, "die Schablone eines Menschen, sofern sie sich als für das Leben ungeeignet erweist, zu zerstören, ihm die falsche Perspektive zu nehmen, mit der er im Leben umherirrt, und ihm eine solche Perspektive nahezulegen, die für das Zusammenleben und für die Glücksmöglichkeiten dieses Daseins besser geeignet ist, ... auch wieder eine Schablone, in der aber das Gemeinschaftsgefühl die hervorragende Rolle spielt"[34]. Soll diese Umstrukturierung gelingen, muss der Patient zur Selbsterkenntnis kommen, muss ihm aufgehen, wo sein Fehler, sein Irrtum liegt, wo und wie es in seiner (schon frühkindlichen) Entwicklung zu der falschen Ausrichtung gekommen ist. Neurose ist für Adler ein Irrtum, Heilen, bzw. Erziehen heisst dann nichts anderes als durch Belehrung Irrtümer beseitigen: "Das ganze grosse Gebiet des menschlichen Irrtums liegt da vor uns... Wir müssen versuchen, durch ein Eingehen auf die Argumente, auf den ganzen Lebensplan eines solchen Menschen, dieser Irrtümer habhaft zu werden und sie durch Belehrung zu überwinden. Damit ist auch die Tätigkeit dieser Art von Erziehung näher gekennzeichnet. Erziehen heisst nichts anderes als Irrtümer beseitigen. Dazu ist es aber notwendig, diese Zusammenhänge zu kennen, die zeigen, wie eine durch Irrtümer in die Wege geleitete fehlerhafte Entwicklung eines Menschen zu einer Tragödie werden kann"[35]. Nach Adler besteht die "Aufgabe, die dem Erzieher, dem Lehrer, dem Arzte, dem Seelsorger zufällt", darin, "das Gemeinschaftsgefühl und dadurch den Mut zu leben" im Menschen zu stärken und zu fördern "durch die Ueberzeugung von den wirklichen Ursachen des Fehlschlags, durch Aufdeckung der unrichtigen Meinung, des verfehlten Sinnes, den das Individuum dem Leben unterschoben hat, um ihn dem Sinne näherzubringen, den das Leben dem Menschen aufgegeben hat"[36].

---

33 A.a.O. 73.
34 Menschenkenntnis, 28.
35 A.a.O. 215.
36 Der Sinn.., 26.

B. *Die Bedeutung des Schuldgefühls*

1. Das Schuldgefühl als "Arrangement" und das Gewissen als "fiktive Instanz"

Die oben dargestellten Grundbegriffe liefern Adler den Verstehenshorizont, in dem er auch das Schuldgefühl zu interpretieren versucht. Adler sieht im Schuldgefühl eine (unbewusste) Absicht, ein "Arrangement" des Neurotikers am Werk, der seine Fiktion der Ueberlegenheit, seine Leitlinie also, zu erhalten und zu festigen versucht. Wie andere Krankheitssymptome und Charakterzüge dient es vor allem dazu, Distanz zu den Lebensproblemen und -aufgaben zu schaffen. Adler schreibt: "Diese Vorliebe für das Hinterland des Lebens ist durch die Denkweise und Argumentation des Individuums, gelegentlich durch Zwangsdenken und durch unfruchtbare Schuldgefühle namhaft gesichert. Es kann leicht begriffen werden, dass nicht Schuldgefühle die Distanz bewerkstelligen, sondern dass die mangelhafte Neigung und Vorbereitung der ganzen Persönlichkeit Schuldgefühle vorteilhaft findet, um den Vormarsch zu hindern. Die grundlose Selbstbeschuldigung wegen Masturbation zum Beispiel ergibt dafür einen geeigneten Vorwand. Auch der Umstand, dass jeder Mensch, wenn er auf sein Leben zurückblickt, manches gerne ungeschehen machen möchte, dient solchen Individuen zur gelungenen Ausrede nicht mitzutun"[37].
Ein paar Beispiele sollen die Auffassung Adlers etwas veranschaulichen und deutlicher machen. Adler berichtet von einem jungen Mann: "Da traten bei ihm folgende Erscheinungen auf. Er bekam plötzlich *Gewissensbisse* (wegen begangener Diebstähle, Verf.), die ihn schliesslich so sehr bedrängten, dass sie ihn völlig am Studium hinderten. Dadurch hatte sich für ihn die Situation gebessert. Denn falls er jetzt durchfallen sollte, hatte er für sich und vor den andern die Entschuldigung, er sei durch seine Gewissensbisse derart gefoltert worden, dass jeder andere in einer solchen Lage auch durchgefallen wäre... Nicht seine Unfähigkeit war daran schuld, sondern die fatalen Begleitumstände, seine Reue, seine Gewissensbisse, die ihm keine Ruhe liessen" (Hervorh. im Or.)[38].
Von einer seiner Patientinnen schreibt Adler: "Ihre tiefere Absicht ist wie die der Zwangsneurose: Zeitvertrödelung, Privilegien und Befriedigung der Eitelkeit. 'Edel, fromm bin ich auch'"[39].

---

37 A.a.O. 74.
38 Menschenkenntnis, 193.
39 Ueber den nervösen Charakter, 203.

Ein Patient machte sich wegen einer kleinen Unaufrichtigkeit heftige Selbstvorwürfe, musste (zwangshaft) in aller Oeffentlichkeit niederknien und beten. Vor jeder Aufgabe flüchtete er in die Irrenanstalt. Worin liegt der Sinn der Selbstbezichtigung? "Ich bin ja besser als die anderen, ich fühle mich bereits da als schuldig, wo die anderen nichts Besonderes empfinden können. Ich bin frömmer, tugendhafter, gewissenhafter als alle anderen zusammen"[40].
Die Unfruchtbarkeit der Schuldgefühle erweist sich auch bei jenem Mann, der "mangels gehöriger Entwicklung des Gemeinschaftsgefühls an den drei Fragen des Lebens, in der Gemeinschaft, in der Beschäftigung und in der Liebe" scheiterte[41]. In der Liebe scheiterte er, weil die Sexualität ihn zur Gemeinschaft verpflichtet hätte. Da halfen auch die Schuldgefühle wegen Masturbation nichts. Im Gegenteil, sie trieben ihn nur noch mehr in die Isolierung. "Dass ihm die Sexualität als das grässlichste Uebel erschien, weil sie ihn zur Anteilnahme an der Gemeinschaft verpflichtete, ergibt sich aus dem gegenwärtigen Ziel seiner Ueberlegenheit, den Rückzug anzutreten, um jeder Gefahr einer Verletzung seiner Eitelkeit zu entgehen ... Ist es wirklich so schwer einzusehen, dass sein gehäuftes Schuldgefühl ihn nur weiter zur Abschliessung von der Aussenwelt zwang?" Nicht zu vergessen ist allerdings, dass es sich hier um einen Menschen handelt, "der seine Sündhaftigkeit unter andauernden Gewissensbissen fortsetzt"[42].
Vielleicht können wir jetzt Adler besser verstehen, wenn er sagt: "Das Gewissen baut sich unter dem Druck der Sicherungstendenz ... auf, wird mit dem Zeichen der Macht ausgestattet und *zur Gottheit erhoben*, - damit der Nervöse Richtungslinien scheinbar im Einklang mit dem Gemeinschaftsgefühl verfolgen kann ... Immer aber lockt den Nervösen die Unfruchtbarkeit der Gewissensbisse, der Reue, der Trauer, weil ihr trügerischer Schein ihn hebt und zu veredeln und verschönern trachtet; gleichzeitig enthebt er ihn der Lösung der wirklichen Lebensprobleme" (Hervorh. im Or.)[43]. Was Adler von den Affekten wie Zorn und Trauer sagt, das gilt gleicherweise auch für Schuld- und Reuegefühl: "Die Erscheinung der Affekte war so lange unverständlich, bis es sich herausgestellt hatte, dass sie eine Möglichkeit bieten und einen Weg zeigen, der kurzerhand dazu führt, ein Gefühl der Minderwertigkeit zu überwinden, um die eigene Persönlichkeit zur Geltung zu bringen"[44].

---

40 Praxis.., 140.
41 Religion.., 80.
42 A.a.O. 83f.
43 Ueber den nervösen Charakter, 162f.
44 Menschenkenntnis, 237.

Zusammenfassend kann man sagen: Adler ist vor allem die Unfruchtbarkeit der Schuldgefühle aufgefallen. Sie leisten nicht, was sie versprechen. Eigentlich müssten sie zum Verfall der falschen Leitlinie beitragen. Das tun sie offenbar nicht, im Gegenteil, sie verfestigen die ichhafte Leitlinie, sehr oft unter dem Anschein eines Gemeinschaftsgefühls. "Gewissensbisse, Schuldgefühle ... müssten gerechterweise zu einer Verstärkung des Gemeinschaftsgefühles Anlass geben, anderseits sind sie nur zu geeignet, als Verstärkung der neurotischen Symptome zu dienen"[45]. Aus diesem Grunde kann sich Adler dem Ausruf Nietzsches anschliessen: "Gewissensbisse sind unanständig!"[46], weil sie, "solange nur sie anhalten, keine Gesundung versprechen"[47]. Worin besteht nun das "Arrangement"? - Die Schuldgefühle helfen dem Neurotiker, vor sich selbst und vor den andern als gut zu erscheinen, sie helfen ihm so, seine Minderwertigkeitsgefühle zu überbrücken, sein Ichbewusstsein zu stärken. Das "Arrangement" ist eine Täuschung, denn eine echte Absicht zur Aenderung liegt nicht vor, die Schuldgefühle täuschen nur eine solche gute Absicht vor, sie erlauben es dem Neurotiker, zugleich gut zu erscheinen und zugleich an der falschen Leitlinie festzuhalten. Zu beachten ist, dass diese falsche Leitlinie auch unbewusst sein kann, in der Regel unbewusst ist, weil sie vor dem Ruf des Gewissens, - welches die Forderung des Gemeinschaftsgefühls in Erinnerung bringt, - nicht bestehen kann. Die Rechtfertigung vor dem Gewissen geschieht am besten so, dass man sich die feindseligen Absichten nicht eingesteht, von ihnen nichts weiss[48].

Zur Ergänzung und Bestätigung des Gesagten sei hier noch ein heutiger Individualpsychologe angeführt, nämlich Rudolf *Dreikurs*. Er führt aus: "Nietzsche hat die Bedeutung der Schuldgefühle richtig erkannt und sie als unanständig bezeichnet. Soweit wir beurteilen können, drücken Schuldgefühle gute Absichten aus, die man nicht hat. Sie eignen sich sehr zur Beruhigung des schlechten Gewissens, weniger aber zur Annahme der Verantwortlichkeit für das, was man tut. Während der durch sein Schuldgefühl Gepeinigte seine Anständigkeit auf diese Weise zu beweisen scheint, verdeckt er damit aber nur seine Absicht und weitere Unwilligkeit, das zu tun, was er tun sollte. Schuldgefühle treten nämlich nur dann auf, wenn man vergangene Fehler betont, um gegenwärtige Fehler zu verdecken. Man kann sicher sein, dass jemand nur dann unter Schuldgefühlen leidet, wenn er die Aufmerksamkeit von seinem gegenwärtigen Verhalten auf vergangene tatsächliche oder eingebildete Vergehen

---

45 Religion und Individualpsychologie, 81.
46 Ueber den nervösen Charakter 163, vgl. Religion.., 69.
47 Religion.., 69.
48 Vgl. R. Dreikurs: Grundbegriffe.., 62-67.

lenkt. Sobald man willig ist, sich in diesem Moment richtig zu verhalten, hat man keine Neigung, sich mit vergangenen Schandtaten zu beschäftigen. Daher sind Schuldgefühle immer Selbsttäuschungen, und die Forderungen des Gewissens bleiben Scheingespinste, so oft und wo immer man Absichten hegt, die offenkundig den Forderungen des Gewissens entgegenstehen"[49].

2. Schuldgefühl und Schuld

In der Adler'schen Interpretation des Schuldgefühls fällt auf, dass er das Schuldgefühl nicht mit einer wirklichen Schuld, zumindest nicht mit einer schuldigen Tat (bzw. Unterlassung), in Beziehung bringt. Ernst *Jahn* stellt kurz fest: "Schuldgefühl, das aus begangenen Sünden stammt, wird von Adler abgelehnt"[50]. Die Begründung für diese Ablehnung Adlers haben wir eben kennengelernt. Sie ist sicher nicht unberechtigt. Man könnte jedoch vermuten, dass sich die Schuldgefühle zwar nicht in erster Linie auf vergangene Fehler beziehen, aber auch nicht nur ein "Arrangement" sind, sondern letztlich doch eine Schuld meinen, nämlich den falschen Lebensplan. Wir hätten dann - psychoanalytisch gesprochen - einen Fall von "Verschiebung", von "falscher Verknüpfung" vor uns: Im Vordergrund steht ein scheinbar harmloses Vergehen, hat aber in Wirklichkeit das Schuldgefühl einer anderen, viel schwereren Schuld an sich gezogen, die in ihrer Bedeutung nicht erkannt wird, oder nicht ins Bewusstsein zugelassen werden kann[51]. Es stellt sich demnach folgende Frage: Wie weit ist der Mensch für seine (falsche) Leitlinie verantwortlich (und damit auch schuldig)? Gibt Adler eine Antwort? Von diesem Problemkreis also - Determination, Freiheit, Schuld - soll im folgenden die Rede sein.
Wir haben bereits festgestellt (oben S. 120). dass Adler der frühen Kindheit eine eminente Bedeutung für das ganze Leben beimisst, denn schon in dieser frühen Phase wird der Lebensplan eines Menschen gebildet. Hier schon, in der "behaglichen Kinderstube", muss sich das Gemeinschaftsgefühl, das Gefühl der Zusammengehörigkeit, entwickeln. Entscheidend dabei ist das Verhältnis des Kindes zur Mutter. "Diese ist für das Kind das wichtigste Erlebnis des Mitmenschen, an ihr lernt es den *verlässlichen* Mitmenschen, das 'Du' erkennen und empfinden" (Hervorh. im Or.)[52]. Durch die ersten Erlebnisse wird ein Kind derart geprägt, dass es vom einmal eingeschlagenen Weg kaum mehr abgehen wird. "Bedenkt man, mit welchen Schwierigkeiten die meisten Kinder zu kämpfen

---

49 A.a.O. 68.
50 E. Jahn: Religion.., 95.
51 Vgl. G. Elsässer: Objektives Verschulden.., 348-356.
52 Menschenkenntnis, 245f.

haben, wie wenig leicht es ihnen meist wird, sich in ihren ersten Lebensjahren die Welt als einen angenehmen Aufenthaltsort zu Gemüte zu führen, dann begreift man, dass die *ersten Kindheitseindrücke* ausserordentlich bedeutsam sind, weil sie dem Kinde eine Richtung geben, in der es weiterforscht und weitergeht" (Hervorh. im Or.)[53]. Wenn man, wie es Adler tut, die Bedeutung der frühen Kindheit so hoch veranschlagt, dann bleibt nur noch ein Schritt zur Annahme, der Mensch sei durch sein Milieu determiniert. So weit geht jedoch Adler nicht. Determiniert ist der Mensch eigentlich nur von seinem Ziel her: "Richtig ist, dass er (der Wille, Verf.) unfrei wird, sobald er sich an ein Ziel bindet"[54]. Das Ziel, die schon in der Kindheit grundgelegte Bewegungslinie, sind das determinierende Moment im Leben eines Menschen. "Es ist die *Bewegungslinie*, auf der sich das Leben des Menschen seit seiner Kindheit schablonenartig abspielt. Manche werden vielleicht den Eindruck haben, als ob dies ein Versuch wäre, menschliche Schicksale zu bagatellisieren und als ob wir die Neigung hätten, das *freie Ermessen*, die Schmiede des eigenen Schicksals zu leugnen. Das letztere trifft in der Tat zu. Denn was wirklich wirkt, ist immer die Bewegungslinie eines Menschen, deren Ausgestaltung wohl gewissen Modifikationen unterliegt, deren hauptsächlichster Inhalt und deren Energie, deren Sinn jedoch fest und unverändert von Kindheit an besteht, nicht ohne Zusammenhang mit der Umgebung des Kindes, die später von der grösseren Umgebung der menschlichen Gesellschaft abgelöst wird. Hierbei muss man stets versuchen, die Geschichte eines Menschen bis in seine früheste Kindheit zurückzuverfolgen, denn bereits die Eindrücke in der Säuglingszeit weisen das Kind in eine bestimmte Richtung und veranlassen es, auf die Fragen des Lebens in bestimmter Weise zu antworten. Für diese Antwort wird alles verwendet, was das Kind an Entfaltungsmöglichkeiten ins Leben mitbringt, und der Druck, dem es bereits in der Säuglingszeit ausgesetzt ist, wird bereits seine Art der Lebensbetrachtung, sein *Weltbild*, in primitiver Weise beeinflussen" (Hervorh. im Or.)[55]. Wie wir sehen, spricht hier Adler - in bezug auf die Abhängigkeit des Kindes sowohl von den Erbanlagen wie von dem Milieu - nicht von "Determination", sondern von "Veranlassung" und "Beeinflussung" und an folgender Stelle von einem "Verleiten", einer "Verführung des Kindes": "Die Ichgebundenheit ist ein Kunstprodukt, dem Kinde aufgehalst in seiner Erziehung und durch den gegenwärtigen Stand unserer sozialen Struktur. Des Kindes schöpferische Kraft wird zur Ichgebundenheit verleitet"[56]. Adler hat wiederholt auf diese

---

53 A.a.O. 246.
54 A.a.O. 32.
55 A.a.O. 80f.
56 Religion.., 85.

"schöpferische Kraft" des Kindes hingewiesen[57] und damit wohl auch jene Aussage, dass das Kind "noch jenseits von Gut und Böse" stünde[58], korrigiert. Voraussetzung ist natürlich, dass auch schon dem Kleinkind Bewusstsein und Freiheit zukommt. Tatsächlich fasst Adler den Begriff "Bewusstsein" weiter als Freud, der "als Merkmal des Bewusstseins die sprachliche und begriffliche Formulierung ... nimmt"[59]. Freud gegenüber will Adler auch den wortlosen Gefühlen und Handlungen ein Bewusstsein nicht absprechen. "Nicht nur Worte machen das Bewusstsein aus. Man wird Säuglingen und Tieren das Bewusstsein nicht absprechen können. Auch in den Gefühlen, wenn sie auch wortlos sind, im musikalischen Empfinden, insbesondere in unseren Handlungen ist Bewusstsein"[60]. Obgleich man das Bewusstsein eines Menschen, auch eines Säuglings, von dem eines Tieres zu unterscheiden hat, wichtig in der Adler'schen Auffassung bleibt, dass das Kind schon ein menschliches Bewusstsein hat, wenn es auch noch nicht ein reflexes, begriffliches Bewusstsein ist. Das Kind ist "nicht etwa eine Rechenmaschine". "Nicht was ein Kind mitbringt, sondern was es daraus macht, entscheidet seinen Lebensstil". Auch das Milieu "kann nur als Baustein betrachtet werden und wird vom Kinde in freiem Verfügen aufgenommen und verwertet zum gleichen Ziel der Ueberlegenheit ... Entscheidend ist der erratende Faktor in der schöpferischen Kraft des Kindes, seine schöpferische Intuition"[61]. Ohne die Bedeutung der Erziehung schmälern zu wollen, diese lässt sich doch "wieder nur in einer statistisch gegebenen Wahrscheinlichkeit verstehen, nicht als kausal erfassbare Regel aus einem unmittelbaren Zusammenhang, da der Faktor der schöpferischen Intuition des Kindes, unberechenbar und nicht in kausaler Gesetzmässigkeit wirksam, zwischen Erlebnis und Ausgestaltung desselben eingeschaltet ist"[62]. Folgende Stelle lässt über Adlers Auffassung keinen Zweifel zurück. Er schreibt: "Ich habe nie einen Zweifel darüber walten lassen, dass der neurotische Zustand kein zwangsläufiges Ergebnis von Milieu und Entwicklung ist. Ich habe vielmehr gezeigt, dass es im Seelenleben keine strenge Kausalität gibt, sondern dass alles notwendig kausal Ablaufende im Sein des Menschen, Organminderwertigkeiten, Erziehungs- und Umweltfaktoren, von der schöpferischen Kraft des Kindes zu einem Werden gestaltet wird. Das Kind verwendet alles Erleben von hereditären und erzieherischen Einflüssen in freier, künstlerischer Gestaltung zum Aufbau einer einheitlichen Lebensform ... Wenn ich auf die häufigen

57 A.a.O. 73, 85, 90, Der Sinn.., 49 et passim.
58 Ueber den nervösen Charakter, 159.
59 Religion.., 72.
60 Ebd.
61 Religion.., 73.
62 A.a.O. 74.

Zusammenhänge von Organminderwertigkeit, Verzärtelung, Vernachlässigung mit Fehlschlägen immer wieder hinweise, so habe ich immer gewarnt, darin mehr zu sehen als statistische Wahrscheinlichkeiten ..."[63]. Die Auffassung Adlers ist klar: Sowohl Erbanlage wie die Einwirkung der Aussenwelt benützt das Kind als *Bausteine* zum Aufbau seiner Persönlichkeit - und zwar "unter eigener Verantwortung"[64].
Man wird sich an dieser Stelle die Frage stellen müssen, wozu denn diese Erörterungen gut sein sollen. Handelt es sich da, wo es um die Freiheit und Verantwortlichkeit des Kindes geht, nicht um reine Spekulationen? Adler würde die Frage sicher mit "nein" beantworten. In seiner Praxis hat er immer wieder feststellen müssen, dass der Neurotiker stets dazu neigt, Verantwortung und Schuld für sein Versagen in seiner Veranlagung und (oder) in seiner Umwelt zu suchen. Nicht etwa dieser selbst, sondern die Erziehung trage die Schuld. Er "beschuldigt für seine Fehler die Eltern oder allgemein die Erziehung, er habe niemand gehabt, der sich um ihn gekümmert hätte, oder er sei verzärtelt oder zu streng behandelt worden - und bleibt bei seinem Irrtum ... Selbst schuldig sind sie nie, immer liegt die Schuld für alles, was sie nie erreicht haben, bei anderen"[65]. Adler billigt diese Haltung nicht. Er sieht darin einen Kunstgriff, sich "mit scheinbarer Berechtigung einer Selbstkritik (zu) entziehen"[66]. "Dabei übersehen sie, dass sie selbst sehr wenig Anstrengungen machen, ihre Fehler zu bekämpfen, vielmehr mit einer gewissen Inbrunst dabei verharren, *während die schlechte Erziehung doch nur solange schuldig ist, als sie es wollen*" (Hervorh. im Or.)[67]. Aehnlich urteilt Adler an anderer Stelle: "(Oder) es erfolgen Anschuldigungen gegen die Familie, was man ebenso voraussehen muss, um vorher dem Patienten gegenüber festzustellen, dass seine Angehörigen nur so lange schuldig sind, als er sie durch sein Verhalten schuldig macht. Dass sie aber sofort unschuldig sind, sobald er sich gesund fühlt. Ferner, dass man von Angehörigen nicht mehr Wissen verlangen kann, als der Patient selbst besitzt, und er unter eigener Verantwortung die Einflüsse seiner Umgebung als Bausteine benützt hat, um seinen fehlerhaften Lebensstil zu entwickeln. Auch ist es gut darauf hinzuweisen, dass sich seine Eltern wegen eventueller Irrtümer auf ihre Eltern, die auf die Grosseltern usw. berufen könnten. Dass also eine Schuld in seinem Sinne nicht besteht"[68]. Laut Adler muss der Patient lernen, die Verantwortung (rücklaufend bis in seine Kindheit) zu übernehmen, um (erst so) sich auch wirklich ändern

63 A.a.O. 90
64 Der Sinn.., 195
65 Menschenkenntnis, 25.
66 Ebd.
67 Ebd.
68 Der Sinn.., 195

zu können. Verantwortlichkeit des Kindes und die zur Gesundung notwendige Uebernahme von Verantwortung stehen somit in gegenseitiger Abhängigkeit. Die Schuldprojektion ist bloss ein Kunstgriff, den der (ichhafte) Lebensplan des Neurotikers fordert: "Es liegt bisher nicht der geringste Beweis vor, dass eine Heredität oder ein Erlebnis oder ein Milieu zur Neurose oder gar zu einer bestimmten Neurose *verpflichtet* ... Er (der Nervöse, Verf.) könnte auch weniger ätiologisch denken, fühlen und handeln, wenn er nicht durch sein Ziel ... auf diese Fährte gedrängt wäre. Unter anderem verlangt sein Lebensplan kategorisch, dass er durch *fremde Schuld scheitere, dass seine persönliche Verantwortung dabei aufgehoben sei*, oder dass nur eine fatale Kleinigkeit seinen Triumph verhindere" (Hervorh. im Or.)[69].

Wenn nun der Mensch nicht seine Verantwortung ablehnen und die Erzieher beschuldigen soll - folgt daraus nicht, dass er dann auch die Verantwortung und die Schuld für seine falsche, ichhafte Leitlinie zu übernehmen hat? Die Konsequenz ist kaum zu umgehen, dass bei der genannten Voraussetzung die Ichhaftigkeit auch "Schuld" bedeutet. Und doch spricht hier Adler bezeichnenderweise nicht von einer "Schuld", sondern von einem "Irrtum", der nur durch "Belehrung" überwunden werden kann (vgl. oben S. 121). Warum wählt Adler den Begriff des "Irrtums" und nicht den der "Schuld"?

Ein erster Grund mag darin liegen, dass das Kind halt doch in einer sehr grossen Abhängigkeit zu den Erzieherpersonen steht, dass es zur ichhaften Leitlinie "verführt" wird. Deswegen wird das Kind auch nie in der gleichen Weise verantwortlich sein und schuldig werden können, wie es bei einem erwachsenen Menschen möglich ist. Verantwortlichkeit und Schuld können im Kind - je nach Entwicklungsstadium - erst anfänglich, "keimhaft" vorhanden sein, wie ja auch sein Ich noch unausgeprägt, noch unentfaltet ist. Auf die Unterscheidung macht der Adlerschüler Fritz *Künkel* aufmerksam, der das Auftreten des ichhaften Leitbildes "kindlichen Sündenfall" nennt. Er schreibt: "Man mag einwenden, dass diese Entwicklung zu einer Zeit beginnt, in der das Kind weder seine Handlungsweise noch auch seine Stellung zur Aussenwelt richtig einzuschätzen vermag, und dass man es darum auf keinen Fall verantwortlich machen könnte - das sind Einwände, die sich nur ergeben, wenn man Begriffe wie Schuld und Sünde aus dem Leben des Erwachsenen in das Leben des Kindes hineinträgt - wer sich in das Schicksal des Kindes vertieft, wird gleichwohl sehen, dass schon in diesem frühen Stadium der Entwicklung ein kindlicher Sonderzweck zu wirken beginnt"[70]. Von dieser Differenzierung her wird nun auch verständlich,

---

69 Praxis.., 170f.
70 F. Künkel: Die Arbeit.., 47.

dass Adler einerseits die "schöpferische Kraft" des Kindes betont, anderseits aber doch die ichhafte Leitlinie nicht einfach mit "Schuld" bezeichnen will. Auf den Hinweis von Ernst *Jahn*, dass nach *Luther* die Ichgebundenheit schuldhaft sei, antwortet er: "Die Individualpsychologie will nicht Richter, will wissenschaftlicher Helfer sein. Es ist nicht ihres Amtes, Lob und Tadel zu erteilen. Deshalb spreche ich nicht von Schuld, sondern von Irrtum, entstanden in der Zeit der Kindheit und fortwirkend besonders deshalb, weil dieses irrtümliche Verhalten nicht einmal in Worte oder Begriffe gefasst ist, deshalb auch dem Angriff des erwachten Verstandes entzogen bleibt. Ich möchte eher die Schuld denen zumessen, die diese Tatsache erkannt haben oder erkennen konnten und nicht genug zur Aenderung beigetragen haben"[71].

Beachtet man die grosse Abhängigkeit des Kindes von seiner Umwelt, seine Unfähigkeit, eine begriffliche, reflexe Einsicht in seinen Lebensstil zu gewinnen, dann wird man eher von einer "kindlichen Unschuld" sprechen wollen. Die Bewegungslinie mag falsch sein, eine klare Einsicht in die Irrtümlichkeit des "Irrtums" ist jedoch noch nicht da, und deshalb kann es sich auch noch nicht um eine Schuld im strengen Sinne handeln. Die Verantwortlichkeit nimmt erst zu mit der wachsenden Einsicht und einer grösseren Möglichkeit, den Lebensplan zu ändern. Und trotzdem: Auch das Kind ist nicht einfach ein bewusstseins- und willenloses Objekt seiner Umgebung. Zudem wird man vermuten können, dass es wohl in jedem menschlichen Leben "Momente der Gnade" gibt, in denen eine Umwandlung möglich wäre *(Künkel)*[72].

Je nachdem, ob man den Menschen mehr von den Determinanten her oder mehr in seiner Eigenständigkeit und Freiheit sieht, wird man ihn schuldig oder unschuldig nennen können. Adler scheint diesen komplexen Sachverhalt erkannt zu haben, wenn er einmal den Einzelmenschen "unschuldig-schuldig" nennt[73].

Wir haben nach den Gründen gefragt, warum Adler den Begriff "Irrtum" jenem der "Schuld" vorzieht und einen ersten darin gesehen, dass die Wurzel der Neurose in die Zeit der grössten kindlichen Abhängigkeit zurückreicht. Der zweite Grund mag darin liegen, dass eine Umwandlung die "Einsicht" in den Fehler voraussetzt. Insofern kann Adler auch sagen, dass Erziehen "Belehrung" bedeutet. Natürlich ist es Adler klar, dass die Einsicht sowenig wie die Umwandlung eine rein intellektuelle Angelegenheit bedeutet. Mit der Vernunft sind immer auch "Gefühle und Emotionen" verbunden. Dies ist nicht erstaunlich, wenn man bedenkt,

---

71 Religion.., 85.
72 Mündliche Mitteilung von Johanna Herzog-Dürck.
73 Ueber den nervösen Charakter, 217.

dass es nach Adler stets um das "Bewegungsgesetz des Ganzen"[74] geht. Die Funktionen des Denkens, Fühlens und Wollens sind dem Bewegungsgesetz entsprechend miteinander "verbunden und gleichlaufend"[75]. Soll also ein verkehrter Lebensstil als Irrtum erkannt werden, so ist das ohne Mitwirken der emotionalen Seite des Menschen nicht möglich. Eine solche Erkenntnis setzt sogar eine gewisse Wandlung, zumindest die Bereitschaft dazu, voraus: "Es ist eine völlige Erkenntnis und Klärung auch der widerstrebenden Kräfte nicht denkbar, ohne eine gleichzeitige Umwandlung des ganzen Lebensstils"[76].

Wie ist denn die erforderliche Erkenntnis und parallel damit die Umwandlung des Lebensstils möglich? Die Beantwortung dieser Frage gibt uns zugleich den dritten Grund, von dem wir schon gehört haben: Die Individualpsychologie will nicht Richter, sondern Berater sein. "Wir wissen", sagt Adler, "dass sie (viele Menschen, Verf.) die Opfer einer fehlerhaften Entwicklung sind, dessen zufolge auch ihre Stellungnahme zum Leben fehlerhaft ist. Wir müssen daher mit unserem Urteil sehr zurückhaltend sein und vor allem *keine moralischen Urteile*, Urteile über den (moralischen) Wert des Menschen fällen. Wir müssen vielmehr unsere Erkenntnis dieser Dinge dadurch zu verwerten suchen, dass wir diesem Menschen nunmehr anders entgegentreten, weil wir nun imstande sind, uns ein viel besseres Bild von seinem Innern zu machen" (Hervorh. im Or.)[77]. Moralische Urteile, das Beschuldigen und Verurteilen, sind offenbar nicht geeignet, um in der Therapie jene Atmosphäre zu schaffen, die der Patient in seiner Kindheit entbehren musste und die nötig ist, damit in ihm das Gefühl des Selbstwertes und der Zusammengehörigkeit wachsen kann. Man wird "ihm jene Atmosphäre erst schaffen müssen, die ihm eine freiere Entwicklung ermöglicht und es ihm leichter machen, sich in seinem Verhältnis zur Umwelt als gleich und gleichwertig einzuschätzen"[78]. Ein Moralisieren würde gerade das Gegenteil dessen bewirken, was in der Therapie gesucht wird. Anstatt das Selbstvertrauen zu stärken, würde es das Minderwertigkeitsgefühl und das Ueberlegenheitsstreben vergrössern. Das Rezept der Individualpsychologie heisst nicht Beschuldigen, sondern Ermutigen, zur rechten Lebensfreude verhelfen. Ein Patient antwortet Adler auf die Frage, wie es möglich war, ihn gesund zu machen: "Das ist ganz einfach. Ich hatte allen Mut zum Leben verloren. In unseren Beratungen habe ich ihn wieder gefunden"[79].

---

74 Religion.., 71.
75 A.a.O. 83.
76 A.a.O. 74, vgl. 82f.
77 Menschenkenntnis, 145.
78 A.a.O. 78.
79 Der Sinn.., 194.

Adler spricht von "Irrtum" und nicht von "Schuld". Dem Irrtum gegenüber steht die "Wahrheit". Um die Erkenntnis der Wirklichkeit, wie sie ist, also um die Wahrheit, geht es in der Psychotherapie. Darin kann man schliesslich den letzten Grund für Adlers Begriffswahl erblicken. Wenn er nicht schuldig-spricht, heisst das noch nicht, dass er ent-schuldigt. Beides, beschuldigen wie entschuldigen, soll in der Therapie vermieden werden. Nur so ist der Weg frei zur Wahrheit, die wirklich frei macht, wie *Künkel* sagt: "Und alle Versuche, die Fehler zu beschönigen und die Mutter oder sich selbst zu entschuldigen oder zu beschuldigen, wurden allmählich unterlassen ... Das neutestamentliche 'Richtet nicht' erwies sich hier (wie in der gesamten Psychotherapie) als das heilsame Rezept, das allein imstande ist, die Wahrheit, die frei macht, ans Licht zu bringen"[80].
Wir sind von der Feststellung Adlers ausgegangen, dass der Lebensplan des Neurotikers verlange, dass dieser durch *fremde* Schuld scheitere - und haben gefragt, ob denn daraus nicht folge, dass dieser auch lernen müsse, eigene Schuld zu übernehmen. Obschon Adler von der Eigenverantwortlichkeit des Neurotikers spricht, vermeidet er diese Konsequenz aus den eben genannten Gründen. Deutlich kommt sie jedoch bei *Künkel* zum Ausdruck. Zur Ergänzung Adlers wollen wir ihm nochmals das Wort geben. Auch er kennt zunächst wie Adler die Tendenz des Neurotikers, andern (oder anderem) die Schuld zu geben: "Die andern sind schuld, sind lieblos und unverständig; oder aber ein äusseres blindes Fatum ist schuld, das uns unverdientermassen mit Unglück überschüttet"[81]. Immer mehr aber wird nun die *eigene* Schuld sichtbar: "Erst allmählich, unter dem Druck immer neuer und immer wiederholter Leiden, versteht man, dass man diese unversiegbare Quelle in seinem eigenen Innern mit sich herumträgt ... Man sieht, dass man reizbar, empfindlich, nachtragend, bitter ängstlich, neidisch, hämisch, schadenfroh und rachsüchtig ist. Und von nun an sieht man die 'Schuld' bei sich selbst"[82]. Nun weist Künkel darauf hin, dass Schuldgefühl und Reue gezüchtet werden können, - auch in einer angeblich christlichen Erziehung - die aber unfruchtbar bleiben und nur das Leiden und die Qual vermehren. Neben diesen unfruchtbaren Schuldgefühlen gibt es jedoch ein echtes Schuldbewusstsein. Künkel schreibt: "Diese nächste Stufe lässt sich kennzeichnen durch den Ausdruck: *Vom Schuldgefühl zum Schuldbewusstsein*. Man hat begriffen, dass man selbst die Quelle des Leidens in sich trägt, oder was dasselbe ist, dass die eigene falsche Haltung, die eigene fehlerhafte Grundeinstellung immer neues Leid hervorbrin-

80 F. Künkel: Die Arbeit.., 132.
81 F. Künkel: Charakter.., 146.
82 Ebd.

gen muss. Daraus entsteht die Bereitschaft, sich selber zu ändern, und zwar auch da noch, wo man diese Aenderung mehr fürchtet als wünscht... Doch dieser Schritt - der letzte durch die Krisis - gelingt nur, wenn die menschliche Schuld klar empfunden wird als ein *notwendiger Bestandteil des Menschentums* ..." (Hervorh. vom Verf.)[83].
Nach Künkel ist es also notwendig, dass der Mensch lernt, die Schuld bei sich selbst zu sehen, Schuld auf sich zu nehmen, was jedoch nicht bedeutet, dass er sich durch Schuldgefühle plage. Es gibt ein echtes Schuldbewusstsein, welches nicht Minderwertigkeitsgefühl und Ueberlegenheitsstreben begünstigt. Ein solches Schuldbewusstsein ist offenbar nur dann möglich, wenn einerseits der Mensch sich nicht minderwertig fühlt, also stark genug ist, die Schuld auf sich zu nehmen - und anderseits sich (selbst in der Schuld) solidarisch weiss mit allen Menschen, die Schuld als einen notwendigen Bestandteil des Menschen zu verstehen lernt, - *notwendige* Schuld, die nichtsdestoweniger *Schuld* bleibt.
Mit dem letzten Hinweis, dass Schuld zum Menschsein gehöre, kommen wir wieder zu *Adler* zurück. Auch er weiss um die Schuld des Menschen. Er bekennt sich zur Aussage *Dostojewskijs, "dass jeder teilhaftig ist an der Schuld des anderen"* (Hervorh. im Or.)[84]. Nach der Ansicht Adlers macht diese Formel noch mehr als das Gebot der Nächstenliebe die gegenseitige Verpflichtung der Menschen deutlich: Die Formel "löst aber auch eine unglaublich stärkere Aktivität aus als etwa der Begriff der Nächstenliebe, der oftmals missverstanden oder in Eitelkeit geformt wird oder als der kategorische Imperativ, der auch in der Isoliertheit des persönlichen Strebens seine Geltung behält. Wenn ich teilhaftig bin an jeder Schuld des Nächsten und an der Schuld aller, dann trage ich ewig eine Verpflichtung, die mich treibt, die mich haftbar macht, die mir zu zahlen gebietet"[85]. Weiterhin impliziert Adler die Notwendigkeit der Schuldannahme, wenn er im "reuigen Sünder" den besten Menschenkenner sieht. Der Therapeut sollte womöglich durch dieselben seelischen Nöte gegangen sein, die der seelisch Leidende erfährt. "Wirkliche Menschenkenntnis wird bei unserer mangelhaften Erziehung heute eigentlich nur einem Typus von Menschen zukommen, das ist der 'reuige Sünder', derjenige, der entweder drinnen war in all den Verfehlungen des menschlichen Seelenlebens und sich daraus gerettet hat, oder der wenigstens nahe daran vorbeigekommen ist. Selbstverständlich kann das auch jemand anderer sein, insbesondere jener, dem man es demonstrieren konnte, oder dem die Gabe der Einfühlung ganz besonders

---

83 A.a.O. 147.
84 Praxis.., 206.
85 Ebd.

gegeben ist. Der beste Menschenkenner wird aber sicher der sein, der alle diese Leidenschaften selbst durchgemacht hat. Der reuige Sünder scheint nicht nur für unsere Zeit, sondern auch für die Zeit der Entwicklung aller Religionen jener Typus zu sein, dem der höchste Wert zugebilligt wird, der viel höher steht als tausend Gerechte. Fragen wir uns, wieso das kommt, dann müssen wir zugeben, dass ein Mensch, der sich aus den Schwierigkeiten des Lebens erhoben, sich aus dem Sumpf emporgearbeitet hat, der die Kraft gefunden hat, alles das hinter sich zu werfen und sich daraus zu erheben, die guten und schlechten Seiten des Lebens am besten kennen muss. Ihm kommt darin kein anderer gleich, vor allem nicht der Gerechte"[86]. Der Weg, der nach Adler für den Menschenkenner wünschenswert ist - es ist auch der Weg, der dem seelisch leidenden Menschen beschieden ist.

---

86 Menschenkenntnis, 27f.

II. DIE KONFRONTATION MIT DER THEOLOGIE

A. A. Adler und die Religion

Zunächst soll hier kurz das Verhältnis Adlers zur Religion, besonders zum Christentum, zur Sprache kommen. Adlers Position, sowohl seine finalistische Grundkonzeption wie seine Idee von der idealen Gemeinschaft bringt ihn in die Nähe des christlichen Denkens. Er zeigt sich denn auch - obwohl er sich zum Atheismus bekennt[87] - aufgeschlossen für die Lehre und die Bestrebungen des Christentums. So ist Adler einmal die Entsprechung zwischen seinem "Ziel der Vollkommenheit" und dem "Gottesbegriff" aufgefallen. Er schreibt: "Die beste Vorstellung, die man bisher von dieser idealen Erhebung der Menschheit gewonnen hat, ist der Gottesbegriff. Es ist gar keine Frage, dass der Gottesbegriff eigentlich jene Bewegung nach Vollkommenheit in sich schliesst als ein Ziel, und dass er dem dunklen Sehnen des Menschen, Vollkommenheit zu erreichen, als konkretes Ziel der Vollkommenheit am besten entspricht"[88]. Auf eine nähere inhaltliche Bestimmung dieser Vollkommenheit, bzw. des Gottesbegriffs, geht allerdings Adler nicht näher ein. Auch beachtet er nicht, dass in christlicher Sicht die vollkommene Gemeinschaft letztlich nicht durch menschliches Bemühen allein erreichbar ist, sondern nur am Ende der Geschichte durch die eschatologische Tat Gottes Wirklichkeit werden kann. Adler beurteilt eben das Christentum vom individualpsychologischen Standpunkt - was sein gutes Recht ist - aber darin liegt auch die Grenze seines Religionsverständnisses. Gewiss ist auch das Wohl der Menschheit ein Ziel des Christen, doch Christentum ist mehr als das, auch mehr als Gemeinschaftsgefühl. Die Tatsache etwa der totalen Abhängigkeit des Menschen von seinem Schöpfer, dem transzendenten und personalen Gott, dem liebenden und erlösenden Gott - diese Dimension wird von Adler nicht gewürdigt. Der letzte Grund für die Einschränkung Adlers liegt in seinem Ideal der Wissenschaftlichkeit. Die Erkenntnisse der Wissenschaft, einschliesslich der Individualpsychologie, sollen jedem Menschen zugänglich sein, nicht nur dem Gläubigen. Fehle der materialistischen Anschauung, führt Adler aus, die Zielangabe des Lebens, "so der religiösen - die in diesem Punkte weit voraus ist - der kausale Unterbau. Gott ist nicht wissenschaftlich erweisbar, er ist ein Geschenk des Glaubens"[89]. Adler würdigt

87 J. Rattner: Alfred Adler.., 121.
88 Der Sinn.., 180, vgl. H. Harsch: Das Schuldproblem.., 112.
89 Religion.., 60.

zwar alle geistigen Strömungen, die am Wohl der Menschen mitarbeiten, die Individualpsychologie muss jedoch der Wissenschaftlichkeit treu bleiben: "Tolerant gegen jede Bewegung, die in sich das Ziel der Wohlfahrt aller untrüglich trägt, muss sich die Individualpsychologie dagegen wehren, sich das Tor der wissenschaftlichen Forschung durch Denkmethoden verschliessen zu lassen, die nicht aus ihrer Lebensanschauung erwachsen oder ihr widersprechen ... Es ist nicht meine Art und ich habe es mir nie angemasst, Lob oder Tadel an Strömungen auszuteilen, die so wie die Individualpsychologie das Wohl der gesamten Menschheit im Auge haben. Und ich kann mein Gefühl der Ehrfurcht und Bewunderung für die grossen Leistungen solcher Strömungen nicht unterdrücken. Die Individualpsychologie aber darf sich nur rein wissenschaftlicher Methoden bedienen, muss reine Wissenschaft bleiben und in dieser unveränderten Form ins Volk gehen ..."[90]. Es fragt sich allerdings hier, ob die Individualpsychologie überhaupt reine Wissenschaft (in Analogie zur Naturwissenschaft) sein kann. Selbst Adler muss gestehen, dass sie nicht ganz ohne Philosophie (Metaphysik) auskommt: "... ich muss schon zugeben, dass diejenigen Recht haben, die in der Individualpsychologie ein Stück Metaphysik finden ... Jede neue Idee liegt jenseits der unmittelbaren Erfahrung"[91]. In unserem Zusammenhang können wir uns mit der Feststellung begnügen, dass Adler schliesslich in der individualpsychologischen Erkenntnis eine Art wissenschaftlichen Religionsersatzes erblicken kann: "Der religiöse Glaube lebt und wird weiter leben, bis er durch diese tiefstmögliche Erkenntnis" - "die alle Tore des Irrtums schliesst, die die Tugend als lehrbar erweist" - "und dem aus ihm stammenden religiösen Gefühl ersetzt ist"[92].

Die Schriften der *Bibel* bleiben in Adlers Werk nicht unberücksichtigt. In vielen ihrer Stellen wird das von Adler geforderte Gemeinschaftsgefühl ausgedrückt. Zum Beispiel die Gebote "Du sollst nicht töten", "Liebe deinen Nächsten" "lassen sich zusammenfassen in der Idee einer idealen Gemeinschaft"[93]. "Die zahlreichen Anführungen aus den Schriften der Bibel sind dankenswerte Bestätigungen für den tiefen Einblick erhabener Menschheitsführer in die Grundfesten menschlicher Wohlfahrt und drücken in imposanter Weise vieles aus, was die Individualpsychologie in bescheidener wissenschaftlicher Art dem Denken nahezubringen trachtet"[94]. Im Unterschied zur Individualpsychologie steht jedoch in der Bibel nicht die ideale Gemeinschaft im Vordergrund, sondern die Beziehung des Menschen zu *Gott*, die Geschichte Gottes mit der Mensch-

---

90 A.a.O. 64.
91 Der Sinn.., 182.
92 Religion.., 62.
93 Der Sinn.., 24.
94 Religion.., 84.

heit, wobei das Heil der Menschheit (und dazu gehört auch das Gemeinschaftsgefühl) letztlich als Gnade, als Geschenk Gottes angesehen wird.
Einige schwache Punkte in Adlers System sind nicht zu übersehen: Auffallend ist eine gewisse Tendenz zur Verabsolutierung der Gemeinschaft und Adlers Ueberbewertung der Evolutionslehre. Nimmt man die Freiheit des Menschen ernst, denkt man an seine (auch negativen) Möglichkeiten, dann wird einem der Glaube an die Evolution nicht sehr viel helfen. Die Ueberbetonung des Gemeinschaftswohles bringt eine doppelte Gefahr mit sich: Das Religiöse wird auf das Gemeinschaftsgefühl reduziert, die Religion auf die horizontale Ebene eingeebnet. Anderseits kommt die Einmaligkeit und Würde des Individuums zu kurz. Es darf nicht vergessen werden, dass das bonum commune auch das Wohl des Einzelmenschen einschliesst. Das Individuum darf nicht nur von seiner Nützlichkeit her beurteilt werden. Auch psychologisch ist ein Bedenken anzuführen: Wird man dem Reichtum seelischer Phänomene gerecht, wenn man sie so einseitig wie Adler nur unter dem Gesichtspunkt von Minderwertigkeitsgefühl, Ueberlegenheitsstreben und Gemeinschaftsgefühl untersucht?

B. Der positive Ansatz in der Individualpsychologie

Bevor wir auf die Schuldfrage zu sprechen kommen, soll noch auf die positiven Seiten Adlers Individualpsychologie hingewiesen werden. Im Anschluss an Gustav *Bally* wurden wir schon im Kapitel über *Freud* auf die Bedeutung der mitmenschlichen Kommunikation aufmerksam gemacht. Was nun in Freuds Trieblehre nur sehr inadäquat zum Ausdruck kommt, wird deutlicher in Adlers Lehre vom Gemeinschaftsgefühl, denn die Erkenntnis von der Bedeutung der menschlichen Gemeinschaft wird zum tragenden Gedanken in Adlers Psychologie. Ohne Zweifel kommt Adler in der Betonung des Gemeinschaftsgefühl, in der Hervorhebung der Aufgabe, im Menschen den Mut zum Leben, das Vertrauen zu stärken, auch in die Nähe der christlichen Botschaft. Bleibt der Mensch in sich verschlossen, ist er nicht offen auf das "Du" des Mitmenschen, dann ist ihm auch der Zugang zum Geheimnis Gottes versperrt. In der heutigen Theologie ist vermehrt auf diese Wahrheit, die Identität von Gottes- und Nächstenliebe, hingewiesen worden[95], gemäss dem Johanneswort: "Denn wer seinen Bruder nicht liebt, den er sieht, kann Gott nicht lieben, den er nicht sieht" (1. Joh 4,20). Zu recht sieht

---

95 Vgl. K. Rahner: Ueber die Einheit.., und: Das "Gebot" der Liebe...

Friedrich *Schulze-Maizier* (1926) in der "Aufgabe 'Gemeinschaft'" "das gemeinsame Dritte von Individualpsychologie und Religion"[96]. Der gleiche Autor schreibt: "Der nächste und naturgegebene Gegenstand unseres religiösen Willens ist immer der Mitmensch ... (Es) bleibt der andere in aller seiner oft so ernüchternden Unzulänglichkeit, in aller seiner oft so verletzenden Fremdheit unser wichtigstes Erlebnisgebiet der echten Transzendenz"[97]. Und er nennt als Grundgesetz jeder Gemeinschaft: "Wage dein Ich, um es im Wir wiederzufinden"[98]. Hier kommt das Christuswort zur Geltung: "Wer sein Leben zu gewinnen strebt, wird es verlieren; und wer es verliert, wird es neu gewinnen" (Lk, 17,33). Damit ist nicht gemeint, dass einer sich selbst aufgeben müsste. Gemeinschaftsgefühl und Selbstwertgefühl schliessen sich nicht aus, im Gegenteil, sie gehören wesentlich zusammen. "Selbstfindung ist Wirfindung" (Künkel)[99]. Die Entwicklung des Gemeinschaftsgefühls bedarf einer positiven Selbsteinschätzung[100]. Diese fehlt gerade dem seelisch Kranken, sie zeigt sich in seiner "Ichhaftigkeit" (Künkel), seiner Sicherungstendenz. Auf die Einflüsse der Aussenwelt antwortet er mit Erstarrung. Er kann sich nicht öffnen, sein Leben nicht wagen, nicht vertrauen. In diesem Vertrauen (fides) können wir die kreatürliche Basis für den Glauben an die Offenbarung Gottes erkennen. Schulze-Maizier schreibt hiezu: "Es ist das wohltuende der individualpsychologischen Praxis, dass sie Vertrauen schafft. Aber man sei sich klar darüber, dass Vertrauen - das Wort in seinem Vollsinne gefasst, als Fides - eigentlich ein Ding ist, das tief in die religiöse Schicht hinunterreicht. Immer wieder erweist es sich, dass der Neurotiker nicht vertrauen kann, nicht sich selbst, nicht dem Leben, nicht dem Nächsten. Seelisch gesund sein heisst doch, in einer Atmosphäre des Zutrauens atmen, ... Gemeinschaft finden heisst diese Angst der Isolierung loswerden und in einem Zusammenhang aufgehen, an den man glauben kann. Darum bleibt die Grundfrage jeder wirklichen Gemeinschaft die Frage des Vertrauens ... Wer ein Ich und ein Du, wer ein Wir hat, dem er vertrauen darf, der ist vor dem Dämon der Neurose gefeit, hat Luft in der er atmen, Grund in dem er wurzeln kann, ..."[101].

Ein weiteres charakteristisches Merkmal in der Psychologie Adlers ist seine Vorstellung der menschlichen *Willensfreiheit*. Dies ist nicht erstaunlich, sieht er doch im Unterschied zu Freud weniger die wirkursächliche Abhängigkeit menschlichen Handelns, sondern vielmehr dessen

96 F. Schulze-Maizier: Individualpsychologie.., 48.
97 A.a.O. 52.
98 Ebd.
99 F. Künkel: Das Wir.., 96.
100 Vgl. R. Dreikurs: Grundbegriffe.., 24.
101 F. Schulze-Maizier: Individualpsychologie.., 45.

Zielgerichtetheit. Menschliches Tun ist immer durchwaltet von einer bestimmten "Absicht", es kann nicht zureichend von seinen Wirkursachen her verstanden werden. Zwar ist der Mensch immer auch bestimmt von seiner Anlage und den Umwelteinflüssen, aber diese Determinanten übernimmt er in eigener Regie, er braucht sie als "Bausteine". Adler macht darauf aufmerksam, dass der Mensch seine Erlebnisse nicht einfach (in reiner Passivität) erleidet, sondern wie schon die Sprache zeigt, seine "Erfahrungen *macht*", also "jeder darüber Herr ist, wie er seine Erfahrungen verwertet" (Hervorh. im Or.)[102]. Wenn nun aber der Mensch frei ist, dann hat er auch für sein Tun, für sein Leben überhaupt, die *Verantwortung* zu übernehmen - und, bei falschem Tun, bei einer falschen Leitlinie, auch die *Schuld*.

C. Das individualpsychologische Schuldverständnis im Vergleich mit der Theologie

Vorgängig soll kurz die Individualpsychologie im allgemeinen mit der Theologie verglichen werden. Wie bereits erwähnt, ist im (anthropologisch voll genommenen) Gemeinschaftsgefühl, bzw. in der Nächstenliebe, das gemeinsame Dritte von Individualpsychologie und Theologie zu finden. Es sollte inzwischen deutlich geworden sein, dass dort, wo der Mensch wahrhaft und ganz liebt - wenn auch noch nicht gänzlich, da auch theologisch gesehen die (rechtfertigende) Liebe immer wachsen kann und muss[104] - immer auch Liebe zu Gott ist, ob bewusst und gewollt oder nicht. Wenn Adler das Gemeinschaftsgefühl zu einem Grundgedanken seiner Psychologie gemacht hat, hat er damit die Bedeutung einer zentralen christlichen Wahrheit für die Psychologie erkannt und erhellt, einer Wahrheit, die in die Mitte des Christentums führt, zumal man (mit Rahner) in der Nächstenliebe "das heute epochal gültige Wort", "das wirklich bewegende Urwort und Schlüsselwort für heute" sehen kann[105]. Freilich, Adler hat die Einheit zwischen Gottes- und Nächstenliebe nur sehr unzulänglich zum Ausdruck gebracht - aber immerhin doch geahnt - wenn er das Zusammenleben, das Gemeinschaftsgefühl selber zur "absoluten Wahrheit" macht. Da jedoch auch theologisch gesehen die Gottesbeziehung nicht thematisch zu sein braucht (und trotzdem immer anwest), kann gegen Adler nichts eingewendet wer-

---

102 Menschenkenntnis, 25.

103 Vgl. G. Siewerth: "Freiheit" in LThK und in HthG I, J.B. Metz: "Freiheit" (theologisch) in HthG I, K. Rahner: Theologie der Freiheit, in: Schriften zur Theologie VI, Einsiedeln-Zürich-Köln 1965, 215-237, bes. 219f.

104 Vgl. K. Rahner: Das "Gebot" der Liebe.., 515.

105 K. Rahner: Ueber die Einheit... 279 und 297, vgl. ders.: Das "Gebot" der Liebe.., 516.

den, wenn er im Gemeinschaftsgefühl, in der Du- und Wir-Beziehung Massstab und Leitbild psychologischen Verstehens erkennt und dabei nicht bis zur Transzendenz des Menschen vorstösst - vorausgesetzt natürlich, dass dieser (explizite) Vorstoss für den therapeutischen Erfolg auch nicht notwendig ist. Trotzdem kann aus theologischer Sicht gesagt werden, dass - wenn und insofern in der Therapie das Gemeinschaftsgefühl, im anthropologisch vollen Sinn als Liebe verstanden, ermöglicht, der Patient (vielleicht) erstmals zu einer echten Liebe befähigt wird - diese Liebe auch Gottesliebe (wenngleich unthematisch) ist, dass diese Liebe den Patienten auch in ein neues Verhältnis zu Gott bringt, und zwar zu Gott, der in unserer Heilsordnung immer der sich selbst mitteilende Gott ist, dass also diese Liebe, theologisch gesehen, nicht ein rein natürlicher Akt, sondern, wenn sittlicher, dann auch übernatürlicher Heilsakt (caritas) ist. So betrachtet wird man in der Umorientierung des Patienten "göttliche Gnade" nicht ausschliessen können. In der Regel wird zwar das Geschehen in der Therapie nicht als Gnadengeschehen erkannt werden, in etwa aber doch möglich sein. Wenn nämlich die Heilung nicht nur einfach in einer Umstrukturierung der vor-personalen Schicht des Menschen besteht, und wenn zudem die Heilung auch als Geschenk erfahren wird, dann kann die Heilung auch als göttliche Gnade verstanden werden. Nochmals, weder Therapeut noch Patient brauchen sich dieser transzendental-übernatürlichen Dimension bewusst zu sein, und es wird in den meisten Fällen sogar so besser sein, da sonst der Therapeut (zu unrecht) in die Rolle eines Priesters versetzt würde, was dem Heilungsprozess kaum förderlich wäre. Und doch, in theologischer Interpretation ist der Therapeut tatsächlich Gnadenvermittler in dem allgemeinen Sinn, wie es grundsätzlich jeder Mensch für den Nächsten sein kann und ist. Wie schon angedeutet, kann der Gnadencharakter der Heilung insofern erfahren werden, als erkannt wird, dass das Gelingen der Therapie nicht nur Ergebnis menschlichen Bemühens und therapeutischer Kunst ist, sondern als Geschenk empfunden wird und es auch ist, letztlich (in gläubiger Sicht) Geschenk göttlicher Gnade ist. Zu einer solchen Sicht gelangt z.B. Fritz *Künkel*, der schreibt, dass die Selbst- und Wirfindung immer durch Krisen hindurchführe, eine Umkehr von der Ichhaftigkeit zur Wirhaftigkeit notwendig sei, aber doch Gnade bedeute. Die Psychotherapie kann nur "die Bereitschaft zur Umkehr verstärken. Die Umkehr selber kann weder durch die Selbsterziehung noch durch die Psychotherapie erzwungen werden. - Hier stimmt die praktische Erfahrung der Wissenschaft überein mit der Lehre des Christentums: Die Umkehr ist Gnade"[106]. Ob es sich

106 F. Künkel: Die Arbeit.., 168.

hier allerdings um eine Umkehr in einem radikalen, absoluten Sinn handelt - (von einem definitiven Nein zu einem definitiven Ja zu Gott) - das ist eine andere Frage. Man wird sie nicht generell mit Ja oder Nein beantworten können, da sich, wie gesagt, menschliche Subjektivität einer Objektivierung grundsätzlich entzieht. Eine Umwandlung in periphereren Schichten der Person wird man aber doch nicht ausschliessen wollen und auch darin noch ein Werk göttlicher Gnade sehen können.
Mit dem eben Gesagten kommen wir zur nun noch näher zu beleuchtenden Schuldthematik. Bei einer Gegenüberstellung von Individualpsychologie und Theologie drängt sich die Schuldfrage geradezu auf. Dies aus zwei Gründen. Nach Adler ist die falsche Leitlinie gekennzeichnet durch Ueberlegenheitsstreben, Ichgebundenheit und mangelndes Gemeinschaftsgefühl. Die Aehnlichkeit mit dem theologischen Sündenbegriff ist unverkennbar, wenn man vom Transzendenzbezug der Sünde absieht und sie als Ichgebundenheit, als Verweigerung von Liebe charakterisiert. Zur Sünde im moraltheologischen Verständnis gehört allerdings Verantwortlichkeit, welche Freiheit voraussetzt. Aber auch dieses zweite Element wird in der Individualpsychologie betont, hebt diese doch immer wieder Verantwortlichkeit und Freiheit des Menschen hervor. Folgt daraus, dass die Ichgebundenheit, wie sie die Individualpsychologie der Neurosestruktur zugrundelegt, tatsächlich Sünde ist?
Adler hat geantwortet, die Individualpsychologie sei nicht befugt, darüber ein Urteil zu fällen, und deshalb spreche sie lieber von Irrtum. Es scheint, dass Adler darin inkonsequent ist. Und doch, auch der Theologe wird sich der Antwort Adlers anschliessen können. Zwar wird er sagen müssen, dass die Ichgebundenheit dem Wesen, der Natur nach tatsächlich Sünde sei. Es fragt sich aber, wie weit in dieser Ichgebundenheit der Mensch sich selber ausspricht, wie weit im konkreten Fall die Ichgebundenheit Freiheitstat und nicht einfach Zwangslage ist. Der Theologe wird sogar sagen müssen, dass ein Urteil darüber, ob im Einzelfall Schuld im eigentlichen Sinne (Todsünde) gegeben ist oder nicht, aufgrund der Unobjektivierbarkeit menschlicher Subjektivität *prinzipiell* unmöglich ist. Daraus folgt, dass die Ichgebundenheit im Einzelfall Auszeugung schwerer Schuld sein *kann*, aber nicht sein *muss*, dass also Tod-Schuld nicht zum *Wesen* der Neurose gehören wird. Wenn man mit Adler die grosse Abhängigkeit des Menschen in der frühen Kindheit mit berücksichtigt, dann spricht sogar alles dafür, dass in der (neurotisch) falschen Grundhaltung der Mensch (noch) nicht definitiv über sich selber verfügt hat und verfügt, dass sie nicht totale Selbstaussage war und ist. Und trotzdem ist ein Urteil möglich und notwendig, jenes nämlich, dass die falsche Grundhaltung eben *falsch*, (moraltheologisch eine *materielle* Sünde), ist - wie es ja auch Adler tut. Insoweit nun in der falschen Grundhaltung auch ein willentliches Moment liegt, bedeutet die

Ichgebundenheit auch Schuld - und dieses volitive Moment wird gerade von der Individualpsychologie, wie wir gesehen haben, besonders hervorgehoben. Die Schuld des Neurotikers wird auch von Adler gesehen, wenn er von der Allgemeinheit menschlicher Schuld spricht und den Neurotiker nicht davon ausschliesst. Mit Recht macht Adler darauf aufmerksam, dass man - wenn schon von Schuld gesprochen werde - man sie eher denen zuteilen müsste, welche das irrtümliche Verhalten erkannt und nicht genug zu dessen Aenderung beigetragen hätten (vgl. oben S.126). Auch diese Auffassung kann der Theologe unterstützen, denn ohne Einsicht in die irrtümliche Leitlinie kann es moraltheologisch keine Schuld geben. Es gibt einen schuldlosen Irrtum, dann nämlich, wenn er unüberwindbar (invincibilis) ist. Ein Irrtum kann zwar indirekt (in causa) schuldhaft sein, aber dieser Fall wird beim neurotischen Verhalten nicht voll vorliegen. Nach der katholischen Moraltheologie kann man Ernst *Jahn* nicht ohne Einschränkung zustimmen, wenn er schreibt: "Ist Irrtum entschuldbar - oder ist der Mensch für seinen Irrtum verantwortlich? Das Kriterium bildet also die *Verantwortlichkeit*. Der Christ weiss sich für seinen Irrtum vor Gott verantwortlich. Er ist Gott Rechenschaft schuldig. Er steht unter dem Zorn Gottes und im Gericht Gottes" (Hervorh. im Or.)[107]. Es ist dagegen zu bedenken, dass die irrtümliche Leitlinie schon zur Zeit der grössten Abhängigkeit des Menschen gebildet wird. Erst mit der wachsenden Erkenntnis und der Möglichkeit einer Aenderung wächst auch die Verantwortlichkeit und die Schuld. Ein Beispiel, wie schon früh einem Menschen falsche Wertmassstäbe aufgeprägt werden, gibt Fritz *Künkel*. Von einer zwangsneurotischen Frau berichtet er folgendes: "Sie ist als Kind streng erzogen worden. Schon frühzeitig hielt sie ihre eigene Ausgelassenheit und ihre grosse Sehnsucht nach Eroberung der Welt und nach Entfaltung eines reichen Lebens für eitel Sünde. Sie stellte sich selbst auf den Standpunkt ihrer Erzieher und beschimpfte sich für jede harmlose Freude und erst recht für jeden dummen Streich, den sie sich 'aus Versehen' doch noch gestattete. Alles Gesunde und Lebenstüchtige in ihr strebte nach Entfaltung der Kräfte und darum auch nach Ueberschreitung der viel zu engen Grenzen, die die Erziehung rund um sie aufbaute. Aber diese gesunden Regungen erschienen ihr selbst als Meuterei, die sie von ihrem moralischen Wertgefühl aus bekämpfen musste. Die Abwehr gegen das Gesunde erschien ihr als gesund; und daher erschien ihr das Gesunde als krank, nämlich als Verführung, als böse Macht, mit der man nichts zu tun haben wollte, und

Fallbeschreibung

107 E. Jahn: Religion.., 96.

daher als etwas Fremdes, das sich nur von aussen her in unbeachteten Augenblicken einschleichen konnte"[108].
Im Blick auf diese (relative) Determiniertheit des Menschen wird man ihn eher schuldlos nennen mögen. Aber damit ist noch nicht seine ganze Wirklichkeit gesehen. Selbst der neurotische Mensch ist nicht einfach ohne Schuld. Wie die Individualpsychologie uns sagt, erfährt der Patient zunächst (nicht ohne Grund) das Verschulden der andern und des Schicksals, die ihn in die Neurose getrieben haben. Im Verlaufe der Therapie muss er aber lernen, eigene Verantwortung zu übernehmen, aus der Anklägerrolle zur verantwortlichen Uebernahme seines Lebens und dadurch auch zur Uebernahme von Schuld zu kommen. Der Mensch ist nie nur der Getriebene. Nach Künkel ist er "auch für die Flucht vor der Verantwortung verantwortlich"[109]. Es scheint, dass der Mensch auf seine Freiheit nie ganz verzichten kann, insofern tatsächlich zur Freiheit verurteilt ist und - man ist versucht, dies anzufügen - auch zur Schuld. Laut Künkel handelt es sich dabei keineswegs um eine reine Spekulation, denn die Schuld könne nur übernommen werden, wenn sie empfunden würde als notwendiger Bestandteil des Menschentums (oben S. 133). Gibt es einen Vergleichspunkt dazu in der Theologie? Gewiss. Zwar wird der Moraltheologe Schuld und Schicksal formal streng voneinander trennen, aber doch nicht vergessen dürfen, dass die Schrift die allgemeine Sündhaftigkeit des Menschen lehrt, dass Paulus von einer "Sündenmacht" spricht, aus der sich der Mensch nicht aus eigener Kraft befreien kann. Diese Schicksalsdimension der Sünde hat in der Tradition der Kirche ihren Niederschlag in der Erbsündelehre gefunden. Die Theologie ist bemüht zu zeigen, dass diese Lehre auch für den heutigen Menschen noch von existentieller Bedeutung sein kann. Ohne auf dieses Thema näher eingehen zu können[110], soll hier nur folgendes erwähnt werden: Neuere Interpretationsversuche gehen dahin, die Ursünde nicht auf die Sünde des ersten Menschenpaares einzuschränken, sondern auf die ganze Menschheitsgeschichte auszudehnen. Einen Höhepunkt findet die Sünde in der Ablehnung Jesu Christi. Zudem tritt gegenüber der Abstammung des Menschen von dem einen Stammvater (der allgemein-menschlichen Natur) die Bedeutung der *Geschichte* in den Vordergrund, wobei die Geschichte den Menschen nicht nur äusserlich (akzidentiell), sondern *innerlich* bestimmt. Existenzphilosophie, Biologie, Psychologie und Soziologie haben zu einem tieferen Verständnis der Sozialnatur des Menschen beigetragen, indem sie zeigten, wie sehr der Mensch von seiner Umwelt geprägt wird - und haben dem Theologen damit auch eine

---

108 F. Künkel: Grundzüge.., 70f.
109 F. Künkel: Die Arbeit.., 15.
110 Vgl. oben erstes Kapitel II B.

Ausgangsbasis für ein neues Verständnis des "propagatione non imitatione" (D 790) verschafft[111]. Dadurch, dass die interkommunikative Existenz des Menschen zur Erklärung der Erbsünde herangezogen wird, ist auch eine Beziehung zwischen Theologie und Psychologie hergestellt. Allerdings muss dabei die je verschiedene Aussageebene beider beachtet werden. Mit der Erbsündelehre ist nicht etwa gemeint, dass die Schuld der Eltern als solche auf die Kinder übertragen würde. Auch dann, wenn man am Schuldcharakter der Erbsünde festhält - die Erbschuld ist nur in einem analogen Sinne Schuld, eine Schuld *vor* jeglicher Stellungnahme der Person. Nach Thomas von Aquin ist formales Element der Erbsünde der Verlust der Urgerechtigkeit ("privatio originalis iustitiae"), der gnadenlose *Zustand* also. Materiales Element (vom Tridentinum weggelassen) ist die ungeordnete Libido, die concupiscentia, d.h.: durch die Ablösung des Menschen von Gott ist die Triebsphäre sich selbst überlassen, die Person vermag ihrer Eigentendenz nicht mehr in vollem Masse Herr zu werden[112]. Die Lehre von der Erbsünde ist ihrem Wesen nach reine Offenbarungs- und Glaubenswahrheit, "in der aber auch unser erfahrbarer Zustand der *grandeur et misère* des Menschen (Pascal) seine letzte Verschärfung und Erhellung findet" (J. Auer) (Hervorh. im Or.)[113]. Der Psychologe wird sich mit Vorteil auf den "erfahrbaren Zustand" beschränken, (also höchstens noch von der allgemeinen Schuldhaftigkeit des Menschen sprechen können), und auf die theologische Terminologie verzichten. Aus diesem Grund ist es auch nicht angezeigt, mit Künkel von einem notwendigen "kindlichen Sündenfall" (vgl. oben S. 129) zu sprechen. Der "Bruch des Ur-Wir" ist sicher notwendig, er bedeutet aber nicht notwendigerweise Sünde. Es ist auch denkbar, dass der Selbstwerdungsprozess, der Uebergang vom "Ur-Wir" zum "reifen Wir" ohne ichhafte Sicherungstendenz erfolgen kann. Anderseits ist es für den Theologen doch von grossem Interesse, wenn er von Künkel hört, dass es für den Menschen notwendig sei, in der Schuld eine Bestimmung des Menschenwesens zu sehen (des Menschen in der jetzigen Heilsordnung natürlich, nicht als natura pura), und er vermag von daher vielleicht sogar ein besseres Verständnis für die existentielle Bedeutung der Erbsündelehre gewinnen.
Hier ist noch auf ein Moment der biblisch-theologischen Sündenlehre hinzuweisen: Die Sünde sitzt so tief und radikal im Menschen, dass eine Befreiung aus ihr nur durch das Heilshandeln Gottes, durch Jesus Christus, möglich ist. Das Wort Gottes überführt den Menschen seiner Sünde und ruft ihn zur Umkehr, welche Umkehr selber noch Gnade Gottes ist.

---

111 Vgl. L. Boros: Mysterium mortis, Olten 4. Aufl. 1964, 122-138, P. Schoonenberg: Theologie der Sünde 128-141.
112 Summa Theologiae I-II q. 82 a.3, I-II q. 17 a.9 ad3.
113 J. Auer: "Erbsünde" (im dogmatischen Verständnis), LThK III, 967-972, 971.

In den paulinischen Schriften wird deutlich, dass die Sündenlehre immer bezogen bleiben muss auf die Heilslehre, dass die Sünde in ihrer Universalität und Radikalität erst vom Heilshandeln Gottes her richtig gesehen und verstanden werden kann. Insofern die Psychologie nicht in diese Dimension der Transzendenz vorstösst und von sich aus auch gar nicht vorstossen kann, vermag sie auch die Sünde nicht in ihrem letzten Wesen zu erfassen - aber vielleicht doch zu erahnen. Wenn in der Theologie die Sünde immer im Zusammenhang mit der erlösenden Liebe Gottes gesehen wird (oder gesehen werden sollte), so fragt sich nun, ob dazu eine Parallele auch in der Psychologie zu finden sei. Diese Frage ist zu bejahen. Die geforderte Uebernahme von Verantwortung und Schuld ist ja nur möglich, wenn (individualpsychologisch gesprochen) das Gemeinschaftsgefühl lebendig gemacht wird. Erst von einem neuen Standort aus kann überhaupt der Irrtum als Irrtum und die Schuld als Schuld erkannt und verstanden werden. Gelingt der Ueberschritt von der Ichhaftigkeit zur Liebe, dann wird der Mensch erkennen, dass es Schuld gibt und noch mehr, er wird erfahren, dass es auch Verstehen und Verzeihen gibt. Obschon wir uns hier noch im Vorraum der Offenbarung befinden, diese Ebene darf vom gläubigen Christen nicht ausser acht gelassen werden - "Gratia supponit naturam" - denn auch für die gläubige Existenz ist sie von unumgänglicher Bedeutung. Deshalb darf zum Schluss die mehr praktische Seite, das Schulderleben, wie es von der Individualpsychologie gesehen wird, beleuchtet werden.

Wie schon mehrmals erwähnt, ist die Erziehung auf Verantwortlichkeit hin ein zentrales Anliegen der Individualpsychologie. Sie wird nur möglich durch einen fortschreitenden Bewusstwerdungsprozess, da die Leitlinie in der Regel unbewusst ist und wirkt. Um zu sehen, wie diese Entwicklung konkret aussehen kann, sei hier einmal mehr Fritz *Künkel* angeführt. Wie ein unbewusster Wunsch zu wirken vermag, zeigt Künkel am Beispiel einer Fehlleistung: "Jemand will eine Zahlkarte zur Post bringen, behält sie aber mehrere Tage lang in der Tasche. Bei der Aufdeckung seiner Vergesslichkeit sind in seinem Bewusstsein drei verschiedene Gefühlsurteile: 1. Es ist ihm unangenehm, dass er die Zahlkarte nicht zur Post gebracht hat. 2. Es ist ihm von Anfang an unangenehm gewesen, dass er die betreffende Zahlung leisten sollte. 3. Die Peinlichkeit der Lage ist erheblich schlimmer geworden, weil er die Zahlung noch immer nicht geleistet hat. Was ihm aber nicht klar ins Bewusstsein tritt, trotzdem er es schon ahnt, ist der tatsächliche Sinnzusammenhang dieser drei Gefühlsurteile und der zu ihnen gehörigen Tatbestände. Dem unbefangenen Beobachter ordnen sie sich aber mühelos in folgende Mittel-Zweck-Relation: an erster Stelle steht der Wunsch, das Geld nicht zu bezahlen oder wenigstens die Zahlung so lange wie möglich zu verzögern; an zweiter Stelle aber steht die Bedingung, dabei

mit gutem Gewissen vor sich und anderen sagen zu können, dass die Verzögerung ohne eigene Schuld zustande gekommen sei. Und beide dienen dem gleichen Ziel: dem Prestige"[114]. Nach Künkel fängt das Unbewusste dort an, wo die klare Einsicht aufhört, es fällt mit dem Ungewussten zusammen, wobei die ungewussten Zielsetzungen grundsätzlich wissbar sind[115]. Der Grund des Unbewusstbleibens ist die Furcht vor Verantwortlichkeit: "Was wir mit Bewusstsein tun ... rechnen wir uns selber zu. Wir fühlen uns dafür verantwortlich ... In diesen (unseren) Taten und ihren Folgen sind wir, in ihnen offenbart sich unser Wesen Dieser Zwang zur einheitlichen Selbstzurechnung unserer Taten und ihren Folgen ist das Gewissen. Aber was wir tun, ohne es zu wissen, oder wenigstens ohne es zu verstehen, oder, wie wir auch sagen können, was wir tun, ohne es zu wollen, das rechnen wir uns nicht zu, darin sind wir angeblich nicht enthalten, das bleibt ausserhalb unseres Gewissens; das rechnen wir anderen zu, selbst wenn diese anderen in Form von Trieben, Erbanlagen, Verdrängungen oder Dämonen erst mühsam konstruiert werden müssen ... Damit ist der Grund für die Lückenhaftigkeit unseres Wissens um uns selbst, - das ist die korrekte Bezeichnung für dasjenige, was meist das Unbewusste genannt wird, - in der Furcht vor der Verantwortlichkeit nachgewiesen"[116]. Auf die gleiche Weise deutet Künkel auch die neurotischen Symptome: "Hier liegt nun auch der Grund, warum die Symptome des Neurotikers scheinbar aus dem Unbewussten herauswachsen. Er darf seine Symptome nicht verstehen, darf ihre Ziele, die doch seine Ziele sind, nicht wissen, denn sonst müsste er sich für seine Krankheit verantwortlich fühlen. Und er würde sich gezwungen sehen, seine Ziele und damit sein ganzes Leben zu ändern. Und schliesslich deutet sich an dieser Stelle schon die Möglichkeit und zugleich auch die Schwierigkeit der individualpsychologischen Therapie an. Die Symptome verschwinden erst, wenn man sein Leben ändert; und sie verschwinden nicht, wenn man nicht sein Leben ändert. Die Umorientierung, die Besserung der charakterologischen Grundeinstellung ist der Preis, der für die Gesundheit bezahlt werden muss. Und diesen Preis bezahlt niemand gern"[117].
Hieraus wird ersichtlich, dass aus individualpsychologischer Sicht die Uebernahme der Verantwortung und die Umorientierung der Grundeinstellung notwendig ist, wenn eine Heilung möglich werden soll. Nicht nur eine unterpersönliche Triebsphäre wird therapeutisiert, sondern auf dem Menschen selbst in seiner möglichen Freiheit liegt der Akzent. Mit der Uebernahme der Verantwortung ist nicht gemeint,

---

114 F. Künkel: Neurasthenie.., 464.
115 Ebd.
116 A.a.O. 465.
117 Ebd.

dass der betreffende Mensch *allein* für seinen fehlerhaften Lebensstil verantwortlich wäre, aber er ist es *auch* und muss lernen, sich selber zu übernehmen, auch da noch, wo er zu einem falschen Leben verführt, mehr oder weniger in eine falsche Einstellung hineingetrieben wurde. Ziel ist ein bewusstes, verantwortliches Leben. Unbewusstsein ist nach der Individualpsychologie ein Nicht-Wissen, das vom falschen Lebensstil gefordert wird, ein "Kunstgriff". Es mag damit nicht alles über das Unbewusste gesagt sein, aber es ist doch interessant, dass das Unbewusste, oder zumindest ein Teil davon, so verstanden werden kann. So betrachtet bedeutet unbewusst leben Flucht vor der Verantwortung, und diese Flucht geschieht nie ganz ohne "Absicht", fällt also nie ganz ausserhalb die Verantwortlichkeit. Der Neurotiker muss Einsicht gewinnen in seine unbewussten, versteckten Motive, um so zu einem bewussten und verantwortlichen Leben zu reifen. "Eine solche aus dem Mut erwachsende Einsicht in den objektiven Sinnzusammenhang der neurotischen Symptome ist gleichbedeutend mit dem sogenannten Bewusstwerden des Unbewussten"[118]. Unbewusstsein, Flucht vor der Verantwortung bedeutet immer auch "Flucht vor dem Leben"[119]. Es geht also um den Ueberschritt von der starren, sichernden und ichhaften Lebenshaltung zur bewussten, freien und verantwortlichen Subjektivität, d.h. zum wahren Leben. Der Neurotiker muss erkennen, dass das Unbewusst- und Unverantwortlichbleiben ihn zu leben verhindert, er muss erfahren, dass das Leben als Wagnis und Risiko, "ohne Sicherung und ohne Vorbehalt weit besser gelingt und reicher und fruchtbarer sich gestaltet, als das vorsichtige, zurückhaltende und gleichsam nur tastende Dahinvegetieren des Neurotikers"[120]. Der Neurotiker erfährt, dass das Ich in immer grössere Gefahr gerät, je mehr man es zu schätzen sucht[121]. Darum lernt er es, das Leben, das nicht ohne Risiko möglich ist, zu wagen. Dazu schreibt Künkel: "Der eine muss lernen, dass der Mitmensch nicht sein Feind ist; er muss ihm offen und friedfertig entgegentreten, trotzdem er im Grunde seines Herzens noch fürchtet, dass der andere wie ein reissender Löwe über ihn herfallen wird. Der zweite muss einmal wagen, Fehler zu machen, ja sogar Sünden zu begehen und seine eigene Unzulänglichkeit vor sich und Gott und aller Welt offen einzugestehen. Der dritte muss auf Sicherungen oder Hilfsmittel verzichten, ohne die er nicht leben zu können meint. Er muss sich auslachen lassen, muss einmal unrecht haben oder muss einmal recht haben, muss hervortreten und die Führung übernehmen, muss eine Tat tun, für die er die Verant-

---

118 A.a.O. 503.
119 F. Künkel: Die Arbeit.., 15.
120 Neurasthenie.., 501.
121 A.a.O. 500.

wortung nicht anderen zuschieben kann. Oder er muss etwas essen, was er für giftig hält, muss im Freien schlafen oder auf Schlaf verzichten, oder muss lernen, ohne Aerzte und Apotheker und Vormünder zurecht zu kommen. - Jeder muss gerade denjenigen Schmerz auf sich nehmen, den er am allerwenigsten tragen kann. Aber er nimmt ihn nur auf sich, wenn er erlebt und immer wieder unausweichlich erlebt, dass die Flucht vor diesem Schmerz ihn nur in umso grössere Schmerzen hinein führt. Nur wer an seinem eigenen Leibe spürt, dass jede Flucht vor dem Regen ihn in die Traufe bringt, kann schliesslich auf die Flucht verzichten und sich entschliessen, aus der Traufe wieder in den Regen zu gehen"[122].
Was hier Künkel für den Neurotiker schreibt, gilt zweifellos für jeden Menschen, nicht zuletzt auch für den Christen, der ja oft genug meint, sich absichern zu müssen, der oft schon von der Erziehung her bestrebt ist, ja nichts falsch zu machen, keine (vermeintliche) Sünde zu begehen. Wenn hier Künkel schreibt, einer müsse unter Umständen eine Sünde wagen, meint er sicher nicht eine Sünde im sittlich-religiösen Sinn, sondern das, was einer infolge eines falschen Wertentwurfs fälschlicherweise als eine Sünde ansieht, - wobei allerdings die Möglichkeit objektiver und subjektiver Schuld gegeben ist. Künkels "Sünde riskieren" kann dann auch so interpretiert werden: Sich in seiner eigenen Vorläufigkeit, die unvermeidlich die Sünde mit sich zieht, annehmen; sich in eine Situation wagen, in der die Sünde möglich ist.
Im Laufe der Bewusstwerdung lernt der Mensch nun auch, die "Gebote" in ihrer Sinnhaftigkeit zu verstehen und muss sie nicht legalistisch befolgen. Künkel gibt uns dafür ein Beispiel bezüglich dem Gebot der Elternliebe, wenn er schreibt: "Ein Mädchen möchte oder sollte einen Beruf suchen, aber sie kann ihre kranke Mutter, die sie seit Jahren pflegt, nicht allein lassen ... Was aber soll derjenige tun, der zu wissen meint, was für ihn das Richtige sein würde, und der daran leidet, dass er es nicht tun kann, weil es für seinen Partner zu belastend wäre? - Er frage sich immer wieder, ob er im Grunde nur Angst vor seinem eigenen Wege hat, ob er nicht das Leiden des Stehenbleibens lieber auf sich nimmt als die Verantwortung des Vorwärtsgehens? Wenn er nämlich in der Lage verharrt, in der er sich befindet, so fällt die Verantwortung für alles Ungemach auf den, um dessentwillen er angeblich seinem eigenen Wege entsagt. Wäre es nicht besser, diese Last dem andern abzunehmen? Ist es nicht Mangel an Mut, vor einem solchen Schritt zurückzuschrecken? Ja, mehr noch, heisst es nicht den andern um seinen Schicksalsweg betrügen, genau wie man sich selber um seinen Weg betrügt? Warum gönnt man der Mutter nicht den Reifungsprozess, in

---

122 F. Künkel: Charakter.., 146f.

den das Leben jede Mutter hineinführt, wenn sie ihr Kind im eigentlichen Sinne des Wortes 'in die Welt setzen' muss? Warum raubt man ihr die Gelegenheit, nun endlich einmal das Lieben zu lernen? (Denn bisher konnte sie noch nicht lieben, weil sie sonst längst ihr Kind auf seinen richtigen Weg geschickt hätte.) Welches Recht hat die Tochter, hier die Entwicklung ihrer Mutter aufzuhalten? Ist es Kindesliebe, wenn man seinen Eltern die Krisis zu ersparen sucht, in die das Leben sie hineinführen will? Ist es Gehorsam, wenn man die lebenswidrigen Wünsche seiner Eltern erfüllt"[123].

Daraus mag ersichtlich sein, dass ein Vermeidenwollen jeder Schuld nicht immer schuldlos macht, sondern sehr oft in noch grössere Schuld hineinführt, in die Schuld nämlich, nicht zu leben, das Leben zu verpassen. In die gleiche Richtung weist die Haltung des Skrupulanten, wofür uns Künkel wiederum ein Beispiel gibt: "Ein Herr von 40 Jahren leidet an Grübelzwang. In unendlichen Ueberlegungen sucht er festzustellen, ob er bei dieser oder jener Gelegenheit nicht vielleicht 'gesündigt' hat. Und er läuft von einem Geistlichen zum andern, um zu erfahren, welche Wiedergutmachung er Gott schuldig sei ... Er sucht nach einer Ethik, in der für alle Fälle der Vergangenheit und der Zukunft genau festgelegt ist, was man tun muss, wenn man etwas Falsches getan hat. Er hält die Not und die Plage, die er sich macht, für durchaus 'ethisch hochwertig'! Und er ist erschrocken, als sich herausstellt, dass er immer der Entscheidung auszuweichen sucht. Aber bald muss er einsehen, dass sein ganzes Verhalten darauf hinausläuft, die Verantwortung stets von sich selber weg und einer höheren Instanz zuzuschieben... Wenn er also Unheil anrichten würde, träfe die Schuld nicht ihn, sondern die fremde Vorschrift; - und trotzdem hätte er den Ruhm, ein ethisch hochwertiger Mensch zu sein. Es versteht sich von selbst, dass die Heilung auch hier in einer Art Nacherziehung besteht, in der der Patient lernen muss, sich dem Leben zu stellen. die menschliche Unzulänglichkeit zu bejahen und die Verantwortung auf sich zu nehmen"[124].

Wie wir sehen, stehen hier Schuldgefühl und Reue im Dienste des Sicherungs- und Ueberlegenheitsstrebens. Nicht der Mitmensch, nicht die Religion, ja nicht einmal Gott sind vor einer solchen Erniedrigung geschützt. Adler schreibt zum Thema "Religiosität": "Sie (solche Menschen, Verf.) jammern und klagen, belästigen fortwährend den lieben Gott mit ihren Schmerzen, sie wissen ihn mit nichts anderem zu beschäftigen als mit ihrer eigenen Person. Dabei haben sie meist das

---

123 Ders.: Die Arbeit.., 39f.
124 Ders.: Grundzüge.., 71f.

Bewusstsein, dieser so ausserordentlich Verehrte und Angebetete stehe eigentlich in ihrem Dienst, habe für sie die ganze Verantwortung und sei ausserdem noch durch künstliche Mittel heranzulocken, wie etwa durch ein besonders eifrig verbrachtes Gebet oder durch eine sonstige religiöse Hingebung... Sie tun dem lieben Gott gegenüber auch nichts anderes, als was sie den anderen Menschen gegenüber tun, die sie immer nur anjammern und anraunzen, ohne dabei selber etwas zu tun, um die Verhältnisse zu bessern. Das verlangen sie immer nur von den andern".

Und Adler fährt weiter mit einem Beispiel: "Wieweit das gehen kann, zeigt der Fall eines 18jährigen Mädchens. Es war ein überaus braves und tüchtiges, allerdings sehr ehrgeiziges Mädchen, das sich auch in religiösem Belang hervortat, indem sie allen religiösen Pflichten gewissenhaft nachkam. Eines Tages begann sie sich *Selbstvorwürfe* zu machen, dass sie nicht genügend fromm gewesen sei, gegen religiöse Gebote verstossen und öfters sündhafte Gedanken gehabt habe. Sie kam darin schliesslich so weit, dass sie den ganzen Tag damit zubrachte, sich selbst anzuklagen, so dass ihre Umgebung ernstlich für ihren Verstand zu fürchten begann. Denn man hätte ihr nicht das Mindeste vorwerfen können. Immer war sie in einer Ecke weinend anzutreffen und mit Selbstvorwürfen beschäftigt. Da kam ein Geistlicher auf den Einfall, ihr ihre ganze Sündenlast abzunehmen, indem er ihr erklärte, das seien keine Sünden und sie sei frei. Am nächsten Tag stellte sich ihm dieses Mädchen auf der Gasse entgegen und rief ihm laut zu, er sei nicht würdig, in die Kirche zu gehen, weil er eine so grosse Sündenlast auf sich genommen habe" (Hervorh. im Or.)[125].

Das angeführte Beispiel Adlers zeigt, wie selbst das Schuldbewusstsein, das Sündenbekenntnis, in den Dienst eines unbewussten Arrangements genommen wird. Es gibt so etwas wie einen *negativen Pharisäismus*. Bei einer solchen psychischen Verfasstheit nützt selbstverständlich die Beichte nichts, weil so der Bekennende im Grunde doch nur der "grosse" Sünder sein will (aus verschiedenen Gründen sein *muss*) und existentiell gar nicht erkennt, was Sünde und Vergebung bedeuten. Das Schuldbekenntnis führt dann nicht zur notwendigen Wandlung, sondern höchstens zu einem noch schärferen Perfektionismus. Eine voreilige Vergebung kann, wie Helmut *Harsch* im Anschluss an Künkel feststellt[126], zu einer Verstärkung der Ichhaftigkeit führen und die heilsame Busse hindern.

Abschliessend können wir sagen, dass der Mensch laut Adler nach einer in der Regel unbewussten Leitlinie ausgerichtet ist und alles, was er erlebt und tut, in dieser Richtung gesehen und "arrangiert" wird. In

125 Menschenkenntnis, 231f.

126 H. Harsch: Das Schuldproblem.., 114.

der Psychotherapie ist es oft unvermeidlich, "die Faktoren zu analysieren, die zur Bildung einer bestimmten Weltanschauung, zur Bejahung oder Ablehnung eines bestimmten Glaubensbekenntnisses geführt haben" (Ringel)[127]. Der Seelsorger wird zwar nicht analysieren können (und dürfen), aber gut daran tun, die religiöse Haltung und Praxis eines Christen von einem unbewussten Lebensplan her geprägt zu sehen, der selber wieder weitgehend bedingt ist durch die Erziehung, als Resultante einer nie bis ins letzte aufzuhellenden Lebensgeschichte. Das "Arrangement" zielt im Wesentlichen auf Ichsicherung, und Gott selbst kann als "Versicherung" benützt werden. Grund dieser ichverkrampften Haltung ist mangelndes Gemeinschaftsgefühl, mangelndes Vertrauen. Nicht moralistisch anklagend kann geholfen werden, sondern nur durch Gewährung der Gemeinschaft, wodurch der Mensch Vertrauen und Mut gewinnt, sein Leben zu wagen, zu verschenken, hinzugeben. Mit der Selbstannahme übernimmt er auch die Verantwortung für sein Leben, er kann auch Schuld auf sich nehmen, er kann auch das Risiko des Schuldigwerdens eingehen. Wenn Adler die Freiheit und Verantwortlichkeit des Menschen hervorhebt, ist damit nicht zu verstehen, dass der Mensch für sein Sosein schlechthin selbst verantwortlich, bzw. schuldig wäre[128]. Psychotherapie und Erziehung aber müssen auf verantwortliches Menschsein hintendieren. Freiheit ist nicht nur Gabe, es ist auch Aufgabe, ein nicht leicht zu erringendes Gut des Menschen. In der Betonung der Freiheit und Verantwortlichkeit des Menschen ist auch Adlers Optimismus begründet. "Der Mensch ist von Natur aus nicht böse. Was auch ein Mensch an Verfehlungen begangen haben mag, verführt durch seine irrtümliche Meinung vom Leben, es braucht ihn nicht zu bedrücken; er kann sich ändern. Die Vergangenheit ist tot. Er ist frei, glücklich zu sein und andere zu erfreuen"[129].

---

127 E. Ringel: Religiöse Probleme.., 91.

128 Vgl. a.a.O. 93.

129 Zitiert bei H. Orgler: Alfred Adler.., 252 und J. Rattner: Individualpsychologie 16. Bei J. Rattner fehlt: "Die Vergangenheit ist tot".

VIERTES KAPITEL

DAS SCHULDVERSTÄNDNIS C.G. JUNGS IN DER KONFRONTATION MIT DER THEOLOGIE

I. DAS SCHULDVERSTAENDNIS C.G. JUNGS

A. Die Grundbegriffe der analytischen Psychologie

1. Das Bewusste und Unbewusste

Wie Alfred Adler gehörte auch C.G. Jung zunächst (ab 1906/1907) der Freud'schen Diskussionsgruppe an. Schon bald aber spürte Jung, dass ihm die Libidotheorie Freuds nicht genügte, und mit der Schrift "Wandlungen und Symbole der Libido" kam es schliesslich zum Bruch mit Freud (1912/13).

C.G. Jung sieht das Wesen der Neurose in einer "inneren Spaltung", einer "Entzweiung mit sich selbst", in letzter Linie in einer "Persönlichkeitsspaltung"[1]. Grob gesehen lassen sich die in einer "Dissoziation der Psyche" erscheinenden psychischen Teile mit "Bewusstsein und Unbewusstsein" kennzeichnen[2]. Fehlhandlungen und neurotische Störungen beruhen, wie Jung sagt, "auf einer Nichtübereinstimmung von 'bewusst' und 'unbewusst'"[3]. Der Grund der Spaltung liegt darin, dass die Bewusstseinshaltung einseitig ist und somit eine ebenso einseitige Haltung des Unbewussten heraufbeschwört. Nach Jung verhält sich nämlich das Unbewusste immer komplementär und kompensatorisch zum Bewussten. Die Aufgabe der Therapie besteht nun darin, jene vom Unbewussten dem Bewussten vorgezeigten Inhalte zu beachten, zu assimilieren, zu integrieren. Damit gibt das Bewusste seine Einseitigkeit zugunsten einer neuen, übergeordneten Einheit auf, in Richtung auf jene Einheit, die Jung mit dem Archetypus des "Selbst" bezeichnet, das beides, Bewusstes und Unbewusstes teilweise umfängt. Jung nennt diese Einigung aufgrund der erwähnten Komplementärfunktion des Unbewussten gegenüber dem Bewussten "Coniunctio oppositorum" und den Weg dahin "Individuation", mit welchem letzteren schon angezeigt ist, dass nach Jung Ziel und Weg für jeden Einzelnen individuell verschieden sind, also nicht aus allgemein gültigen Normen deduziert werden können.

---

1 Ueber die Beziehung.., XI 369.
2 Der therapeutische Wert.., XVI 139.
3 Vom Wesen der Träume, VIII 329.

Die genannte Einseitigkeit des Bewusstseins zeigt sich in Symptomen wie z.B. unkontrollierbare Emotionen, von denen jemand überfallen wird. Jung nennt diese Emotionen und Affekte auch "autonome Komplexe"[4] und definiert sie als "abgesprengte Teilpsychen"[5]. Neben dem sogenannten Trauma sieht Jung die häufigste Ursache ihres Ursprungs in einem "*moralischen Konflikt*, welcher seinen letzten Grund in der anscheinenden Unmöglichkeit hat, das Ganze des menschlichen Wesens zu bejahen" (Hervorh. im Or.)[6]. Von einem, der von solchen Komplexemotionen überfallen wird, sagt der Volksmund etwa: "Was ist heute wieder in ihn gefahren?" oder: "Er ist vom Teufel geritten"[7]. Der Therapie fällt nun die Aufgabe zu, die bewusste Persönlichkeit des Patienten so weit zu stärken, dass er "den autonomen Komplex bewusst der Kontrolle seines Willens unterstellen kann"[8].

So sehr Jung die Bedeutung des Unbewussten betont, so wenig fällt er in den Irrtum, das menschliche Bewusstsein gering zu achten. Er sagt: "Die Bestimmtheit und Gerichtetheit des Bewusstseins ist eine ungemein wichtige Errungenschaft, welche die Menschheit unter schwersten Opfern erkauft und welche ihrerseits der Menschheit die grössten Dienste geleistet hat. Ohne sie wären Wissenschaft, Technik und Zivilisation einfach unmöglich" ...[9]. Mit diesem Vorteil sei aber auch ein Nachteil verbunden: Das Gerichtetsein des Bewusstseins "schliesst die Hemmung oder Aussperrung aller derjenigen psychischen Elemente in sich, die anscheinend oder wirklich nicht dazu passen, beziehungsweise geeignet sind, die vorgezeichnete Richtung in ihrem Sinne abzubiegen und den Prozess zu einem ungewollten Ziel zu führen". Der Urteilsakt der Erkenntnis, das Bewusstsein, ist "voreingenommen, denn er wählt ein Einzelnes aus auf Kosten aller andern Möglichkeiten"[10]. Diese notwendige Einseitigkeit - "denn Richtung ist Einseitigkeit"[11] - "konstelliert *damit* das Risiko einer ausgiebigen Abtrennung vom Bewussten... Die Gegenposition im Unbewussten ist so lange harmlos, als sie keine höheren Energiewerte aufweist. Steigt aber die Gegensatzspannung infolge einer zu grossen Einseitigkeit, dann bricht die Gegentendenz im Bewusstsein durch, und zwar in der Regel in dem Moment, wo die Durchführung des gerichteten Prozesses gerade am wichtigsten wäre" (Hervorh. im Or.). Jung nennt hier als Beispiel das Versprechen eines Redners, das ihm gerade dann passiert, "wenn es ihm am meisten darauf ankommt, nichts Dummes zu sagen"[12].

---

4 Der therapeutische Wert.., XVI 140.
5 Allgemeines.., VIII 113.
6 Ebd.
7 A.a.O. 113f.
8 Der therapeutische Wert.., XVI 141.
9 Die transzendente Funktion, VIII 80.
10 A.a.O. 80f.
11 A.a.O. 81.
12 Ebd.

Diese Dissoziation zwischen Bewusstem und Unbewusstem zeigt sich neben solchen "Fehlleistungen" in deprimiertem oder sonstwie gestörtem Gemütszustand, "für den kein genügender Grund aufzuweisen ist"[13], in affektiver Verstimmung, in einem allgemeinen dumpfen unfasslichen Missbehagen, in einer Art von Langeweile oder in etwas wie einem Ekel unbestimmter Natur, oder wie in einer nicht näher zu definierenden Leere[14].
All diese Symptome lassen sich durch blosse Willensanstrengung nicht beeinflussen. Hier ist nun der Ort, wo das Unbewusste an Bedeutung gewinnt; es beginnt *"die Auseinandersetzung zwischen dem Ich und dem Unbewussten"* (Hervorh. im Or.)[15]. Es wird notwendig "eine *religio*, d.h. eine *sorgfältige Berücksichtigung* der präsenten unbewussten Mächte, die man nicht ohne Gefahr vernachlässigt" (Hervorh. im Or.)[16]. Die Begründung dafür sei nochmals hervorgehoben: "Der tiefere Grund hierfür dürfte darin gefunden werden, dass die neurotische Bewusstseinshaltung unnatürlich einseitig ist und deshalb durch komplementäre oder kompensatorische Inhalte des Unbewussten ausgeglichen wird. Darum hat das Unbewusste in diesem Fall eine besondere Bedeutung als Korrektur der Einseitigkeit des Bewusstseins"...[17]. Neben der Möglichkeit der "freien Assoziation" dem zeichnerischen und malerischen Ausdruck, der Fixierung von Phantasiebild oder einer inneren Stimme, dem automatischen Schreiben[18] ist die Traumdeutung von zentraler Bedeutung für die Bewusstmachung des Unbewussten. Die Bedeutung des Traums liegt wiederum in seiner kompensatorischen Funktion: "Weil die einfacheren Methoden so oft versagen und der Arzt dann nicht mehr weiss, wie er den Patienten weiter behandeln soll, bietet die kompensatorische Funktion der Träume eine willkommene Hilfe", um "den Einklang zwischen 'bewusst' und 'unbewusst' wieder annähernd herzustellen"[19]. Mittels des Traumes wird eine Rückverbindung zum emotionalen und schöpferischen Instinktgrund der Seele ermöglicht und gleichzeitig die Einseitigkeit der bewussten Ich-Einstellung, die oft von kollektiven Verhaltensmustern, anstatt von individuellem Gesetz bestimmt wird, korrigiert: "... somit ergibt sich die Notwendigkeit einer Beobachtung der von den Träumen hervorgebrachten Gesichtspunkte und Anregungen, weil letztere an jene Stelle treten müssen, an der vordem kollektive Regulative standen, nämlich alther-

---

13 A.a.O. 93.
14 A.a.O. 95.
15 A.a.O. 99f.
16 Die Psychologie der Uebertragung, XVI 208.
17 Grundsätzliches.., XVI 10.
18 Die transzendente Funktion, 94ff.
19 Vom Wesen der Träume, VIII 329.

gebrachte Anschauungen, Gewohnheiten, Vorurteile intellektueller und moralischer Natur. Der individuelle Weg ist angewiesen auf die Kenntnis der dem Individuum eigenen Gesetze, sonst geht er in den arbiträren Meinungen des Bewusstseins in die Irre und löst sich ab vom Mutterboden des individuellen Instinkts"[20].

In der genannten Instinktentfremdung sieht Jung ein Grundübel unserer Zeit, die von einem einseitigen Rationalismus geprägt ist. Er sagt: "Die analytische Psychologie ist in diesem Sinne eine Reaktion gegen eine übertriebene Rationalisierung des Bewusstseins, das, im Bestreben, gerichtete Prozesse zu erzeugen, sich gegen die Natur isoliert und so auch den Menschen seiner natürlichen Geschichte entreisst und in eine rational begrenzte Gegenwart verpflanzt... Diese Beschränkung erzeugt das Gefühl von Zufälligkeit und Sinnlosigkeit, und dieses Gefühl ist es, das uns verhindert, das Leben in jener Bedeutungsschwere zu leben, die es verlangt, um völlig ausgeschöpft zu werden. Das Leben wird flach und stellt den Menschen nicht mehr völlig dar. Dadurch verfällt eine Menge von ungelebtem Leben dem Unbewussten. Man lebt, wie man geht, wenn man zu enge Schuhe hat... Wir sind in unserer rationalen Ummauerung isoliert gegen die Ewigkeit der Natur. Die analytische Psychologie versucht die Mauern zu durchbrechen, indem sie die Phantasiebilder des Unbewussten wieder ausgräbt, die der rationale Verstand ehedem verworfen hatte"[21]. Die Einseitigkeit des Bewusstseins zeigte sich Jung schon in dem Umstand, dass meist nur eine (oder zwei) der vier sog. Bewusstseinsfunktionen (Denken, Fühlen, Empfinden, Intuieren) voll ausgebildet wird (werden) und die Gegenfunktion dem unentwickelten Unbewusstsein verfällt, von woher sie sich in negativer Form (als sog. minderwertige Funktion) störend bemerkbar macht. Das gleiche gilt auch für den Einstellungstypus, die Extra- und Introversion[22]. Jung fasst die Beschreibung eines solchen Falles wie folgt zusammen: "Beim Introvertierten ist durch den Einfluss des Objektes eine *minderwertige Extraversion* zum Vorschein gekommen, während beim Extravertierten eine *minderwertige Introversion* an die Stelle seiner sozialen Einstellung trat" (Hervorh. im Or.)[23].

Durch die Auseinandersetzung mit dem Unbewussten kann nun der Gegensatz zwischen Bewusstem und Unbewusstem überbrückt werden und gleichzeitig erscheint ein Neues, Drittes, welches die beiden sich widerstreitenden Gegensätze versöhnend umfängt. Diese Verwandlungsfähigkeit der menschlichen Seele drückt sich in der "Persönlichkeitsveränderung" aus, die

---

20 Grundsätzliches.., XVI 10.
21 Analytische Psychologie.., VIII 433.
22 S. Psychologische Typen, 646f.
23 Ueber die Psychologie.., VII 63.

durch "die Auseinandersetzung mit dem Unbewussten erzielt wird". Diese Fähigkeit bezeichnet Jung als "*transzendente Funktion*" (Hervorh. im Or.)[24]. "*Sie heisst transzendent*", erklärt Jung, "*weil sie den Uebergang von einer Einstellung in eine andere ermöglicht*, das heisst ohne Verlust des Unbewussten" (Hervorh. im Or.)[25]. Die Gegensatzspannung zwischen Bewusstem und Unbewusstem entlässt ein Drittes - ein Geschehen, das dem einer Neugeburt gleichkommt. Die abgesprengten Persönlichkeitsanteile werden integriert, die Person gelangt zu einer grösseren Vollständigkeit und Ganzheit, sie ist auf dem Weg der fortschreitenden Individuation, "die Gegenüberstellung der Position bedeutet eine energiegeladene Spannung, die Lebendiges erzeugt, ein Drittes, das keine logische Totgeburt ist, entsprechend dem Grundsatz: tertium non datur, sondern eine Fortbewegung aus der Suspension zwischen Gegensätzen, eine lebendige Geburt, die eine neue Stufe des Seins, eine neue Situation herbeiführt. Die transzendente Funktion offenbart sich als eine Eigenschaft angenäherter Gegensätze"[26]. - "Die transzendente Funktion verläuft nicht ziellos, sondern führt zur Offenbarung des wesentlichen Menschen... *Der Sinn und das Ziel des Prozesses sind die Verwirklichung der ursprünglich im embryonalen Keim angelegten Persönlichkeit* mit allen ihren Aspekten. Es ist die Herstellung und Entfaltung der ursprünglichen, potentiellen *Ganzheit*. Die Symbole, welche das Unbewusste hierfür verwendet, sind dieselben, die die Menschheit seit jeher brauchte, um Ganzheit, Vollständigkeit und Vollendung auszudrücken: Es sind in der Regel *Vierheits- und Kreissymbole*, (das Mandala als Symbol des 'Selbst', Verf.). Aus diesen Gründen habe ich den Vorgang als *Individuationsprozess* bezeichnet" (Hervorh. im Or.)[27].

2. Schatten und Projektion

Bewusstsein und Unbewusstes stehen einander gegenüber wie das Helle und das Dunkle, wie Licht und Schatten. Deshalb kann Jung das Unbewusste vor jeder weiteren Differenzierung generell mit "Schatten" bezeichnen. Der "Schatten" meint dann einfach den "unbewussten Menschen"[28]. Im Besondern meint Jung mit dem Schatten das verdrängte, inkompatible, persönliche Unbewusste. Zum Schatten gehören dann weniger die guten Eigenschaften der Persönlichkeit, als vielmehr alle negativen Züge, die das Ich-Bewusstsein verwirft und nicht aufkommen lässt wie z.B.: "... minderwertige Wünsche und Motive, kindische Phantasien und Ressentiments, - Egoismus, infantile Begehrlichkeiten und

---

24 Die Beziehungen.., VII 241.
25 Die transzendente Funktion, 84.
26 A.a.O. 102.
27 Ueber die Psychologie.., VII 120.
28 Aion 380.

Bequemlichkeiten, - kurz, alle jene Züge, die man sich selber verbirgt, ..."[29]. Toni Wolff beschreibt den Schatten wie folgt: "Der Schatten ist der dunkle Bruder, der das Ego überall hin begleitet, er ist das Andere in uns, das auch mitleben will, damit wir gross seien. Er ist immer dort, wo das Ego nicht ist. Wenn es oben ist, ist er unten; wenn es tüchtig ist, so ist er unzuverlässig; sind wir dem Temperament nach modern, so ist der Schatten altmodisch, sind wir konservativ, so ist er rebellisch ... Sind wir daher das Eine, so ist der Schatten das Andere, unsere halb substanzielle Spiegelgestalt in der dunklen Hintergrundwelt"[30]. Ein von hohen ethischen Grundsätzen geleitetes Leben wirft somit immer auch einen entsprechend dunklen Schatten. Das alte Ego ist dann "minderwertig, träge, selbstsüchtig, infantil, gemein, neidisch, unmoralisch, unzivilisiert, ja archaisch primitiv, kurz, ist gerade dasjenige Wesen, das sich nicht zu den bewussten christlichen Grundsätzen entwickelt und differenziert hat ..." (T. Wolff)[31].

Es gilt als psychologisches Gesetz, dass unbewusste Inhalte zunächst in der Projektion auf die Umwelt erscheinen[32]. Die Projektion des Schattens besteht darin, "dass man seinen Nachbarn in engerm oder weiterm Sinne mit all den Untugenden belastet, die man offenkundigerweise selber hat"[33]. Ein erster und wichtiger Schritt im analytischen Prozess besteht nun darin, diese Projektionen zurückzuziehen, d.h. die dunkle Seite der Seele, seinen Schatten, anzunehmen. "Es tritt dann die Aufgabe an das Subjekt heran, alle jene Gemeinheiten bzw. Teufelei, die man ungescheut dem anderen zugetraut und worüber man sich ein Leben lang entrüstet hat, auf eigene Rechnung zu übernehmen"[34]. Im Zusammenhang der Schattenannahme erklärt Jung auch seine Wahl des Terminus Schatten: "Die Natur dessen, was eingesehen und assimiliert werden muss, hat die poetische Sprache mit dem Wort "Schatten" so trefflich und so plastisch ausgedrückt, dass es beinahe anmasslich wäre, sich über den Gebrauch dieses Sprachgutes hinweg zu setzen. Schon der Ausdruck 'inferiorer Persönlichkeitsanteil' ist ungeeignet und irreführend, wohingegen der Terminus 'Schatten' nichts präsumiert, das ihn inhaltlich bestimmen würde. Der 'Mann ohne Schatten' ist nämlich der

---

29 Mysterium Conj., II 244.
30 T. Wolff: Einführung.., 108. Wo es der Vollständigkeit halber angemessen erscheint, sollen neben C.G. Jung da und dort weitere Vertreter der analytischen Psychologie angeführt werden.
31 T. Wolff: Studien zu C.G. Jungs Psychologie, Zürich 1959, 323. Einen guten Einblick in die Schattenthematik gibt ferner Liliane Frey-Rohn: Das Böse in psychologischer Sicht, in: Das Böse, Studien aus dem C.G. Jung-Institut XIII, mit Beiträgen von M.-L. von Franz u.a., Zürich-Stuttgart 1961, 161-210.
32 Die Psychologie der Uebertragung, XVI 200, vgl. Die Beziehung.., VII 217.
33 Psychologie und Alchemie, 50.
34 Allgemeine Gesichtspunkte.., VIII 309.

statistisch häufigste Menschentypus, welcher wähnt, nur das zu sein, was er von sich selber zu wissen beliebt"[35].
Jung betont wiederholt, dass die Konfrontation mit dem Schatten keineswegs eine harmlose Sache sei und deshalb gelegentlich mit List und Sorgfalt umgangen werde. Nur ungern lasse man das eigene Dunkel an sich herankommen und begnüge sich lieber mit der Illusion seiner zivilen Rechtschaffenheit. Dagegen ist "Selbsterkenntnis ein Abenteuer, das in unerwartete Weiten und Tiefen führt. Allein schon eine einigermassen umfassende Kenntnis des Schattens kann genügen, um eine erhebliche Verwirrung und Verdunkelung auszulösen, denn sie erzeugt eine Persönlichkeitsproblematik, an die man zuvor meist nicht gedacht hat"[36]. Gegen die Annahme also, die Realisierung des Schattens sei etwas Leichtes, betont Jung: "In Wirklichkeit aber bedeutet das Annehmen der Schattenseite der menschlichen Natur etwas, das ans Unmögliche streift. Man bedenke, was es heisst, die Daseinsberechtigung des Unvernünftigen, des Sinnlosen und des Bösen anzuerkennen"[37].
Es darf in diesem Zusammenhang nicht vergessen werden, dass die Annahme der eigenen Schattenseite auch von eminenter Bedeutung für die zwischenmenschlichen Beziehungen ist. Jung legt dar, dass durch die Projektion das Individuum in die Isolierung hineingerät: "Der Erfolg der Projektionen ist eine *Isolierung des Subjektes* gegenüber der Umwelt, indem statt einer wirklichen Beziehung zu derselben nur eine illusionäre vorhanden ist. Die Projektionen verwandeln die Umwelt in das eigene aber unbekannte Gesicht. Sie führen darum in letzter Linie zu einem autoerotischen oder autistischen Zustand, indem man eine Welt träumt, deren Wirklichkeit aber unerreichbar bleibt. Das hieraus hervorgehende 'sentiment d'incomplétude' und das noch schlimmere Gefühl der Sterilität werden wiederum durch Projektion als Böswilligkeit der Umgebung erklärt, und vermittelst dieses circulus vitiosus wird die Isolierung gesteigert. Je mehr Projektionen zwischen das Subjekt und die Umwelt hineingeschoben werden, desto schwerer wird es dem Ich, seine Illusionen zu durchschauen" (Hervorh. im Or.)[38]. Diese Projektionsfähigkeit darf nun nicht auf den Neurotiker eingeschränkt werden. Auch der "normale" Mensch projiziert. Der Unterschied besteht darin, dass sich bei letzterem "die ungünstigen Projektionen (sich) meist ausserhalb des Kreises intimer Beziehungen ansiedeln... Letzterer macht zwar dieselben Projektionen, aber besser getrennt; für die günstigen ist das Projekt in der Nähe und für die ungünstigen in grös-

35 Theoretische Ueberlegungen.., VIII 238.
36 Mysterium Conj., II 298.
37 Ueber die Beziehung.., XI 370.
38 Aion, 24.

serer Entfernung. Bekanntlich ist das beim Primitiven auch so: fremd ist feindlich und böse... Die Psychologie des Krieges hat diesen Umstand deutlich hervorgehoben: Alles, was die eigene Nation tut, ist gut, alles, was die anderen tun, ist schlecht"[39]. Die Dissoziation der Persönlichkeit, die wir als das Wesen der Neurose kennengelernt haben, lässt sich hier am Phänomen des Schattens deutlich aufzeigen. Dissoziation und Projektion bedingen sich gegenseitig. Die Dissoziation besteht nach Jung im Wesentlichen darin, "dass die eine Hand nicht weiss, was die andere tut, dass man seinen eigenen Schatten überspringen möchte und dass man alles dunkle Schuldhafte, alles Minderwertige bei den andern sucht. Man ist daher stets von verständnislosen Menschen, die nur von schlechten Motiven beseelt sind, und von minderwertigen Schädlingen, Menschen zweiter Klasse, sog. 'Untermenschen' umgeben, die man zur Erhaltung der eigenen Höhe und Vollkommenheit austilgen sollte"[40].

Die Katastrophe des zweiten Weltkrieges sieht Jung hier vor allem in der Schattenprojektion begründet. Was Jung besonders auffällt, ist die Tatsache, dass die unglaublichste Grausamkeit oft von braven bürgerlichen Leuten inszeniert wird und sieht darin die unkontrollierte Macht des Unbewussten, des Schattens, am Werk. "Man schaue auf die teuflischen Mittel der Zerstörung! Sie sind erfunden von vollständig harmlosen Gentlemen, von vernünftigen, angesehenen Bürgern, die all das sind, was wir wünschen. Und wenn die ganze Sache in die Luft fliegt und eine unbeschreibliche Hölle der Zerstörung aufreisst, so scheint niemand dafür verantwortlich gewesen zu sein. Es geschieht einfach, und doch ist alles vom Menschen gemacht. Aber da jedermann blindlings davon überzeugt ist, dass er nichts ist als ein sehr bescheidenes und unwichtiges Bewusstsein, welches ordentlich seine Pflichten erfüllt und einen mässigen Lebensunterhalt verdient, merkt niemand, dass diese ganze rational organisierte Masse, die man Staat oder Nation nennt, angetrieben wird von einer anscheinend unpersönlichen, unsichtbaren, aber furchtbaren Macht, die von niemandem und nichts aufgehalten werden kann. Diese schreckliche Macht wird meist erklärt als Furcht vor der benachbarten Nation, von der man annimmt, sie sei von einem böswilligen Teufel besessen. Da niemand fähig ist, zu erkennen, wo und wie stark er selbst besessen und unbewusst ist, projiziert man einfach den eigenen Zustand auf den Nachbarn, und so wird es zu einer heiligen Pflicht, die grössten Kanonen und das giftigste Gas zu haben"[41].

---

39 Allgemeine Gesichtspunkte.., VIII 308f.
40 Nach der Katastrophe, 91.
41 Psychologie und Religion, XI 51f.

Die Lösung kann dann nur darin gesehen werden, dass der Einzelne aufhört, den Nächsten zu bekämpfen und das Böse in diesem auszutilgen trachtet, sondern das Dunkle als zu sich selber gehörig anerkennt. Er befindet sich dann auf dem Wege der Individuation, "auf dem Wege der Assimilation des Unbewussten" und unterscheidet sich darin deutlich von einem Massenmenschen, der das Vorrecht hat, "an seinen grossen politischen und sozialen Katastrophen, in die alle Welt verwickelt wird, jeweils völlig unschuldig zu sein"[42]. Ersterer hingegen lebt "'im Hause der Selbstbesinnung', der inneren Sammlung. Solch ein Mensch weiss, dass, was immer in der Welt verkehrt ist, auch in ihm selber ist, und wenn er nur lernt, mit seinem eigenen Schatten fertig zu werden, dann hat er etwas Wirkliches für die Welt getan. Es ist ihm dann gelungen, wenigstens einen allerkleinsten Teil der ungelösten riesenhaften Fragen unserer Tage zu beantworten"[43].
Um der Gefahr des Diktaturstaates und des Massenmenschen zu entgehen, bedarf es dringend notwendig der Einsicht in den Schatten, wodurch auch erst echte christliche Nächstenliebe möglich wird: "Dieser Gefahr gegenüber bedarf die freie Gesellschaft eines Bindemittels affektiver Natur, d.h. eines Prinzips, wie es etwa das der Caritas, der christlichen Nächstenliebe, darstellt. Aber gerade die Liebe zum Mitmenschen leidet am allermeisten infolge des durch Projektionen bewirkten Verständnismangels. Es liegt daher im höchsten Interesse der freien Gesellschaft, wenn sie sich aus psychologischer Einsicht um die Frage der menschlichen Beziehung kümmert, weil auf letzterer ihr eigentlicher Zusammenhang und somit auch ihre Stärke beruht. Wo die Liebe aufhört, beginnt die Macht, die Vergewaltigung und der Terror"[44].
Bislang haben wir nicht streng unterschieden zwischen dem "Schatten" als dem inkompatiblen persönlichen Unbewussten und dem "Schatten" als Archetypus des kollektiven Unbewussten. Zunächst lässt sich der Schatten hinlänglich aus der persönlichen Lebensgeschichte erklären. Die Schattenfigur weist aber oft über das Individuelle hinaus auf das Dunkle, Negative und Boshafte der Menschheit überhaupt. In diesem Falle vermittelt der Schatten "Erlebnisse, die das Ego in symbolische Situationen von allgemeinmenschlichem Charakter versetzen, soweit sie auf der wirklichen Schattenseite liegen. Es sind Erlebnisse des Dunkeln und des Bösen, des Untermenschlichen, des 'hässlichsten Menschen'. Es ist alles das, was der Mensch auch ist, wenn er nicht human, sondern blosse bestia humana ist"[45]. (Toni Wolff). Was schon für den Schatten

---

42 Theoretische Ueberlegungen.., VIII 239.
43 Psychologie und Religion, XI 91.
44 Gegenwart und Zukunft, 48.
45 T. Wolff: Einführung.., 109.

des persönlichen Unbewussten galt, gilt noch in verstärktem Masse für den Schatten als Archetypus des kollektiven Unbewussten. Schon der persönliche Schatten bedeutet nach Jung "ein moralisches Problem, welches das Ganze der Ichpersönlichkeit herausfordert, denn niemand vermag den Schatten ohne einen beträchtlichen Aufwand an moralischer Entschlossenheit zu realisieren"[46]. Der Schattenarchetypus hingegen entspricht den Archetypen des animus (der Frau) und der anima (des Mannes). Alle drei stehen dem Bewusstsein bedeutend ferner als die Inhalte des persönlichen Unbewussten und sind infolgedessen auch schwerer durchschau- und realisierbar. Fasst man den Schatten unter den Begriff des Bösen, so verhalten sich persönlicher und kollektiver Schatten zueinander wie das *Relativ-Böse* zum *Absolut-Bösen*. Jung schreibt dazu: "Es liegt im Bereiche der Möglichkeit, dass man das Relativ-Böse seiner Natur erkennt, wohingegen es eine ebenso seltene wie erschütternde Erfahrung bedeutet, dem Absolut-Bösen ins Auge zu sehen"[47]. Wenn hier Jung den Schatten mit dem Bösen gleichsetzt, so meint er trotzdem nicht, der Schatten sei nichts als Böses. Nur deshalb kann er auch von einer "Realisierung" des Schattens sprechen, was mehr heisst als nur ein "Wahrnehmen" (realize) des Schattens. Unter dem Schatten darf keineswegs nur das moralisch Minderwertige und Verwerfliche verstanden werden. Jung gibt zu, dass andernfalls der Schatten kein Problem wäre: "Wenn die verdrängten Tendenzen des Schattens nichts als böse wären, so gäbe es überhaupt kein Problem. Aber der 'Schatten' ist in der Regel nur etwas Niedriges, Primitives, Unangepasstes und Missliches, und nicht absolut böse"[48]. - "Wäre das Unbewusste - wie es viele zu haben wünschen - nur nefast, nur böse, so wäre die Situation einfach - der Weg klar; man täte das Gute und miede das Böse. Aber was ist *gut* und was ist *bös?* Das Unbewusste ist nicht bloss naturhaft und böse, sondern auch die Quelle höchster Güter; es ist nicht nur dunkel, sondern auch hell, nicht nur tierisch, halb-menschlich und dämonisch, sondern auch übermenschlich, geistig und 'göttlich'" (Hervorh. im Or.)[49].

Diese Eigenschaft der Ambivalenz teilt der Schatten mit allen andern Archetypen, wie z.B. mit "anima" und "animus" und dem "Selbst". Jung schreibt: "Wenn man bis dahin der Meinung war, dass der menschliche Schatten die Quelle alles Uebels sei, so kann man nunmehr bei genauerer Untersuchung entdecken, dass der unbewusste Mensch, eben der Schatten, nicht nur aus moralisch-verwerflichen Tendenzen besteht,

---

46 Aion, 22.
47 A.a.O. 26.
48 Ueber die Beziehung.., XVI 85.
49 Die Psychologie der Uebertragung, XVI 204f.

sondern auch eine Reihe guter Qualitäten aufweist, nämlich normale Instinkte, zweckmässige Reaktionen, wirklichkeitsgetreue Wahrnehmungen, schöpferische Impulse u.a.m. Das Böse erscheint auf dieser Stufe der Erkenntnis vielmehr als Verdrehung, Verkrüppelung, Missdeutung und missbräuchliche Anwendung an sich natürlicher Tatsachen. Diese Verzerrungen und Karikaturen erscheinen nunmehr als die spezifischen Wirkungen von Animus und Anima und letztere als Urheber und Verursacher des Bösen. Aber man kann auch bei dieser Erkenntnis nicht haltmachen, denn es stellt sich heraus, dass alle Archetypen überhaupt von sich aus günstige und ungünstige, helle und dunkle, gute und böse Wirkungen entfalten. Schliesslich muss man erkennen, dass das *Selbst* eine complexio oppositorum darstellt, weil es überhaupt keine Wirklichkeit ohne Gegensätzlichkeit gibt" (Hervorh. im Or.)[50]. Neben den genannten Archetypen sei noch der Archetypus des Geistes, der "alte Mann", der "alte Weise" erwähnt. Auch dieser Archetypus hat einen positiven Aspekt (der ratgebende und hilfreiche Mann) und einen negativen Aspekt (der Alte, der nach dem Leben trachtet)[51]. Einen Repräsentanten dieser Doppelnatur sieht Jung im Gotte Mercurius: "Der Mercurius ... ist essentiell 'duplex', eine paradoxe Doppelnatur, Teufel, Monstrum, Tier und zugleich Heilmittel, 'Sohn des Philosophen', Sapientia Dei und donum Spiritus Sancti"[52]. Dieser Gott ist, ein "zweideutiger Gott", "Gott der Diebe und Betrüger, aber auch ein Offenbarungsgott"; ein "Servator und Salvator", ein "Psychopompos", aber auch ein "Irrlicht", ein "diabolischer Verführer", der "Geist der Lüge"[53].

Was das Unbewusste ist und wie es sich zeigt, ist nicht unabhängig von der Einstellung des Bewusstseins. Jedem erscheint, sagt Jung, "das Gegenteil zu seinem obersten Prinzip als das Destruktive, Tödliche und Böse schlechthin, er traut ihm keine positive Lebensmacht zu; deshalb vermeidet und fürchtet er es"[54]. Das Unbewusste an sich ist nach Jung "gut und böse und weder gut und böse. Es ist die Mutter aller Möglichkeiten"[55]. Vor der Assimilation mit dem Bewusstsein kann das Unbewusste mit dem "Chaos der Urwelt"[56] verglichen werden. Bedingt durch seine Doppelnatur kann das Unbewusste einen unheimlichen Charakter annehmen. Jung schreibt ihm einen ähnlichen Charakter zu, wie er nach volkstümlicher Vorstellung dem Teufel zukommt, nämlich bocksbeinig, gehörnt, geschwänzt, das Bild eines Halbtiermenschen und chthonischen

---

50 Aion, 380.
51 Zur Phänomenologie.., 28f.
52 Die Psychologie der Uebertragung, XVI 205.
53 Der Geist Mercurius.., 148.
54 Ueber die Psychologie.., VII 58.
55 Mysterium Conj. I 215.
56 A.a.O. 214.

Gottes[57]. Jung kommentiert dazu: "Dieses Bild ist trefflich und charakterisiert genau den grotesk-unheimlichen Aspekt des Unbewussten, dem man nicht beigekommen ist und das deshalb noch im ursprünglichen Zustand unbeherrschter Wildheit verharrt"[58]. Trotz seiner chaotischen Natur wirkt sich das Unbewusste erst dann nachteilig aus, wenn seine Inhalte nicht berücksichtigt werden. "Die Abweisung desselben (des Unbewussten) - pflegt ungünstige Folgen zu haben: seine instinktiven Kräfte treten, wenn nicht berücksichtigt, in Opposition... Je ablehnender die Einstellung des Bewusstseins zum Unbewussten ist, desto gefährlicher wird letzteres"[59]. Jung erklärt: "Das Unbewusste ist kein dämonisches Ungeheuer, sondern ein moralisch, ästhetisch und intellektuell indifferentes Naturwesen, das nur dann wirklich gefährlich wird, wenn unsere bewusste Einstellung dazu hoffnungslos unrichtig ist. In dem Masse, wie wir verdrängen, steigt die Gefährlichkeit des Unbewussten. In dem Momente aber, wo der Patient beginnt, seine unbewusst gewesenen Inhalte zu assimilieren, vermindert sich auch die Gefährlichkeit des Unbewussten" ... "Im Unbewussten an und für sich liegen keine Explosivstoffe, es sei denn, dass ein überhebliches oder feiges Bewusstsein dort heimlich welche aufgestapelt hat. Um so mehr Grund, nicht achtlos daran vorbeizugehen!"[60]. Wir sehen hier erneut die kompensatorische Funktion des Unbewussten. Es verhält sich verschieden je nach der ablehnenden oder assimilierenden Haltung des Bewusstseins feindlich oder freundlich. "Die Maske des Unbewussten ist bekanntlich nicht starr, sondern spiegelt jenes Gesicht, das man ihm zeigt. Feindseligkeit gibt ihm drohende Gestalt, Entgegenkommen mildert seine Züge"[61]. Das Unbewusste, der Schatten, vertritt sehr oft die animalische Seite des Menschen, seine Triebsphäre. Nicht zufällig verwendet der Traum eine Tiergestalt, um dem Menschen Aufschluss über seine Triebnatur zu geben. Das Tier wird sich je nach der Einstellung des Bewussten wild oder freundlich, rebellisch oder gehorsam gebärden. Aniela Jaffé schreibt: "Aber nie ist - im Bild gesprochen - ein Tier so wild, wie wenn es verwundet ist. Die bekannten Träume von der Verfolgung durch ein Tier weisen fast immer darauf hin, dass der vom Bewusstsein abgespaltene Instinkt wieder aufgenommen und in das Leben integriert werden sollte oder - möchte! Je gefährlicher das Traummotiv sich gebärdet, desto unbewusster ist der entsprechende Instinkt des Menschen und desto notwendiger seine Bewusstmachung, um ein vielleicht nicht wieder gutzumachendes Unheil zu verhüten"[62]. Als Reprä-

57 Die Psychologie der Uebertragung, XVI 204.
58 Ebd.
59 Der Kampf.., 509.
60 Die praktische Verwendbarkeit.., XVI 162f.
61 Psychologie und Alchemie, 44.
62 Aniela Jaffé: Bildende Kunst.., 239.

sentant der instinktiven Persönlichkeit kann z.B., wie Jung in einem Traumbeispiel anführt, ein Affe auftreten[63]. Die Triebseite hatte der betreffende Träumer vernachlässigt. - "Der Erfolg war, dass seine Triebe ihn überwältigten und ihn von Zeit zu Zeit mit unbeherrschbarer Macht überfielen"[64]. Der Schatten kann aber auch das uneingestandene Minderwertige und Böse enthalten und wird sich dann z.B. in der Gestalt eines Teufels bemerkbar machen. In einem von Jung angeführten Fall[65] wird ein Zwangsneurotiker im Traum vom Teufel verfolgt. In seiner Todesangst springt der Träumer in die Luft und bleibt dort hängen. Wie Jung bemerkt, steckt die Zwangsneurose "innerlich voll von Unmenschlichkeit, Kriminalität und ruchlos Ueblem, gegen dessen Integration sich die im übrigen fein organisierte Persönlichkeit verzweifelt sträubt. Aus diesem Grunde muss dann so vieles in zeremoniell 'richtiger' Weise gemacht werden, gewissermassen als Gegengewicht gegen das Böse, das drohend im Hintergrund steht"[66]. Dem betreffenden Zwangskranken blieb nichts anderes übrig, als einen "Pakt mit dem Bösen" einzugehen, "wenn er wieder auf die Erde zurückkommen wollte"[67].

Auch "eine unerklärliche Laune, eine nervöse Störung oder gar ein unbeherrschbares Laster"[68] haben laut Jung einen Sinn und müssen anstatt verdrängt, berücksichtigt werden. Jung kann in ihnen sogar eine "Manifestation Gottes" sehen und erklärt: "Was der heutigen Erfahrung und Erkenntnis als böse oder wenigstens als sinn- und wertlos erscheint, kann einer höheren Erfahrungs- und Erkenntnisstufe als eine Quelle des Besten erscheinen, wobei natürlich alles davon abhängt, was für einen Gebrauch einer von seinen sieben Teufeln macht"[69]. Je weniger jemand von seinem Teufel weiss, desto eher wird er von ihm hinterrücks überfallen, "je unbewusster er ist, desto mehr sitzt ihm der Teufel im Nacken"[70]. Wie gesagt ist aber der Teufel ambivalenter Natur. Er hat die Bedeutung eines Pharmakons, ist zugleich Gift und Heilmittel[71]. Die Auseinandersetzung mit dem Unbewussten bedeutet immer eine grosse Not und geschieht nicht ohne Risiko. Was bleibt, ist nur die "Hoffnung, dass aus der Tiefe der Seele, aus der alle Zerstörung kommt, auch das Rettende wachse". In der Tiefe der Seele bilden sich "hilfreiche Vorstellungen, die, unausrottbar, der menschlichen Seele

---

63 Vgl. Psychologie und Alchemie 185ff. und Psychologie und Religion, XI 36.
64 Psychologie und Religion, XI 36.
65 Die Beziehungen.., VII 199f.
66 A.a.O. 200.
67 Ebd.
68 A.a.O. 261.
69 Ebd.
70 Aion, 242.
71 Mysterium Conj., I 137.

eingeboren sind und von sich aus handelnd eingreifen, wenn die Not es erfordert ... Es ist, wie wenn auf dem Höhepunkt das Zerstörende sich in das Heilende umkehrte"[72].

Es muss schon hier festgehalten werden, dass Jung, trotz seiner oft missverständlichen Formulierungen, das Moralische des Menschen nicht untergraben will. Jung betont, dass die Moral zum Wesen des Menschen gehört, aus dem Menschen selber kommt und nicht etwas von aussen ihm Aufgenötigtes ist: "Es ist nämlich nie zu vergessen, ... dass die Moral nicht in Form von Tafeln vom Sinai heruntergebracht und dem Volke aufgenötigt wurde, sondern die Moral ist eine Funktion der menschlichen Seele, die so alt ist wie die Menschheit. Die Moral ist nicht von aussen aufgenötigt - man hat sie schliesslich a priori in sich selbst; nicht das Gesetz, wohl aber das moralische Wesen, ohne das ein Zusammenleben der menschlichen Sozietät unmöglich wäre"[73]. Wie Jung feststellt, kann ebenso wie die Triebnatur auch die Moral verdrängt werden und zur Neurose führen: "Nach der *Freud*'schen Verdrängungslehre scheint es allerdings, als ob es sozusagen nur die *zu moralischen* Menschen wären, welche ihre Triebnatur unterdrücken. Der unmoralische Mensch, der seine Triebnatur ungezügelt lebt, müsste demnach völlig gefeit sein gegen die Neurose. Das ist selbstverständlich nicht der Fall, wie die Erfahrung lehrt. Er kann ebenso neurotisch sein wie der andere. Wenn wir ihn analysieren, so entdecken wir, dass bei ihm einfach die Moral in Verdrängung geraten ist. Wenn der Unmoralische daher neurotisch ist, so bietet er, wie das *Nietzsche* treffend formuliert hat, das Bild des 'bleichen Verbrechers', der nicht auf der Höhe seiner Tat steht" (Hervorh. im Or.)[74]. Nicht nur ist die Annahme des Schattens nicht unvereinbar mit der Moral, vielmehr verlangt diese Annahme laut Jung ein hohes Mass an moralischer Kraft: "Unsere relative Schwärze nützt uns natürlich nichts. Sie mildert zwar den Anprall böser Mächte, macht uns aber anderseits dafür anfällig und relativ widerstandsunfähig. Wir brauchen darum doch mehr Licht, Güte und moralische Kraft und müssen die inhygienische Schwärze, so gut es geht und soviel es möglich ist, abwaschen, sonst gelingt es nicht, den dunklen Gott, der auch Mensch werden will, aufzunehmen und zugleich auszuhalten, ohne zugrunde zu gehen. Dazu bedarf es aller christlichen Tugenden"[75]. Unter diesen christlichen Tugenden versteht jedoch Jung nicht moralische Gesetzeskonformität, sondern er meint damit vor allem Liebe und Güte, wenn er schreibt: "Dieser Status (der Trennung von Gott, Verf.) wäre unerträg-

---

72 Ueber die Beziehung.., XI 373.
73 Ueber die Psychologie.., VII 28f.
74 A.a.O. 28.
75 Antwort auf Hiob, XI 491.

lich, wenn dem Bösen nichts entgegenstünde als Gesetz und Moralgebot, wie im vorchristlichen Judentum, dem der Reformator und Rabbi Jesus die fortgeschrittenere und psychologisch richtigere Anschauung beizubringen suchte, dass nicht Gesetzestreue, sondern vielmehr Liebe und Güte dem Wesen des Bösen im Gegensatz entsprechen"[76]. Mit der "Annahme des Schattens" ist nicht gemeint, dass alle vom Unbewussten herkommenden Inhalte kritiklos übernommen und gelebt werden müssten. "Das therapeutische Ziel ist ja das Gute, Wertvolle und Lebendige des Archetypus, der sich früher oder später doch dem Bewusstsein integrieren wird, zu verwirklichen, das Schädliche und Verderbliche aber möglichst zu hindern"[77].

3. Nächstenliebe und Selbstliebe

Wir haben (oben S. 158) gesehen, dass durch die Schattenprojektion die wahre Nächstenliebe getrübt, wenn nicht gar verunmöglicht wird. Echte Nächstenliebe ist ohne Selbstliebe nicht möglich. Der Mensch muss zunächst seinen Nächsten in sich selber sehen, muss sich selbst mitsamt seinem Schatten annehmen und lieben lernen. Jung schreibt: "... ist das Sich-Selbst-annehmen der Inbegriff des moralischen Problems und der Kern einer ganzen Weltanschauung. Dass ich den Bettler bewirte, dass ich dem Beleidiger vergebe, dass ich den Feind sogar liebe im Namen Christi, ist unzweifelhaft hohe Tugend. Was ich dem Geringsten unter meinen Brüdern tue, das habe ich Christo getan. Wenn ich nun aber entdecken sollte, dass der Geringste von allen, der Aermste aller Bettler, der frechste aller Beleidiger, ja der Feind selber in mir ist, ja dass ich selber des Almosens meiner Güte bedarf, dass ich mir selber der zu liebende Feind bin, was dann? Dann dreht sich in der Regel die ganze christliche Wahrheit um, dann gibt es keine Liebe und Geduld mehr, dann sagen wir zum *Bruder in uns* 'Racha', dann verurteilen wir und wüten gegen uns selbst. Nach aussen verbergen wir es, wir leugnen es ab, diesem Geringsten in uns je begegnet zu sein, und sollte Gott selber es sein, der in solch verächtlicher Gestalt an uns herantritt, so hätten wir ihn tausendmal verleugnet, noch ehe überhaupt ein Hahn gekräht hätte" (Hervorh. im Or.)[78]. Die Liebe zum Sünder schliesst das eigene Ich nicht aus. Selbstliebe und Nächstenliebe erscheinen hier als ein und dasselbe: "Christus hat sich des Sünders angenommen und ihn nicht verdammt. Die wahre Nachfolge Christi wird dasselbe tun, und da man dem andern nichts tun sollte, was man sich nicht selber täte, so wird man sich auch des Sünders annehmen, welcher

76 Mysterium Conj., I 186.
77 Aufsätze zur Zeitgeschichte, 136.
78 Ueber die Beziehung.., XI 367f.

man selber ist. Und sowenig man Christus anklagt, dass man mit dem Bösen fraternisiere, sowenig soll man sich den Vorwurf machen, dass die Liebe zum Sünder, der man selber ist, ein Freundschaftspakt mit dem Bösen sei. Durch Liebe bessert man, durch Hass verschlechtert man, auch sich selber"[79]. Sich selber "in seinem erbärmlichen So-sein"[80] anzunehmen, ist nun nicht etwa leichter, als den Nächsten zu lieben. Es ist nach Jung sogar das "Allerschwierigste, ja das Unmögliche"[81]. "Das sich-mit-andern-beschäftigen kann sogar ein Zeichen der Flucht vor sich selbst sein. Einem andern dazu verhelfen, sich selber zu bejahen, kann ich nur, wenn ich mich selber angenommen habe, wenn ich gelernt habe, mich mit den eigenen Tatsachen auszusöhnen, den Feind im eigenen Herzen zu lieben und zum Wolfe Bruder zu sagen[82]. 'Vorurteilslose Objektivität' besitzt nur der" sagt Jung, "der sich selber angenommen hat"[83].

Das Sich-selbst-annehmen in seinem So-Sein, in aller Begrenztheit und Unvollkommenheit, ist Grund und Voraussetzung für die Nächstenliebe, ja für die Liebe zum Sein, zum Leben überhaupt. Diese Haltung erst ermöglicht jene Gelassenheit, die die Wirklichkeit so annimmt, wie sie ist und das Leben als Ganzes zu bejahen vermag. Ein Brief einer Patientin an Jung gibt dafür ein schönes Zeugnis. Diese schreibt: "Aus dem Bösen ist mir viel Gutes erwachsen. Das Stillehalten, Nichtverdrängen, Aufmerksamsein, und Hand in Hand damit gehend das Annehmen der Wirklichkeit - der Dinge, wie sie sind und nicht wie ich sie wollte, hat mir seltsame Erkenntnisse, aber auch seltsame Kräfte gebracht, wie ich es mir früher nicht hätte vorstellen können. Ich dachte immer, wenn man die Dinge annehme, dann überwältigen sie einen irgendwie; nun ist dies gar nicht so, und man kann erst noch Stellung zu ihnen nehmen (Aufhebung der participation mystique!), so werde ich nun auch das Spiel des Lebens spielen, indem ich annehme, was mir jeweils der Tag bringt, Gutes und Böses, Sonne und Schatten, die ja beständig wechseln, *und damit nehme ich auch mein eigenes Wesen mit seinem Positiven und Negativen an*, und alles wird lebendiger. Was für ein Tor ich doch war! Wie habe ich alles nach meinem Kopf zwingen wollen!" (Hervorh. im Or.)[84].

Dieses "Nach-meinem-Kopf-zwingen-wollen" ist es, das nach Jung überwunden werden muss und mittels der Annahme des Schattens überwunden wird, was allerdings ohne seelische Krise kaum zustande kommen kann.

---

79 Psychologie und Alchemie, 54.
80 Ueber die Beziehung.., XI 367f.
81 A.a.O. 368.
82 A.a.O. 369.
83 A.a.O. XI 368.
84 Das Geheimnis.., 54.

Jung schreibt hiezu: "Die Erschütterung bewirkt die Verfinsterung durch die Wolke, d.h. das Bewusstsein gerät, wegen der Erschütterung seines bisherigen Standpunktes, in die Dunkelheit, wie die Erde beim Tode Christi, dem die Auferstehung folgen wird. Dieses Bild will bedeuten, dass die Erweiterung des Bewusstseins zunächst Erschütterung und Verfinsterung bedeutet, dann aber Ausweitung des Menschen zum ganzen Menschen" ...[85]. Die Dunkelheit, in die der Mensch durch die Annahme des Schattens hineingerät, macht es möglich, bisher ungehörten und abgewehrten Eingebungen Gehör zu schenken, und so eine neue Einstellung und eine neue Lebensrichtung zu gewinnen. "Der Schatten aber ist ein lebendiger Teil der Persönlichkeit und will darum in irgendeiner Form mitleben. Man kann ihn nicht wegbeweisen oder in Harmlosigkeit umvernünfteln. Dieses Problem ist unverhältnismässig schwierig, denn es ruft nicht nur den ganzen Menschen auf den Plan, sondern erinnert ihn zugleich an seine Hilflosigkeit und an sein Unvermögen... Ein solches Eingeständnis hat den Vorteil der Ehrlichkeit, der Wahrheit und der Wirklichkeit, und damit ist der Grund gelegt für eine kompensatorische Reaktion des kollektiven Unbewussten, d.h. man ist jetzt geneigt, einem hilfreichen Einfall Gehör zu schenken oder Gedanken wahrzunehmen, die man vordem nicht zu Worte kommen liess. Man wird vielleicht auf Träume achten, die sich in solchen Momenten einstellen, oder gewisse Ereignisse bedenken, die sich gerade zu dieser Zeit in uns abspielen. Hat man eine derartige Einstellung, so können hilfreiche Kräfte, die in der tieferen Natur des Menschen schlummern, erwachen und eingreifen, denn die Hilflosigkeit und die Schwäche sind das ewige Erlebnis und die ewige Frage der Menschheit... Das Gebet erfordert bekanntlich eine sehr ähnliche Einstellung und hat daher auch entsprechende Wirkung"[86]. Psychologisch gesprochen heisst das, dass nun die "Archetypen zu selbständigem Leben erwachen und die Führung der seelischen Persönlichkeit übernehmen, anstelle des untauglichen Ich und seines ohnmächtigen Wollens und Strebens... *Die Eigentätigkeit der Seele erwacht*", in religiöser Sprache einfach: "Gott hat die Führung übernommen" (Hervorh. im Or.)[87]. Der Mensch muss also lernen, seiner inneren Stimme Gehör zu schenken, der Stimme aus dem Unbewussten, die ihn aus einer verengten Bewusstseinshaltung befreit, er muss es lernen, seiner Bestimmung gemäss zu leben, um so zur wahren Freiheit zu gelangen. "Es ist, als wenn die Leitung der Lebensgeschäfte an eine unsichtbare Zentralstelle übergegangen wäre. *Nietzsche*'s Metapher 'frei in liebevollstem Muss' dürfte nicht ganz unpassend

---

85 Mysterium Conj., I 187.
86 Von den Wurzeln.., 27f.
87 Ueber die Beziehung.., XI 373f.

hierfür sein" (Hervorh. im Or.)[88]. Jung sieht in dieser Haltung eine Uebereinstimmung mit dem religiösen Bewusstsein der Gotteskindschaft, dem paulinischen "Nicht ich lebe, Christus lebt in mir". Jung fährt fort: "In dieser merkwürdigen Erfahrung erblicke ich eine Folgeerscheinung der Loslösung des Bewusstseins, vermöge welcher das subjektive 'Ich lebe' zu einem objektiven 'Es lebt mich' wird... Dieses Gefühl erfüllt Paulus völlig, es ist das Bewusstsein der Gotteskindschaft, welches aus dem Bann des Blutes erlöst. Es ist auch ein Gefühl von Versöhnung mit dem Geschehenden überhaupt..."[89]. Soll die Versöhnung mit allem Geschehenden, die Annahme der Wirklichkeit wie sie ist, gelingen, ist es notwendig, "zu werden wie die Kinder", was jedoch nicht mit Kindlichkeit, Naivität und unreifer Abhängigkeit von den Eltern verwechselt werden darf.
"Es handelt sich bei dieser Wandlung ja nicht darum, dass man ein Kind bleibt, sondern dass ein Erwachsener genügend ehrliche Selbstkritik und Demut aufbringt, um einsehen zu können, wo oder in Beziehung wozu er sich als Kind, d.h. als irrational und unreflektiert Empfangender verhalten muss"[90]. Für Jung hat eine solche Erfahrung und Wandlung *numinosen* Charakter, d.h. "es sind Bekehrungen, Erleuchtungen, Erschütterungen, Schicksalsschläge, religiöse, d.h. mystische Erlebnisse oder Aequivalente solcher... Der numinose Charakter solcher Erlebnisse besteht darin, dass man sich davon *überwältigt* fühlt; ein Zugeständnis, gegen das sich nicht nur der Stolz sträubt, sondern auch die tiefwurzelnde Angst vor einem möglichen Verluste der Suprematie des Bewusstseins..." (Hervorh. im Or.)[91]. Der Begriff des "Numinosen" führt uns hinüber zum Begriff des "Gewissens".

B. Jungs Schuldverständnis

1. Das Gewissen

Jung betont wiederholt, dass es ihm bei der Frage nach Gut und Böse nicht um philosophische Spekulationen gehe, ihn interessiere lediglich die praktische, empirische Seite[92]. Für die konkrete Situation gälte nun, so erklärt Jung, dass es nie möglich sei, in absoluter Sicherheit zu sagen, was gut und böse sei. Das Wissen darum, was im konkreten Fall gut und böse sei, komme Gott allein zu. Jung schreibt: "Man redet

88 Das Geheimnis.., 61.
89 Ebd.
90 Versuch.., XI 200.
91 A.a.O. 200f.
92 Vgl. Gut und Böse.., 31, 36.

zu mir über das Böse oder über das Gute und setzt voraus, ich wüsste, was das sei. Ich aber weiss es nicht... Woher haben wir denn diesen Glauben, diese scheinbare Sicherheit, dass wir das Gute und Böse wüssten? 'Eritis sicut Deus, scientes bonum et malum'. Das ist auch psychologisch gesehen ausserordentlich wahr. Wenn Sie sich so einstellen: 'Das kann sehr schlimm sein - oder auch nicht', dann haben Sie eine Chance, das Richtige zu tun. Wenn Sie es aber schon von vornherein wissen, dann benehmen Sie sich, als ob Sie ein Gott wären. Wir sind aber alle nur beschränkte Menschen und wissen konkret gesehen im Grunde nicht, was in diesem Falle gut und was böse ist. Wir wissen es nur abstrakt. Eine konkrete Situation restlos zu durchschauen, ist Sache des lieben Gottes. Wir können uns wohl eine Meinung darüber bilden, ohne zu wissen, ob sie letztlich gültig ist. Wir können höchstens vorsichtig sagen: nach dem und dem Massstab ist das und das gut oder böse"[93]. Allgemeine Normen des moralischen Verhaltens sind zwar notwendig und allgemein gültig, können aber die konkrete Situation nie ganz ausschöpfen, nie ganz zur Darstellung bringen. Ein reibungsloses Befolgen der äusseren Gebote und Verbote ist auf die Dauer nicht möglich. Die allgemeinen Normen lassen den Menschen früher oder später im Stich. "... wir kommen nicht", sagt Jung, "zu einer prinzipiellen Lösung, wie wir es immer machen sollen"[94]. Das wird besonders deutlich in der von Jung öfters erwähnten *Pflichtenkollision*. Hier kommt es zu einem Konflikt, zu einer "afflictio animae"[95]. Die Pflichtenkollision mache nun den Unterschied zwischen Sittenkodex und Gewissen klar. "Hier entscheidet es sich, wer der Stärkere ist, die traditionelle und konventionelle Moral oder das Gewissen: Soll ich die Wahrheit sagen und damit für einen Mitmenschen eine unverhältnismässige Katastrophe herbeiführen, oder soll ich lügen, um ein Menschenleben zu retten? In dergleichen Fällen folgt man unter Umständen dem Gewissen keineswegs, wenn man sich auf den Satz versteift: Du sollst nicht lügen. Man hat bloss den Sittenkodex befolgt. Wenn man aber dem Urteil des Gewissens gehorcht, so steht man allein und hat auch eine subjektive Stimme gehört, von der man zunächst nicht weiss, auf was für Motiven sie beruht"[96]. Jung sagt: "Ich kann z.B. in eine Lage kommen, wo ich - um das Arztgeheimnis zu wahren - lügen muss. Es wäre Eitelkeit, davor zurückzuschrecken mit der Ausrede, dass man ein 'moralischer' Mensch sei. Zum Teufel mit solchem Selbstrespekt!"[97]. Jung macht darauf aufmerksam, dass in einer solchen Konfliktsituation der allgemeine Sitten-

93 A.a.O. 31f.
94 A.a.O. 37.
95 Antwort auf Hiob, XI 447.
96 Das Gewissen.., 193.
97 Gut und Böse.., 36.

kodex fragwürdig werde und man sich nicht einfach auf eine bestimmte Norm berufen könne, um das Handeln zu rechtfertigen. "Alle Definitionen von Gut und Böse werden fragwürdig oder ungültig. Als moralische Mächte bleiben Gut und Böse unerschüttert und als einfache Tatbestände, wie sie das Strafgesetzbuch, der Dekalog und die traditionelle christliche Moral auffassen, unbezweifelt. Aber Pflichtenkollisionen sind weit feinere und gefährlichere Dinge, und ein geschärftes Gewissen, das mehr weiss von Menschen und Dingen, kann sich nicht mehr auf Paragraphen und schönen Worten ausruhen"[98]. Erst durch die Unsicherheit des moralischen Urteils wird das moralische Handeln zu einem Problem: "Die Unvollkommenheit alles menschlichen Urteilens legt uns jedoch den Zweifel nahe, ob unsere Meinung jeweils das Richtige trifft. Wir können auch einem Fehlurteil unterliegen. Davon wird das ethische Problem nur insofern betroffen, als wir uns in bezug auf die moralische Bewertung unsicher fühlen. Trotzdem müssen wir uns ethisch entscheiden... Die moralische Bewertung gründet sich immer auf den uns sicher erscheinenden Sittenkodex, der genau zu wissen vorgibt, was gut und was böse sei. Jetzt aber, da wir wissen, wie unsicher die Grundlage ist, wird die ethische Entscheidung zu einer subjektiven schöpferischen Tat, der wir uns nur concedente Deo versichern können ... Nichts kann uns die Qual der ethischen Entscheidung ersparen. Aber man muss, so hart es auch klingen mag, die Freiheit haben, das bekannte moralisch Gute unter Umständen zu vermeiden und das als Böse Anerkannte zu tun, sollte es die ethische Entscheidung verlangen"[99].
Jung unterscheidet zwischen einer *moralischen* und einer *ethischen* Form des Gewissens[100]. Erstere entspricht der "Persona" und dem kollektiven Bewusstsein[101]. Das moralische Gewissen richtet sich nach den mores, den Sitten und Gebräuchen. Wie gesagt genügt das moralische Gewissen im entscheidenden Falle nicht mehr. Das ethische Gewissen wird notwendig. "In diesem von der Sitte nicht vorhergesehenen Fall, der meist sehr individuell ist, wird ein Urteil benötigt, das in der Tat nicht mehr als moralisch, das heisst als sittengemäss, bezeichnet werden kann. Der Entschluss hat in diesem Fall über keine Sitte zu verfügen, an die er sich anlehnen könnte. Der entscheidende Faktor des Gewissens ist hier ein anderer, wie es scheint: Er geht nicht aus dem traditionellen Sittenkodex hervor, sondern aus der unbewussten Grundlage der Persönlichkeit oder Individualität. Der Entschluss wird aus den dunklen Wassern der Tiefe geschöpft"[102]. Jung hält sich allerdings

98 Die Psychologie der Uebertragung, XVI 205.
99 Erinnerungen.., 332.
100 Das Gewissen.., 206.
101 Vgl. Die Beziehungen.., VII 171ff.
102 Das Gewissen.., 206.

nicht streng an diese terminologische Unterscheidung von "Ethik" und "Moral". Das Adjektiv "moralisch" verwendet Jung oft für die sittliche Anlage des Menschen und meint dann mit "moralisch" mehr und anderes als ein dem Moralgesetz konformes Handeln, das nicht als solches schon sittlich (moralisch) gut und gewissenhaft sein muss. Jung erklärt: "So ist auch die moralische Reaktion ein ursprüngliches Verhalten der Psyche, während die Moralgesetze eine späte, in Sätzen erstarrte Folgeerscheinung des moralischen Verhaltens darstellen. Sie scheinen infolgedessen mit der moralischen Reaktion, das heisst mit dem Gewissen, identisch zu sein. Diese Täuschung aber wird offenbar in dem Augenblick, in dem eine Pflichtenkollision den Unterschied zwischen Sittenkodex und Gewissen klarmacht. Hier entscheidet es sich, wer der Stärkere ist, die traditionelle und konventionelle Moral oder das Gewissen"[103].
Jung spricht aus psychotherapeutischer Erfahrung. Hier zeigt es sich, dass es im konkreten Fall oft sehr schwer zu entscheiden ist, was für den Patienten, seine Heilung, förderlich ist oder nicht. Eine schlechte Tendenz des Patienten muss vom Therapeuten unter Umständen geduldet werden. Jung erklärt: "Ich habe oft erfahren, dass ich eine - wie mir schien - absolut schädliche Tendenz eines Patienten aus der Welt schaffen wollte, und in einem tieferen Sinne war es eben gerade richtig, dass er ihr folgte. Ich will z.B. einen Menschen davor bewahren, dass er in eine Todesgefahr hineinläuft... Da tauchte die Frage auf: *musste* er nicht in die Todesgefahr hinein? wenn er sich nicht gewagt, sein Leben nicht riskiert hätte, wäre er vielleicht um eine für ihn allerwichtigste Erfahrung ärmer. Er hätte nie sein Leben riskiert, und es deshalb nie gewonnen" (Hervorh. im Or.)[104]. Im genannten Beispiel liegt der Akzent zwar auf einem physischen, nicht einem moralisch-sittlichen Uebel (der Todesgefahr), aber nach Jung muss auch die Möglichkeit einer moralisch verwerflichen Tat toleriert werden: "Vielleicht ist etwas für ihn wirklich böse, und er tut es trotzdem und erlebt dafür das entsprechend schlechte Gewissen. Das kann - therapeutisch gesehen, also empirisch - für den betreffenden Menschen sehr gut sein, weil er nur so sein Pharisäertum andern Menschen gegenüber endlich aufgeben kann ... Ein Mensch sieht seinen Schatten, seine schiefe Ebene, aber er wendet den Blick davon ab, flieht, konfrontiert sich nicht, setzt sich nicht damit auseinander, wagt nichts - und rühmt sich dann vor Gott, vor sich, vor den Menschen seines weiss und unbefleckt gebliebenen Kleides, das er in Wahrheit seiner Feigheit, seiner Regression, seinem Angelismus und Perfektionismus

---

103 A.a.O. 193.
104 Gut und Böse.., 34.

verdankt"[105]. Sowohl für das physische wie für das moralische Uebel stellt Jung die These auf: "Es gibt ja schliesslich kein Gutes, aus dem nicht Uebles, und kein Uebel, aus dem nicht Gutes hervorgehen könnte"[106]. Wie das Böse Quelle des Guten werden kann, illustriert Jung am Beispiel des Egoismus "des tastbarsten Lasters des neurotischen Zustandes"[107]. Jede neurotische Störung und jede andere Charakterschwäche hat auch eine positive Seite. Der positive Aspekt des Egoismus liegt darin, dass der Kranke sich so benimmt, "wie wenn sein individuelles Leben ein besonderer Gotteswille wäre, der einzig erfüllt werden müsste"[108]. Der "besondere Gotteswille" liegt in diesem Fall laut Jung darin, dass auch etwas scheinbar Sinnloses doch einen tiefern Sinn hat, der Beachtung verdient: "Gelingt es nämlich dem Kranken - und dazu muss ich ihm helfen - seinen Egoismus durchzusetzen, so entfremdet er sich andere Menschen ... So elend dieser Zustand ist, so nützlich ist er auch; denn darin allein kann der Kranke sich selbst erkennen, kann ermessen lernen, was für ein unschätzbares Gut die Liebe anderer Menschen ist, und überdies ist es nur in der Verlassenheit und tiefsten Einsamkeit mit sich selbst, wo hilfreiche Mächte erfahren werden. Hat man einige Male solche Entwicklungen gesehen, so kann man nicht mehr leugnen, dass das, was böse war, Stufe zum Guten wurde und dass das, was gut schien, das Böse lebendig erhielt. Der Erzteufel des Egoismus selber ist die Via regia zu jener Stille, welche religiöse Urerfahrung fordert"[109]. An diesem Beispiel hat Jung, wie er selber sagt, demonstrieren wollen, wie die ärztliche Einstellung "das Problem des Bösen handhabt"[110]. Was Jung an anderer Stelle vom Krankhaften sagt, gilt entsprechend auch für das Böse, wie Jung es versteht: "Das Krankhafte kann nicht einfach wie ein Fremdkörper beseitigt werden, ohne dass man Gefahr läuft, zugleich etwas Wesentliches, das auch leben sollte, zu zerstören. Unsere Aufgabe besteht nicht darin, es zu vernichten, sondern wir sollten vielmehr das, was wachsen will, hegen und pflegen, bis es schliesslich seine Rolle in der Ganzheit der Seele spielen kann"[111]. Wir sehen hieraus, dass nach Jung alles Seelische einen Sinn hat. Alles Krankhafte, Falsche, ja selbst noch das moralisch Schlechte muss auf seinen positiven Gehalt hin untersucht und in den Heilungs- und Entwicklungsprozess einbezogen werden. Das also versteht Jung unter "Annehmen der Schattenseite". Nochmals, Jung meint damit nicht, dass das

---

105 A.a.O. 34f.
106 Psychologie und Alchemie, 53.
107 Ueber die Beziehung.., XI 369.
108 Ebd.
109 A.a.O. 369f.
110 A.a.O. 370.
111 Der therapeutische Wert.., XVI 147.

moralisch Schlechte gelebt werden müsse. Deutlich erklärt Jung an anderer Stelle: "Wenn heutzutage ein Patient im Begriffe steht, aus seinem unbewussten Zustand aufzutauchen, dann ist das erste, was ihm geschieht, dass er mit dem *Schatten* konfrontiert wird, und er muss sich für das Gute entscheiden, sonst ist er ganz verloren ... Wenn man mit der Dunkelheit umgeht, muss man sich an das Gute klammern, sonst wird man vom Teufel verschlungen. Hat man es mit dem Bösen zu tun, und vornehmlich dann, braucht man die eigenen Kräfte des Guten bis zum äussersten. Das Licht in der Dunkelheit am Brennen zu erhalten, darauf kommt es an; und nur dort, in der Dunkelheit, hat das Licht einen Sinn" (Hervorh. im Or.)[112].

Wir haben oben (S. 169) gesehen, dass mit der Annahme des Schattens der Mensch seiner Hilfsbedürftigkeit inne wird und dadurch befähigt wird, einem fremden Einfall Gehör zu schenken, die Führung einem Archetypus zu überlassen. Es liegt nahe, hier an den Archetypus des Gewissens zu denken. Die Stimme des Gewissens ist nun aber keineswegs eindeutig. Der Mensch steht hier im Gewissenskonflikt, in der Entscheidung zwischen Gut und Böse. Dass die Stimme des Gewissens nicht eindeutig klar ist, oder jedenfalls nicht in solcher Eindeutigkeit vernommen wird, macht das Numinose der Situation deutlich. Jung fasst den Begriff des Numinosen, wie er von Rudolf Otto geprägt wurde, als Tremendum und Faszinosum. Jung sieht darin psychologisch "eine dynamische Existenz oder Wirkung, die nicht von einem Willkürakt verursacht wird. Im Gegenteil, die Wirkung ergreift und beherrscht das menschliche Subjekt, welches immer viel eher ihr Opfer denn ihr Schöpfer ist ... Das Numinosum ist entweder die Eigenschaft eines sichtbaren Objektes oder der Einfluss einer unsichtbaren Gegenwart, welche eine besondere Veränderung des Bewusstseins verursacht"[113].

Die Wirklichkeit von Gut und Böse, bzw. das Gewissen, wird nach Jung numinos erlebt: "Die Wirklichkeit von Gut und Böse besteht in Dingen, Situationen, die einen anfallen, die einem über den Kopf hinaus wachsen, wo man in einer Lage ist wie in conspectu mortis, wo es auf Leben und Tod geht. Was in dieser Stärke und Intensität auf mich zukommt, das erlebe ich als etwas Numinoses, mag ich es dann als das Göttliche, das Teuflische oder als das Schicksalhafte bezeichnen ... wichtig ist, zu spüren, dass wir da in einer numinosen Situation sind, von allen Seiten von Gott umgeben, der das Eine und das Andere veranlassen kann und das auch tut"[114]. Jung sieht im Gewissen einen Archetypus. Im moralisch ambivalenten Charakter des Archetypus sieht Jung eine Erklä-

---

112 Zum Problem des Christussymbols, XI 682.
113 Psychologie und Religion, XI 53.
114 Gut und Böse.., 46f., 42.

rung für die Tatsache, dass es ein richtiges und ein falsches Gewissen gibt: "Beide Formen des Gewissens, das richtige und das falsche, stammen aus derselben Quelle, und beide haben daher annähernd dieselbe Ueberzeugungskraft ... In allen diesen Erscheinungsweisen drückt sich die Tatsache aus, dass die moralische Reaktion einer autonomen Dynamik entspricht, welche passenderweise als Daimon, Genius, Schutzengel, 'besseres Ich', Herz, innere Stimme und innerer oder höherer Mensch bezeichnet wird. Unmittelbar daneben, das heisst neben dem positiven sogenannten 'richtigen' Gewissen, steht das negative, sogenannte 'falsche' Gewissen und wird als Teufel, Verführer, Versucher, böser Geist usw. bezeichnet"[115].
Wird das Gewissen als Archetypus verstanden, dann ist es nicht erstaunlich, dass sich das Gewissen auch etwa in einem Traum äussern kann. Jung erzählt von einem Geschäftsmann, dem eine Offerte gemacht wurde. Hätte er diese angenommen, so wäre er in eine fatale Betrugsaffäre hineingeraten. In der Nacht nach dem Angebot träumte ihm, dass seine Hände und Vorderarme mit schwarzem Schmutz bedeckt waren[116]. So deutlich allerdings wird sich das Gewissen durch das Unbewusste selten zu Gehör bringen. Häufiger werden die unbewussten Aeusserungen gar nicht mit dem Sittlichen übereinstimmen. "Ferne davon, sittliche Ermahnungen zu produzieren, vergnügt sich hier das Unbewusste mit dem Erzeugen aller erdenkbaren Immoralität, wie wenn es ausschliesslich das sittlich Anstössige im Auge hätte"[117].
Im Ambivalenzcharakter des Gewissens sieht Jung den Grund, warum die Gewissensfrage überhaupt zum Problem werden kann. "Ohne diese Paradoxie wäre die Gewissensfrage überhaupt kein Problem, denn man könnte sich dann in moralischer Hinsicht ganz auf den Entscheid des Gewissens verlassen"[118]. Bei aller Unsicherheit bleibt doch die Forderung bestehen, sich nach bestem Wissen und "Gewissen" zu entscheiden: "Das Gewissen - gleichgültig wie es begründet wird - stellt die Forderung an den einzelnen, seiner inneren Stimme Gefolgschaft zu leisten, auf die Gefahr hin, sich zu irren"[119]. - "Da kann der Mensch gar nicht anders, als sich zu stellen. Es ist die Situation, wo er herausgefordert ist, *als Ganzer* zu reagieren" (Hervorh. im Or.)[120]. Hierin liegt nun die Chance dieser Entscheidungssituation. Der Mensch kann sich nicht mehr auf den Sittenkodex, auf die öffentliche Meinung verlassen. Er steht vor sich selbst, vor seiner individuellen Einmaligkeit und

---

115 Das Gewissen.., 199, 197.
116 A.a.O. 186.
117 A.a.O. 191, vgl. Allgemeine Gesichtspunkte.., VIII 276ff.
118 Das Gewissen.., 191f.
119 A.a.O. 195.
120 Gut und Böse.., 36.

muss die Verantwortung für sein Tun übernehmen, er muss etwas tun in Verantwortung vor sich und "seinem" Gott. Damit kommt der Mensch, in der Formulierung Jungs, zur Ganzheit, in die Mitte zwischen Bewusstsein und Unbewusstem: "Wenn nämlich genügend Gewissenhaftigkeit vorhanden ist, wo wird der Konflikt ausgetragen, und es entsteht eine schöpferische Lösung, die durch den konstellierten Archetypus herbeigeführt wird und jene zwingende Autorität besitzt, welche nicht zu Unrecht als *vox Dei* charakterisiert wird. Die Art der Lösung entspricht den tiefsten Grundlagen der Persönlichkeit sowohl wie deren Ganzheit, die Bewusstes und Unbewusstes umfasst und sich darum dem Ich als überlegen erweist" (Hervorh. im Or.)[121]. Durch den Menschen spricht hier die *Ganzheit* des Menschen, das der Inder "Atman" nennt. Es ist das "'Pneuma', das alles durch-atmet", das "Selbst" Jungs, welches das bewusste Ich übersteigt und transzendiert[122]. Die Stimme des Gewissens darf somit auch als die Stimme des "Selbst" angesprochen werden. Sie ruft letztlich zur Selbstwerdung und Selbstverwirklichung, zur Individuation. Die "Quelle" des Gewissens, von der Jung spricht[123], ist nach Jolande *Jacobi* der Archetypus des "Selbst"[124]. Mit Recht charakterisiert Helmut *Harsch* den Gewissensruf als die "Stimme des Selbst", "als Ruf zum Selbst"[125].

Vergegenwärtigen wir uns, was Jung unter dem Begriff der Individuation versteht. Er schreibt: "Individuation bedeutet: zum Einzelwesen werden, und, insofern wir unter Individualität unsere innerste, letzte und unvergleichbare Einzigartigkeit verstehen, zum *eigenen Selbst werden*. Man könnte 'Individuation' darum auch als 'Verselbstung' oder als 'Selbstverwirklichung' übersetzen" (Hervorh. im Or.)[126]. Jung warnt ausdrücklich vor dem Missverständnis des Individualismus und Egoismus: "Individualismus ist ein absichtliches Hervorheben und Betonen der vermeintlichen Eigenart im Gegensatz zu kollektiven Rücksichten und Verpflichtungen. Individuation aber bedeutet geradezu eine bessere und völligere Erfüllung der kollektiven Bestimmungen des Menschen, indem eine genügende Berücksichtigung der Eigenart des Individuums eine bessere soziale Leistung erhoffen lässt, als wenn die Eigenart vernachlässigt oder gar unterdrückt wird ... Individuation kann daher nur einen psychologischen Entwicklungsprozess bedeuten, der die gegebenen individuellen Bestimmungen erfüllt, mit andern Worten, den Menschen zu *dem* bestimmten Einzelwesen macht, das er nun einmal ist. Damit wird er

---

121 Das Gewissen.., 206f.
122 Gut und Böse.., 38.
123 Das Gewissen.., 199.
124 J. Jacobi: Der Weg zur Individuation, 133.
125 H. Harsch: Das Schuldproblem.., 120.
126 Die Beziehung.., VII 191.

nicht 'selbstisch' im landläufigen Sinne, sondern er erfüllt bloss seine Eigenart, was, wie gesagt, von Egoismus oder Individualismus himmelweit verschieden ist" (Hervorh. im Or.)[127]. Aus diesem Grunde kann durch die Individuation auch kein eigentlicher Widerspruch mit der kollektiven Norm eintreten, vorausgesetzt, dass eine allgemeine Norm nicht Absolutheitsanspruch erhebt: "Ein wirklicher Konflikt mit der Kollektivnorm entsteht nur dann, wenn ein individueller Weg zur Norm erhoben wird, was die eigentliche Absicht des extremen Individualismus ist"[128]. Der Individuationsprozess hat demnach nach Jung zwei Seiten, er ist einerseits "ein interner, subjektiver Integrationsvorgang" und anderseits "ein ebenso unerlässlicher objektiver Beziehungsvorgang"[129]. Dasselbe gilt auch für den Archetypus des Selbst, denn: *"Das Selbst, das mich umfasst, umfasst auch viele andere"* (Hervorh. im Or.)[130]. Selbstwerdung meint also das genaue Gegenteil von Egoismus. Ist es doch gerade das Selbst, welches das Opfer des "Ich" verlangt, das "Aufgeben des egoistischen Anspruchs"[131]. Dieses Opfer verlangt vorgängig, wie wir schon gesehen haben, die Annahme des Schattens, was in diesem Fall "die Bewusstmachung egoistischer Absichten" bedeutet[132], die nun, soll die Selbst- und Menschwerdung zustande kommen, geopfert werden müssen.

Zum Opfer der egoistischen Ansprüche und zur Selbstwerdung, zu beidem in einem, ruft die "Stimme des Selbst", die "Stimme des Innern", wie sie Jung nennt[133]. Indem der Mensch dieser "Stimme" gehorcht, kommt er seiner "Bestimmung" nach, welche sein "eigenes" Gesetz, das "Lebensgesetz" und zugleich "Gesetz Gottes" ist[134]. Dieses Gesetz zielt auf "individuell gelebtes Leben"[135], auf "Vollendung, Ganzheit, erfüllte Bestimmung, Anfang und Ziel und völligste Verwirklichung des ... eingeborenen Daseinssinnes"[136].

Nach Jung bedeutet es erlebnismässig das gleiche, der Stimme des Selbst zu gehorchen oder den Willen Gottes zu erfüllen. Schon früh in seinem Leben hat Jung erkannt, dass letztlich alles darauf ankommt, den Willen Gottes zu erfüllen, wobei aber der Wille Gottes nicht einfach mit den religiösen oder moralischen Vorschriften identisch sein muss. Er schreibt: "Mir schien, als ob man eigentlich täglich den Willen Gottes

---

127 Ebd.
128 Psychologische Typen 638.
129 Die Psychologie der Uebertragung, XVI 249.
130 Paracelsus.., 167.
131 Das Wandlungssymbol.., XI 285.
132 A.a.O. 287.
133 Vom Werden der Persönlichkeit, 194.
134 A.a.O. 194, 200, 198.
135 A.a.O. 200.
136 A.a.O. 211.

erforschen müsse ... Es schien mir oft, als ob man die religiösen Vorschriften an die Stelle des Gotteswillens ... setzte, und zwar zu dem Zweck, den Gotteswillen nicht verstehen zu müssen ... Niemand hat mir die Gewissheit nehmen können, dass ich gesetzt sei, das zu tun, was Gott will und nicht, was ich will. Das gab mir oft das Gefühl, in allen entscheidenden Dingen nicht mit den Menschen, sondern allein mit Gott zu sein"[137].

2. Die Schuld

Nach dem Gesagten dürfte es nicht mehr schwer fallen zu sehen, worin im Sinne Jungs menschliche Schuld letztlich besteht. Der Mensch wird dann schuldig, wenn er die Stimme des Gewissens, die Stimme des Selbst nicht hören will und (oder) ihr nicht folgt, d.h. dem Auftrag zur Individuation, zur Reifung und Werdung der Persönlichkeit nicht entspricht. In Uebereinstimmung zu den Worten Helmut *Harschs* können wir sagen: "Die Selbstwerdung vollzieht sich wesentlich als eine Auseinandersetzung im Gewissen selbst" - "Auf diesen Weg der Individuation ruft das Gewissen als 'Stimme des Selbst' und es wäre Schuld, ihr nicht zu folgen"[138]. Auch Jolande *Jacobi* versteht die Schuld wesentlich im Versäumen des Reifungsauftrages: "(Aber) nicht nur der leidende, auch der suchende und strebende Mensch wird die Vernachlässigung oder gar Verletzung der ihm von Natur her aufgetragenen Aufgaben zur Ausreifung seiner Persönlichkeit unwillkürlich als eine 'Schuld' empfinden. Mag ihn die Angst, den Forderungen und Erwartungen des Kollektivs nicht zu entsprechen, in Gewissensnöte werfen, so verstrickt er sich in die tiefste Schuld, wenn er altersgemäss zu reifen versäumt ... Ob einer den 'natürlichen' mehr oder minder unbewusst verlaufenden Individuationsweg oder den bewusst verarbeiteten geht, ist vermutlich Schicksal. Eins jedoch steht fest: Unbewusstheit oder gar unbewusst bleiben wollen, sich dem Ruf nach Entwicklung zu entziehen, und das Wagnis des Lebens zu meiden, ist Schuld"[139]. Laut Jung ist das Leben selber ein Individuationsprozess, also das, was hier J. Jacobi den 'natürlichen Individuationsweg' nennt. Der analytische Prozess kann dem gegenüber als ein "process of quickened maturation" (Standley Hall) betrachtet werden[140].

Die Folgerung liegt nun nahe, dass der Neurotiker, da er seinem Reifungsauftrag nicht nachgekommen ist, eben dadurch auch schuldig wurde. Jung selber hat zum Thema Schuld-Neurose nicht eigens Stellung ge-

---

137 Erinnerungen, 52f.
138 H. Harsch: Das Schuldproblem.., 121.
139 J. Jacobi: Der Weg zur Individuation, 130f. und 152.
140 Vom Wesen der Träume, VIII 331.

nommen. Er ist jedoch weit davon entfernt, den Neurotiker von jeglicher Schuld freizusprechen. Im Gegenteil, Jungs Aeusserungen weisen eindeutig in die andere Richtung. Zunächst sieht er in der Neurose eine "Entwicklungsstörung der Persönlichkeit"[141], einen "Stillstand des Lebens"[142] und zugleich eine "Persönlichkeitsspaltung"[143]. Die Entwicklungsstörung besagt, dass der "Uebergang von einer Einstellung in eine andere" nicht möglich ist auf Grund der "Trennung zwischen Bewusstsein und Unbewusstem", dadurch, "dass die Inhalte des Unbewussten einseitig durch bewusste Entscheidung verurteilt werden"[144], und das heisst wohl: infolge Missachtung der "Stimme des Selbst". Die Missachtung des Unbewussten, das Unbewusst-bleiben, ist laut Jung nun aber nicht ohne Schuld: "Unbewusstheit gilt vor dem Richterstuhl der Natur und des Schicksals nie als Entschuldigung, im Gegenteil stehen hohe Strafen auf ihr, ..." und Jung zitiert dazu das apokryphe Wort Christi: "Wenn du weisst, was du tust, so bist du selig, wenn du aber nicht weisst, was du tust, so bist du verflucht und ein Uebertreter des Gesetzes"[145]. Ich meine, wir verstehen jetzt, dass Jung von "unbewussten Sünden"[146] sprechen kann. Die Sünde soll im genannten Falle gerade in der Unbewusstheit liegen, nämlich in der Unbewusstheit dessen, was bewusst sein sollte und auch könnte. Jung bemerkt mit Henri Drummond, "dass es gerade sehr fromme Leute sind, die - ihrer anderen Seite unbewusst - besonders höllische Launen entwickeln, welche sie für ihre Nächsten unerträglich machen"[147]. Für solche Launen, die einen überfallen, kann man bekanntlich nichts. Auch ist man "bekanntlich nachsichtiger gegen Sünder, die ihrer Taten unbewusst sind. Aber die Natur ist keineswegs barmherzig mit unbewussten Sündern. Sie bestraft sie genau so hart, wie wenn sie eine bewusste Uebertretung begangen hätten"[148]. In diesem von Launen-befallen-werden liegt demnach laut Jung eine Strafe der Natur. Es scheint, dass man auch für solche Launen verantwortlich ist, insofern nämlich, als sie einer verschuldeten Unbewusstheit entspringen. Diese Launen stammen meist, wie Jung erklärt, aus einem zurückgehaltenen Affekt[149]. Nicht nur ein zurückgehaltener Affekt, sondern schon das Verbergen eines persönlichen Geheimnisses kann gefährlich sein. Jung hat viele Patienten gesehen, die "eine Selbstmordneigung entwickelten, diese dann aber durch Vernünftigkeit am Bewusstwerden verhinderten und auf diese Weise einen

---

141 Vom Werden der Persönlichkeit, 207.
142 Die Beziehung.., VII 141.
143 Ueber die Beziehung.., XI 369.
144 Die transzendente Funktion, VIII 83.
145 Antwort auf Hiob, XI 493.
146 Psychologie und Religion, XI 82.
147 Psychologie und Religion, XI 82.
148 Ebd.
149 Die Probleme.., XVI 62.

unbewussten Selbstmordkomplex erzeugten". Dieser verursachte nun "allerhand gefährliche Zufälle", wie z.B. einen plötzlichen Schwindelanfall an exponierter Stelle. In der Therapie musste der Selbstmorddrang bewusst gemacht werden, damit "die bewusste Vernünftigkeit hemmend und dadurch helfend eingreifen" konnte, "indem die bewusste Wahl die Selbstmordmöglichkeiten erkannte und vermied"[150]. Und Jung fügt hinzu: "Alles persönliche Geheimnis wirkt wie Sünde und Schuld, ob es nun solche ist oder nicht, gesehen vom Standpunkt allgemein geglaubter Moral"[151]. Das gleiche gilt vom zurückgehaltenen Affekt. Es ist ebenfalls etwas, "das man verbirgt, das man vor sich selbst verheimlichen kann" und das "ebenso isolierend und ebenso störend (wirkt), wie das unbewusste Geheimnis - und ebenso schuldhaft"[152]. Das Verbergen und Zurückhalten geschieht nun nicht ohne Bewusstsein. Antisoziale Elemente (z.B. der "'statistische Verbrecher' in jedermann") werden, laut Jung, "bewusst und absichtlich eliminiert"[153]. Verdrängt werden Tendenzen, die nicht unbedingt antisozial, aber doch nicht konventionell sind. Der Grund dazu kann verschieden sein, wie z.B. Feigheit, konventionelle Moral oder Reputation[154]. "Die Verdrängung ist eine Art von halbbewusstem und unentschiedenem Gehenlassen der Dinge, oder ein Verächtlichmachen von Trauben, die zu hoch hängen, oder ein In-die-andere-Richtung-Blicken, um der eigenen Wünsche nicht ansichtig zu werden"[155].

Liegt in dieser Unbewusstheit das Charakteristische des Jung'schen Schuld- und Sündenbegriffs, so verstehen wir, dass er das oben zitierte apokryphe Wort "gerne als ein Motto vor eine erneuerte Moral setzen" würde[156]. Das Besondere einer so verstandenen erneuerten Moral wäre dann, dass sie nicht bloss nach Gesetzen, nach allgemeinen Normen, ausgerichtet ist, sondern vermehrt die Notwendigkeit der Bewusstwerdung und damit der menschlichen Reifung berücksichtigt, ja sogar an den Anfang stellt.

Für Jung heisst das nun nicht etwa, dass in *jedem* Fall das neurotische Symptom willentlich verursacht und ihr Träger "der verantwortliche Schöpfer eines solchen Uebels" sei[157], auch nicht, dass es seine Entstehung immer einer willentlichen Verdrängung verdanke: "Manche Komplexe sind lediglich vom Bewusstsein abgespalten, weil dieses es vorzog, sie durch Verdrängung los zu werden. Aber es gibt andere Komplexe, die

---

150 A.a.O. 61f.
151 Ebd.
152 Ebd.
153 Psychologie und Religion, XI 81.
154 Ebd.
155 A.a.O. 81f.
156 Versuch.., XI 215
157 Psychologie und Religion, XI 9.

niemals vorher im Bewusstsein waren und die deshalb niemals willkürlich verdrängt werden konnten"[158]. Das heisst also, dass der Kranke für seine Symptome nicht direkt verantwortlich gemacht werden kann. Dies muss der Arzt sehen, damit er sich einem Patienten gegenüber richtig einstellen kann. Jung sagt zum Falle einer Krebs-Zwangsvorstellung: "In dieser prekären Situation wäre es schlechte Strategie, den Patienten davon zu überzeugen, dass er selbst in irgendeiner, wenn auch höchst unverständlichen Weise hinter seinem Symptom stehe und es heimlich erfinde und unterhalte. Eine solche Auffassung würde sofort seinen Kampfgeist lähmen, und er würde demoralisiert werden. Es ist viel besser, wenn er versteht, dass sein Komplex eine autonome Macht ist, die sich gegen seine bewusste Persönlichkeit richtet. Ueberdies entspricht eine solche Erklärung den wirklichen Tatsachen viel besser als eine Reduktion auf persönliche Motive. Eine augenscheinlich persönliche Motivation besteht zwar, aber sie ist nicht absichtlich gemacht, sie passiert dem Patienten einfach"[159]. Im betreffenden Falle war die Zwangsvorstellung Folge einer einseitigen Bewusstseinshaltung des Patienten. Jung fährt weiter: "... er ist ein Denker, der die Welt beständig durch die Macht seines Intellektes und seines Verstandes zu ordnen im Begriffe ist ... Er hat alles unter das unerbittliche Gesetz seines Verstandes gezwungen; aber irgendwo entschlüpfte die Natur und rächte sich an ihm in der Form des völlig unangreifbaren Unsinns der Carcinom-Idee ... Es war der schlimmste Schlag, der allen seinen vernünftigen Idealen und vor allem seinem Glauben an den allmächtigen menschlichen Willen versetzt werden konnte. Eine solche Obsession kann nur bei einem Menschen vorkommen, der mit Vernunft und Intellekt einen gewohnheitsmässigen Missbrauch im Dienste egoistischer Machtzwecke treibt"[160]. Jung ist der Ansicht, dass dieser Patient durchaus die Möglichkeit gehabt hätte, dem Carcinom-Feind zu entkommen, dann nämlich, wenn er auf seine Träume geachtet hätte. Jung erwähnt, dass Gilgamesch der Rache der Götter entkam, weil er den warnenden Träumen Beachtung schenkte. Nicht so aber unser Patient, "der in einem Zeitalter lebt, wo die Götter ausgelöscht und in schlechten Ruf gekommen sind. (Er) hatte ebenfalls Träume, aber er hörte nicht auf sie"[161]. Unser Patient ist also, wie wir sehen, für seine Symptome nicht direkt verantwortlich zu machen, weil er sie nicht bewusst und absichtlich selber gemacht hat. Indirekt aber trägt er doch Verantwortung für sie,

---

158 A.a.O. 10f.
159 A.a.O. 13.
160 A.a.O. 13f.
161 A.a.O. 14.

weil er nämlich an einem falschen Bewusstsein festhielt, das zu ändern er die Möglichkeit gehabt hätte.
In einem andern Fall berichtet Jung von einer Frau, die durchaus in der Lage gewesen wäre, ihre Träume zu verstehen. Aber, schreibt er, "es war leidlich nur zu deutlich, dass sie nicht einsehen *wollte*. Ihre Träume waren sehr klar, aber ebenso unangenehm" (Hervorh. im Or.)[162].
Wie wenig Jung den Neurotiker entschuldigt, zeigt sich auch in seinen Aufsätzen nach dem letzten Weltkrieg. Hier beschreibt er das Wesen der "Hysterie", das laut Jung genau auf die Gestalt Hitlers passt[163]. Die ganze Geschichte der 12 Jahre vor 1945 erscheint Jung als *"die Krankengeschichte eines Hysterischen"* (Hervorh. im Or.)[164]. Er spricht von einer deutschen "Psychopathie", von einer Massenpsychose, einem "epidemischen Wahnsinn"[165]. So etwas geschieht nicht ohne Schuld, denn auch "der Verrückteste (ist) nicht total verrückt", und der Hysterische trotz seines psychopathischen Zustandes "beinahe normal"[166]. Es gilt nach Jung: "Mord bleibt Mord"[167].
Wie wir schon festgestellt haben, ist die Schattenannahme nach Jung von eminenter Bedeutung. Die Schattenannahme aber ist von der Schuldannahme nicht zu trennen. Die Annahme des Schattens, die Assimilation des Unbewussten, betrifft laut Jung sogar in erster Linie das "moralische Bewusstsein", "denn die Inhalte des Unbewussten, die durch Analyse befreit und ins Bewusstsein übergeführt werden, sind in der Regel zunächst unangenehm und deshalb verdrängte Inhalte, worunter Wünsche, Erinnerungen, Tendenzen, Pläne usw. zu verstehen sind. Es sind Inhalte, die z.B. auch eine genaue Generalbeichte in ähnlicher Weise, jedoch in weit beschränkterem Masse, zu Tage fördert"[168]. Dass die Schattenannahme auch die Schuldannahme impliziert, ist schon daraus ersichtlich, dass nicht nur die Schattenprojektion, sondern auch die Schuldprojektion zurückzunehmen ist. Wie der Schatten, so ist also auch die Schuld anzunehmen, bei sich selber zu sehen: "Wachsende psychologische Einsicht verhindert mehr und mehr die Projektion des Schattens, und die Zunahme an Erkenntnis führt logischerweise zum Problem der Gegensatzvereinigung, denn man versteht zuerst, dass man seinen Schatten nicht auf andere projizieren kann, und hernach, dass es keinen Vorteil hat, auf der Schuld des anderen zu insistieren, da es so viel wichtiger ist, seine eigene Schuld zu kennen und zu be-

162 Seele und Tod, VIII 470.
163 Nach der Katastrophe, 91, 97ff.
164 A.a.O. 101.
165 A.a.O. 129.
166 A.a.O. 102.
167 A.a.O. 128.
168 Die Beziehungen.., VII 149.

sitzen"[169]. Die sogenannte Schuldprojektion ist für die Psychotherapie eine bekannte Erscheinung. Jung erklärt, dass selbst der christliche Glaube von dieser Gefahr der Schuldprojektion nicht verschont bleibe. Er schreibt: "Das Vorbild Christus hat sich mit der Sünde der Welt beladen. Ist es aber ganz draussen, so ist auch die Sünde des Einzelnen draussen, und somit ist letzterer mehr Fragment als je, denn oberflächliches Missverstehen eröffnet ihm einen bequemen Weg, seine Sünden buchstäblich 'auf Ihn zu werfen' und so einer tiefen Verantwortung zu entgehen, was mit dem Geist des Christentums im Widerspruch steht"[170]. Die eben zitierte Stelle Jungs zeigt, dass mit der Uebernahme der Schuld auch die Uebernahme der *Verantwortung* verknüpft ist. Das Abschieben der Verantwortung zeigt sich in einem ständigen Ansprüche machen an andere, was "eine infantile Bequemlichkeit ist, die durch grössere eigene Verantwortlichkeit ersetzt werden muss"[171]. Wenn hier eine Verantwortung übernommen werden muss, so bedeutet das nicht, dass vorher jegliche Verantwortung und Freiheit ausgeschlossen gewesen wäre. Gewiss kann die Neurose als eine Einbusse der Freiheit, dem kostbarsten Gut, begriffen werden. Jung schreibt: "Wer die Instinkte übersieht, der wird von ihnen aus dem Hinterhalt überwältigt, und wer sich nicht selbst erniedrigen kann, der wird erniedrigt, wobei er auch die Freiheit, sein kostbarstes Gut, mit einbüsst"[172]. Diese Ueberwältigung, wie immer sie auch im konkreten aussehen mag, geschieht wie Jung sagt "nicht ohne die Schuld des Menschen, der es in der Hand hat, sich selbst aufzugeben oder nicht"[173]. Der genannte Freiheitsverlust geschieht nie aus innerer Notwendigkeit. Würde entgegen dieser Auffassung einem strengen Determinismus gehuldigt, so würde auch jegliche Forderung nach Annahme der Schuld, welche nach Jung einen unumgänglichen Teil der Therapie ausmacht, unberechtigt, ja widersinnig. Wenn wir hier das Moment der Freiheit betonen, ist damit nicht schon jede Determiniertheit geleugnet. Beide Grössen sind relativ, wobei das Verhältnis beider zueinander und die Begrenzung der einen durch die andere schwerlich genau bestimmt werden kann. Jung schreibt dazu: "Die psychologische Beurteilung muss der Tatsache Rechnung tragen, dass trotz aller kausalen Gebundenheit der Mensch ein Freiheitsgefühl besitzt, das mit der Autonomie des Bewusstseins identisch ist. Trotzdem alles und jedes dem Ich die Abhängigkeit und die Vorbedingtheit beweist, so ist es doch nicht von seiner gänzlichen Unfreiheit zu überzeugen ... Die Existenz des Ichbewusstseins hat nur Sinn, wenn sie

---

169 Mysterium Conj., I 183.
170 Psychologie und Alchemie, 20.
171 Die Probleme.., XVI 70, vgl. Die Psychologie der Uebertragung, XVI 232.
172 Zur Empirie.., 180.
173 Geist und Leben, VIII 383.

frei und autonom ist. Mit dieser Feststellung haben wir allerdings eine *Antinomie* ausgesprochen, aber damit auch ein entsprechendes Bild der tatsächlichen Verhältnisse entworfen" (Hervorh. im Or.)[174]. Neurose macht also nicht schuldfrei. Ob und wie weit allerdings die Schuldfrage in der Analyse thematisch wird, das hängt vom Einzelfall ab. Sie wird dort mehr in den Vordergrund treten müssen, wo offenbar eine Schuld das Entstehen der Neurose oder doch das Verharren in der Neurose begünstigt hat oder begünstigt, wo ein Patient es verlernt hat, auf sein Gewissen zu hören, oder die moralische Seite seines Menschseins vernachlässigt. Bei einem seiner Patienten musste Jung kurz feststellen: "In der Gewissenlosigkeit liegt der Grund der Neurose"[175]. Ein anderer Patient musste lernen, "sein erotisches Handeln einmal unter dem Gesichtspunkt der Moral ins Auge zu fassen", er musste der Tatsache mehr Beachtung schenken, "dass der Mensch auch ein moralisch verantwortliches Wesen ist"[176]. Jung würdigt denn auch die "ungemeine Bedeutung der wahrhaften und nicht verklausulierten Beichte"[177]. Er erwähnt seinen Fall von hysterischem Fieber, "das in wenigen Minuten durch die Beichte der psychologischen Ursache geheilt war"[178]. Man könne deshalb bei der Neurose nicht immer von Krankheit sprechen: "Man merkt, dass es sich um ein moralisches Problem handelt und wünscht sich oft einen Priester, der nicht bekennt und bekehrt, sondern hört, gehorcht und diese sonderbare Angelegenheit wiederum Gott vorlegt, damit Er entscheide"[179]. Im Unterschied zu Freud bekommt bei Jung das *Schuldbewusstsein* eine andere, positive Bedeutung. Das Schuldbewusstsein kann nach Jung den Beginn einer inneren Wandlung anzeigen. "Gewissen, und ganz besonders ein schlechtes Gewissen, kann eine Gabe des Himmels sein, eine wahrhafte Gnade, wenn es benutzt wird zur höheren Selbstkritik ... Der Stachel des schlechten Gewissens spornt einen sogar an, Dinge zu entdecken, die vorher unbewusst waren, und auf diese Weise kann man die Schwelle des Unbewussten überschreiten"[180]. Das Bewusstsein der Schuld kann "zum gewaltigsten moralischen Antrieb werden"[181]. Natürlich weiss auch Jung darum, dass es ein falsches Schuldbewusstsein geben kann, was sich dann auch in einer unechten Reue zeigt, die der Selbstüberheblichkeit (wie wir schon bei Adler gesehen haben) dient: "Ein Patient sieht vielleicht das Dunkle in sich, aber im gleichen Augenblick sagt er sich auch, dass alles ja nicht schlimm ist, Baga-

---

174 Das Wandlungssymbol.., XI 283.
175 Das Grundproblem.., VIII 405.
176 Allgemeine Gesichtspunkte.., VIII 278.
177 Die Probleme.., XVI 63.
178 Psychologie und Religion, XI 8.
179 Die Psychologie der Uebertragung, XVI 272.
180 Psychologie und Religion, XI 52f.
181 Nach der Katastrophe, 114.

tellen ... Oder aber: Ein Patient übertreibt die Reue, weil es ja wunderbar ist, eine so 'schöne' Reue zu haben, sie zu geniessen wie ein warmes Daunenbett an einem kalten Wintermorgen, wenn man aufstehen sollte"[182]. Das Schuldgefühl hat für Jung eine ähnlich positive Bedeutung wie die Neurose überhaupt. Jung ist der Ansicht, dass es ein Vorteil sein kann, neurotisch zu sein. Von einem seiner Patienten bemerkt Jung: "Er hatte den grossen *Vorteil, neurotisch zu sein,* und so kam jedesmal, wenn er versuchte, seiner Erfahrung untreu zu werden oder die Stimme zu verleugnen, der neurotische Zustand sogleich zurück" (Hervorh. im Or.)[183]. Viele Leute werden erst durch eine Neurose "aus ihrer Dumpfheit herausgetrieben, sehr oft gegen ihre eigene Faulheit oder gegen ihren verzweifelten Widerstand"[184]. Es ist nicht selten, dass auch ein neurotisch Kranker selber dankbar für seine Symptome ist: "Mehr als ein Kranker hat mir gestanden, dass er gelernt habe, seinen neurotischen Symptomen dankbar zu sein, denn sie hätten ihm stets wie ein Barometer gezeigt, wann und wo er von seinem individuellen Weg abgewichen sei, oder wann und wo er wichtige Dinge unbewusst gelassen habe"[185]. Dasselbe gilt nun auch für das Schuldgefühl als einer "moralisch empfundenen Minderwertigkeit". Jung führt dazu aus: "Es sind integrierende Bestandteile der Persönlichkeit, ... deren Ausfall im Bewusstsein eine Minderwertigkeit in dieser oder jener Hinsicht bildet, und zwar nicht etwa eine Minderwertigkeit, die den psychologischen Charakter einer organischen Verstümmelung oder eines angeborenen Defektes an sich hat, sondern vielmehr den *Charakter einer Unterlassung, für die ein moralisches Ressentiment sich aufdrängt*. Die moralisch empfundene Minderwertigkeit zeigt immer an, dass das mangelnde Stück etwas ist, das eigentlich, dem Gefühl entsprechend, nicht mangeln sollte, oder, mit andern Worten, bewusst sein könnte, wenn man sich die nötige Mühe dazu gäbe. Das moralische Minderwertigkeitsgefühl rührt dabei nicht etwa her vom Zusammenstoss mit dem allgemeinen, in gewissem Sinn arbiträren Moralgesetz, sondern vom Konflikt mit dem eigenen Selbst, welches aus Gründen des seelischen Gleichgewichts die Ausgleichung des Defizites erfordert. Wo immer das Minderwertigkeitsgefühl auftaucht, zeigt es auch an, dass nicht nur die Forderung zur Assimilation eines unbewussten Stückes vorhanden ist, sondern auch die Möglichkeit der Assimilation" (Hervorh. im Or.)[186]. Dieses moralische Minderwertigkeitsgefühl ist offenbar zu unterscheiden vom "Bewusstsein" einer erkannten und anerkannten Schuld. Um ein solches

---

182 Gut und Böse, 43.
183 Psychologie und Religion, XI 46.
184 Die Beziehungen.., VII 203.
185 Grundsätzliches.., XVI 9.
186 Die Beziehungen.., VII 149.

Schuldbewusstsein wird es sich handeln, wo Jung von der Schatten- und Schuldannahme spricht. Das diesem Schuldbewusstsein vorgängige Schuldgefühl hat aber trotzdem einen Sinn, es zeigt an, dass eine notwendige Assimilation des Unbewussten nicht stattgefunden hat. Bei diesem unbewussten Schuldgefühl handelt es sich sehr oft nur um eine sogenannte "Verschiebung", wie wir bei Freud festgestellt haben. Analogerweise gilt für das Schuldgefühl das gleiche, was Jung vom Minderwertigkeitsgefühl schreibt: "Minderwertigkeitsgefühl bedeutet ja eben gerade nicht, dass es unberechtigt wäre. Es gilt nur nicht für die Seite oder Funktion, an der es erscheint, sondern bezieht sich auf eine zwar undeutlich geahnte aber wirklich vorhandene Minderwertigkeit"[187].

Der Uebergang vom unbewussten Schuldgefühl (Minderwertigkeitsgefühl) zum Schuldbewusstsein mag uns der Fall einer psychogenen Angina Pectoris (übernommen von Gustav Schmaltz) veranschaulichen[188]. Der betreffende Patient litt an einem Minderwertigkeitsgefühl, das er durch überbetonte Männlichkeit zu kompensieren trachtete. "Zufolge seines minderwertigen Gefühls musste der Patient der Verführung seiner falschen kompensatorischen Männlichkeit unterliegen. Hemmungslos hat er in seinen Beziehungen zu Frauen alle möglichen Dinge unternommen. Ein tief unbewusstes Schuldgefühl hat ihn nie verlassen" ...[189]. Zu bemerken ist noch, dass der Patient seine Gemütskräfte ganz vernachlässigt hatte. Was bedeutet nun in diesem ganz konkreten Fall "Annahme des Schattens"? Sie besteht erstens darin, dass der Patient seine Gemütskräfte annimmt und entfaltet, zweitens, dass er seine Verantwortlichkeit einsieht, die Tatsache, dass er schwer schuldhaft gehandelt hatte - was er allerdings erst gegen Ende der Analyse einigermassen realisieren konnte[190]. Die Schuld hat demnach zwei Seiten: 1. Die Vernachlässigung des Gefühls, 2. die Verletzung der ethischen Norm - und es scheint, dass die zweite Folge und Ausdruck der ersten ist. Mit der Annahme des Schattens, mit der Anerkennung der Schuld, finden dann auch die unerklärlichen und störenden (krankhaften) Schuldgefühle ein Ende und werden abgelöst von einem echten Bewusstsein des Schuldigseins. In der Nicht-Annahme der Schuld sieht Schmaltz eine der wesentlichen Wurzeln der dargestellten Neurose. Dieser nicht angenommenen Schuld entspringen sowohl Schuldgefühl wie Minderwertigkeitsgefühl und Angst: "Das dunkle Gefühl der Schuld, wo immer es mit dem nicht realisierten Schatten zusammenfällt,

---

187 Nach der Katastrophe, 90.
188 G. Schmaltz: Komplexe Psychologie...
189 A.a.O. 106.
190 A.a.O. 107.

macht wegen der kompensatorischen Funktion des Unbewussten (theologisch gesprochen: des Gewissens) Minderwertigkeitsgefühle ... Es ist eine ganz allgemeine psychotherapeutische Erfahrung, dass Angst in der grossen Mehrzahl der Fälle auf nicht-realisierten Schuldgefühlen beruht"[191]. Wir sehen hieraus, dass das Schuldgefühl nicht nur Folge eines überstrengen Ueberichs ist, sondern auch Ausdruck der Ablehnung von wesentlichen Bezirken des Menschseins, wie in dem dargestellten Fall, des Gefühls. Nicht selten führt diese Ablehnung auch zur Verletzung einer ethischen Norm. Infolge der genannten Ablehnung kann aber auch diese Verletzung nicht als solche erkannt und anerkannt werden. Das Schuldgefühl hat demnach Aufrufcharakter. Es ruft auf zur Assimilierung des Unbewussten, zur Integration der Person überhaupt.

Wieweit diese fehlende Assimilation auch Schuld im Sinne von Culpa bedeutet, führt uns zurück auf die Schuldfrage in der Eltern-Kind-Beziehung. Auf diese Frage kommt auch Jung zu sprechen. Auch Jung sieht, dass die fehlende Assimilation, bzw. die Neurose, zu einem wesentlichen Teil durch die Erziehung bedingt ist. Jung stellt sich die Frage im Zusammenhang der bekannten Mutterbindung, in welcher der Sohn das Besorgtwerden durch die Mutter dem Wagnis des Lebens, den Gefahren der Welt, vorzieht. "Wo liegt da die Schuld? Ist es die Mutter, oder ist es der Sohn?" fragt Jung und antwortet: "Wahrscheinlich sind es beide"[192]. "Die Angst vor der Welt und den Menschen" verursacht (einem circulus vitiosus vergleichbar) ein noch stärkeres Zurückweichen in den Infantilismus und "in die Mutter". Es ist keine Frage, dass hier der Mutter ein Verschulden zukommt. Entscheidend für die Therapie ist jedoch, dass der Betreffende sein eigenes Verschulden einsieht, anstatt die Schuld an seinem So-geworden-sein ständig den Eltern zu geben. Der Grund für den genannten Infantilismus "wird in der Regel auf die äusseren Umstände projiziert oder die Eltern werden verantwortlich gemacht ..." "Es bleibt in Tat zu untersuchen", sagt Jung, "wie viel Schuld im Falle eines Sohnes der Mutter, die ihn nicht entlassen will, zuzumessen ist. Der Sohn wird sich zwar durch das fehlerhafte Verhalten der Mutter zu erklären versuchen, unterlässt aber besser dergleichen untaugliche Versuche, durch Anschuldigung der Mutter (oder des Vaters) sich über die eigene Unfähigkeit hinwegzutäuschen"[193]. Anstatt zu denken, "irgend ein Anderer (z.B. der Vater oder die Mutter) sei schuld an seiner Misslichkeit", muss der Patient ein-

---

191 A.a.O. 108.
192 Aion 28.
193 Der Kampf.., 515.

sehen lernen, "dass er selber einen Schatten besitzt, ja dass er den Feind 'im eigenen Busen' birgt"[194].

Allerdings kann sich der Neurotiker im Normalfall nicht selbst heilen. Es obliegt dehalb dem Therapeuten, auf neuer Ebene dem Patienten Vater und Mutter zu werden. "Ein Vater hat daher in jeder Hinsicht Gelegenheit, am Wesen der Tochter nicht Weniges zu verderben, was dann der Erzieher, der Ehemann und im Neurosenfall der Arzt auszubaden hat. Denn 'das vom Vater Verdorbene' kann nur wieder durch einen Vater, und 'das von der Mutter Verdorbene' nur wieder durch eine Mutter hergestellt werden"[195].

Laut Jung sind also sowohl Eltern wie auch die Kinder schuldig. Man kann diesen Sachverhalt mit Jung als "psychologische Erbsünde"[196] bezeichnen. Unter Erbsünde ist hier nicht ein "peccatum naturae" gemeint, sondern wirkliche persönliche Schuld, die sich 'reaktiv' überträgt und dennoch jeweils persönliche Schuld bedeutet.

3. Gott und das Böse

Vom "Bösen" spricht Jung oft im Zusammenhang mit dem Gottesbild. Wenn also von Schuld, bzw. vom Bösen bei Jung die Rede ist, kann dieses Thema nicht ganz unberücksichtigt bleiben.

Jung war Naturwissenschaftler und vor allem Arzt, aber ebenso ein zutiefst religiöser Mensch, ein "homo religiosus". Er bekannte sich auch ausdrücklich zum Christentum[197]. Jung gesteht zwar, dass ihm die Geschichte vom "hêr Jesus" immer verdächtig vorgekommen sei. Unser Autor berichtet, er habe Gott in seiner Jugend erfahren, als er es wagte, "das Verfluchte (zu) denken"[198]. "Damals wurde mir plötzlich klar, dass Gott, für mich wenigstens, eine der allersichersten, unmittelbaren Erfahrungen war"[199]. Für Jung ist die Seele (besser: der Mensch) "naturaliter religiosa" ja sogar "christiana"[200]. Jung spricht denn auch von einem "Archetypus des Gottesbildes". Er meint damit die "religiöse Funktion" der Seele. Diese muss, wenn sie verkümmert oder verdrängt ist, zum Bewusstsein gebracht werden. Erst so wird eine persönliche Beziehung zu Gott möglich: "Es ist vielleicht zu weit gegangen, von einem Verwandtschaftsverhältnis (von Seele zu Gott, Verf.) zu sprechen; aber auf alle Fälle muss die Seele eine Beziehungsmöglichkeit, d.h. eine Entsprechung zum Wesen Gottes in sich haben,

---

194 Die Psychologie der Uebertragung, XVI 211.
195 Mysterium Conj., 199.
196 Ebd.
197 S. die Einleitung in: Erinnerungen.., von A. Jaffé, 6.
198 Erinnerungen.., 45ff.
199 A.a.O. 67.
200 Psychologie und Alchemie, 26, 38, vgl. Vom Werden der Persönlichkeit, 202.

sonst könnte ein Zusammenhang nie zustande kommen. Diese Entsprechung ist, *psychologisch formuliert*, der *Archetypus des Gottesbildes*" (Hervorh. im Or.)[201]. Dieser Archetypus, diese religiöse Funktion ist es, die Jung interessiert, und nicht die theologische Aussage. Jung will auch nicht die Existenz Gottes beweisen: "In einer geradezu tragischen Verblendung sehen diese Theologen nicht ein, dass es sich nicht darum handelt, die Existenz des Lichtes zu beweisen, sondern darum, dass es Blinde gibt, die nicht wissen, dass ihre Augen etwas sehen könnten. Man sollte nachgerade einmal merken, dass es nichts nützt, das Licht zu preisen, und zu predigen, wenn es niemand sehen kann. Vielmehr wäre es notwendig, dem Menschen die Kunst des Sehens beizubringen"[202]. Die Frage also, ob jenseits des Gottesbildes ein transzendenter, absoluter Gott existiere, lässt Jung offen. Zwar sagt Jung, schon das Wort "Archetypus" setze ein Prägendes voraus, aber "über eine mögliche Existenz Gottes ist damit weder positiv noch negativ etwas ausgesagt"[203]. Für Jung ist allein wichtig die "unmittelbare religiöse Erfahrung"[204]. Die Religion als Konfession kann geradezu die Funktion haben, die unmittelbare Erfahrung zu ersetzen[205]. Demgegenüber betont Jung, dass Religion die "Frucht und der Höhepunkt der Vollständigkeit des Lebens" ist[206]. Was von Freud gilt, gilt auch für Jung: Er wendet sich gegen eine "künstliche(n) und saftlose(n) Religiosität"[207]. Bei seinen Patienten muss Jung des öftern feststellen, dass hinter einer religiösen Fassade noch immer die archaischen und heidnischen Götter regieren: "Die grossen Ereignisse unserer Welt, die von Menschen beabsichtigt und hervorgebracht sind, atmen nicht den Geist des Christentums, sondern des ungeschminkten Heidentums ... Der Zustand der Seele entspricht nicht dem äusserlich geglaubten ... Ja, es steht äusserlich alles da in Bild und Wort, in Kirche und Bibel. *Aber es steht nicht innen.* Im Innern regieren archaische Götter, wie nur je;" (Hervorh. im Or.)[208]. Dieses Innere aber des Menschen muss vom christlichen Geist geprägt sein. Jung betont: "Ich lasse der Christlichen Botschaft nicht nur eine Tür offen, sondern sie gehört ins Zentrum des westlichen Menschen"[209]. Jung fordert, dass das Reich Gottes inwendig im Menschen aufgerichtet werde. Notwendig ist eine "Rückbesinnung auf das Gottesreich im Herzen des Menschen", was unter Umständen auch dort möglich ist, wo die Teilnahme

---

201 Psychologie und Alchemie, 23.
202 A.a.O. 26f.
203 A.a.O. 28.
204 Psychologie und Religion, XI 53.
205 A.a.O. 46.
206 A.a.O. 44.
207 Sigmund Freud.., 123.
208 Psychologie und Alchemie, 24.
209 Erinnerungen.., 213.

an einer Konfession verweigert wird[210]. Darin besteht auch die Individuation. Die Individuation ist für Jung nicht nur eine therapeutische Notwendigkeit, "sondern ein hohes Ideal, eine Idee vom Besten, das man tun kann. Ich darf nicht unterlassen zu bemerken, dass es zugleich das christliche Ideal ist vom Reich Gottes, das 'inwendig in Euch ist'"[211]. Relevant für Jung ist demnach der "innere", der "psychische" Gott[212], "der Gott in uns"[213]. Was darüber hinaus von einem absoluten Gott gesagt wird, ist unwichtig. In seinem Aufsatz "Bruder Klaus"[214] will Jung nur einen "begrifflichen Unterschied" zwischen der "individuellen menschlichen Erfahrung Gottes und Gott selber" gelten lassen[215]. Den naheliegenden Vorwurf des Psychologismus weist Jung entschieden zurück: "Ich begegne immer wieder dem Missverständnis, dass die psychologische Behandlung oder Erklärung Gott auf nichts als Psychologie reduziere. Es handelt sich aber gar nicht um Gott, sondern um Vorstellungen von Gott, wie ich immer betont habe"[216]. In "Antwort auf Hiob" weist Jung darauf hin, dass die Verdächtigung des Psychologismus aus einer Unterschätzung der Psyche zu erklären sei, der Versuch zu einem psychologischen Verstehen (auch des Dogmas z.B.) sei noch kein Psychologismus. Jung zieht hier den Vergleich einer physikalischen Erklärung heran: "Wenn man in der Physik das Licht zu erklären versucht, so erwartet niemand, dass es dann kein Licht mehr gäbe. Von der Psychologie glaubt man aber, dass alles das, was sie erklärt, damit wegerklärt sei"[217]. "Man hat mich so oft gefragt, ob ich an die Existenz Gottes glaube oder nicht, dass ich einigermassen besorgt bin, man könne mich, viel allgemeiner als ich ahne, für einen 'Psychologisten' halten. Was die Leute meist übersehen oder nicht verstehen können, ist der Umstand, dass ich die Psyche für wirklich halte"[218].

Der "innere Gott", das Gottesbild, fällt laut Jung mit dem Archetypus des "Selbst" zusammen. Mittels der Wirkungen des Unbewussten, genauerhin des Selbst, werden wir Gott gewahr: "Dass die Gottheit auf uns wirkt, können wir nur mittels der Psyche feststellen, wobei wir nicht zu unterscheiden vermögen, ob diese Wirkungen von Gott oder vom Unbewussten kommen, d.h. es kann nicht ausgemacht werden, ob die Gottheit und das Unbewusste zwei verschiedene Grössen seien. Beide sind Grenz-

---

210 Die Psychologie der Uebertragung, XVI 209.
211 Die Beziehungen.., VII 248.
212 Psychologie und Religion, XI 66.
213 Die Beziehungen.., VII 261.
214 Neue Schweizer Rundschau, 1933.
215 Bruder Klaus, XI 345-352.
216 Versuch.., XI 178 Anm. 17.
217 Antwort auf Hiob, XI 496f., Anm. 2.
218 A.a.O. 497.

begriffe für transzendentale Inhalte ... das Gottesbild koinzidiert, genau gesprochen, nicht mit dem Unbewussten schlechthin, sondern mit einem besonderen Inhalt desselben, nämlich mit dem Archetypus des Selbst. Dieser ist es, von dem wir empirisch das Gottesbild nicht mehr zu trennen vermögen. Man kann zwar arbiträr eine Verschiedenheit dieser beiden Grössen postulieren. Das nützt uns aber gar nichts, im Gegenteil hilft es nur dazu, Mensch und Gott zu trennen, wodurch die Menschwerdung Gottes verhindert wird"[219]. Das religiöse Moment liegt nach Jung darin, dass sich der Archetypus des Selbst dem Ich-Bewusstsein und seiner Willenshaltung entgegenstellt, das heisst numinos erlebt wird: "Dieses 'Etwas' ist uns fremd und doch so nah, ganz uns selber und uns doch unerkennbar, ein virtueller Mittelpunkt, von solch geheimnisvoller Konstitution, dass es alles fordern kann ... und wir haben nichts in Händen, das wir billigerweise dieser Forderung entgegensetzen könnten, und es ist sogar heilsam, diese Stimme zu hören. Ich habe diesen Mittelpunkt als das *Selbst* bezeichnet ... Die beiden (Ich und Selbst, Verf.) können nicht verwechselt werden. Ebenso wenig handelt es sich um eine Vergottung des Menschen oder um eine Herabsetzung Gottes ... Wenn wir daher den Begriff eines Gottes brauchen, so formulieren wir dadurch einfach eine bestimmte, psychologische Tatsache, nämlich die Unabhängigkeit und Uebermacht gewisser psychischer Inhalte, die in ihrer Fähigkeit, den Willen zu durchkreuzen, das Bewusstsein zu obsedieren und die Stimmungen und Handlungen zu beeinflussen, sich ausdrückt" (Hervorh. im Or.)[220].

Wir wissen, dass das Selbst zur Bewusstwerdung und zur Individuation ruft. Letztlich entscheidend ist für den Menschen, dass er auf dieses Selbst als das "Unendliche" ausgespannt ist: "Die entscheidende Frage für den Menschen ist: Bist du auf Unendliches bezogen oder nicht? Das ist das Kriterium seines Lebens ... Letzten Endes gilt man nur wegen des Wesentlichen, und wenn man das nicht hat, ist das Leben vertan. Auch in der Beziehung zum anderen Menschen ist es entscheidend, ob sich das Grenzenlose in ihr ausdrückt oder nicht"[221]. Dieser Bezug zum Unendlichen setzt voraus, dass sich der Mensch als ein endliches, begrenztes Wesen versteht: "Nur das Bewusstsein meiner engsten Begrenzung im Selbst ist angeschlossen an die Unbegrenztheit des Unbewussten. In dieser Bewusstheit erfahre ich mich zugleich als begrenzt und ewig, als das Eine und das Andere. Indem ich mich einzigartig weiss in meiner persönlichen Kombination, d.h. letztlich begrenzt, habe ich die Möglichkeit, auch des Grenzenlosen bewusst zu werden. Aber nur

---

219 A.a.O. 502f.
220 Die Beziehungen.., VII 260f.
221 Erinnerungen.., 327f.

dann"[222]. Dieses Unendliche und Grenzenlose ist im Sinne Jungs nicht gleich Gott. "Das, was hier 'Selbst' genannt wird, ist nicht nur in mir, sondern in allen, wie der Atman, wie das Tao. Es ist *psychische Totalität*. Es ist ein *Missverständnis*, wenn man mir vorwirft, ich hätte damit einen 'immanenten Gott' und damit einen 'Gottersatz' geschaffen. Ich bin Empiriker und als solcher kann ich die Existenz einer dem Bewusstsein übergeordneten *Ganzheit* nachweisen, empirisch nachweisen. Die übergeordnete Ganzheit wird vom Bewusstsein numinos erlebt, als Tremendum und Fascinosum. Als Empiriker interessiert mich nur der Erlebnischarakter dieser übergeordneten Ganzheit, die *an sich*, ontisch genommen, ein Indescriptibile ist. Dieses 'Selbst' steht nie und nimmer an Stelle Gottes, sondern ist *vielleicht ein Gefäss für die göttliche Gnade*" (Hervorh. im Or.)[223]. Hier grenzt Jung das Selbst und Gott streng voneinander ab, es scheint, dass er die Existenz Gottes voraussetzt. Wie gesagt ist jedoch die Frage, ob Gott an sich existiert oder nicht, für die Psychologie Jungs nicht entscheidend. Allein wichtig ist ihm die Erfahrung, das Erlebnis. Dieses Woraufhin dieses Erlebnisses wird von Jung nicht näher bestimmt, d.h. Jung bezeichnet es lediglich als das "Unendliche". Mehr darüber zu sagen, liegt in der Auffassung Jungs nicht im Kompetenzbereich der Psychologie.

Wir sehen, dass das Gottesbild mit dem Archetypus des Selbst zusammenfällt. Damit kommen wir zum Thema: "Gott und das Böse", denn das Selbst hat wie das Unbewusste und die Archetypen ambivalenten Charakter, mehr noch, es stellt die "coniunctio oppositorum" dar. Zu den Gegensätzen, die hier in der Einheit zusammenkommen, gehören nach Jung auch Gut und Böse. Das heisst, dass dem Gottesbild neben der hellen auch eine dunkle Seite zukommt, dass es nicht nur gute, sondern auch böse Eigenschaften enthält.

Es fragt sich nun, was Jung näherhin unter diesem Bösen versteht. Infolge der Ansicht Jungs, dass zum Guten das Böse gehört wie der Schatten zum Licht, kann er die scholastische Lehre, welche das Böse als einen Mangel an Gutem definiert, nicht annehmen. Für Jung ist das Böse eine allzu offensichtliche Wirklichkeit, als dass er in ihm nur eine "privatio boni" sehen könnte. Jung stellt sich gegen diese Lehre allerdings aus rein empirischen Erwägungen. Er berichtet von einem Patienten, dem "allerhand dubiose und moralisch anfechtbare Handlungen unterlaufen waren" und der sich als "ferventer Anhänger des *privatio boni*" erwies (Hervorh. im Or.)[224]. Der Grund dafür war, dass diese Auffassung zu

---

222 A.a.O. 328.
223 Gut und Böse.., 38.
224 Vorwort zu V. White.., XI 332.

seiner Gewissensberuhigung willkommen war, und vorzüglich zu seinem Konzept passte: "Das Böse ist an sich nichts, ein blosser Schatten, eine kleine und vorübergehende Verminderung des Guten, wie eine vor der Sonne vorüberziehende Wolke"[225]. Anstatt das moralisch Verwerfliche zu bagatellisieren, müsste die Einsicht dem Betreffenden sagen: "Wenn dein Böses in der Tat nur ein nicht wirklicher Schatten deines Guten ist, dann ist dein sogenanntes Gutes nichts anderes als ein nicht wirklicher Schatten deines wirklichen Bösen". Und Jung fährt fort: "Wenn er diese Ueberlegung nicht macht, so belügt er sich selber und derartige Selbstbelügungen haben neurotisierende, d.h. dissoziierende Folgen, wie z.B. Minderwertigkeitsgefühle mit allen ihren bekannten Begleiterscheinungen"[226]. Man wird Jung ohne Schwierigkeit zustimmen können, wenn er sich gegen eine solche "Anwendung" der scholastischen Lehre wendet, wie er sie bei seinem Patienten vorfindet. In Wirklichkeit wendet er sich aber nicht gegen die Lehre als solche, sondern gegen eine falsche Auslegung dieser. Wird das Böse als privatio boni bestimmt, hat das mit einer Verharmlosung des Bösen natürlich nicht das Geringste zu tun. Was mit der privatio boni gemeint ist, sagt Jung selber schon gerade dort, wo er diese Auffassung zurückweist: "... in der psychologischen Wirklichkeit bedeutet das Böse eine *wirksame, ja sogar bedrohliche Beschränkung des Guten*, so dass nicht zu viel gesagt ist, wenn man annimmt, dass in dieser Welt nicht nur Tag und Nacht, sondern auch Gut und Böse sich mehr oder weniger die Waage halten, und dass dies der Grund sei, warum der Sieg des Guten immer einen besonderen Gnadenakt bedeutet" (Hervorh. v. Verf.)[227].
Die Verwerfung der privatio-boni-Lehre von Jung blieb nicht ohne Konsequenzen. Wenn ein Böses eine (metaphysische) "positive" Wirklichkeit ist, ist es wohl unumgänglich, dass Gott zur Ursache dieses Bösen gemacht werden muss. Jung lehnt denn auch entschieden ab, dass Gott das "summum bonum" sei[228]. Für Jung kann es nicht anders sein, als dass Gott, der das Gute erschaffen hat, auch Ursache des "weniger Guten", d.h. des Bösen ist. Die Meinung, dass Gott nur Ursprung des Guten sei, ist laut Jung "ein Widerspruch gegen die Wahrheit, dass wer die Wärme erschaffen hat, auch für die Kälte (scl. bonitas inferiorum) verantwortlich ist"[229].
Da Jung nicht zwischen "Ursächlichkeit" und "Zulassung" Gottes unterscheidet, muss er nun sagen, dass nicht alles, was Gott tue (respektive zulasse) gut genannt werden könne: "Nennen wir alles, was Gott tut oder

225 Ebd.
226 A.a.O. 333.
227 Versuch.., XI 188, vgl. 183.
228 Aion, 85f.
229 Ebd.

zulässt, gut, dann heissen wir das Schlimme gut und 'gut' ist sinnlos geworden"[230].

Nach Jung ist das Böse in der Welt ein notwendiger Teil der Schöpfung und weist als solches auf Gott als Ursache hin. "Gott konnte höchstens am Paradies Wohlgefallen empfunden haben, aber auch da hatte Er ja selber dafür gesorgt, dass diese Herrlichkeit nicht zu lange dauern konnte, indem Er die gefährliche Giftschlange, der Teufel selber, hineingesetzt hatte ... Wenn Gott das "höchste Gut" ist, warum ist Seine Welt, Sein Geschöpf so unvollkommen, so verdorben, so erbarmungswürdig? - Offenbar vom Teufel gestochen und durcheinandergebracht, dachte ich. Aber der Teufel ist ja auch das Geschöpf Gottes"[231].

Der Grund der Sünde liegt in dieser unvollkommenen, "infizierten" Schöpfung[232], so sehr, dass der Mensch gar keine Wahl hatte und sündigen *musste:* "Sie (die Ureltern, Verf.) hatten keine Wahl, sondern mussten so sein, wie sie Gott geschaffen hatte. Gott in seiner Allwissenheit hat alles so angeordnet, dass die ersten Eltern die Sünde begehen mussten. *Es war also die Absicht Gottes, dass sie sündigen mussten*" (Hervorh. im Or.)[233]. Jung meint, man könne den Menschen erst dann als den Urheber des Bösen betrachten, wenn man die Willensfreiheit klar definieren könne[234]. Der Psychiater jedoch wisse, "was für eine verzweifelt schwierige Aufgabe dies bedeute(t)"[235]. Anderseits betont Jung, dass mit dem von Gott gegebenen Anderswollen*können* auch schon ein Anderswollen mit begründet sei. Wäre dem nicht so, meint Jung, würde der Mensch zu einer blossen Maschine degradiert. Er schreibt: "Das Objekt, welches keinen eigenen und unter Umständen seinem Schöpfer entgegengesetzten Willen und keine anderen Eigenschaften als jener hat, besitzt keine unabhängige Existenz, die ethische Entscheidungen fällen könnte ... Daher hat Lucifer den Gotteswillen, der nach Weltschöpfung trachtete, wohl am besten verstanden und am getreuesten ausgeführt, indem er sich gegen Gott empörte und damit zum Prinzip einer Kreatur wurde, welche Gott als etwas Anderswollendes gegenübertrat. Weil Gott dieses wollte, so hat er, laut Genesis 3, das Anderswollenkönnen in den Menschen gelegt. Wäre dem nicht so, so hätte er nichts anderes als eine Maschine geschaffen"[236]. Selbstfindung und Entfernung von Gott werden somit schliesslich in eins gesetzt, so dass "Existenz und Leben an sich schon Schuld bedeuten"[237]: "Selbst ein Gott

---

230 Aion, 380.
231 Erinnerungen.., 64f.
232 Antwort auf Hiob, XI 423.
233 Erinnerungen.., 44.
234 Aion, 78f.
235 A.a.O. 79.
236 Versuch.., XI 213.
237 Mysterium Conj., I 185.

geweihtes Leben wird doch immer noch von einem Ich gelebt, das gegenüber Gott von einem Ich spricht und ein Ich behauptet, das nicht sofort in die Gottheit fällt, sondern sich eine Freiheit und einen Willen reserviert, die es gewissermassen ausserhalb der Gottheit aufrichtet. Wie kann es dies der Uebermacht Gottes gegenüber? Nur durch Selbstbehauptung, die sich ihre freie Wahl ebenso sehr sichert wie Lucifer. Alles Verschiedensein von Gott ist Entfernung, Abfall. Der Sündenfall war schon im Paradies unvermeidlich"[238]. Wir sehen, dass Jung menschliche Schuld nicht leugnet. Wird sie so gedeutet, dass menschliche Existenz innerlich notwendig schon Schuld bedeutet, und zwar Schuld als Abfall von Gott, dass sie mit dem Geschaffen-Sein als solchem mitgegeben ist, so muss sie notgedrungen auf den Schöpfer, auf Gott, zurückfallen, der den Menschen eben so geschaffen hat, dass dieser schuldig werden muss.

Wird die Schuld so verstanden, dann wird Gott selber schuldig. Jung sieht das Gottesbild eines solchen rücksichtslosen, grausamen Willkürgottes im Buche Hiob dargestellt. Es sei der Gott, der das Versprechen der Bundestreue breche, diese Untreue jedoch auf Hiob, auf den Menschen projiziere. "Seine (Jahwes, Verf.) Bereitschaft, Hiob dem moralischen Zugriff Satans zu überlassen, beweist, dass er darum an Hiob zweifelt, weil er seine eigene Tendenz zur Untreue auf einen Sündenbock projiziert"[239]. Indem aber Hiob an seiner Unschuld festhalte, bewirke er eine Wandlung in Gott selber. Jahwe sieht nun ein, dass er dem Menschen unrecht getan hat, "dass der Mensch Hiob ihm moralisch überlegen ist und er deshalb das Menschsein noch nachzuholen hat ... Jahwe muss Mensch werden, denn diesem hat er Unrecht getan"[240]. Die Antwort Gottes an Hiob besteht also darin, dass Gott Mensch wird. Jung erblickt nun im Opfer Christi am Kreuz eine Strafe Gottes für Gott selber. Dass Gott Christus, den Gottmenschen, bestrafe, beweise, dass die Schuld eigentlich nicht bei den Menschen, sondern bei Gott liege: "Wenn die Menschheit die wirkliche Schuld trägt, müsste logischerweise sie dafür bestraft werden. Wenn Gott ihr aber die Strafe abnimmt, so exculpiert er sie, und es steht dann zu vermuten, dass die Menschheit auch gar nicht schuld sei, sondern dass Gott die Schuld habe, weshalb er sie auch logischerweise auf sich nähme"[241]. Erneut weist Jung auf die Unvollkommenheit der Schöpfung hin: "Sein (Jahwes) Werk war unvollkommen und gedieh nicht, woran das Geschöpf nicht schuld ist"[242].

238 Ebd.
239 Antwort auf Hiob, XI 419.
240 A.a.O. 434f.
241 Das Wandlungssymbol... XI 295.
242 Ebd.

Jung wehrt sich gegen eine naive Gottesvorstellung, die nur deswegen in Gott den guten, lieben Vater sehen kann, weil sie am Bösen und dem Leid in der Welt vorbeisieht und meint, man könne "von Gott nur *'Gutes'*, d.h. das, was uns als 'gut' erscheint, erwarten" (Hervorh. im Or.)[243]. Jung sagt nicht ohne Grund, man wisse zuviel vom "lieben" Gott und kenne ihn zu gut, so dass man ihn mit den eigenen Vorstellungen verwechsle und diese für heilig halte[244]. *So* hat Jung Gott nicht erfahren und er bekennt: "'Gott' war für mich alles, nur nicht erbaulich"[245]. Wie wenig Gott in der Tat erbaulich ist oder sein kann, zeigt gerade das Buch Hiob in aller Deutlichkeit.
Nach Jung entspricht dem menschlichen Wandlungsprozess ein Wandlungsprozess im Raume Gottes. In der beidseitigen Wandlung sieht Jung die Menschwerdung Gottes begründet. Jung will überhaupt die Schöpfung nicht von Gott, dem "actus purus", ausgeschlossen wissen. Er setzt voraus, dass nur das wirklich sei, was in Gott eingeschlossen ist. Da Jung nun den Teufel, den "Fürsten dieser Welt", in engste Beziehung zur Schöpfung, zur materiellen Wirklichkeit, bringt, muss er konsequenterweise auch den Teufel und das Böse in Gott hineinverlegen. Das führt dazu, dass für Jung der trinitarische Gott zu einer Quaternität wird: "In der umfassenden Formel der Trinität ist die 'Schöpfung', d.h. die Materie nicht inbegriffen, wenigstens nicht explicite. Unter diesen Umständen gibt es für letztere nur zwei Möglichkeiten: entweder ist sie wirklich und dann ist sie im göttlichen actus purus eingeschlossen, oder sie ist unwirklich, eine blosse Illusion, weil ausserhalb der göttlichen Wirklichkeit. Letzterem Schluss widerspricht aber einesteils die Menschwerdung Gottes und das Erlösungswerk überhaupt, anderteils die Autonomie und Ewigkeit des 'Fürsten dieser Welt', nämlich des Teufels ... Ist die Wirklichkeit der Weltschöpfung im actus purus eingeschlossen, so befindet sich dort auch der Teufel - q.e.d. Aus dieser Sachlage ergibt sich eine Quaternität" ...[246].
Wenn Jung die Quaternität Gottes verficht, so geht es ihm letztlich um die Annahme der Materialität als Existenzbestimmung des Geschöpfes. Dabei setzt er das Materielle, das Weibliche und den Teufel (das Böse) in eine so nahe Beziehung, dass sie oft einer Identifikation gleichkommt[247]. Man könne zwar, sagt Jung, die Materie als ursprünglich gut erklären, aber auch so bliebe doch der Teufel die Seele des Stoffes, indem beide, Stoff und Teufel, den Widerstand gegenüber Gott darstellten, ohne welchen die Autonomie der Einzelexistenz undenkbar sei.

---

243 Versuch.., XI 214.
244 Bruder Klaus, XI 349.
245 Erinnerungen.., 77.
246 Versuch.., XI 212.
247 Psychologie und Alchemie, 542.

Stofflichkeit, Teufel, Ungehorsam (Notwendigkeit der Ursünde) machen so den einen wesentlichen Aspekt der geschöpflichen Existenz aus[248]. Der Gegenpol des materiellen, chthonischen Prinzips ist das Geistige, Immaterielle, letztlich das Göttliche. Der Gegensatz Geist-Materie, Gut-Böse muss in der Gegensatzvereinigung, in der "coniunctio oppositorum" aufgehoben werden. Jung geht von einer dem Manichäismus ähnlichen Grundposition aus, um diese dann sogleich zu verwerfen, indem er die Notwendigkeit der Gegensatzvereinigung hervorhebt. Eine manichäische Grundtendenz wirft Jung sogar der christlichen Weltanschauung vor. "Geist und Fleisch" sagt Jung, seien "die beiden ewigen Feinde im christlichen Bewusstsein"[249]. Auch Christus würde zu einseitig ("gut und geistig") gesehen, so dass diese Vorstellung notwendig den Gegensatz ("böse und materiell") hervorrufe: "Bezeichnet nun die Theologie Christus als schlechthin gut und geistig, so muss auf der anderen Seite ein 'böse' und 'chthonisch' oder 'naturhaft' entstehen, welches eben den Antichrist darstellt"[250]. Mit der Quaternitätsvorstellung bezweckt demnach unser Autor eine Versöhnung des Gegensatzes von Geist und Materie, so wie es an anderer Stelle heisst: "... es handelt sich um den Vollzug des Hierosgamos, um Verirdischung des Geistes und Vergeistigung der Erde, um eine unio oppositorum, eine Versöhnung der Getrennten"[251].

Das psychologische Gottesbild Jungs umfängt die Gesamtheit der Wirklichkeit in aller ihrer Paradoxie und Gegensätzlichkeit. In diesem Sinn schreibt Jung, dass das widerspruchsvolle Gottesbild der furchtbaren Paradoxie unseres Daseins entspreche[252]. Die Aufgabe des Menschen besteht schliesslich darin, die *ganze* Wirklichkeit in ihrer Paradoxie anzunehmen, nur so kann er seine eigene Ganzheit erreichen. Da der Mensch in der Mitte zwischen stofflicher Natur und unstofflichem Geist steht, hat er diese beiden grundlegenden Gegensätze anzunehmen und zu verwirklichen. Beide Seiten, Geist und materielle Wirklichkeit, können interessanterweise nach Jung numinos erlebt werden. "Nicht nur das Geistige", schreibt Aniela *Jaffé*, "auch das Naturhafte wird als numinos erlebt. Beides transzendiert die Ichpersönlichkeit und wird darum dem Bereich des Göttlichen zugeordnet, aber beide - Instinkt und Geistesnatur - gehören zur Ganzheit des Menschen, zum Selbst"[253]. Vor allem auch die leibliche Seite des Menschen, "Instinkt" und "Tierseele", ist "eine sorgfältig und religiös zu beachtende

248 Versuch.., XI 187.
249 Psychologie und Religion, XI 33.
250 Aion, 100.
251 Mysterium Conj., I 186.
252 Antwort an Martin Buber, XI 663.
253 A. Jaffé: Bildende Kunst.., 238.

Grundtatsache des Lebens" (Aniela Jaffé)[254]. Ziel der Therapie ist es nun, die Einheit, die Conjunctio oppositorum, herbeizuführen. So machte z.B. einem Patienten die Mandalavision den Eindruck der "sublimsten Harmonie"[255]. "Es war die erste Andeutung einer möglichen Lösung des verheerenden Konfliktes zwischen Materie und Geist, zwischen den Begierden der Welt und der Liebe zu Gott ... Und so wäre die innerste Bedeutung der Vision nichts Geringeres als die *Vereinigung der Seele mit Gott*" (Hervorh. im Or.)[256].

254 A.a.O. 239.
255 Antwort auf Hiob, XI 71.
256 A.a.O. 78.

II. DIE ANALYTISCHE PSYCHOLOGIE UND IHRE THEOLOGISCHE RELEVANZ

Im Unterschied zu Sigmund Freud hat C.G. Jung das Religiöse als seelisches Phänomen sui generis anerkannt, er hat im Religiösen eine psychische Funktion erkannt, die nicht auf ein Phantasiegebilde (eine Vaterprojektion) zurückzuführen ist und auch nicht durch eine Reduktion auf ein Triebgeschehen erklärt, bzw. wegerklärt werden kann... Man darf sagen, dass Jung die Bedeutung des Glaubens, des religiösen Erlebnisses, für die menschliche Psyche und die seelische Entwicklung neu entdeckt und einem methodischen Studium unterworfen hat.

Den Arzt und Empiriker Jung interessiert jedoch nur der Niederschlag des Religiösen in der Psyche, z.B. also das Gottes*bild* und nicht eine theologische Aussage vom Wesen Gottes an sich, oder dann nur insofern, als auch dieser Aussage eine psychologische Bedeutung zukommt, d.h. eine Beziehung hat zum Gottessymbol, das von der menschlichen Seele produziert wird. Jung bringt dem Theologen erneut zum Bewusstsein, dass es nicht allein auf die *Richtigkeit* der Gottesvorstellung ankommt, sondern auf deren psychische Wirksamkeit, auf jenen "Gott", der im Herzen des Menschen wohnt. Dieser psychische Gott ist mehr als ein Begriff, er ist ein Bild, ein Symbol, welches numinos erlebt wird. Es ist Jungs Verdienst, wie auch von den Theologen allgemein anerkannt wird, auf die Wirksamkeit und Bedeutung der Symbole im Gegensatz zum bloss Begrifflichen hingewiesen zu haben. Der Theologe wird Jung auch darin zustimmen müssen, dass es letztlich auf das *lebendige* Gottesbild im Menschen ankommt, auf den *gelebten* Glauben.

Bei seinen Erörterungen über das Religiöse kommt Jung auch auf biblische und theologische Aussagen zu sprechen, wobei er sich dann, entgegen seiner eigentlichen Absicht, vom rein empirischen Standpunkt entfernt. Bei solchen Stellen fragt es sich jeweils, wie weit Jung der theologischen Wahrheit auch gerecht geworden ist, ob er sie auch in ihrem theologischen Aussagewert ernst nimmt, ob er sie in ihrer existentiellen (und psychologischen) Bedeutsamkeit für den Menschen auch wirklich gesehen hat, ob denn überhaupt mit "psychischer Ganzheit" der "psychische Gott" auch schon genügend charakterisiert ist. Es fragt sich auch, wie weit der Psychologe, obschon er sich mit Recht zunächst auf die psychischen Phänomene einschränkt[257], gerade

---

257 Das verlangt auch V. White, wenn er schreibt: "Unsere Bitte an die Psychologen im allgemeinen und die Schule Jungs im besonderen ist daher nicht, dass sie von ihren empirischen Methoden abgehen, sondern eher, dass sie diese strenger und umfassender anwenden mögen" = V. White: Seele und Psyche 62.

um der psychologischen Wahrheit willen, einer philosophischen und theologischen Anthropologie ganz entbehren kann. Interessant und nicht ohne Problematik ist, dass Jung die Frage nach der objektiven Wahrheit für inkommensurabel erklärt und meint, das Metaphysische sei allein Sache des Glaubens[258]. Wie wir sehen, ergeben sich aus dem Gesagten eine Reihe von Problemen, über die im einzelnen zu sprechen wäre, wofür hier aber nicht der Ort ist[259]. Im Zusammenhang unseres Themas können wir uns auf jene Fragen beschränken, die im Kapitel über Jung bereits angeschnitten wurden.

Für die theologische Ethik und Pastoral ist nicht ohne Interesse, was Jung über die Assimilierung und Realisierung des Schattens bzw. des Bösen zu sagen hat. Der Theologe müsste Jung die Zustimmung versagen, wenn dieser unter Realisierung des Bösen auch die Anerkennung und Bejahung des moralisch Bösen verstünde. Zur Klärung muss zunächst festgehalten werden, dass Jung unter dem sog. Bösen durchaus etwas Positives versteht. Er sieht das Böse "als Verdrehung, Verkrüppelung, Missdeutung und missbräuchliche Anwendung an sich natürlicher Tatsachen"[260]. Nicht die Inhalte des Schattens, des "Bösen", sind eigentlich böse, sondern eher ihre "Verdrehung". Wie Jung demnach zeigt, gehört es zur sittlichen Pflicht, diese "natürlichen Tatsachen" nicht zu verdrängen, sondern zu assimilieren, zu integrieren. Versteht man unter dem Schatten zunächst die triebhafte, animalische Seite des Menschen, dann ist theologischerseits Jung nur zuzustimmen, wenn er die Notwendigkeit der Assimilation betont. An dieser Stelle darf Martin *Buber* zitiert werden, der auf die gleiche Frage im Zusammenhang mit der talmudischen Lehre vom guten und bösen Trieb zu sprechen kommt. Buber erklärt, dass der böse Trieb ursprünglich nicht böse, sondern "sehr gut" sei. "Dass er böse heisst, kommt daher, dass der Mensch ihn böse gemacht hat... Die Aufgabe der Menschheit ist daher nicht, den bösen Trieb in sich zu vertilgen, sondern ihn wieder mit dem guten zu vereinen". Der böse Trieb ist "nichts andres als ein rohes Erz, das man ins Feuer tun muss, um es formen zu können". Der böse Trieb muss verstanden werden "als die Leidenschaft, als die dem Menschen eigentümliche Kraft also, ohne die er weder erzeugen noch hervorbringen kann, die aber, sich selber überlassen, richtungslos bleibt und in die Irre führt", der gute Trieb hingegen "als die reine Richtung, das heisst, als die eine unbedingte Richtung, die auf Gott zu". Die Einigung der beiden Triebe besagt nun: "Die richtungslose Potenz der Leidenschaft mit der einen Richtung versehen, die zur grossen Liebe und zum grossen

---

258 Psychologie und Alchemie, 50.
259 S. V. White: Seele und Psyche, ders.: Gott und das Unbewusste, R. Hostie: C.G. Jung und die Religion, Josef Rudin: Psychotherapie und Religion.
260 Aion, 380.

Dienste tauglich macht. So und nicht anders kann der Mensch ganz werden". Diese Ganzwerdung ist auch gemeint im Gebot, dass Gott mit dem ganzen Herzen zu lieben sei (Dtn 6,5), das heisst: "mit deinen beiden geeinten Trieben. Man muss den bösen Trieb mit hineinnehmen in die Liebe zu Gott, so und nur so wird sie vollkommen, und so und nur so wird er wieder, wie er geschaffen war: 'sehr gut'"[261]. Im Prinzip gleich ist auch die katholische Lehre. Nach Thomas von Aquin gehören Trieb und Vernunft gleich notwendig zum einen humanen und sittlichen Akt, sie bedingen einander wie Leib und Seele[262]. Stephan *Pfürtner* schreibt hiezu: "Die sittliche Handlung ist durch vollkommene Harmonie des Zueinander von Trieb und vernünftigem Wollen gekennzeichnet. - Ob man sinnlich-seelische Antriebe bis in die höchsten Akte des Willens hinaufreichen oder ob man das transzendente Wollen sich im Gemüthaften realisieren sieht, in jedem Fall bedarf es der lebendigen Gegenwärtigkeit des Sinnlichen. Es ist daher schlechthin nicht einzusehen, wie es zu einem vollen Tugendakt des Willens kommen kann, wenn jener psychosomatische Untergrund möglichst inaktiv sein soll"[263]. Leider aber wurde (und wird) diese Sicht oft nur in der Theorie und nicht auch im praktischen Leben - und in der Verkündigung - wirksam. Mit Recht schreibt Pfürtner: "Vielleicht haben wir viel zu wenig die religiösen Kräfte, die in diesen Schichten (der Tiefenschichten der Psyche, Verf.) latent sind, aktiviert und uns viel zu einseitig in unserer religiösen Pädagogik auf Training wider Willen und Verstand verlassen. Erst dann jedenfalls", fährt Pfürtner fort, "wird der Mensch wahrhaft 'heil' und die ganze 'Seele' geheiligt für den *Vater*, wenn die geistigen Bewusstseinskräfte die unendlich weiten dynamischen Regionen der sinnlichen Tiefen Gott entgegenführen" (Hervorh. im Or.)[264]. Dass diese Wahrheit aus der teilweisen Vergessenheit hervorgeholt wurde, in der Theologie und im Bewusstsein des Menschen, ist zu einem grossen Teil der Tiefenpsychologie zu verdanken, obgleich der Gesichtspunkt in Psychologie und Theologie nicht der gleiche ist. Der Theologe betrachtet die Triebsphäre unter dem Gesichtspunkt des sittlichen Aktes, bzw. der Tugend, der Psychologe unter jenem der seelischen Gesundheit. Aber beide Gesichtspunkte schliessen sich nicht aus, sie ergänzen einander. Was von der Theologie her für die Tugendhaftigkeit des Menschen verlangt wird, sucht der Tiefenpsychologe für die seelische Gesundheit zu verwirklichen, zu welcher Gesundheit ja auch der Christ verpflichtet ist. Tu-

---

261 M. Buber: Bilder von Gut und Böse, 49-52.
262 Summa Theologiae I-II q.17 a.4, De Virt. in comm. 4 ad 8.
263 St. Pfürtner: Triebleben.., 283 und 270.
264 A.a.O. 311.

gendhaftigkeit und seelische Gesundheit stehen somit (zumindest in dieser einen Hinsicht) in einer gegenseitigen Wechselbeziehung.
Von daher wird auch verständlich, wenn Jung einem einseitigen *Vollkommenheitsideal* die Forderung nach *Vollständigkeit* gegenüberstellt. Im Vollkommenheitsstreben sieht Jung einen unfruchtbaren Perfektionismus am Werk. Die Vollständigkeit hingegen sei noch unvollkommen, verbesserungs- und entwicklungsfähig[265]. Jung beobachtet beim Vollkommen-sein-Wollenden oft einen "Ausbruch längst aufgestauter negativer Gefühle", woraus "ein schreckenerregendes Gemälde" entsteht, "das allen Vorstellungen von christlicher Demut, Duldsamkeit, Nächsten- und Feindesliebe, von einem liebenden Vater im Himmel und einem menschenrettenden Sohn ins Gesicht schlägt"[266]. Aus eigener Erfahrung gibt uns Jung ein Beispiel: "Ich habe einmal die Bekanntschaft eines verehrungswürdigen Mannes gemacht - man könnte ihn ohne Schwierigkeit einen Heiligen nennen, - ich ging drei Tage lang um ihn herum und konnte nirgends die Unzulänglichkeit des Sterblichen an ihm entdecken. Mein Minderwertigkeitsgefühl wurde bedrohlich, und ich begann bereits ernstlich daran zu denken, mich zu bessern. Am vierten Tag aber konsultierte mich seine Frau ... Seitdem ist mir nichts Aehnliches mehr passiert"[267]. Jung wendet sich jedoch nicht gegen die Vollkommenheit und das Streben danach als solche, vielmehr nur gegen ein falsches Vollkommen-sein-Wollen, welches das eigene Dunkle und Unvollkommene, die eigene Hilfsbedürftigkeit und das Angewiesensein auf den andern nicht sieht: "Das Vollkommene bedarf des anderen nicht, wohl aber das Schwache, das Anlehnung sucht und darum dem Partner nichts entgegenstellt, das ihn in eine untergeordnete Position drängt oder gar durch eine moralische Superiorität demütigt. Letzterer Fall tritt aber nur zu leicht dort ein, wo hohe Ideale eine zu deutliche Rolle spielen"[268].
In der Regel wird allerdings ein hohes Ideal nicht diese Wirkung haben, - dies ist nur der Fall bei einer unberechtigten Identifikation mit dem Ideal - sondern eher die eigene Unzulänglichkeit deutlich machen, was ja Jung gerade fordert, im Extremfall sogar schwere Minderwertigkeitsgefühle heraufbeschwören, dann nämlich, wenn das Ideal nicht als Ziel(gebot) verstanden wird, das nie vollständig erfüllt werden kann. So verstanden bilden christliches Vollkommenheitsideal und die Vollständigkeit im Sinne Jungs keinen Gegensatz. Christliche Vollkommenheit meint ja gerade nicht ein leibfeindliches oder selbstgerechtes Tugendideal, sondern Ganzheit und Geschlossenheit in der

---

265 Antwort auf Hiob, XI 424.
266 A.a.O. 470.
267 Die Beziehungen.., VII 213.
268 Gegenwart und Zukunft, 48.

Liebe: Liebe mit dem ganzen Herzen und aus ganzem Gemüte, jene Liebe, die auch vor dem Feind nicht haltmacht, sondern die Liebe des himmlischen Vaters nachahmt, der "seine Sonne aufgehen lässt über Gerechte und Ungerechte" (Mt 5,45). *Das* ist gemeint unter christlicher Vollkommenheit: "Seid also vollkommen, wie euer himmlischer Vater vollkommen ist" (Mt 5,48). Ein anderes Ziel aber als die Verwirklichung der echten und wahren Liebe kennt auch die Tiefenpsychologie nicht, auch wenn sie nicht moralische Forderungen aufstellt, vielmehr Hindernisse und Missverständnisse aus dem Weg räumt, um so die Liebesfähigkeit erst zu ermöglichen. Der rechtverstandene Individuationsprozess führt auch zu einer echten Nächstenliebe. Eleanor *Bertine* schreibt: "Die Erkenntnis des Selbst besteht keineswegs aus den Schlüssen einer autoerotischen Selbstbetrachtung, sondern aus dem Ausgleich mit den inneren Kräften, die wir nicht erfinden, sondern in einer tiefbewegenden Erfahrung entdecken. Und so geschieht es denn durch bewusste Beziehung zu unseren Mitmenschen, dass wir das Selbst realisieren. Und umgekehrt, einzig das Selbst ermöglicht wahre Bezogenheit, oder wie Jung sagt: 'Erlöste Liebe ist der extravertierte Aspekt der Individuation'"[269].
Die häufig gemachte Unterscheidung, das Ziel der Psychotherapie sei die Vollständigkeit, jenes der Seelsorge jedoch die Vollkommenheit[270], muss demnach präzisiert werden. *Materialiter* kann all das, was Jung sagt, mit der Theologie übereinstimmen, aber *formaliter* geht es in der Theologie um die Uebereinstimmung des Menschen mit seinem Urbild in Gott. Eine *inhaltliche* Abgrenzung (Vollständigkeit einerseits, Vollkommenheit anderseits) ist fragwürdig. Hingegen ist entscheidend, dass bei noch so viel Uebereinstimmung im Vollkommenheitsbegriff der *Aspekt* verschieden sein muss, während man von derselben Sache spricht. Materialiter besteht das Heil des Menschen durchaus in seiner Ganzheit und Integrität. Victor *White* weist daraufhin, dass für den hl. Thomas, "der die Gedankengänge mehrerer Jahrhunderte zusammenfasst", "Heiligkeit *(sanctitas)*, Gesundheit *(sanitas)*, Vollkommenheit *(perfectio)* und Ganzheit *(integritas)* praktisch synonym" sind (Hervorh. im Or.)[271]. Die Theologie sagt, dass die Integrität auf Erden nicht ganz erreicht werden kann, aber auch für Jung bleibt die Ganzheit ein unerreichbares Ideal. Der Unterschied besteht darin, dass die Integrität als vollendete Harmonie des Menschen letztlich (theologisch gesehen) ein Gnadengeschenk Gottes ist, und erst durch die eschatologische Tat Gottes am Ende der Zeiten, im vollendeten Zustand der Gnade, im Vollsinn Wirk-

---

269 Eleanor Bertine: Menschliche Beziehungen, Zürich 1957, 318.
270 Z.B. J. Rudin: Psychotherapie und Religion, 194.
271 V. White: Seele und Psyche, 195.

lichkeit wird. Die Zukunftsperspektive schliesst jedoch nicht aus, dass die Gnade Gottes schon jetzt wirksam ist - und zudem die Gnade das freie Tun des Menschen nicht ausschliesst, sondern erst ermöglicht. Jeder Dienst am Menschen und nicht zuletzt der psychotherapeutische, darf demnach, auch wenn er nicht innerhalb des kirchlichen Raumes geschieht, im weiteren Sinne als "Seelsorge" und "Gottesdienst" betrachtet werden.
Kehren wir zur Schattenthematik zurück. Aus der eingangs zitierten Stelle Jungs geht hervor, dass das Böse eigentlich nicht in der Schattenwirklichkeit besteht, sondern im Nicht-annehmen-Wollen der in ihm anwesenden positiven Inhalte. In dieser Schattenwirklichkeit haben wir zunächst die animalische Seite des Menschen erkannt. Es ist aber wichtig zu sehen, dass für Jung der Schatten nicht mit dieser Seite des Menschen zusammenfallen muss, denn zum Schatten gehören alle die vom Ich verpönten Inhalte. In den Bereich des Schattens kann auch das Vernünftige, Geistige, Religiöse und Ethische des Menschen fallen. Insofern heisst Annahme des Schattens nichts anderes als Bejahung und Verwirklichung all dessen, was zur Natur des Menschen gehört. Das ist auch der Sinn der Selbstverwirklichung. "Den Weg zum Selbst gehen heisst: der Mensch soll nicht nur Triebmensch und nicht nur reiner Geist sein, sondern in der sinnvollen kreatürlichen Verbindung von Trieb und Geist - menschliche Ganzheit" (White)[272]. Wir haben schon festgestellt, dass so verstanden die "Schattenannahme" auch für die Theologie von Bedeutung ist. Insofern mit "Annahme" nicht nur eine intellektuelle Zur-Kenntnis-Nahme gemeint ist, sondern ein willentliches, affektives Bejahen, weist uns Jung noch auf einen weitern Tatbestand hin: auf die Notwendigkeit der *Selbstliebe*. Der Theologe ist vielleicht allzu geneigt, in der Selbstliebe eine egoistische Verfehlung der Liebe zu sehen. Das ist aber nicht nur psychologisch, sondern auch philosophisch-theologisch falsch. Wenn das biblische Gebot sagt: Liebe deinen Nächsten wie dich selbst - dann ist die natürliche Selbstliebe schon vorausgesetzt und zum Mass der Nächstenliebe gemacht. So selbstverständlich ist aber, wie Jung darlegt, diese Selbstliebe gar nicht. Auch die (geordnete) Selbstliebe ist Aufgabe des Menschen und notwendige Voraussetzung der Nächstenliebe. Bei Thomas von Aquin ist dieser Tatbestand noch klar ausgesprochen. Er hat sich unbefangen dazu bekannt, dass der Mensch sich selber mehr lieben müsse als den Nächsten, denn für ihn ist die Teilnahme des Menschen am Ursprung des Guten (Gott) der Natur nach früher als die Gemeinschaft mit dem Mitmenschen in der Sozietät ("unicuique autem ad seipsum est unitas, quae est

---

272 V. White: Gott und das Unbewusste, 316.

potior unione")[273]. Die Liebe, mit der einer sich selbst liebt, ist Form und Wurzelgrund ("forma et radix") der Freundschaft. Die Liebe der Freundschaft besteht nun darin, dass wir uns dem andern gegenüber gleich verhalten wie uns selbst gegenüber ("in hoc enim amicitiam habemus ad alios, quod ad eos nos habemus sicut ad nosipsos"). Mit der Selbstliebe ist hier mehr gemeint als ein notwendiger Selbsterhaltungstrieb. Gemeint ist die Liebe in ihrer höchsten Form, jene göttliche Liebe, in der Gott sich selber liebt und in die auch der Mensch (durch die übernatürliche Erhebung) eingeschlossen wird. Diese Liebe, das ist nicht zu vergessen, schliesst auch den eigenen Körper nicht aus[274]. Die Verachtung des Leiblichen und Triebhaften im Menschen ist nicht nur unchristlich (und *unsittlich*), sondern kann auch seelische Krankheit begünstigen und bewirken.
Oft jedoch liebt der Mensch nicht wirklich sich selbst, sondern nur sein Idealbild. Jung macht darauf aufmerksam, dass sich einer auch da noch lieben müsse, wo er sich als böse, als Sünder erkenne. Der Mensch hat die nicht leichte Aufgabe, sich in seinem erbärmlichen Dasein anzunehmen. Allerdings muss er, damit er seines dunklen Schattens als solchen überhaupt gewahr werden kann, auch eine helle Seite haben, d.h. auch das Gute muss in ihm Wirklichkeit sein, er muss in sich ein Bild des "vollkommenen" Menschen tragen, ohne sich aber mit seinem Ideal zu identifizieren. Jung zeigt dem Theologen, - der auch aus der Offenbarung um die wesentliche Sündigkeit des Menschen weiss, (auch katholischerseits gibt es ein "simul iustus et peccator")[275] - dass der Mensch immer auch Sünder ist, dass auch der beste einen Schatten hat, den er sehen muss, vor dem er aber nur allzu gerne die Augen verschliesst. Man kann Jung verstehen, wenn er sagt, dass die Annahme des Schattens eine grosse moralische Leistung bedeute, wenn man sich vergegenwärtigt, wie jeder sich selber rechtfertigen möchte und geneigt ist, sein Versagen auf andere abzuschieben, - welches Opfer es für jeden bedeutet, sich und sein Verhalten in Frage zu stellen, sich seine Fehler einzugestehen, den alten Menschen abzulegen, um neu zu werden. Eine Wandlung aber, die mehr oder weniger immer gefordert ist, ist aber, wie Jung deutlich macht, nur möglich, wenn die eigene Unzulänglichkeit, ja Bosheit, eingestanden werden kann. Ein Eingeständnis des Bösen, der Schuld, bedeutet aber nicht schon eine Zustimmung. Jung hat sich verschiedentlich gegen eine solche Auslegung wehren müssen. An sich ist doch die Sache klar: Ein Gutheissen des Schattens würde ja bedeuten, den Schatten als Licht zu erklären, d.h. ihn negieren. Wird das Böse

---

273 Summa Theologiae II-II q.25 a.4 c., II-II q.26 a.4 c.
274 Summa Theologiae II-II q.25 a.5 c.
275 Vgl. K. Rahner: Gerecht und Sünder zugleich.

gutgeheissen, dann ist es nicht mehr böse, und man könnte dann auch nicht mehr von einem Annehmen des Schattens und des Bösen sprechen. Eine richtig verstandene Annahme des Bösen gibt es auch im Christentum. Wenn Gott die Sonne aufgehen lässt über Gute und Böse, wenn Christus mit den Sündern Gemeinschaft pflegt, dann heisst das doch, dass der Sünder von Gott angenimmen wird, nicht so zwar, dass das Böse damit gutgeheissen würde (das würde dem Wesen Gottes selbst widersprechen), so aber, dass auch dem schuldigen Menschen die Möglichkeit zur Umkehr offen gehalten bleibt. Der böse Mensch ist nie einfach und schlechthin böse. Seine Natur, die bis zum Tode nie ganz zur Person werden kann, verführt nicht nur zum Bösen, sondern treibt auch an zum Guten[276]. Eine Annahme im Sinne einer Zustimmung gibt es also streng genommen immer nur in bezug auf das Gute. Wie wir schon gesehen haben, ist Jung besonders diese positive Qualität der menschlichen Psyche aufgefallen. Was gemeinhin als böse (bzw. schädlich) gewertet wird, ist bei näherem Hinsehen nie schlechthin böse, sondern hat immer auch eine positive Seite. Diese Sicht dürfte auch dem Theologen nicht ganz fremd sein. Nach traditioneller Auffassung ist das eigentümliche Objekt des Willens wesentlich das Gute, d.h., dass der Wille alles unter dem Gesichtspunkt des Guten erstrebt und anders gar nichts wollen könnte. Ontologisch gesehen ist zudem alles, was ist und insofern es ist, auch gut, (ens et bonum convertuntur). So erscheint dann auch das Böse als etwas, das nicht ist und sein sollte, als Mangel (privatio boni). Da aber Jung (aus psychologisch verständlichen Gründen: wegen der Gefahr der Verharmlosung des Bösen) diese Lehre verwirft, hat er, wenn er vom Bösen spricht, immer auch seine gute Seite im Blick und sieht das Böse nicht formal *als* Böses, wie es der katholische Theologe zu sehen gewohnt ist, was bedeutet, dass Psychologe und Theologe nicht unbedingt das gleiche meinen, wenn sie das gleiche sagen, woraus dann auch die Missverständnisse resultieren[277]. Bei der Annahme des Schattens geht es also darum, den guten Kern zu erkennen und ihm zu seinem Recht zu verhelfen, ihm nicht die Existenzberechtigung abzusprechen, sondern ihn im Gegenteil zu integrieren, in die rechte Ordnung zu bringen. Den Schatten und auch das Böse anzuerkennen verlangt Ehrlichkeit, Wahrhaftigkeit, vorurteilslose Objektivität sich selber gegenüber. Nur wer diese Haltung findet und die Wirklichkeit sieht, wie sie ist, auch in ihren dunklen Seiten, auch gegenüber dem, was nicht sein soll und trotzdem ist, nur der kann auch zum Guten verhelfen, denn niemand kann, wie Jung sagt, verändern, was er nicht zuvor angenommen hat. Diese Haltung ist besonders wichtig für den Therapeuten,

---

276 Vgl. K. Rahner: Zum theologischen Begriff der Konkupiszenz.

277 Vgl. J. Rudin: C.G. Jung und die Religion, (2), R. Hostie: C.G. Jung und die Religion, 236-249, V. White: Seele und Psyche, 148-175, bes. 162.

aber nicht weniger auch für den Seelsorger. Vielleicht kann der Seelsorger von Jung auch etwas lernen. Gewiss, der Seelsorger hat zu sehen und zu sagen, was Sünde ist (und es wird ihm von Jung sicher nicht verwehrt), er darf die Sünde nicht verharmlosen, aber er sollte die Sünde nicht von ihrem "Sitz im Leben" trennen und wird dann auch einen Blick bekommen für die positiven Ansatzpunkte der Sünde in ihrer konkreten Gestalt.

Zur Klärung der Frage mag noch eine weitere Unterscheidung von Nutzen sein. In der Theologie wird unterschieden zwischen einem moralischen und einem "physischen" (nicht-sittlichen) Uebel, einem malum morale und physicum (malum poenae). Böse im strengen Sinne ist nicht eine ungeordnete Libido, auch nicht ein unfreiwilliges Verhalten oder Funktionieren, sondern allein der (böse) Wille, d.h. die Haltung des Ich. Diese Unterscheidung hat Jung nicht gemacht, und seine Formulierungen sind denn auch oft zweideutig. Bei der Annahme des Schattens geht es nicht um die Anerkennung des bösen Willens - der böse Wille wäre in diesem Falle ja die Ablehnung des Schattens -, sondern um die Einsicht in das "Gute" des Schattens, und - falls es sich um ein moralisch Böses handelt - um die Einsicht, "dass das Ich keineswegs so völlig gut ist, wie man angenommen hatte. Gerade diese Entdeckung, dass das Ich auch böse ist (d.h. ohne eine positive Einstellung gegenüber den abgelehnten Inhalten), ermöglicht die Integration" (White). Auf sittlicher Ebene heisst demnach Annehmen des Bösen im Grunde "Ueberwindung des Bösen *durch* das Gute", wie White richtig bemerkt (Hervorh. im Or.)[278].

Sind wir mit dem Gesagten dem Anliegen Jungs wirklich gerecht geworden? Meint Jung mit Schattenassimilierung nicht doch auch eine Einwilligung in das sittlich Böse, klingt da nicht auch die Forderung mit, unter Umständen das sittlich Böse zu tun, zu leben? V. White gesteht: "Der Schatten muss wenigstens gesehen und anerkannt werden - ob auch gelebt? Hier ist der Punkt, wo zwischen katholischer Ueberzeugung und der Jung'schen Psychologie (wie überhaupt der neuern Psychologie) die stärkste *Spannung* fühlbar ist" (Hervorh. im Or.)[279]. Nochmals, soweit der Schatten positive Gehalte birgt, und das tut er laut Jung zum grossen Teil, besteht kein Problem. Jung geht es tatsächlich um das psychisch Böse, "um alle jene minderwertigen Funktionen, die häufig objektiv Böses bewirken, weil sie nicht genügend mit der Gesamtperson verbunden sind" (Rudin)[280]. Laut *Rudin* gibt es für Jung "keine Diskussion über das, was wir das moralisch Böse nennen"[281]. Raymond

278 V. White: Seele und Psyche, 170.
279 V. White: Gott und das Unbewusste, 322.
280 J. Rudin: C.G. Jung und die Religion, (1) 78.
281 Ebd., vgl. ders.: Gott und das Böse bei C.G. Jung.

Hostie bemerkt, dass Jung da und dort von einem moralischen Bösen (Uebel) spreche und damit doch ein psychisches Uebel meine, nämlich all das, "was die Individuation hemmt, verhindert, umfälscht oder entstellt"[282]. Soviel ist klar, dass Jung keinem Libertinismus das Wort redet. Wiederholt hat er auf die Bedeutung des Moralischen im Menschen hingewiesen. Wie Bewusstes und Unbewusstes sind Moral und Schatten beide gleich notwendig. Ohne das eine verliert das andere seinen Sinn. "Es muss", sagt Jung, "ein Weg gefunden werden, auf welchem die bewusste Persönlichkeit und der Schatten zusammenleben können ... Eine blosse Unterdrückung des Schattens ist ebenso wenig ein Heilmittel, wie Enthauptung gegen Kopfschmerzen. Die Moral eines Menschen zu zerstören, hilft ebenfalls nichts, weil es sein besseres Selbst töten würde, ohne welches auch der Schatten keinen Sinn hat"[283]. So unsicher viele moralische Urteile geworden sind, Jung hält daran fest, dass wir uns weder von den äussern Gesetzen noch von der ethischen Forderung befreien können - uns aber doch von einem innern, eigenen und göttlichen Gesetz bestimmen lassen müssen. "Wir werden auch auf dem höchsten Gipfel nie jenseits von Gut und Böse sein und je mehr wir von der unentwirrbaren Verflechtung von Gut und Böse erfahren, desto unsicherer und verwirrter wird unser moralisches Urteil werden. Dabei wird es gar nicht nützen, das moralische Kriterium zum alten Eisen zu werfen und 'neue Tafeln aufzurichten' (nach bekannten Mustern); denn wie bisher wird sich auch in alle Zukunft hinaus getanes, beabsichtigtes und gedachtes Unrecht an unserer Seele rächen, unbekümmert darum, ob sich die Welt für uns umgedreht hat oder nicht. Unser Wissen um Gut und Böse hat sich mit steigender Erkenntnis und Erfahrung vermindert und wird sich in Zukunft noch viel mehr vermindern, ohne dass wir uns der ethischen Forderung entledigen könnten. In dieser äussersten Unsicherheit bedürfen wir der Erleuchtung aus einem heiligen und ganzmachenden Geiste, der alles andere sein kann, nur nicht gerade unser Verstand"[284]. Aus diesem Zitat Jungs dürfte hervorgehen, dass Jung unter Annahme des Schattens kein Tun des Unsittlichen versteht. Wenn Jungs Formulierungen hin und wieder einen solchen Anschein erwecken, meint er etwas anderes: Das vom allgemeinen Sittenkodex Vorgeschriebene braucht nicht in jedem konkreten Fall auch das Richtige und Gute zu sein. Insofern mag es richtig sein, dass im konkreten Fall das sog. "moralisch" Böse gelebt werden muss. Es gibt Situationen, in denen die (gesellschaftliche) Moral den einzelnen im Stiche lässt und er sich auf die innere Stimme,

---

282 R. Hostie: C.G. Jung und die Religion, 237 und Anm. 12
283 Psychologie und Religion, XI 83.
284 Versuch.., XI 196, vgl. Vom Werden der Persönlichkeit, 190ff. und Erinnerungen.., 332.

auf das Gewissen, verlassen muss. Schuld liegt sowohl nach Jung wie nach der katholischen Moraltheologie nur dort vor, wo die Stimme des Gewissens überhört, wo nicht nach der Stimme des Gewissens gehandelt wird. "Das Gewissen - gleichgültig wie es begründet wird - stellt die Forderung an den einzelnen, seiner inneren Stimme Gefolgschaft zu leisten, auf die Gefahr hin, sich zu irren"[285]. Im Umgang mit dem Menschen hat Jung erfahren, wie relativ die moralischen Normen sind. Sie dürfen nicht blindlings auf den konkreten Fall angewendet werden. Dass eine allgemeine Norm die konkrete Situation nicht voll auszuschöpfen vermag, dass die Anwendung der Norm auf den konkreten Fall nicht durch einen einfachen Syllogismus geschieht, ist auch in der katholischen Moraltheologie vermehrt beobachtet worden[286]. Das konkrete Leben in seiner Vielfalt kann nicht durch Normen bis ins letzte festgelegt werden. Nach Jung wird das besonders deutlich bei einer sog. *"Pflichtenkollision"*, wo einer nach dem üblichen Sittenkodex sowohl das eine als auch das andere tun müsste. In solchen Momenten des Lebens ist dann das Individuum ganz auf sich selbst gestellt, es muss sich selbst entscheiden und für seine Entscheidung die Verantwortung tragen. Aber auch die Stimme des Gewissens gibt sich nicht immer deutlich zu verstehen. Die Entscheidung muss errungen werden. So und nur so kommt der Mensch zu sich selbst, verwirklicht er sich selbst. Es scheint, dass sich der Seelsorger vermehrt der positiven Funktion der Pflichtenkollision bewusst werden müsste. Er kann dem Menschen zwar mit Rat und Tat beistehen, kann ihm aber letztlich die Entscheidung nicht abnehmen. Tut er das, so verhindert er unter Umständen einen notwendigen Reifungsprozess.

Bezüglich des Begriffs des "Bösen" sind der theologische und der psychologische Gesichtspunkt deutlich voneinander abzuheben: Jung meint jeweils das materiale Böse, die katholische Moraltheologie das formale Böse. Dabei gibt aber Jung dem Theologen folgendes zu bedenken: Kann man nicht sagen, dass das Tun des Bösen *nicht* in jedem Fall der Heiligkeit Gottes widerstreitet? Offenbar stehen wir häufig in einer Handlungssituation drin, in der nicht einfach alternativ abgeklärt werden kann, was nun gottgemäss oder gottwidrig ist, wie es eine kategoriale Gottesauffassung nahelegt. Vielmehr scheint es so zu sein, dass unter Umständen die Wahl des malum materiale einen gewissen Spielraum offenlässt, in dem ich, so oder so wählend, nicht in einen Widerstreit zur Heiligkeit Gottes gerate.

Unter dem allgemeinen Thema der Schattenintegration haben wir ein neues Anliegen Jungs deutlich zu machen versucht: Der Mensch muss sich selbst

---

285 Das Gewissen.., 195.
286 Vgl. F. Böckle: "Existentialethik", in: LThK III 1301-1304, bes. 1301f.

entscheiden, der Stimme seines Gewissens folgen, und zwar auf die Gefahr hin, sich zu *irren*, d.h. auch *schuldig* zu werden. Mit der Selbstwerdung, mit der Uebernahme von Freiheit und Verantwortlichkeit ist immer auch die Möglichkeit der Schuld gegeben. Nicht selten hat die kirchliche Pädagogik mit dem Anliegen, vor dem Bösen und der Schuld zu bewahren, einem Moralismus und Perfektionismus Vorschub geleistet[287]. Es darf nicht vergessen werden, dass Schuld ein Vorrecht des Menschen ist. Natürlich ist nicht die Schuld als solche Ziel der Erziehung oder der Psychotherapie, aber der freie und verantwortliche Mensch, und erst dieser kann schuldig werden und sich seiner Schuld bewusst werden. Jung macht ernst damit, dass aus dem Bösen auch etwas Gutes werden kann, auch aus der Schuld. Er weiss, dass ein moralisches Versagen zur echten Erfahrung der Gnade werden kann: "Wenn sie (die Ureltern, Verf.) nicht in die Sünde gekommen wären, dann gäbe es nicht die felix culpa, die das noch grössere Wunder der Erlösung nach sich zog. Nichtsdestoweniger bleibt das Böse böse. Da gibt es einfach gar nichts, als dass man sich an solch einen Gedanken gewöhnt"[288]. Mit Recht wird theologischerseits gesagt, dass von einer *felix culpa* erst im Nachhinein, rückblickend gesprochen werden könne. Es dürfte klar sein, dass sich einer nicht sagen kann: Ich mache jetzt eine felix culpa. So verstanden wäre die Schuld keine Schuld mehr, Entweder handelt es sich in einem solchen Fall um keine wirkliche Schuld oder es käme einer Verharmlosung der Schuld gleich. Trotzdem, *dass* es überhaupt eine felix culpa gibt, *dass* es menschliche und göttliche Vergebung gibt, lässt auch die Schuld in einem andern Licht erscheinen. Wo einer wirklich erfahren hat, dass er durch Schuld zu grösserer Liebe gefunden hat, wird er Schuld sicher vermeiden wollen, aber er wird auch von einem perfektionistischen, pharisäischen Hochmut geheilt sein, seine Schuld anerkennen und sein Leben wagen, auch mit dem Risiko, dass er erneut in Sünde fallen wird. Nicht mehr Schuldlosigkeit als solche, um so vor Gott bestehen zu können, wird sein Ziel sein, sondern ein vertrauendes und liebendes Wagen des Lebens, im Wissen darum, dass er auf die Huld Gottes verwiesen bleibt. Wir können von hieraus Jung verstehen, wenn er sagt, dass einer auch eine Schuld versäumen könne. Allerdings kann man nicht so weit gehen, im Bösen einen "besonderen Gotteswillen" zu sehen[289], denn dann wäre das Böse nicht mehr böse. Unter dieser Einschränkung kann auch der Theologe Jung zustimmen, wenn Jung sich eines vorschnellen moralischen Urteils enthält, den Patienten in die Freiheit entlässt und um dieser Freiheit willen ihn nicht vor Schuld bewahren kann; er darf das im Glauben

---

287 Vgl. J. Rudin: Psychotherapie und Religion, 205-229.
288 Gut und Böse.., 35.
289 Psychologie und Alchemie, 51.

daran, dass es nicht nur Sünde, sondern auch Vergebung und Gnade gibt: "Auf alle Fälle kann es sich der Arzt nicht leisten, mit einer ebenso billigen wie moralisch erhabenen Geste auf die Gesetzestafeln mit dem 'Du sollst nicht' hinzuweisen. Er hat objektiv zu prüfen und Möglichkeiten abzuwägen; denn er weiss es, weniger aus religiöser Erziehung und Bildung als vielmehr von Natur und Erfahrung wegen, dass es etwas gibt wie *beata culpa*. Er weiss, dass man nicht nur sein Glück, sondern auch seine entscheidende Schuld versäumen kann, ohne welche ein Mensch seine Ganzheit nicht erreichen wird" (Hervorh. im Or.)[290]. Erinnern wir uns nochmals daran: Wenn Jung so spricht, denkt er an eine konkrete Situation, an den konkreten Menschen, der oft genug in einer kindlichen Abhängigkeit verharrt, umpanzert von vielen moralischen Vorschriften, die ihn am Leben verhindern. Das anscheinend Böse ist in einer solchen Situation sehr oft das tatsächlich Gute. Wir dürfen nicht vergessen, dass die Theologie immer gerne (zu sehr von dem Naturrechtsdenken geprägt) so getan hat, als wüsste sie genau Bescheid über Gut und Böse. Sie hat vor allem die Sünden nach ihrer "objektiven" Verkehrtheit beurteilt und nicht nach ihrem Ort im Leben eines Menschen gefragt, auch nicht nach dem Entwicklungsstand, der Mündigkeit eines Menschen. Sie hat mehr die "Natur" und weniger die "Geschichte" gesehen, sowohl als Menschheitsgeschichte als auch als persönliche Geschichte des einzelnen. In der Frage nach gut und böse muss auch das Entwicklungsgeschehen, die psychische Reifung, einbezogen werden, kurz die "Situation", in der der Mensch steht, sich befindet. Zudem hat der Theologe oft zu wenig bedacht, dass auch die individuelle Reifung, die Selbstverwirklichung ein sittliches Ziel ist, das angestrebt werden soll und darf. Daneben kann dann unter Umständen ein objektiv gesehen "Böses" das minus malum bedeuten, das um der Reifung willen geduldet werden kann. Man wird allerdings nicht so weit gehen können und sagen, dass "jemand seine verbrecherische Anlage leben müsste, um sich ganz zu verwirklichen" (M.L. von Franz)[291]. Diese "verbrecherische" Anlage ist nur so weit zu leben, als sie als "Anlage" auch Positives enthält[292]. Sonst würde das bedeuten, dass eine "Verbrechernatur" nur als Verbrecher ganz sich selbst und so auch ein vollwertiger, reifer Mensch werden kann. Selbstverwirklichung ist aber kein isolierter Vorgang im Individuum selber, er steht auch in Beziehung zum Mitmenschen und zur ganzen Welt - so versteht sie auch Jung.

---

290 A.a.O. 51f.

291 M.L. von Franz: Der Individuationsprozess, in: C.G. Jung: Der Mensch und seine Symbole, 175.

292 Vgl. L. Szondi: Freiheit und Schuld im Schicksal des Einzelnen, Bern 1968 (u.a.).

Aufgrund des objektiven Beziehungszusammenhangs der Individuation nützt es nichts, mit Erich *Neumann* der "alten Ethik" eine "neue Ethik" gegenüberzustellen nach dem Prinzip: Was der Individuation nützt, ist gut, was sie hindert, ist böse, - so berechtigt das Anliegen auch ist. Man kann also nicht mit Neumann sagen: "Das Böse, das jemand mit Bewusstsein, das heisst immer auch im Wissen der Verantwortung, tut, und dem er sich nicht entzieht, ist ethisch gut. Die Verdrängung des Bösen ... ist böse, auch wenn sie von einer 'guten Gesinnung' oder einem 'guten Willen' ausgeht"[293]. Hier wird der Begriff in einer uneigentlichen und zumindest theologisch falschen Weise verwendet. Da muss auch die Kritik einsetzen, wie sie etwa Wilfried *Daim* an der theoretischen Konzeption Jungs geübt hat[294]. Wie Daim bestätigt, gibt es eine "negierende Verdrängung der andern Seite, also den Versuch, sie aus der Wirklichkeit auszulöschen"[295]. Daim nennt diese Struktur "Ambivalenz". Die ambivalente Struktur muss nun in eine sog. "polare" Struktur übergeführt werden. Die ist gegeben, "wenn sich zwei Gefühle gegenseitig ergänzen, wenn sie einander fordern, zur Ergänzung notwendig haben, wenn sie also komplementär sind". Das sind z.B. "männliche und weibliche Gefühlsanteile"[296]. Der negierten Seite des polaren Systems entspricht eine Verabsolutierung der andern Seite, d.h. die verabsolutierte Seite erscheint als gut, die negierte als böse. "Das heisst aber... nicht etwa, etwas an und für sich Böses auch gelten zu lassen, sondern nur etwas, das *künstlich zu Bösem gemacht wurde*" (Hervorh. im Or.)[297].

Wir haben festgestellt, dass sich die Selbstverwirklichung nicht in reiner Innerlichkeit vollzieht, sondern immer nur in der Beziehung zum Menschen und zur Welt. Die personale Dimension des Individuationsvorgangs wird von Jung zu wenig beachtet, wie ihm auch von psychologischer Seite vorgeworfen wird[298]. Das zeigt sich ebenfalls bei einer Gegenüberstellung in der katholischen *Gewissenslehre* mit jener Jungs. Nach katholischer Auffassung ist das Gewissen nicht nur "norma normans", sondern auch "norma normata"[299]. In der Erfahrung des Gewissens begegnet der Mensch letztlich dem "Du" Gottes. Somit ist auch ein Subjektivismus überwunden, "... dann tritt dem Menschen im Gewissen nicht mehr die dunkle Tiefe des eigenen Selbst, sondern eine Wirklichkeit ausser und über ihm entgegen. Dann wird der Mensch von aussen und von

---

293 E. Neumann: Tiefenpsychologie...
294 W. Daim: Der Grundfehler.., 58-67.
295 A.a.O. 61.
296 Ebd.
297 Ebd.
298 H. Trüb: Heilung aus der Begegnung.
299 J. Gründel: Das Gewissen...

oben angesprochen. Dann ist das Gewissen der Ort, wo dem Menschen die objektive sittliche Weltordnung subjektiv innerlich wird. Diese sittliche Weltordnung wurzelt aber letztlich im heiligen Willen Gottes. Die Subjektivität des Gewissens hängt also wesentlich mit der Objektivität der Ordnung und des Gesetzes zusammen... Es gibt kein willkürliches, gesetzfreies Gewissen. Es gibt kein Gewissen, das sittliche Normen schöpferisch hervorzubringen vermag"[300]. Das Gewissen bleibt demnach immer auf das Sein hingeordnet, auch noch in der konkreten Situation. Der Gewissensspruch kann zwar einem bekannten moralischen Gesetz widersprechen, nicht aber (wo die vorausgehende Werterkenntnis richtig war) dem objektiv in der gegebenen Situation tatsächlich zu Tuenden. Der Ruf des Gewissens kommt nicht nur "aus den dunklen Wassern der Tiefe"[301], sondern auch die Situation selber hat schon Rufcharakter. Im Konfliktsfalle genügt es nicht, "nur" auf eine innere Stimme zu hören. Nach der Moraltheologie muss die Unsicherheit durch *Einsicht*, durch Bildung des Wertgefühls, so weit wie möglich behoben werden. "Bei dem Schwanken des Normgefühles entsteht naturgemäss Unlust und Unbehagen vor einer Entscheidung. Mit einer solchen Unsicherheit darf man nicht handeln. Erst muss die Unklarheit beseitigt werden. Der Zweifel im Bereich der Wertskala ist zu beheben. Es ist alles zu versuchen, zu einer Sicherheit des Wertes oder Unwertes zu kommen. Klarheit des sittlichen Urteils muss mit allen Mitteln angestrebt werden"[302]. Wenn Jung sagt, es sei "*psychologisch wahr*, dass die Meinung besteht, die Stimme des Gewissens sei Gottes Stimme" (Hervorh. im Or.)[303], dann ist hier gerade von theologischer Seite ein Bedenken angebracht, denn die Gewissensstimme ist abhängig vom Wertgefühl, von der Wertskala des einzelnen Menschen. Sieht man das nicht, dann muss man die "irrende" Gewissensstimme auf Gott, bzw. den Teufel, zurückführen, was Jung auch tut und tun kann, da er im "psychischen Gott" nicht nur eine helle, sondern auch eine dunkle Seite annimmt[304]. So recht Jung auch hat, wenn er den Menschen lehrt, auf sein Gewissen zu hören - es muss ihm auch nahegelegt werden, sein Gewissen (als Wertgefühl) zu bilden. Denn ein "Gewissen, das nicht mehr 'norma normata' ist oder zumindest sein will, kann vom Menschen für sein Tun auch nicht mehr als absolute 'norma normans' erachtet und angenommen werden"[305]. - "Gewissensbildung ist die Formung dazu, jederzeit alles Sein und alles Handeln so zu bewerten, dass sich der Mensch dazu gemäss den Wesensordnungen verhält. Gewissensbildung ist Bildung zur

---

300 A. Auer: Das Gewissen als Mitte.., 53.
301 Das Gewissen.., 206.
302 J. Stelzenberger: Das Gewissen, 54.
303 Das Gewissen.., 194.
304 A.a.O. 198f.
305 J. Gründel: Das Gewissen.., 415, vgl. J. Stelzenberger: Das Gewissen 60ff.

Sachlichkeit. Bei aller Betonung der metaphysischen Verwurzelung des Gewissens muss man sich also hüten, in ihm eine magische Ansprache von seiten Gottes zu sehen"[306].

Abschliessend müssen wir nochmals auf die Schuldfrage zurückkommen. Wir haben gesehen, dass auf dem Wege der Individuation das Gewissen als die Stimme des Selbst ruft und es Schuld bedeuten würde, ihr nicht zu folgen. Dem Reifungsauftrag nicht zu entsprechen ist in der Sicht der analytischen Psychologie die Sünde par excellence. Psychische Symptome wie die Schuldgefühle haben den Sinn, den Menschen zur Besinnung und Auseinandersetzung zu zwingen, sein Bewusstsein zu erweitern und zu verändern, den Reifungsprozess in Gang zu bringen. Insofern hat für Jung die Neurose auch einen positiven Sinn. "Aber nicht nur der leidende, auch jeder suchende und strebende Mensch wird die Vernachlässigung oder gar Verletzung der ihm von Natur her aufgetragenen Aufgabe zur Ausreifung seiner Persönlichkeit unwillkürlich als eine 'Schuld' empfinden. Mag ihn die Angst, den Forderungen und Erwartungen des Kollektivs nicht zu entsprechen, in Gewissensnöte werfen, so verstrickt er sich in die tiefste Schuld, wenn er altersmässig zu reifen versäumt. Diese Unterlassung zieht die quälendsten Schuldgefühle nach sich und verursacht oft schwerste Gewissensängste" - so urteilt Jolande *Jacobi*[307]. Jolande Jacobi zieht in Erwägung, "dass die heutzutage beobachtbare ständige Zunahme der Zahl der Neurotiker ihre Ursache darin hat, dass es immer mehr Individuen von ihrer Bestimmung her auferlegt ist, ihre seelische Ganzheit bewusst zu erringen, dass sich aber immer weniger Menschen dazu bereit finden... Sie sind zumeist von diffusen Schuldgefühlen begleitet, von quälenden, oft unverständlichen Gewissensbissen, denen der Mensch machtlos gegenüberzustehen pflegt. Er weiss sich keiner bösen Tat schuldig, er hat keiner unerlaubten Regung nachgegeben, und trotzdem plagen ihn Unsicherheit, Unzufriedenheit, ja oft Verzweiflung und vor allem Angst, eine ständige undefinierbare Angst. Denn er ist fürwahr zumeist 'schuldig' zu sprechen. Seine Schuld liegt nämlich nicht darin, dass er eine Neurose hat, sondern darin, dass er - sofern er weiss, dass er sie hat - es unterlässt, etwas für ihre Heilung zu unternehmen"[308]. Das Schlimme liegt darin, dass diese Schuld schwer fassbar ist. Sie betrifft das ganze Leben und nicht nur eine einzelne Tat. Jacobi fährt fort: "Dies erklärt auch, warum viele gläubige Katholiken sich durch keine Beichte und Absolution befreit fühlen, sondern weiter bedrückt und von Aengsten verfolgt sind. Sie können ja nichts anderes beichten, als was

---

306 A. Auer: Das Gewissen als Mitte.., 51.
307 J. Jacobi: Der Weg zur Individuation, 130f.
308 A.a.O. 135f.

ihnen bewusst auf dem Gewissen liegt, während die eigentliche Schuld ihnen unbewusst ist; sie ist weder etwas Getanes noch Gedachtes, sie ist im Grunde unfassbar und kaum in Worte zu kleiden. Denn sie bezieht sich auf das ganze bisherige Leben, dem sein Tribut nicht gezahlt wurde, auf die von der Schöpfung her auferlegte, aber nicht gelebte 'Bestimmung', nämlich auf das Versäumthaben der seelischen Entwicklung, die einem von Natur her möglich gewesen wäre. Das Infantilgebliebensein, das Vorherrschen einer Einseitigkeit bei Vernachlässigung der übrigen Eigenschaften, die Furcht vor jeder Aktivität und deren Unterlassung, das ständige Spintisieren und Kritisieren anstatt ins Leben zu greifen und den Moment zu nützen usw. - das alles und noch mehr sind Ursache und Quelle von Schuldgefühlen und Gewissensnöten, die einen nicht loslassen wollen"[309]. Diese Ausführungen Jolande Jacobis zeigen uns, wie die analytische Psychologie von der Schuld spricht. Hat diese Schuld etwas mit dem theologischen Verständnis der Schuld zu tun? Die Theologie betrachtet den Menschen zunächst in seinem Verhältnis zum Mitmenschen, zur Welt und letztlich zu Gott. In der Beziehung zu Gott verwirklicht sich der Mensch, dann nämlich, wenn er auf Gottes Wort hört und es befolgt, dann, wenn er sich als Geschöpf Gottes versteht und dem Auftrag, der ihm von Gott zukommt, entspricht. Im Ja zu Gott und seiner Schöpfung findet der Mensch auch sich selbst, kommt er zu seiner Selbstverwirklichung im letzten Verstande, erreicht er "suum perfectum esse". Somit ist die Selbstverwirklichung indirekt auch Ziel und Auftrag des Menschen. Insofern er also dieser Bestimmung nicht nachkommt, wird der Mensch auch theologisch gesehen schuldig, allerdings nur in dem Masse, als er auch diese Bestimmung erkennen und ihr entsprechend leben kann. Eine versäumte Reifung oder eine Neurose braucht deswegen nicht sittliche Schuld (culpa) zu bedeuten, Schuld liegt nur dann vor, wenn er die Schuld (als debitum), die Verpflichtung zum Nachholen des Versäumten einsieht und doch nichts dagegen unternimmt - wie Jacobi richtig sagt. Sind denn die quälenden Schuldgefühle nicht auch Zeichen von moralischer Schuld? Die Doppeldeutigkeit des Wortes "Schuld" (als culpa und debitum) macht eine Interpretation der Texte (sowohl Jungs wie Jacobis) nicht leicht. Es scheint aber, dass das Wort Schuld auch in seiner doppelten Bedeutung zu verstehen ist, d.h., dass die Schuldgefühle zunächst zwar eine Verpflichtung, ein debitum aufzeigen, aber dazu auch eine culpa. Jacobi sagt, dass die Entwicklung von Natur her möglich gewesen wäre. Wir haben gesehen, dass Jung feststellen konnte, dass die Assimilierung unbewusster Inhalte in vielen Fällen durchaus

---

309 A.a.O. 136.

möglich gewesen wäre. Ja selbst für das Unbewusste ist der Mensch verantwortlich, insofern dieses relativ zum Bewusstsein steht und das Ich meist sehr wohl um die Einseitigkeit seiner bewussten Haltung weiss und sie, zumindest bis zu einem gewissen Grade, auch ändern könnte[310]. Wie weit allerdings Schuld im moraltheologischen Sinne vorliegt, ist schwer zu sagen, ist sicher auch von Fall zu Fall verschieden. Was bleibt, ist die Tatsache, dass der Mensch dazu bestimmt ist, zum vollen Menschsein heranzureifen, und es ist nicht zu leugnen, dass die Verantwortlichen in der Kirche durch Vorschriften und Gehorsamsverpflichtungen diesen Entwicklungsprozess oft mehr verhindert als gefördert haben.

Von verschiedener Warte aus kommen Psychologe und Theologe zur gleichen Erkenntnis, dass nämlich der Mensch schuldig, Sünder ist, und seine Schuld anzuerkennen hat. Hingegen wird der Theologe die allgemeine Schuldverfallenheit der Menschheit nicht dahin interpretieren können, dass die Bewusstwerdung an sich schon Schuld bedeutet, dass nur durch die "Erkenntnis von gut und böse" der Uebergang von dem unbewussten in den bewussten Zustand möglich wäre[311]. Mit dem Anderswollen*können* muss nicht schon ein Anderswollen gegeben sein. Gewiss, Sünde setzt Freiheit voraus, aber frei ist nicht erst jener, welcher das Böse tut, sondern im vollen Sinne nur jener, welcher das Böse zwar tun könnte, aber es nicht tut. So wie Jung die Sache sieht, würde das Sündigen sogar zu einer Forderung Gottes an das Geschöpf. Auch der Theologe weiss um die faktische Unvermeidlichkeit der Sünde, diese hat aber letztlich ihren Grund in der Freiheit des Menschen und nicht schon in der endlichen geschöpflichen Existenz als solcher.

Zudem ist die Darlegung Jungs vom Kreuzopfer Christi theologisch gesehen verkehrt. Das Kreuzopfer Christi bedeutet, richtig verstanden, nicht ein Eingeständnis des Unrechtes und der Schuld Gottes und ihre Gutmachung, vielmehr Erweis der Liebe und Barmherzigkeit Gottes an der schuldbeladenen und dem Tod verfallenen Menschheit. Im Christusgeschehen sieht Jung nicht das einmalige und bleibende Versöhnungswerk zwischen Gott und Mensch. Er legt das christliche Kreuzopfer so aus, als ob darin der Zorn des Vaters zu beschwichtigen wäre, der den Sohn am Kreuz zu Tode martert, "der lieber den Sohn abschlachtet, als dass er seinen übelberatenen und von seinem Satan verführten Geschöpfen grossmütig verzeiht"[312].

---

310 Vgl. Die praktische Verwendbarkeit.., XVI 163 und F. Seifert: Psychologische Aspekte.., 23.
311 Vgl. Symbolik des Geistes, 76f.
312 Antwort auf Hiob, XI 449.

Schliesslich wird die "Antwort auf Hiob" anders lauten müssen als bei Jung, auch dann noch, wenn man einräumt, dass Jung vom "psychischen" Gott und nicht vom an sich seienden Gott spricht. Allerdings wird man Jung dort unterstützen, wo er sich gegen das erbauliche Gottesbild wendet. Richtig ist auch, dass das Buch Hiob ein ganz anderes Gottesbild zeigt. Ein Grund für diese "Unerbaulichkeit" liegt darin, dass Hiob den Satan nicht streng von Gott getrennt erfährt. *Georg Fohrer* schreibt hiezu: "Er (der Satan, Verf.) ist ein Menschenfeind, der das menschliche Verhalten scharf beobachtet, nur auf selbstsüchtige Beweggründe als Triebfeder zurückführt und daher bei jedem Anlass vor Gott herabzusetzen sucht... *Er verkörpert sozusagen den göttlichen Zweifel an der echten, uneigennützigen Frömmigkeit des Menschen*, die erst erprobt werden muss. Und in der Erprobung durch allerlei Unglück verkörpert er *die Bedrohung des fehlsamen Menschen von der göttlichen Welt her*, da Gott ihm ja die Verfügungsgewalt über Hiob zuspricht. Damit wird der bequeme Weg der rationalen Aufteilung auf ein gutes und ein böses göttliches Prinzip nach der Weise des Dualismus grundsätzlich ausgeschlossen... Das erst verleiht dem Problem seine Schärfe und Zwielichtigkeit" (Hervorh. vom Verf.)[313].
Da sich Hiob unschuldig weiss, kann er in den Prüfungen Gottes nur eine ethisch ungebundene, willkürlich und rücksichtslos vernichtende Macht erblicken. Er sieht sich wehrlos dem Zorne Gottes ausgesetzt (siehe Ijob 9,11-14). Daraus erwächst das Aufbäumen gegen sein unverdientes Geschick, die Anklage an Gott und die verzweifelte Bitte, Gott möge seine Haltung ändern. Dieses Gottesbild hat Jung aus dem Hiobbuch übernommen. Die Antwort des Buches Hiob ist aber von Grund auf verschieden von der Jungs. Nicht Gott hat sich gewandelt, sondern Hiob. Hiob wurde durch die Gotteserfahrung, die Theophanie, seiner falschen und sündhaften Haltung ("der prometheisch-titanische Trotz des sich unschuldig Wissenden")[314] überführt. Und Hiob ändert sich. (Ijob 40,3-5; 42,1-6). Vor der Wirklichkeit Gottes gibt Hiob seine Selbstbehauptung auf. "Vor Gott wird er sich der eigenen Kleinheit, Uneinsichtigkeit und Ohnmacht als der Wirklichkeit seiner menschlichen Existenz bewusst"[315]. Die Gotteserfahrung ist jedoch nicht zerstörend und niederschmetternd. Sie erfüllt vielmehr mit Zuversicht und Vertrauen. "Sie besteht darin, dass er (Ijob, Verf.) im Gegensatz zur eigenen Nichtigkeit (Ijob 40,4) einen Einblick in Gottes Allmacht und Allweisheit erhalten hat ... Auch diese (die Einsicht und Weisheit des göttlichen Planens und Handelns, Verf.) ist ihm nun aufgegangen, so dass

313 G. Fohrer: Das Buch Hiob.., 83f.
314 A.a.O. 556.
315 A.a.O. 533.

er sich Gott zuversichtlich und vertrauensvoll anheimgeben kann"[316]. Hiob ist nun aufgegangen, dass Weltordnung und göttliches Wollen für den Menschen undurchschaubar, aber doch sinnvoll sind. "Damit wird dem Hiob die Paradoxie von sinnvoller Ordnung und letzter Undurchschaubarkeit entgegengehalten, die er nicht bemerkt hat, so dass er ohne Wissen um ihre Undurchschaubarkeit die Weltordnung als sinnwidrig und willkürlich empfindet. Er wird darauf hingewiesen, dass die Paradoxie in Gott eine Einheit bildet und aufgehoben ist und dass sich für den Menschen demgemäss die aus der Paradoxie entstehenden Schwierigkeiten gleichfalls in Gott, d.h. in der persönlichen Gemeinschaft mit ihm, lösen. Hiob dagegen hat die Lösung nicht in Gott, sondern in der Anerkennung seiner Unschuld und im Durchsetzen seines Rechts, das heisst bei sich selbst, gesucht"[317]. Hiob kannte Gott nur vom Hörensagen. Jetzt aber ist er Gott begegnet, er hat ihn "geschaut" und dadurch gelernt, welches das rechte Verhalten des Menschen im Leiden ist: "Demütiges und hingebungsvolles Schweigen aus dem Ruhen in Gott"[318]. Hiob sieht in Gott nicht mehr seinen Feind, er weiss sich nun von Gott getragen. Er ist bereit, "alles fahren zu lassen und dem Ruf ins Ungewisse zu folgen. Und da er sich ... in den Abgrund wirft, um zu erfahren, was seine Tiefe birgt, hebt sich ihm diese entgegen und ist nicht mehr dunkler und unheimlicher Abgrund, sondern Gottes Hand, die ihn hebt und trägt"[319].

In diesem Sinne kann man jetzt auch von einem "guten Gott" sprechen. Dieses Gottesbild ist grundverschieden von jenem des "erbaulichen" Gottes, welches Jung mit Recht verwirft. Die Aenderung des Gottesbildes geschieht durch die Wandlung des Menschen selber, und nicht durch die Wandlung Gottes. Diese Wandlung besteht darin, dass der Mensch in Gott die Paradoxie der menschlichen Existenz aufgehoben erfährt. Insofern ist Gott tatsächlich eine "coniunctio oppositorum", die aber nicht, wie Jung meint, in einem Zugleich von Gut und Böse besteht, sondern in einer das bloss menschliche Erfassen transzendierenden Gutheit. Im vertrauenden Sichtranszendieren in das Geheimnis Gottes hinein liegt die existentielle "Lösung" des Problems. Diese Dimension konnte von Jung infolge seiner psychologischen Reduktion nicht genügend gewürdigt werden[320]. Aufgrund der nur psychologischen Betrachtungsweise Jungs konnte die Transzendenz Gottes auch nicht klar genug gesehen werden. Sicher hat Jung recht darin, wenn er betont, dass Gott erfahren werden muss, um für den Menschen wirklich zu sein. Deswegen betont

---

316 A.a.O. 533f.
317 G. Fohrer: Studien.., 120.
318 G. Fohrer: Das Buch Hiob.., 558.
319 A.a.O. 559.
320 Vgl. dazu J. Rudin: Das neurotische Gottesbild und: Neurose-Perfektionismus-Frömmigkeit, in: Psychotherapie und Religion, 160-176 und 205-229.

Jung die Nähe und Immanenz Gottes gegenüber Gottes Transzendenz. "Es ist gerade die Nähe, die empirisch sein muss, soll sie (die Unmittelbarkeit Gottes, Verf.) nicht völlig bedeutungslos sein"[321]. Bei Jung wird jedoch zu wenig deutlich, dass die Immanenz Gottes seine Transzendenz nicht ausschliesst, sondern voraussetzt. Es ist immer Gott als der transzendente, der immanent ist. Der Umstand nun, dass Jung zwischen Transzendenz und Immanenz Gottes nicht klar unterscheidet, führt zum pantheistischen Zug in Jungs Psychologie.

Die Begegnung des Menschen mit dem "ganz anderen", mit dem Du Gottes muss von der Begegnung mit dem Unbewussten wohl unterschieden werden. Eine Uebereinstimmung ist darin zu finden, dass es ja das Gewissen ist, letztlich Gott selber also, welcher (welches) zur Integration des Schattens und zur Selbstverwirklichung aufruft. Da nun auch all das Böse in der Welt, Schuld, Leid, Krankheit und Tod, zu den Grundbefindlichkeiten des Daseins gehören, dürfen diese Schattenseiten von der menschlichen Existenz, vom "Selbst" und somit auch von einem "Gottesbild", das die geschöpfliche Wirklichkeit umfängt, nicht ausgeschlossen werden. Vor allem dort, wo die Ichpersönlichkeit die eine Seite der Wirklichkeit nicht akzeptiert, wirkt diese vom Unbewussten her zerstörend und ängstigend auf das Ich ein. Sie zeigt sich dann so, wie Hiob seinen Gott erfährt. Deshalb kann Jung auch sagen, dass der Gott Hiobs in seinem Verhalten nicht übel zu dem Gottesbild des Unbewussten passe[322]. Mit der innern und reifenden Annahme der menschlichen Grundbedingungen wird dann auch das Gottesbild des Menschen hellere, lichtere Züge empfangen. Der Aussöhnung mit sich selbst, den Mitmenschen und der Welt entspricht die Aussöhnung mit Gott. Gott wird dann mehr und mehr als das erfahren, was er in Wirklichkeit ist, nicht der böse und finstere, sondern der gute und lichte Gott. Dieses Verhältnis zu einem "guten" Gott ist schon therapeutisch gesehen wichtig. Zum Wagnis, das im analytischen Prozess gewagt werden sollte, gehöre, sagt auch Jung, "ein grosses Stück 'Gottvertrauen' oder 'Glaube' an einen guten Ausgang"[323]. Erst dann, wenn der transzendente Gott als das schlechthinnige Du des Menschen das innerweltliche Gute und Böse transzendiert, kann er auch Grund der Hoffnung sein, der Hoffnung, dass das Leben einen Sinn hat. Fast am Schluss seines Erinnerungsbuches schreibt Jung: "Die Welt, in die wir hineingeboren werden, ist roh und grausam und zugleich von göttlicher Schönheit. Es ist Temperamentssache zu glauben, was überwiegt: Die Sinnlosigkeit oder der Sinn ... Wahrscheinlich ist ... beides wahr: Das Leben ist Sinn und Unsinn. Ich habe die ängstliche

---

321 Antwort auf Hiob, XI 503.
322 Antwort an Martin Buber, XI 663.
323 Ueber die Psychologie.., VII 111.

Hoffnung, der Sinn werde überwiegen und die Schlacht gewinnen"[324]. Erst der Mensch, der an die Güte Gottes - die Güte bleibt trotz ihrer Undurchschaubarkeit - und an Gottes Unwandelbarkeit zu glauben vermag, kann auch hoffen, dass der Sinn überwiegt, wie auch immer die Zukunft der Menschheit aussehen mag. Dann kann die "ängstliche Hoffnung" zu einer "festen Hoffnung" werden. Diese Hoffnung ist unmöglich für den, der "an ein blindes Schicksal glaubt oder an einen Gott, der 'gut' und 'böse' zugleich ist". "Dann wäre die Lage des Menschen vollends trostlos", schreibt Otto *Kuss*, "und niemand könnte den nur schwer zu leugnenden Primat des 'Guten' einleuchtend machen. Es bleibt kein Ausweg, als dass der Mensch das Bild Gottes 'rein' hält und das, was seine Kritik herausfordert, auf sich nimmt: Er bekennt sich als schuldig, er ist 'Sünder', er - so muss man heute sagen - glaubt, dass er 'Sünder' ist, er akzeptiert es. Und für den So-Glaubenden wird Ordnung: Die Wirklichkeit wird ohne Auslassung angenommen, es gibt das Böse, es gibt Schuld, und es steht fest, dass es nicht so sein sollte - aber zugleich gibt es Gott, welcher 'Ort' und 'Quelle' alles Guten ist, und es steht dem Glaubenden fest, dass er die Dinge, alle Dinge, in der Hand hat und - zum guten Ende - in der Hand behält"[325].

---

324 Erinnerungen.., 360.
325 O. Kuss: Auslegung und Verkündigung II, Regensburg 1967, 326.

FÜNFTES KAPITEL

DAS SCHULDVERSTÄNDNIS DER ANTHROPOLOGISCHEN PSYCHOTHERAPIE IN DER KONFRONTATION MIT DER THEOLOGIE

I. DAS SCHULDVERSTAENDNIS DER ANTHROPOLOGISCHEN PSYCHOTHERAPIE

A. Einleitung

Tiefenpsychologie und Psychotherapie in den Rang einer Wissenschaft zu heben, war ein Anliegen Sigmund Freuds, aber auch ein Anliegen C.G. Jungs und Alfred Adlers, obwohl beide die Lehre Freuds kritisierten, korrigierten und erweiterten. Das Ideal der Naturwissenschaft, welches die Medizin auszeichnet, wurde durch die Begründer der Tiefenpsychologie auch in diese neue "Wissenschaft" hinübergetragen. Das naturwissenschaftliche, empirische Denken, angewandt auf das Psychische des Menschen, verbindet bei allen Unterschieden die drei "Säulen" der Tiefenpsychologie. Aber so nütztlich oder sogar notwendig etwa das Freudsche Modell des psychischen Apparates auch sein mag, um seelische Phänomene zur Darstellung zu bringen, solche wissenschaftliche Hilfsmodelle können trotzdem nicht genügen, um die menschliche Psyche in ihrer Besonderheit und Eigenart adäquat zu verstehen. Es ist deshalb nicht erstaunlich, dass viele Vertreter der Tiefenpsychologie sich vermehrt auf die anthropologischen Voraussetzungen und Grundlagen der Tiefenspychologie zu besinnen begannen. Dies nicht einfach aus philosophischer Interessiertheit heraus - die Praxis der Psychotherapie selber liess die Frage nach dem *Wesen* der Psychotherapie und damit nach dem *Wesen* des Menschen und seiner Heilung laut werden. Die Praxis zeigte immer deutlicher, dass es in der Psychotherapie nicht einfach darum geht, eine untermenschliche Triebdynamik manipulierend zu korrigieren, dass es in ihr vielmehr immer um den *ganzen* Menschen geht, den Menschen in allen seinen Dimensionen. Der Mensch aber als ein Wesen sui generis kann nicht adäquat mit jenen Kategorien beschrieben werden, die auf die leblose Materie, Pflanzen und Tiere anwendbar sind. Damit hat die anthropologisch ausgerichtete Psychotherapie den Boden rein naturwissenschaftlichen Denkens verlassen, das Ideal einer voraussetzungslosen Wissenschaft aufgegeben. Ariё Sborowitz erklärt: "Freuds eigenständige Nachfolger, sosehr sie sich in vielem von ihm entfernten, setzten im Grunde doch seine Linie fort. Orientierte sich Freud primär an den triebhaften, so nach ihm *Alfred Adler* an den gesellschaftlichen und *C.G. Jung* an den religiösen Betroffenheiten des Menschen - aber was

alle drei verbunden bleiben liess, war das Eingeschworensein auf Wissenschaftlichkeit: die Meinung, die anthropologischen Spezifika in strengen Theorien einfangen und dann von ihnen aus den Kranken in objektivierender Haltung gesund machen zu können. In dieser Perspektive dürfen wir von einem *wissenschaftsdogmatischen Stadium* der Psychotherapie sprechen. Heute, scheint es, treten wir in eine neue Phase ein. Es dämmert wieder, dass der Mensch ein unergründliches Sein darstellt, dass die Unergründlichkeit gerade zu seinem Wesen gehört. Psychologie reicht so für ihn nicht aus, Anthropologie kann am Ende nicht, nicht bloss Wissenschaft sein - und Psychotherapie muss sich so schliesslich auf Wahrheiten beziehen, die nur noch geglaubt und getan, nicht mehr bewiesen und manipuliert werden können. Solche Wahrheiten sind das Hingewiesensein des Menschen auf eine transzendente Macht, auf Partnerschaft überhaupt, auf innere Spontaneität und Freiheit - all das nichts, was sich mit Händen greifen und logisch deduzieren liesse, und doch für unser sich vertiefendes Selbstbewusstsein das sine qua non des genus anthropos, richtiger: gerade nicht des genus, sondern der einzelnen menschlichen Person" (Hervorh. im Or.)[1].
Das heisst nun nicht, wie auch Sborowitz erwähnt, dass die epochenmachenden Leistungen der ersten tiefenpsychologischen Generation geschmälert werden müssten, ja diese Leistungen dürfen und müssen sogar weiter ausgebaut werden. Aber "all dies Material, so wichtig es an sich ist, hat dennoch nur eine relative Bedeutung gegenüber der letzten Wirklichkeit der Person, und in der psychotherapeutischen Zwiesprache muss es immerzu wieder auf die Geheimnistiefe des Menschen hin eingeschmolzen werden, freilich auch immer wieder aus ihr emporsteigen"[2].
Die anthropologischen Kategorien, wie vor allem jene der Freiheit, des Mitseins und der Transzendenz finden nun Eingang in die Psychotherapie. Damit gerät die Tiefenpsychologie in die Nähe der Philosophie, ja sogar der Theologie, denn sie kann einer philosophischen Betrachtungsweise nicht entbehren, wenn sie ihre eigenen anthropologischen Voraussetzungen explizit zur Sprache bringt, wenn sie also Grundlagenforschung betreiben will. Deswegen braucht Tiefenpsychologie nicht Philosophie zu werden und Psychotherapie (darf) nicht zu einem philosophischen Disput oder gar einer Predigt ausarten. Ihr (philosophisches)

---

1 Ariё Sborowitz (Hrsg.): Der leidende Mensch.., Vorwort des Herausgebers VIII. Mit diesem Zitat soll hier nicht eine Auffassung vertreten werden, wonach die Tiefenpsychologie nicht eine Wissenschaft sein könne oder dürfe. Die Frage ist nur, in welcher Form und inwiefern sie Wissenschaft sein soll. Vgl. dazu: Meinrad Perrez: Ist die Psychoanalyse eine Wissenschaft? Bern-Stuttgart-Wien 1972.
2 A.a.O. VIII und IX.

Nachdenken über ihr eigenes Wesen ist aber doch notwendig und wird auch der Praxis der Psychotherapie zugute kommen, denn Praxis und Theorie können und dürfen einander nicht widersprechen, sie müssen in einer gegenseitig sich klärenden und bereichernden Wechselbeziehung stehen.

Die anthropologische Psychotherapie ist verknüpft mit Namen wie: Ludwig Binswanger, Hans Trüb, Victor Emil Freiherr von Gebsattel, Ernst Michel. Für die Psychologie wären etwa zu erwähnen: August Vetter und Philipp Lersch, für die Medizin: Victor von Weizsäcker, Arthur Jores und Paul Tournier. Gerade in den drei genannten Vertretern der Psychotherapie wird nunmehr die enge Beziehung zwischen Psychotherapie und Philosophie, respektive Theologie deutlich. Binswanger liess sich inspirieren vor allem von Husserl und Heidegger, Hans Trüb von Martin Buber, Gebsattel und Michel von einem christlichen Menschenbild.

Mit der Frage "was ist der Mensch" (oder besser: "wer ist der Mensch") ist der Tiefenpsychologie ein philosophisches Thema aufgegeben, das schon bei *Kant* formuliert, aber noch nicht ausgeführt wurde. Veranlasst durch die Verunsicherung und Fragwürdigkeit des Menschen nach der Jahrhundertwende hat schliesslich Max *Scheler* den Anfang einer eigentlichen Anthropologie geschaffen. Der tiefere Grund für die neue Frage nach dem Menschsein darf darin gesehen werden, dass durch die fortschreitende Technisierung und Säkularisierung der Welt, durch die Erkenntnis der riesigen Dimensionen des Universums, mit dem Zusammenbruch also des mittelalterlichen Weltbildes der Mensch heimatlos und ortlos geworden ist, - dass er sich nicht mehr sinnvoll verstehen kann als geborgener Teil eines Kosmos. Findet der Mensch nunmehr als unbehaustes Wesen seinen Sinn nicht mehr in einer säkularisierten, entgöttlichten Welt, dann muss er ihn in sich selbst, in seiner eigenen Existenz, suchen. So ist denn auch die Philosophie der Neuzeit gekennzeichnet durch den Rückgang des Menschen in seine ihm eigene Subjektivität[3].

Nicht nur in der Philosophie, auch in der Theologie kann von einer Rückkehr des Menschen zu sich selbst gesprochen werden. Vermehrt tritt der Mensch als Subjektivität in den Blick[4]. Der Mensch wird nun weniger gesehen als ein "animal rationale", d.h. als ein "Vorhandenes" neben,

3 Zum Thema vgl.: Martin Buber: Zur Geschichte des dialogischen Prinzips, Werke I, 291-305; Hans Urs von Balthasar: Die Gottesfrage des heutigen Menschen, Wien-München 1956; Georg Scherer: Anthropologische Aspekte der Erwachsenenbildung, Osnabrück 1965, 9-38.

4 Vgl. Johann Baptist Metz: Christliche Anthropozentrik, München 1962; Karl Rahner: Hörer des Wortes, München 2. Aufl. 1963, ders.: Geist in Welt, München 2. Aufl. 1957, ders.: "Anthropologie", in: LThK Bd. 1, 618-627, ders.: "Anthropozentrik", in: LThK Bd. 1, 632-634; Wolfhart Pannenberg: Was ist der Mensch? Die Anthropologie der Gegenwart im Lichte der Theologie, Göttingen, 2. Aufl. 1964.

bzw. über anderen in einer hierarchischen Naturordnung, sondern vielmehr als jenes Wesen, das sich zu sich selbst verhält. Ansatzweise bricht diese Sicht bereits durch beim Aquinaten, wenn dieser die Geistigkeit durch eine volle Selbstreflexion charakterisiert, durch eine "reditio subjecti in seipum completa"[5]. In der Neuzeit wurde dieses Selbstverhältnis des Geistes deutlich ausgesprochen von Sören Kierkegaard: "Der Mensch ist Geist. Aber was ist Geist? Geist ist das Selbst. Aber was ist das Selbst? Das Selbst ist ein Verhältnis, das sich zu sich selbst verhält, oder ist das am Verhältnis, dass das Verhältnis sich zu sich selbst verhält"[6]. Mit der Betonung der menschlichen Subjektivität wird jetzt auch deutlicher seine Ganzheit, (substanzielle) Einheit ("anima unica forma corporis"), und Unaufteilbarkeit gesehen, wie es auch dem biblischen Menschenbild entspricht.
Unter Subjektivität darf nun aber nicht eine in sich verschlossene, monadische Einheit verstanden werden. Subjektivität ist als Geist ebenso ursprünglich "Offenheit", offen für das Sein schlechthin. Dem Menschen, als einem geistigen (und endlichen) Wesen kommt zu, dass sein Wissen um sich selbst, sein Bei-sich-sein nicht nur bei sich selbst bleibt, sich vielmehr schon transzendiert hin auf das Sein überhaupt, in dessen Horizont das jeweilig Vorhandene (Umwelt und Mitwelt) als Seiendes erfahrbar wird. Der Mensch als die Stätte der Seinserschlossenheit ist in der Anthropologie besonders hervorgehoben worden, man denke an Max Schelers "Weltoffenheit"[7], an Jaspers "Umgreifendes" und an Heideggers Existenzbestimmung als "eksistent in die Offenheit des Seins". Die Transzendenz des Menschen, seine Beziehung zu dem absoluten Wesen Gott, ist darin schon einschlussweise zugestanden. Die Gottesbeziehung ist noch deutlich ausgesprochen bei Sören Kierkegaard. Für ihn ist entscheidend, dass das Verhältnis, welches der Mensch ist, sich dann auch verhält zu dem, der das Verhältnis gesetzt hat, nämlich Gott: "Indem es sich zu sich selbst verhält und indem es selbst sein will, gründet das Selbst durchsichtig in der Macht, die es setzte"[8].

---

5 S. dazu J.B. Metz: Christliche Anthropozentrik, München 1962, 53 et passim..
6 Sören Kierkegaard: Die Krankheit zum Tode, 13.
7 Diese Weltoffenheit ist auch von der Biologie als Eigentümlichkeit des Menschen herausgestellt worden. Vgl.: Helmut Plessner: Die Stufen des Organischen und der Mensch, Berlin 1928; Arnold Gehlen: Der Mensch, seine Natur und Stellung in der Welt, Berlin 1940; Adolf Portmann: Zoologie und das neue Bild vom Menschen, Hamburg 1956 (rde 20); Jacob von Uexküll: Umwelt und Innenwelt der Tiere, Berlin 1921; ders.: Theoretische Biologie, Berlin 1928; ders. und Georg Kriszat: Streifzüge durch die Umwelt von Tieren und Menschen, Berlin 1934, Hamburg 1956 (rde 13).
8 Die Krankheit zum Tode, 14.

Jaspers umschreibt diese Offenheit als ein Transzendieren der Welt auf die Transzendenz hin, die der Mensch dann erfährt, wenn er durch die Grenzsituation zur wahren Existenz, zum Selbstsein kommt, welche Transzendenz aber immer ungegenständlich und schlechthin verborgen bleibt, über die also keine formulierte Aussage gemacht werden kann. Heideggers Philosophie will weder theistisch noch atheistisch sein, sondern vorgängig dazu ein Denken der Wahrheit des Seins. Erst im Horizont des Seins muss der Heilige, Göttliche erfahren werden, damit von "Gott" etwas gesagt werden kann und doch nicht "Gott" in der Seinsvergessenheit als ein Seiendes neben anderem Seienden begriffen würde.

An dieser Stelle sei nur darauf hingewiesen, dass im Unterschied zur traditionellen Theologie und Philosophie auch die Zeitlichkeit und *Geschichtlichkeit* des Menschen stärker hervorgehoben wird. Die Geschichtlichkeit ist nicht nur ein äusseres, akzidentelles Merkmal des Menschen, sondern gehört zu seiner inneren Verfasstheit. Schon von Anfang an ist der Mensch von der Geschichte her innerlich bestimmt. Die Gegebenheiten, in denen der Mensch sich vorfindet, hat er anzunehmen, hat auf sie zu antworten und muss gleichzeitig aktiv das Vorgefundene mitgestalten. Er findet sich nicht als fertiges, abgeschlossenes Seiendes vor, er hat vielmehr die in ihm liegenden Möglichkeiten zum Austrag zu bringen, seinem Leben einen Sinn zu verleihen. Er ist zugleich bestimmt durch die Vergangenheit und ist durch das Leben als Bestimmung ausgerichtet auf die Zukunft, welche beide, Vergangenheit und Zukunft, anwesend sind in der Gegenwart, erstere im Sinne des abgeschlossenen Vorgefundenen, letztere im Sinne des noch Ausstehenden, zu Verwirklichenden und zu Erwartenden.

Ein weiteres und gerade von der Psychotherapie in seiner Bedeutung neu erkanntes Wesensmerkmal des Menschen ist seine *"dialogische Existenz"*. Damit ist mehr ausgesagt als nur das Faktum, dass der Mensch ein Gemeinschaftswesen sei, d.h. in Gemeinschaft mit andern Menschen existiere, sondern, dass der Mensch überhaupt erst im Bezug zum Mitmenschen wirklich Mensch wird, dass er von Anfang an auf einen Menschen angewiesen ist und erst durch ihn sein eigenes Mensch- und Personsein gewinnt. Menschliche Existenz ist immer und überall "dialogische Existenz" (Theodor Steinbüchel), "Intersubjektivität" (Gabriel Marcel), eine "lebendige Beziehung" (Martin Buber). "Einander reichen die Menschen das Himmelsbrot des Selbstseins" - "der Mensch wird am Du zum Ich" - "Person erscheint, indem sie zu andern Personen in Beziehung tritt" - sind Worte Martin Bubers, des wohl bedeutendsten

Vertreters der sogenannten Dialogisten[9]. Verschiedentlich wurde neben der Ich-Du-Beziehung auch auf den Vorrang des "Wir" vor dem "Ich" hingewiesen. So schon von Max Scheler, dann besonders von Gabriel Marcel, dessen Philosophie eine "Metaphysik des 'Wir-sind' im Gegensatz zur Metaphysik des 'Ich-denke'" sein soll[10], was bedeutet, dass die Ich-Du-Beziehung, das Wir-sein, der Ort ist, an dem sich das Sein erschliesst.

Wie schon im Zusammenhang mit Adler dargelegt wurde, kann die Lehre, dass der Mensch als Person ein dialogisches Wesen, eine Beziehungswirklichkeit ist, mit der eben dargelegten Seins- und Gottoffenheit des Menschen durchaus in Verbindung gebracht werden. Die beiden Aussagen brauchen nicht in einem Nebeneinander zu verharren. Offenheit des Menschen bedeutet ja zunächst Welt-Offenheit. Der Mensch ist offen gegenüber Mit- und Umwelt, welche nicht stumm ist, vielmehr den Einzelmenschen anruft und eine Antwort verlangt. Erst indem der Mensch den Anruf vernimmt und Antwort gibt, erfüllt er seine Aufgabe als Mensch. Welt-Offenheit ist aber letztlich immer auch Seins- bzw. Gott-Offenheit. Es ist nicht so, wie etwa Nietzsche, Sartre und Merleau-Ponty annehmen, dass der Gottesgedanke den Menschen zunichte machen würde, dass der Blick auf Gott den Blick in die Welt verdunkle. Damit wird nur eine falsche Frömmigkeit getroffen. In theologischer Sicht ergeht im Anruf des Seienden der Anruf Gottes selber an den Menschen, und erst dadurch erhält jener Anruf seine Dringlichkeit und Unausweichlichkeit. Hier darf wiederum Martin Buber erwähnt werden, der im Sinne der biblischen Lehre die Einheit von Gottes- und Nächstenliebe betont. Er stellt sich sowohl gegen einen atheistischen Existentialismus, wie auch gegen die Auffassung Kierkegaards, nach der Gott nur in der Vereinzelung zu finden sei. Er schreibt: "Der Zweck der Beziehung ist ihr eigenes Wesen, das ist: die Berührung des Du. Denn durch die Berührung jedes Du rührt ein Hauch des ewigen Lebens uns an... Von der Welt wegblicken, das hilft nicht zu Gott, auf die Welt hinstarren, das hilft auch nicht zu ihm; aber wer die Welt in ihm schaut, steht in seiner Gegenwart... Ich weiss nichts von einer 'Welt' und von einem 'Weltleben', die einen von Gott trennten; was

9 Martin Buber: Urdistanz und Beziehung, 423; ders.: Ich und Du, 97 und 120; vgl. auch: H.E. Hengstenberg: Philosophische Anthropologie, Stuttgart 2. Aufl. 1960; ders.: Freiheit und Seinsordnung, Stuttgart 1961; ders.: Der Wesensunterschied zwischen Mensch und Tier, Essen 1962; Ferdinand Ebner: Das Wort und die geistigen Realitäten, Innsbruck 1921; Karl Löwith: Das Individuum in der Rolle des Mitmenschen, München 1928; Romano Guardini: Welt und Person, Würzburg 1962; Theodor Steinbüchel: Religion und Moral im Lichte personaler christlicher Existenz, Frankfurt/M. 1951; E. Lévinas: Totalité et Infini, Den Haag 1961; Franz Rosenzweig: Der Stern der Erlösung, Frankfurt/M. 1921; Friedrich Gogarten: Ich glaube an den dreieinigen Gott, Jena 1926; Karl Heim: Glaube und Denken, Berlin 1931; Karl Jaspers: Philosophie, Berlin-Göttingen-Heidelberg, 2. Aufl. 1948.

10 Gabriel Marcel: Geheimnis des Seins, Wien 1952, 304.

so genannt wird, ist das Leben mit einer verfremdeten Eswelt, das erfahrende und gebrauchende. Wer wahrhaft zur Welt ausgeht, geht zu Gott aus. Sammlung und Ausgehn, beide wahrhaft, das Eine-und-andre, welches das Eine ist, tut not"[11].

Den Dialogisten kommt das Verdienst zu, eine für jeden Menschen selbstverständliche, aber oft vergessene und in der Philosophie bislang vernachlässigte Wahrheit in Erinnerung gebracht zu haben: Dass nämlich Mensch- und Person-sein eine Beziehungswirklichkeit ist: Beziehung zur Welt und Mitwelt und damit und darüber hinaus Beziehung zu Gott. Die traditionelle Definition der "Person", wie sie von Boëthius formuliert wurde ("Persona est substantia individua rationalis naturae") erhält damit eine unerlässliche Ergänzung. Die Definition des Boëthius ist deswegen nicht falsch, aber ungenügend, weil sie die Person im Schema des Vorhandenseins denkt und Person bestimmt als ein Seiendes, wenngleich das Höchst-Seiende in der Welt. Die Lehre von der "reditio completa in seipsum" des Geistes und die Lehre, dass das Sein das eigentliche Objekt des Geistes sei, muss ergänzt werden durch den dialogischen Charakter der menschlichen Person, mit der Erkenntnis, dass der Mensch gar nicht anders als über den Mitmenschen zu sich selber kommen kann, dass er immer ein Angesprochener ist und ein Antwortender zu sein hat, und es auch dort noch bleibt, wo in defizienter Form sein Hören und Antworten verzerrt und überdeckt ist.

Diese Erkenntnis hat die Erfahrung in der Psychotherapie und klinischen Psychologie erneut erhärtet. Die Untersuchungen von René *Spitz*[12] z.B. haben ergeben, dass mangelnde mütterliche Liebe das Kind lebensunfähig und krank macht. Schon Freud erkannte, wie übrigens auch Adler und Jung, dass die Wurzeln der Neurose bis in die frühe Kindheit zurückreichen. Die Therapie besteht somit in einer Art "Entwicklungshilfe", indem der Neurotiker echte Liebe und Verständnis erlebt und dadurch erst selber liebesfähig gemacht, ihm erst die Wirklichkeit erschlossen wird. Dass es in der Therapie bei aller notwendigen "Technik" im Wesentlichen um eine "Menschwerdung" geht, wurde von den Therapeuten immer klarer erkannt und ausgesprochen. So hat z.B. Fritz *Künkel* die Lehre Adlers in Richtung einer personalen Psychotherapie vertieft. Für Künkel ist das wahre Selbst nicht das Ich, sondern das *Wir*[13]. Aehnlich hat am Menschenbild Freuds zunächst Ludwig *Binswanger* strenge Kritik geübt. Auch er betont die Sozialnatur des Menschen. Er sieht das Herz des Daseins nicht in der Selbstheit, sondern in der "liebenden Wir-

---

11 Martin Buber: Ich und Du, 120.

12 Vgl. R. Spitz: Nein und Ja. Die Ursprünge der menschlichen Kommunikation, Stuttgart 1959; ders.: Die Entstehung der ersten Objektbeziehungen, Stuttgart, 2. Aufl. 1959; ders.: Vom Säugling zum Kleinkind, Stuttgart 1967.

13 F. Künkel: Ringen um Reife, Konstanz, 2. Auf. 1959, 57f.

heit"[14]. In der Begegnung mit Martin Buber ist *Hans Trüb* die Unzulänglichkeit der Psychologie Jungs sichtbar geworden. Für Hans Trüb ist die Neurose "Folge und Ausdruck einer eigenwilligen Begegnungsabsage des Selbst" und die Heilung demnach die "Wiederherstellung der Begegnungsfähigkeit des Patienten"[15].
In dieser Sicht wird nun auch die Aufgabe des Therapeuten besser gesehen. Sie besteht nicht in einem blossen Analysieren. Der Arzt selber ist in seiner Person gefordert: "In ihm nimmt die Welt beispielhaft die Gestalt liebender Zuwendung an, die das entmutigte und misstrauisch gewordene Selbst des Patienten in seine ursprunghafte geschöpfliche Situation, in die neue dialogische Begegnung mit den Mächten der Natur und der Geschichte zurückholen will"[16].
Jetzt kann auch die Dimension des Religiösen in ihrer ursprünglichen Bedeutung besser wahrgenommen werden. Religion wird nicht reduziert auf ein Triebgeschehen oder auf etwas Innerseelisches, Archetypisches. Der Ruf, der vom Mitmenschen und der Welt an den Menschen ergeht, kommt letztlich aus einer Dimension der Transzendenz, und insofern der Angesprochene antworten kann, kommt er zu sich selbst, findet er seine Bestimmung. Hans Trüb schreibt: "In diesem Sinne erkennen wir den Menschen zutiefst als *religiös* bestimmt: als das von einer transzendentalen Macht *angesprochene* Du, das sich in der Annahme dieses Anrufs zum Selbst aufrichtet und in der zulänglichen Antwort, die es auf Grund seines Vertrauensverhältnisses auf jene Macht hin gibt, seine Seele eint. Als angesprochenes Du und antwortendes Selbst steht der Mensch somit grundhaft *im Glauben*" (Hervorh. im Or.)[17].
Zusammenfassend können wir sagen, dass in der anthropologischen Psychotherapie der Versuch gemacht wird, den Menschen in seiner Ganzheit, d.h. in all seinen Dimensionen ernst zu nehmen, ohne die eine Dimension auf Kosten einer andern zu verabsolutieren, ohne die eine Dimension durch Reduktion auf eine andere zu eliminieren. Von daher wird auch verständlich, dass die Schuldfrage nun auf eine andere Weise angegangen wird. Das gilt nicht etwa ausschliesslich nur für die anthropologische Psychotherapie im engeren Sinne. Auch Vertreter anderer Richtungen sind dazu übergegangen, das Schulderleben als genuines Erleben des Menschen ernst zu nehmen. So bemerkt Schultz-Hencke: "Man ist doch wohl allgemein dazu übergegangen, autochthone Schuldgefühle, ein autochthones Gewissenserleben anzuerkennen. Man ist auf dem Wege, hier unter dem Gesichtspunkt einer einfachen realistischen psychologischen Anthropologie

---

14 Ludwig Binswanger: Grundformen und Erkenntnis menschlichen Daseins, München-Basel, 3. Aufl. 1962, 577.
15 Hans Trüb: Heilung aus der Begegnung, 19.
16 A.a.O. 53f.
17 A.a.O. 54.

Klarheit zu schaffen"[18]. Damit ist auch die Auffassung, der Psychotherapeut hätte es lediglich mit Schuldgefühlen, die Theologie aber mit wirklicher Schuld zu tun, ins Wanken geraten. Gegen eine solche scharfe Abtrennung der Kompetenzbereiche hat sich auch Martin Buber ausgesprochen (im Jahre 1957 vor der School of Psychiatry in Washington). Er schreibt:
"Der Psychotherapeut hat es innerhalb seiner Methodik nur mit Schuldgefühlen, bewussten und 'unbewussten' zu tun... Aber innerhalb eines umfassenden Dienstes um Erkenntnis und Hilfe muss er der Schuld selber gegenübertreten, als einem ontisch charakterisierten Etwas, dessen Ort nicht die Seele, sondern das Sein ist"[19]. Buber weist darauf hin, dass weder die Ueber-Ich-Theorie Freuds, noch der Individuationsprozess Jungs, ja überhaupt nicht Kategorien wie Verdrängung und Bewusstmachung, die Schuld im ontologischen Sinne, die er 'Existentialschuld' nennt, erfassen könne. Unter Existentialschuld versteht er die Schuld "als Tatsache im Verhältnis zwischen der menschlichen Person und der ihr lebensmässig anvertrauten Welt"[20]. Dem Einwand, Existentialschuld sei doch nur eine Ausnahme, hält er entgegen: "Aber was ich Existentialschuld nenne, ist nur eine Steigerung dessen, was in irgendeinem Masse sich überall findet, wo ein authentisches Schuldgefühl brennt; und das authentische Schuldgefühl ist sehr oft unübersehbar mit dem problematischen, dem 'neurotischen', dem 'grundlosen' vermischt. Die Methoden befassen sich naturgemäss nicht gern mit dem authentischen Schuldgefühl, das einen streng personhaften Charakter trägt und sich nicht leicht in allgemein gültigen Sätzen einfangen lässt... Und für den Patienten ist es eine grosse Erleichterung, von seinen authentischen Schuldgefühlen auf ein eindeutig neurotisches abgelenkt zu werden,..."[21]. Buber berichtet aus eigener Erfahrung:
"Ich habe drei bedeutende und mir teure Menschen an ihrem, wenn auch nur zeitweiligen, Versagen in den Tagen einer akuten Gemeinschaftsschuld längeren Krankheiten verfallen sehen, an denen der Anteil des psychogenen Elements kaum abzuschätzen, seine Aktion aber unverkennbar war. Der eine von ihnen weigerte sich, vor dem Gericht seines Geistes sich zum Selbstwiderspruch zu bekennen; der zweite lehnte sich dagegen auf, dass eine als leicht erinnerte Irrung, die an eine sehr schwere Gesamtverkettung gehaftet war, von ihm als schwer anerkannt werden sollte; der dritte aber wollte sich den Fehlgriff eines Augenblicks von Gott nicht vergeben lassen, weil er selber ihn sich

18 H. Schultz-Hencke: Das religiöse Erleben des Atheisten, in Psyche, H. 8, 1950, 417-435, Zitat: 428f.
19 Martin Buber: Schuld und Schuldgefühle, 477.
20 A.a.O. 479.
21 A.a.O. 481.

nicht vergab. Alle drei scheinen mir zuständiger Helfer bedurft und ermangelt zu haben. - Der Psychotherapeut, dem solche Erscheinungen der Existentialschuld in all ihrer Gewaltheit ins Blickfeld treten, wird nicht mehr vermeinen dürfen, er könne seiner Aufgabe als Arzt schuldiger Menschen durch das blosse Hinwegräumen von Schuldgefühlen gerecht werden"[22]. Mit diesen Beispielen hat Buber ohne Zweifel Fälle aufgezeigt, die in der psychotherapeutischen Praxis vorkommen - und es dürfte klar sein, dass in solchen Fällen sich der Therapeut der Schuldthematik zu stellen hat. Das heisst nun nicht, dass der Arzt den Patienten einen eindeutigen Weg zu zeigen hätte, er muss aber dem Schuldiggewordenen helfen, die Wunde, die dieser schlug, zu heilen. "Dazu, dass er (der Patient, Verf.) es versuche, kann ihm helfen, wer um die Tatsache der Schuld weiss und ein Helfer ist... Wenn dem Therapeuten eine Existentialschuld seines Patienten erkennbar wird, kann er... diesem nicht den Weg zur Welt zeigen, den jener vielmehr als seinen eigenen persönlichen Weg suchen und finden muss; der Arzt kann ihn nur bis zu dem Punkt hin leiten, von dem aus er den persönlichen Weg oder doch seinen Anfang zu erblicken vermag. Damit der Arzt dies aber könne, muss er auch um die allgemeine, allem grossen Handeln des Gewissens gemeinsame Art des Wegs wissen und um den Zusammenhang, der zwischen der Natur der Existentialschuld und der Natur dieses Weges besteht"[23].
Mit der "Existentialschuld" Bubers haben wir das Stichwort gefunden, um das es weitgehend in der Schuldfrage bei der anthropologischen Psychotherapie geht. Um dafür ein besseres Verständnis gewinnen zu können, sollen nun die wichtigsten Vertreter der anthropologischen Richtung, die sich zur Schuldthematik geäussert haben, zu Worte kommen.

B. Die Wiener-Schule (I.A. Caruso, V.E. Frankl, W. Daim)

1. Triebdetermination und Freiheit

Wir beginnen bei der sogenannten Wiener-Schule, die sich vor allem an die Namen Caruso, Frankl und Daim knüpft. Diese Schule hat die Lehre Freuds einer tieferen Kritik unterzogen und dem Triebmonismus die personalen Kategorien, wie Freiheit, Entscheidung, Verantwortung, Wert- und Gottbezogenheit, gegenübergestellt. Es wird zunächst deutlich gemacht, dass es bei dem Getriebensein des Menschen - wie es uns vornehmlich in der Neurose erscheint - und der Determiniertheit des Tieres um zwei wesensverschiedene Ordnungen geht. Der qualitative Unterschied

---

22 A.a.O. 479f.
23 A.a.O. 486f.

leuchtet schon in dem Umstande auf, dass es beim Tier kein Bewusstsein des Getriebenseins gibt. Die Ueberzeugung, dass es keine Freiheit gibt, ist nur möglich, "wenn ich über meine angeblich determinierte Daseinsform hinausblicke und erkenne, dass es keine *Freiheit* gibt. Das ist eine Absurdität, und zwar deshalb, weil, sobald ich im determinierten Daseinsentwurf verhaftet bin, dieser Entwurf der einzig mögliche und fassbare wäre" (Hervorh. im Or.) (I.A. Caruso)[24]. Natürlich gibt es ein Getriebensein auch für den Menschen, aber es erfolgt nicht völlig getrennt und jenseitig seiner Freiheit. Das geistige Prinzip und damit auch das Prinzip der Freiheit ist dem Sein des Menschen gleich ursprünglich. In ihrer Auffassung können sich unsere Vertreter auf die Philosophie, ja sogar auf Biologen berufen. "In unserem Entwicklungsgang", sagt Portmann, "lässt sich nirgends ein Stadium finden, in dem spät erst jene Merkmale hervorträten, die wir als 'geistig' abheben"[25]. Menschliches Dasein kann nie auf ein blindes Geschehen, einen blossen Mechanismus, auf eine natura pura reduziert werden. Menschsein heisst immer auch Vollzug seines Seins. Aus philosophischer Sicht erklärt W. Keller: "Gewiss, auch das menschliche Dasein hat sich als Leben nicht selber hervorgebracht; aber einmal in die Welt gesetzt und darum mit all der Bedingtheit und Gebundenheit behaftet, die ihm von da her eignet, 'bringt' es nun ständig sich selbst als das 'hervor' was es ist, indem es *sich* (als Verhalten) *vollzieht*... Selbstverständlich - wem fiele es ein, das zu leugnen - ist dieses Dasein durch seine Leiblichkeit, durch Vererbung und Konstitution, durch das Spiel der organischen Prozesse allgemein individuell bestimmt und bedingt, und ebenso durch alle seine wechselnden Situationen in der Welt, durch seine physische sowohl wie geschichtliche, kulturelle und soziale Einbettung sowie laufend durch die ganz besondere Lage jedes Augenblicks mit ihren Fügungen des Zufalls und Schicksals. Und doch ist es in alledem seine eigene Realisierung. Das heisst: Das Sein, als das es sich dergestalt zeitigt, ist doch unveräusserlich ihm selbst anheimgegeben. Es übernimmt sich selbst und hat sich je schon übernommen" (Hervorh. im Or.[26]. Eine Triebdeterminiertheit des Menschen ist laut E. Frankl nicht möglich: "Einen Trieb an sich gibt es am Menschen nicht - nicht Triebe treiben die Person, sondern die Triebe sind immer schon von der Person her gesteuert, durchtönt und durchklungen: Triebe sind immer schon *personiert*" (Hervorh. im Or.)[27].

---

24 I.A. Caruso: Psychoanalyse.., 36.
25 Adolf Portmann: Biologie und Geist, Zürich 1956, 36.
26 Wilhelm Keller: Das Problem der Willensfreiheit, Bern 1965, Dalp Tb. Nr. 381, 65f.
27 V.E. Frankl: Kritische Bemerkungen.., 231.

2. Schuld und Neurose

Diese Deutung der Triebdeterminiertheit hat sogleich Folgen für das Schuldverständnis. Frankl erklärt: "Wann immer jedoch der Mensch sich treiben lässt, *lässt* er sich eben treiben und das heisst, dass er als freier abdiziert - damit er als unfreier exkulpiert wird: womit ja auch schon ein typisch neurotisches Verhaltensmuster gekennzeichnet ist" (Hervorh. im Or.)[28]. Der Neurotiker möchte jenseits von Gut und Böse in einem gleichsam paradiesischen Urzustand leben. Dass er nicht schuldig sein kann respektive will, zeigt sich zum Beispiel in der Schuldprojektion, wie wir sie schon bei C.G. Jung gefunden haben. Da eigene Schuld nicht angenommen werden kann, muss die Schuld etwas oder jemand anders haben, das heisst dieses andere wird zum Sündenbock gemacht. Der Sündenbock kann auch im eigenen Psychismus gesucht werden, was aber infolge falscher Lokalisation zu einer nur scheinbaren Selbstbeschuldigung und zur Aggressivität führt[29]. Diese Projektionsneigung bedeutet, dass sich der Neurotiker mit seinem Idealbild identifiziert, seine dunkle Seite nicht wahrhaben will, was I.A. Caruso im Anschluss an Charles Baudouin "Angelismus" nennt. In dieser Selbsttäuschung und Unwahrhaftigkeit sieht I.A. Caruso "eine existentielle Lüge" (eine "Lebenslüge", "Lebenshäresie")[30]. Als Beispiel berichtet I.A. Caruso[31] von einer Zwangsneurotikerin, die von der Furcht geplagt wird, dass ihrem an der Front stehenden Mann ein Unglück widerfahren könnte. Sie ist zum zweiten Mal verheiratet und bildet sich ein, ihren Mann restlos zu lieben. Die Analyse deckt eine unbewusste Sehnsucht nach dem ersten Mann auf. Die Frau will nicht zugeben, dass auch an einen sittlich hochstehenden Menschen Versuchungen herantreten können - "und doch fühlt sie sich schuldig. Aus diesem dumpfen Schuldgefühl heraus entsteht die neurotische Phobie".

Dem Einwand, es gebe doch auch Neurosen ohne Schuld und Schuld ohne Neurose, begegnet I.A. Caruso wie folgt: "Selbstverständlich soll *nicht* die zur Schau getragene 'Schuld' des Neurotikers die wirkliche Schuldkomponente der Neurose sein! Im Gegenteil, die neurotischen Schuldgefühle (Minderwertigkeitsgefühle, Selbstvorwürfe, Skrupel u. dgl.m.) sind oft eine Tarnung, welche erlauben soll, die 'falsche Lokalisation' durchzuführen. Dass eine 'jahrelang schwerste Belastung des Gewissens nicht zu einer Neurose zu führen braucht' (Mitzka) ist noch kein Argument gegen das Vorhandensein des bösen Gewissens in der Neurose... Nicht *jede* Schuld führt zur Neurose, sondern nur die uneingestandene und gefürchtete Schuld... Diese wahre Schuld ist die *Super-*

---

28 A.a.O. 232.
29 I.A. Caruso: Psychoanalyse.., 57.
30 A.a.O. 58ff.
31 A.a.O. 48f.

bia, die darin besteht, dass der Neurotiker sich selbst mit seinem Idealbild identifiziert und die sich nicht mit diesem Idealbild vertragenden Regungen ins Unbewusste verdrängt; für die verdrängten Regungen anerkennt er sich nicht verantwortlich. So kann auch Vervollkommnungsstreben und moralische Reinheit mit dieser Superbia verknüpft sein" (Hervorh. im Or.)[32]. I.A. Caruso macht darauf aufmerksam, dass "das Argument gegen die Beziehung zwischen Schuld und Neurose selbst ein typisch neurotisches Argument" ist[33]. Eine Superbia, eine "neurotische Unbescheidenheit" sieht Caruso auch dort am Werk, wo eine Verfehlung nicht angenommen und produktiv verarbeitet werden kann, wie z.B. bei einem Fräulein, welches gewaltsam ein Freudenereignis herbeiführte, indem sie sich einem Soldaten hingab und sich dann, aus dem Bewusstsein, die Ehre verloren zu haben, aus dem 4. Stock warf. - Oder bei einem Studenten, der an der Masturbation litt und dazu meinte: Wenn ich die Onanie nicht überwinde, dann bin ich eben kein Mann und das Leben hat keinen Sinn mehr. Im ersten Fall sei die Tugend ein Mittel zur Selbstverherrlichung, im zweiten Fall sei der grosse Teufel nicht die Onanie, sondern Stolz und Einsamkeit[34].
In dieser Haltung des Hochmuts, der Verstiegenheit wird von Caruso und W. Daim eine "Verabsolutierung, Vergötzung des Relativen, relativer Werte" gesehen, d.h., es wird etwas zu Gott gemacht, dem diese Bedeutung nicht zukommen kann, wie etwa die eigene Tugendhaftigkeit, (d.h. sich selbst) oder ein anderer relativer Wert, z.B. die Sauberkeit bzw. der Schmutz - eine Zwangsneurotikerin sagte von sich selber, das Klosett sei für sie die "oberste Gottheit", (Caruso)[35] - oder (bei einer Fixierung) Vater oder Mutter[36]. Diese Verabsolutierung kommt einer "Entthronung Gottes" gleich. Für W. Daim ist Neurose demnach "letztlich ein Konflikt mit Gott"[37].
In der Neurose wird die Wirklichkeit verzerrt gesehen, sie besagt immer auch, weil "Realitätskonflikt", ein "Nicht-anerkennen der Realität" (W. Daim)[38]. Der Analytiker hat nun die Stimme des Gewissens im Analysanden freizulegen, welche Stimme den Forderungen des Götzen widerspricht, ihn relativiert und in die Wahrheit ruft. Der Analytiker wirkt als "Verbündeter der Wahrheit"[39], welche Wahrheit das Absolute dem Absoluten zukommen und das Relative relativ sein lässt. Durch die Relativierung erhält der 'Götze' seine wahre Fülle zurück, nämlich

32 A.a.O. 52f.
33 A.a.O. 53.
34 A.a.O. 61-63.
35 A.a.O. 77.
36 W. Daim: Umwertung.., 269.
37 A.a.O. 130 und 142.
38 A.a.O. 162.
39 A.a.O. 292.

durch die Transparenz auf Gott hin[40]. Durch die "Entdeckung des Verdeckten"[41] kommt der Analysand in die Wahrheit seines Seins.
Mit "Verabsolutierung von Teilwerten" ist aber nicht alles über die Neurose gesagt. Es ist nur der negative Aspekt, der positive Aspekt besteht in der "Ahnung des Absoluten" (Caruso). Der Versuch, die Neurose bloss in einer falschen Entscheidung zu suchen, wäre nach I.A. Caruso[42] "Pharisäertum, welches freie Entscheidung an einer Stelle fordert, wo es leider durch die menschliche Unzulänglichkeit noch unmöglich ist". Die Neurose ist beides, Ja und Nein, der "Streit zwischen Gut und Böse, zwischen Ja und Nein, zwischen Wahrheit und Lüge"[43], "zugleich Verrat an der Berufung und eherne Bestätigung des Berufenseins"[44]. Die Neurose ist *"Flucht vor dem Absoluten und gleichsam Sehnsucht nach dem Absoluten"* (Hervorh. im Or.)[45]. Die Lebensgier des Neurotikers "ist eine 'nichtende' Wirkung der Seins-Negierung, ist aber gleichzeitig ein Versuch, das 'Nichtende' zu überwinden"[46]. Der Neurotiker ist liebesbehindert, beansprucht die Liebe nur für sich selbst, aber sein "Liebeshunger ist Ahnung der Liebe"[47]. Die Zwangsneurose zum Beispiel ist eine Art "schwarze Magie", aber auch der Aberglaube ist "ein immerhin noch positiver Aspekt einer *Glaubensfähigkeit*" (Hervorh. im Or.)[48]. Das neurotische Symptom selber hat dieses doppelte Gesicht, es ist einerseits "Zeichen von stattgefundenen Verfehlungen", anderseits aber auch "ein Versuch, die eigene - unverstandene, unbewusste - Lebenslüge zu korrigieren"[49].
Insofern die Unfreiheit des Neurotikers ein Moment der Freiheit birgt (als sie 'Absage' an die Freiheit bedeutet) ist der neurotische Mensch nicht einfach unschuldig und unfrei. Trotzdem ist die Neurose durch Determiniertheit gekennzeichnet, durch die Unfähigkeit zur Freiheit. Der neurotische Mensch ist aus dieser seiner Erstarrung, deren feinste Wurzeln auch nach den genannten Vertretern in der frühen Kindheit zu suchen sind, erst noch zu befreien. Caruso erklärt: "Doch ist die Freiheit des Menschen und noch des neurotischen Menschen alles andere als absolut: diese Freiheit ist paradoxerweise im Determinismus verhaftet, so dass die menschliche Freiheit bloss als progressive *Befreiung* aufgefasst werden kann" (Hervorh. im Or.)[50]. Um eine progressive

40 A.a.O. 300.
41 A.a.O. 291.
42 I.A. Caruso: Psychoanalyse.., 82.
43 A.a.O. 85.
44 A.a.O. 83.
45 A.a.O. 119.
46 A.a.O. 102.
47 A.a.O. 103.
48 A.a.O. 111.
49 A.a.O. 85.
50 A.a.O. 134.

Befreiung, ein fortschreitendes Bewusst- und Personwerden geht es im Wesentlichen in der Psychotherapie[51]. Der Sache nach ist dieser Prozess schon bei Freud ("Wo Es war, soll Ich werden") und in der Jungschen "Individuation" vorhanden. I.A. Caruso nennt ihn "fortschreitende Personalisation". Der Unterschied zu den Vorgängern liegt darin, dass hier erst der Mensch als "Person" begriffen wird, in welchem Begriff auch der Bezug des Menschen zum Du und schliesslich zu Gott deutlich eingeschlossen wird. Die Psychotherapie ist wesentlich Einübung ins mitmenschliche Dasein, Einübung in die Liebe. "Wo Es ist, soll Ich werden; aber das Ich wird Ich erst am Du" (V.E. Frankl)[52].

3. Existenzanalyse und Logotherapie

In die gleiche Richtung weist die Existenzanalyse und Logotherapie Victor E. Frankls. An die Stelle des seelischen Apparates einer versachlichenden Psychologie stellt er die *"Geistige Existenz"* und versteht menschliches Sein als "Verantwortlichsein", Psychotherapie demnach als "Analyse auf Verantwortlichsein hin". Er betont den *"Aufgaben- und Antwort-charakter des Daseins"* (Hervorh. im Or.)[53]. Der Mensch ist der Befragte, der die Fragen, die das Leben an ihn stellt, zu beantworten hat. Deren *"Beantwortung erfolgt in der Ver-antwortung je unseres Daseins"* (Hervorh. im Or.)[54]. Der (neurotische) Mensch muss "zum Bewusstsein seines Verantwortlichseins" gebracht werden[55].
Für unser Thema von Bedeutung ist, dass Frankl dem Gegensatzpaar "bewusst-unbewusst" jenes von "geistig-triebhaft" gegenüberstellt. Damit soll gesagt sein, dass das Unbewusste nicht nur Triebhaftes, sondern auch Geistiges enthält, wie z.B. Sittlichkeit und Gläubigkeit, wobei Frankl diese Geistigkeit dem "Ich" zurechnet und nicht dem "Es", dem Personalen und nicht etwa dem Archetypischen[56]. Frankl erklärt, dass die "Tiefenperson" unbewusst, das heisst "in ihrem wahren Sein gar nicht reflektierbar" sei: "Eigentliche Existenz ist also unreflektierte weil unreflektierbare Existenz - und darum ist sie letztlich auch unanalysierbar"[57]. Deshalb versteht Frankl unter Existenzanalyse nicht etwa "Analyse der Existenz" sondern *"Analyse auf Existenz hin"* (Hervorh. im Or.)[58]. Mit dem Gesagten meint aber Frankl offenbar nicht, dass alles Unbewusste unreflektierbar und deshalb unanalysierbar wäre,

---

51 Vgl. I.A. Caruso: Bios, Psyche, Person...
52 V.E. Frankl: Aerztliche Seelsorge, 13.
53 V.E. Frankl: Der unbewusste Gott, 13f.
54 A.a.O. 15.
55 A.a.O. 16.
56 A.a.O. 97.
57 A.a.O. 31f.
58 A.a.O. 32.

denn sonst gäbe es auch keine "existenzanalytische Traumdeutung". Frankl zeigt z.B.[59], wie im Traum, bzw. in dessen Verarbeitung während der Analyse, die Stimme des Gewissens zu vernehmen ist. Mit "Unanalysierbarkeit" scheint Frankl also ein Zweifaches zu verstehen: Die Person ist (erstens) unanalysierbar, weil sie als Subjektivität (man erinnere sich an das von der Theologie her gesagte) nicht objektivierbar ist. Deshalb sind auch die geistigen Akte, als Akte der Person, nicht restlos reflektierbar, also auch nicht analysierbar. Zweitens sind Phänomene wie Liebe, Angst, Schuld, Verantwortung und Gewissen nach Frankl "Urphänomene", "Existentialien"[60] und können und dürfen als solche nicht, um sie zu erklären, auf etwas anderes (etwa ein Triebgeschehen) zurückgeführt werden.

Hier sei noch kurz etwas über Frankls "noogenetische Neurose und Logotherapie" gesagt[61]. Frankl betont, dass es dem Menschen weniger um Lust, Macht oder Selbstverwirklichung gehe, sondern vielmehr um *Sinnerfüllung*. In der Sinnerfüllung besteht die Aufgabe des Menschen. Der "Wille zum Sinn" sei aber, erklärt Frankl, allzu oft frustriert ("existentielle Frustration") und schlage sich häufig in neurotischen Symptomen nieder (noogene Neurose). Der häufig frustrierte "Wille zum Sinn" muss nun mobilisiert werden. Die Aufgabe der Logotherapie liegt darin, "dass der Mensch ausgerichtet wird und hingeordnet auf den (jeweils erst analytisch zu erhellenden) konkreten Sinn seines persönlichen Daseins"[62]. Dieser Sinn ist nach Frankl mit der Rede von der "Selbstverwirklichung" nicht zureichend umschrieben. Frankl erklärt, Selbsterfüllung und Selbstverwirklichung liessen sich "*nur per effectum* erreichen, aber nicht *per intentionem*". "Nur in dem Masse, in dem wir uns ausliefern, in dem wir uns hingeben, in dem wir uns preisgeben an die Welt und an die Aufgaben und Forderungen, die von ihr her einstrahlen in unser Leben,... *Sinn erfüllen* und Werte verwirklichen, *erfüllen* und verwirklichen *wir auch uns selbst*" (Hervorh. im Or.)[63]. Damit richtet sich Frankl, wie wir sehen, gegen eine solipsistisch (miss)verstandene "Selbstverwirklichung".

Wie nun dieser Sinn (und Wert) erfüllt werden soll, das ist je nach Person und Situation verschieden. Die Logotherapie beabsichtigt nur dieses: "Das Wertgesichtsfeld des Patienten zu erweitern, um dann ihn selbst entscheiden zu lassen wofür: für die Erfüllung welchen konkreten Sinnes und die Verwirklichung welcher persönlicher Werte - und wo-

59 A.a.O. 51ff.
60 A.a.O. 32.
61 Vgl.: V.E. Frankl: Der Wille zum Sinn. Ausgewählte Vorträge (Lit.) über Logotherapie, Bern-Stuttgart-Wien 1972; Paul Polak: Zum Problem der noogenen Neurose, in: HNPth, Bd. 2, 664-691; V.E. Frankl, Paul Polak u.a.: Existenzanalyse und Logotherapie, in: HNPth, Bd. 3, 1959, 632-761.
62 V.E. Frankl: Das Menschenbild.., 42.
63 Kritische Bemerkungen.., 237.

vor: ob überhaupt vor etwas und nicht vielmehr vor jemandem - er sein Dasein als Verantwortlichsein auslegt"[64].

So sehr Frankl Freiheit und Verantwortung betont, die Logotherapie soll deswegen nicht spiritualistisch sein, soll keine Ethik und in ihrer Praxis nicht moralistisch sein. Die Therapie hilft bloss dazu, den Sinn zu finden, indem sie dazu verhilft, auf die Stimme des Gewissens zu horchen. Laut Frankl liesse sich das Gewissen definieren "als die Fähigkeit, intuitiv den einmaligen und einzigartigen Sinn, der in jeder Situation verborgen ist, aufzuspüren"[65].

Neben der noogenen Neurose gibt es nach Frankl auch eine psychogene und eine sogenannte somatogene Pseudoneurose. Hier und selbst noch bei der Psychose gibt es noch eine Freiheit, die sich zeigt "im Wie des Leidens, in der Haltung, in der sich der Kranke stellt, in der Einstellung, mit der er sich mit der Krankheit auseinandersetzt"[66].

Die Logotherapie will in einem solchen Fall den Patienten instand setzen, auch noch im Leiden (und schliesslich im Tod) einen Sinn zu finden. Frankl erklärt, dass der neurotische Mensch nicht für seine Krankheit, aber für seine Stellungnahme zur Krankheit verantwortlich sei: "Der Neurotiker ist ja nicht frei in dem Sinne, als ob er für seine Neurose verantwortlich wäre; aber sehr wohl ist er für die *Einstellung* zu seiner Neurose verantwortlich, und insofern eignet ihm auch ein Freiheitsgrad" (Hervorh. im Or.)[67]. Anderseits haben wir bereits von Frankl gehört, dass menschliches Getriebensein immer schon "personal gesteuert" sei und ein typisch neurotisches Verhaltensmuster darin bestünde, dass der Mensch als freier "abdiziere", damit er als unfreier "exkulpiert" würde[68]. Aehnlich urteilt Frankl an anderer Stelle, wenn er schreibt: "Oder haben wir nicht den Neurotiker nachgerade definiert als denjenigen, der sein Dasein - als ein *immer auch anders werden können*, das es ist - uminterpretiert in ein *nun einmal so und nicht anders sein müssen?*... Alle äusseren Umstände und alle inneren Zustände gewinnen 'den Charakter eines Sündenbocks, auf den man die Schuld am verpfuschten Dasein schiebt'" (Hervorh. im Or.)[69].

Liegt in den beiden verschiedenen Aussagen Frankls nicht ein Widerspruch vor? Es fragt sich hier, wie weit Frankl in dem "Uminterpretieren" des Neurotikers, in dessen 'Abdizieren' (um als unfreier exkulpert zu werden) eine freie, willentliche und bewusste Handlung des

64 Das Menschenbild.., 76.

65 V.E. Frankl: Logotherapie und Religion, in: Psychotherapie und religiöse Erfahrung, Hrsg. W. Bitter, Stuttgart 1965, 97-111, Zitat: 105.

66 A.a.O. 104.

67 Das Menschenbild.., 95.

68 A.a.O. 92 und 94.

69 Kritische Bemerkungen.., 233.

Neurotikers versteht, ob das neurotische Verhaltensmuster auch ein sittliches Tun des Menschen sei - und dann und insofern wäre der Neurotiker auch dafür verantwortlich - oder ob Frankl seine Ausdrucksweise nur im uneigentlichen Sinn verstanden haben will. Auf diese Frage gibt Frankl selber keine eindeutige Antwort. Die Frage könnte etwa so aufgelöst werden, dass Frankl nur der sogenannten noogenen Neurose ein Freiheits- und Verantwortlichkeitsgrad in bezug auf die neurotische Fehlhaltung selber zueignen und die andern Neurosen ganz auf die Seite der Krankheiten stellen würde. Anderseits aber scheint er doch eher in der Richtung zu gehen, allen Neurosen im Unterschied z.B. zur endogenen Depression ein sogenanntes existentielles Schuldigsein zugrunde zu legen[70].

Zusammenfassend kann man sagen, dass nach Frankl der Neurotiker für seine neurotische Fehlhaltung zu einem Teil mitverantwortlich ist (allerdings in einem nicht genau anzugebenden Masse), dass er aber vor allem frei und verantwortlich ist in seiner Haltung gegenüber der neurotischen Fehlhaltung, bzw. der Krankheit. Die Therapie hat den Patienten erst in seine eigentliche Freiheit und Verantwortlichkeit zu führen, sie hat in ihm die Fähigkeit (das Gewissen) zu wecken, den an ihn ergehenden Anruf einer jeden Situation zu vernehmen, den Sinn seines Daseins zu erfüllen.

Weiterhin betont Frankl, dass die eigentliche Existenz unbewusst ist, die grossen Entscheidungen im menschlichen Dasein unreflektiert und unbewusst erfolgen[71]. Wo der Geist ganz er selbst ist, ist er unreflektierbar und unbewusst[72]. Dieses Unbewusstsein bedeutet aber nicht Getriebensein, sondern im Gegenteil "'entscheidendes Sein'" (Jaspers), "Verantwortlich-Sein", "existentielles Sein"[73]. Mit dem Begriff des "Unbewussten" meint Frankl also nicht die animalische, triebhafte Seite des Menschen, sondern Selbstvollzug der Person selbst, der einer Beobachtung unzugänglich ist. Wenn man demnach "Bewusstsein" nicht mit "reflexivem Bewusstsein" gleichsetzt, kann man an Stelle von "Unbewusstsein" auch sagen: "spontanes Bewusstsein"[74]. Anstatt "unreflektierbar" würde man vielleicht besser sagen: "reflexiv nicht ganz einzuholen", in dem Masse nämlich, als die Entscheidungen aus der Personmitte fliessen, die dem Menschen verborgen bleibt, die er nicht zum Objekt seiner Betrachtung machen kann, über die er also auch nie eigentlich Bescheid wissen kann.

---

70 So in: Aerztliche Seelsorge...
71 Der unbewusste Gott, 38.
72 A.a.O. 34.
73 A.a.O. 23.
74 Vgl. I.A. Caruso: Bios, Psyche, Person, 79ff.

4. Die falsche Verabsolutierung

Schliesslich sei noch etwas über *Wilfried Daim* gesagt. Ausgehend von der Beobachtung Freuds, dass die Wurzel der Neurose die Fixierung an ein Objekt der Kindheit sei, kommt er zur zentralen Feststellung seiner "Umwertung der Psychoanalyse": Das Fixierungsobjekt hat in jedem Falle absoluten Charakter[75]. In dem Absolutheitscharakter des Fixierungsobjektes sieht Daim die religiöse Natur der Beziehung der Person zum Fixierungsobjekt: "Da nun das Fixierungsobjekt nur subjektiv absolut genommen wird, ohne es objektiv zu *sein*, bezeichne ich es als *'Götzen'*" (Hervorh. im Or.)[76]. Diese Fixierung gelingt jedoch nie vollständig, weil die natürliche Tendenz der Person, des "Herzens", zum wahren Absoluten, zu Gott, nie ganz verdrängt werden kann. Durch die Fixierung des Herzens wird das Denken fehlgeleitet (es entstehen "Gesichtsfeldeinengungen... Gesichtstrübungen, Formverbiegungen, Skotome, 'instinktive' Ablehnungen"[77]) und dem Willen ein Grossteil der Energie zur Erreichung der rechten Ziele entzogen. Auf Grund der Verurteilung zur falschen Verabsolutierung in der Kindheit findet sich die Schwächung des Willens und die Trübung der Erkenntnis bei jedem Menschen, beim Neurotiker jedoch in verstärktem Masse. Da dies eine allgemeine, nur graduell verschiedene Störung ist, ein ungewolltes Schicksal der Einzelperson, folgert W. Daim, dass kein freier Willensakt zur Neurose führe. Die Erklärung für die allgemeine Störung findet er in der Erbschuld. Wenn die Theologie die Schwächung des Willens und die Trübung der Erkenntnis auf die Erbschuld zurückführe, dann müsse auch deren Ursache, nämlich die Fixierung des Herzens, auf die Erbschuld zurückzuführen sein. Daim erklärt: *"Die wesentlich psychologischen Folgen der Erbschuld liegen in der Verurteilung des Menschen zur falschen Verabsolutierung"*, und Daim fährt weiter mit der beachtlichen Erläuterung: "Und wenn es auch keine persönliche Schuld ist, es ist doch Schuld. Und das Bewusstsein des Gefrevelthabens taucht auch im analytischen Prozess regelmässig auf. Wer nicht bereit ist, die Erbschuld als Realität anzuerkennen, ist genötigt, das im analytischen Prozess auftauchende Bewusstsein des Gefrevelthabens als Wahngefühl zu erklären" (Hervorh. im Or.)[78].

Mit Recht unterscheidet Daim zwischen persönlicher Sünde und Erbschuld, welche jedoch theologisch gesehen als "peccatum naturae" nicht Sünde im eigentlichen Sinne ist, nicht Sünde der Person, (noch) nicht sittliche Schuld. Wie steht es nun aber mit dem "Gefühl des Gefreveltha-

---

75 Vgl. W. Daim: Tiefenpsychologie und Gnade...
76 A.a.O. 226.
77 A.a.O. 227.
78 Umwertung.., 253.

bens", das regelmässig im analytischen Prozess auftauchen soll? Offenbar hat dieser Frevel etwas mit Schuld - mit subjektiver und nicht nur objektiver, mit formeller und nicht nur materieller Schuld - zu tun und das Bewusstsein des Gefrevelthabens muss dann auch ein Schuld-Bewusstsein bedeuten, das Bewusstsein, schuldig geworden zu sein. Ein solches Schuld-Bewusstsein aber kann sich nicht auf die Erbschuld beziehen, da die Erbschuld nicht Schuld der Einzelperson selber ist. Erbschuld im strengen Sinne kann man zwar bedauern, aber nicht eigentlich bereuen, bereuen kann man sie nur, insofern man diese Erbschuld schon durch eigene Schuld ratifiziert hat. Wenn also das Bewusstsein des Gefrevelthabens echtes Schuld-Bewusstsein ist, dann muss es sich auf persönliche Schuld beziehen. Dies bestätigt Wilfried Daim, wenn er sagt, dass die Leute unrecht haben, wenn sie "für ihre - schuldhafte - Handlung den Irrtum des Gewissens in Anspruch nehmen"[79]. Es scheint also, dass in der "Fixierung des Herzens" auch persönliche Schuld mitbeteiligt ist, welche Schuld jedoch an die allgemeine Schuldverfallenheit der Menschheit erinnert, und sicher in Zusammenhang steht mit der Erbsünde als dem Fehlen der heiligmachenden Gnade und deren materialem Element, der Konkupiszenz, sowie deren Folge, der Verwundung der menschlichen Natur.

Dies bedeutet also, dass der Neurotiker nicht von jeder Verantwortung und Schuld zu befreien ist. Die Zuhilfenahme der Erbschuld ist für das Gefühl des Gefrevelthabens nicht berechtigt. Aber dieser Kunstgriff W. Daims ist doch verständlich: Der Therapeut trifft in der Analyse ständig auf das Schuldbewusstsein, welches ernst zu nehmen ist, aber anderseits will der Therapeut doch nicht einfach sagen, der Neurosekranke sei für seine Krankheit selbst verantwortlich, oder sogar, die Neurose sei aus einer freien persönlichen Entscheidung hervorgegangen.

Es bleibt jetzt noch näher zu fragen, was W. Daim unter "Verabsolutierung des Relativen" versteht. "Verabsolutierung des Relativen" bedeutet zunächst, dass der Neurotiker nur einen bestimmten Ausschnitt der Welt, der Wirklichkeit, erfassen kann. Ein grosser Seinsbereich kommt gar nicht in seinen Blick, er leidet unter einem "psychischen Skotom" (Stekel), einer Horizontverengung. Er steht nicht, wie es dem Menschen zukommt, in der Weltoffenheit, im Offenen des Seins. Bedeutsam ist nun, dass er diese Verengung auch als solche spürt (und wäre es bloss in einem unliebsamen Symptom). Er lebt, bildlich gesprochen, wie in einem Tunnel oder in einer allseitig geschlossenen Schale. Er fühlt sich unfrei, "er fühlt einen Ring um sich, dessen Wegfallen ihm

79 Tiefenpsychologie und Freiheit, 397.

die Möglichkeit gäbe zu erfüllen, was er im Grunde will"[80]. W. Daim erklärt, dass es sich hier nicht um eine Willensfreiheit im engeren Sinne handle, sondern um eine affektive Freiheit: "Es geht nicht um Willensfreiheit, sondern um jene affektive Freiheit zu sich selber, nicht um die Freiheit des Kopfes, sondern die des Herzens"[81].
Dass diese Verschlossenheit nicht normal ist, zeigt sich darin, dass sie als solche überhaupt gewahr werden kann, das verschlossene Leben wird nämlich als Zwang und Terror empfunden[82]. In diesem Gewahrwerden der Verschlossenheit wird das Eigentliche des Offenseins und Freiseins schon geahnt, irgendwie erkannt und gewollt. Um im geschlossenen System ruhig leben zu können, müsste der Mensch sein wahres Wesen verleugnen, bildlich gesprochen müsste er, wie ein Analysand W. Daims träumt, gewisse Teile seines Gehirns ausbohren[83].
Es ist nicht schwer zu sehen, dass je nach verengtem oder offenem Weltbezug auch das Gottesbild verschieden aussieht. Im ersten Fall ist ein wahres Gottesbild gar nicht möglich, anders gesagt, Gott als der Transzendente kann nicht erfahren werden. Gott ist dann vielleicht ein tyrannisierender "Maschinenmoloch", ein "falscher Polarstern", eben ein Götze[84]. Erst das Leben in der Offenheit kann die Wirklichkeit auf den wahren Gott hin transparent machen, auf Gott, der dem Menschen erst die wahre Freiheit, die Freiheit in der Wahrheit, gibt.
Wie Daim zeigt, kann sich der Neurotiker nicht transzendieren, er ist in sich selbst verschlossen und kann deshalb auch Gott nicht in seinem wahren Wesen erfahren. Insofern sagt der Ausdruck "falsche Verabsolutierung" durchaus etwas Richtiges aus. Vielleicht wäre es aber doch besser, wenn diese Formulierung vermieden würde, weil sie zu dem Missverständnis Anlass gibt, die neurotische Verschlossenheit sei immer auch (wie die theologische Definition der Sünde sagt) ein Nein zu Gott, eine Entscheidung der Person selber, also (schwere) Sünde.
Das Ziel der Psychotherapie besteht nun darin, die Verengung des Gesichtsfeldes, des Weltbezuges, zu sprengen, damit der Mensch in den (je weiteren) Horizont des Seins kommt. Die Verengung, die immer auch eine gewisse "Lebenshäresie" bedeutet, muss überwunden werden durch ein seinsgerechtes Leben, durch die "gelebte Wahrheit" (Caruso).
In der falschen Grundhaltung des Neurotikers wird man also nicht schon eine Grundentscheidung, ein radikales Nein zu Gott, sehen dürfen, obschon sie offenbar doch auch Schuld impliziert. Zur "gelebten Wahrheit" ist der Mensch verpflichtet. Bewusstheit, Freiheit und Verantwortlich-

80 A.a.O. 389.
81 A.a.O. 390.
82 A.a.O. 396.
83 A.a.O. 394f.
84 A.a.O. 391 und 395.

keit sind dem Menschen aufgegeben. Sofern er dieser Aufgabe nicht gerecht wird, obwohl er es sollte und könnte, wird er auch schuldig. Unbewusstheit kann auch Schuld bedeuten. Wie I.A. Caruso sieht auch W. Daim dafür eine Bestätigung in den Worten Christi am Kreuz: "Vater, vergib ihnen, denn sie wissen nicht was sie tun", d.h.: "Man braucht also Vergebung für das, was man nicht weiss, für seine Unfreiheit"[85]. Aus der Verpflichtung zum (rechten) Bewusstsein folgt, dass es auch eine gewisse Verantwortlichkeit für die Fehlhaltung der Neurose gibt, und das bedeutet Schuld, welche Schuld der neurotische Mensch anzuerkennen hat: "... es kann keine Verantwortung für Verirrungen geben ohne die Möglichkeit der Schuld. Die Schuld nicht erkennen wollen, heisst neurotisch bleiben wollen" (Caruso)[86].

C. Werner von Siebenthal

W. von Siebenthal ist für uns von besonderem Interesse, weil er intensiv die Beziehung von Schuld und Schuldgefühl untersucht hat und die Ansicht einer strengen Korrespondenz beider Grössen vertritt. W. von Siebenthal[87] versucht, den Zusammenhang zwischen Schuldgefühl und Schuld bei psychischen Erkrankungen (Sucht, endogene Depression, Wahn und Psychose) nachzuweisen. Entgegen der üblichen Neigung in der Psychiatrie, das Schuldgefühl auf eine im Organischen wurzelnde Störung des vitalen Grundes, auf eine Betriebsstörung im Ganglienzellenverband oder hormonalen Kräftespiel[88] zurückzuführen, versucht Siebenthal, dieses Gefühl von einem anthropologischen Standort aus (jenseits der rein psychologischen oder somatischen Forschung), zu verstehen und zu interpretieren. In anthropologischer Sicht beziehe sich das Schuldgefühl, sagt Siebenthal, immer auf eine Schuld. Der Gesunde könne in der Regel sein Schuldgefühl auf etwas konkret Schuldhaftes beziehen, er fühle sich für diese oder jene Tat oder Unterlassung schuldig[89]. Bei der Psychose dagegen (etwa bei der endogenen Depression) ist das Schuldgefühl ohne sinnvollen Bezug. Der Kranke "ist schuld am ganzen Familienunglück, am Krieg, daran, dass die Welt so schlecht ist. Er selbst ist der miserabelste Mensch, hat alles verkehrt gemacht, überall versagt, ist wertlos, verloren und weint darüber Wochen und Monate. Oder er ist ein Schizophrener, der verfolgt wird, der eingesperrt werden muss, ins Gefängnis kommt, hinter dem die Polizei her ist... Manchmal beteuern die Kranken gleichzeitig verwundert, dass sie doch nichts Böses ge-

85 I.A. Caruso: Psychoanalyse.., 146; vgl. W. Daim: Umwertung.., 252.
86 I.A. Caruso: Psychoanalyse.., 145.
87 Werner von Siebenthal: Schuldgefühl und Schuld...
88 A.a.O. 18 und 30.
89 A.a.O. 37.

macht haben oder *erfinden* Delikte, um ihr Schuldgefühl erklären zu können" (Hervorh. im Or.)[90]. Obschon dieses Schuldgefühl ohne sinnvollen Bezug auf eine angebbare Schuld steht, muss das Schuldgefühl nach Siebenthal ernst genommen werden, d.h. es muss sich auf wirkliche Schuld beziehen. "Es hiesse... dem bekannten und sonst doch recht sinnvollen psychischen Tatbestand des Schuldgefühls jede Sinnhaftigkeit und jede Einordnung in das Gesamt des menschlichen Sinngefüges absprechen, wenn man behauptet, es gäbe besonders unter psychotischen Verhältnissen ein Schuldgefühl, *das sich nicht auf eine Schuld als objektive Qualität* beziehe! *Das Gefühl der Schuld bezieht sich eben auf die Schuld und sonst auf nichts.* Ein so konkretes 'Gefühl von etwas' kann doch nur dann ernst genommen werden, wenn man nicht nur das Gefühl, sondern auch das Etwas, das im Gefühl getragen wird, als Objektivität gelten lässt und anerkennt" (Hervorh. im Or.)[91]. Gerade in der Tatsache, dass der Kranke das "frei flottierende" Schuldgefühl auf "Delikte" und "Unterlassungen" beziehen muss, liegt nach Siebenthal "der *Beweis der ontisch begründeten Unaufhebbarkeit der Beziehung zwischen Schuldgefühl und Schuld!*" (Hervorh. im Or.)[92]. Diese Schuld ist nun aber keine Schuld im juristischen Sinn ("aus einem Verstoss gegen die geltende Norm der Sozietät erwachsene Schuld")[93] und auch nicht in erster Linie eine moraltheologische Schuld (die sich durch ein Schuldgefühl dokumentiert, "das sachlich auf ein bestimmtes Vergehen bezogen werden kann"), sondern "existentielle Schuld"[94]. Zu beachten ist hier, dass Siebenthal juristische und moraltheologische Schuld (mit Recht) unterscheidet. Zur moraltheologischen Schuld rechnet er auch eine "abgrenzbare lieblose Haltung". Er will die Abgrenzung allerdings nur "als grobe Regel" gelten lassen, "denn selbstredend beginnt die existentielle Schuld bereits bei der moraltheologischen oder letztere wächst aus der existentiellen hervor"[95]. Im Raum der Psychiatrie beziehe sich das Schuldgefühl eigentlich immer auf die existentielle Schuld. "Das heisst aber, dass dieses Schuldgefühl immer dann im Menschen steckt, wenn er in seiner *Selbstverwirklichung bedroht* oder bereits einer weitgehenden Selbstverfehlung erlegen ist, und zwar schon *vor* Ausbruch der Psychose, nicht etwa wegen ihr! Die Psychose ist vielmehr nur ein neuer Ausdruck oder eine Folge der in nicht näher angebbarem Umfang bereits erfolgten *Selbstverfehlung*" (Hervorh. im Or.)[96].

---

90 A.a.O. 17.
91 A.a.O. 38.
92 A.a.O. 43.
93 A.a.O. 42.
94 A.a.O. 49.
95 Ebd.
96 Ebd.

Das Schuldgefühl kann zwar auch verdrängt werden. Wenn es aber wieder bewusst wird (und nicht ins Somatische konvertiert), manifestiert es sich in einer überraschenden Stärke. Der Grund liegt darin, dass durch die Verdrängung die Selbstverfehlung nur verschlimmert wird, "denn die Verdrängung überhaupt ist der erste Schritt zur Selbstverfehlung, die erste Ablehnung der Wahrheit über sich selbst, ist die erste Selbstverdunkelung, der erste Selbstbetrug"[97]. Die seelische Reaktion beim Verdrängen des Schuldgefühls ist ein Gefühl der Angst, die erfahren wird "als Angst vor einem unbestimmten, im Grunde metaphysischen Bedrohtsein"[98]. Durch Projektion wird diese Angst eine "Furcht vor etwas". Der Mensch fühlt sich nur bedroht von einem bestimmten Menschen oder einer bestimmten Situation und reagiert mit Aggression (als Tat oder Haltung), das heisst: "Die existentielle Schuld vergrössert sich, wenn die Angst im Gefolge des Schuldgefühls nicht ausgehalten und in der Liebe überwunden, sondern zur 'Entmachtung' projiziert und daher die Aggression provoziert wird, was - welch ein Teufelskreis! - neue Schuldgefühle auf Grund neuer existentieller Schuld wachruft und den Zirkel erneuert"[99]. Wir sehen hieraus, dass auch das Angstgefühl ein Zeichen der existentiellen Schuld ist, ein "Ausdruck des Abgleitens der Existenz in Richtung auf das Nichts"[100].

Nach unserem Autor ist die Neurose bedingt durch eine "Instinktpersistenz", was sich mit dem Begriff "Infantilität" deckt, Infantilität des altersmässig Erwachsenen[101]. Existentielle Schuld lässt sich demnach kennzeichnen als Entwicklungsschuld, Werdensschuld. Dabei wird häufig das Schuldgefühl auf eine moralische Schuld bezogen, wie etwa: "Weil ich keine Liebe zu den Eltern hatte, darum wurde ich schuldig. Heisst es doch: 'Du sollst Vater und Mutter ehren!' usf. Oder: Weil meine Gedanken zu einem Mädchen gingen, darum bin ich schuldig"[102]. Aus dem existentiellen Schuldigsein und der falschen Lokalisation des Schuldgefühls kann dann auch nur eine unechte Pseudo-Religion entstehen. Aus einer solchen Einstellung "erwächst ein greifbar unechtes, religiöses Bemühen, ein pseudoreligiöses - weil ersatzhaftes - Bedürfnis, der konkreten Aufgabe der Instinktablösung zu entgehen durch ein kindliches Sich-zu-Gott-Flüchten... - die eigentliche Aufgabe aber bleibt ungelöst, das Schuldgefühl etabliert sich weiter und treibt verstärkt zur Flucht in die religiöse Betätigung... Anthropologisch gesehen, wagt der Instinktgebundene eben nicht den Sprung in die Menschenwelt, in die Welt überhaupt, will verharren in der mütterlichen

---

97 A.a.O. 51.
98 Ebd.
99 A.a.O. 52.
100 A.a.O. 51.
101 A.a.O. 188f.
102 A.a.O. 191.

Geborgenheit kindlicher Verantwortungslosigkeit, riskiert es nicht, Drangsal und Wirrnisse und auch die tragische Schuldverstrickung auf sich zu nehmen und verwechselt häufig auch die christliche Existenz mit einem farblosen Paradieseszustand oder mit der süssen Sehnsucht nach dem Himmel"[103].

Man könnte sich fragen, ob in einem solchen Zusammenhang überhaupt zurecht von "Schuld" gesprochen werde. W.v. Siebenthal hält daran fest: "Es ist falsch, psychologisch zu folgern: Weil der Kranke infantil ist, fühlt er sich schuldig, sondern es muss heissen: Weil er schuldig ist, fühlt er sich schuldig. Er ist aber schuldig, weil er infantil ist, genauer: weil er in der Selbstverwirklichung stockt, weil er anders ist, als er (anthropologisch!) sein soll und grundsätzlich sein kann". Trotzdem will Siebenthal nicht etwa moralisieren. Er erklärt: "Wenn der Psychiater ein Schuldgefühl, die Aggression, den Negativismus, den Trotz usf. registriert, dann darf (und muss) er auch eine moralische oder amoralische Haltung in seine Symptomerfassung mit hineinnehmen. Das Entscheidende an dieser Kenntnisnahme liegt ja nicht in der *Ver*urteilung (wer dürfte das wagen!) sondern in der *Be*urteilung (und nur ein schlechter Arzt unterliesse das!)... Wenn man einmal den Mut aufbringt, etwa symptomatische Amoralität wertend zu registrieren... so ist das freilich erst in der mitmenschlichen Schuldsolidarität möglich und überhaupt erlaubt. Die Furcht vor der Moral in der Medizin hat ihre guten Gründe! Wenn der Kranke aber vom Objekt zum Menschen werden soll, dann muss er auch in seiner möglichen Amoralität genommen werden. Vielleicht ist es gerade die Angst vor der *wertenden* Stellungnahme dem Kranken gegenüber, die es so lange verhinderte, zu erspüren, was 'die' Schizophrenie 'ist'. Sie ist weder eine Gehirnkrankheit noch irgendein fremdes, quasi-dämonisches Wesen, das da sein Unwesen treibt, sondern sie ist eine entscheidende Krise der Selbstverwirklichung" (Hervorh. im Or.)[104].

Es ist nicht leicht zu sagen, wie weit in der sog. existentiellen Schuld auch Einsicht in die Verfehlung und freie Entscheidung beteiligt sind. Jedenfalls ist die Verfehlung von einer geistigen, hellen Oberschicht des Menschen her nicht zu verstehen, wie auch das Bild von der "gelebten Wahrheit" tiefer liegt. "*Das Bild* (die Vorstellung von) *der Vollendung ist nicht primär an das Erkennen oder Wissen oder nur an die Bewusstheit gebunden, sondern ist schlechthin im menschlichen Sein verankert.* Kaum einer der Depressiven oder Schizophrenen 'weiss' oder ahnt wirklich, worum es im Grunde geht. Niemandem wird es ohne weiteres in den Sinn kommen, das sich psychologisch zeigende

---

103 Ebd.
104 A.a.O. 246f.

Dasein zeuge von der drohenden Verfehlung des auf Vollendung hin ausgelegten menschlichen Daseins. Das Schuldhafte ist gerade die faktische Nicht-Vollendung, deren Verantwortung auf dem Dasein lastet" (Hervorh. im Or.)[105]. In der Analyse kann diese Verantwortung bewusst gemacht werden, der Patient vermag sogar ein Versagen als schuldhaft zu erkennen. Dieses Schuldbewusstsein ist jedoch gut zu unterscheiden von einem selbstquälerischen Schuld- und Minderwertigkeitsgefühl. Es ist vielmehr Zeichen eines Neubeginns, der Anfang eines eigentlichen Lebens.

D. Heinz Häfner

Neben W.v. Siebenthal hat sich Heinz Häfner eingehend mit dem Thema "Schuld und Gewissen" befasst. Er hebt zunächst hervor, dass Angst und Schuld wesentlich zum menschlichen Dasein gehören. Die *Angst* ist zu verstehen als eine Grundbefindlichkeit des endlichen Daseins. Sie mahnt als "Pfahl im Fleische" den Menschen daran, dass er "in diesem Raume nicht vollends zu Hause ist"[106]. Im Anschluss an Max Scheler hält er dafür, dass *Schuld* nur von einer objektiven Wertordnung her verstanden werden kann: "Dass es Schuld überhaupt gibt, gründet auf dem Vorhandensein einer das Ich transzendierenden Wertordnung"[107]. Nun greift aber der Mensch von allen Wertrealisationsmöglichkeiten immer nur einen gewissen Teil heraus, das heisst er steht in einem "subjektiven Wertentwurf"[108], der "die Gesamtheit aller vom Ich gelebten Werte und Daseinsbereiche" enthält[109]. In der Einengung des subjektiven Wertentwurfs liegt der existentielle Grund der Schuld und der daraus entstehenden Angst. Dem Menschen ist aufgetragen, den subjektiven Wertentwurf ständig fortschreitend zu erweitern, das heisst auch, sich selbst zu verwirklichen. Im Schulderleben wird die Begrenztheit des jeweiligen subjektiven Entwurfs erfahren, das heisst auch schon überschritten. Dem (existentiellen) personalen Gewissen kommt es zu, an die (existentielle) Schuld des verengten Wertentwurfs zu mahnen, aufzurufen zur je grösseren Wertverwirklichung, zum "personalen Wertentwurf": "Im Schulderlebnis erfährt sich das Ich als Brecher einer inneren Ordnung. Das Schuldgefühl richtet sich dabei auf irgendeine Handlung oder Gesinnung, mit der sich das Ich wider sein Gewissen stellte... Das Ich wird auf innere Ordnung verwiesen, von der es sich in

---

105 A.a.O. 278.
106 Heinz Häfner: Schulderleben.., 17.
107 A.a.O. 29.
108 A.a.O. 56.
109 Ebd.

einem subjektiven Wertentwurf in irgendeiner Weise entfremdet hat. Das Gewissen nimmt also zum gelebten Dasein Stellung und tritt den Wünschen und Wertsetzungen des Ich zuweilen radikal entgegen. Es transzendiert also... das Dasein, soweit es subjektiver Wertentwurf des Ich... ist. Vor allem aber widerfährt dem Ich im Erlebnis der Existenzschuld das Wissen, dass es in seinem gelebten Entwurf seinen eigentlichen Sinn oder die innere Ordnung verfehlt hat... Im Gewissenserlebnis findet sich das Dasein bereits jeweils auf einen Wert hin entworfen, den das Schuldgefühl als nicht verwirklicht erfahren lässt. Damit erweist sich, dass dem subjektiven Wertentwurf ein 'personaler Wertentwurf' gegenübersteht, der über das Ich und seine konkrete Existenz hinausweist"[110]. Die Schuld- und Gewissenserfahrung erscheint hier geradezu als Bedingung der Erweiterung des Wertentwurfs, der Selbstverwirklichung, des Ergreifens der je eigenen Möglichkeit, des eigentlichen Selbstseinskönnens, als Bedingung der Möglichkeit einer je tieferen Begegnungsfähigkeit mit dem Du[111].
Nun neigt aber der Mensch dazu, an seinem subjektiven Wertentwurf festzuhalten. Das geschieht in der "Ich-Entlastung", (die so weit gehen kann, dass eine Weltanschauung erstellt wird, in der der Mord sogar gerechtfertigt erscheint)[112], was auch eine "Schuldentlastung" bedeutet[113]. Die Schulderkenntnis wird abgewehrt, das Ich identifiziert sich mit sich selbst, sieht sich nicht mehr so, wie es in Wirklichkeit ist, das heisst mit seinen Fehlern, Mängeln und Unzulänglichkeiten. Je grösser diese Entlastung ist, desto mehr verschliesst sich das Ich in sich selbst, bis es schliesslich (ohne fremde Hilfe) wandlungsfähig wird[114]. In dieser Unfähigkeit liegt nun das Wesen der Neurose, welche schon Gebsattel als "Werdenshemmung" gekennzeichnet hat.
Wir wollen uns der Frage zuwenden, was Heinz Häfner unter der Existenzschuld versteht, das heisst, wie er sie gegenüber einer moralischen Schuld abgrenzt. Grundsätzlich will Häfner die existentielle Schuld von der menschlichen Schuld abgehoben wissen, wenn er sagt: "Allerdings bewegen wir uns hier in einem Verständnis von Schuld, der sich vom Begriff der Sünde als ethischer und objektiver Schuld zunächst einmal deutlich abhebt: Schicksalhaft Verborgenes steht - solange es verborgen ist - ausserhalb ethischer Schuld. Die These von Krankheit als Folge der Sünde ist ein verhängnisvoller Kurzschluss, der zumindest die konkrete Verantwortlichkeit als Voraussetzung jedes ethischen Verschuldens übergeht"[115]. Nach Heinz Häfner ist demnach Neurose nicht

110 A.a.O. 66.
111 A.a.O. 171ff.
112 A.a.O. 153f.
113 A.a.O. 35-52, s. unten 324.
114 A.a.O. 58ff.
115 Zur Problematik.., 374.

eine Folge von Schuld, von Sünde. Damit will er aber nicht ausschliessen, dass ein konkretes Verschulden doch zentrales Moment in der Neurose sein kann. Häfner bringt dafür ein Beispiel: Eine 38jährige Frau aus der Ostzone lernt im Westen einen geschiedenen Ingenieur kennen und verliebt sich in ihn. Daraufhin denunziert sie ihren Ehemann wegen eines kleinen Wirtschaftsvergehens. Die Denunziation führt zur Verhaftung und die Frau geht die Ehe mit dem Ingenieur ein. In der Folge denkt die Frau nicht mehr daran zurück, leidet aber an Einschlafstörungen und bekommt Herzklopfen, wenn von Verhaftung die Rede ist. Anlässlich der Begegnung mit einem Mann, der dem Polizeikommissar gleicht, bei dem sie ihren Mann angezeigt hatte, bricht sie auf der Strasse zusammen. In diesem Fall liegt offenbar sittliche Schuld vor, und trotzdem wird man nicht einfach sagen können, die Krankheit sei Folge der Schuld. Das Entscheidende liegt nämlich nicht in der Schuld als solcher, sondern in der Weise, wie sie verarbeitet, "erfahren oder verdeckt"[116] wird. Der Frau gelingt es nicht, sich ihrer Schuld offen zu stellen: "Die Schulderfahrung nach einer selbst als ethisch schuldhaft empfundenen und von der Gemeinschaft verurteilten Tat wird vergessen - verdrängt - um das Bild, das unsere Patientin von sich selbst hatte, nicht zu gefährden. Dennoch schweigt in aller Selbstgerechtigkeit und Selbstvergessenheit das schlechte Gewissen nicht. Der unverstellten Einsicht verborgen drängte die 'vergessene' Tat aus vielfältigen Quellen ans Licht und zerstörte den unbeschwerten Genuss ihrer Früchte"[117]. Nicht die klar umgrenzte Schuld ist hier im strengen Sinne Ursache der Krankheit. Eher umgekehrt kann man sagen: Der subjektive Wertentwurf liess es nicht zu, sich der Schuld bewusst zu werden und sich mit ihr auseinanderzusetzen. Natürlich gibt es daneben auch die bewusste und willentliche Ablehnung einer Wertordnung, ein "besonnener Wille gegen jede Wandlung", "eine tatsächliche Abstumpfung oder Verdeckung des ethischen Gewissens", "die weniger zur Neurose als zum Laster, zum progressiven Verfall der sittlichen Haltung führt"[118]. Der Umstand jedoch, dass die Schuld nicht bewusst werden darf, braucht nicht selber schon Folge einer Schuld zu sein.
Die Frage also nach dem Zusammenhang zwischen Schuld und Neurose führt weiter zurück auf die Frage, wie es zur Unfähigkeit der Schuldbegegnung kam. So kann eine Analyse zum Beispiel aufdecken, dass der Vater der Patientin hohe moralische Ansprüche stellte, und er, wenn sie eines seiner Gebote übertreten hatte, ihr kaum vergab und sie streng bestrafte. Das führte sie zu einer Doppelrolle: Im Verborgenen trieb sie

116 Ebd.
117 A.a.O. 375.
118 Ebd.

allerhand Verbotenes, dem Vater gegenüber war sie das artige und gehorsame Kind. Aber mit dem Verbergen ihres Tuns vor dem Vater verbarg sie mehr und mehr ihre Schattenseite und lernte das Eingestehen von Schuld als ein grosses Uebel begreifen. Die Folge war ein Schuldgefühl, Vertreiben und Totschlagen der Zeit und eine existentielle Leere. In einem stereotypen Traum steht sie im Abitur. Obschon sie die Aufgabe richtig gelöst hat, lautet die Bewertung: Nicht bestanden. Das bedeutet, dass die Reifeprüfung eben mehr verlangt. Mit 28 Jahren erlebt sie die Todesangst, wie sie mehr als eine Stunde allein in einem Luftschutzkeller eingeschlossen wird. Dazu sagt die Patientin: "'Es war ein ganz anderes Gefühl von Schuld, so unbegrenzt, als wäre alles, was ich überhaupt getan habe, nicht recht gewesen, als hätte ich mein ganzes Leben vertan und stünde jetzt mit leeren Händen da'"[119]. Hier zeigt sich deutlich, dass die Patientin ihr Leben bislang nicht im eigentlichen Sinne gelebt hat und dies als Schuld erlebt. Es wäre sicher verkehrt, hier von depressiven Schuldgefühlen zu sprechen, die es schleunigst weg zu analysieren gälte. Hier stehen wir einmal mehr vor der ständig zu beobachtenden Antinomie: Die Patientin wurde anscheinend unausweichlich in ihre verstellte Lebenshaltung hineingetrieben und doch wird diese Haltung als Schuld angemahnt. Diesen Sachverhalt schildert Häfner so: "Dennoch bleibt es ein erregendes Geheimnis, dass auch die objektiv nicht schuldhafte, weil nicht aus Freiheit begangene Selbstverfehlung im existentiellen Gewissensruf phänomenal als Schuldgefühl erfahren werden kann. Existentielles Schuldigsein führt ja ... in seinen Anfängen häufig in die frühe Kindheit zurück. Gerade die Aufprägung eines wesensfremden, die eigenen Ansprüche und Seinsmöglichkeiten verschüttenden Entwurfs in der Kindheit ist ein für die Entstehung schwerer Selbstverfehlungen entscheidender Anlass. Solche Verdeckungsformen des existentiellen Gewissens... sind nicht aus freiem Entscheid, sondern zumeist aus 'überwältigenden Momenten im Daseinsgeschehen' hervorgegangen. Aus seiner existentiellen Abhängigkeit von den Eltern muss sich das Kind im Extremfall zwingend dem aufgeprägten Entwurf fügen und alle eigenen Ansprüche, auch die im Ruf des existentiellen Gewissens begegnenden, aus Notwehr unterschlagen"[120]. Wenn dem so ist, wenn die Entstehung der Neurose in eine Zeit zurückreicht, in der der Mensch (das Kind) noch keiner selbständigen, sittlichen Entscheidung fähig war, dann wird man in der Neurose kaum von einer Schuld im Sinne von "Culpa" sprechen können, sondern nur im Sinne eines "debitum", einer Verpflichtung nämlich, aus der Selbstverfehlung im Hören auf das existentielle Gewissen zur wahren Selbstverwirklichung zu gelangen. Zunächst aber (in seinem Buche "Schulderleben und Gewissen")

---

119 A.a.O. 380.
120 A.a.O. 381.

fasst Häfner den Begriff Existenzschuld noch vorwiegend im Sinne einer Culpa. Er betont, dass die neurotische Einengung nicht (nur) von aussen auferlegt wird, sondern (auch) aus Entscheidungen hervorgeht: "Neurose bedeutet Freiheitsbeschränkung... Doch ist auch dann die Verteidigung des Gehäuses, die Abwehr der bedrohenden Schuldmomente und der ausgeschlossenen Wertbereiche noch eine aktive Leistung des Ich. Sie wird allerdings aus der Angst heraus gefordert. Am Anfang dieses Weges aber steht der freie Entscheid, die Ich-Entlastung um kleiner Unzulänglichkeiten oder Schuldmomente willen, ohne den übermächtigen Druck der Angst... Aus den vielen kleinen Freiheitsbeschränkungen kommt es... im Laufe einer langen Entwicklung zum partiellen Verzicht auf die menschliche Freiheit"[121]. Wie "Existenzschuld" auch Schuld im Sinne von Culpa bedeutet, zeigt Häfner, wenn er schreibt: "Mit der Schulderfahrung rechnet sich der Schuldige die Verantwortung für eine wertwidrige Tat zu, als deren Urheber er sich selber weiss. Doch ist diese 'Tatschuld' nur ein Teil der eigentlichen Schuldmöglichkeiten. Von ebenso wesentlicher Bedeutung ist die 'Existenzschuld'. Sie gründet in der Tatsache, dass sich der reife selbständige Mensch auch für sein Gewordensein, für seinen jeweiligen Charakter also, verantwortlich weiss. Das Ausmass der Verantwortung, das dem individuellen Dasein auferlegt worden ist, erscheint grenzenlos. Die Schuld aber, die aus dem Entscheid und schliesslich aus dem Entwurf des Ich überhaupt auftauchen kann, wird wohl als die grösste Belastung der Individualität empfunden"[122].

In der Uebernahme von Verantwortung und Schuld sieht Häfner die wesentliche Aufgabe der Therapie, und er sagt, das Ende der Therapie sei gekommen, wenn der Patient die Fähigkeit gewonnen habe, seiner personalen Schuld zu begegnen und das autonome Gewissen beginne, die Macht des Ueber-Ich zu überwiegen[123]. Mit *Hattingberg* teilt Heinz Häfner die Auffassung, der Neurosekranke müsse letzten Endes die Verantwortung für sein Symptom übernehmen, um gesund zu werden[124]. Nicht das Ueber-Ich, sondern das existentielle, personale Gewissen gewinnt hier die Macht und zeigt die eigentliche Schuld an, die übernommen werden muss. Mit der Uebernahme dieser Schuld wird die Person frei für einen erweiterten Wertentwurf, für ein neues, reicheres Leben. Schuldannahme bedeutet hier also in gewissem Sinne auch schon Schuldüberwindung in der Reue. Die Schuld selber erscheint nun in einem neuen Licht, sie verwandelt sich rückblickend in eine "beata culpa". Heinz Häfner führt aus: "Die

---

121 Schulderleben.., 63f.
122 A.a.O. 29.
123 A.a.O. 180.
124 A.a.O. 171.

Schuld aber verwandelt sich von der unheimlichen Bedrohung des Ich zum Geschenk einer reicheren Wirklichkeit. Durch den selbstverschuldeten Bruch der inneren Ordnung werden wir ihres Wesens ansichtig und finden in einer tieferen Weise zu unserem eigenen Sinn und Sein-können. In der vollkommenen Reue ist auch die Schuldangst überwunden, und das Erlebnis einer *beata culpa*, einer glückseligen Schuld, wie *Augustinus* sagte, wird verstehbar" (Hervorh. im Or.)[125].
Wir glauben, Heinz Häfners Auffassung gerecht zu werden, wenn wir sagen: Bei der "Existenzschuld" handelt es sich zunächst und primär um ein "debitum". Eine Schuld im Sinne von "culpa" kann aber nicht einfach ausgeschlossen werden. Zunächst zwar erscheint die neurotische Selbstverfehlung als reines Verhängnis, in dem Masse aber sich der Mensch in der Selbstverfehlung selber ausspricht, in dem Masse ist er auch dafür verantwortlich und schuldig. Wie weit man in der Selbstverfehlung auch eine Schuld im Sinne von culpa sehen will, hängt davon ab, wie hoch man die Freiheit des Menschen veranschlagt. Einerseits ist der Mensch unfrei und getrieben, anderseits aber ist er auch frei und sich selbst bestimmend. Es scheint, - und das ist für die Moraltheologie nicht ohne Belang -, dass der Bereich der Freiheit und Verantwortung des Menschen nicht auf die klar bewussten, freien Entscheidungen einzuschränken ist. Heinz Häfner meint: "Wir haben keine Berechtigung dazu, die Existentialität des Menschen auf den Bereich klar bewusster freier Entscheidungen zu begrenzen. Jenseits der verantwortlich und bewusst gefällten Entscheidungen liegt wohl immer ein weites Feld menschlicher Seinsmöglichkeiten, die so etwas wie die potentielle Freiheit des Menschen bedeuten. Ihrem Ergreifen stehen mehr oder weniger grosse äussere oder innere Hindernisse entgegen, aber deshalb sind sie nicht von vornherein aus aller Verantwortlichkeit ausgeschlossen"[126].
Hat Häfner in "Schulderleben und Gewissen" vornehmlich die Verantwortlichkeit des Menschen hervorgehoben, so betont er neuerdings deutlicher die überwältigenden Momente im Daseinsgeschehen[127]. Auch hebt er jetzt ethische und existentielle Schuld, beziehungsweise ethisches und existentielles Gewissen deutlicher voneinander ab. Existenzschuld fasst Häfner weiter als ethische Schuld. Das existentielle Gewissen zielt nicht nur auf verantwortliche Erfüllung der sittlichen Ordnung ab, es ruft "auf das eigenste Selbstseinkönnen im allgemeinsten Sinne"[128]. Für das ethische Gewissen ist Zurechnungsfähigkeit und persönliche Verant-

---

125 Ebd.
126 Psychotherapie.., 23.
127 Das Gewissen in tiefenps. Sicht, 113-151.
128 Daseinsanalytische Psychotherapie.., 52

wortlichkeit vorausgesetzt, "während ein existentielles Schuldigsein durchaus ausserhalb der eigenen Verantwortung - etwa in der frühen Kindheit - entstanden sein kann. Auf der ontologischen Ebene gründet allerdings auch das existentielle Gewissen in der allgemeinen Verantwortung des Daseins für die Erfüllung der ihm aufgetragenen eigensten Möglichkeiten. Diese Verantwortung ist aber noch keine faktische Verantwortlichkeit im ethischen Bereich, sondern nur eine die Faktizität des Verantwortlichseins fundierende und das Dasein in seinem Grunde mitbestimmende Möglichkeit"[129].

Nicht zuletzt infolge kritischer Stellungnahme von Seiten der Theologie ist Häfner zu einer deutlicheren Unterscheidung zwischen debitum und culpa gekommen. Mit Richard *Egenter* versteht nun Heinz Häfner unter existentieller Schuld zunächst einen "Debitum" im allgemeinsten Sinne, "ein etwas-Schulden, ein Sollen, das Erfüllung heischt"[130]. Der Ruf des existentiellen Gewissens kann nun verstanden werden als der Ruf menschlichen Daseins überhaupt. Aus lebensgeschichtlichen Erfahrungen heraus vermag der neurotische Mensch den Gewissensruf nicht zu hören, er wird abgewiesen oder abgewandelt. Mit der Annahme des Gewissensrufes wird Verantwortlichsein als Möglichkeit ergriffen und als faktisches Verantwortlichsein in der Entscheidung so oder so vollzogen. Die Erfahrung der Vergangenheit muss existentiell in die Gegenwart einbezogen werden. Der Kranke muss also Einsicht in seine eigene Existenzschuld gewinnen. Das geschieht aber auch nach Heinz Häfner nicht ohne Einsicht, dass der Fehler nicht irgendwo draussen, sondern im Kranken selbst liegt, dass er in Anspruch genommen war und nicht genügte. Er muss etwas scheinbar Fremdes als das Eigene annehmen. Solche Aeusserungen Heinz Häfners lassen vermuten, dass mit der Existenzschuld doch immer auch irgendwie eine culpa verknüpft ist. Es scheint eben, dass ein debitum, das abgelehnt, und dem nicht Genüge getan wurde, doch auch Schuld im Sinne von culpa bedeutet. Es bleibt deshalb fraglich, ob tatsächlich existentielle Schuld erfahren wird, "obwohl eine Schuld im objektiv-ethischen Sinne gar nicht besteht"[131]. Allerdings geht es, wie Heinz Häfner sicher zu recht hervorhebt, in der Psychotherapie nicht um diese Schuld als culpa, sondern um die existentielle Schuld als debitum. Vermag der Patient diese existentielle Schuld anzunehmen, dann hat er "ein Stück seines bisher abgewiesenen Verantwortlichseins als faktische Verantwortung auf sich genommen und sich damit selbst einen neuen, bis dahin verstellten Existenzbereich erschlossen. Die erschütternde Einsicht in die eigene Existenzschuld, die den Anstoss

---

129 Psychotherapie.., 26.
130 A.a.O. 26; vgl.: Das Gewissen in tiefenps. Sicht, 143.
131 Daseinsanalytische Psychotherapie, 52.

dazu gab, ist im Wissen um die in ihr erschlossenen Seinsmöglichkeiten befreiend, denn mit ihr ist endlich auch gewiss, dass man sich ändern *kann* und will" (Hervorh. im Or.)[132].

E. Das Schuldverständnis der daseinsanalytischen Psychotherapie

1. Die Schuld als Existential

Ist von "existentieller Schuld" die Rede, dann wird man zuerst an die daseinsanalytische Psychotherapie denken müssen. Sie nimmt Heideggers "Analysen des Daseins" in "Sein und Zeit" zum "Leitfaden" ihres Menschenverständnisses und sieht sich dank der Analysen Heideggers in der Lage, den seelisch leidenden Menschen besser und eigentlich zu verstehen und dieses Verstehen auch adäquat ins Wort zu bringen. Es wird von Nutzen sein, zuerst Heideggers Schuldverständnis in "Sein und Zeit" nachzugehen[133].

Laut Heidegger hat die Untersuchung auszugehen von der alltäglichen Verständlichkeit von Schuld, von welcher aus erst die Antwort auf die Frage nach dem existentiellen Sinn von Schuld möglich wird. In der Alltäglichkeit bedeutet Schuldigsein:

a) jemandem etwas "schulden", "das heisst dem Besitzanspruch der Anderen in irgendeiner Weise nicht genügen. Das Schuldigsein dieser Art ist bezogen auf *Besorgbares*" (Hervorh. im Or.)[134]. Es bedeutet "'Schulden haben bei...'"[135].
b) "'schuld sein an', das heisst Ursache-, Urheber sein von etwas oder auch 'Veranlassung-sein' für etwas". Es bedeutet "'Schuld haben an...'"[136].
c) "'*sich schuldig machen*', das heisst durch das Schuldhaben an einem Schuldenhaben ein Recht verletzen und sich strafbar machen" (Hervorh. im Or.)[137].
d) Dieses sich schuldigmachen "kann aber zugleich den Charakter haben eines 'Schuldigwerden an Anderen'". Das geschieht nun nicht durch die Rechtsverletzung als solche, "sondern dadurch, dass ich Schuld habe daran, dass der andere in seiner Existenz gefährdet, irregeleitet oder gar gebrochen wird". Der formale Begriff lässt sich also bestimmen: "*Grundsein* für einen Mangel im Dasein eines Andern, so zwar, dass dieses Grundsein selbst sich aus einem Wofür als 'mangel-

132 A.a.O. 53, vgl.: Psychotherapie.., 26f.
133 Martin Heidegger: Sein und Zeit.
134 A.a.O. 281f.
135 A.a.O. 282.
136 Ebd.
137 Ebd.

haft' bestimmt. Diese Mangelhaftigkeit ist das Ungenügen gegenüber einer Forderung, die an das existierende Mitsein mit Anderen ergeht" (Hervorh. im Or.)[138].

Erst diese letztgenannte Schuld ist Schuld auch im strengen (theologischen) Sinn als culpa. So sieht auch Heidegger erst hier in der Schuld "eine Verletzung einer 'sittlichen Forderung'"[139]. Für Heidegger ist jedoch darin der existentiale Sinn von Schuld noch nicht erreicht: "Der Begriff der sittlichen Schuld ist denn auch ontologisch so wenig geklärt, dass die Auslegungen dieses Phänomens herrschend werden konnten und blieben, die in seinen Begriff auch die Idee der Strafwürdigkeit, ja sogar des Schuldenhabens bei... einbeziehen oder selbst ihn aus diesen Ideen heraus bestimmen. Damit wird aber das 'schuldig' wieder in den Bezirk des Besorgens im Sinne des ausgleichenden Verrechnens von Ansprüchen abgedrängt"[140]. Um zum existentialen Sinn von Schuld zu kommen, muss hinter das alltägliche Schuldverständnis (Verrechnen und Verwalten) zurückgegangen werden: "Zu diesem Zweck muss die Idee von 'schuldig' soweit *formalisiert* werden, dass die auf das besorgende Mitsein mit Anderen bezogenen vulgären Schuldphänomene *ausfallen*" (Hervorh. im Or.)[141]. Aber nicht genug damit muss auch der Bezug zu einem "Soll" ausfallen: "Die Idee der Schuld muss nicht nur über den Bezirk des verrechnenden Besorgens hinausgehoben, sondern auch abgelöst werden von dem Bezug auf ein Sollen und ein Gesetz, wogegen sich verfehlend jemand Schuld auf sich lädt. Denn auch hier wird die Schuld notwendig noch als Mangel bestimmt, als Fehlen von etwas, was sein soll und kann"[142]. Theologisch gesehen ist Schuld ohne ein debitum, ohne ein Soll im weitesten Sinne nicht denkbar. Ein solches Soll sieht Heidegger jedoch nur auf der Ebene des "Vorhandenen". Das Dasein jedoch darf nicht auf etwas "Vorhandenes" reduziert werden. Heideggers Analyse geht gerade dahin, das Dasein von Grund auf von jedem Vorhandensein abzuheben, das heisst eben, existential zu bestimmen. Heidegger sagt also: "Fehlen besagt aber Nichtvorhandensein. Mangel als Nichtvorhandensein eines Gesollten ist eine Seinsbestimmung des Vorhandenen. In diesem Sinne kann an der Existenz wesenhaft nichts mangeln, nicht weil sie vollkommen wäre, sondern weil ihr Seinscharakter von aller Vorhandenheit unterschieden bleibt"[143].
Was bleibt nun bei der Formalisierung vom 'vulgären' Schuldbegriff erhalten? In der Idee von "schuldig" liegt der Charakter des *"Nichts"*

---

138 Ebd.
139 Ebd.
140 A.a.O. 282f.
141 A.a.O. 283.
142 Ebd.
143 Ebd.

und, "was sich im Schuldbegriff als 'Schuld haben an' indifferent ausdrückt ist das Grundsein für..." (Hervorh. im Or.)[144]. Die formalexistentiale Idee des "schuldig" bestimmt Heidegger daher so: "Grundsein für ein durch ein Nicht bestimmtes Sein - das heisst *Grundsein einer Nichtigkeit*" (Hervorh. im Or.)[145]. Diese Nichtigkeit besteht nun aber nicht in der Nichterfüllung einer Forderung. Die Nichtigkeit ist dieser vorgängig: "Das Schuldigsein resultiert nicht erst aus einer Verschuldung, sondern umgekehrt: diese wird erst möglich 'auf Grund' eines ursprünglichen Schuldigseins"[146]. Worin liegt dann die Nichtigkeit? - Das Sein des Daseins (die Sorge) befasst in sich die "Geworfenheit": "Seiend ist das Dasein geworfenes, *nicht* von ihm selbst in sein Da gebracht". Obgleich es den Grund selbst nicht gelegt hat, "*ist es existierend* der Grund seines Seinkönnens" (Hervorh. im Or.)[147]. Darum wird es von Heidegger primär als "Sein*können*" bestimmt: "Dasein ist nicht ein Vorhandenes, das als Zugabe noch besitzt, etwas zu können, sondern es ist primär Möglichsein. Dasein ist je das, was es sein kann, und wie es seine Möglichkeit ist" (Hervorh. im Or.)[148]. Diese Möglichkeit darf nicht schon thematisch verstanden werden: "Dasein versteht sich immer schon und immer noch solange es ist, aus Möglichkeiten. Der Entwurfcharakter des Verstehens besagt ferner, dass dieses Das, woraufhin es entwirft, die Möglichkeiten selbst nicht thematisch erfasst. Solches Erfassen benimmt dem Entworfenen gerade seinen Möglichkeitscharakter, zieht es herab zu einem gegebenen, gemeinten Bestand, während der Entwurf im Werfen die Möglichkeit als Möglichkeit sich vorwirft und als solches *sein* lässt. Das Verstehen ist, als Entwerfen, die Seinsart des Daseins, in der es seine Möglichkeit als Möglichkeiten ist" (Hervorh. im Or.)[149]. Wie kann nun Heidegger die Nichtigkeit des Grundseins bestimmen? Er schreibt: "Grund-seiend, das heisst als Geworfenes existierend, bleibt das Dasein ständig hinter seinen Möglichkeiten zurück. Es ist nie existent *vor* seinem Grund, sondern je nur *aus ihm* und *als dieser*. Grundsein besagt demnach, des eigensten Sein von Grund auf *nie* mächtig sein. Dieses Nicht gehört zum existenzialen Sinn der Geworfenheit. Grundseiend *ist* es selbst eine Nichtigkeit seiner selbst" (Hervorh. im Or.)[150]. Die Nichtigkeit liegt also schon im Grund-sein als solchem. Das Grundsein selber ist schon "nichtig", weil "*nicht durch* es selbst" (Hervorh. im Or.)[151]. Des wei-

---

144 Ebd.
145 Ebd.
146 A.a.O. 284.
147 Ebd.
148 A.a.O. 143.
149 A.a.O. 145.
150 Ebd.
151 A.a.O. 284f.

tern ist eine Nichtigkeit im "geworfenen Entwurf" zu entdecken. Der Grund liegt im Umstand, dass das Dasein seine Möglichkeiten, das heisst wesentliches Seinkönnen, ist. Folgen wir Heideggers Gedankengängen: "Das Dasein ist sein Grund existierend, das heisst so, dass es sich aus Möglichkeiten versteht und dergestalt sich verstehend das geworfene Seiende ist. Darin liegt aber: seinkönnend steht es je in der einen oder anderen Möglichkeit, ständig ist es eine andere *nicht* und hat sich ihrer im existentiellen Entwurf begeben. Der Entwurf ist nicht nur als je geworfener durch die Nichtigkeit des Grundseins bestimmt, sondern *als Entwurf* selbst wesenhaft *nichtig*... Die gemeinte Nichtigkeit gehört zum Freisein des Daseins für seine existentiellen Möglichkeiten. Die Freiheit aber *ist* nur in der Wahl der einen, das heisst im Tragen des Nichtgewählthabens und Nichtauchwählenkönnens der anderen" (Hervorh. im Or.)[152].

An dieser Stelle wird deutlich, inwiefern für Heidegger das Dasein immer schon schuldig ist und immer auch schuldig bleibt. Das Dasein steht immer in einer bestimmten Möglichkeit des je schon Gewählthabens. Wahl, Freisein und Schuldigsein sind demnach nicht voneinander zu trennen, sie gehören wesentlich zusammen. Das Dasein als Befindliches ist immer schon in bestimmte Möglichkeiten hineingeraten, das heisst schuldig: "Das Dasein ist als wesenhaft befindliches je schon in bestimmte Möglichkeiten hineingeraten, als Seinkönnen, das es *ist*, hat es solche vorbeigehen lassen, es begibt sich ständig der Möglichkeiten seines Seins, ergreift sie und vergreift sich" (Hervorh. im Or.)[153].

Die existentiale Schuld wird demnach nur als Bedingung der Möglichkeit von Schuld im üblichen Sinne verstanden: "Seiendes, dessen Sein Sorge ist, kann sich nicht nur mit faktischer Schuld beladen, sondern *ist* im Grunde seines Seins schuldig, welches Schuldigsein allererst die ontologische Bedingung dafür gibt, dass das Dasein faktisch existierend schuldig werden kann. Dieses wesenhafte Schuldigsein ist gleichursprünglich die existenziale Bedingung der Möglichkeit für das 'moralisch' Gute und Böse, das heisst für die Moralität überhaupt und deren faktisch mögliche Ausformungen. Durch die Moralität kann das ursprüngliche Schuldigsein nicht bestimmt werden, weil sie es für sich selbst schon voraussetzt" (Hervorh. im Or.)[154].

Man darf sich hier mit Recht fragen, ob Heidegger in seiner Formalisierung nicht zu weit gegangen ist. Woher nimmt er sich das Recht, noch dort von "Schuld" zu sprechen, wo jegliches alltägliche, "vulgäre" Schuldphänomen wegfällt? Diese Frage stellt sich Heidegger selber:

---

152 A.a.O. 285.
153 A.a.O. 144.
154 A.a.O. 286.

"Aber welche Erfahrung spricht für dieses ursprüngliche Schuldigsein des Daseins?", und er antwortet: "Man vergesse jedoch die Gegenfrage nicht: 'ist' Schuld nur 'da', wenn ein Schuldbewusstsein wach wird, oder bekundet sich darin, dass die Schuld 'schläft', nicht gerade das ursprüngliche Schuldigsein? Dass dieses zunächst und zumeist unverschlossen bleibt, durch das verfallende Sein des Daseins verschlossen gehalten wird, *enthüllt* nur die besagte Nichtigkeit. Ursprünglicher als jedes *Wissen* darum ist das Schuldig*sein*. Und nur weil das Dasein im Grunde seines Seins schuldig ist und als geworfen verfallendes sich ihm selbst verschliesst, ist das Gewissen möglich, wenn anders der Ruf *dieses Schuldigsein* im Grunde zu verstehen gibt" (Hervorh. im Or.)[155]. Mit Recht unterscheidet hier Heidegger zwischen Schuld*bewusstsein* und ursprünglichem Schuldig*sein*. Damit ist aber noch nicht gesagt, dass seine existenziale Bestimmung des Schuldigseins schon dem Phänomen gerecht wird. Es ist schwer einzusehen, wie allein schon das Wählen einer bestimmten Möglichkeit "schuldigsein" bedeuten soll. Dass Schuldigsein ursprünglicher ist als das Wissen darum, kann durchaus auch ohne Heideggers Formalisierung verständlich gemacht werden, das heisst, ohne dass man deswegen gezwungen wäre, den "Soll"-Charakter menschlichen Daseins ausfallen zu lassen. Dann aber befinden wir uns bereits im Bereich des Sittlichen. Wenn sich die alltägliche Auslegung der sittlichen Schuld vorwiegend "in der Dimension des besorgenden Verrechnens und Ausgleichens von 'Schuld' und 'Unschuld'"[156] hält, heisst das noch nicht, dass das sittliche Phänomen nur so (eben verrechnend und ausgleichend) verstanden werden kann, oder andernfalls die Sittlichkeit überhaupt aus einer Schuldinterpretation eliminiert werden muss. Eine solche Eliminierung ist nicht notwendig und phänomenologisch auch nicht zulässig. Sittlichkeit ist nur auf Grund eines ursprünglichen "Soll" möglich und sittliche Schuld kann auch nur von einem solchen Soll her verstanden werden. Bei Heidegger liegt offenbar ein anderer Schuldbegriff vor, unter Auslassung des *Sein*-sollens, unter Beschränkung auf "möglich-nicht wirklich".

In anderem Zusammenhang tritt dieses Soll im richtigen Verständnis auch bei Heidegger auf, obwohl er es nicht ausdrücklich nennt. Für Heidegger ist Dasein wesenhaft Mitsein: "Das Mitsein ist ein existenziales Konstituens des In-der-Welt-seins... Sofern Dasein überhaupt *ist*, hat es die Seinsart des Miteinanderseins" (Hervorh. im Or.)[157]. Mitsein als Existential heisst nicht, dass faktisch mehrere Subjekte, mehrere Menschen, vorkommen, vielmehr ist auch "das Alleinsein des Da-

---

155 Ebd.
156 A.a.O. 292.
157 A.a.O. 125.

seins... Mitsein in der Welt". - "Das Alleinsein ist ein defizienter Modus des Mitseins, seine Möglichkeit ist der Beweis für dieses"[158]. Alleinsein gibt es auch dann, wenn faktisch mehrere da sind. Ihr Mitdasein begegnet dann "im Modus der Gleichgültigkeit und Fremdheit"[159]. - "Dieses 'rücksichtslose' Mitsein 'rechnet' mit den Anderen, ohne dass es ernsthaft 'auf sie zählt' oder auch nur mit ihnen 'zu tun haben' möchte"[160]. Diese letztere Form des Mitseins ist nach Heidegger charakteristisch für das alltägliche Miteinandersein. Das Mitsein hat den Charakter der *Abständigkeit*[161]. In der ständigen Rivalität mit den andern hat sich das Dasein den anderen ausgeliefert, es lebt nicht sich selbst, sondern wird von den andern her gelebt: "das Dasein steht als alltägliches Miteinandersein in der *Botmässigkeit* der Anderen" (Hervorh. im Or.)[162]. "Diese Anderen", fügt Heidegger bei, "sind dabei nicht *bestimmte* Andere... Entscheidend ist nur die unauffällige, vom Dasein als Mitsein unversehens schon übernommene Herrschaft der Anderen. Man selbst gehört zu den Anderen und verfestigt ihre Macht" (Hervorh. im Or.)[163]. Mit andern Worten, das Dasein steht unter der Herrschaft des "Man"[164], der "Oeffentlichkeit"[165]. Charakteristisch für das "Man" ist die "Abständigkeit", die "Durchschnittlichkeit" und die "Einebnung aller Seinsmöglichkeiten"[166]. Zudem "nimmt es dem jeweiligen Dasein die Verantwortlichkeit ab. Das Man kann es sich gleichsam leisten, dass 'man' sich ständig auf es beruft. Es kann am leichtesten alles verantworten, weil keiner es ist, der für etwas einzustehen braucht. Das Man 'war' es immer und doch kann gesagt werden, 'keiner' ist es gewesen. In der Alltäglichkeit des Daseins wird das meiste durch das, von dem wir sagen müssen, keiner war es"[167]. Das Selbst des alltäglichen Daseins ist also das *"Man-selbst"*, welches zu unterscheiden ist von dem "eigentlichen, das heisst eigens ergriffenen Selbst" (Hervorh. im Or.)[168]. Dem Dasein kommt es zu, sich aus der Zerstreuung in das Man zu sich selbst zurückzufinden. Das faktische Dasein ist für Heidegger zunächst in der Durchschnittlichkeit des Man festgelegt: "*Zunächst* 'bin' nicht 'ich' im Sinne des eigenen Selbst, sondern die Anderen in der Weise des Man". Wenn das Dasein sich entdeckt, "sein eigentliches Sein erschliesst, dann vollzieht sich dieses Entdecken

---

158 A.a.O. 120.
159 A.a.O. 121.
160 A.a.O. 125.
161 A.a.O. 126.
162 Ebd.
163 Ebd.
164 Ebd.
165 A.a.O. 127.
166 Ebd.
167 Ebd.
168 A.a.O. 129.

von 'Welt' und Erschliessen von Dasein immer als Wegräumen der Verdeckungen und Verdunkelungen, als Zerbrechen der Verstellungen, mit denen sich das Dasein gegen es selbst abriegelt" (Hervorh. im Or.)[169]. Insofern das Dasein "den Charakter des Verlorenseins in die Oeffentlichkeit des Man" hat, ist es "verfallen"[170]. Aus der Verfallenheit, der Uneigentlichkeit des Man soll das Dasein zur Eigentlichkeit des Selbst kommen. Diese Möglichkeit ist gegeben in der "Angst": "Allein in der Angst liegt die Möglichkeit eines ausgezeichneten Erschliessens, weil sie vereinzelt. Diese Vereinzelung holt das Dasein aus seinem Verfallen zurück und macht ihm Eigentlichkeit und Uneigentlichkeit als Möglichkeit seines Seins offenbar"[171]. In der Angst als Grundbefindlichkeit des Daseins zeigt sich: "Das Freisein *für* das eigenste Seinkönnen und damit für die Möglichkeit von Eigentlichkeit und Uneigentlichkeit" (Hervorh. im Or.)[172]. Diese Eigentlichkeit bedeutet denn auch ständiger "Auftrag" des Menschseins, wodurch auch bei Heidegger ein "Soll" impliziert wird. Wie Heidegger sieht, bleibt das Dasein uneigenhaft und immer unabgeschlossen: Das bedeutet, "dass im Dasein immer noch etwas *aussteht*, was als Seinkönnen seiner selbst noch nicht 'wirklich' geworden ist. Im Wesen der Grundverfassung des Daseins liegt demnach eine *ständige Unabgeschlossenheit*. Die Unganzheit bedeutet einen Ausstand an Seinkönnen" (Hervorh. im Or.)[173].
Wie versteht nun Heidegger das eigentliche Selbstsein? Heidegger meint damit nicht etwa Egozentrik. Dasein ist für ihn ursprünglich und immer "In-der-Welt-sein" und "Miteinandersein". Das Man selbst ist dies aber "uneigentlich", das Selbst hingegen "eigentlich": "Die Entschlossenheit löst als *eigentliches Selbstsein* das Dasein nicht von seiner Welt ab, isoliert es nicht auf ein freischwebendes Ich. Wie sollte sie das auch - wo sie doch als eigentliche Erschlossenheit nichts anderes als das *In-der-Welt-sein eigentlich* ist. Die Entschlossenheit bringt das Selbst gerade in das jeweilige besorgende Sein bei Zuhandenem und stösst es in das fürsorgende Mitsein mit Anderen" (Hervorh. im Or.)[174].
Zu diesem eigentlichen Selbstsein ruft das Gewissen; das Dasein, in das Man verloren, muss sich wieder finden. Dazu bedarf das Dasein "der Bezeugung eines Selbstseinkönnens, das es der *Möglichkeit* nach je schon *ist*" (Hervorh. im Or.)[175]. - "Der Ruf trifft das Dasein in die-

---

169 Ebd.
170 A.a.O. 175.
171 A.a.O. 190f.
172 A.a.O. 191.
173 A.a.O. 236.
174 A.a.O. 298.
175 A.a.O. 268.

sem alltäglich-durchschnittlich besorgenden Sich-immer-schon-verstehen. Das Man-selbst des besorgenden Mitseins mit Anderen wird vom Ruf getroffen"[176]. Worauf es nunmehr im Dasein einzig ankommt, ist das *"Gewissen-haben-wollen"*, d.h. die "Bereitschaft für das Angerufenwerden" (Hervorh. im Or.)[177].

Mit dem Gewissen-haben-wollen hat das Dasein auch erst *Verantwortlichkeit* übernommen. Vorher lag die Verantwortlichkeit beim "Man", d.h. verantwortlich war im Grunde eben niemand. Das heisst wiederum nicht, dass vorher der Mensch schlechterdings ohne Verantwortlichkeit und deshalb auch ohne jede Schuld gewesen wäre. Dem Uebergang vom uneigentlichen Selbstsein entspricht demnach auch ein Uebergang von der uneigentlichen zur eigentlichen Verantwortlichkeit, vom uneigentlichen zum eigentlichen Schuldigsein. M.a.W.: Der Mensch sieht sich nun selber als verantwortlich und schuldig. Hier kann noch einmal Heidegger angeführt werden: "Das *Gewissen-haben-wollen ist (vielmehr) die ursprünglichste existenzielle Voraussetzung für die Möglichkeit des faktischen Schuldigwerdens*. Rufverstehend lässt das Dasein das eigenste Selbst aus seinem gewählten Seinkönnen *in sich handeln*. Nur so kann es verantwortlich *sein*. Jedes Handeln ist faktisch notwendig 'gewissenlos', nicht nur weil es faktische moralische Verschuldung nicht vermeidet, sondern weil es auf dem nichtigen Grunde seines nichtigen Entwerfens je schon im Mitsein mit Andern an ihnen schuldig geworden ist. So wird das Gewissen-haben-wollen zur Uebernahme der wesenhaften Gewissenlosigkeit, innerhalb der allein die existenzielle Möglichkeit besteht, 'gut' zu *sein*" (Hervorh. im Or.)[178].

An dieser Stelle sagt Heidegger, dass das Dasein in der "Gewissenlosigkeit" im Mitsein mit andern an ihnen "schuldig geworden" sei. Versteht man das so, dass dieses Schuldigsein im eigentlichen Selbst-sein-können ebenfalls als "eigentliches" Schuldigsein zu übernehmen ist, dann wird eine Verbindung mit dem theologischen Schuldverständnis möglich und es lässt sich die Diskrepanz zwischen einer rein "formalen" und der "verrechenbaren" Schuld überbrücken. Theologisch gesehen besagt die Schuld immer ein Fehlen oder Mangeln in bezug auf das "Soll" der Liebe. In diesem Sinne ist nun das "Man-selbst" immer auch schuldig geworden, so zwar, dass die Schuld erst im Uebergang zum Selbstsein(können) als solche "eigentlich" zum Bewusstsein kommen kann.

Wir wollen uns jetzt einigen Vertretern der daseinsanalytischen Richtung zuwenden, um sie nach ihrem Schuldverständnis zu befragen.

---

176 A.a.O. 272.
177 A.a.O. 288.
178 Ebd.

2. Gustav Bally[179]

Gustav Bally gesteht[180], dass das Problem der Schuld in der Psychotherapie einen grossen Raum einnimmt. Indem die Psychoanalyse nur von Schuld*gefühl* bewusster oder unbewusster Art spreche, verneine sie damit zugleich ein dem menschlichen Wesen als solchem innewohnendes "Konstitutionelles Schuldigsein", "im Sinne einer Erbsünde etwa oder einer wesensmässigen Unvollkommenheit, die anerkannt werden muss, ohne doch je überwunden zu werden"[181]. Mensch-sein heisst immer schon schuldig sein darum, "weil es den 'natürlichen' Menschen gar nicht gibt", d.h. jenen des "unmittelbaren Naturzustandes", verstanden als "Stand der Unschuld"[182]. Menschsein heisst Mitmensch sein, zur menschlichen Gemeinschaft gehörig, die immer schon von Schuld geprägt ist: "Erst die Erkenntnis, dass Menschsein immer schon Mitmenschsein bedeutet, öffnet uns wieder den Blick dafür, dass wir, indem wir sind, auch schon an der Welt mit schuld sind, und dass, wenn wir in den Weltbeziehungen in bestimmten Weisen schuldig werden, dies nur eine ausgezeichnete Weise der Tatsache unseres Standes der Schuld ist"[183]. Auch der neurotisch leidende Mensch gehört zur menschlichen Gemeinschaft und damit nimmt er teil am konstitutionellen Schuldigsein. Durch die mitmenschliche Beziehung in der Analyse (der sogenannten "Uebertragung") wird dem Analysanden auch sein Schuldigsein bewusst. "Wenn im Verlauf eines psychoanalytischen Arbeitsganges die Beziehung sich zeigt", schreibt Bally, "so spiegelt diese jenen Anteil der verantwortbaren Welt wider, der dem Analysanden bisher schicksalhaft verborgen war und dessen Vernachlässigung ihn schuldig machte; 'unschuldig-schuldig', denn erst die Reflexion dieser Welt in der dialogischen Gemeinschaft mit dem Analytiker vermag Art und Ausmass der Schuld zu erhellen. Der Zustand des Unschuldig-schuldig-Seins hatte sich gezeigt im Symptom 'als ein demonstratives Behindertsein, als demonstratives Dem-Gewissen-nicht-folgen-'können' (Ernst Blum)"[184]. Die paradoxe Situation zeigt Bally deutlich mit dem Ausdruck "schuldig-unschuldig". Ein Bereich des Daseins war dem Analysanden bislang "schicksalhaft-verborgen", doch fiel er nicht einfach ausser jegliche Verantwortlichkeit. Deshalb ist der Analysand durch dessen Vernachlässigung auch schuldig geworden. Ineins mit dem "Bewusstwerden" des ausgeschlossenen Bereichs wird der

179 Eigentlich wäre als erster der Daseinsanalytiker Ludwig Binswanger zu behandeln. Mangels "Material" bezüglich der Schuldthematik können wir hier auf eine Darstellung L. Binswangers verzichten. Näheres s. bei: W. Lauer: Schuld.., bes. 154-171.
180 Gustav Bally: Das Schuldproblem...
181 A.a.O. 227f.
182 A.a.O. 236.
183 A.a.O. 235.
184 Ebd.

Analysand auch dieses seines Schuldigseins bewusst. Insofern können wir im Anschluss an Heidegger sagen: Er ist jetzt erst 'eigentlich' schuldig geworden und kann erst von jetzt an (zukünftig) "eigentlich" schuldig werden. Dies zu zeigen ist auch das Anliegen Ballys, wenn er seinen Aufsatz schliesst mit den Worten: "In der Schuld aber... sind wir Menschen gefangen. Wir können uns zwar nicht befreien, aber wir können unsere Schuld in der gutmachenden Tat sühnen, wenn diese unter der Voraussetzung getan wird, dass wir Schuld als eine unabdingbare menschliche Möglichkeit zu tragen haben und höchstens versuchen können, wach zu bleiben, um zu entdecken, wo und wie wir jeweilen schuldig sind. - Der Traum aber des durch die Psychoanalyse schuldfrei werdenden Menschen ist ausgeträumt"[185].
Gustav Bally versteht das "konstitutionelle Schuldigsein" im Sinne Heideggers als "existentielle Schuld": "Im Schuldigsein liegt, dass ich, existierend, Mögliches nicht bin"[186]. Er versucht aber, die Existenzschuld näher zu bestimmen. Er geht von der Beobachtung aus, dass für viele die überlieferten Gebote fragwürdig geworden sind, und "der Glaube an die Gesetze und die Gesetzeseinhaltung als Weg zum Heil schwindet"[187]. Jene Fragwürdigkeit meldet sich zunächst in einem Unbehagen, einem "unbewussten Schuldgefühl", dort nämlich, wo der Mensch meint, sein Leben in Gesetzesgehorsam und Rollenidentität leben zu können. "Ich prüfe mich. Ich weiss mich von Schuld frei und doch erfahre ich jenes schuldhafte Unbehagen, jenes Gefühl, irgendwo und irgendwie schuldig zu sein, das wir als unbewusstes Schuldgefühl kennengelernt haben"[188]. In diesem unbewussten Schuldgefühl meldet sich das existentielle Schuldigsein, d.h. Mögliches nicht zu sein. Die Aufgabe liegt demnach in der Annahme dieses existentiellen Schuldigseins[189]. Dies bedeutet für Bally, dass Gesetzesgehorsam nicht Schuldlosigkeit bedeuten muss. Das Problem greift tiefer. Die entscheidende Frage ist die, "ob ich im Dienst bzw. in der Liebe Gottes stehe", ob unser Handeln, "begnadet oder unbegnadet", "heilvolles oder heilloses" Handeln sei[190]. Laut Bally kann man jedoch diese Frage grundsätzlich nicht beantworten. In der Unbeantwortbarkeit sieht er Ausdruck und Bezeugung des existentiellen Schuldigseins[191]. Im konkreten Fall kann ich zwar überzeugt sein, gegen ein bestimmtes Gebot handeln zu müssen, aber die grundsätzliche Fragwürdigkeit bleibt bestehen: "Ich darf nicht anders

185 A.a.O. 238.
186 Schuld und Existenz, 310.
187 A.a.O. 308.
188 A.a.O. 311.
189 A.a.O. 312.
190 A.a.O. 314.
191 A.a.O. 314f.

handeln, aber ob ich in der Wahrheit bin, weiss ich nicht". Einzig möglich ist das "Vertrauen auf die Liebe Gottes"[192]. "Der hoffende Glaube, in der Liebe zu sein, macht uns sicher, aber nicht in der Weise, dass er unsere Fragwürdigkeit aufhebt"[193].

Zusammenfassend kann man sagen: Mit der Annahme des wesentlichen Schuldigseins verzichtet der Mensch auf ein am Gesetz orientiertes Wägen und Zählen von Schuld, beziehungsweise von Unschuld und belässt sich in der unaufhebbaren Fragwürdigkeit, die zu tragen ihm das Vertrauen auf die Liebe Gottes ermöglicht. Wer sich im Gesetzesgehorsam unschuldig wähnt, oder auch in der Gesetzesübertragung ständig sich als schuldig anklagt, weiss nichts von der tieferliegenden Schuld, die zum Menschen gehört, dass er nämlich je Mögliches nicht ist, und hebt auch die grundsätzliche Fragwürdigkeit in der Beurteilung menschlichen Handelns auf. Er will Sicherheit, wo nur Vertrauen möglich ist.

3. Ernst Blum

Mit Hilfe von Heideggers Daseinsanalyse und Martin Bubers dialogischem Prinzip versucht Ernst Blum eine Deutung der psychotherapeutischen Situation[194]. Im Heilungsprozess haben Schuld und Gewissen nach Ernst Blum ebenfalls eine zentrale Bedeutung. Er kennzeichnet den Kranken "als einen Sich und dem Wir Entfremdeten"[195]. Als solcher kann der Kranke weder sein Kranksein noch seine Schuld auf sich nehmen. Seine Personwerdung vollzieht er nur "mit einem veränderten, halben Ich". Von daher erklärt sich "der Eindruck des Halbunechten in seinem Tun und des halben Wahren in seinem Sein. Daher aber auch der Eindruck des halbgesunden Schuldigen und des halbkranken Unschuldigen"[196]. Ernst Blum stellt folgende Forderung auf: "Im Kranksein hat der Mensch aber die Schuld auf sich zu nehmen, und der Arzt hat ihm diesen Weg zu weisen. Und zwar nicht nur deshalb, weil er alles, was in sein Dasein tritt, auf sich zu nehmen hat und alles, was er auf sich nimmt, Schuld ist, sondern weil er tatsächlich an allem Kranksein mitschuldig ist. Denn nie ist Kranksein dem Menschen nur von aussen, wie von einer fremden Gewalt, also von Natur 'aufgezwungen'. Und der religiöse Mensch hat die Krankheit auch immer als Schuld und Prüfung aufgefasst, die ihm zwar von höherer Macht auferlegt, an der er aber eben wegen seines Menschseins schuldig ist. Schuld ist ein Vorrecht des Menschen"[197]. Für Blum gehört Schuldigsein zum menschlichen Dasein. Davon ist auch

---

192 A.a.O. 315.
193 A.a.O. 314.
194 Ernst Blum: Grundsätzliches...
195 A.a.O. 139.
196 A.a.O. 139f.
197 A.a.O. 140.

der seelisch Kranke nicht ausgenommen. Ernst Blum geht noch einen Schritt weiter. Er sieht im Nicht-annehmen-wollen der Schuld ein Moment und Agens der Krankheit selber: "Wer sich dieser Schuld entäussert, begibt sich in die Defizienz der Krankheit als ein Nicht-schuldig-sein-Wollen. Er überhört den Ruf des Gewissens auf 'schuldig'. Der ständig unerfüllte und unerfüllbare Ruf zum Schuldigsein ist aber unerträglich. Darum auch wird das Schuldigsein zum Schuldgefühl und der Gewissensruf zur Strafe gewandelt, die Schuld selbst zum Symptom als demonstratives Behindertsein, als demonstratives dem Gewissensruf nicht folgen 'können'"[198].

Die Schuld (Mitschuld) des Kranken liegt nicht nur an der mangelnden Selbstverwirklichung, Personwerdung, sie ist zugleich ein Schuldigwerden am Andern. Blum nimmt letztere Schuld in der Heideggerschen "Vulgär"-Bedeutung als "Ungenügen gegenüber einer Forderung, die an das existierende Mitsein mit Andern ergeht"[199]. Diese Forderung kann nach Blum nur als eine Gewissensforderung verstanden werden. Das Gewissen "ruft nicht nur auf aus der Zweideutigkeit und Uneigentlichkeit zum 'eigentlichen' Selbstsein, sondern ruft uns als Warner vor der Vereinzelung auf zum eigentlichen Seinkönnen, ist also Aufruf zum Wirsein"[200].

Es gibt insofern auch eine Art der Ueberwindung der Schuld. Sie erfolgt in der Erfüllung der Gewissensforderung. In ihr "tauschen wir das Schuldigsein mit dem *Bekenntnis zur Verantwortung* an uns und an Andern" (Hervorh. im Or.)[201]. Schuldüberwindung gibt es aber nicht ohne Schuldannahme, und ohne diese gibt es auch keine Verantwortlichkeit. Schuldübernahme bedeutet nun aber nicht, sich in Selbstvorwürfen zu ergehen. Die Schuld wird so eingebettet in liebendes und dadurch verzeihendes Verstehen: "Der Arzt ist ein Verstehender und hebt den Kranken in dieselbe Verstehensweise, der Arzt ist ein Verzeihender und bringt den Kranken zur Verzeihung seines Schuldigseins"[202].

4. Medard Boss

Am entschiedensten stützt sich Medard Boss auf die Daseinsanalytik und Fundamentalontologie Martin Heideggers. Mit diesem versteht er menschliches Dasein im Wesentlichen als die "Lichtung des Seins"[203]. Wie Heidegger sagt, ist der Mensch "vom Sein selbst in die Wahrheit des Seins 'geworfen', dass er, dergestalt existierend, die Wahrheit des

198 Ebd.
199 A.a.O. 141.
200 Ebd.
201 A.a.O. 141f.
202 A.a.O. 139.
203 Medard Boss: Psychoanalyse.., 57ff.

Seins hüte, damit im Lichte des Seins das Seiende, das es ist, erscheine"[204]. Kurz gesagt: "Der Mensch ist der Hirt des Seins"[205]. Die Welt, das In-der-Welt-sein ist demnach nichts anderes als die "Offenheit des Seins", in welcher der Mensch als der wesenhaft Ek-sistierende steht[206]. Und Medard Boss fügt erläuternd hinzu: "'Geworfen' aber ist er nicht im Sinne eines hoffnungslosen, fatalistisch verworfenen und ausgelieferten Wesens, sondern vergleichbar den Lichtstrahlen eines Scheinwerfers, die dieser auf die zu entdeckenden Dinge wirft"[207]. Das Dasein als lichtender Helligkeitsbereich ist demzufolge für Medard Boss die Grundverfassung des Menschseins. Aus dieser Grundverfassung ergibt sich der eigentliche *Auftrag* des Menschen. Er ist vom Sein in *Anspruch* genommen, "lichtend" da zu sein: "Dank ihrer (der Grundverfassung, Verf.) vermag unser aller Geschick den Menschen als jenes Wesen in Anspruch zu nehmen, das sich um die Dinge und um seine Mitmenschen so zu kümmern hat, dass alles, was ist und sein darf, zu seiner bestmöglichen Entfaltung gelangen kann. Das Existieren in diesem Sinne ist dem Menschen als sein wesensmässiger Lebensauftrag aufgegeben. Wie könnte es sonst sein, dass er ihn unablässig von seinem Gewissen her zu hören bekommt, wenn immer er dessen Erfüllung etwas schuldig bleibt"[208]. In diesem Zitat ist das Wesentliche über die Schuld, wie sie Medard Boss versteht, schon gesagt. Im Folgenden soll jene Aussage noch etwas erläutert werden. Nach Medard Boss müssen die Angst- und Schuldgefühle ernst genommen werden, mit andern Worten, sie dürfen und können nicht auf etwas zeitlich Früheres zurückgeführt werden, von dem her (der Ursache) sie zureichend (als deren Folge) verstanden werden könnten: "Durch keinen, wie immer gearteten Tatbestand ist zu erweisen, dass und warum das lebensgeschichtlich früher erscheinende, bloss weil es zeitlich vorangeht, auch schon die bewirkende Ursache alles Folgenden und das eigentlich Wirkliche sein soll; noch weshalb man umgekehrt alle später sich ereignenden Phänomene aus demselben rein zeitlichen Grunde zu blossen Sekundärprodukten, zu Reaktions- oder Sublimationsbildungen und Epiphänomenen des Früheren degradieren dürfte"[209]. Das Schuldgefühl, das "Sich-schuldig-fühlen-können", bleibt "in jedem Schuldphänomen ein autochthones Schuldig-Sein von eigener Ursprünglichkeit und Wesenhaftigkeit"[210]. Würde das Schuldig-Sein-können nicht zum Wesen des Menschen gehören, "noch kein Vater hätte einen ihm trotzenden Sohn, kein Priester einen sündigen

204 M. Heidegger: Ueber den Humanismus, 19.
205 Ebd.
206 A.a.O. 35.
207 M. Boss: Psychoanalyse.., 63.
208 A.a.O. 72.
209 Lebensangst.., 23.
210 A.a.O. 36.

Gläubigen, kein kapitalistischer Chef einen säumigen Untergebenen, kein Volkskommissar einen das Plansoll nicht erfüllenden Genossen je schuldbewusst zu machen vermocht". "Darum", fährt Boss weiter, "gelang es aber auch - entgegen allen Erwartungen, die man in die naturalistischen Theorien gesetzt hatte - noch keiner einzigen Psychoanalyse, einen Analysanden sich wirklich und grundsätzlich schuldlos fühlen zu lassen"[211].

Worin aber liegt das Wesen des Schuldphänomens? "Schuld" stammt vom althochdeutschen "sculd" und besagt allgemein "das, was mangelt und fehlt"[212]. Das Schuldgefühl ist nie ganz abzutragen, denn "in der Tat fehlt dem Leben eines Menschen immer und lebenslänglich irgend etwas"[213]. Das Wesen menschlicher Schuldhaftigkeit lässt sich "nur von der Fülle und Erfüllung der menschlichen Existenz her begreifen"[214]. Schuld meint also ursprünglich ein debitum, jenes nämlich, "Hirte des Seins" zu sein: "Der Mensch zeigt sich... unserer unmittelbaren Wahrnehmung nach als jenes Wesen, das unsere Welt als den für ihr Erscheinen- und Sein-Können notwendigen Helligkeitsbereich *braucht*. Gerade dies und nichts anderes als ein solches Sich-brauchen-Lassen ist es aber im tiefsten, was der Mensch dem, was ist und zu sein hat, schuldet. Darum gründen in *diesem* Schuldig-Sein alle menschlichen Schuldgefühle überhaupt. *Dieses* Schuldig-Sein ist, wenn Sie so wollen, des Menschen existenziale Schuldhaftigkeit. Es gibt demzufolge kein einziges Phänomen des menschlichen Gewissens, das nicht im Grunde als Aufruf und Mahnung verstanden werden müsste und könnte, des menschlichen Amtes eines Hüters und Hirten alles dessen zu walten, was im Lichte einer jeweiligen menschlichen Existenz zu erscheinen, zu sein und sich zu entfalten hat" (Hervorh. im Or.)[215]. Die Schuldgefühle treten vornehmlich dort auf, wo diesem Hirten- und Wächteramt nicht Folge geleistet wird. In ihnen offenbart sich das debitum in seiner Grösse und Dringlichkeit.

Zum Fall eines Patienten[216], der seine Kreatürlichkeit im kotig-erdhaften Bereich nicht annehmen konnte und dadurch auch das "Himmlisch-Heilige" in seinem Leben nicht wirklich zugelassen hatte, bemerkt unser Autor: "Mit einem Verleugnen und einem sich Verschliessen irgendwelchen Verhaltensmöglichkeiten gegenüber, mit jedwedem Versäumnis, sich zu seinem eigenen Selbst- und Ganzsein zu bringen, bleibt aber der Mensch seinem ihm von seinem Ursprung her anbefohlenen Hüteramte

---

211 Ebd.
212 A.a.O. 37.
213 Ebd.
214 A.a.O. 46.
215 A.a.O. 50.
216 Psychoanalyse.., 134-149.

etwas schuldig. In diesem Schuldigsein gründen zutiefst alle Schuldgefühle, in welch tausenderlei konkreten Gestalten und Missgestalten sie sich immer faktisch zeigen mögen. Dieser Tatbestand lag auch den Schuldgefühlen unseres Kranken zugrunde. Bei ihm war ebenfalls der letzte und tiefste Anlass für ihr Aufkommen sein Ausweichen vor seinen vollen kreatürlichen und religiösen Verhaltensmöglichkeiten gewesen... Er hatte sich dem unmittelbaren Erscheinenwollen des Irdisch-Triebhaften und des Göttlichen selbst verschlossen"[217].
In einem andern Fall[218] handelt es sich um eine 25-jährige junge Frau. Zu Beginn der Analyse war sie ein menschlich zurückgebliebenes Wesen. In ihren Träumen erschien ihr eine Frau in reiferen Jahren von grosser Vitalität und kräftigem Selbstbewusstsein. In einer bestimmten Traumphase trat diese "Schicksalsnorne" wiederholt als Richterin auf, welche die Patientin eines unbekannten aber schweren Verbrechens anklagte und zum Tode verurteilte. Die Träumerin erwachte jeweils schweissgebadet vor Todesangst unmittelbar vor der Hinrichtung. Später nahm die Traumfrau eine freundlichere Gestalt an. Die Träumerin konnte von ihr her "die Möglichkeit ihres eigenen weiblichen Reif-Seins erkennen und sie willkommen heissen". Der Todestraum bedeutet das Sterben-Müssen der alten, zu engen und kindlich gebliebenen Wesensverfassung. Zunächst sah die Analysandin darin nur eine Totalvernichtung, und erst durch die psychotherapeutische Arbeit vermochte sie in diesem Tod auch "ihre Befreiung zu einem offeneren, heilen Dasein zu erkennen"[219].
In der Verurteilung durch die Traumfrau tritt das Schuldphänomen deutlich zutage. Boss schreibt hiezu: "Damals war jene Frau in ihrer neurotischen Verkümmerung und Verschlossenheit in der Tat dem vollen Austrag ihrer Lebensmöglichkeiten ausserordentlich viel schuldig geblieben und hatte *damit* an ihrem Leben wirklich das Verbrechen aller Verbrechen begangen. Als sie indessen in der psychotherapeutischen Kur langsam gesundete und mit ihrem wachen Tun und Lassen weitgehend ihren Möglichkeiten entsprechend dem Zuspruch alles ihr Begegnenden entsprach, hörten prompt die schweren Traumbeschuldigungen für immer auf" (Hervorh. im Or.)[220]. Das Beispiel mit der Deutung von Boss zeigt, dass die Traumfigur die Schuld nicht nur im Sinne von debitum, sondern auch im Sinne einer culpa, zumindest einer culpa materialis anzeigt. Das Versäumnis der wesentlichen Möglichkeiten nennt Boss sogar das "Verbrechen aller Verbrechen". Wenn das Wort "Verbrechen" nicht nur in einem uneigentlichen Sinne zu verstehen ist, dann ist auch die Mög-

---

217 A.a.O. 147.
218 Lebensangst.., 41f.
219 A.a.O. 42.
220 A.a.O. 51.

lichkeit einer formalen Schuld nicht auszuschliessen. Das heisst allerdings nicht, dass der Neurosekranke an allem selber schuld wäre. Eine lebensgeschichtliche Erhellung würde auch in unseren beiden Fällen mit Sicherheit ergeben, dass der Neurosekranke von Kindheit an in seine Neurose "hineingetrieben" wurde. Das berücksichtigt auch Boss, wenn er schreibt: "Es kann einem Menschen von klein auf eine Moral andressiert worden sein, die sein Eigenwesen, so wie es als Ganzes gemeint ist, in seinem Austrag wesentlich behindert und verstümmelt, etwa dadurch, dass sie ihn die leiblichen, kreatürlichen, sinnlichen Beziehungsmöglichkeiten seines Existierenkönnens als grundsätzlich sündig und unterdrückungswürdig sehen lehrt. Ein solcher Mensch wird sich der Unterschlagung ganz wesentlicher Weltbereiche schuldig machen... Solche Unterschlagung erfährt ein jeder nicht defekt veranlagte Mensch in Gestalt mahnender, bohrender Schuldgefühle und Gewissensbisse. Sie rufen ihn zu seinem Besser- und Ganz-Werden auf, um so drängender, jemehr er bisher hinter der Erfüllung seines Lebens zurückblieb"[221].

Das ebenso Typische wie Verhängnisvolle beim Neurosekranken ist nun, dass er die Schuldgefühle falsch versteht und sich, gefangen in einem circulus vitiosus, (dem Teufelskreis, wie ihn Fritz Künkel nannte) immer mehr einengt. Den Vorgang schildert Boss für die obigen Fälle so: "Ein Besser-Werden jedoch kann ein derart verstümmelter Neurotiker immer nur in einem noch rigoroseren Befolgen der ihm bekannten, von früher Jugend auf eingebrannten, wesensfremden Gebote und Verbote verstehen. Er wird sich deshalb bemühen, seine als sündhaft missverstandenen Lebensmöglichkeiten noch radikaler zu verleugnen. Gerade dadurch vergrössert er indessen nur seine wahre menschliche Schuld, bleibt immer weiter hinter der Erfüllung seines Hüteramtes zurück. Zugleich sucht er den Ursprung seiner Schuldhaftigkeit in immer peripthereren, unwesentlicheren Bezirken seiner Existenz und entfernt sich mehr und mehr von der Möglichkeit wahrer Schuldentilgung"[222]. Boss erwähnt als Beispiel einen Melancholiker, der seine Tage und Nächte jahrelang mit der verzweifelten Klage verbringt, er sei schuld am bevorstehenden leiblichen oder seelischen Untergang seiner gesamten Familie, weil er vor zwanzig Jahren einmal das Dienstmädchen seiner Eltern heimlich geküsst habe - bei all dem aber blind gegen sein zentrales und gegenwärtiges Verfehlen seiner Liebesmöglichkeiten geworden war[223]. Aufgabe der Psychotherapie ist es, diesen Teufelskreis zu brechen. In der Psychotherapie "kann es geschehen, dass sich die Kranken zu ihrem wahren

---

221 A.a.O. 61f.
222 A.a.O. 62.
223 A.a.O. 15 und 62.

und eigentlichen Schuldig-Sein befreien und dieses wirklich als ein angstfreies, beglückendes und sinnvolles Aufgerufen-Sein zum Existieren als dem Lichtungsbereich der Welt erfahren"[224].
Wenn Boss die menschlichen Schuldgefühle im existentialen Schuldigsein begründet sieht, dies aber dem Menschen wesensmässig ist und bis zu seinem Tode bleibt[225], folgt daraus, dass ein Leben ganz ohne Schuldgefühle nicht möglich ist. Die Psychotherapie kann und will nicht vom Schuldgefühl überhaupt befreien, sondern aus den *Qualen* des *neurotischen* Schuldgefühles[226]. Dies gelingt dem Patienten, wenn er das Schuldigsein seinen gegebenen Lebensmöglichkeiten gegenüber annimmt. Entscheidet sich der Mensch in diesem Sinne "zu einem Gewissen-haben- und sich ihm gemäss Gebrauchen-lassen-*Wollen*, dann erfährt er das wesensmässige Schuldig-Sein der menschlichen Existenz nicht länger als Schuldenlast und Schuldenbedrückung, Last und Bedrückung werden in der beglückenden Bereitschaft überwunden, sich vorbehaltlos allen Phänomenen als ihr lichtender Erscheinungs- und Entfaltungsbereich und als ihr Hüter zur Verfügung zu stellen" (Hervorh. im Or.)[227]. Kann menschliches Dasein in diesem Sinne als Aufgerufen-Sein verstanden werden, dann verlieren auch die "moralischen Forderungen ihren Last-Charakter" und das "menschliche Schuldig-Sein den drückenden Charakter eines Mangels"[228]. Gleicherweise kann so auch die Aengstlichkeit der Angst, ihr Charakter des Eingeengt- und Abgedrosselt-Seins, überwunden werden, der Angst, die nach Boss (wie nach Heidegger), im Grunde immer Todesangst ist: "Angst *um* das Dasein und Angst *vor* dessen Vernichtung" (Hervorh. im Or.)[229]. Die Ueberwindung der Aengstlichkeit der Angst und der Qual des Schuldgefühls wird möglich in der Liebe: "Unbestritten kann also die alltägliche Aengstlichkeit der Menschen in der Lieberfahrung eines unmittelbaren Zugehörens zu einem tragenden und unerschütterlichen Grunde aufgehoben werden. Sie kann sogar einer freudigen Erwartung Platz machen, weil in der Erfahrung der Liebe das Sterben der alltäglich-gewohnten, leiblich-seelischen Lebensverfassung als das ganz andere einer Vernichtung, als ein Durchgang zu reicherem und offenerem Existieren verstanden wird"[230]. Angst, - "in ihrem tiefsten Wesen erfahren" -, widerspricht deshalb nicht der Liebe, die Angst ist es, "die den Menschen jene Dimension der Freiheit erschliesst, in die hinein sich die Erfahrung der Liebe und des Vertrauens überhaupt erst entfalten können"[231]. Letztlich besteht demnach

---

224 A.a.O. 63.
225 A.a.O. 50.
226 A.a.O. 61.
227 A.a.O. 52.
228 Ebd.
229 A.a.O. 32.
230 A.a.O. 44.
231 A.a.O. 45.

das Ziel der Therapie im Lernen der *Liebe:* "Höchstes Ziel aller Psychotherapie ist und bleibt dabei die Eröffnung unserer Kranken zu einem Lieben- und Vertrauen-Können, das alle Angst- und Schuldbedrückung als blosse Missverständnisse überwinden lässt. Solches Vertrauen kann und darf füglich als die reifste menschliche Liebe angesprochen werden"[232].

5. Gion Condrau

Im wesentlichen stimmt Gion Condrau mit Boss überein; was wir also bei Boss über das Schuldphänomen sagten, mag gleicherweise auch bei Condrau Geltung haben. Darüberhinaus hat Condrau die Probleme von Angst und Schuld, wie sie sich in der Psychotherapie stellen, von einem philosophischen, moraltheologischen und juristischen Verständnis abzugrenzen versucht.
Am besten beginnen wir unsere Darstellung mit einigen praktischen *Beispielen,* von denen uns Condrau berichtet:
Othmar[233] ist Buchhalter, obwohl er eigentlich einen andern Beruf wählen wollte. Aber der Vater wollte es so, und Othmar fügte sich. Der Vater war ein verwahrloster Trinker, vernachlässigte und tyrannisierte die Familie und brachte sie an den Rand des wirtschaftlichen Ruins. In seinen Tobsuchtsanfällen bedrohte er das Leben von Frau und Kindern. Die Folge davon war, dass Othmar ein anankastisch-pedantischer Buchhalter wurde und sein Beruf seine ganze Lebenshaltung prägte. Zu seiner Pedanterie gesellte sich eine hochgradige Triebablehnung. Dieser Mann war, wie Condrau anführt, vollständig dem Bannkreis seines Vaters verfallen, wenn auch in Form des Protests. Der väterlichen Unordentlichkeit stellte er das Prinzip der Ordentlichkeit gegenüber, die Triebhaftigkeit des Vaters beantwortete er mit seiner eigenen Triebfeindlichkeit. "Dabei wurde er in zweierlei Hinsicht schuldig: einmal dass er - aus Protest - Lebensmöglichkeiten von sich fernhielt, ablehnte und verdammte, die in ihm, obzwar verborgen, nicht minder wirksam blieben wie bei seinem Vater; dann aber vor allem deswegen, weil seine Auflehnung gegen den letzteren ihm keine Befreiung und Selbstwerdung ermöglichte"[234]. Und Condrau führt weiter aus: "'Eigentlich' hätte sich Othmar, äusserlich und scheinbar in jeder Beziehung ein Ausbund von Tugendhaftigkeit - er hatte nie etwas zu beichten, da er ja gegen keine Gebote verstiess -, völlig schuldlos fühlen müssen. Er war sich auch keiner Schuld bewusst! Die Schuld trug höchstens der Vater! Und doch stellte sich ein schwerer Schreibkrampf ein... Es brauchte eine mehrjährige Analyse, bis die eigene Schuldhaftigkeit

---

232 A.a.O. 56.
233 Gion Condrau: Angst und Schuld.., 162f; vgl. Daseinsanalytische Psychotherapie, 67-77.
234 Angst und Schuld.., 163.

vom Patienten akzeptiert werden konnte und er einsah, dass er die Ablösung von der väterlichen Vergewaltigung infolge seines darin gelegenen Schuldigseins nicht vollziehen konnte"[235]. Die wesentliche Frage drängte sich immer wieder auf: Warum er seine Lebenshaltung als die einzig mögliche bejahen konnte. Seine Antwort lautete: "Weil es mein Vater so verlangte",..."weil ich es so gelernt habe,...die Schuld daran hat mein Vater". Erst die beharrliche Zurückweisung auf sich selbst eröffnete ihm die Möglichkeit zur Uebernahme eigener Verantwortlichkeit und damit auch der Schuld"[236].

Zweites Beispiel: Ein 57jähriger Arzt litt an einer depressiven Verstimmung mit Verfolgungs- und Beziehungsideen. Sein Schuldgefühl zeigte sich in einem Strafbedürfnis, das ihn überall Polizisten oder Richter, Spione und Einbrecher vermuten liess. Er sah sich schon im Gefängnis, verurteilt, bestraft, hingerichtet. In der Krankheit sah er nur etwas Schicksalhaftes, Unausweichliches. In seiner Praxis führte er seit 30 Jahren im Grunde nur einem Kampf wider Krankheit und Tod, gegen angeblich Sinnloses. Auch gegen seine eigene Krankheit rebellierte er. "Erst als es gelang, den Patienten in jene Krankheitseinsicht, die nicht Resignation, sondern Integrierung bedeutet, zu bringen, konnte der Heilungsprozess in Gang kommen"[237]. Condrau spricht in diesem Fall nicht von einer "Krankheit, nicht krank sein zu können", sondern von einer "'Schuld', nicht krank sein zu können". Er hält dafür, dass dieser Patient vermutlich durch die Nichtannahme seiner Krankheit schuldig wurde und auch bereits an der Entstehung derselben mitverantwortlich war[238]. Die Lebensgeschichte zeigte, dass er der "vollkommenste" Mann war. Und doch: Er war sich "gerade dadurch, dass sein Leben in der Arbeit aufging, etwas schuldig geblieben und damit für sein 'Krankwerden' verantwortlich"[239].

Drittes Beispiel: Ein südamerikanischer Millionär, der sein Leben lang nach Ruhm, wirtschaftlichem Luxus und triebhafter Freiheit strebte, fiel schliesslich in eine schwere Depression. "Gerade bei ihm blieb jedoch eine Psychotherapie aussichtslos, weil er zu keinem Zeitpunkt bereit war, in der Depression zu verweilen und sein inneres Ohr der Stimme seines Gewissens zu leihen... So torkelte er von Elektroschock zu Elektroschock und merkte nicht, dass er als Mensch zu einem bloss noch genuss- und arbeitsfähigen Wesen schrumpfte, das weder Schuld noch Verantwortung zu ertragen bereit war"[240].

---

235 Ebd.
236 A.a.O. 164.
237 A.a.O. 175.
238 Ebd.
239 A.a.O. 176.
240 Ebd.

In einem andern Fall konnte ebenfalls ein 30jähriger Sohn einer nordamerikanischen wohlhabenden Familie nicht krank sein. Er war ständig auf Vergnügungsreisen und hat in seinem Leben weder Arbeit noch Pflichten gekannt. Er lebte ein Leben in "Saus und Braus". Und doch war er allein. "Vor dieser Einsamkeit hatte er Angst. Denn in der Sinnlosigkeit seines Daseins vermochte er mit seinen Mitmenschen keine echte Beziehung herzustellen. Die Achtung der Freunde erwarb er sich durch ein riesenhaftes Vermögen und seine finanzielle Grosszügigkeit. Die Frauen interessierten ihn lediglich als sexuelle Spielgefährten. Jedesmal wenn eine Beziehung menschlich und verpflichtend zu werden drohte, verfiel er in eine tiefe Depression... Den Schritt zur Mitmenschlichkeit und damit zur Uebernahme von Verantwortung und Schuld konnte er nicht tun, weil zwischen dem, was er bisher war und was er werden sollte, eine riesige Kluft bestand, ein Niemandsland, das er nicht zu betreten wagte. Sowie er jeweils seine Freundschaften brüsk abbrach, brach er die Analyse ab, wobei er zumeist spontan auch seine Depressionen los wurde"[241].
Inwiefern kann in diesen kurz skizzierten Fällen von Schuld die Rede sein? Condrau erklärt: "Wenn wir von Schuld und Krankheit sprechen, dann meinen wir nicht Schuld in 'moralischem' Sinne. Der rumänische Arzt war gewiss moralisch 'unschuldig', der südamerikanische Millionär lebte, von den ethischen Normen her beurteilt, sicher alles andere als schuldlos, und doch liegt dessen Schuld in bezug auf sein Kranksein nicht im moraltheologischen Sektor. Das gleiche gilt für unseren jungen Weltenbummler. Die Schuld im psychotherapeutischen Sinne ist durchwegs eine existenzielle Schuld. Immer und besonders dann, wenn ein Mensch wesentlichen Bezirken seines Selbst-Seins die Daseinsberechtigung abspricht, wird er schuldig"[242]. Im Anschluss an den Fall "Othmar" schreibt Condrau: "Wir können nicht existieren, ohne etwas bestimmtes zu sein, aber auch unbestimmt vieles nicht zu sein. Sind wir dieses oder jenes unter Schuld- und Angstdruck nicht geworden, dann sind wir faktisch verfallen; wir sind dann so, wie 'man' sein 'sollte'. Dem 'Man' verfallen heisst aber schuldig werden... Die existenzielle Schuld ist - im Gegensatz zu der juristischen und moraltheologischen - nicht eine Gesetzesschuld. Sie unterscheidet sich indessen noch in anderer Weise. Während Gesellschaft und Kirche die Schuld an das Wissen darum binden, besteht der existenzielle Gewissensanruf unabhängig von Bewusstheit oder Unbewusstheit. Auch lässt sich die Herkunft der Berechtigung einer solchen Unterscheidung nicht eruieren. Indem der Mensch nämlich für seine eigene Entfaltung ver-

241 A.a.O. 176f.
242 A.a.O. 177.

antwortlich ist, ist er es nicht nur für einen Teil derselben. Vor allem aber bleibt er verantwortlich für die Verdrängung, insofern er sich damit selbst betrügt"[243].

Die Schuld in der Psychotherapie will Condrau also streng unterschieden haben von der moralischen, beziehungsweise juristischen Schuld. Diese Schuld ist ein debitum, etwas Geschuldetes, das was fehlt und mangelt[244]. Da dieses debitum nie gänzlich zu tilgen ist, muss die Schuld als ein Existential unseres Daseins angesprochen werden. Seelisches Kranksein besagt also insofern Schuld, als ein Mensch gewisse Bereiche seiner Existenz von sich fern hält, eine Seinsmöglichkeit nicht beachtet oder abwehrt.

Es ist jedoch leicht zu sehen, dass auch bei Condrau diese existentielle Schuld eine culpa (zumindest eine culpa materialis) einschliesst. Dies deswegen, weil es, wie Condrau sicher zu Recht bemerkt, eine genuine Verantwortlichkeit des Menschen für seine Entfaltung, ja sogar für die Verdrängung, die im Grunde ein Selbstbetrug ist, gibt. Gewiss, zunächst kann der Kranke sein debitum nicht erkennen, oder wenn er es anerkennt, kann er es nicht wagen, es in seinem Dasein Wirklichkeit werden zu lassen, d.h. das ihm Mögliche zu unternehmen, "um jene Schuld zu reduzieren"[245]. Wenn nun aber gesagt wird, dadurch werde der Mensch schuldig, kann dieses "schuldig" nicht mehr im Sinne eines blossen debitum verstanden werden. In diesem Schuldigsein ist nicht nur das debitum, sondern auch eine culpa eingeschlossen.

Wir wollen bereits hier (vorgängig der eigentlichen theologischen Diskussion) versuchen, die Schuldthematik in den angeführten Fällen etwas herauszuheben. Es ist zu fragen, ob der rumänische Arzt wirklich moralisch unschuldig war. Condrau sieht dessen existentielle Schuld darin, "dass sein Leben in der Arbeit aufging". Bezeichnend ist, dass der Arzt dem Kranksein und dem Tod keinen Sinn abzugewinnen vermochte. Weder fremdes noch eigenes Kranksein konnte er wirklich akzeptieren. Damit hat er aber einen wesentlichen Bereich menschlichen Daseins aus seinem Leben ausgeschlossen. Man wird deswegen annehmen dürfen, dass seine Hingabe an die Patienten auch nicht von menschlicher Tiefe und Reife getragen war, wie es sein Arztberuf (und im Grunde er selber) verlangt hätte. Die Depression hat ihn zur Annahme von Krankheit (und Tod) und damit auch zu einer vertiefteren menschlichen Anteilnahme aufgerufen. Wie weit der Arzt moralisch wirklich schuldig wurde, ist schwer zu sagen. Die Schuld mag kleiner sein als bei vielen anderen,

---

243 A.a.O. 164f.

244 Vgl. G. Condrau: Angst und Schuld im menschlichen Dasein, in: Wege zum Menschen, H. 3, 1966, 65-73.

245 Angst und Schuld.., 174.

die in einer ähnlichen Situation leben und nicht krank werden. Und doch wird man nicht einfach sagen können, er sei moralisch unschuldig. Der Umstand, dass er sich verurteilt und hingerichtet sah, weist in eine andere Richtung, vorausgesetzt, dass man überhaupt in einem Symptom einen Kern Wahrheit anzuerkennen gewillt ist. - Nicht einfacher zu beantworten ist die Schuldfrage im Falle des Millionärs, des Weltenbummlers. Auch hier fragt sich, wie weit er selber für seine gesamte Haltung verantwortlich gemacht werden kann. Es kann natürlich sein, dass der betreffende seine falsche Haltung auch tatsächlich gewählt hat und deshalb nicht willens ist, etwas daran zu ändern. Man wird auf jeden Fall beachten müssen, dass die "Schuld" des Weltenbummlers nicht etwa primär in der sexuellen Ausschweifung zu suchen ist, sondern in der Unfähigkeit, eine echte mitmenschliche Beziehung einzugehen. Die ursprünglich gleiche "Schuld" kann sich ebenso in einer "völligen Enthaltsamkeit" bekunden. Das eigentliche Kriterium ist die Liebe, beziehungsweise die Lieblosigkeit und nicht die Sexualität im engeren Sinne. Einen Fall der Triebablehnung (die Ablehnung, dass der Mensch ein geschlechtliches Wesen, Mann und Frau, ist) sehen wir bei "Othmar". Er war, aber eben nur äusserlich, ein "Ausbund von Tugendhaftigkeit". Dabei verfehlte er sich doch gegen das entscheidende "Gebot", nämlich gegen die Liebe, wie schon seine nörglerische und unkameradschaftliche Art im Geschäft zeigte[246]. Sicher nicht ohne Grund hat er die Schuld an seinem Zustand seinem Vater gegeben. Und doch musste er lernen, auch eigene Schuld und Verantwortlichkeit zu übernehmen. Der Umstand, dass er nichts zu beichten hatte, besagt noch nicht, dass er in moraltheologischer Hinsicht einfach unschuldig war.

Zur Klarstellung sei noch kurz auf die Frage des Zusammenhangs zwischen Schuld und Krankheit eingegangen. Condrau sagt ausdrücklich, dass Krankheit nicht Folge der Sünde sei. Krankheit ist seines Erachtens nicht Strafe für eine Sünde, aber "als solche selbst eine Schuld"[247]. Es darf nach Condrau "mit Bestimmtheit gesagt werden: Krankheit beruht nicht auf der persönlichen Schuldhaftigkeit des Menschen, der gegen den Dekalog verstösst"[248]. Das bedeutet jedoch nicht, dass Krankheit ent-schuldigt. Wenn es im Wesen der ärztlichen Haltung liege, dass sie entschuldigend sei, dann treffe das "ausschliesslich auf die Schuld im moraltheologischen oder im juristischen Sinn zu"[249].

---

246 A.a.O. 162f.
247 A.a.O. 181.
248 Ebd.
249 A.a.O. 177. G. Condrau zitiert A.R. Bodenheimer: Beitrag zum Schuldproblem, in: Schweizer Archiv für Neurologie und Psychologie 1959, Bd. 83, 41.

Wie Condrau sagt, sei der Mensch immer bemüht, sich von Schuld zu befreien, und in diesem Bemühen komme ihm die Krankheit zu Hilfe. Eine entschuldigende Haltung des Arztes würde dem Kranken einen schlechten Dienst erweisen, ja eine echte Arzt-Patient-Beziehung wäre unmöglich: "Ist der Leidende an seinem Kranksein schuldlos, unverantwortlich, dann stellt er, wie Bodenheimer richtig bemerkt, auch keinen vollwertigen Partner mehr dar. Wir möchten noch einen Schritt weiter gehen und sagen, ein voll 'entschuldeter' Kranker könne vom Arzte nicht anders behandelt werden als etwa ein Haustier vom Tierarzt"[250]. Die Aufgabe des Arztes liegt darin, "dem Kranken in seinem Schuldigsein zu begegnen und ihm beizustehen, es auszuhalten und auszutragen. Der Arzt hat nichts zu tun mit Vergebung oder Bestrafung; er kann seinen Kranken nur in dessen Vorhaben bestärken, seine Schuld mit all den möglichen Konsequenzen auf sich zu nehmen. 'Vor diesem Aspekte äussert Schuld sich nicht mehr als der Uebel grösstes; indem der von aussen Entschuldete seiner Schuld die Stirn bietet, hat er sich erst zur vollen Würde zurückgefunden'"[251].

F. Die personale Psychotherapie Johanna Herzog-Dürcks

Johanna Herzog-Dürck versteht den Begriff *Person* "als das originäre Sonans-Personans-sein des auf die Welt und auf die Existenz antwortenden Menschen"[252]. Der Mensch ist wesenhaft ein Antwortender. Menschsein besagt demnach immer auch Welt- und vor allem Du-Bezogenheit. *Person* ist also in diesem Sinne nicht etwa zunächst als ein "Subjekt" zu verstehen, das erst nachträglich noch zu Welt und Mensch "hinaus"-treten müsste, - und damit ist auch der dahingehende Einwand von daseinsanalytischer Seite unberechtigt. Was jedoch die personale Psychotherapie gegenüber der Daseinsanalyse mehr betont, ist das *Antwort-sein*, beziehungsweise das *Antwort-werden* des Menschen. "Den Menschen, das lichtende Wesen, haben wir auch als das *sonans* seiende, antwortende Wesen zu verstehen. Entdeckend antwortet er. Hierin zeigt sich sein Wesen als *Person*" (Hervorh. im Or.)[253]. Das "Worauf" des Antwortens sind nach Herzog-Dürck die *Grundbedingungen* der menschlichen Existenz. "Der Mensch findet sich in der Welt in grundlegenden Bedingungen vor, die ihm gestellt sind, die er sich also nicht selber gegeben hat und die er annehmen muss, um wach, reif und liebend zu werden. Im Zu- und

---

250 Angst und Schuld.., 183.
251 A.a.O. 183f. (Zitiert Bodenheimer a.a.O. 46).
252 Johanna Herzog-Dürck: Probleme.., 315 Anm. 3.
253 A.a.O. 18.

Miteinandersein teilen die Menschen diese *'Grundbedingungen'*, von denen jede meine ist und deine, unsere und eure, seine und ihre, und die in dieser personalen Vielgestaltigkeit als vielgestaltige Anrufe unser Leben durchdringen" (Hervorh. im Or.)[254]. Der Mensch findet sich vor in den Grundbedingungen, "die ihm zeigen, dass er kein Gott ist". Er findet sich vor "in der *Zeit* als in der Endlichkeit, im *Geschlecht* als in der Polarität seiner Individualität, vor dem *Tod* als vor dem Abgrund des Nichts, in der *Schuld*, als der, der sich selbst, seine Identität als unbegrenzten Prozess, der Zukunft schuldig ist; sich selbst und dem menschlichen Du ist er sich schuldig" (Hervorh. im Or.)[255]. Herzog-Dürck will die Grundbedingungen weder philosophisch herausarbeiten noch vollständig aufzählen und umreissen. Sie weist nur auf jene hin, die für die psychotherapeutische Arbeit von praktischer Dringlichkeit sind. Die Grundbedingungen können nicht katalogisiert oder bloss rational bewältigt werden, "sie bleiben numinose und geheimnisvolle Bestimmungen unseres Seins"[256]. Mit ihnen ist alles gemeint, was den Menschen "vor die Tiefe seines Seins bringt"[257]. "Wir möchten sie als die Mächte des Seins kennzeichnen, auf die es durch Ratio, Wissenschaft und Technik keine Antwort gibt, auf die also der Mensch durch die Reifung seiner personalen Wahrheit Antwort *werden* muss" (Hervorh. im Or.)[258]. Wesenhafte Bestimmung des Menschseins ist es demnach, auf den Anspruch der Grundbedingungen produktiv zu antworten. Dies geschieht mittels der "transzendierenden Funktion der Seele" im "ontischen Glauben", in der "existentiellen Aufmerksamkeit". Letztere "artikuliert sich als Gedächtnis (Erinnerungskraft), als Phantasie, als Gemüt (Gefühl) und als Gewissen. Zu ihnen dürfen wir die eigentlich existentiell vernehmenden Offenheiten der Seele erblicken. Sie spielen der Vernunft den Sinn für die tieferen Dimensionen der Wirklichkeit zu"[259].

Von daher bestimmt Herzog-Dürck das Wesen der Neurose als ein "*Scheitern* an den Grundbedingungen", als ein "*Hadern* gegen die Grundbedingungen", als ein "tiefes *Leiden*" an ihnen, wie auch als "Verfall von existentieller Aufmerksamkeit" (Hervorh. im Or.)[260]. Dieses Scheitern besagt gleichzeitig auch ein Scheitern der Reifung, der Person- und Identitätsfindung. "Aus ihnen (den Grundbedingungen, Verf.) erhellt, was mit Identität und dem Scheitern der personalen Du-Findung gemeint

---

254 Zwischen Angst und Vertrauen, 24.
255 Probleme... 18, vgl. auch 23-42.
256 Zwischen Angst und Vertrauen, 25.
257 Menschsein.., 34.
258 Probleme.., 18.
259 A.a.O. 19f., vgl.: Zwischen Angst und Vertrauen, 76, Personale Psychotherapie.., 120.
260 Zwischen Angst und Vertrauen, 24-26, vgl. Menschsein.., 36 und Probleme.., 23.

ist. Dies Scheitern aber bildet den Kern der Neurose jeder Struktur... Identität und Person sind Wechselbegriffe und stehen beide in Korrelation zu den Grundbedingungen der Existenz, an denen in eigener Geschichte zu reifen den Sinn menschlichen Daseins ausmacht"[261]. Wir sehen, dass Selbstverwirklichung, Identitätsfindung und Du-Findung im Grunde vertauschbare Begriffe sind. Sie alle meinen Reifung an deren Grundbedingungen, die dem Menschen in der Begegnung mit dem Du, in der existentiellen Solidarität, aufleuchten. "Identität und Person formen oder zerschlagen sich an den Grundbedingungen der menschlichen Existenz. Sie formen oder zerschlagen sich, wie wir ebenso gut sagen könnten, am Menschen, der grundsätzlich für den Menschen der Repräsentant der Grundbedingungen ist, in dem und mit dem sie ihm begegnen, ihn betreffen, brennende, körperliche und geistige Wirklichkeit für ihn werden"[262].

Nach Herzog-Dürck ist nun das Leiden an den Grundbedingungen, das Nicht-Reifen-können an ihnen, verschieden je nach dem "Typus" der Neurose. Der *Depressive* leidet an der *Schwere* der Grundbedingungen, der *Schizoide vernichtet* diese, bei der *Hysterie* zeigt sich der *Aufruhr* gegen die Grundbedingungen, bei der *Zwangsneurose* die *Sicherung* gegen sie[263]. Trotz des Scheiterns und in ihm sagen die verschiedenen Strukturformen der Neurose doch eine grundlegende Wahrheit des Menschen aus. Deshalb ist uns überhaupt ein Verstehen der Neurose möglich[264]. Die *Depression* bekundet des Menschen "Ausgeliefertsein an überwältigende, unbekannte Mächte", "die gnadenlose Ohnmacht der menschlichen Existenz, ihr unermessliches Elend und die Einsamkeit des Menschen"[265]. Der *Schizoide* drückt die *"Wahrheit der Nichtigkeit, der Sinnlosigkeit des Menschseins"* aus. "Seine 'Wahrheit', die furchtbarste, ist die, dass es gar keine Grundbedingungen gibt, die dem Menschen die Vertiefung in innerer Geschichte durch die Erstreckung eines Menschenlebens auferlegen und ermöglichen, und die eben damit Gnade und höchste Chance sind Tod, Schuld, Leid, Zeit, Schicksal, das Böse in der Welt - sie verlangen von ihm keine 'Antwort', sind Fakten unter anderen welthaften Fakten, Gegebenheiten, die der Verstand richtig einzuordnen hat, - sind nicht Fenster in eine andere Dimension" (Hervorh. im Or.)[266]. Die seinsmässige Wahrheitsaussage der *Hysterie* ist die, dass der Mensch "gar nicht in 'Grundbedingungen' und damit nicht in die von diesen ausstrahlenden Ordnungen gehört,...

---

261 Probleme.., 18f. Zum Begriff der Geschichtlichkeit vgl.: Auf der Suche...
262 Probleme.., 23.
263 Menschsein.., 34-47.
264 A.a.O. 35.
265 A.a.O. 36f.
266 A.a.O. 41f.

dass sie seinem souveränen Wesen gar nicht auf den Leib geschnitten sind,... dass der Mensch ein Bewohner des Paradieses und nicht der antinomischen menschlichen Welt sein sollte und könnte'. Die Hysterie zeigt die "Gottähnlichkeit" des Menschen, spielt "immer etwas von der metaphysischen Vorstellung aus, dass der Mensch ursprünglich grösser und grossartiger gemeint ist, leib- und weltdurchherrschender, so wie er in den Paradiesmythen der Religionen intuiert ist"[267]. Die "Wahrheit" des *Zwangsneurotikers* ist der Satz, "die 'Wahrheit', dass es keine Wahrheit gibt ausser Formel und Kalkül und keine Rechtfertigung des Menschen vor dem Sein ausser moralischer Perfektion". "Die Wahrheit der Zwangsneurose ist die *Schuld des Menschen vor seinem Sein"*, welcher Schuld gegenüber sie jedoch nur "den dogmatischen Satz und die moralische Rechtfertigung" kennt (Hervorh. im Or.)[268]. Kennzeichnend für die Neurose ist, dass sie, obwohl seinsmässig eine Wahrheit aussagend, diese jedesmal fälschlicherweise *"verabsolutiert"*, *"ohne die schöpferische Gegenmacht anderer Wahrheiten"*. Die Wahrheit "wird gleichsam zu einem Schrei, der jeden existentiellen Dialog des menschlichen Werdens durchbrochen und zerrissen hat" (Hervorh. im Or.)[269]. In der therapeutischen Zusammenarbeit können nun die verschütteten Seelenkräfte, kann die Grundkraft der Person zu neuem Leben erwachen. Dem neurotischen Menschen kann die Geheimnistiefe menschlicher Existenz, die Gnade des Lebens aufgehen, er lernt die Grundbedingungen annehmen und lernt "existentiell" auf sie zu antworten, an ihnen zu wachsen und zu reifen. Es können jetzt entstehen: Das existenzielle, "transzendierende Vertrauen", der "ontische Glaube", die "Freude über das Geborensein"[270], und nicht zuletzt die Möglichkeit zu lieben. Wir sehen, dass nach Herzog-Dürck der anthropologische Ort der Neurose letztlich im Bereich des Religiösen zu suchen und zu finden ist:
"Wenn wir nun die Neurose erkennen als in ihrem Kern bedingt durch die Verdunkelung der personalen Kraft des Antwortens und des Begegnens, so scheint es uns nicht möglich, die Heilung der Neurose anders als ein im tiefsten Grunde 'religiöses' Phänomen zu erfassen, gleichviel, ob dies ausdrücklich in der Bewusstseinssphäre als solches in den Blick tritt oder sich mehr oder weniger verschleiert vollzieht. Denn das Wesen des religiösen Phänomens besteht doch ganz grundlegend und von aller sekundären Formung abgesehen im Ergriffenwerden des Menschen vom öffnenden Offenen, von einem ihm offenbar werdenden Sein"[271]. Die Neurose ist nicht nur ein Hadern gegen die Grundbedingungen, sie ist

---

267 A.a.O. 38.
268 A.a.O. 39f.
269 A.a.O. 36.
270 Zwischen Angst und Vertrauen, 76, 25 et passim; vgl. Auf der Suche.., 173.
271 Personale Psychotherapie.., 119.

auch, ineins damit, "im Grunde *ein Hadern mit Gott*" (Hervorh. im Or.)[272]. "Für den neurotischen Menschen", sagt Herzog-Dürck, "ist Gott tot, nämlich fixiertes Vorgestelltes, theistische Setzung aus dem unbewussten Vaterkomplex oder der illusorischen Muttersehnsucht - gefrorene Projektion... Es ist das *Geheimnis* Gottes, das auch in seiner Offenbarung noch Geheimnis bleibt, das die Neurose nicht ertragen kann, an dem sie scheitert. Die Vergänglichkeit, die Zeit und der Tod, der Leib, der Raum und das Geschlecht, die Schuld, das Schicksal und das Böse (also die Infragestellung, die Erniedrigung und Vernichtung der menschlichen Würde), diese Gegebenheiten, an denen lebendiges religiöses Leben sich gerade im Ueberstieg, im *transcendere* des Glaubens entzündet, diese sind es, die die Verzweiflung der Neurose bilden und ihr Nichtlebenkönnen ausmachen . Die grosse metaphysische Zumutung, im Paradoxen zu *gründen...*, *kann* der neurotische Mensch einfach nicht 'annehmen'" (Hervorh. im Or.)[273].

Man würde dem Wesen der Neurose allerdings nicht gerecht, wenn man sie einfach als "Hadern mit Gott" kennzeichnete. Sie ist nicht nur ein Scheitern und Hadern, sie ist auch ein *Leiden* daran und darin unterscheidet sie sich von der "Jedermannswelt". Sie hat "ein stummes und tiefes *'Recht' gegenüber der Jedermannswelt*, d.h. gegenüber dem Menschen, der den Anruf der Grundbedingungen 'vergisst', ohne an diesem Vergessen zu kranken. Die Neurose hat recht gegenüber der Scheingesundheit der Jedermannswelt. Unrecht aber hat sie gegenüber dem produktiven Mut zum Menschsein als einer geschichtlichen Reifung... Aber an ihrem anthropologischen Ort ist sie unüberhörbare Mahnung. Indem die Neurose gegen die Grundbedingungen des Menschseins hadert, hadert sie zugleich gegen Jedermann, der die Grundbedingungen antwortlos in Vergessenheit geraten lässt" (Hervorh. im Or.)[274]. Wie die Grundbedingungen vergisst die Jedermannswelt auch "Gott, ohne daran zu kranken, da sie existentiell unaufmerksam, unhorchend leben darf"[275].

Auch nach Herzog-Dürck liegen die Wurzeln der Neurose in der Kindheit. "Im Dunkel der ersten Lebensfrühe liegen die Weichenstellungen der neurotischen Entwicklung, liegen jene Wirkströme, die das heile Kind ins Unheilvolle der Verengung und Verzerrung treiben, die sein ursprunghaftes 'Stimmesein' (*personare*) ver-stimmen, seine unumschränkte Vertrauensbereitschaft lähmen und vergiften" (Hervorh. im Or.)[276].

In der sozialen Umwelt eines Kindes liegt der Grund der Neurose. Durch den Verfall des Humanums (Herzog-Dürck erweitert und vertieft die

---

272 Zwischen Angst und Vertrauen, 26.
273 Personale Psychotherapie.., 122.
274 Menschsein... 47.
275 Personale Psychotherapie.., 122.
276 A.a.O. 122f.

"soziale Umwelt" existentiell zum Begriff des *"Humanfeldes"* (Hervorh. im Or.)[277] gerät das Kind in einen Konflikt, "der unter Umständen nur in einer neurotischen Erstarrung noch kompensiert werden kann"[278]. Es sind die Humanfelder der "Daseinsunlust", der "Weltangst", der "Menschensatzungen" und des "selbstherrlichen Ego", welche für die unterschiedenen Neurosenstrukturen der schizoiden, depressiven, zwanghaften und hysterischen Form ausschlaggebend sind[279].
Obwohl das Humanfeld für die Entstehung der Neurose ausschlaggebend ist, darf es nicht einfach als die Ursache im Sinne eines mechanischen Kausalnexus verstanden werden. Es *bedingt* die Entstehung der Neurose, aber "erzwingt" sie nicht[280]. Von Anfang an ist das Kind spontan antwortend auf die ihm widerfahrenden Einwirkungen[281]. "Wie die Elternpersonen auf die Grundbedingungen antworten, so antworten sie auch auf das Kind und stimmen so wiederum dessen welthaftes Grunderleben. Doch ist dieses Stimmen nicht als ein Be-stimmen im Sinne einer kausalen Prägung zu verstehen, sondern auch das Kind antwortet ja wieder aus dem geheimnisvollen Fundus seines noch unentwickelten Selbst"[282]. Obschon das Kind sich "in der vollen Angewiesenheit auf seine Umwelt befindet", "'antwortet'" es "vom ersten Lebenstage an"[283]. "Identität holt sich immer aus einer seelischen und kulturellen Welt zu sich heran, durch die sie bedingt, aber nicht kausal bestimmt wird, so wenig wie das Wesen einer Pflanze kausal erklärt werden kann aus den chemischen Stoffen des Erdbodens, dem sie entwächst. Nicht Produkt seiner Umwelt ist das Kind, es ist *Produktivität in Angewiesenheit*. Gesetze herrschen hier nicht, und die Wahrscheinlichkeit hat Grenzen. Es *kann* auch ein strahlender Stern aus dem Dunkel der Unmenschlichkeit aufgehen" (Hervorh. im Or.)[284]. Wir erwähnten schon, dass sich im Scheitern an den Grundbedingungen auch ein *Hadern* gegen sie verbirgt, eine *"unkreative Revolte"*, ein "Nein gegen Reifung und Liebe". Das "voluntare Moment" gehört nach Herzog-Dürck zu jeder Neurose als ein "konstitutives Moment" (Hervorh. im Or.)[285].
Wenn das Hadern, das "voluntare Moment" ein inneres Moment der Neurose ausmacht, dann offenbar auch die *Schuld*. Zunächst, primär ist die Neurose zwar ein Scheitern, "verursacht" von den bestimmenden Gestalten der kindlichen Umwelt (und insofern kann sie als Krankheit angespro-

---

277 Probleme... 43-51.
278 A.a.O. 47.
279 Vgl. a.a.O. 55f., 102ff., 153ff., 197ff.
280 A.a.O. 316, Anm. 6.
281 Menschsein.., 49.
282 A.a.O. 51.
283 Probleme.., 102.
284 A.a.O. 50f.
285 A.a.O. 19.

chen werden), aber durch das produktive Moment des neurotischen Menschen impliziert Neurose auch Schuld. "Wir wissen ja, dass wir das Wesen der Neurose nicht vollständig erfassen, wenn wir sie einfach als Krankheit bezeichnen, und ebensowenig, wenn wir sie unter dem Begriff der Schuld einordnen würden"[286]. Die Neurose umfängt beide Aspekte, sie ist zugleich Krankheit und zugleich Schuld.
Dass in der Tat das neurotische Leiden auch Schuld impliziert, zeigt sich nun, mehr oder weniger deutlich, in der Praxis der Psychotherapie selbst. Der Klient muss dazu kommen, im sogenannten "inneren Handeln"[287] eigenes Schuldigsein "einzuräumen". Er lernt nun einzuräumen, "dass er selbst in diesem ganzen langen Werden seines Lebens immer ein 'antwortender' war. *Er räumt ein, dass er verantwortlich, ja schuldig ist.* Er übernimmt sich als den an der ganzen neurotischen Fehlentwicklung Mitschuldigen. Auch wenn er nicht 'antwortete', wenn er in langen Phasen verstummte, erstarrte, Mechanismus wurde, so war eben gerade dies seine Form des Antwortens" (Hervorh. im Or.)[288]. Der neurotisch und jetzt frei werdende Mensch lernt nach und nach zu verstehen: "Nicht weil 'das Leben', weil 'die anderen' einen dazu zwingen, ist man hart, machtgierig, eitel, berechnend, - oder schwach, weich, Mauerblümchen des Lebens; sondern weil man in jedem Fall nicht sich selbst zu sein wagte, weil man vor dem Anruf des wahren Lebens zurückgewichen ist, weil man die Stimme des Reifungsgewissens zum Schweigen gebracht hat, um durch eine, mehr oder weniger platte Moral oder durch eine mehr oder weniger platte Morallosigkeit sich gegen die eigentliche Antwort auf den Menschenbruder und das schöpferische Gestalten seiner Aufgabe in der Menschenwelt abzuschirmen. Denn dies hätte den schwereren Weg bedeutet, den des schöpferischen Wagnisses und der eigenständigen Suche nach dem Daseinssinn"[289]. Dieses Zugeständnis bedeutet *"Reifung des Menschen an der Grundbedingung der Schuld"* (Hervorh. im Or.)[290]. Dem Patienten geht die Schuld der Elterngestalten, die sein "Bestes", seine "eigentlichsten Möglichkeiten zertrampelt" haben, auf[291], aber auch seine eigene Schuld. Seine "bisher so ausschliesslich ich-bezogene Schuldproblematik weitet sich zur Solidarität der Schuld der Menschen"[292]. Die Elterngestalten haben an ihm gefehlt. Das braucht nicht beschönigt zu werden. Aber waren nicht auch sie "wie alle vor ihnen", "im gleichen Sinne wie ich Opfer des Abfalls des Menschen in seine Verzerrung, in Eigennutz und Selbstsucht, - Opfer des Verlustes an allem

286 A.a.O. 33f.
287 Menschsein.., 99ff.
288 A.a.O. 111f.
289 A.a.O. 110.
290 A.a.O. 85.
291 A.a.O. 113.
292 A.a.O. 87.

metaphysisch Strahlenden, der Verrennung in Kram, Besitz und 'Tugenden' (?) Kein Held hat diese Kette, diesen Fluch, diese tragische Schuld durchbrochen, - aber ich war dieser Held auch nicht... Und inzwischen bin ich nun selber einer geworden, der seine Lebenspartner vergewaltigt, sie nicht zu ihrer Entfaltung kommen lässt, sie überfordert, indem er Unterwerfung oder Schutz oder beides zugleich von ihnen erwartet. In jedem Geschlecht dokumentiert sich die uralte Tragödie von neuem. Auch ich habe mich in Hass und Nichtigkeit hineintragen lassen, obwohl - und das ist die Einräumung - ich anders 'gekonnt' hätte. (Nicht real-kausal, aber *wesensmässig*!) Das ist die Grenzsituation der Schuld mit ihrem Durchblick ins Nichts und in die Transzendenz. Unschuldige Schuld, die doch vom Ruf des Gewissens als Schuld angemahnt wird. Ureigentliche Ahnung des Menschen von seiner Bestimmung, von seiner Grösse in aller Ohnmacht bricht in ihr auf" (Hervorh. im Or.)[293]. An dieser Stelle stossen wir erneut auf die theologische Parallele der "Erbsünde", aber "Erbsünde" nicht nur verstanden als "peccatum naturae" in Abhebung zum "peccatum personae", sondern im Sinne von Schuld als "Sündenmacht", als menschliche Grund-Befindlichkeit, als ein "Existential", an dem jeder einzelne Mensch in je eigenem Nachvollzug teilhat. Diese Wahrheit anzunehmen, ist, wie uns die Psychotherapie lehrt, eine wesentliche Aufgabe des Menschseins - "Annahme" nicht zu verstehen im Sinne einer bloss rationalen Erkenntnis, sondern im Sinne eines inneren Verstehens des ganzen Menschen. Geschieht das, dann erscheinen auch die Elterngestalten und schliesslich das Ich selber in einem neuen Licht. Durch echte Schuldannahme wird auch erst das Verstehen und Verzeihen in der Liebe möglich. Und umgekehrt: Die Liebe ermöglicht die Annahme der Schuld qua Grundbedingung. Unter *Verzeihen* und *Vergebung* versteht Herzog-Dürck nicht primär "pure Auslöschung menschlicher Schuld", "kindliche Entlastung, Reinwaschung und Besserungsvorsatz", vielmehr *"die ontologische Tatsache, dass der Mensch an seiner Schuld reifen kann"* (Hervorh. im Or.)[294]. Verzeihen ist Liebe trotz und in der Schuld, "transzendierendes Vertrauen", wie auch "die Vertiefung des Glaubens vom vorstellungshaften Für-wahr-halten des Paradoxen zu ontischer Hingabe an das Seinsgeheimnis"[295], und schliesslich "Versöhnung mit der Welt"[296], wie mit "Gott". Selbstredend ist diese Umwandlung nicht etwas, das einmal - und dann für alle mal - geleistet werden könnte, die Umwandlung ist eher als ein *Anfang* zu verstehen, als ein notwendiger Anfang des reifenden menschlichen Lebens, ein Anfang, der den ermögli-

293 A.a.O. 113f.
294 A.a.O. 84.
295 A.a.O. 85.
296 A.a.O. 117.

chenden Raum menschlicher Reifung, der Sinn- und Identitätsfindung, schafft. "Die Selbst-Annahme ist ein langer Weg und als Weg wieder Tor zu einem neuen langen Weg"[297].

Die Forderung der Schuldannahme kann am besten aus den Träumen abgelesen werden, welche Träume dann meistens auch eine Wendung in der Heilungsgeschichte anzeigen. Zum Beispiel träumt "Eleanor", eine dreissigjährige Musikerin mit schizoid-depressiver (hysterisch überbauter) Neurosestruktur[298]. "Ich bin mit einem einfachen Landarbeiter verheiratet. Er bittet mich, ihm das Mittagessen zu kochen. Ich kann aber nicht kochen, und ich sage ihm, ich könne es nicht"[299]. Zu diesem Traum fiel Eleanor, wie Herzog-Dürck erläutert, das Märchen vom König Drosselbart ein. "Sie sah sich selbst in der hochmütigen Königstochter, die alle Freier verspottet und dann auf Geheiss des Königs mit dem Bettler ziehen muss, der sie in das elende Häuschen führt"[300]. Herzog-Dürck berichtet weiter: "In der Ausstrahlung dieses Traumes, der viele entscheidende Szenen ihres Lebens wie in einem neuen Licht erscheinen lässt, werden die Punkte berührt, an denen Schicksal und Schuld ineinanderzufliessen scheinen. Die Fragestellung kehrt sich für Eleanor zum erstenmal um. Nicht mehr: Was hat mich betroffen, was hat mich zerstört, was haben sie alle falsch gemacht und was hat das Leben und die Menschheit an mir gesündigt? - sondern: wo blieb ich selber Antwort des Herzens schuldig? Warum blieb ich sie denn schuldig?"[301]. Die Patientin wird jetzt fähig, "einen Teil der Verantwortung auf sich zu nehmen". Zwar nennt sie sich immer noch eine "faulige Birne", "durch und durch morsch", einen "ausgetrockneten See", - aber, das hat bereits einen andern Klang und "nicht mehr die Tonlage völliger Fatalität; die Beimischung einer Gewissensessenz ist schon spürbar, die in das Gefüge der Vergangenheit einen Spalt schmerzender Freiheit bohrt. Wenn 'das alles' nicht absolut festlag, dann ist auch Gegenwart und Zukunft nicht prädestiniert, dann bin ich nicht gezeichnet, ausgeschieden, verworfen. Sie gibt in ihrem Selbstverständnis sich selber als eine, die auch hätte lieben können, Raum. Wenn sie kein liebender Mensch war, so kann sie es vielleicht doch noch werden"[302]. Mit der Uebernahme eigener Freiheit verwandelt sich nun auch die Vergangenheit, beziehungsweise die Beurteilung dieser. Allmählich geht der Patientin auf, dass ihre starke Bindung an die Brüder und an den Vater auch bedeutet: "ich wage mich nicht" - und diese Bindung "gar nicht möglich gewesen" wäre "ohne ihre eigene Scheu vor dem Risiko"[303].

---

297 Ebd.
298 A.a.O. 149ff.
299 A.a.O. 164.
300 Ebd.
301 Ebd.
302 A.a.O. 164f.
303 A.a.O. 168.

In den Falldarstellungen Herzog-Dürcks tritt auch das uns schon bekannte Richtermotiv auf. Im Traume eines fünfunddreissigjährigen Geistlichen (depressive Neurosenstruktur)[304] tritt ein Mann auf "mit todbleichem, gelbem Gesicht, der mit fürchterlicher Strenge, mit dem Blick eines vernichtenden, das Todesurteil aussprechenden Richters eisig und erbarmungslos auf mich blickte"[305]. In dieser Richterfigur lässt sich die Härte und Erbarmungslosigkeit des Ueber-Ichs ablesen: "In dieser Gestalt sammelte sich noch einmal alles, was an Gewissensangst, an Schuldgefühlen, an Ueberforderung und Selbstüberforderung ein Leben hindurch an dem Patienten geballt war." Damit ist aber noch nicht das Wesentliche gesehen. Entscheidend ist, dass sich "Andreas" dieser Gestalt mit dem Todesurteil stellt. Daraufhin hat auch der Traum seinen Akzent verlagert, eine gegensätzliche Gestalt tritt auf: Ein gütiger Mann, der zwei Kinder bei sich hat, die Hände auf ihre Schultern legt und dem Träumer zulächelt[306]. "Der Geist von Güte, Ehrfurcht und Menschlichkeit, der von der Pestalozzigestalt ausging, liess den Träumer eine kleine schwache Wurzel in den kalten Winterboden seines Daseins aussenden"[307].
"Pietro" (mit Depressionsneurose)[308] träumt, dass er wegen eines "furchtbaren Verbrechens" hingerichtet (im Pranger aufgehängt) werden soll[309]. Die Frage drängt sich auf: "Richtet der Traum nun eigentlich über die Schuld des Träumers? Und über welche?"[310]. Die Einfälle weisen, wie die Autorin berichtet, auf den Inzest. Die Schwester ist aber auch "Symbol der weiblichen Seele des Mannes, der Seele, die sich 'hinzugeben' vermag (?)"[311]. Zudem scheint der Traum auch mehr über die (im Traum) anwesenden Zuschauer Gericht zu halten. Schliesslich aber zeigt der Traum die (existentielle) Schuld des Träumers selber auf: "Die Amplifikation des Traumes durch die Einfälle und durch die Arbeit der Interpretation ermöglicht ihm erst ganz allmählich, die Wirklichkeit seiner Schuld in der Verfehlung seiner personalen Reifung als Mensch und als Mitmensch zu erkennen und zu verstehen. Nicht das Attest seiner 'stolzen' Lebenswürdigkeit bedeutet also die Todesstrafe im Traum - und nur so konnte sie der Patient ja zunächst auffassen - sondern Verwandlung, die Aufgabe, ein anderer, nämlich ein wirklicher Mensch zu werden"[312].

---

304 A.a.O. 191ff.
305 A.a.O. 212.
306 Ebd.
307 A.a.O. 213.
308 A.a.O. 133ff.
309 A.a.O. 144.
310 A.a.O. 144f.
311 A.a.O. 145.
312 Ebd.

Ein Bewusstwerden von Aggression und Schuld und damit auch die Möglichkeit des Verzeihens bahnt sich im folgenden Traum Esthers an: "Ein Unbekannter führt mich durch den 'Friedhof der Selbstmörder'. Mitten darin ist das Grab meines Vaters. Darauf steht zu lesen: Hier ruht der Kindermörder X. Auf der verwitterten Tafel sind die Namen aller derer eingeritzt, die er umgebracht hat. Mein Name darunter"[313]. Wie Herzog-Dürck schreibt, erhebt sich nun ein Ausbruch des Aufruhrs gegen den Vater, der erste Aufruhr, den Esther in ihrem Leben wagt. Dieser Aufruhr der gehorsamen "christlichen" Tochter ist durchaus positiv zu werten. Sie erringt damit ein Stück Freiheit. "In der nur unter schweren Widerständen erfolgenden Integration dieses Traumes reisst Esther sich allmählich los von der Diktatur, die der Vater über ihr Gewissen ausübt"[314]. Nach und nach, indem der Affekt sich legt, kann jetzt auch der Vater anders gesehen werden, "wird das Unbegreifliche assimiliert, dass ja auch der grosse Vater ein 'verzweifelter' war, kann 'Mit-Menschlichkeit', 'Mit-Leid' mit ihm allmählich aufklingen". "Allmählich lernt Esther dem Vater Gerechtigkeit widerfahren zu lassen. Nicht etwa in dem Sinne, dass die ganze Anklage nun wieder auf sie selbst zurückfiele und der Vater wieder auf seinen Thron erhoben würde. Aber es wird immer deutlicher, dass die *Verantwortung* für ihr Leben nur sie allein trägt. Trotz aller Schuld anderer - vor dem Leben selbst zeichnest du allein. - Aber welch ein neuer Geist weht aus einer solchen reifen und tapferen Schuldübernahme!" (Hervorh. im Or.)[315].
Schliesslich sei noch ein Fall einer hysterischen Neurose erwähnt[316]. "Sibylle" lebt auf in der Atmosphäre eines selbstherrlichen Egoismus, der "seine Grenze nur am Egoismus des anderen" findet. Sie hat nichts anderes kennengelernt "als die totale Lieblosigkeit einer Welt, in der jeder den anderen zu übervorteilen versucht"[317]. Später kann denn auch Sibylle das Verlassenwerden durch ihren Verlobten und den Tod des Vaters "nur als schwere Traumata hinnehmen, als ob ihr damit beispielloses Unrecht zugefügt worden sei", als "blasphemische Kränkungen ihres eigenen Ichs durch das Schicksal". Als Antwort kennt sie nur "das empörte, fassungslos gekränkte Weinen"[318]. Es braucht kaum erwähnt zu werden, dass diese verkehrte Haltung auch Einfluss auf das Gottesbild hat. Sibylle "scheut und verwünscht diesen 'lieben Gott' da oben jenseits der Sterne, dem man nicht seinen Willen aufzwingen kann, und der einen hämisch zu Fall bringt. 'Der ist wie ein böser, versteckter Leh-

313 A.a.O. 173.
314 A.a.O. 174.
315 Ebd.
316 A.a.O. 206ff.
317 A.a.O. 208.
318 A.a.O. 210.

rer, der plötzlich hervortritt und Schicksal spielt'"[319]. Bezüglich des Schuldverständnisses stellt Johanna Herzog-Dürck fest: "Ein Begriff der Schuld ist für Sibylles Bewusstsein einfach indiskutabel; dafür kommen ihr immer wieder abscheulich quälende Träume, in denen sie einen folgenschweren Irrtum mit elektrischen Leitungen angerichtet hat, durch den in Kürze das ganze Haus, die ganze Stadt wie durch atomare Wirkung zerstört werden können"[320]. In einem Traum wird nun aber Sibylle mit ihrer 'Schuld' konfrontiert[321]: Zusammen mit einem Kind (und einer Frau) muss sie einen Berg ("eine Aufschüttung aus Schutt und Abfall") hinaufsteigen - auf einem Serpentinenweg, der über Schmutz und Abwasser führt. Oben auf dem Gipfel wohnt Herr St., "ein Mann, mit dessen Gestalt sich für die Patientin die dunkelsten Ereignisse ihres Lebens verbanden. Es handelte sich um eine reale und nicht wiedergutzumachende Schuld in der Zeit der Verlobung". Herzog-Dürck kommentiert: "Kann ein Mensch sich seiner Schuld finsterer und schonungsloser gegenüberstellen als es in diesem nächtlichen Gang mit der unbekannten Frau geschieht... Die grausige Vision hat die Düsterkeit eines Danteschen Infernos". Nicht um "Verdrängung" im üblichen Wortgebrauch handelt es sich hier. Sibylle hatte nichts verdrängt, "es sei denn ihre ganze eigene Existenz als Mensch, die sie nicht 'wahrgenommen' hatte"[322]. Die Patientin muss (im Traume) den Weg hinaufgehen bis zu einer Begegnung mit Herrn St aber nicht, um mit ihm zu rechten. "Das Gewissen, das aus diesem Traum spricht, meint vielmehr die ganze ichbezogene, träge, mut- und weisheitslose Existenz der Träumerin, aus der die 'moralischen Vergehen' damals hervorgegangen waren. Das Kind in seiner Schwäche aber wirkt hier wie etwas Gnadenhaftes. Wer seine Schuld wirklich zu übernehmen bereit ist, für den gibt es auch Hoffnung, gibt es ein Neuwerden, gibt es Liebe und Zukunft"[323].

Diese paar Hinweise dürften einen Einblick gewährt haben, wie die Schuldthematik in der psychotherapeutischen Praxis zur Sprache kommt und in jedem Fall mehr oder weniger dringend zur Sprache kommen muss. Die Schuldthematik wird verschieden sein je nach den vier Strukturformen der Neurose, weil in ihnen die menschlichen Grundbedingungen je anders (miss)verstanden werden, wobei allerdings zu beachten ist, dass diese Kategorien in der Praxis nie "chemisch rein" anzutreffen sind.

Der schizoide Typ, der die Grundbedingungen "vernichtet", neigt dazu, die Schuld zum manipulierbaren Faktum zu machen, und so kann die Schuld

---

319 Ebd.
320 A.a.O. 210f.
321 A.a.O. 224.
322 Ebd.
323 A.a.O. 225.

in ihrem Wesen (d.h. als Grundbedingung, als Existenzgeheimnis) psychisch gar nicht assimiliert werden. Die schizoide Form ähnelt darin dem "Schuldverständnis" des "Man". Schuld wird hier zu einem Faktum, das berechnet und verrechnet werden kann. Für den in der Anonymität, in der Oberflächlichkeit und Gleichgültigkeit lebenden Massenmenschen kann die Schuld in ihrer tieferen Dimension nicht erfahren werden. Dieser denkt beim Worte Schuld an "Hypothekenbank und Kreditanstalt", an "Staatsanwalt und Verbrecher", vielleicht auch an "Sünde und Beichtstuhl" oder an ein "Wertsystem von Gut und Böse"[324].
Der depressiv gestimmte Mensch leidet unproduktiv an der Schwere der Grundbedingung, also auch an der Schwere der Schuld. Am schärfsten zeigt sich diese Form im Schuld- und Versündigungswahn des Melancholikers, so sehr, dass man hier mit Herbert *Tellenbach* von einer "Identifikation von debet und culpa" sprechen kann[325], d.h. das ständige Zurückbleiben hinter den eigenen Möglichkeiten wird schon für pure Schuld als culpa genommen. Die Schuld wird erfahren als ein "Sündig- und Verworfensein der ganzen Existenz", als das "radikale Abgesondertsein von der Nähe des Göttlichen". Der Melancholiker leidet an der "Einbusse des Transzendieren-könnens"[326]. Der Melancholiker versteht nicht, dass wir "in der Hoffnung auf das Nicht-Endliche gerichtet sein können"[327]. Für den Depressiven wird die Schuld nicht zum Reifungsweg, er kann sich nicht als einen annehmen, dem vergeben wird, und ebenso wenig kann er selber vergeben. -
Der Zwangsneurotiker annulliert seine Freiheit, hat Angst vor Freiheit und Entscheidung, Angst, "sich selbst zu setzen" (Hans Müller-Eckhard)[328]. Es versteht sich, dass mit der Freiheitsthematik die Schuldthematik eng verbunden ist, denn Freiheit bedeutet immer auch die Möglichkeit schuldig zu werden. Diese Möglichkeit kann der Zwangsneurotiker nicht akzeptieren. Er lebt (bedingt durch das "Humanfeld") unter der Diktatur des Ueber-Ichs, des "Moralgewissens", eingespannt ins Schema: Schuld und Strafe bzw. Liebesverlust. Ein solcher Mensch lebt in dauernder Angst, den Forderungen des Moralgewissens, bzw. denjenigen der Mitwelt ja in letzter Perfektion gerecht zu werden und zugleich in Angst, er selbst zu werden. Eine solch perfektionistische Haltung impliziert ein Nicht-schuldig-werden-können. Sie "stellt den Versuch dar, sich der Schuld zu entziehen durch Delegation der Verant-

---

324 A.a.O. 32.
325 H. Tellenbach: Die Dekomposition.., 281; vgl. ders.: Melancholie, Berlin-Göttingen-Heidelberg 1961.
326 H. Tellenbach: Die Dekomposition.., 281; vgl. J. Herzog-Dürck: Der Depressive.., 353-366.
327 H. Tellenbach: Die Dekomposition.., 282.
328 H. Müller-Eckhard: Die Zwangsneurose.., 327-351.

wortung auf Institution und Autorität, vor denen der Mensch in zitternder Gefügigkeit verharrt - gleichzeitig aber an ihr zweifelt und sich diesen Zweifel als neue, schreckliche Sünde krampfhaft verbietet. Von der Autorität nun wird die Schuld gleichsam in verkleinerter Form, als Ungehorsam, Schwäche, quasi Unart wieder ausgeteilt und benotet und absolviert"[329]. Insofern nun der neurotische Mensch zu diesem Nicht-Können beiträgt, ist er auch selber schuldig. Deshalb kann Herzog-Dürck von der "Schuld des Nicht-schuldig-werden-Könnens"[330] sprechen. Der Kranke hat demnach zu lernen, Freiheit, Verantwortung und Schuld auf sich zu nehmen, sich selbst zu setzen, zu wählen. "Die entscheidende Wendung für den Patienten ist nun der Verzicht auf den Griff nach Sicherung und der Sprung ins transzendierende Vertrauen"[331].
Aehnlich wie der Schizoide vernichtet der Hysteriker die Grundbedingungen, so jedoch, dass er sie gleichsam lärmend übertönt, sich über die Grundbedingungen hinwegsetzt und dadurch das lebendige Ordnungsganze menschlichen Daseins leugnet. "Er übertönt die inneren Stimmen und die Warnungen, die ihm aus der Wirklichkeit des Mitmenschen zukommen wollen. In gottverlassener Anmassung setzt er sich als den scheinbaren Mittelpunkt der Welt und rast über die Wahrheit der Grundbedingungen, rast über die Lebens- und Entwicklungsnotwendigkeiten der ihm Anvertrauten oder von ihm Abhängigen hinweg". Werden vom zwanghaften Ueber-Ich die "natürlichen Antriebe" verdrängt, "so wird hier beim Hysteriker das Gewissen verdrängt"[332]. Von früh auf hat er gelernt, eine Rolle zu spielen, sich anzupassen und die Mitmenschen zum Objekt des eigenen Ich zu machen[333]. Der Hysteriker übertönt den Anruf der Grundbedingungen, "er beraubt sie ihres eigentlichen Anspruchs, beraubt sie ihres Ernstes. Er dramatisiert sie"[334]. Was für die Haltung den Grundbedingungen im allgemeinen gegenüber gilt, gilt gleichermassen auch für die Grundbedingungen der Schuld: "So dramatisiert er etwa die Schuld, die er primär stets bei den andern sieht. Schicksal, Gott und alle anderen Menschen sind an seinem Unglück schuld. Er selbst hat immer nur das Beste gewollt, hoch erhaben über allem 'Staub' - aber er ist ein tragisch Verkannter. Wird er aber endlich einmal von den Umständen überführt, dann geschieht ein Höllensturz, dann ist nun auf einmal er, er ganz allein an allem Unheil der Welt schuld, dann reisst er das Steuer herum, dann müssen wiederum alle erschüttert vor ihm als dem grossen Sünder, dem tragischen Luzifer stehen. M.a.W. er permutiert

329 Personale Psychotherapie und m. S., 12.
330 Probleme.., 36.
331 Menschsein.., 89.
332 Personale Psychotherapie und m. S., 12f.
333 Menschsein.., 68.
334 Die religiöse Problematik.., 404.

die Notwendigkeit innerer Entwicklung und Reifung der menschlichen Existenz in ein Rollenspiel, in welchem immer ihm die Rolle des Auserwählten, die Rolle des Helden, des Mittelpunktes der Aufmerksamkeit aller Beteiligten zufällt. Man möchte sagen, die Erschütterung, die Schuld und Tod für den Menschen bedeuten, erspart er sich dadurch, dass er andere zu erschüttern versucht über sich, sein Los, seine Bedeutung, seine einsame Verkanntheit"[335]. Die *echte* Erschütterung, das Ergriffensein, hat der Hysterische zu lernen. Die Grundbedingungen hat er in ihrer Schwere und Geheimnistiefe anzunehmen und durchzuhalten, um so an ihnen in Leiden und Kampf, im ständigen Auf-dem-Wege-sein, im Zeitigen der Zeit, zu reifen.

Wir sehen, dass der (neurotische) Mensch die Grundbedingungen der Schuld anzunehmen hat, wie auch immer dies im Einzelfall aussehen mag. Die Schuld unterscheidet sich von den andern Grundbedingungen dadurch, dass sie nicht wie Geschlecht, Zeit und Tod eine ontisch gegebene Naturordnung, sondern das sittliche Sein des Menschen betrifft. Der Mensch bleibt stets hinter seinen Möglichkeiten, hinter dem "Soll" zurück. Gemeint ist hier weniger das Leistungssoll, das von der Gesellschaft aufgestellt ist, als das "existentielle Soll"[336]. Wir erfahren, dass wir "ständig und tausendfach hinter uns selbst zurückbleiben, an uns und an der Welt schuldig werden, unsere Möglichkeiten, die wir doch als Verpflichtungen zum Du hin erfahren, nicht verwirklichen können und also schuldig bleiben"[337]. Dieses Zurückbleiben wird vom Menschen als Schuld (Sünde) erkannt und erfahren, es gehört - theologisch gesprochen - zur Situation des Menschen "post lapsum". Obgleich ihm schicksalhaft unterworfen, hat der Mensch doch dieses sein Schuldigsein für sich selbst anzunehmen. "Die Auseinandersetzung mit der Grundbedingung der Schuld und mit der Thematik der Selbstannahme führen hin zum personalen Schuldigsein des Menschen, das er paradoxerweise eben trotz seines ontologisch strukturellen Charakters in seine eigene *personale Verantwortung* zu übernehmen hat, wenn er wirklich Freiheit erlangen will" (Hervorh. im Or.)[338].

Das Zurückbleiben hinter den je eigenen Möglichkeiten wird am besten verständlich, wenn wir das existentielle Soll inhaltlich mit dem christlichen Gebot der Liebe vergleichen. Herzog-Dürck weist wiederholt darauf hin, dass die psychotherapeutische Aufgabe in einem *Liebenlernen* besteht. "Neurose aber ist *Nicht-lieben-können*, nicht sich selbst, nicht den Nächsten und nicht Gott Lieben-können" (Hervorh. im Or.)[339].

---

335 Ebd.
336 Vgl.: Probleme.., 32.
337 Personale Psychotherapie und m. S., 13.
338 Ebd.
339 Die religiöse Problematik.., 411.

Was auf die Neurose in besonderer Weise zutrifft, gilt (mehr oder weniger) vom Menschen überhaupt: nämlich die Unfähigkeit zu lieben. Darin liegt seine Schuld. "Der Mensch fühlt sich schuldig, da er die Wirklichkeit als ganze, die Grundbedingungen seines Menschseins, nicht 'beantworten', nicht lieben kann, so lieben, als wären sie aus einem Schöpfer, dessen Geschöpf er auch selber ist, hervorgegangen". Das Nicht-Lieben-Können der Grundbedingungen, bzw. dessen Schöpfer, kommt dem Nicht-Lieben-Können des Menschen gleich: "Denn in seiner Stummheit und Taubheit kann er auch seinen Mitmenschen nicht lieben, er kann sich nur an ihn klammern, kann ihn nur wegwerfen"[340].
Wenn nun in der Lieblosigkeit die eigentliche Schuld des Menschen zu suchen ist, muss werdende Liebe immer auch *vergebende* Liebe sein. In der Vergebung vollzieht und zeigt sich die Annahme der Schuld qua Grundbedingung. Bezeichnend für den Neurotiker ist, dass er nicht vergeben kann, weder den andern noch sich selbst. "Vergebt siebenmal siebzigmal, das heisst doch wohl, kommt hervor unter dem 'Gesetz' ins Vertrauen und in die Freude, die über dem Paradoxen allen Menschseins leuchtet; und darin öffnet sich ja wohl der Sinn der Grundbedingung der Schuld"[341]. Da Vergebung möglich ist, da sich angesichts der Schuld die Liebe entbinden, bewähren und offenbaren kann, darf man mit Recht von einer "felix culpa" sprechen.
Von jedem Menschen, aber in besonderem Masse vom neurotischen Menschen, kann man sagen: Die Mitmenschen sind an ihm schuldig geworden, aber diese Schuld ist dann auch zu seiner eigenen geworden. Dies darf jedoch nicht das letzte Wort bleiben. Es gibt ein "revolutionäres Prinzip", wie Herzog-Dürck es nennt, welches lautet: "*je mehr dir selber an Liebe versagt worden ist, desto mehr darfst du lieben*; je mehr dir selber an Freude zerstört worden ist, desto mehr darfst du an Freude schenken; je mehr du beraubt worden bist, desto mehr darfst du verschwenden, je mehr dir zerstört worden ist, desto mehr darfst du aufbauen" (Hervorh. im Or.)[342].

---

340 Personale Psychotherapie und m. S., 15.
341 Probleme.., 143.
342 Menschsein.., 118.

II. DIE KONFRONTATION DER ANTHROPOLOGISCHEN PSYCHOTHERAPIE MIT DER THEOLOGIE

Es war nicht unser Anliegen, die verschiedenen Schulen der anthropologisch ausgerichteten Tiefenpsychologie in extenso zu behandeln, vor allem nicht, sie in ihren Differenzen möglichst deutlich voneinander abzuheben. Eine genaue Abgrenzung ist schon deswegen nicht einfach, weil die gegenseitigen Stellungnahmen dieser Schulen im Schrifttum einen nur sehr geringen Raum einnehmen. Entscheidend bleibt die Tatsache, dass bei aller Verschiedenheit die Grundtendenz doch die gleiche bleibt, eben die anthropologische Ausrichtung, das Bemühen, den Menschen nicht nur von seiner Triebdynamik her zu verstehen, sondern ihm in all seinen Bezügen gerecht zu werden. Wir haben gesehen, dass diese neue Sicht des Menschen auch für die Schuldthematik nicht ohne Folgen geblieben ist, ja es scheint sogar, dass sich gerade an der Schuldfrage die anthropologische Sicht "entzündet" hat und sich in dieser Thematik auch besonders deutlich offenbaren konnte. Auch hier, im Schuldverständnis, soll uns mehr daran gelegen sein, die gemeinsame Grundtendenz der Schulen zu sehen und zu würdigen, als mehr oder weniger periphere Unterschiede herauszuarbeiten[1].

A. Das Gewissen

Der veränderte Standpunkt anthropologischer Psychotherapie tritt deutlich zutage, wenn das Gewissen vom Freud'schen "Ueber-Ich" abgesondert wird. Wir konnten bereits darauf hinweisen, dass die Kritik von Seiten der Theologie an der undifferenzierten Gleichsetzung von Ueber-Ich und Gewissen bei Freud auch von verschiedenen Psychotherapeuten aufgenommen wurde. Schon frühzeitig regte sich die Kritik an den Voraussetzungen der psychoanalytischen Gewissenslehre. Man wies darauf hin, dass die Gebote der Umwelt nur die konkrete Weltordnung vertreten, diese jedoch noch nicht mit einer moralischen Weltordnung gleich-

1 Hier wären vor allem die amerikanischen Autoren zu erwähnen. Innerhalb des deutschen Sprachraums ist noch auf Leopold Szondi hinzuweisen. Für diesen (nur soviel sei hier gesagt) liegt am Ursprung der Schulderkenntnis und des Gewissens die angeborene tötende (kainitische) Gesinnung des Menschen: "Der Sprung vom Töten in die Schuld ist der Ur-Sprung des Gewissens", L. Szondi: Moses - Antwort auf Kain, Bern 1973, 149; s. auch ders.: Kain - Gestalten des Bösen, Bern 1969. Von theologischer Seite liegt eine Arbeit vor, die sich ausführlich mit Szondi auseinandersetzt und ihn mit L. Binswanger und M. Boss vergleicht: Werner Lauer: Schuld - das komplexe Phänomen, Kevelaer 1972.

gesetzt werden darf[2]. Es wurde zunehmend deutlich, dass das Wesen des Menschen und des Gewissens nicht (allein) von seinen Trieben und seiner Umwelt abgeleitet werden kann. Die Gewissenstheorie Freuds verhüllt das eigentliche Wesen, sie stellt letztlich einen pathologischen Tatbestand dar[3]. Das, was Freud vom Gewissen sieht (das Ueber-Ich) ist lediglich eine zwar notwendige, aber zu überwindende Etappe in der Entwicklung des Menschen. Das Ueber-Ich ist nicht das Gewissen, sondern "dessen provisorische praktische Repräsentanz" (I.A. Caruso)[4]. Typisch für die Neurose ist ja gerade, dass sie das Ueber-Ich (das Ich-Ideal) verabsolutiert, den Teil (das Ueber-Ich) für das Ganze (das Gewissen) nimmt ("pars pro toto"). Diese Tatsache erinnert uns an die Charakterisierung der Neurose als einer Verabsolutierung des Relativen, einer Lebenshäresie - allerdings doch nur so, dass sich das (verdrängte) Lebensgewissen immer noch - in den Symptomen - melden kann. I.A. Caruso konnte deshalb die Neurose kennzeichnen als Lebenshäresie "mit schlechtem Gewissen", als "Krankheit des bösen Gewissens"[5]. Gewiss können gegenüber solchen Formulierungen auch von theologischer Seite Bedenken angemeldet werden, da sie den neurotischen Menschen doch zu schnell in die Nähe des Sünders bringen - sie sind denn auch von I.A. Caruso aufgegeben worden. Entscheidend ist jedoch nicht die Formulierung, sondern das damit Gemeinte: Im Leiden der Neurose zeigt sich der Ruf (des Gewissens) nach "Wiederherstellung der Werthierarchie"; das "Gewissen" ruft in die existentielle, gelebte Wahrheit (I.A. Caruso)[6]. Wenn die Neurose Verabsolutierung des Relativen ist, dann ruft das Gewissen gleichzeitig auch zur Relativierung des Relativen und zur Anerkennung der Absolutheit des Absoluten (Gottes). Damit wird von tiefenpsychologischer Seite dem theonomen Aspekt des Gewissens Rechnung getragen. Das Gewissen, das in theologischer Sicht letztlich in der Transzendenz wurzelt, erscheint nun auch in der Psychotherapie als ein "Organ der Transzendenz"[7].

Der Theologe findet hier eine ihm durchaus bekannte Vorstellungs- und Begriffswelt vor. Er wird es auch zu schätzen wissen, wenn von der Tiefenpsychologie her im Gewissen mehr und anderes gesehen wird als lediglich ein Ueber-Ich. So richtig dem Theologen die anthropologische Orientierung auch erscheinen mag, eine Gefahr ist dabei nicht zu übersehen. Sie besteht darin, von einem Extrem ins andere abzugleiten, aus

---

2 Vgl. u.a. R. Allers: Das Werden der sittlichen Person, Freiburg 1929.
3 Vgl. P. Matussek: Metaphysische Probleme...
4 I.A. Caruso: Schema, Gewissen, Neurose, 731.
5 I.A. Caruso: Psychoanalyse.., 78 und 84.
6 A.a.O. 121-123, 137, 139.
7 Neben W. Daim, I.A. Caruso, V.E. Frankl vgl. auch P. Matussek: Medizinische Probleme..., Th. Bovet: Die Person, ihre Krankheiten und Wandlungen, Bern 1946, ders.: Weg und Sinn, Tübingen 1955.

einer berechtigten Reaktion gegen die Ueberbetonung des Triebhaften und Determinierten im Menschen nun unversehens die geistig-religiöse Seite des Menschen einseitig zu betonen. Mit der anthropologischen Ausrichtung ist noch eine andere Gefahr verbunden: Die Phänomenfremdheit und damit eine zu grosse Distanz zwischen Praxis und Theorie. So kann man sich fragen, ob mit "Verabsolutierung des Relativen", mit "Lebenshäresie" und ähnlichen Ausdrücken für das Verständnis der Neurose und ihre Therapie viel gewonnen ist, ob mit den aus Philosophie und Theologie entlehnten Begriffen das Wesen der Neurose zureichend gekennzeichnet ist. Nicht zu vergessen ist, dass entlehnte Begriffe schon "vorbelastet" sind. Das zeigt sich besonders deutlich bei den Ausdrücken "Verabsolutierung des Relativen" und "Lebenshäresie". Ist denn der Neurotiker, der das Relative (sich selbst) verabsolutieren soll, in der Tat ein Sünder, wie es die theologische Aussage nahelegen würde? Auf die Schuldthematik kommen wir noch zurück. Hier wollen wir uns zunächst mit dem Begriff des Gewissens beschäftigen. Deckt sich der Begriff "Gewissen" in der Theologie mit jenem in der anthropologisch orientierten Psychotherapie?
Wir konnten feststellen, dass der Begriff des personalen Gewissens zunächst in Abhebung zum Freud'schen Ueber-Ich gebildet wurde. Der Ueber-Ich-Gehorsam ist ein typisches Merkmal der neurotischen Fehlhaltung. Die Therapie zeigt nun, dass im Menschen sich etwas regt, das gegen diese Einengung durch das Ueber-Ich protestiert und zur Durchbrechung des geschlossenen Systems mahnt. In diesem "Etwas" wird nun im Gegensatz zum Ueber-Ich das wahre, eigentliche Gewissen gesehen. Dieses drängt zur Ueberwindung der Begrenztheit, zum Transzendieren der vom Ueber-Ich gesetzten Grenze. Von daher kann das Gewissen Organ der Transzendenz genannt werden. Zunächst ist hier nicht eine Transzendenz ins Ueberweltliche gemeint, sondern eine "immanente Transzendenz", die darin besteht, in der Personalisation fortzuschreiten und die Lebens-Bezüge zu erweitern. Der Ruf des Gewissens kommt aus dem personalen Grund und nimmt Stellung gegen den jeweiligen "subjektiven Wertentwurf" (H. Häfner). Dem personalen, autonomen Gewissen liegt ein "personaler Wertentwurf" zugrunde, der die "prospektive Tendenz" in der Gewissenserfahrung ausmacht. Im subjektiven Wertentwurf verwirklicht und intendiert das Ich nur einen mehr oder weniger grossen Bereich der personalen Werte. "In der Gewissensbegegnung jedoch steht das Ich in Kommunikation mit seinem personalen Entwurf, der ihm *Sinn und Aufgegebensein seines Daseins entbirgt*" (H. Häfner) (Hervorh. im Or.)[8]. Ganz ähnlich kann das Gewissen als Anruf und Mahnung verstanden

8 H. Häfner: Das Gewissen in der Neurose, 712.

werden, des menschlichen Amtes eines "Hüters des Seins" zu walten (M. Boss) oder als "Sinn-Organ" (V. Frankl), das den Lebens-Sinn erkennt und zu dessen Verwirklichung mahnt.
Wir können feststellen, dass das Gewissens-Verständnis in den verschiedenen anthropologischen Schulen im Wesentlichen übereinstimmt, dass die Differenzen bloss in der je verschiedenen philosophisch bedingten Terminologie ihren Grund haben. Der Sache nach ist dieses Gewissens-Verständnis bereits bei C.G. Jung (vgl. seinen Begriff des "Selbst") zu finden[9], ist aber in der anthropologisch orientierten Psychotherapie differenzierter zum Ausdruck gebracht worden. In diesem Gewissen - dem "personalen", "autonomen", "ontischen" "Reifungsgewissen" - scheint sich das Lebensgesetz des Menschen selber zu Worte zu melden, ein dynamisches Gesetz, das zum echten, wahren Leben, zur Wandlung und Reifung aufruft. Ist dieses personale Reifungsgewissen mit dem Gewissen im philosophisch-theologischen Verständnis identisch?
Zunächst sind beide "Formen" insofern deckungsgleich, als sie offenbar eine objektive Seinsordnung vertreten und einen Abfall von dieser Seinsordnung, eine Lebensverfehlung, verurteilen. Im Wesentlichen also ist Uebereinstimmung festzustellen. Ein Unterschied darf jedoch nicht übersehen werden. Die "beiden" Gewissen scheinen sich auf verschiedene Weise kundzutun. In der Neurose äussert sich das Gewissen in dem Symptomen, den verschiedenen psycho-physischen Störungen, wozu auch das Schuldgefühl gehört. Das ethisch-religiöse Gewissen hingegen tut sich vorerst kund im unbedingt verpflichtenden "Du sollst", hinter dem für den religiösen Menschen die Autorität Gottes steht. Sittliche Schuld ist deswegen nur dort möglich, wo eine solche Sollens-Forderung bewusst erlebt und erkannt wird. Ein Auseinanderfallen von Reifungs-Gewissen und sittlichem Gewissen wäre dann möglich, wenn in der Ueber-Ich-Forderung die sittlich-verpflichtende Sollens-Forderung erfahren würde. Wir hätten dann den Fall vor uns, dass Ueber-Ich und sittliches Gewissen sich gleichsam verbündeten und beide im Gegensatz zum Reifungsgewissen stünden. Man mag darin einen Ausnahmefall sehen und geltend machen, dass das wahre Seinsgewissen sich immer regte und deswegen die angeblich objektive, sittliche Sollensforderung des Ueber-Ichs bzw. des sittlichen Gewissens gar nicht in der notwendigen Klarheit auftreten könne, um jenen - die Sünde ermöglichenden - unbedingt verpflichtenden Anspruch erheben zu können. Theoretisch könnte zwar auf diese Weise das Problem gelöst werden, aber damit ist die Frage nach der *Erfahrbarkeit* des Gewissens noch nicht geklärt. Insofern muss aus psychologischer Sicht hinter dem sogenannten kategorischen Imperativ

---

9 Vgl. E. Spengler: Das Gewissen bei Freud und Jung, bes. 119f.

ein Fragezeichen angebracht werden, denn in der konkreten Erfahrung sind Ueber-Ich, Reifungsgewissen und sittliches Gewissen kaum zu unterscheiden. Diese Tatsache darf jedoch nicht den fundamentalen Unterschied zwischen existentiellem Gewissen und ethisch-sittlichem Gewissen verdecken. Grundsätzlich darf deshalb eine Divergenz zwischen Reifungsgewissen einerseits und sittlichem Gewissen anderseits nicht ausgeschlossen werden. Es ist somit der Fall möglich, dass eine sittliche gute Tat nicht auch für das gesunde (und objektiv richtige, seinsgerechte) Leben gut und förderlich ist und umgekehrt.
Ein Beispiel mag das Gemeinte verdeutlichen. Medard Boss[10] berichtet von einem Mädchen, das seinem Verlobten am Sterbebett verspricht, nie mehr tanzen zu gehen und nicht zu heiraten. Wenige Wochen nach dem Tode des Mannes erkrankt das Mädchen an Herzklopfen, Magenkrämpfen usw. Boss erklärt, dass unter dem Einfluss ihres Versprechens die Patientin ihrem gesunden Lebensdrang zu schwere Fesseln aufgelegt habe. Boss habe dann, da es sich hier "um eine heikle Gewissensangelegenheit handelte", einen Pfarrer zu Hilfe gerufen, der das Mädchen von der Unsinnigkeit und Unchristlichkeit jenes Versprechens überzeugt habe - worauf rasche Heilung eingetreten sei. Dieses Beispiel zeigt deutlich, dass existentielles und sittliches Gewissen nicht immer koinzidieren müssen. Offenbar hat das Mädchen sittlich gut gehandelt, wenn es seinem Verlobten treu zu bleiben versuchte, wobei wir annehmen wollen, dass das Mädchen diese Treue als eine unbedingte Verpflichtung erkannt hat. Der daraus resultierende Konflikt war jedoch unvermeidlich, da der konkrete Inhalt des Versprechens nicht wirklichkeitsgerecht war. Anscheinend hat hier ein sittlich guter Akt einen (neurotischen) Konflikt herbeigeführt, einen Konflikt zwischen sittlichem Gewissen und dem Lebensgesetz, dem sog. existentiellen Gewissen: einen Gewissenskonflikt also. Die Therapie wurde demzufolge zu einer Art "Gewissensbildung". Der Spruch des sittlichen Gewissens wurde als falsch erkannt und revidiert. An sich hätte auch die Möglichkeit bestanden, dem Versprechen gemäss zu leben, in einem bewusst vollzogenen Verzicht - den zu leisten das Mädchen in unserem Fall offensichtlich nicht in der Lage war und deshalb nur eine neurotische "Lösung" zustande brachte. Ihre Unfähigkeit, ja Unmöglichkeit, dem Versprechen Folge zu leisten, durfte ihr nicht bewusst werden, und so war eine bewusste Konfliktlösung dem Mädchen nicht möglich.
Gewiss handelt es sich in solchen Fällen um "heikle Gewissensangelegenheiten", und auch der Therapeut muss der sittlichen Dimension Rechnung tragen. Er muss damit rechnen, dass sich der Patient von seinem Gewissen angesprochen weiss, und um seiner persönlichen, sittlichen Integri-

---

10 M. Boss: Körperliches Kranksein.., 46f.

tät willen das Recht, die Pflicht hat, seinem Gewissen, und sollte es auch irrig sein, zu folgen. Werner Lauer macht dies deutlich, wenn er zum gleichen von M. Boss angeführten Fall schreibt: "Selbstverständlich ist der Rat des Pfarrers richtig gewesen, aber nehmen wir nun einmal an, keine Macht der Welt hätte diesem Mädchen darlegen können, dass es ihrem Leben etwas schulde und in ihrem Falle sogar schuldig bliebe. Im daseinsanalytischen Sinne läge hier ein 'Verbrechen' am Leben eines Menschen vor ... im ethischen Sinne aber, wegen der letzten Achtung auch vor dem irrigen Gewissen eine sittlich hochwertige Tat. Vorausgesetzt ist natürlich, dass keinerlei minderwertige Motive (etwa Starrköpfigkeit oder Besserwisserei) bei der Entscheidung *bewusst* mitgespielt hätten. Ein orthodoxer Psychoanalytiker hätte wohl diesen Widerstand um jeden Preis zu brechen versuchen müssen, denn ein so tyrannisches Ueber-Ich hat kein Recht auf Existenz; ein Daseinsanalytiker müsste diesem Phänomen gerecht werden können. Allerdings unter einer Bedingung: er muss die sittliche Tatsache des durch innere Verkehrtheit irrigen Gewissens *höher* ansetzen als das Gewissen des Lebens im formalen Sinn. Der christliche Ethiker muss das tun, weil für ihn die im persönlich freien Entscheid getroffene Gewissensbindung die sittliche Integrität vor Gott ausmacht, und der Theologe schliesslich muss in einem solch tragischen Konflikt im Lichte der Offenbarung die Folgen der Ursünde sehen" (Hervorh. im Or.)[11].
Wir gehen mit W. Lauer einig, wenn er die ethisch-sittliche Dimension herausstellt, ja selbst das irrige Gewissen höher wertet als das "Gewissen des Lebens". Es kann aber keineswegs darum gehen, die beiden Gewissen zu trennen und gegeneinander auszuspielen. Wie schon gesagt, geht es hier um eine "Gewissensbildung", d.h. der Zwiespalt muss gelöst und die Einheit der Entschiedenheit, die echte und klare Ueberzeugung des hic et nunc Gesollten gesucht und gefunden werden. Die sogenannte Gewissensstimme muss selber kritisch befragt werden und einer Kritik standhalten können. In meinem Leben gibt es oft keine absolute Sicherheit darüber, wann und wo ich wirklich von meinem Gewissen aufgerufen bin und erst recht nicht darüber, ob mir mein "Gewissen" auch das tatsächlich Richtige sagt. Das "Gewissen" dispensiert uns nicht von der Aufgabe, unsere Seins-Bezüge zu erweitern, um so unserer Bestimmung gerecht zu werden. Dieser Aufgabe dient die Psychotherapie, indem sie den Bewusstwerdungsprozess in Gang bringt und dem Menschen ermöglicht, seinen Auftrag und seine Bestimmung zu finden.
Was ist von daher - um auf unseren Fall zurückzukommen - zu der zitierten Annahme W. Lauers zu sagen: "Keine Macht der Welt hätte die-

---

11 W. Lauer: Schuld.., 182.

sem Mädchen darlegen können, dass es ihrem Leben etwas schulde"? Schon die Annahme zeigt doch, dass das Mädchen nicht vor einer äusseren "Macht der Welt", sondern vor sich selbst und seiner Bestimmung steht, vor der Frage nach dem Sinn seines Versprechens und seinen ihm eigenen Möglichkeiten. In einer Psychoanalyse kann es nicht darum gehen, den "Widerstand um jeden Preis zu brechen", die Analyse hat dem Patienten zu helfen, aus einem unkontrollierten und unbewussten Tyrannisiertwerden herauszufinden, um dann aus innerer Einsicht und aus eigener Ueberzeugung heraus das Richtige zu tun. Die Psychoanalyse ermöglicht sehr oft erst eine wirkliche Gewissensentscheidung.
Eine Unterscheidung also zwischen sittlichem und existentiellem Gewissen darf nicht zu einer Trennung der beiden Gewissensformen führen. Wo in konkretem Fall eine solche Diskrepanz vorzuliegen scheint, handelt es sich in der Regel um eine vielleicht unvermeidliche, aber doch zu überwindende Konfliktsituation. Deshalb sollte man sich hüten, darin allzu früh einen unlösbaren "tragischen Konflikt" zu sehen und ihn mit der ursündlichen Situation des Menschen in Verbindung zu bringen.

B. Die Schuld

1. Existentielle Schuld und sittliche Schuld

a) Einführung

Der im vorigen Abschnitt gemachten Unterscheidung von existentiellem und sittlichem Gewissen entspricht jene von existentieller und sittlicher Schuld. In welcher Beziehung stehen die beiden Schuldformen zueinander? Im Ausdruck "existentielle Schuld" dürfen wir einen typischen Begriff der anthropologisch orientierten Tiefenpsychologie sehen. Ohne die Unterschiede der verschiedenen Schulen verwischen zu wollen, können wir sagen, diese sogenannte existentielle Schuld sei - das dürfte im Verlaufe unserer Arbeit deutlich geworden sein - die spezifisch tiefenpsychologische Form der Schuld, jene Art, in welcher Schuld in der Psychotherapie zur Sprache kommt. Wie nämlich? Der Mensch wird existentiell schuldig, wenn er (sit venia tautologismo) seiner Existenz etwas schuldig bleibt, wenn er seine ihm innewohnenden Talente und Möglichkeiten nicht zum Austrag bringt. Es fällt auf, dass die Psychotherapie nicht (wie die Moraltheologie vorwiegend) von Gesetz und Ordnung spricht, sondern vielmehr das Dynamische, den Menschen in seinem Werden sieht. Die Schuld besteht dann wie die Neurose selbst schon in einer "Werdenshemmung". Sie ist ein in der Entfaltung gehemmtes Leben, ein zum Stillstand gekommenes Leben, mangelnde, verfehlte Selbstverwirklichung.

Existentielle Schuld ist also wesentlich ein Mangel, etwas, das da sein sollte, jedoch fehlt, ein Mangel des wachsenden, reifenden Menschseins. Auch sittliche Schuld kann als ein Mangel, eine privatio boni, charakterisiert werden. Wesentlich ist sie eine sittliche Tat, eine freie und bewusste Entscheidung des Menschen. In dieser ersten Gegenüberstellung von existentieller und sittlicher Schuld wird bereits ein wichtiger Unterschied deutlich: Weist existentielle Schuld vorwiegend auf einen Mangel hin, auf etwas, das sein sollte - dann sittliche Schuld auf einen menschlichen (allerdings sittlich negativ bestimmten) Akt. Aus dieser formalen Unterscheidung folgt, dass existentielle Schuld nicht auch schon sittliche Schuld einschliessen muss. Umgekehrt impliziert ein sittlicher Akt auch einen Mangel, denn in und durch ihn wird etwas getan (unterlassen), was nicht getan (nicht unterlassen) werden sollte. In der sittlichen Schuld wird der Mensch einem Anspruch, einem Gesollten (debitum) nicht gerecht, sittliche Schuld ist insofern immer auch existentielle Schuld. Als Unterscheidungsmerkmal des Sittlichen haben wir die Freiheit und Bewusstheit menschlichen Tuns erkannt. Moraltheologisch kann es ohne diese Bedingungen nicht Sünde geben, denn sündigen kann nur der Mensch qua Mensch. Wir können (mit W. Heinen) kurz sagen: "Sünde begeht ein Mensch,

a) wenn er klar erkannt hat, was er Gott, dem Mitmenschen und sich in einer bestimmten Situation schuldet,
b) wenn er sich bei klarer Erkenntnis in freiem Sichentscheiden darüber hinwegsetzt und das Gegenteil vollbringt. Unbewusstes Sündigen gibt es nach dieser moraltheologischen Auffassung nicht"[12].

Mit dieser Abgrenzung beider Schuldarten können wir es aber nicht bewenden lassen. Wir wollen ja prüfen, ob dem tiefenpsychologischen Schuldverständnis eine theologische Relevanz zukommt, ob es das moraltheologische Schuldverständnis bereichern kann und womöglich in Frage zu stellen vermag. Zunächst gilt es zu sehen, welchen Platz Freiheit und Bewusstsein in der Schuldproblematik einnehmen.

b) Culpa und debitum - peccatum formale und materiale

Freiheit und Erkenntnis sind moraltheologisch gesehen notwendige Voraussetzung der Schuld. Der Psychotherapeut sieht in ihnen viel eher schwer erreichbare Güter. Der Therapeut erfährt den Menschen mehr in seinem Getriebensein als in seiner Freiheit, mehr in seiner Blindheit als in seiner Einsichtigkeit. Die anthropologische Psychotherapie ist bemüht, dieses Getriebensein und diese Einsichtslosigkeit als besondere Weisen menschlichen Existierens zu verstehen. Sobald die Person

---

12 W. Heinen: Schuldigkeit.., 73.

auch in ihrer Ganzheit und somit in ihrer Geistigkeit gesehen wird (wie das die anthropologische Psychotherapie tut), wird auch ihre Mächtigkeit gegenüber dem Triebgeschehen vermehrt erkannt. Unbewusstsein und Getriebensein können dann selber als Folgen menschlichen Tuns betrachtet werden, als eine (bewusste und gewollte) menschliche Existenzweise. Getriebensein kann dann bedeuten: Nicht-frei-sein-wollen, und angewendet auf die Schuld: Nicht-frei-sein-wollen, um nicht schuldig-sein-zu-müssen. Unbewusstsein heisst dann analog: Nicht-bewusstsein-wollen, absichtliches Verdrängen, nicht wahr-haben-wollen. Das alles bedeutet, dass der Mensch nun auch für sein Unbewusstsein und Getriebensein, für sein ganzes Gewordensein verantwortlich ist, verantwortlich also selbst für sein Nicht-verantwortlich-sein-wollen, für die Beschränkung seiner Verantwortung.

An dieser Stelle wird der Moraltheologe seine Bedenken anzubringen haben. Richard Egenter hat solche in seiner Besprechung zum Werke von Heinz Häfner ("Schulderleben und Gewissen") geäussert. R. Egenter machte geltend, dass deutlicher als es H. Häfner tue zu unterscheiden sei einerseits zwischen culpa und debitum und anderseits zwischen peccatum materiale und formale. Eine (noch nicht erfüllte) Schuldigkeit sei an sich noch keine Sünde im moraltheologischen Sinn, ebensowenig brauche ein peccatum materiale, eine objektiv falsche Tat oder Haltung, schon Sünde zu sein (peccatum formale), dann nämlich, wenn Einsicht in den Fehler und die freie Zustimmung fehlten. Weiterhin betonte Egenter, dass die Wurzel gerade bei schweren "Kernneurosen" in die früheste Kindheit zurückreichten, in der noch keine sittlichen Entscheidungen möglich seien. "Man darf nicht", erklärt R. Egenter, "bei der berechtigten Abwehr der ausschliesslich biologischen oder soziologischen Neurosetheorien sich in ein entgegengesetztes Extrem drängen lassen und den Ursprung jeder Neurose in einer eigentlichen Sünde sehen"[13]. Immerhin räumt Egenter ein, dass vielleicht "am Anfang jeder Neurose wenigstens ein peccatum materiale, ein objektiv schuldhaftes Verhalten steht"[14]. - Ein objektiv falsches Verhalten: ja, eine sittliche Entscheidung: nein. Er will die Frage offenlassen, "ob wirklich alle neurotischen Symptome auf einer culpa beruhen oder ob nicht manche Störungen einfach im biologischen oder sozialen Bereich verursacht werden, z.B. durch Schockerlebnisse, ohne dass dabei der Betreffende irgendwie vor ein Sollen gestellt gewesen wäre", wie z.B. "ein psychogenes Stottern, das darauf zurückgeht, dass der Patient als Kind einmal unverhofft von einem Hund überrannt worden

---

13 R. Egenter: Psychotherapie.., 36.
14 Ebd.

ist"[15]. Wie bereits erwähnt hat daraufhin H. Häfner den Unterschied zwischen debitum und culpa klarer herausgestellt und die sogenannte Existenzschuld einschränkend als debitum gekennzeichnet.
Neben R. Egenter hat sich J.M. Hollenbach zum Buche Häfners geäussert. Er will streng unterschieden wissen zwischen "Scheinneurose" und "echter Neurose". Von einer echten Neurose kann seiner Auffassung nach nur dann die Rede sein, "wenn der Mensch die ihm gestellten sittlichen Aufgaben auf Grund leiblicher oder leibseelischer Störungen nicht normal bewältigen *kann* ..." Das Nichtkönnen wäre dann das eigentlich Unterscheidende gegenüber einer Scheinneurose. Und damit würde für eine echte Neurose Schuld in dem Grade ausscheiden, als die betreffende Hemmung eine Behinderung entweder des Verantwortungsbewusstseins oder der Willensfreiheit bedeutet (Hervorh. im Or.)[16]. Nach J.M. Hollenbach liegt einer echten Neurose ein "triebbedingtes Werterleben" zugrunde, welches die Verantwortlichkeit einschränkt. "Ist dieses triebbedingte Wohlbefinden infolge Organ- oder Funktionsstörungen empfindlich aus dem Gleichgewicht gebracht, so sprechen wir von seelischen Hemmungen oder Belastungen, also von leibseelischen Konflikten. Je belastender der seelische Konflikt, um so mehr mildert er die Schuldfähigkeit. Der sittliche Konflikt dagegen ist in seiner Eigenart von der Klarheit der Gründe und der Bestätigung zur Freiheit abhängig"[17]. Die neurotische Struktur ist nach J.M. Hollenbach wesentlich triebbedingt, grundgelegt in der Kindheit, in der überwiegenden Mehrzahl der Fälle zwischen dem 1. und 5. Lebensjahr. Daraus folgert er, dass "die neurotisierende Situation in ihrer frühkindlichen Grundlegung nie und die die Neurose auslösende Belastung gewöhnlich nicht vom Betroffenen selbst gesetzt" wird[18]. Was die Schuldentlastung anbetrifft, muss nach Hollenbach zweierlei klar unterschieden werden: "verdrängte Gewissensangst mit neuroseähnlichen Störungen als aktuelle Folge - und neurotische Struktur, die erst zur Verdrängung der Gewissensangst führt"[19]. Nur im zweiten Fall handle es sich um eine echte Neurose, im ersten um eine sog. "Scheinneurose", d.h. "schuldhaft verursachte Unfähigkeit auf Grund der Unentschiedenheit des Willens für das Gute"[20]. Charakteristisch für diese Scheinneurosen soll sein, dass sie "plötzlich" verschwinden, "sobald die innere Unentschiedenheit, die Selbsttäuschung, die Verharmlosung der Schuld beseitigt wird"[21].

---

15 A.a.O. 37.
16 J. M. Hollenbach: Schuld und Neurose, 140.
17 A.a.O. 158.
18 A.a.O. 160.
19 A.a.O. 162.
20 Ebd.
21 Ebd.

Von da her wird auch eine Abgrenzung zwischen Psychotherapie und Seelsorge leicht. Der sittliche Konflikt oder die Scheinneurose gehört in den Aufgabenbereich des Seelsorgers, und die echte Neurose in den des Therapeuten, im andern Fall hat er "höchstens eine wegbereitende Aufgabe"[22]. J.M. Hollenbach billigt dem Buch Häfners trotz seiner Einwände "ausserordentliche Wichtigkeit" zu, "der Durchbruch nämlich der Psychoanalyse zu einer personalen Tiefenpsychologie, die die sittlich-religiösen Grundgesetze der menschlichen Existenz als Wesensausdruck der ganzen Person ernst nimmt"[23]. Anderseits kann er Häfners Theorie "den Vorwurf der Spiritualisierung nicht ersparen"[24]. Auf den Vorwurf der Spiritualisierung hat H. Häfner seinerseits geantwortet, Hollenbach komme mit seiner Neurosetheorie in die Nähe der Freud'schen[25] Konzeption vom seelischen Apparat.
Die beiden Positionen zeigen, wie schwer es fällt, die Mitte zwischen den Extremen zu finden. Offenbar ist die Wahrheit doch in der Mitte dieser beiden Extreme zu suchen. Gegenüber einer Tendenz, die Neurose auf eine Triebstörung einzuengen, hat die anthropologische Psychotherapie das Betroffensein des ganzen Menschen durch die neurotische Störung betont. Wenn dem so ist, dann wird auch das Moment des Willentlichen und Wissentlichen in der Neurose nicht auszuschliessen sein, ohne dass nun deswegen die neurotische Fehlhaltung mit einem freien, personalen Geistvollzug des Menschen (was Sünde bedeuten würde) gleichzusetzen wäre. Die Tatsache, dass die Therapie in einer Befreiung, in einer Bewusstwerdung, in einer fortschreitenden Personalisation besteht, lässt die Folgerung zu, dass in der Neurose Unbewusstheit und Unfreiheit vorherrschen, und insofern kann der neurotische Mensch, nämlich als eingeengter, unfreier und unbewusst lebender, nicht Sünder sein, wobei nicht schon ausgeschlossen ist, dass dieses Nicht-Können ein (wenigstens zu einem Teil) frei Gewolltes sein könnte, dass der Wille immer auch in einem nicht näher angebbaren Masse mitbeteiligt ist.

c) Schuld und Neurose

Die Frage nach der Beziehung zwischen Existenzschuld und sittlicher Schuld führt uns immer wieder zu jener Frage nach der Beziehung zwischen Neurose und Schuld überhaupt. Wie steht es mit der moralischen, sittlichen Schuld bei der Entstehung der Neurose? Die Frage ist schwer zu beantworten, liegen doch die Ursachen im Dunkel des menschlichen Anfangs, der selber nie ganz reflex eingeholt werden kann, - und zudem

---

22 Ebd.
23 A.a.O. 164.
24 A.a.O. 158.
25 H. Häfner: Psychotherapie.., 21.

jeder Rückblick immer schon eine Stellungnahme impliziert. Was sagt uns der Psychotherapeut? Normalerweise stellt er sich diese Frage nicht ausdrücklich. Zu beachten ist, dass von therapeutischer Seite eine (sogar rückläufige) Uebernahme der Verantwortung verlangt wird, soll eine Therapie gelingen. Nehmen wir an, ein Kind wird in mechanischer Kausalität ohne eigenes Hinzutun in die neurotische Verfassung getrieben, dann wäre jene rückläufige Uebernahme der Verantwortung unsinnig. Es wäre dann nur eine Uebernahme der Verantwortung in bezug auf die Zukunft möglich, d.h. die Annahme des jeweiligen Soseins mit der Verpflichtung, aus diesem Gegebensein das bestmögliche zu machen. Ist anderseits mit der Uebernahme der Verantwortung auch die Vergangenheit eingeschlossen, dann muss es logischerweise auch schon eine Entscheidungsmöglichkeit für das Kind geben. Ernst Michel zumindest nimmt eine solche ausdrücklich an. Er schreibt im Zusammenhang einer Deutung der Hysterie: "Nun führen wir ja die Hysterie in ihrer Grundlegung und Entstehung auf die frühe Kindheit zurück. Nehmen wir also auch bereits im Wesenskern des Kindes - wenn auch in einer unbewussten, verdeckten Wirkweise - eine Entscheidungsmöglichkeit von personalem Gewicht an? Das tun wir in der Tat. Denn auch im Kinde ist als das menschlich Bestimmende die Anlage und Berufung zur Besonderheit und Namentlichkeit anzuschauen, wenn auch noch keimhaft und unentfaltet. In dieser Kernanlage muss in einem geheimnisvollen Entscheidungsvorgang der frühen Kindheit ein Zurückweichen, ein Versagen, ja eine Selbstaufgabe eingetreten sein, die auf keine anderen Faktoren mehr zurückzuführen ist"[26]. Natürlich will E. Michel die Neurose nicht allein auf die Entscheidung des Kindes zurückführen. Er fährt denn auch weiter: "Anderseits dürfen wir, gemäss der *dialogischen* Struktur der menschlichen Mitte, die eminente Bedeutung mitwirkender Faktoren nicht aus dem Auge verlieren. Denn als eine wesentliche Entstehungsbedingung der Hysterie müssen wir das Versagen oder den Ausfall der ansprechenden Mitwelt des Kindes voraussetzen, das Versagen vor allem des *lebenspartnerischen Wir* mit der Mutter, den Eltern, der Familie". Fällt diese "Gesprächsatmosphäre des Elternhauses" aus, dann wird auch "die Erweckung und Bildung seiner (des Kindes, Verf.) stellungnehmenden und begegnenden Mitte ... unterbrochen oder fällt aus". Aber trotzdem liegt nach Ernst Michel "dieser Vorgang in der Dimension der Entscheidung" (Hervorh. im Or.)[27].
Sicher wäre es verkehrt, die ganze Last eines verirrten Daseins der frühkindlichen Entscheidung aufbürden zu wollen. Wenn überhaupt, dann kann es sich doch nur um eine Entscheidung in einem unentwickelten,

26 E. Michel: Zur anthropologischen Deutung.., 321f.
27 A.a.O. 322 und Anm. 2.

keimhaften Sinne handeln, wie es auch E. Michel zugesteht. Man wird sich also vor der Gefahr hüten müssen, die Entscheidung eines Erwachsenen in die Frühzeit zurückzuverlegen, wovor bereits Fritz Künkel gewarnt hat[28]. Hätte denn die neurotische Entwicklung auch unterbleiben können? F. Künkel pflegte zu sagen, dass es in jedem Leben Stellen gäbe, wo die Gnade angeklopft habe[29]. Anderseits wird man die mächtigen Faktoren der erblichen Anlage (wie es auch die Zwillingsforschung zeigt) und der Umwelt nicht zu unterschätzen haben. Je nach dem Gewicht, das man den verschiedenen Faktoren zukommen lässt, wird die Antwort verschieden ausfallen. Deshalb ist der paradoxe Satz durchaus vertretbar: Obschon der Mensch unumgänglich in die Neurose hineingedrängt wurde, hat er die Verantwortung dafür (und damit auch ein Verschulden) auf sich zu nehmen. Die Faktoren Anlage, Umwelt und persönliche Entscheidung bilden eine Ganzheit, ein unauflösliches Geflecht. Wir befinden uns hier vor dem geheimnisvollen, schuldverstrickten Dunkel des menschlichen Herzens in seinem oft tragischen Schicksal.

Wir gingen von der Frage aus, ob die Neurose auch sittliche Schuld einschliesse. Die Frage müssen wir mit einem Ja beantworten, ohne jedoch die Grösse der Schuld quantitativ festlegen zu wollen oder zu können. Man darf deshalb nicht etwa sagen, der neurotisch Leidende sei in sittlicher Hinsicht schuldiger als der sogenannte Normalmensch. Viel eher weist uns jener auf die Schuld der Sozietät hin, auch auf die Schuld des Menschen in der Jedermannswelt, der über die Schuld, sie berechnend und verrechnend, hinwegsieht, hinwegsieht über die Grundbefindlichkeiten menschlicher Existenz überhaupt, ohne darob erkranken zu müssen und zu können. Nicht zuletzt lässt sich am neurotischen Menschen die Schuld als etwas dem Menschsein wesenhaft Zukommendes ablesen (an ihm, den man noch am ehesten schuldfrei nennen möchte). Es wäre aber nicht richtig, in der Neurose eine "schuldhafte Daseinsverfehlung" (Helmut Harsch) zu sehen[30]. Zugegeben, die Neurose ist eine Daseinsverfehlung. Hingegen bringt eine Verknüpfung von "schuldhaft" und "Daseinsverfehlung" die Krankheit in eine zu grosse Nähe zur Sünde. Helmut Harsch schreibt: "An einzelnen Formen neurotischer, psychotischer und organischer Erkrankungen hat sich gezeigt, welche Ausformungen solche Daseinsverfehlungen annehmen können, und dass wir von einer schuldhaften Daseinsverfehlung in der Krankheit reden müssen. Ursache ist das Versagen der liebenden Zuwendung durch die Umwelt, besonders durch die Eltern in der frühen Kindheit. Die

---

28 F. Künkel: Die Arbeit.., 47.
29 Diesen Hinweis verdankt der Verfasser Johanna Herzog-Dürck.
30 H. Harsch: Das Schuldproblem.., 159ff. und 171.

Existenzschuld ist aber nicht nur Schicksal, sondern der Kranke trägt auch die Verantwortung für seine meist unbewusste, jedoch im personalen Grund gefällte Entscheidung für den seiner Krankheit zugrunde liegenden Daseinsentwurf. Wir sahen auch, dass die Verlorenheit des dem Dasein entfremdeten Menschen noch eine viel tiefere ist als die des zwar auch von Gott abgefallenen, aber selbstseienden Menschen, da er unfähig wird, den Anruf Gottes überhaupt zu vernehmen. Man kann sich allerdings theologisch auf den Standpunkt stellen, dass dieser Unterschied relativ und deshalb unwesentlich sei, da doch alles Sein des Sünders dem Nichtigen verfallen ist, und deshalb allein durch die Gnade Gottes wiederhergestellt werden kann... Theologisch gesehen richtet sich aber die Existenzschuld gerade gegen den schöpfungsmässigen Auftrag des Menschen zum Selbstsein, zu Erschlossenheit für andere, zur rechten Einordnung in die Rangordnung der Werte, zum Hören auf die Stimme des Gewissens"[31]. So gesehen ist die Nähe von Existenzschuld zur Todsünde verblüffend. Dagegen hilft auch eine strenge Unterscheidung zwischen Tatschuld (moralische Schuld) und Existenzschuld nicht, auch nicht, wenn zwischen dem Massstab der Tatschuld (der Sünde) - Gut und Böse - und jenem der Existenzschuld - Eigentlich und Uneigentlich - unterschieden wird[32]. Es bleibt bestehen, dass die Existenzschuld eine Entscheidung gegen das Leben und damit gegen Gott ist, die noch tiefer greifen soll als jene des Todsünders, des "von Gott abgefallenen" Menschen. Richtig besehen kann es natürlich keine noch tiefgreifendere Entscheidung gegen Gott geben, als es jene des Todsünders darstellt, sonst wäre es ja gar kein Abfall von Gott. Die sog. Todsünde ist nicht "nur" eine Tatschuld (im moralischen engen Sinne), sondern durchaus eine Existenzschuld, in dem Sinne nämlich, dass hier ein Mensch, ganz über sich selbst verfügend, ein Nein gegen seine ureigenste Bestimmung und damit ein Nein gegen Gott spricht.
Eine solche Entscheidung ist im personalen Grund gefällt. Dieser "personale Grund" ist aber zu unterscheiden vom "personalen Grund", von dem die anthropologische Psychotherapie spricht. Mit letzterem ist nur gesagt, dass die Daseinsverfehlung in den Raum sittlicher Entscheidung gehört, ihr mangelt aber jene Totalität und Definitivität, die für eine "Todsünde" conditio sine qua non ist.

d) Lösungsversuch

Oft genug wird der Unterschied zwischen existentieller und sittlicher Schuld nicht klar genug gesehen. Dies wird besonders deutlich in der Auseinandersetzung zwischen G. Condrau und K. Rahner. Rahner erklärt,

---

31 A.a.O. 171.
32 A.a.O. 172.

es gäbe objektiv keinen Situationszwang zur Schuld, es sei "darum auch widersinnig und unsittlich, vom Lernen des Mutes zur Schuld zu reden und diesen zu empfehlen". G. Condrau meint, diese Sätze dürften wohl nicht unbesehen hingenommen werden, stünden sie doch "im Gegensatz zur psychotherapeutischen Aufforderung: den Mut zur Anerkennung der existentiellen Schuld aufzubringen"[33]. Ein Gegensatz zwischen theologischer und psychotherapeutischer Schuldauffassung besteht nur dann, wenn kein klarer Unterschied zwischen sittlicher und existentieller Schuld gemacht wird. G. Condrau weiss zwar, dass zum theologischen Begriff der Schuld "das faktische freie und bewusste Handeln"[34] gehört und grenzt die existentielle Schuld von der juristischen und moraltheologischen Schuld ab, welche letztere er allerdings zu einseitig als "Gesetzesschuld" qualifiziert[35]. Er bemerkt, dass "der existentielle Gewissensanruf unabhängig von Bewusstheit oder Unbewusstheit" bestehe, und führt dazu aus: "Indem der Mensch nämlich für seine eigene Entfaltung verantwortlich ist, ist er es nicht nur für einen Teil derselben. Vor allem aber bleibt er verantwortlich für die Verdrängung, insofern er sich damit selbst betrügt... Ist jene Patientin in ihrer sogenannt bewussten Lebenshaltung ethisch vollwertig, welche, dem Gelübde der Keuschheit verpflichtet, jede Nacht von 'fürchterlichen Träumen' gequält wurde, indem sie sich sexuellen Orgien hingab? Aendert die Tatsache, dass sie in ihnen stets vergewaltigt wurde, etwas an ihrer eigenen, höchst persönlichen Schuldhaftigkeit?... Die 'verdrängten' Wünsche umfassen grosse modo zwei menschliche Triebkomplexe: die Aggressivität und die Sexualität. Für beide gilt das psychologische Grundgesetz, dass sie, soweit sie vorhanden sind, nie 'straflos' verdrängt werden können. 'Strafe' folgt jedoch auf Schuld. Deshalb ist die Nichtanerkennung aggressiver oder sexueller Tendenzen durchwegs und ausnahmslos einer existentiellen Schuldhaftigkeit gleichzusetzen, trotz scheinbar moraltheologischer 'Unschuld'"[36].
G. Condrau berücksichtigt hier auch die sittliche Schuld, wenn er von einer "ethischen Vollwertigkeit" der bewussten Lebenshaltung spricht. Diese bewusste ethische Haltung könne aber nicht vollwertig sein, wenn sie nicht auch die unbewusste Seite integriere, da das Unbewusste, bzw. die Träume "in innigster Beziehung zum Wachleben" stünden[37]. In dem von G. Condrau angeführten Beispiel könnte es sich um eine Art "Hybris" handeln, indem sich jene Frau diese zu grosse Aufgabe zusprach, die ihr individuell nicht zukam. "Unsittlich" wäre ihr Gelübde

33 G. Condrau: Angst und Schuld.., 129.
34 A.a.O. 128.
35 A.a.O. 165.
36 A.a.O. 165ff.
37 A.a.O. 165.

allerdings nur in dem Masse, als sie sich bei der Entscheidung (Gelübde) ihrer Unsachlichkeit im Gewissen auch bewusst (bzw. "überbewusst") war[38]. Obwohl G. Condrau die sittliche Schuld nicht unberücksichtigt lässt, so verlegt er den Akzent doch auf die existentielle Schuld, die materielle Schuld im Sinne der Moraltheologie. Wenn unser Autor bemerkt, Strafe folge immer auf Schuld, so hat er offensichtlich nur eine solche materielle Schuld vor Augen. Hier geht es nicht um die Frage von Gut und Böse, sondern um eine solche von sittlich (und psychologisch) *Richtigem* oder *Falschem*.

Unser Autor findet schliesslich eine "Uebereinstimmung des psychotherapeutischen Schuldbegriffes mit dem christlichen" und schreibt: "Hat nicht Christus selbst gerade jene mit den schärfsten Worten gegeisselt und mit den schrecklichsten Strafen bedroht, die in scheinbarer 'Schuldlosigkeit' selbstgerecht die Gesetze befolgten, in Tat und Wahrheit aber für ihre tiefe Schuldhaftigkeit blind waren - die Pharisäer?"[39]. Der Pharisäer lehnt den von der mitmenschlichen Wirklichkeit an ihn ergehenden Anspruch ab, und seine negative Entscheidung tarnt er mit äusserlicher Legalität, wodurch seine eigentliche Schuld noch verdeckt wird. Der Pharisäer ist also existentiell (materiell) schuldig, und insofern seine Haltung Ausdruck einer personalen Entscheidung ist, ist er auch formal schuldig.

Von Bedeutung ist auch eine weitere Bemerkung Condraus (wir greifen hier wiederholt auf die Aussagen Condraus zurück, weil er im Wesentlichen der einzige Autor ist, der ausdrücklich das Verhältnis zwischen existentieller und moraltheologischer Schuld diskutiert). Unser Autor schreibt: "Wenn deshalb Kierkegaard und Thomas v. Aquin die Schwermut bzw. die 'Tristitia' als 'Todsünde' bezeichnen, dann meinen sie zweifellos dasselbe wie wir, wenn wir Melancholie, Depression, Schwermut, Verzagtheit, Hoffnungslosigkeit und Verzweiflung als Schuld deuten"[40].

Zunächst wäre zu prüfen, ob die "acedia" der Traurigkeit oder Schwermut gleichgesetzt werden kann. Bei Thomas v. Aquin bezieht sich die "Traurigkeit" auf die übernatürliche Gnadenwirklichkeit, das bonum divinum, sie ist tristitia de bono spirituali inquantum est bonum divinum[41], sie ist nach Josef Pieper "der freudlose und verdriessliche, borniert selbstsüchtige Verzicht des Menschen auf den verpflichtenden

---

38 "Bewusst" ist hier nicht ein psychologischer, sondern ein philosophischer Begriff. Es ist sich ein Mensch in seiner (Vor-) Entscheidung intuitiv gegenwärtig im Gewissen, ohne sich ihrer reflex bewusst zu sein. In diesem Sinne kann man von "unbewusst", besser aber von "überbewusst" sprechen. Vgl. dazu: H.E. Hengstenberg: Grundlegung der Ethik, Stuttgart-Berlin-Köln-Mainz 1969, 36, 50, 64.

39 A.a.O. 167.

40 A.a.O. 184.

41 Summa Theologiae II-II q.35, a.3.

Adel der Gotteskindschaft"[42]. Dieses Moment ist in der Schwermut nicht, zumindest nicht ausdrücklich und bewusst, gegeben. Trotzdem ist eine Entsprechung zwischen Schwermut und "Traurigkeit" nicht zu leugnen, denn auch Thomas v. Aquin umschreibt die "acedia" als "quaedam tristitia aggravans, quae scilicit ita deprimit animum hominis ut nihil ei agere libeat"[43] und sie laut Josef Pieper letztlich besagt, dass "der Mensch nicht das sein will, als was Gott ihn will, und das heisst: dass er nicht sein will, was er wirklich ist"[44]. Damit kommt die "acedia" in die Nähe der Verzweiflung, des Verzweifelt-nicht-sich-selbst-seinwollens im Sinne Kierkegaards, sie ist Widerspruch zur Hochgemutheit, zur Hoffnung und zur Liebe[45].

Schwermut ist materiell Todsünde bzw. existentielle Schuld, aber nicht notwendigerweise auch formell Sünde, d.h. spezifisch sittliche Schuld, m.a.W. der Schwermütige braucht nicht Todsünder zu sein. Er ist es nur dann, wenn seine Selbstverfehlung personale Tat und Entscheidung ist, bzw. einer solchen entspringt[46]. Der schwermütige, neurotisch kranke Mensch wird auch dann sittlich schuldig, wenn er die Einsicht in seine Selbstverfehlung gewinnt, ihm die Möglichkeit der Aenderung und Umstimmung gegeben ist - und er diese Möglichkeit nicht wahr nimmt. Das Eigentümliche des neurotischen Menschen ist nun aber, dass ihm zunächst diese Möglichkeit nicht gegeben ist, sondern erst noch geschaffen werden muss, was auch G. Condrau bestätigt[47].

Wir können sagen, dass existentielle und sittliche Schuld zu unterscheiden sind, dass sie aber beide je einen wichtigen Aspekt des Schuldphänomens hervorheben. Die Psychotherapie betont, dass der Mensch sich selbst in die Verantwortung zu übernehmen hat, die Psychotherapie verhilft dem Menschen dazu, seine Verantwortung zu sehen und zu übernehmen, sie macht ihm auch bewusst, dass sein Gewordensein nicht einfach Widerfahrnis ist - und insofern wird dieser seine "kindliche Unschuld" verlieren, er wird fähig, auch sittliche Schuld zu erkennen und auf sich zu nehmen.

Daseinsverfehlung ist eine Ich-Entscheidung, ein (mangelhafter) Selbstvollzug. Sie muss darum immer verantwortet, d.h. zu eigenen Lasten genommen werden (darin besteht das Anliegen der anthropologischen Tiefenpsychologie). Sie gehört *generisch* dem Raum der sittlichen Entscheidung

---

42 J. Pieper: Ueber die Hoffnung, 61.

43 Summa Theologiae, II-II q.35, a.1.

44 J. Pieper: Ueber die Hoffnung, 62.

45 A.a.O. 62-66.

46 Für Thomas von Aquin ist die "acedia" leichte Sünde, wenn ihr die Vernunft nicht zustimmt, andernfalls schwere Sünde: "Unde si sit inchoatio peccati in sola sensualitate, et non pertingat usque ad consensum rationis, propter imperfectionem actus est peccatum veniale; si tamen pervenitur usque ad consensum rationis, est peccatum mortale", Summa Theologiae II-II q.35, a.3.

47 G. Condrau: Das Problem der Schuld.., 61.

an. Wenn aber der Mensch dabei nicht auf der Höhe der freien und bewussten Selbstentscheidung steht, dann ist ein solcher Akt nicht spezifisch sittlich, entsteht aus ihm nicht moralische Schuld im theologischen Sinn (darin besteht das Anliegen der Moraltheologie). Neurotische Entscheidung *kann* sich also im Raum der sittlichen Entscheidungen abspielen, ohne sittliche Schuld im Vollsinn sein zu *müssen*.
Im Laufe der Arbeit konnte festgestellt werden, *dass* existentielle Schuld (in einem allerdings nicht näher angebbaren Masse) formal sittliche Schuld impliziert. Es bleibt jetzt noch die Frage nach dem *Warum* und *Wie* dieser Implikation zu beantworten.
Nehmen wir "Existenzschuld" im weitesten Sinne als ein "debitum", das im Auftrag besteht, die je eigenen Möglichkeiten zum Austrag zu bringen, dann bedeutet Existenzschuld nicht mehr als eine Bedingung für das sittliche Tun bzw. die Sünde. Meistens wird aber, wie wir sahen, Existenzschuld so verstanden, dass die geforderte Selbstverwirklichung nicht vollzogen wird, dass der Mensch seinem wesensmässigen Auftrag, "Hüter des Seins" zu sein, nicht entspricht. Diese Schuld können wir mit "debitum non expletum" bezeichnen. Uebrigens umfasst diese existentielle Schuld auch die positiv bösen Taten, was sofort einleuchtet, wenn wir diese z.B. interpretieren als das Auslassen einer geforderten menschlichen Zuwendung. Die existentielle Schuld entspricht nun dem peccatum materiale. Umgekehrt und insofern ist die materielle Schuld immer auch Existenzschuld, da jene ebenfalls im Widerstreit zur wahren Selbstverwirklichung steht. Allerdings darf jetzt in der materiellen Schuld nicht primär und nicht nur ein Widerspruch zu einer gesellschaftlichen Norm gesehen werden - und damit werden wir einem besonderen Anliegen der Psychotherapie gerecht. Nicht eine äussere Legalität ist massgebend, sondern das wahre Menschsein in den verschiedensten Bereichen. Auch geht es hier nicht primär um einzelne Taten, sondern um die ganze Lebenshaltung. Wird also die materielle Schuld in diesem tieferen Sinn verstanden, so können wir die Existenzschuld (als debitum non expletum) dem peccatum materiale gleichsetzen.
In diesem Zusammenhang könnte man sich noch fragen, wie lange denn existentielle Schuld als bloss materielle Schuld geschehen kann. Die moralische Qualifikation hängt davon ab, ob und in welchem Grad die Tat als reflexe Wahl vollzogen wird, wie weit also eine Daseinsverfehlung von der Person selber getragen wird. Es scheint, dass zumindest dann, wenn die Verfehlung eine gewisse Tiefe erreicht, ein willentliches und wissentliches Moment stets mitbeteiligt ist, existentielle Schuld also auch spezifisch sittliche Schuld besagt, obwohl es nicht schwere Schuld zu sein braucht und beim Neurotiker in der Regel wohl nicht sein wird. Wenngleich also bei existentieller und sittlicher

Schuld das Schuldgefühl "identisch" zu sein scheint - die Postulierung eigener sittlicher Schuld ist noch sinnvoll und notwendig.

Schliesslich kann man noch umgekehrt fragen: Gibt es eine schwere Sünde vor Gott, wenn sie gar nicht auf eine existentielle Schuld hinausläuft (eine Art "logische" Sünde also, bei der die malitia nicht in die Augen springt, wo man sie gleichsam nur kraft einer logischen Ueberlegung hat)? Wenn man bedenkt, dass *die* Sünde stets im "Material" der Welt, im Bereich des Menschseins, vollzogen wird, liegt die Annahme nahe, dass die Selbstverweigerung vor Gott immer auch Existenzschuld besagt. Der Begriff des peccatum formale kann jedenfalls nicht ganz von jenen der Daseinsverfehlung abgelöst werden.

2. Schuldgefühl und Schuld

Es war von Anfang an ein wesentliches Anliegen der anthropologischen Psychotherapie, das in der analytischen Situation häufig auftretende Schuldgefühl ernst zu nehmen. Das heisst, dass dieses Gefühl in seinem anthropologischen Gehalt erkannt, auf seine mögliche gesamtmenschliche Aussage hin abgehört werden muss. Als anthropologisch sinnvoll kann das Schuldgefühl offenbar nur verstanden werden, wenn es auf Schuld bezogen wird, wenn es tatsächlich Schuld anzeigt, auch dann noch, wenn es auf den ersten Blick als unsinniges (eben neurotisches, krankhaftes) Schuldgefühl erscheint. Diese ontisch begründete und deswegen unaufhebbare Beziehung zwischen Schuldgefühl und Schuld hat, wie wir sahen, vor allem W.v. Siebenthal hervorgehoben.

Das Schuldgefühl bezieht sich auf die existentielle Schuld. Diese existentielle Schuld jedoch muss nicht auch formal sittliche Schuld sein. Es gibt demnach ein Schuldgefühl, das nicht auf sittliche Schuld hinweist, deswegen aber nicht weniger ernst zu nehmen ist, zeigt es doch eine existentielle Not, eine Gefährdung menschlicher Existenz an.

Hier liegt die Bedeutung des tiefenpsychologischen Schuldverständnisses für die Theologie. Es besteht, so sehen wir, kein strenger Kausalnexus zwischen Schuldgefühl und sittlicher Schuld, aber doch ein Kausalnexus zwischen Schuldgefühl und Schuld im weitern Sinne. Diese Schuld kann sittliche Schuld sein oder existentielle Schuld, welche zunächst verstanden werden muss als ein Debitum. In der Regel ist dieses Debitum ein solches, dem nicht entsprochen worden ist, und damit wird die Existenzschuld zu einer "Verfehlung", einem peccatum materiale, das auch sittliche Schuld, ein peccatum formale, implizieren kann.

Welcher Sinn kann von daher der häufigen Unterscheidung zwischen "echten" und "falschen" Schuldgefühlen zukommen? Die Unterscheidung kann so verstanden werden, dass das echte Schuldgefühl ein solches wäre, das sich auf sittliche Schuld bezieht, das unechte jenes, das keine sittliche Schuld anzeigt. "Falsch" bzw. "unecht" ist aber nie so zu verstehen, als wäre dieses Gefühl einfach sinnlos, das ist es auch dann nicht, wenn es sich auf eine nicht näher anzugebende Schuldtat oder Verfehlung bezieht, auch dann nicht, wenn es sich infolge einer Verschiebung auf eine "falsche" Schuld bezieht. Das sogenannte unechte Schuldgefühl ist wie gesagt in jedem Fall ernst zu nehmen. Es gibt kein "sinnloses" Gefühl. In der Praxis ist es allerdings schwer zu sagen, ob das Gefühl eine formelle oder bloss materielle Schuld meint. Das Gefühl ist an sich mehrdeutig. In jedem Falle aber stellt das Schuldgefühl einen Mahnruf dar, einen Aufruf zur Existenzveränderung (Umkehr, Entwicklung, Integration, Liebe). Möglicherweise wird es, wenn überhaupt, erst nach und nach, d.h. mit der Veränderung des Bewusstseins, gleichsam im Experiment des Lebens, deutlich, welche Schuldform vorwiegend gemeint war.

Wir wollen im folgenden versuchen, eine Antwort auf die Frage zu geben, ob denn ein Leben ohne Schuldgefühle überhaupt möglich sei. Freuds verneinende Antwort ist bekannt. I.A. Caruso hat eine gegenteilige These aufgestellt. Wir wollen kurz auf dessen Argumentation eingehen. Freud sah den Ursprung des Schuldgefühls in den Forderungen der Gesellschaft, die das Individuum überfordern, seiner Triebdynamik nicht angepasst sind. Die experimentalpsychologischen Motivationsversuche mit dem "Anspruchsniveau" haben gezeigt, dass schlechte Ergebnisse einer intendierten Leistung als Misserfolge erlebt werden und stark negative Affektäusserungen erzeugen (Gefühle der Angst, der Unlust, der Insuffizienz), die teilweise durch Abwehrmechanismen (Aggressivität) neutralisiert werden[48]. I.A. Caruso überträgt die Ergebnisse der Experimentalpsychologie auf die moralische Ebene und erkennt im Ueber-Ich Freuds ein Aequivalent des Anspruchsniveaus. Werden unerfüllbare Aufgaben gestellt, muss "Aerger" eintreten, auf moralischer Ebene ist es das Schuldgefühl, das "schlechte Gewissen". I.A. Caruso bemerkt, dass in den Experimenten mit dem Anspruchsniveau keine *zwischenmenschliche* "Realanpassung" gegeben sei. "Um die Motivation der Leistung blosszulegen, wurde hier nicht primär an konstituierende mitmenschliche Beziehungen appelliert, sondern an eine durch Geltungsstreben und Streben nach Vermeidung einer Niederlage als egoistisch zu bezeichnende Motivation der Leistung"[49].

---

48 Vgl. K. Lewin, T. Dembo, L. Festinger and P.S. Sears: Level of aspiration, in: J.V. Hunt (ed.): Personality and the behaviour disorders, Bd. I., New York 1944, 333-378; H. Heckenhausen Motivationsanalyse der Anspruchssetzung, in: Psychologische Forschung XXV (1955), 126-143; F. Hoppe: Erfolg und Misserfolg, in: Psychologische Forschung XIV (1930), 1-62.

49 I.A. Caruso: Bemerkungen.., 194.

In gleicher Weise ist nun auch (laut Caruso) die Ueber-Ich-Moral eine "Leistungsmoral". Das Ueber-Ich ist eine "*narzisstische Bildung*, deren *narzisstische Kränkung* sich im Schuldgefühl kundtut" (Hervorh. im Or.)[50]. Da die moralische Aufgabe den Menschen immer (mehr oder weniger) überfordert, ist das Schuldgefühl unvermeidlich - aber nur, solange die moralische Aufgabe als (narzisstisches) Leistungssoll verstanden wird anstatt als Aufgabe in der zwischenmenschlichen Praxis. Im Mangel an zwischenmenschlicher Liebe kann der Grund des Schuldgefühls gesehen werden. Wir wissen bereits, dass ein Mensch dann sich schuldig fühlen muss, wenn er sich nicht annimmt, nicht lieben kann, und das kann er nicht, weil er selbst nicht geliebt worden ist[51].
Für Caruso ist das Ueber-Ich narzisstischen Ursprungs und ebenso das Schuldgefühl. Ziel einer Psychotherapie kann nur "ein Leben *ohne* Schuldgefühle sein"[52] (H.i.O.), d.h. ein Leben in der zwischenmenschlichen Praxis, in "freie(n) Beziehungen zu den Mitmenschen", "und zwar auf dem Boden der Verantwortung und des Respektes vor der absoluten Eigenständigkeit des Mitmenschen"[53].
Mehr und mehr soll die narzisstische Haltung überwunden und abgelöst werden von einer reifen personalen Beziehung. Mehr und mehr müssen jetzt auch die Schuldgefühle verschwinden. Wenn Schuldgefühle noch auftreten, zeigen sie "als warnende Symptome" an, dass dieser Prozess ins Stocken geraten ist und eine Entwicklung und Reifung notwendig ist.
Wir können uns I.A. Caruso anschliessen mit folgenden zwei Einschränkungen. Erstens ist es fraglich, ob die Leistungsmoral, die Ueber-Ich-Moral, nur "egoistisch" ist, die Motivation der Leistung lediglich in den "narzisstisch verschränkten Ich-Trieben"[54] gesucht werden darf. Das Ueber-Ich begründet nicht nur eine narzisstische Leistungsmoral - das ist nur seine negative Seite - es verhilft auch zur Einordnung in die Sozietät und zur Einübung der zwischenmenschlichen Beziehungen. Zweitens ist zu sagen, dass auch dem Schuldgefühl noch eine positive Bedeutung zukommt. Es erfüllt eine wichtige Aufgabe als "warnendes Symptom", "einer noch notwendigen Entwicklung", und zudem kann es auch verstanden werden als Reflex des "Schuldbewusstseins", d.h. des schmerzlichen Bewusstseins darüber, dem Mitmenschen gegenüber schuldig geworden zu sein. Das Schuldgefühl kann auch "Symptom" einer sittlichen Schuld sein.
Ist denn, wie I.A. Caruso als Ziel vorstellt, ein Leben ohne Schuldgefühle möglich? Ist nicht der Christ angesichts der Forderungen Christi

---

50 A.a.O. 195.
51 Vgl. a.a.O. 190.
52 A.a.O. 191.
53 A.a.O. 195.
54 A.a.O. 194.

der jeweils und immer Ueberforderte? Man denke etwa an die Forderungen der Bergpredigt, die im Christus-Wort des Matthäus gipfeln: "Seid vollkommen, wie euer Vater im Himmel vollkommen ist" (Mt 5,48). Müssen nicht solche Forderungen im Menschen Schuldgefühle wecken? In der Tat, würde man diese Forderungen rein moralisch verstehen, so müsste der Mensch entweder versagen, oder sich in einen Perfektionismus hineinsteigern. In der Bergpredigt allerdings geht es um etwas anderes: "Es handelt sich in Wirklichkeit um eine Umwandlung des Menschen, die man nicht besser erfassen kann als mit dem Begriff der Existenzveränderung. Die Forderungen der 'Bergpredigt' und aller ihrem Typus zugehörigen Herrenworte zielen nicht auf das konkrete Handeln, das in ihnen benannt wird, und nicht nur auf die Haltung, aus der dieses und alles, auch das im Evangelium nicht beschriebene Handeln hervorgeht; sie zielen vielmehr auf jene Tiefen des Menschen, welche der Begriff der Existenz anzugehen sucht. Gott verlangt die Tat, aber mehr als sie; er verlangt die Haltung, die zur Tat führt, aber mehr als diese: er verlangt den Menschen selbst" (H. Kahlefeld)[55].
Was da verlangt wird, kann nicht einfach "geleistet" werden. Bei einer "Leistung" bleibt des Menschen Blick noch immer auf sich selbst gerichtet, auf sein Genügen oder Ungenügen. Gerade so kommt der Mensch nicht zum wahren Gutsein. Möglich wird es nur, wenn er sich selbst Gott übergibt. Erst im Glauben an das machtvolle Wort Christi, in der vertrauenden Hingabe an Gott ist er "gerechtfertigt", also gerade dann, wenn er die Frage, wie weit er und sein Tun gut und gerecht ist oder nicht, offen lassen, d.h. in der Verborgenheit bei Gott belassen kann. Darin liegt theologisch gesehen die Möglichkeit eines "Lebens ohne Schuldgefühle", ohne dass deswegen einem Laxismus das Wort geredet werden müsste. Im Gegenteil, das höchste wird vom Menschen verlangt, die vollkommene, bedingungslose Liebe. Diese Forderung kann er aber nicht eigenmächtig erfüllen. Er hat keinen Grund, sich selbst zu rühmen, es sei denn seiner Schwachheit (2 Kor 12,5). Der Selbstruhm ist ausgeschlossen, aber gleicherweise auch ein selbstzerstörendes Schuldgefühl, dann nämlich, wenn der Mensch sich loslassen, sich aus der Ichverklammerung lösen kann, um so paradoxerweise sich selbst und die eigentliche, wahre Freiheit zu gewinnen.
Wenn wir eine Synopse von psychologischer und theologischer Aussage versuchen wollen, können wir sagen: ein Leben ohne Schuldgefühle ist nur möglich in der Liebe - und darin kommen Theologie und Psychologie überein. Man kann also sagen, dass Liebe und Schuldgefühle, beide im strengen Sinne des Wortes genommen, einander ausschliessen. (Vgl. 1

---

55 H. Kahlefeld: Der Jünger, Frankfurt/M. 2. Aufl. 1962, 123f.

Joh 4,18). Dabei dürfen wir allerdings nicht vergessen, dass der Mensch die Liebe nie einfach "hat", sie ist im Auf und Ab eines Lebens immer wieder neu zu gewinnen und zu vollziehen. Deshalb kann man nicht einfach sagen, der liebende Mensch könne keine Schuldgefühle haben, und schon gar nicht, ein Fehlen von Schuldgefühlen sei auch schon ein sicheres Indiz für die Liebe. Die Schuldgefühle können, wie wir bereits sahen, eine durchaus positive Bedeutung haben, insofern sie aufrufen zur Selbstverwirklichung, Wandlung und Reifung, zu einer hingebenden Liebe, welche Liebe natürlich nicht mit dem Hochgefühl in einer seltenen Sternstunde zu verwechseln ist.
Wir können zusammenfassen: ein Leben ganz ohne Schuldgefühle wird es kaum je geben, so wenig wie ein Leben ohne Schuld. Der Unterschied zwischen dem neurotischen und gesunden Menschen liegt aber darin, dass dieser trotz aller Not und Verzweiflung, Angst und Schuld, sich nicht in einen Teufelskreis verfängt, sondern immer wieder den sich selbst transzendierenden Schritt ins Vertrauen, in die Freude, in die Hoffnung und in die Liebe zu tun wagt. Er macht sich auf den Weg, und er nimmt sich an als einen, der auf dem Weg ist; er weiss um das "viatorische" Dasein, er erträgt die Spannung zwischen faktischem Sosein und finalem Seinsollen.

3. Schuld und Schuldgefühl

Bisher haben wir die Beziehung des Schuldgefühls zur Schuld untersucht. Wie steht es aber umgekehrt mit der Beziehung der Schuld zum Schuldgefühl? Als "Normalfall" gilt, dass die Schuld sich als Schuldbewusstsein bzw. Schuldgefühl kundtut. Bekannt ist jedoch die Möglichkeit, dass eine Schuld nicht bewusst wird. Die Tiefenpsychologie spricht von einer "Verdrängung" des Schuldbewusstseins oder des Schuldgefühls. Besonders Heinz Häfner hat auf die verschiedenen Formen der Schuldentlastung aufmerksam gemacht[56]. Die Schulderkenntnis ist nach H. Häfner "ein Erleben, das sich quälend und mit ausgesprochen negativer Gefühlstönung aufdrängt, wenn wir gegen eine Ordnung gehandelt haben, die wir mehr in uns tragen als von aussen auferlegt empfinden. Gerade in der Tatsache, dass uns im Schulderlebnis ein Indikator dafür begegnet, dass wir uns in einer Tat oder einer Gesinnung von irgend welchen tieferen Werten entfernt haben, liegt die entscheidende anthropologische Bedeutung der Schuld begründet"[57].
Die Schuld (Existenzschuld) besteht in einem falschen subjektiven Wert-

---

56 H. Häfner: Schulderleben.., 35.
57 A.a.O. 28.

entwurf. Der Mensch hat die Tendenz, an seinem bisherigen falschen Wertentwurf festzuhalten. Da die für die Person bestimmende Wertordnung nicht verschwindet, eine Ahnung davon immer bleibt, sind, um den falschen Wertentwurf beibehalten zu können, verschiedene Schuldentlastungsformen notwendig. So kann z.B. die Weltanschauung in den Dienst der Schuldentlastung genommen werden. Der falsche Wertentwurf wird zur Grundlage des Daseins gemacht. Ein Verbrechen etwa kann so "im Dienste der Sache" gerechtfertigt werden, oder die sexuelle Wunschbefriedigung wird zur "Liebe" umgedeutet.
Bekannt ist die "falsche Lokalisation" (I.A. Caruso) der Schuld. Das Schuldgefühl bleibt zwar bestehen, aber die Schuldursache wird verschoben und banalisiert, und dadurch kann der bisherige Entwurf beibehalten werden. Eine Schuldentlastung ist auch möglich durch eine Verschiebung oder Leugnung der Urheberschaft. Wir kennen die Schuldprojektion (die Sündenbockentlastung). Es können aber auch die Voraussetzungen der Schuld geleugnet werden, nämlich Verantwortlichkeit und Zurechnungsfähigkeit. Philosophische und psychologische Systeme werden hier ebenfalls in Dienst genommen (Determinismus, Materialismus, Erb- und Temperamentenlehre).
Es gibt nach H. Häfner eine Entpersönlichung der Schuld, sc z.B., wenn Schuld zu einem "Archetypus" gemacht wird. Damit verliert die Schuld ihren unmittelbaren Bezug zum verantwortlichen Ich und seinem schuldhaften Verhalten.
Der Schulderfahrung kann weiterhin durch Flucht vor bestimmten Situationen, aus bestimmten Lebensbereichen, denen ein Versuchungscharakter innewohnt, ausgewichen werden. Flucht vor der eigenen aktiven Entscheidung bedeutet Flucht vor der Uebernahme der Verantwortung und Schuldfähigkeit.
An dieser Stelle wäre auch noch der Depressive zu erwähnen, der im übertriebenen Schuldbewusstsein ("Ich bin an allem schuld") die wahre Schuld nicht übernimmt und von der Umgebung erwartet, dass sie ihn schuldfrei spricht. Dazu kommt die Furcht, sich durch Handlungen und Entscheidungen neue Schuld aufzubürden.
Nicht zu vergessen ist auch, dass Anlehnung und Abhängigkeit oft das Abschieben der Entscheidungslast auf einen Partner verraten. Eine Regression auf eine frühere Entwicklungsstufe bedeutet auch Regression in eine infantile Verantwortungsfreiheit. Selbst das Sühnestreben kann Zeichen einer Schuldentlastung sein. Eine Form dieser Schuldentlastung ist die Selbstbestrafungstendenz. Das Sühnestreben ist ferner dann verkehrt, wenn es sich in einer unerschöpflichen Aktivität guter Taten ergeht. "Qualitatives wird durch quantitatives Verfahren ersetzt: die Tat von einst wird zugeschüttet durch eine Menge ihr widersprechender Ta-

ten, als liesse sie sich unter einem Berg von Gegenzeugnissen mundtot machen" (H. Kuhn)[58].

Schuldgefühle können verdrängt werden. Oft treten dann somatische Störungen auf, die sog. "Konversionssymptome" (S. Freud). Nach V.v. Weizsäcker können sich körperliche, seelische und geistige Faktoren jeweils vertreten[59]. Mit einer körperlichen Störung kann sich der Kranke des moralischen Sollensanspruches entledigen. Weizsäcker erklärt: "Ist er (der Kranke, Verf.) organisch krank, so verliert sein *Soll* jeden Anspruch; was man einfach nicht kann, das braucht man auch nicht zu wollen... Ist das Organ gesund, dann muss er auch wollen, was ihm sein Soll befiehlt... Mit der Konstatierung, dass das Organ krank ist, darf der moralische Kampf untergehen, und wir dürfen behaupten, der *Untergang eines Stückes von moralischem Sollbereich* sei ein gleich scharfes und ein denselben Vorgang bezeichnendes Kriterium wie das Auftreten der Organstörung" (Hervorh. im Or.)[60]. Nach V.v. Weizsäcker kann das Gespür für die Schuld ganz verdeckt werden. Er spricht von einer "moralischen Anästhesie", einem "Unschuldswahn"[61].

Das Gehemmtsein gilt als typisches Merkmal für die Neurose. Es scheint aber, dass heutzutage bei vielen Patienten die Hemmung von seiten des Ueber-Ich nicht stark ausgeprägt ist, und demzufolge ist bei ihnen auch das Schuldgefühl nur von geringer Bedeutung. Da es sich hier um eine höchst aktuelle Feststellung handelt, wollen wir diesen Fall mit P.C. Kuiper etwas näher untersuchen.

Die genannten Patienten machen den Eindruck einer affektiven Verwahrlosung. "Sie machen in ihrem Verhalten und ihren verbalen Aeusserungen keineswegs einen gehemmten Eindruck", erklärt Kuiper, "sie erlauben sich auch Triebäusserungen, die sowohl durch Häufigkeit und Qualität als auch durch die Buntheit ihrer Variationen und ihre Ungerichtetheit auffallen. Kurz gesagt, sie 'agieren' in erheblichem Masse, und ihr Leben ist gekennzeichnet durch Experimentierlust und/oder Experimentierdrang"[62].

Ist das Ueber-Ich dieser (jungen) Leute tatsächlich mangelhaft? Ist hier eine Analyse überhaupt möglich, müsste nicht an deren Stelle eine Reedukation treten? Müsste mit dem Mehr an Freiheit und Befriedigung nicht auch die Neurose zurückgehen? Bemerkenswert ist, was dazu Kuiper sagt: "Aber glücklich und frei scheinen die jungen Leute, über die wir

---

58 H. Kuhn: Begegnung mit dem Sein, 38.

59 Vgl. V.v. Weizsäcker: Diesseits und Jenseits der Medizin, Stuttgart 1950, 115-135; ders.: Der kranke Mensch, Stuttgart 1951, 248.

60 V.v. Weizsäcker: Körpergeschehen und Neurose, Stuttgart 1947, 125, vgl. Ergebnis Anm. 13.

61 V.v. Weizsäcker: Begegnungen und Entscheidungen, 156ff.; ders. Pathosophie, 25, 372f.

62 P.C. Kuiper: Abwehrformen.., 49f.

hier sprechen, doch nicht zu sein, selbst wenn ihre Eltern bereit gewesen waren, sie freizugeben. Nicht selten erweisen sich diese Patienten als die Kinder von in Religion und Moral desillusionierten Eltern. Diese fanden, man dürfte den Kindern nicht lästig fallen mit Religion und Moral, worunter sie selbst so sehr gelitten hatten. Es ist auffallend, wie gering die Befriedigung dieser jungen Menschen in all ihren Aktivitäten ist; sie stellen Triebäusserungen dar, aber keine Triebbefriedigungen. Auffallend ist das häufige Fehlen von manifestem Schuldgefühl bzw. Schamgefühl"[63]. P.C. Kuiper stellt fest, dass häufig solche Leute ihr Leben im Ganzen unbefriedigt finden, und oft liesse sie allein dieses Gefühl des Unbefriedigtseins eine Behandlung suchen[64].

Unser Autor bemerkt nun, dass diese Form der Neurose doch sehr viel mit Schuldgefühl, Aggression und Selbstbestrafung zu tun hat, obschon von alldem nichts bewusst wird. "Triebäusserungen, die keine Befriedigung geben, sondern höchstens eine kurze Erregung... stehen im Dienst der Abwehr von nicht deutlich bewussten Gefühlen der Selbstverurteilung. Das Agieren stellt einen Versuch dar, sich selbst davon zu überzeugen, dass man alles das tun kann, ohne sich schuldig zu fühlen"[65]. Die Haltung, die sich hier zeigt, lässt sich in folgende Formulierung bringen: "Ich mache weiter so, denn wenn ich nicht weitermachen würde, finge ich an, mich schuldig zu fühlen". Hier finden wir, wie unser Autor bemerkt, eine "Unfähigkeit zu trauern"[66]. Kuiper erwähnt einen jungen Mann, der sich auf das Priesteramt vorbereitet hatte und sich nach dem Abbruch dieser Ausbildung in sexuelle Abenteuer verlor. Der junge Mann jedoch empfand sein Leben als unbefriedigt. Ein Schuldgefühl war auch in diesem Falle am Werk. "Nachdem ihm sein Schuldgefühl, das in hohem Masse durch den Abbruch seiner Priesterlaufbahn bedingt war, bewusst geworden war, fing sein Leben an, ein anderes Gesicht zu bekommen. Er konnte Ideale entwickeln, die seinem Leben Ziel und Sinn gaben"[67].

In diesem wie in ähnlichen Fällen zeigt sich, dass eine "Existenzschuld" vorliegt - allerdings eher in der Art einer Verpflichtung zur *Sinn*verwirklichung - wobei sich diese Schuld nicht in (bewussten) Schuldgefühlen zeigt, sondern in einer Aktivitätssucht, in einem übermässigen Luststreben.

P.C. Kuiper macht die interessante Feststellung, dass die Zahl der Neurotiker, "bei denen die Schwierigkeiten vor allem im Bereich der Partnerbeziehung und der Partnerwahl liegen, die aber selber keine

63 A.a.O. 50f.
64 A.a.O. 51.
65 A.a.O. 52.
66 A.a.O. 53.
67 A.a.O. 53f.

Symptome haben", dauernd zunimmt[68]. Der Projektions- bzw. Sündenbockmechanismus ist bekannt. Nicht ungewöhnlich ist der Fall, dass "ein Bock ausgemacht wurde, der selber sündigte, um ihn immerfort bestrafen zu können... Manche Menschen wählen sich jemanden zum Partner, der Eigenschaften hat, die sie unbewusst in sich selber verurteilen und nicht wahrnehmen. Wer selbst neidisch ist, hat leicht ein neurotisches Interesse daran, einen anderen neidischen Menschen in der Nachbarschaft zu haben, um dann sagen zu können: Sieh' mal da, der andere ist es. So wählt auch ein in seinem sexuellen Erleben unsicherer Mann eine frigide Frau, um dann sagen zu können: Wenn sie nicht so gehemmt wäre, dann würde ich weniger Schwierigkeiten haben. Das erspart die notwendige Einsicht, dass die Schwierigkeiten bei einem selbst liegen, und vermeidet narzisstische Kränkungen und bewusst erlebte Schuldgefühle. Man kann auch seine Mitmenschen zu all dem verleiten, was man in sich selber nicht deutlich erkennt aber doch verurteilt; auf diese Weise wird der Bock dazu genötigt zu sündigen"[69].

Schliesslich weist Kuiper noch auf den Zusammenhang zwischen unangepasstem Verhalten, Desillusionierung und Schuldgefühl hin. Viele junge Leute haben offenbar keine Ideale mehr, und oft erklären sie, dass sie sich nicht mehr an Normen halten, weil sie sich desillusioniert fühlen, enttäuscht und missmutig sind. Unser Autor sieht das Festhalten an der Desillusionierung im Zusammenhang mit einem unaufgelösten Oedipuskomplex. Im Hintergrund stehe der "verbotene Triumph", eine "nicht verarbeitete Eifersucht, die Enttäuschung an den idealisierten Elternfiguren, der verdrängte Wunsch aus der Kinderzeit: sie können ja noch weniger als ich, sie sind klein, und ich bin gross", was zu "intensiven Schuldgefühlen" führe[70]. Und P.C. Kuiper erklärt: "Die unbewussten Schuldgefühle sind es, die den Aufbau des Ideal-Ichs verhindern. Wer erwachsen geworden ist, kann den Mitmenschen in seiner Unzulänglichkeit akzeptieren, er kann lieben und vertrauen, auch wenn der andere Fehler gemacht hat; mit andern Worten: der innerlich erwachsen gewordene Mensch erträgt die Ambivalenz. Nicht, dass der andere die Erwartungen nicht erfüllt, sondern dass wir die Ambivalenz nicht ertragen können, ist der Grund für das Verhaftetbleiben an der Desillusionierung"[71].

Die letzten Beispiele mögen gezeigt haben, dass - vielleicht wider Erwarten - die Schuldgefühle auch heute noch eine Rolle spielen, selbst bei Menschen, deren Ueber-Ich offensichtlich nicht stark ausgeprägt ist. Diese Beobachtung verliert den Charakter des Unerwarteten, sobald das Schuldgefühl in Beziehung zur existentiellen Schuld gebracht wird.

---

68 A.a.O. 58.
69 A.a.O. 56f.
70 A.a.O. 59.
71 Ebd.

Zusammenfassend kann man folgendes sagen: In irgend einer Form scheint mit der Schuld immer ein Schuldbewusstsein bzw. ein Schuldgefühl verknüpft zu sein. Der Mensch ist aber geneigt, sich von dem quälenden Gefühl zu befreien. Dies geschieht häufig auf eine unangemessene Weise. Der radikalste Weg ist offenbar jener der Schuldvermeidung als Flucht vor jeglicher Uebernahme von Verantwortung. In den Dienst der Erleichterung kann ferner eine "Weltanschauung" treten, wodurch ein möglicher Schuldgrund wegerklärt wird. Bekannt sind uns weiterhin die Schuldentlastungsformen wie falsche Lokalisation und Schuldprojektion. Schliesslich ist zu beachten, dass das Schuldgefühl häufig nicht als solches in Erscheinung tritt. Es kann sich zum Beispiel äussern in einem allgemeinen Unbehagen, in übermässigem Luststreben, in Aktivitätssucht etc., deren Grund in einer existentiellen Schuld zu suchen ist.

4. Mut zur Schuld

Der für theologische Ohren anstössige Ausdruck C.G. Jungs von der "Annahme des Bösen" bzw. "des Schattens" findet seine Fortsetzung auch in der anthropologischen Psychotherapie, wobei hier weniger der Begriff des "Bösen", oder des "Schattens" als jener der "Schuld" verwendet wird.
Es gilt zunächst zu verstehen, inwiefern es in theologischer Sicht unsinnig wäre, von einem "Mut zur Schuld" zu sprechen. Karl Rahner stellt folgende Ueberlegungen an: "Insofern es nur Schuld vor dem einen und selben Gott und seinem einen und letzlich allein verpflichtenden Willen geben kann, kann es auch objektiv keine tragische Situation geben in dem Sinn, dass der Mensch nur zwischen dem einen oder dem anderen Schuldigwerden wählen könnte und daher, ob so oder anders wählend, immer schuldig werden müsste. Es kann sein, dass die Möglichkeit nur gegeben ist, zwischen zwei Handlungen, von denen jede unter bestimmter Rücksicht als schädigende Fehlhandlung betrachtet werden kann, zu wählen; es gibt aber objektiv keinen Situationszwang zur Schuld. Denn das würde den Widersinn bedeuten, dass Gott zum selben gleichzeitig verpflichte und eben dieses auch verwerfe. Es ist darum auch widersinnig, und unsittlich, vom Lernen des Mutes zur Schuld zu reden und diesen zu empfehlen"[72].
Diese theologischen Ueberlegungen werden von der Seite der Psychotherapeuten nicht ohne weiteres geteilt. Wir wissen bereits, dass G. Condrau z.B. dazu lediglich erklärt: "Die letzten Sätze dürfen wohl nicht unbesehen hingenommen werden, stehen sie doch im Gegensatz zur psychothera-

---

72 K. Rahner: Schuld und Schuldvergebung.., 281f.

peutischen Aufforderung: den Mut zur Anerkennung der existentiellen Schuld aufzubringen"[73].

Grundsätzlich wird man Rahner zustimmen müssen. Aber vielleicht ist das Problem doch nicht ganz so einfach. Rahner scheint den "Willen Gottes" noch ziemlich kategorial zu verstehen, was den Eindruck erweckt, als könnte in jedem Fall durch Güterabwägung entschieden werden, was gut (bzw. besser) und damit das "Gottgewollte" sei. Demgegenüber wäre doch zu überlegen (was hier nicht weiter ausgeführt werden kann), ob es nicht tatsächlich einen "Zwang zum Schuldigwerden" geben könnte aufgrund vorangehender persönlicher Schuld oder auch nur aufgrund einer bestimmten sachlich-gesellschaftlichen Struktur, was dann auf die Unheilverstrickung menschlichen Daseins verweisen würde.

Beide Autoren sprechen hier vom Mut zur Schuld, sie meinen aber etwas Disparates, K. Rahner nämlich meint eine *sittliche* Schuld, G. Condrau hingegen die *existentielle* Schuld offenbar im Sinne von: Sich zum eigenen Schuldigsein bekennen. Mit dieser Unterscheidung entfällt auch der *Gegensatz* zwischen dem Anliegen Rahners und der psychotherapeutischen Auffassung. Möglicherweise meint Condrau mit seinem Einwand ganz einfach dies: Mut zur Anerkennung von Schuld ist nicht identisch mit Mut zum unsittlichen Entscheid. Damit wäre die klärende Antwort bereits gegeben. "Mut zur Schuld" heisst dann etwa das: Sich schuldig bekennen, anstatt sich dauernd zu entschuldigen.

"Mut zur Schuld" ist sicher abzulehnen, wenn damit einschliesslich oder ausschliesslich sittliche Schuld gemeint wird. Es scheint, dass auch der Therapeut unter dem genannten Ausdruck keine *sittliche* Schuld versteht. Wir wollen uns aber die Sache nicht zu leicht machen und dem möglichen und sogar häufig geäusserten Verdacht begegnen, der besagt, es komme häufig vor, dass der Therapeut zur Sünde anrate, mindestens auf sexuellem Gebiet. Um einer grösseren Konkretheit willen soll das Problem versuchsweise am Beispiel der Onanie erörtert werden. Bekanntlich ist die Masturbation nach traditioneller Moraltheologie schwer sündhaft, wobei allerdings, besonders in neuesten Untersuchungen, zugegeben wird, dass die subjektiven Bedingungen für eine (schwere) Sünde in vielen Fällen nicht gegeben sind[74].

Ein Beispiel G. Condraus zeigt uns aber, dass ein theologisch richtiger Hinweis das Uebel nicht beseitigt, sondern nur zudeckt und dadurch verschärft. Es handelt sich um einen gehemmten Patienten, und es stellt sich heraus, dass dieser nachts onaniert. Condrau berichtet von ihm: "Er ist überzeugt, dass seine Hemmungen darin ihren Ursprung hätten,

---

73 G. Condrau: Angst und Schuld.., 129.

74 Vgl. Andrée Alsteens: Tabu im Reifungsprozess. Masturbation - Symptom oder Vergehen? Luzern-München 1969, 155-158.

weil man ihm seine nächtlichen Verfehlungen ansehe. Dabei seien es ja gar keine Verfehlungen - es passiere ja nachts, dafür oder dagegen könne er nichts tun. Und nun wickelt dieser in der Pubertätszeit stehengebliebene junge Mann eindrücklich das ganze Problem der 'Verdrängung' vor unseren Augen ab. Als Knabe begann er zu onanieren, wobei die Masturbation ihm als eine schwere Schuld vorkam, zu der er sich bekennen konnte, und die er auch fleissig beichtete. In der wohlmeinenden - jedoch unglücklich sich auswirkenden - Absicht, dem Jüngling seine Sündenlast zu erleichtern, teilte ihm der Beichtvater mit, die Onanie kurz vor dem Einschlafen geschehe ja wahrscheinlich nicht mehr im Zustand voller Zurechnungsfähigkeit und sei daher keine schwere Sünde im Sinne des Gesetzes. Es ist wohl begreiflich, dass sich unser Patient eine solche Gelegenheit nicht entgehen liess, der Onanie in sünden- und schuldloser Weise freien Lauf zu lassen. Nachts onanierte er, tagsüber sprach er von Tugend und Willenskraft, die den Mann veredeln"[75]. Der gutgemeinte Hinweis des Beichtvaters hatte Verdrängung, Selbstbetrug und Selbstgerechtigkeit zur Folge, genau das Gegenteil von dem, was hätte erreicht werden müssen, nämlich Uebernahme der Verantwortung und Annahme der eigenen Unzulänglichkeiten, des "Auch-schlecht-sein-Könnens" (G. Condrau)[76].

Es wäre verfehlt, hieraus folgern zu wollen, es müsste in jedem Fall die Schuldhaftigkeit der Onanie hervorgehoben werden. Bei skrupulösen und depressiven Tendenzen wird eher das Gegenteil richtig sein. Gustav Richard *Heyer* erklärt: "Wir wissen (ferner), dass unsere Kranken gerade dadurch, dass wir die *gelegentliche* Ventilonanie - selbstverständlich nicht ein schwächliches und widerstandsloses Nachgeben an jede leise Regung! - als natürlich erlauben, ja raten und dadurch bagatellisieren, nicht nur aus ihren vielmals selbstzerstörerischen Skrupeln, Verzweiflung und Depressionen herausgelangen, sondern dass gerade dadurch die Frequenz der masturbatorischen Handlungen allmählich abnimmt. Die - wie gesagt - ubiquäre onanistische Phase wird derart glatter und rascher durchlebt, die relativen Unreifen bälder überwunden zugunsten der nun eintretenden Einstellung auf normale Geschlechtsbeziehungen... die onanistische Tendenz muss u.E. überwachsen - nicht verdrängt - werden... Der Mensch muss aus seiner Isolierung - deren Ausdruck (nicht Ursache!) die Onanie ist - heraus; er muss die Welt wagen lernen. Die 'Todsünde' und 'schwere Erkrankung' ständig vor Augen lernt er das sicherlich nicht. Diese Drohungen mit dem schwarzen Mann treiben ihn im Gegenteil nur noch mehr in seine Abkapselung hin-

75 G. Condrau: Angst und Schuld.., 123.
76 Ebd.

ein" (Hervorh. im Or.)[77]. Richtig besehen handelt es sich auch in diesem letzten Beitrag nicht um ein "Anraten zur Sünde", um einen "Mut zur Schuld". Der Akzent liegt im Satz G.R. Heyers, dass die onanistische Tendenz überwachsen, nicht verdrängt werden sollte. Aehnlich beurteilt Paul *Matussek* die Sache. Er berichtet von einem Fall, bei dem das Prinzip der *"Erweiterung der bewussten Entscheidungsebene"* zur Heilung führte (Hervorh. im Or.)[78].
Etwas darf hier nicht vergessen werden. Wäre Onanie in jedem Fall objektiv schuldhaft, dann wäre nicht einzusehen, wie der Rat G.R. Heyers nicht einem Rat zur Sünde gleichkommen müsste. Würde das nicht bedeuten, dass der Mut zur Sünde (bzw. tatsächliches Sündigen) den Heilungsprozess fördern könnte? Hiesse das nicht dem verwerflichen Grundsatz huldigen, dass der Zweck die Mittel heiligt? Eine Lösung ist nur möglich, wenn die Onanie nicht immer und in jedem Fall Sünde sein muss, wenn sie als Stadium in einem Entwicklungsprozess durchaus toleriert werden kann. (Diese Ansicht haben wir schon im Zusammenhang mit S. Freud geäussert.) Sie kann toleriert werden (ein Anraten wird in der Regel auch therapeutisch falsch sein), wenn dadurch die Heilung, d.h. die Ueberwindung, das Ueberwachsen der Onanie erst möglich gemacht wird, zumal der Klient ja diese Intention auch selber mitbringt. Es kann sich also keineswegs darum handeln, zu einer formellen Sünde zu ermutigen. So etwas wäre in der Tat "widersinnig und unsittlich". Was konkret "Mut zur Schuld" bedeuten soll, kann gut am Beispiel des Melancholikers abgelesen werden. Ein Melancholiker sagt etwa: Weil ich nur für mich gesorgt habe, deshalb bin ich in Schuld gekommen. Sein Traum hingegen zeigt ein ganz anderes Bild: Er ist in Schuld gekommen, weil er zu unbesehen für andere gesorgt hat[79]. Die Bindung an äussere Forderungen (Ueber-Ich, Vater-Instanz) ist so gross, dass jedes (berechtigte) Anders-Wollen schon als Schuld erlebt wird. Wilhelm Kütemeyer berichtet von einem solchen Fall und stellt fest: "Indem der Patient sich seiner 'entsetzlichen Schuld' wegen anklagte, setzte er besonders kräftig die in ihr völlig verborgene Schuld fort. Und diese hatte einen im Verhältnis zur 'Schuld' entgegengesetzten Charakter"[80]. Dieser Patient musste, laut W. Kütemeyer, "das Böse tun", d.h. er musste das tun, was er für böse hielt, denn was als das Verderbliche erschien, war das Heilsame[81].

---

77 G.R. Heyer: Praktische Seelenheilkunde, 150 und 153.
78 P. Matussek: Metaphysische Probleme.., 89.
79 Vgl. W. Kütemeyer: Körpergeschehen und Psychose, 39 und 49.
80 W. Kütemeyer: Die Krankheit in ihrer Menschlichkeit, 88; vgl. Körpergeschehen und Psychose, 53.
81 Körpergeschehen und Psychose, 101f.

Heisst das nun nicht, so kann man auch bei diesem Beispiel fragen, der Klient werde zur Sünde angehalten, er müsse sündigen, um die seelische Gesundheit zu erlangen? Das wäre tatsächlich der Fall, wenn der Patient gegen seine tiefste Ueberzeugung handeln müsste. So etwas kann aber offensichtlich nicht verlangt werden. Nicht ein Handeln gegen die eigene Ueberzeugung ist verlangt. Der Patient soll vielmehr eine bessere Einsicht, eine bessere Ueberzeugung gewinnen, seine jetzige Haltung als verfehlt anerkennen. Was ihm als böse erscheint, soll er als das in Wirklichkeit Gute erkennen und auch tun. Der Ausdruck "das Böse tun" ist zu kurz und insofern nicht korrekt, er müsste in voller Schreibweise etwa so lauten: Das vermeintlich Böse als das in Wirklichkeit Gute erkennen und dieses Gute tun. Hinter der kurzen Formel steht richtig besehen ein Prozess, ein Bewusstwerden und Umsinnen. Subjektiv liegt dahinter der Uebergang vom starren Ueber-Ich, dem Moralgewissen, zum Reifungsgewissen, objektiv der Uebergang von der starren, sinnentleerten Gesetzesmoral zur wahren Seins- und Liebesethik. Die Ausdrücke "Mut zur Schuld", "Annahme des Bösen" und "Annahme der Schuld" können verschiedene Bedeutungen haben, welche aber in einem inneren Zusammenhang stehen, wie:

1) Annahme der nicht gelebten, aber zum Menschsein gehörigen Lebensbereiche.
2) Den Mut, mit den übernommenen Normen und Moralvorstellungen wenn nötig zu brechen; zu prüfen, ob die überlieferten Gesetze und Massstäbe noch richtungsweisend sind, oder ob eine neue Interpretation nottut. Dazu gehört der Mut, eine (falsch verstandene) Gehorsamsethik aufzugeben, eine kindliche Elternbeziehung und -abhängigkeit zu überwinden, auch dann noch, wenn so den Eltern (oder andern Instanzen) eine Enttäuschung nicht erspart werden kann.
3) Mut zum Leben, zum Risiko, zum Neuen, d.h. Mut, vertraute Sicherungen aufzugeben, Mut zur Entscheidung, zur Uebernahme von Freiheit und Verantwortung, ja sogar zur Einsamkeit im Gewissensgehorsam.
4) Mut zur Einsicht in die eigene (existentielle und sittliche) Schuld, bzw. Annahme der Schuld als Grundbefindlichkeit des Menschseins. Diese Annahme verhindert sowohl ein Erzwingenwollen der Vollkommenheit wie auch die Schuldprojektion (Pharisäismus) und andere Formen der Schuldentlastung.

Die Annahme der Schuld als Schicksal ist jedoch nicht zu verwechseln mit einem Schuldzwang. In diesem Sinne kann einem Satz wie: "Folgt der Mensch dem Moralgewissen, so wird er schuldig vor seinem Reifungsgewissen, folgt er dem Reifungsgewissen, so gerät er in Schuld vor dem Moralgewissen" (J. Herzog-Dürck)[82] theologischerseits nicht zugestimmt

82 J. Herzog-Dürck: Die Arbeit der Seele, 95.

werden, denn *letztlich* verpflichtende Forderungen können sich nicht widersprechen, so schwer es im Einzelfall auch sein mag, die eigentlich verpflichtende sittliche Forderung zu erkennen, zu erkennen, ob, wo und wann eine echte Gewissensforderung vorliegt.
Zusammenfassend können wir festhalten, dass es dem Psychotherapeuten nicht um das geht, was die Theologie zu Recht ablehnt: Ein vorsätzliches Wollen der Sünde qua Sünde. Der Ausdruck "Mut zur Schuld" lässt sich kurz kennzeichnen als "Mut zur Uebernahme von Verantwortung".

5. Die Schuldüberwindung - Psychotherapie und Beichte

a) Problemstellung

Wenn irgendwo der Unterschied, die Diskrepanz zwischen Theologie und Psychotherapie spürbar wird, dann sicherlich in der Frage, wie der Mensch sich zur Schuld zu verhalten habe, ob und wie er die Schuld bewältigen, überwinden könne.
Stand die Psychotherapie anfänglich im Verdacht, entweder die Schuld zu verharmlosen oder andernfalls eine Selbsterlösung von der Schuld her zu lehren, so scheint sie heute, zumindest in anthropologischer Ausprägung, eine radikal andere Position einzunehmen, indem sie in der Schuld ein Existential zu erkennen glaubt und in der Schuldannahme einen dem Menschen notwendigen Auftrag erblickt. Nicht eine Schuldüberwindung, vielmehr Annahme und tapferes Tragen der Schuld wird uns als Ziel der Therapie vorgestellt. Demgegenüber hält die Theologie daran fest, dass nicht die Schuld, sondern die Erlösung das Letzte sei, welche Erlösung der Mensch aber als Gnadengeschenk Gottes empfangen müsse und dürfe, dass gerade die Schuld den Menschen auf Gott verweise und jede Selbsterlösung zunichte mache.
Der Unterschied soll an einer Gegenüberstellung belegt werden. Je ein Vertreter der Psychotherapie und der Theologie äussern sich zum Thema "Schuld und Sühne". Die Schlussworte beider Vorträge sind bezeichnend. Von katholischer Seite sagt Josef Bommer: "Alle Sündentheologie muss einmünden in die Erlösungstheologie"[83]. Auf der andern Seite spricht G. Condrau aus psychotherapeutischer Sicht und erklärt am Schluss seiner Ausführungen u.a.: "Mancher erhofft sich vom Seelsorger Trost, Hilfe und Erlösung, ohne dass er sich selbst als ganzer Mensch in Frage stellen muss. Er mag sich als Schuldiger bekennen und bereit sein, Sühne und Strafe auf sich zu nehmen, aber nicht bereit, seine Schuldgefühle in seinen persönlichsten und unbewussten Wurzeln zu erfassen und zu verstehen. Es ist einfacher, einen wohl definierbaren Sündenfall, einen

---

83 J. Bommer - G. Condrau: Schuld und Sühne, 53.

Verstoss gegen das Gesetz Gottes oder der Kirche zu bekennen, als sich mit der viel quälenderen, unbestimmten, existentiellen Schuldhaftigkeit auseinanderzusetzen. Andere wiederum suchen den Weg zum Psychotherapeuten im Glauben an die vollständige und hemmungslos freisetzende Wertfreiheit der Wissenschaft, im Glauben an die vollständige unvermeidliche 'Entschuldigung' - denn wo Schuld zur Krankheit wird, ist ja scheinbar die persönliche Verantwortung ausgeschlossen. Nicht selten wird dann eigene Schuldhaftigkeit der Prägung durch die Um- und Mitwelt, dem verheerenden Einfluss ungünstiger familiärer, sozialer und gesellschaftlicher Konstellationen zugeschrieben... Die Psychotherapie glaubte einmal, den Menschen schuldfrei machen zu können. Dieser Traum jedoch ist ausgeträumt..."[84].

G. Condrau weist darauf hin, dass selbst Schuldbekenntnis und Schuldlösung in der Kirche eine Form der *Schuldentlastung* sein können, dann nämlich, wenn ihnen ein moralisches Schuldverständnis zugrunde liegt. Im Anschluss an Gustav Bally erklärt unser Autor, dass die Psychotherapie den Menschen nicht schuldfrei machen könne, sie mache ihn mit andern Worten schuldbewusst, sie helfe dem Patienten, "seine persönliche Schuldhaftigkeit anzunehmen als zu seiner persönlichen Lebensstruktur gehörend"[85].

Wie verhalten sich die beiden Aussagen aus Psychotherapie und Theologie zueinander? Ein erster Blick legt die Vermutung nahe, die Psychotherapie würde dem Menschen seine Schuld bewusst machen, die Seelsorge müsste jedoch nicht dabei stehen bleiben, sondern könne darüber hinaus den Menschen auch von seiner Schuld freisprechen. So gesehen hätte die Psychotherapie nur eine vorbereitende Funktion. Der Fall, wo "der Arzt seinen Patienten Gott bzw. jenen zuführen sollte, die die Macht haben, ihm an Gottes Stelle die Schuld selber abzunehmen" (Pius XII.)[86], wäre dann vom Ausnahmefall zum Normalfall geworden.

Ist die hier geäusserte Vermutung richtig, oder trägt sie nicht doch den verschiedenen Aussageebenen und Aufgabenbereichen von Theologie und Psychotherapie zuwenig Rechnung? Wir können den zu behandelnden Problemkreis auf drei Themen verteilen:

1) Gibt es auch eine Schuldlösung in der Psychotherapie?
2) Was ist in der Theologie mit Schuldbefreiung und Erlösung gemeint?
3) Divergenz und Konvergenz der beiden Standpunkte.

---

84 A.a.O. 76f.
85 A.a.O. 74.
86 Vgl. oben 9.

b) Schuldbefreiung in der Psychotherapie

In der Schuldannahme haben wir ein wesentliches Postulat der Psychotherapie erkannt. Schuldannahme aber ist das Gegenteil von Schuldbefreiung, und somit scheint es unmöglich und unzulässig zu sein, innerhalb der Psychotherapie von einer Schuldbefreiung zu sprechen.
Es könnte aber sein, dass mit dem Ausdruck "Schuldannahme" noch nicht die ganze Wirklichkeit ausgesagt ist, dass dieser Ausdruck somit den Raum offenliesse für eine noch näher zu bestimmende Form von "Schuldbefreiung". Es müsste sich dann zeigen, dass den Begriffen "Schuldannahme" und "Schuldbefreiung" eine relative Gültigkeit in bezug auf das Ganze des therapeutischen Geschehens zukommt. Es gilt zu untersuchen, ob und inwiefern dieses Geschehen eine solche Lösungsmöglichkeit zulässt, wenn nicht gar erheischt.
Ein Blick zurück auf die bisherige Untersuchung genügt, um zu erhellen, dass letztere Möglichkeit in der Tat der Sache gerecht wird. Bereits von S. Freud hörten wir die Mahnung, "dem Leben die Schuld abzutragen, mit der wir von unserer Geburt an belastet sind"[87]. Die Schuld als ein Debitum, so sagt hier Freud, gelte es im Laufe des Lebens abzutragen. Wir dürfen hier den Begriff Debitum einfügen, da die Nähe zum daseinsanalytischen Schuldverständnis in dieser Aussage unverkennbar ist. So sehr nun in der Daseinsanalyse die Schuldannahme betont wird, auch sie kennt ein "Grösser-" bzw. "Kleiner-Werden" der existentiellen Schuld[88]. G. Condrau spricht sogar von einer "Ueberwindung" der "existentiellen Schuldigkeit"[89]. Diese Schuld-Ueberwindung bzw. -Minderung muss so verstanden werden, dass in der Beziehung zum Therapeuten der Ruf des Reifungsgewissens vernommen und ihm entsprochen wird, dass bislang verleugnete oder vernachlässigte Lebensmöglichkeiten erkannt und zum Austrag gebracht werden. Streng genommen kann die existentielle Schuld nicht "überwunden" werden, weil der Auftrag der Selbstverwirklichung dem Menschen bis zu seinem Tod nicht abgenommen wird, "weil es ihm nie gelingt, sein Selbst restlos zu verwirklichen"[90]. Existentiell schuldig in einem engeren Sinn wird der Mensch aber, wenn er den Ruf zur Selbstverwirklichung nicht wahrnimmt oder falsch interpretiert. Diese Schuld und die mit ihr zusammenhängenden Schuldgefühle zu überwinden, ist nun offenbar die eigentliche Aufgabe der Therapie.
Wie aber, wenn sich ein Mensch dem Gewissensanspruch wissentlich und willentlich verschliesst? Hier hätten wir den Fall einer sittlichen Schuld, jener Schuld, die der Theologe vordringlich meint, wenn er von

---

87 Oben 87.
88 Vgl. G. Condrau: Angst und Schuld.., 151.
89 J. Bommer - G. Condrau: Schuld und Sühne, 70.
90 A.a.O. 67.

Schuld spricht. Fällt auch diese Schuld noch in den Zuständigkeitsbereich des Therapeuten?
Die Frage wird zunächst verneinend zu beantworten sein. Wir wissen, dass mit der Uebernahme von Freiheit und Verantwortung des Klienten die Therapie ans Ziel gekommen ist, unabhängig davon, ob nun von der Befähigung zum sittlichen Handeln positiv oder negativ Gebrauch gemacht wird. Anderseits aber scheint damit das Ende der Therapie nicht genügend charakterisiert zu sein. Es sei daran erinnert, dass wiederholt als Ziel der Therapie die Liebe angeführt wurde. Mit Liebe, auch wenn abgeschwächt als Lieben-*können* verstanden, ist doch wohl mehr gemeint als ein blosses Können des Einen (Guten) oder des Andern (Bösen). Die Freiheit, von der die Rede war, ist demnach schon eine qualifizierte Freiheit, nicht nur Freiheit, sich fürs Gute oder Böse entscheiden zu können, sondern ist vielmehr und wesentlich Freiheit zum Guten. Wenn dem so ist, hat dann die Therapie nicht auch eine sittliche Dimension?
Wie bereits angedeutet, kann diese Frage am besten von der Tatsache angegangen werden, dass in anthropologisch-personaler Deutung die psychotherapeutische Aufgabe in einem Liebenlehren besteht. Neurose ist, wie J. Herzog-Dürck formuliert, "*Nicht-lieben-können*, nicht sich selbst, nicht den Nächsten und nicht Gott Lieben-können" (Hervor. im Or.)[91]. Offenbar liegt hier der Akzent auf dem "Können" und nicht auf dem "Wollen", was besagt, dass hier primär nicht eine sittliche Schuld gemeint ist, sondern das, was mit dem Ausdruck "existentielle Schuld" zu umschreiben versucht wird. Wir konnten jedoch feststellen - was allerdings wegen der Unschärfe der hier verwendeten Schuldbegriffe nicht leicht war -, dass in dieser tiefenpsychologischen Schuld auch eine sittliche Schuld impliziert ist, dass mit andern Worten in diesem Nicht-Lieben-können auch ein volitives Moment steckt.
Wir wollen jetzt versuchen, die Frage, ob es in der Psychotherapie auch eine Schuldüberwindung gibt, differenzierter zu beantworten. Die existentielle Schuld im strengen Sinn "eines unentrinnbaren Zurückbleibens hinter dem Vollzug aller welterschliessenden Lebensmöglichkeiten" kann nicht überwunden werden. *"Es kann also niemals Ziel einer Psychotherapie sein, alle menschliche Schuld aus der Welt zu schaffen und dem Menschen Schuldlosigkeit in Aussicht zu stellen"* (Hervor. im Or.). "Vielmehr ist es", wie G. Condrau ausführt, "das Anliegen der Psychotherapie, den Menschen erkennen zu lassen, was er seinem eigenen Wesen an Tun und Lassen schuldet und zu verantworten hat"[92]. Die exi-

---

91 Vgl. oben 296.
92 J. Bommer - G. Condrau: Schuld und Sühne, 68f.

stentielle Schuld als Debitum, als Schuldigkeit, kann nicht überwunden, sie muss ganz im Gegenteil bewusst gemacht und angenommen werden. Annahme dieser Schuldigkeit heisst mit andern Worten: Annahme des Rufes, Annahme des Auftrages zur Selbstverwirklichung.
Diese Schuldannahme impliziert zwei Möglichkeiten der Schuldüberwindung. Die erste liegt in der Tatsache, dass bislang abgewehrte Daseinsbereiche neu erschlossen und gelebt werden können. Paradox formuliert heisst das: Schuldüberwindung durch Schuldannahme, durch Annahme wesentlichen Schuldigseins. Die zweite Möglichkeit der Schuldüberwindung ist eng mit der ersten liiert und wird aus der Tatsache erhellt, dass es Schuld - materieller oder formeller Art - bedeutet, die Annahme des wesentlichen Schuldigseins zu verweigern. In dem Masse die Forderung nach Selbstverwirklichung und Liebe bewusst entweder überhört und niedergehalten oder ihr nicht entsprochen wurde, liegt sittliche Schuld vor. So unleugbar der Schuldanteil von Anlage und Milieu auch ist, der Analysand muss - wie uns besonders die Untersuchung der anthropologisch ausgerichteten Schulen gezeigt hat - lernen, je eigene sittliche Schuld einzuräumen. Mit der Uebernahme von Freiheit und Verantwortung wird eigene sittliche Schuld sichtbar, sie wird aber auch (und erst) tragbar aufgrund der Liebe, die zu lernen ja ebenfalls Ziel der Therapie ist.
Von der sittlichen Schuld wird der Analysand nicht "losgesprochen", er wird aber trotz und mit dieser Schuld vom Therapeuten ernst genommen und angenommen. Der Analysand lernt in der Beziehung zum Arzt die Selbstannahme, sogar angesichts seiner eigenen Schuld - so wie auch die Annahme der andern Menschen in ihrer je eigenen Schuld. Die Liebe ist es, welche diese Annahme ermöglicht, sie muss auch vergebende und versöhnende Liebe sein, ja in der Vergebung zeigt sie ihre wahre Grösse.
Vergebung und Verzeihung sind nicht mit Schuld*entlastung* gleichzusetzen, sie meinen nicht "pure Auslöschung menschlicher Schuld" (J. Herzog-Dürck), sondern Liebe zum Menschen trotz seiner Schuld. Obschon die sittliche Schuld das schlechthin Sinnwidrige, Nicht-Sein-Sollende ist, sie besteht doch. Es gibt aber Vergebung und Versöhnung, die Möglichkeit der Wandlung, einen "Weg" von der Schuld und ein "Hin" zur Liebe. In dem Masse die Therapie zu Vergebung und Liebe hinführt, in dem Masse verhilft sie auch zur Schuldüberwindung, die im Wesentlichen gerade in der Annahme menschlicher Schuld besteht. Geht dem Menschen diese Dimension seines Daseins auf, dann hat er die Schuld qua Grundbedingung im Sinne Herzog-Dürcks angenommen. Dann kann er trotz der Schuld vertrauen, hoffen und lieben, denn er hat die Schuld hineingeholt in die Geheimnistiefe der menschlichen Existenz.

c) Die Schuldvergebung in der Kirche

Die Möglichkeit der Schuldvergebung ist ohne Frage eine fundamentale Wahrheit des christlichen Glaubens. Für den Glaubenden ist Schuldvergebung mehr als blosse Möglichkeit, sie ist Tatsache, weil von Gott selber zugesagt. Gott vergibt die Schuld, und wie Schuld aufgrund der Gottbezogenheit des Menschen immer auch Schuld vor Gott, eben Sünde ist, so ist Schuldvergebung auch nur von Gott her möglich, zumal die Schuldverfallenheit in christlicher Sicht das Dasein des Menschen so radikal betrifft, dass jede Selbst-Erlösung unmöglich wird. Wo in der Theologie von Schuldvergebung die Rede ist, da geht es nicht nur und nicht vordringlich um ein "Verzeihen" einzelner schuldhafter Taten, es geht um die Veränderung der menschlichen Existenz schlechthin. Schuldvergebung als Erlösung bedeutet dann Ueberwindung des heil-losen, gottfernen Zustandes, in dem sich der Mensch unvermeidlich vorfindet. Schuldvergebung beinhaltet insofern auch eine Neu-Schöpfung. Gott nimmt gegenüber dem "Nein" der Kreatur seine (erbarmende) Liebe nicht zurück, er teilt sich selbst, sein göttliches Leben (in der sog. heiligmachenden Gnade) dem Menschen mit, wodurch dieser gerecht, zum Kinde Gottes gemacht wird. Vergöttlichung und Vergebung sind "zwei faktisch *immer* verbundene Momente der einen göttlichen Selbstmitteilung in der ungeschaffenen Gnade an die Welt, die innerhalb ihres einen geschichtlichen Ganges die Schuld umfasst, um in ihrer Ueberwindung sich als die grössere Liebe zu erweisen" (K. Rahner) (Hervorh. im Or.)[93]. Versöhnung mit Gott, Erlösung und Schuldvergebung sind Stiftung Gottes, der Mensch kann nicht anders, als sie empfangen, wobei diese Annahme als rechtfertigendes Tun des Menschen (metanoia, Umkehr zu Gott) nochmals Gnade Gottes ist.
Damit hier nicht mythisch-kategorial von "Gottes Vergebung" gesprochen wird, können wir vielleicht sagen, dass göttliche Vergebung so verstanden werden kann: Der kategorial unausweichlich schuldige Mensch ist transzendent trotzdem "heil", d.h. des Guten und der Vollendung fähig. Gottes Vergebung besagt nicht ein göttliches Dekret, sondern die Tatsache, dass der Mensch sich in einer erlösten Verfassung vorfindet und dort, wo er sich von seiner schuldhaften Haltung distanziert, der ermöglichende Hintergrund Gottes Huld selber ist - Gott, der dem Menschen nicht das Heil entzieht. Damit ist gesagt, dass Gott, der Sünde vergibt, dem Menschen eine neue Zukunft eröffnet, totale Neuanfänge möglich macht, da durch Jesus Christus alles neu geworden ist.

---

93 K. Rahner: "Erlösung", 200.

Für das christliche Glaubensverständnis eigentümlich ist nun, dass der Heilswille Gottes und seine vergebend-heiligende Selbstmitteilung nicht "senkrecht von oben" an den Menschen gerichtet ist, sondern in absoluter Initiative von Gott (dem Vater) ausgehend, ganz an die historische Person Jesu und dessen Werk gebunden ist. Dieser Jesus verkündet das Hineinbrechen der Königsherrschaft Gottes, er versteht sich selber als eschatologischen Propheten und als die zur personalen Entscheidung herausfordernde Heilsgestalt. (Vgl. u.a. Lk 12,8f; Mk 2, 1-12; Lk 22, 27; Lk 22,20 = 1 Kor 11,25)
Vollends nach der Auferweckung und Erhöhung Jesu wird dessen Leben und Sterben (in Anlehnung an das 4. Ebedlied Jes 53,12) von der Urgemeinde soteriologisch bestimmt. Im Wort zum Kelch beim Abschiedsmahl Jesu (nach Mk 14,24 und Mt 26,28) wird dies deutlich: Das ist mein Blut (des Bundes), das für viele vergossen wird - und Mt fügt noch hinzu: zur Vergebung der Sünden. Schon in der literarisch wohl ältesten Fassung (Lk 22,20)[94] ist das soteriologische Moment unverkennbar, wenn es heisst: "Dieser Becher ist der Neue Bund, kraft meines Blutes", d.h. aufgrund meines Todes. Der Becher wird hier mit dem Bund gleichgesetzt, wer aus dem Becher trinkt, nimmt teil am "neuen" (Vgl. Jer 31,31) Bund, an der eschatologischen Vollendung des (Sinai)-Bundes. Mit andern Worten: Der Tod Jesu, seine totale Uebereignung an Gott den Vater begründet und bewirkt einen neuen, den endgültigen und unwiderruflichen Bund Gottes mit den Menschen und damit der letzteren Erlösung und Teilhabe am eschatologischen Heil. Wer (mittels des Bechers) teil hat an der Todeshingabe Jesu (d.h. in derselben Existenzrelation zu Gott steht wie Jesus), der kommt ins Heil, der wird bestehen können beim letzten Gericht und mit Christus am himmlischen Tische sitzen dürfen, im Reiche des Vaters. Beim Abschiedsmahl Jesu mit seinen Jüngern bzw. bei dessen Gedächtnisbegehung in der Eucharistie wird also die im Tod und in der Verherrlichung vollendete Hingabe Christi mächtig über die Feiernden; diese werden hineingenommen in die Uebereignung Jesu an den Vater.
Was in der Eucharistie immer wieder neu vollzogen wird, geschieht, gleichsam als Initiation, erstmalig in der Taufe, dem Sakrament des Glaubens, welches den Menschen unter die Namensmacht Christi stellt, ihn reinigt von der Schuld und ihm das pneumatische Leben vermittelt: "Ihr seid gewaschen, seid geheiligt, seid gerecht gemacht durch den Namen des Kyrios Jesus Christus und durch das Pneuma unseres Gottes". (1 Kor 6,11) Die Taufe ist der Vorgang, in dem das im Tode Christi Geschehene die Existenz des einzelnen Menschen ergreift und umgestaltet.

---

94 So nach H. Kahlefelds Vorlesungen am Institut für Katechetik und Homiletik in München (1964 - 1966).

(2 Kor 5,14) In der Taufe wird der Mensch mit Christus "mitbegraben - miterweckt, - mitlebendiggemacht" (Kol 2, 12-13) vgl. Röm 6,3-12. Da die Taufe Todes- und Lebensgemeinschaft mit Christus, die Inkorporierung in Jesus Christus und die Eingliederung in die Kirche als dessen Leib bezeichnet und bewirkt, ist die Taufe wesentlich das Sakrament "zur Vergebung der Sünden". In der erneuerten Existenz des Getauften ist die eschatologische Vollendung, der neue Aeon im alten Aeon mächtig geworden, die neue Existenz besitzt damit die Gewähr des eschatologischen Heils, bleibt aber zugleich in der viatorischen Angefochtenheit und ist immer noch der Gefahr ausgeliefert, erneut der Sündenmacht zu verfallen, sie steht somit in der Spannung zwischen Indikativ und Imperativ. "Die Christus angezogen *haben*", (Gal 3,27), "*sollen* Ihn anziehen" (Röm 13,14; Gal 5,25 u.a.). Immer noch ist die Möglichkeit gegeben, dass der Christ sich in der sog. Todsünde erneut von Gott abwendet und des neuen Lebens verlustig geht. Die Begnadigung durch Christus geschieht nicht automatisch über die Freiheit hinweg, der Freiheit ist erst, aufgrund des neuen Lebensprinzips, die Kraft, die reale Möglichkeit gegeben, zur Freiheit der Liebeshingabe an Gott und den Nächsten zu gelangen und alle Vermögen und Dimensionen in diese Liebe hineinzuintegrieren. Die Tatsache der Unintergriertheit wird in der traditionellen Theologie mit dem Begriff der Konkupiszenz (Begierde, Begierlichkeit) zum Ausdruck gebracht, die als Folge (bzw. materielles Element) der Erbsünde mit der Taufe nicht einfach verschwindet, obschon sie als ein Nichtseinsollendes erfahren wird (ohne deswegen schon Sünde zu sein) und die Rechtfertigungsgnade ihrem Wesen nach auf deren Ueberwindung tendiert.

An dieser Stelle, wo vom ständigen Angefochtensein des Christen die Rede ist, hat auch das Buss-Sakrament, das Sakrament der Reue, seinen Ort. Es kommt dann "zum Zuge", wenn ein Christ sich durch die schwere Sünde, welche die Taufgnade zerstört, von der Gemeinschaft der Kirche ausschliesst (er wurde ursprünglich unter Umständen von der amtlichen Kirche "gebannt", "gebunden", vgl. Mt 18,15-18) und durch Bekenntnis und Reue sich wieder mit der Kirche und damit mit Gott versöhnen muss[95]. Neben Reue und Bekenntnis gehört zum Buss-Sakrament von Seiten des Pönitenten auch die Genugtuung. Mit der Schuldvergebung nach der Taufe ist nicht auch schon jede Schuldfolge und Sündenstrafe nachgelassen. Werden die Sündenstrafen - wie Karl Rahner vorschlägt - "als konnaturale Folgen (und deren Auswirkungen) der sündigen Entscheidung des Menschen in all seinen inneren und äusseren Dimensionen betrachtet, die durch die Umkehr im Kern der Person noch nicht einfach beseitigt

---

95 Einen guten Ueberblick über Inhalt und Form des Bussakramentes gibt: J. Bommer - T. Rast: Beichtprobleme heute.

sind, ist das Verständnis dafür naheliegend, dass die völlige Ueberwindung der Sünde mehr als blosse Reue und Versöhnung mit Gott im Kern der Person fordert und alle Gnade auch des Sakramentes gerade die Kraft und Verpflichtung bedeutet, die *ganze* durch die Sünde geschädigte Wirklichkeit des Menschen in einem echten Bussetun in die neue Grundentscheidung des Menschen hineinzuintegrieren und so jene 'Liebe' zu gewinnen, der wirklich *alles* vergeben wird" (Hervorh. im Or.)[96].

Neben den schweren Sünden können auch die "lässlichen" Sünden Gegenstand der Beichte sein. Obschon sie nicht von der Kirche distanzieren, bedeuten sie eine "(wenn auch nur analog vergleichbare) Schädigung der Kirche... weil Minderung des fervor caritatis, der für den ganzen Leib der Kirche wichtig ist" (K. Rahner)[97]. Auch die lässliche Sünde ist ernst zu nehmen, sie qualifiziert auch den Gerechtfertigten als "Sünder", zumal der Einzelne ja nie mit Sicherheit wissen kann, ob scheinbar geringfügige Fehler nicht doch Zeichen einer inneren Abkehr von Gott sind. Zudem wird durch die Andachtsbeichte "die rechte Selbsterkenntnis gefördert, die christliche Demut vertieft, die sittliche Schwäche an der Wurzel gefasst, die geistliche Nachlässigkeit und Lauheit bekämpft, das Gewissen gereinigt, der Wille gestärkt, eine heilsame Seelenleitung ermöglicht und kraft des Sakramentes die Gnade vermehrt" (J. Obernhumer)[98].

In der neueren Theologie wird auch vermehrt die Gefahr des Sakramentalismus gesehen und zugestanden, dass nicht eine möglichst grosse Häufigkeit der Beichte auch schon das Bessere, Optimale, sein muss. Die Häufigkeit ist abhängig von den verschiedenen individuellen Möglichkeiten. Nicht die Anzahl entscheidet über die Güte der Beichte, sondern die personale Tiefe von Reue und Liebe. Die Zeit nach der Reformation hat eine Einseitigkeit im Bussverständnis mit sich gebracht. Timotheus Rast stellt fest: "Die Beichte wird weitgehend zum All- und Alleinheilmittel der Sündenvergebung. Zwar sprechen die Theologen bei der vollkommenen Reue von deren sündentilgenden Kraft, erheben aber im gleichen Atemzug, weil sie fast selbstverständlich vorwiegend an die schwere Sünde denken, sofort die Forderung nach dem Sündenbekenntnis, das 'in voto' (im Versprechen) bereits die vollkommene Reue begleiten muss". Und er fährt fort: "Tillmann spricht ganz richtig von einem Misstrauen gegen die vollkommene Reue, das aufgekommen ist. Der Glaube der katholischen Christen an die Sündenvergebung ist heute noch weitgehend an die Beichte gebunden. Vielleicht ist sogar... ihr Glaube an

---

96 K. Rahner: "Buss-Sakrament", 837.
97 A.a.O. 836.
98 J. Obernhumer: "Andachtsbeichte", in: LThK Bd. 1, 504; vgl. auch: Felix Funke: Christliche Existenz zwischen Sünde und Rechtfertigung. Das Problem der Andachtsbeichte in der modernen Theologie, Mainz 1969.

das Sagen und Gesagthaben der Sünden grösser als der Glaube an den verzeihungsbereiten, allzeit barmherzigen Gott"[99]. Ohne Zweifel ist heutzutage die Häufigkeit der sakramentalen Beichte stark zurückgegangen. Man mag diese Entwicklung bedauern und darin einen Verlust des Sündenbewusstseins des heutigen Menschen und einen schleichenden Abfall von der Kirche erblicken. Man kann darin aber auch eine Reaktion auf einen lange Zeit verbreiteten Sakramentalismus sehen und dies als ein Zeichen der Erneuerung, der Personalisierung des Buss-Sakramentes, werten. Die Beichte ist das Sakrament der Reue, der Umkehr; sie kann demnach nur dort personal vollzogen werden, wo echte Reue, die Notwendigkeit der Umkehr, wirklich existentiell erfahren wird. Diese Erfahrung lässt sich nicht "auf Kommando" bewerkstelligen, sie ist nicht zu jeder beliebigen Zeit möglich. Immerhin, so scheint es, wären heute dem Christen drei Dinge vermehrt ins Bewusstsein zu bringen:

1) "Christsein kommt nur dadurch zustande, dass der Mensch sein Dasein herumwendet, sich abwendet von der Selbstzufriedenheit des blossen Dahinlebens und sich 'bekehrt'". Die Taufe ist "als Anfang einer lebenslangen Bekehrung, das grundlegende Vorzeichen einer christlichen Existenz" (J. Ratzinger)[100].
2) Sünde und Vergebung haben eine theologisch-christologische Dimension. Die Schuld des Menschen "trifft" aufgrund seines transzendentalen Wesens immer auch Gott. Zu Umkehr und neuer, sei es auch "nur" intensiverer, totalerer Hinwendung zu Gott ist er dauernd gefordert. Aufgrund des bleibenden Liebeswillens Gottes und kraft der Liebeshingabe Jesu Christi ist er dazu aber auch ermächtigt.
3) Sünde und Vergebung haben einen ekklesiologischen Aspekt. Die Kirche als Gemeinschaft der Erlösten und Erlösenden ist auch die Kirche der Vergebenden. Die Vergebung wird zwar besonders sichtbar im Sakrament der Busse, aber nicht erst dort.

Wie die Jünger Christi Mittler der Gnade sind, so sind sie auch zur Vergebung der Sünden ermächtigt[101]. Ohne Vergebungsbereitschaft wird auch das Buss-Sakrament sinnlos. Es gilt hier analog, was vom Brudermahl gesagt ist: "Wenn du zum Altare deine Gabe bringst und dich erinnerst, dass dein Bruder etwas gegen dich hat, so lass deine Gabe vor dem Altare und geh zuerst hin und versöhne dich mit deinem Bruder; dann komm und opfere deine Gabe" (Mt 5,23/24).
Ist es nicht bezeichnend - und aufgrund der Identität von Gottes- und Nächstenliebe gar nicht verwunderlich -, wie sehr im Neuen Testament die Sündenvergebung von Seiten Gottes an die Bedingung geknüpft ist,

---

99 J. Bommer - Th. Rast: Beichtprobleme.., 24.
100 Josef Ratzinger: Einführung in das Christentum, München 1968, 278.
101 Vgl. Hans Küng: Die Kirche, Freiburg-Basel-Wien 1967, 391-397.

dass die Menschen einander die Sünden vergeben. Die Vater-Unser-Bitte weist uns immer wieder darauf hin: "Vergib uns unsere Schuld, wie auch wir vergeben unsern Schuldnern. Und führe uns nicht in Versuchung, sondern erlöse uns von dem Bösen". Matthäus begründet nochmals, indem er fortfährt: "Denn wenn ihr den Menschen ihre Fehler vergebt, so wird euer himmlischer Vater auch euch vergeben; wenn ihr aber den Menschen nicht vergebt, so wird euer Vater auch euch die Fehler nicht vergeben" (Mt 6,12-15)[102]. Offenbar mangelte es schon zur Zeit des Matthäus in der Ekklesia am Geiste der Versöhnung.
Wie damals, so wäre auch heute in erster Linie dieser Geist der Versöhnung im Christen zu wecken. Wurde und wird nicht in Verkündigung und Seelsorge sehr viel Sorge dafür verwendet, die Gläubigen zur häufigen Beichte anzueifern, und dabei zu wenig die fundamentale Voraussetzung der Beichte, die Versöhnungsbereitschaft beachtet?
Falsch wäre es, das eine gegen das andere ausspielen zu wollen, aber man sollte nicht die Rangordnung der Werte missachten. Es ist nicht einzusehen, wie eine Beichte sinnvoll sein kann, wenn nicht schon bereuende und vergebende Liebe im Poenitenten Raum gewonnen hat, es sei denn, diesem ginge es lediglich darum - den Sinn des Sakramentes verdrehend - sich die Gnade oder das ewige Leben zu "sichern".

d) Seelsorge und Psychotherapie im Verhältnis zueinander

Der Umstand, dass sich auch die Psychotherapie mit dem Problem der Schuld auseinandersetzt, zwingt den Theologen zu einer neuen Ueberprüfung seines Schuldverständnisses und macht es notwendig, eine genauere Abgrenzung zwischen Psychotherapie einerseits und Theologie, bzw. priesterlicher Seelsorge anderseits vorzunehmen. Diese Aufgabe würde sich die Theologie zu leicht machen, wenn sie auf dem Vorrecht beharren würde, allein über Schuld und Schuldvergebung etwas Gültiges aussagen zu können und zu dürfen und den Psychotherapeuten einer unberechtigten Grenzüberschreitung bezichtigte, ihm lediglich die Korrektur eines "psychischen Apparates" zugestehen würde. Joachim Scharfenberg macht auf die Gefahr aufmerksam, "dass die christliche Theologie auf die falsche Seite der Frontstellung gerät und mit Zähigkeit Positionen verteidigt, die sich auf die Dauer als unhaltbar erweisen lassen". Er stellt fest: "Die Art vom Stillhalteabkommen, das gleichsam zwischen kritischer Tiefenpsychologie und Seelsorge ausgehandelt worden war, nach dem das kranke, das 'falsch plazierte' (Paul Tillich) Schuldgefühl dem therapeutischen Zugriff ausgeliefert wurde, die

102 Vgl. auch das Gleichnis vom unbarmherzigen Knecht und die Petrus-Frage, wie oft man zu vergeben habe: Mt 18,21-35.

'Existentialschuld' jedoch unangreifbare Domäne der Theologie blieb, scheint an seine Grenzen gekommen zu sein. Wenn ich recht sehe", fährt Scharfenberg fort, "geht es heute bereits um etwas anderes, um die Frage nämlich, inwieweit die Monopolisierung des Schuldproblems, die eine christliche Rechtfertigungstheologie sich meinte anmassen zu können, durch das Auftreten einer säkularisierten Konkurrenz erschüttert erscheint und ob die radikale Lösung des Schuldproblems, die jene, von Paulus herkommend, theoretisch stets intendierte, praktisch aber nie verwirklichte, bei dieser als besser angesehen werden muss"[103].
Um einer falschen Konkurrenzhaltung zu entgehen, muss versucht werden, Gemeinsamkeiten und Verschiedenheiten beider Disziplinen hervorzuheben. Der Versuch einer Abgrenzung von Psychotherapie und Seelsorge ist bereits verschiedentlich angegangen worden. Ein kurzer Ueberblick kann uns dienlich sein, ohne dass wir dabei Vollständigkeit beanspruchen wollen und können.
Als erster Autor sei Philipp *Dessauer* erwähnt. Mit Frankl sieht er das Ziel der Therapie gekommen, wenn der Analysand seine Freiheit und Verantwortung gewonnen hat: "Der Existenzanalyse und damit aller ärztlichen Seelsorge genügt und muss genügen: die Führung des Kranken bis zum radikalen Erlebnis seiner Verantwortung (das würde also bedeuten: die Erfahrung der Freiheit 'Ich kann'). Eine Fortführung der Behandlung darüber hinaus, etwa in die persönliche Sphäre konkreter Entscheidung hinein, kann nach wie vor nur als unzulässig bezeichnet werden..."[104]. Laut Dessauer wäre es eine Täuschung zu meinen, dass dieser Mensch am Ende der Behandlung keine Hilfe mehr nötig habe. "Es wird jetzt nämlich die spezifische, neue Bedürftigkeit bewusst, das Leben vor Gott in Ordnung zu bringen. Es muss also hier die Individualseelsorge helfend bereitstehen"[105]. "Heil der Seele" und "psychische Gesundheit" sind die je verschiedenen Ziele beider Bereiche, "die Sorge für das Heil der Seele und die Sorge für die psychische Gesundheit eines Menschen sind verschiedene Aufgaben, die mit der verschiedenen Zielsetzung auf verschiedenen Realitäten gründen und verschiedene Methoden verlangen"[106].
Ein zentrales Thema sieht Dessauer im Todesverständnis und ineins damit in der Sinngebung des Lebens, welche beide unser Autor allein dem Theologen zugeordnet haben will, wenn er fragt: "Woher aber nimmt eine psychotherapeutische, eine ärztlich psychologische Theorie die Prinzipien zur Lösung der Sinnfrage des Daseins?" Die Antwort dürfte

---

103 J. Scharfenberg: Jenseits des Schuldprinzips? 189f.
104 Ph. Dessauer: Aerztliche Psychotherapie.., 445.
105 Ebd.
106 A.a.O. 446.

klar sein. Gleichgültig woher der Therapeut die Prinzipien nimmt, sicher ist, dass er auf diese Thematik nicht verzichten kann und darf.
Dessauer nimmt auch Stellung zum Verhältnis von analytischer Selbsteröffnung und sakramentalem Schuldbekenntnis. Auch hier will er eine säuberliche Trennung, indem er vor allem die Erfahrbarkeit der psychischen Entlastung einerseits und das Transempirische der Sündenvergebung anderseits betont: "Die Tatsache der kirchlichen Entlastung ist aber im Sakrament der Busse wesentlich transempirisch. Die Erfahrung dieser Entlastung ist eine sekundäre, wenn auch sehr wünschenswerte - häufig früher oder später eintretende Folge"[107]. Für das Sündenbekenntnis sind weder Vollständigkeit des Bekenntnisses noch Vollständigkeit im Selbstverständnis gefordert. "Es kommt vielmehr auf die Lauterkeit der Gesinnung, auf die Ehrlichkeit der Anklage an, auf den Zusammenhang des äussern mit dem inneren Wort, das er (der Beichtende, Verf.) vor dem allwissenden Gott spricht und das heisst: 'Du weisst es. So bin ich!' Die Selbstanklage enthält keine Darlegung psychischer Zusammenhänge. Die Selbsterforschung bezieht sich nicht auf Komplexe und auf jene verdrängten psychischen Gehalte, wie sie nur durch ärztliche Kunst oder vermöge einer besonderen Fähigkeit des inneren Gespürs gehoben werden können"[108]. Das Wesentliche im Sakrament ist die Nachlassung der Schuld vor Gott. "Durch die Lossprechung geschieht das, was der Sünder in Wahrheit und eigentlich anstrebt, nämlich *radikal frei* zu werden von der Schuld vor Gott und wieder in seiner Gnade zu leben. Das andere Freiwerden, die psychische Entlastung oder ein Freiwerden von jenen Folgen der Schuld, die sich im Leben auswirken können, ist wiederum zweitrangig. Das Wichtigste ist allein: im Du zu Gott ist nun kein Hindernis mehr. Der Beichtende ist nun von Gott angenommen, weil er seine Sünde bereut hat und sie dem Gericht Gottes schon jetzt unterworfen hat" (Hervorh. im Or.)[109].
Von diesem Geschehen hebt sich die Therapie deutlich ab: "Die dem Psychotherapeuten in der Analyse sich öffnende Psyche hat zunächst kein anklagendes Wort. Das 'Eingeständnis', das Sprechen von sich selbst, ist zunächst nicht getragen von dem Willen, sich zu Gott hinzuwenden, sondern von der Absicht, geheilt zu werden und das Hindernis des Lebens los zu sein. In dem ganzen analytischen Vorgang lebt diese Absicht und prägt ihn. Der Arzt will durchaus nicht Schuld sichtbar werden lassen, Schuld im Sinne von religiöser, moralischer Schuld, die nichts anderes ist als Sünde, Schuld vor Gott". Wenn es geschehen kann, dass subjektive Schuld dem Patienten bewusst wird, "ist für den Arzt der Augenblick

---

107 A.a.O. 447.
108 A.a.O. 448.
109 A.a.O. 448f.

gekommen, auf die Möglichkeiten hinzuweisen, die sich aus diesem Bewusstseinsstand ergeben. Der christliche Arzt wird seinen katholischen Patienten auf das Sakrament der Busse hinweisen, den nichtkatholischen Christen aber wird er darauf aufmerksam machen, dass Christus dem sich zum Vater hinwendenden Menschen die Verzeihung versprochen hat"[110].
Gleichsam in der Mitte zwischen Beichte und Psychotherapie sieht Dessauer den Vorgang der Seelenführung. Hier melden sich "Tatsachen und Umstände" an, "die von der Tiefenpsychologie erforscht werden. Die Seelenführung hat diese Dinge im Auge zu behalten, aber sie wird sie nicht zum selbständigen Thema machen. Sollten sich dabei komplexartige, verselbständigte und durch kluge, behutsame Aussprache nicht klärbare Zusammenhänge herausstellen, dann wird der Seelenführer mit dem Anvertrauten darüber zu Rate gehen, ob ein Fachtherapeut zu Hilfe gezogen werden soll"[111].

Im Unterschied zu Dessauer geschieht die Abgrenzung bei Werner *Schöllgen* etwas nuancierter. Dieser sieht in der echten Reue "eine Analogie zu der psychotherapeutischen Heilung"[112]. Beide tragen den Charakter der Wandlung: "Wie in der Beichte bereits die Gewissenserforschung eingebettet ist in die einheitliche Haltung einer Neuzuwendung zu Gott, so gibt es auch in der Psychotherapie eine übergreifende und die Einzelheiten zur Einheit eines Prozesses verbindende Tendenz zu einer völligen Neuorientierung des Lebens"[113]. Die Analogie hebt die Verschiedenheit nicht auf. Der "fundamentale Unterschied" zwischen Psychoanalyse und dem Bekenntnis in der Beichte ist "offenkundig": "Alles, was das Beichtkind zu sagen hat, trägt den Stempel ethischer Gesinnung, entstammt einem geistig geformten Entschluss, ist in ethischer Betrachtung Wert oder Unwert der sittlichen Ordnung und - als ein Ereignis vor den Augen Gottes - darüber hinaus seinem heiligen Willen entsprechend oder ihm zuwider"[114]. Die Befreiung von der Schuld hat nach Schöllgen durchaus Erlebnis-Charakter, sie bewirkt ein "Glückserlebnis", ein "Glücksgefühl" "in der Tiefenschicht der Seele". "Da das Schwergewicht im Geistigen liegt, muss dementsprechend ein eigentliches, echtes Glückserlebnis diese Erlösung feiern, und seine dem qualitativen Wesen entsprechende Dauer erklärt erst die nachhaltige Wirkung der Beichte..."[115]. Der Beichte fehlt das Kernstück der analytischen Psychologie: "die psychologische Deutung, die Einsichtnahme der individuellen Leidensgründe, die Heraushebung der psychologisch Eigentlichen hinter

110 A.a.O. 449f.
111 A.a.O. 451.
112 W. Schöllgen: Psychotherapie.., 113.
113 A.a.O. 112.
114 A.a.O. 108.
115 A.a.O. 107f.

dem Leiden"[116]. Die Beichte hat es mit Ereignissen in jener Sphäre zu tun, die dem "freien Entschluss unmittelbar zugänglich" sind. "Nur hier, im Reiche der Freiheit, gibt es plötzliche, aber begründete Wandlungen, die ihre Erklärung in sich selbst tragen und einem geistigen Verständnis zugänglich sind"[117]. Im Unterschied dazu ist für den Psychotherapeuten "gerade alles das besonders wichtig und aufschlussreich, was unterhalb und vor der freien Selbstgestaltung liegt... Wenn man die Sachlage mit einem kurzen Satz knapp bezeichnen wollte, so müsste man sagen: die Versuchungen sind dem Psychotherapeuten für die Deutung einer erkrankten Psyche weit aufschlussreicher als die Sünden"[118]. Auch Schöllgen weist auf den sakramentalen Charakter der Lossprechung hin. "Ihre Bedeutung ist durchaus 'sui generis' und nur im Glauben erfassbar. Nur wer sich vor Gott stehen fühlt, kann die Atmosphäre geistiger Freiheit begreifen, in der hier ein Geschenk gnadenvoller Liebe geboten und glücklich angenommen wird"[119]. Die gläubige Haltung von Beichtvater und Pönitent gestatten es, "alle psychologische Vielgeschäftigkeit mit gutem Gewissen aus seiner (des Beichtvaters, Verf.) Seelenführung fernzuhalten und eine Einstellung auf das Ganze des religiösen Lebens, auf den Hunger nach einem letzten metaphysischen Sinn, sich methodisch genügen zu lassen"[120]. Schöllgen weiss aber auch, "dass eben doch erstaunlich viele Menschen innerlich so verbogen und verkrampft sind, so wenig mehr gegenüber allem Höheren aufgeschlossen und formbar, dass auch die göttliche Gnade schon ein Wunder 'contra naturam' leisten müsste, um hier wieder neues vollkommenes Leben in verkrüppeltes und krankes Menschentum zu pflanzen... die Gnade und Führung Gottes fügt sich der Schöpferordnung ein und knüpft an natürliche Leistungen an, so dass von menschlicher Seite erst einmal das Mögliche und Nötige geschehen muss, ehe wir resigniert alles schliesslich der Barmherzigkeit Gottes empfehlen"[121]. Unser Autor sieht in beiden, in Psychotherapie und sakramentaler Beichte, "Wege zur Erlösung von menschlicher Unzulänglichkeit", sie bilden eine Beziehungseinheit wie Natur und übernatürliche Gnade. Aufgrund der "Einheit des Menschenwesens" reichen die heilenden Wirkungen beider Hilfen von ihrem Ansatzpunkt bis weit hinein in das Gebiet des anderen, "als eine Verbindung der Natur mit der Uebernatur"[122].

Fritz *Leist* arbeitet vorwiegend das Gemeinsame von Psychotherapie und Seelsorge heraus. Zunächst stellt er fest, dass "Gegenstand" der Tie-

---

116 A.a.O. 109. (Zitat von A. Kronfeld: Religion und Psychotherapie, in: Zentralblatt für Psychotherapie III, Leipzig 1930, 533.
117 A.a.O. 110.
118 A.a.O. 111.
119 A.a.O. 115.
120 A.a.O. 117.
121 Ebd.
122 A.a.O. 118.

fenpsychologie zwar die "Seele" ist, aber die Seele, die sich als "dieser Mensch verleiblicht hat"[123]. Beide, Psychotherapie und Seelsorge, "wenden sich an den leidenden, kranken und schuldhaften Menschen"[124]. Schuld und Krankheit haben nach F. Leist eine gemeinsame Wurzel: Verlorenheit und Unwahrheit. Die Unwahrheit eines Menschen über sich "besteht stets in der Weigerung, sich zu entdecken, d.h. als Endlichen, Begrenzten, Vergänglichen und Sterblichen anzunehmen"[125]. Der "metaphysische Ursprung" der Krankheit "ist der ständig vollzogene schuldhafte Akt, die Unwahrheit über sich selbst, das Nicht-annehmenwollen seines So-Geschaffenseins"[126]. Diese Unwahrheit "ist der Prozess einer fortwährenden Zersetzung und Zerstörung des Menschen". Die seelische Krankheit ist "das Spiegelbild dieses Geschehnisses". In der Wahrheit steht der Mensch dann, wenn er auf einen letzten, absoluten Bezugspunkt (Gott) gerichtet ist. "Graben wir tief genug vom Erscheinungsbild einer seelischen Krankheit und Not hinab, dann treffen wir auf jene Mitte, wo die Seele nach dem Unbedingten eines Absoluten verlangt"[127]. Aus der Tatsache, dass der Mensch "nur Mensch sein (kann) von Gott her", "allein von ihm aus die Wahrheit über sich"[128] gewinnt, resultiert die gemeinsame Aufgabe von Psychotherapie und Seelsorge: "den Panzer der Verschlossenheit aufzubrechen"[129]. Die Aufgabe einer Psychotherapie, "die von Christen geleistet wird, ist darin zu sehen, den Menschen durch seelische Heilung ansprechbar zu machen. Seltsamerweise ist die mangelnde Ansprechbarkeit im Religiösen zumeist verbunden mit einer menschlichen Kontaktunfähigkeit"[130]. In diesem letzten Satz scheint uns der richtige Ansatzpunkt gefunden zu sein, Die Psychotherapie hat in bezug auf die Seelsorge eine vorbereitende Aufgabe. "Wenn der Mensch soweit geheilt ist, dass er sich ihnen (der Sinn- und Schuldfrage, Verf.) stellen und die bisherige Täuschung über sich annehmen kann, könnte er reif geworden sein, sich der Auseinandersetzung mit dem Christentum zu stellen"[131].

F. Leist erwähnt verschiedene Stellen, wo der Psychotherapeut dem Seelsorger seine Hilfe anzubieten hat: Einer "will sich von Schuld lossprechen lassen, deren wahrem Schuldcharakter er sich verschliesst"[132]. "Ein nicht überwundener Vaterprotest kann zu jenem Hindernis werden, das keine umwandelnde religiöse Erfahrung zu-

---

123 F. Leist: Die Grenzen.., 164.
124 A.a.O. 165.
125 A.a.O. 167.
126 A.a.O. 171.
127 A.a.O. 169.
128 A.a.O. 170.
129 A.a.O. 166.
130 A.a.O. 176.
131 A.a.O. 177.
132 A.a.O. 170.

lässt"[133]. - "Nicht selten suchen verdrängte geschlechtliche Wünsche einen Ersatz in religiöser Betätigung. Dann gewinnt diese eine seltsame Färbung, welche die Frömmigkeitsübungen von sich aus nicht haben. Und zwar ist das Religiöse als Ersatz für nicht gelebte menschliche Aufgaben sowohl innerhalb wie ausserhalb der Ehe zu beobachten... Sentimentalität im Religiösen ist ein Warnzeichen dafür, dass die geschlechtliche Aufgabe mit der religiösen nicht in Einklang steht... Da aber die nichtbewältigte geschlechtliche Aufgabe aus Liebesunfähigkeit oder Lieblosigkeit entsteht, sucht der Mensch in seinem religiösen Tun nicht Gott, sondern sich, missbraucht er die religiösen Uebungen zum Selbstgenuss und verwechselt diesen Selbstgenuss und die daraus entstehenden Stimmungen mit religiöser Erfahrung. Vor diesem Missbrauch ist keine religiöse Uebung, keine seelsorgerliche Bemühung geschützt"... Beichte, Gewissensforschung, Sakramentenempfang sind dann nicht mehr, was sie eigentlich sein sollen, sondern sie werden zu Verfestigung der Unwahrheit über sich[134]. Menschen, die der Pseudofrömmigkeit und der Unwahrheit verfallen sind, gehören laut F. Leist "vorerst ins Sprechzimmer des Psychotherapeuten", aber sie sind deshalb nicht von der Seelsorge auszuschliessen, "sie gehören auch in den Raum des Gottesdienstes, unter die Strahlkraft des Wortes Gottes. Mögen die seelischen Störungen noch so nachhaltig sein, wir können nie sagen, ob nicht doch einmal das Wort als Anruf in die Zerstörung hineintrifft und ihr Leben schafft. Diese Menschen gehören vor allem deshalb unter die Kraft des Wortes Gottes, weil sie immerfort jene Möglichkeit als Heil anbietet, die nur an diesem Ort bereitgestellt werden kann"[135].
Wie Fritz Leist nimmt an der gleichen Tagung der Gemeinschaft "Arzt und Seelsorger" auch Adolf *Köberle* Stellung zum Schuldproblem[136]. Auch er sieht in der Psychotherapie eine Hilfe, besonders in jenen Fällen, wo das Wort der Vergebung keine Wirkung zeigt und das Beichtkind "unverändert mit derselben Not und Verzweiflung zu uns kommt. Man hat sich müde geredet, man hat getröstet und versichert, dass das Alte vergangen ist, dass alle Schuld göttlich vergeben und vergessen ist... Am Ende des Gesprächs tauchen die alten Fragen und Zweifel von neuen auf: für mich gibt es keine Vergebung"[137]. Die Psychotherapie sagt dem Seelsorger, "und das können wir gar nicht ernst genug beachten: es gibt auch krankhafte Formen der Schulderfahrung, es gibt das Schuldgefühl als Zwangsneurose und Selbstbestrafungswahn... Der Mensch in seiner krankhaften Gebanntheit ist überhaupt nicht fähig, sich entlasten zu

---

133 A.a.O. 172.
134 A.a.O. 174f.
135 A.a.O. 175.
136 A. Köberle: Das Schuldproblem.., 155-163.
137 A.a.O. 162.

lassen. Es bedarf bei solchen Verklemmungen und Verkrampfungen zuerst der auflösenden, abbauenden, seelisch gesund machenden therapeutischen Hilfe, ehe das biblische Wort von der Vergebung gehört und geglaubt werden kann. Die krankhaften Formen der Schulderfahrung müssen beseitigt sein, ehe echte Schulderfahrung erkannt und abgenommen werden kann"[138].

Die Psychoanalyse, selbst eine christliche, muss nach Andreas *Snoeck* "Krankheitsbehandlung" bleiben[139]. Das gestörte Gemüt ist eigentliches Objekt der Psychoanalyse, ihr Ziel die "Entlastung und Läuterung des Gemütes, und in diesem Sinne Befreiung der geistigen Persönlichkeit, so dass sie zum sittlichen Leben fähig wird. Dieses jedoch muss ausserhalb und nach der Analyse eigentlich erst beginnen"[140]. Snoeck setzt die Beichte deutlich von der Psychoanalyse ab: "Die Psychoanalyse ist eine bestimmte Form der Psychotherapie, eine Behandlungsweise für seelische Erkrankungen. Die Beichte dagegen ist ein Sakrament, eine Weise der Begnadigung der Seele durch ein äusseres kultisches Zeichen, mit dem Christus sein Erlösungswerk verknüpfen wollte". Beim Beichtenden geht es "dabei um verantwortliche menschliche Handlungen. Der einzelne urteilt hier..., dass er mit Einsatz seiner freien Persönlichkeit gehandelt hat". In der Psychoanalyse hingegen "geht es darum, Gemütsbewegungen und Erlebnisse anzuvertrauen, die Ausdruck, Zeichen und Symbol für innere Unruhe, für Unausgeglichenheit und Konfliktsituationen sind, die dem betreffenden ausweglos erscheinen"[141].

A. Snoeck ist der Ansicht, die Psychoanalyse kenne keine Sünde, sie stehe "ausserhalb von Gut und Böse", sie sei und bleibe "der Versuch zu einer Art Selbstheilung des verkrampften Gemütes"[142]. Das Gemüt hat laut Snoeck "keine religiöse Bedeutung"[143], der analysierende Arzt sieht auch z.B. bei der Besprechung von religiösen Symbolen "bei seinem Vorgehen von dieser Transzendenz ab"[144]. Allerdings gibt auch unser Autor zu, dass die religiöse Wirklichkeit in der Analyse nicht einfach ausgeklammert werden kann. "Vielleicht ist er (der Arzt, Verf.) dann der erste, der in der Unruhe des Kranken irgendeine Form religiöser Fehlentwicklung erkennt, die er dem Kranken bewusst macht. Diese Möglichkeit wird von fast allen Spezialisten heute anerkannt. Die Heilung muss dann notwendig ihren Weg durch diese religiöse Problematik des Patienten nehmen"[145].

---

138 A.a.O. 162f.
139 A. Snoeck: Beichte und Psychoanalyse, 91.
140 A.a.O. 103.
141 A.a.O. 71.
142 A.a.O. 72.
143 A.a.O. 106.
144 A.a.O. 92.
145 A.a.O. 107.

Leider sagt uns der Autor nicht näher, in welcher Weise unter Absehung des Transzendenzbezuges die religiöse Problematik in der Analyse zur Sprache gebracht werden kann, er bemerkt dazu lediglich: "In all den Fällen, in denen die Neurose des Patienten darin gründet, dass ein sittlicher oder religiöser Konflikt nicht bewältigt wurde, werden an den analysierenden Arzt hohe Anforderungen gestellt. Wer diese tiefen Gründe der Neurose nicht erkennt und darum die Analyse nicht bis zur ganzen Tiefe zu führen weiss, indem er nämlich bei den immanenten dynamischen Trieben selbst stehenbleibt, hat, auch bei einem äusseren Erfolg, der zu gefühlsmässigem Wohlbefinden führte, dem Patienten einen schlechten Dienst erwiesen. Hinter dem erreichten Gleichgewicht, das sehr oft auf Kosten höherer Werte der Persönlichkeit wiederhergestellt wurde, hat er ja eine Quelle der Schuld und des noch tieferen Versagens angebohrt, so dass die Wasser des Lebens hoffnungslos verloren gehen"[146]. Selbst in einem solchen Fall, wo das Sittliche und Religiöse in die Therapie einbezogen wird, beschränkt sich die Aufgabe dennoch darauf, "dem Patienten Klarheit und Freiheit seines eigenen Gemüts zu verschaffen"[147].
Demgegenüber steht das Sakrament auf einer anderen, höheren Ebene, nämlich der "ontologischen"[148]. Snoeck knüpft hier an die traditionelle Lehre an, dass im Sakrament der Busse die unvollkommene Reue (attritio) zur vollkommenen Liebesreue (contritio) gewandelt werde: "Die psychologisch unvollkommene Reue bedarf in jedem Fall der unmittelbaren und tatsächlichen Unterwerfung unter die Kirche, um durch die versöhnende Handlung der Kirche ontologisch vollkommen und heiligmachend zu werden"[149]. Mit der Unterscheidung des ontologischen und psychologischen Aspekts will Snoeck der Gefahr einer psychologischen Selbsterlösung begegnen - "als wenn mein emotionaler Zustand oder mein reuevoller Wille aus sich selbst schon die Sündenvergebung herbeiführen könnten"[150].
Unser Autor hat sicher Recht, wenn er den sakramentalen Charakter der Sündenvergebung und den Glauben an die erlösende Tat Christi in den Vordergrund rückt[151], darin besteht ja das Eigentliche der sakramentalen Sündenvergebung, und dieser Aspekt muss auch im Bewusstsein des Poenitenten an erster Stelle stehen. In diesem sich Gottanvertrauen besteht jedoch schon die sog. vollkommene Reue, auch dann, wenn noch nicht alle Seelenkräfte in diese Hingabe einbezogen sind. Die Unter-

---

146 Ebd.
147 A.a.O. 109.
148 A.a.O. 45f.
149 A.a.O. 46.
150 Ebd.
151 Ebd.

scheidung von psychologischer und ontologischer Reue allein kann nicht befriedigen, da sie den Aspekt der personalen Hingabe im Sakrament der Busse zu wenig würdigt. In dem Masse man nämlich durch die Betonung der kirchlichen Schlüsselgewalt der Gefahr einer Selbsterlösung ausweichen will, in dem Masse kommt man in die Nähe einer andern Gefahr, jener des Sakramentalismus und eines magischen Automatismus.
Aus der Reihe evangelischer Theologen soll hier noch Otto *Haendler* angeführt werden. Auch er betont, dass Schuld und Schuldvergebung transzendenzbezogen sind. "Wer vor Gott schuldig ist und sich vor Gott schuldig weiss, kann vor Gott als der letztgültigen Instanz wirklich frei werden"[152]. Sicher mit Recht kann Haendler feststellen, dass heute auch in der Tiefenpsychologie die religiöse Dimension weitgehend anerkannt wird: "Deutlich überwiegend ist heute die Einstellung auf die Erkenntnis, dass der Mensch ohne absolute Bindung in irgendeiner Form nicht wirklich gesund sein kann und ohne sie das Leben verfehlt"[153]. Unser Autor legt Wert darauf, dass in der Theologie die falsche Vorstellung überwunden werde, "die Psychologie sei im Grunde aus auf Psychologisierung der Glaubenswirklichkeiten und darum, wenn nicht ein natürlicher Gegner, so doch eine ständige Gefahr für die Theologie und den Glauben". Wir teilen ebenfalls Haendlers Auffassung, wenn er weiterfährt: "Es muss erkannt werden, dass jeder Glaubensvorgang zugleich ein psychischer Vorgang ist und dass die psychologische Klärung des psychischen Geschehens im Glauben zur Klärung und Gestaltung des Glaubens beitragen kann, dass sie unter Umständen herangezogen werden muss"[154]. Haendler weist mit Recht darauf hin, dass neben der Gefahr der Psychologisierung "die Gefahr des Unglaubens im Glauben" bestehe[155]. Die Psychologie dient dem Glauben, weil und insofern sie "Hilfe zum Verstehen" ist. "Verstehen heisst Erschlossensein für Begegnung. Das bezieht sich zunächst auf die Begegnung mit dem Unbedingten, Absoluten. Die Psychologie kann die Begegnung mit dem Absoluten als solchem nicht vermitteln. Wohl aber hat sie Gelegenheit, die Sperrungen der Erfahrensfähigkeit und der Erkenntnismöglichkeit gegenüber absoluten Werten zu lösen. Sie hat sie gerade dadurch, dass viele Menschen das absolute Bezugsmoment suchen, ohne doch zu konkreten Glaubensvorstellungen kommen zu können"[156]. Die Psychotherapie kann den Patienten auch zu einer echten Schulderfahrung führen. Der Autor teilt W. Bitters Auffassung, dass "psychologische Schuldlösung" noch nicht "religiöse Lösung" sei[157], dass m.a.W. "die Befreiung von

152 O. Haendler: Schuldverhaftung.., 75.
153 A.a.O. 78.
154 A.a.O. 99.
155 Ebd.
156 A.a.O. 98.
157 A.a.O. 97.

der objektiven Last religiöser Schuld... mit der Symptombeseitigung noch keineswegs gegeben (sei)"[158]. "Es ist üblich", bemerkt O. Haendler, "dass Therapeuten im entsprechenden Stadium der Therapie dem Patienten raten, sich an den Seelsorger oder Priester zu wenden. Echte Beichte und wirklich befreiende Absolution kann durch Therapie sehr wohl vorbereitet werden"[159].

Nach Gerhard *Bartning*[160] können "dem menschlichen Sein nach" in der Analyse und im Beichtgespräch "dieselben Regionen" angesprochen werden, sie sind es aber "in verschiedenem Sinne, mit verschiedener Finalität". Ziel der Beichte ist die Schuldvergebung und nicht eine "Erleichterung". Wer zur Beichte geht, "um sich 'zu erleichtern', muss sich fragen lassen, ob er nicht eigentlich auf eine Wirkung hofft, die an ein allerdings unter Umständen erheblich langes und mühsames Stück analytischer Selbstklärung geknüpft ist". Mit R. Hostie ist G. Bartning der Ansicht, dass die Beichte "von sich aus keine psychologisch wahrnehmbare Veränderung" bedinge[161]. Dies bedeutet für die Beichtpraxis, "dass bestimmte 'Beichtbekenntnisse', die unter dem Drang, ja Druck des Selbstentlastungsbedürfnisses vorgebracht werden und entweder Züge 'hysterischer' Selbstbespiegelung, zwanghafter Selbstreinigungstendenzen oder depressiver Selbstanschuldigung zeigen, in der nötigen taktvollen und verstehenden Form abgebrochen werden sollten. Der Seelsorger muss dann den Mut haben, den Bann zu durchbrechen, der von solchen 'Selbstoffenbarungen' ausstrahlen kann - besonders wenn der 'Beichtende' noch unter dem besonderen Zwang masochistischer Selbstbestrafung oder exhibitionistischer Selbstentblössung handelt. Er muss darauf hinweisen, dass es sich hier nicht um 'Sünden', sondern um Störungen im gesunden Zusammenspiel seelischer Kräfte, also um die Domäne des Seelenarztes handelt"[162]. Immerhin gibt auch Bartning zu, dass es "Uebergänge" gibt, "dass ein 'Beichtender' zunächst mit den Dingen anfängt, die ihn subjektiv am ärgsten quälen, besonders da die Aussage einer - vielleicht sehr vordergründigen - Qual den Raum frei machen kann für die Erkenntnisse tieferer Zusammenhänge, auch der Verflochtenheit 'neurotischer' Züge mit verkehrten Lebensentscheidungen". An dieser Stelle kann nun die Beichte abgelöst werden vom Beichtgespräch[163].

---

158 W. Bitter: Das Gewissen in der Tiefenpsychologie, in: Gut und Böse in der Tiefenpsychologie, Hrsg. W. Bitter, Stuttgart, 2. Aufl. 1966, 45-73, Zitat: 61.
159 O. Haendler: Schuldverhaftung.., 97.
160 W. Kurth - G. Bartning: Psychotherapie.., 65-137.
161 A.a.O. 133. G. Bartning zitiert R. Hostie: C.G. Jung.., 205.
162 A.a.O. 133f.
163 A.a.O. 134.

Josef *Goldbrunner* legt den Akzent auf eine scharfe Abgrenzung von Sünde und Krankheit bzw. zwischen Beichte und Psychotherapie und warnt vor "dilettantischer Verwendung psychotherapeutischer Methoden, vor allem im Beichtinstitut"[164]. Psychotherapie ist eine Reinigung des Unbewussten, eine "Heilung aus der Begegnung"[165], Psychotherapie wirkt darum "im *Vorhof* der Beichte" (Hervorh. im Or.), dort, wo der Mensch erst instand gesetzt wird vor Gott hinzutreten und ihm in Freiheit und Verantwortung zu begegnen. Die Psychotherapie "wirkt im Raume der Natur, die Beichte im Raume der Uebernatur". Aufgabe des Priesters ist der "Zuspruch der Vergebung"[166].

Im Fortgang der psychotherapeutischen Behandlung soll der Personkern die Herrschaft über das ganze Naturreich der Psyche antreten[167]. Der Akt der Beichte ist dann der "Schlussstein auf dem langen Weg der Bekehrung"[168]. In der Psychotherapie geschieht die "Wandlung zur eigenen Wahrheit" - denn: "Seelisch krank wird ein Mensch, wenn er gegen *seine* Wahrheit lebt, seelisch gesund ist ein Mensch, wenn er *seine* Wahrheit lebt" - durch die Seelsorge soll sich der Mensch wandeln "zur Wahrheit Gottes" (Hervorh. im Or.)[169].

Die Psychotherapie hat, wie wir sehen, auch für J. Goldbrunner vorbereitenden Charakter. Sie lehrt den Menschen, bei seinem Streben nach Vollkommenheit und Heiligkeit seine persönlichen Gegebenheiten mit in Rechnung zu ziehen, denn der Weg ist nicht für alle gleich, er muss den individuellen Möglichkeiten angepasst werden. Echte Heiligkeit ist immer, so betont J. Goldbrunner mit Recht, an echte menschliche Existenz gebunden, an die Einmaligkeit und Begrenztheit der Anlagen und Möglichkeiten eines Menschen - und diese sind *seine* Wahrheit[170].

Dieser kurze Ueberblick hat uns eine übereinstimmende Auffassung in den wesentlichen Punkten gezeigt. Die angeführten Autoren sind sich einig darin, dass die Psychotherapie für die priesterliche Seelsorge eine echte Hilfe darstellt, indem sie den seelisch kranken Menschen heilt, ihm zur Freiheit und Verantwortung verhilft, oft sogar dessen Hindernisse zu wahrer Religiosität und echtem Schuldbewusstsein aus dem Wege räumt. Die Autoren gehen auch darin einig, dass mit der Psychotherapie sich die kirchliche Tätigkeit nicht erübrigt, dass die Beziehung des Menschen zu Gott, wenn sie auch von seiten des Psychotherapeuten nicht geleugnet wird, eigentlich der priesterlichen Seelsorge vorbehalten bleibt. Besonders deutlich tritt diese Auffassung in der Schuldthematik

---

164 J. Goldbrunner: Sprechzimmer.., 69.
165 A.a.O. 71.
166 A.a.O. 72.
167 A.a.O. 74.
168 A.a.O. 75.
169 A.a.O. 75 und 102.
170 A.a.O. 102f.

hervor: Schuld kann als Schuld vor Gott auch nur von Gott her vergeben werden. Aufgabe des Priesters ist es, dieses Vergebungswort dem Menschen zuzusprechen. Erst jetzt ist dem Menschen auch wirklich die Schuld nachgelassen. Aus diesem Grunde wird verschiedentlich auf die mögliche Verpflichtung des Psychotherapeuten hingewiesen, seinen Patienten dem Priester zuzuweisen - ein Anliegen, das uns schon in der Ansprache Pius XII begegnet ist.
Teilweise wird ein unterscheidendes Merkmal auch in bezug auf den Menschen als Subjekt gesucht. Es wird z.B. unterschieden zwischen psychologischer und religiöser bzw. ontologischer Reue - zwischen Natur und Uebernatur, zwischen Natur und Gnade.
Im Anschluss an die hier vorgetragenen Auffassungen drängen sich einige Fragen auf. Die Ueberweisung an den Priester mag im Falle eines gläubigen Christen unter Umständen angezeigt sein - muss sie aber aus innerer Notwendigkeit geschehen, wie die vorgestellten Themen es nahelegen? Könnte nicht auch ohne kirchliche Schuldtilgung eine echte Schuldüberwindung möglich sein? Würde es andernfalls nicht bedeuten, dass ohne kirchliche Schuldlösung dem Christen die Sünden nicht nachgelassen wären? Wäre denn nicht auch eine Schuldlösung (eine "vollkommene", ontologische bzw. religiöse Reue) möglich ohne das Sakrament der Busse? Wenn allerdings diese letzte Frage bejahend beantwortet werden könnte, wäre dann nicht daraus zu folgern, dass die kirchliche Schuldtilgung zu etwas Ueberflüssigem oder doch Zweitrangigem und Unbedeutendem degradiert würde? Diese Fragen verlangen eine Antwort, die nun noch kurz versucht werden soll.

e) Lösungsversuch

Um die Antwort auf die gestellten Fragen geben zu können, wollen wir von dem in der Theologie vielfach erörterten Problem über die Beziehung zwischen Natur und Uebernatur (Gnade) ausgehen. Der Begriff der Natur (der "natura pura") dient in der Theologie dazu, die totale Ungeschuldetheit der göttlichen Gnade, der Selbstmitteilung Gottes an den Menschen zu erklären. Durch diese göttliche Gnade ist der Mensch als geistbegabte Kreatur übernatürlich erhöht, nimmt er teil am Leben Gottes selbst.
Der Mensch in der jetzigen Heilsordnung ist jedoch nicht "natura pura", er ist der immer schon von Gott Angesprochene, der durch Christus Erlöste und in die Lebensgemeinschaft mit Gott Berufene. Aufgrund des allgemeinen Heilswillens Gottes gehört jeder Mensch dieser Heilsordnung an, ist jeder Mensch umfangen von dieser Gnade Gottes. Die übernatürliche Erhöhung geschieht aber nicht über die Freiheit des Menschen hinweg, dieser kann sein Heil verwirken, indem er sich seiner übernatürlichen Bestimmung gegenüber verschliesst, was allerdings

nicht explizit zu geschehen braucht (und auch dort, wo es in "Worten" geschieht, nicht der Fall zu sein braucht). Als eigentliches Kriterium darf der Gehorsam gegenüber dem Gewissen, gegenüber dem ins Herz geschriebenen Gesetz (Röm 2,14-16) angesehen werden oder in anderer Formulierung: die Liebe des Menschen.

Wenn Gottes- und Nächstenliebe eine Einheit bilden[171] und die Nächstenliebe schon theologale Tugend ist, dann wird man Psychotherapie und Beichte nicht mehr ohne weiteres mit dem Begriffspaar "Natur-Uebernatur (Gnade)" voneinander abgrenzen können. Wenn die Psychotherapie wesentlich in einer personalen Beziehung von Arzt und Patient gründet, wenn und insofern sie den Patienten zu grösserer Freiheit und Liebe führt, dann und in dem Masse geschieht in der Psychotherapie mehr als blosse "Heilung" oder "Förderung seelischen Wohlbefindens", dann steht Psychotherapie nicht einfach ausserhalb des Gnadenbereichs, dann kann sie in einem wahren Sinn zum Ort der Heils- bzw. Gnadenvermittlung werden. Selbstverständlich wird sich die Psychotherapie dieser Dimension nicht bewusst sein müssen - und insofern unterscheidet sie sich immer noch wesentlich von der kirchlichen Seelsorge. Mit unserer Interpretation ist im Grunde nichts weiter geschehen als eine Anwendung der theologischen Aussage, dass wirkliche Liebe zum Mitmenschen im Tiefsten Liebe Gottes ist in dem doppelten Sinne als Liebe zu Gott und Anwesenheit der Liebe Gottes selber im Menschen. Als Hinweis sei hier nur an die Tatsache erinnert, dass die Ehe ein Sakrament ist, wobei natürlich damit nicht die Psychotherapie zu einem Sakrament befördert werden soll. Es gibt die von Christus und seiner Kirche erklärten und anerkannten Zeichen des Heils. Der Wert und die Bedeutung der Sakramente soll nicht geschmälert werden, es soll lediglich die falsche Vorstellung korrigiert werden, die Begnadigung sei exklusiv an den Empfang der Sakramente gebunden. Das gilt nicht zuletzt auch in bezug auf das Buss-Sakrament. "Ein vordergründiges Anliegen heutiger Busskatechese und Busserziehung ist", wie Timotheus Rast erklärt, dies: "Wir sind *verpflichtet*, den Gläubigen die *ganze Variationsbreite kirchlicher Sündenvergebungsmöglichkeit* aufzuzeigen... Die nicht-sakramentale Sündenvergebung ist wirkliche Vergebung, aber sie wird nicht durch das offizielle Zeichen verbürgt, in dem sich die Kirche in voller Weise engagiert und durch das dem Empfänger auch besondere Gnadenhilfen im Kampf gegen die Sünde zuteil werden" (Hervorh. im Or.)[172]. Noch einen Schritt weitergehend

---

171 Vgl. K. Rahner: Ueber die Einheit... Erwähnenswert ist auch die Diskussion im Anschluss an den Vortrag von W. van der Marck: Moraltheologische Aspekte der Psychopathologie, in: Umwelt, Erbgut und menschliche Persönlichkeit. Naturwissenschaft und Theologie, H. 11, Hrsg. Institut der Görres-Gesellschaft, Freiburg-München 1969, 186-208.

172 J. Bommer - T. Rast: Beichtprobleme.., 52 und 53f.

müssen wir sagen, dass Gnade und Sündenvergebung auch ausserhalb der sichtbaren Kirche verwirklicht sind, obwohl auch hier noch - in christlicher Interpretation - Gnade und Vergebung ihren letzten Grund im Erlösungswerk Gottes durch Jesus Christus haben[173].
Ein "Mehr" der Kirche gegenüber der Psychotherapie soll also nicht bestritten werden. Die Zuwendung Gottes zum Menschen muss ja, wenn sie für diesen bedeutsam werden soll, thematisiert werden. Und das geschieht in der Kirche. Es ist nicht gleichgültig, ob ein Mensch sich von der Gnade Gottes angenommen weiss oder nicht. Die Vergebung Gottes kann der Mensch nicht erfahren, sie muss ihm als Botschaft verkündet werden, und sie muss Gestalt annehmen im Sakrament der Kirche, im Zeichen des Heils. Allerdings muss das Wort vom Menschen auch verstanden werden - und es liegt nicht immer nur am Adressaten, wenn er es nicht versteht. In dieser Hinsicht kommt der Psychotherapie eine nicht zu unterschätzende Bedeutung zu. In der Therapie kann es geschehen, dass jemand vielleicht erstmalig aufgeschlossen wird für religiöse Werte. Das religiöse Problem des Menschen besteht für den Psychotherapeuten "in erster Linie in seinem Menschsein selber", erklärt J. Herzog-Dürck. "Es besteht nicht so sehr darin, ob er dieses oder jenes Religionssystem bekennt, ob er Schwierigkeiten mit dem Gottesbegriff oder mit dem Dogma hat, nicht einmal darin, ob er weitab jeder Berührung mit dem Raum religiöser Thematik lebt oder sich mitten in einem solchen vorfindet. Das religiöse Problem eines Menschen liegt für uns in der Tiefe seines Menschseins und in seiner Verbindung mit dem Du bzw. den Störungen und Zerstörungen dieser Tiefe und dieser Verbindung. In dieser Tiefe und in dieser Verbindung wurzeln Glaube und Glaubensnot. Nicht der Inhalt des Glaubens eines Menschen geht uns als Psychotherapeuten in erster Linie an, wohl aber die Echtheit seines Glaubens (auch wenn es sich um einen Atheisten handelt), d.h. also die Frage, wieweit dieser Glaube frei ist von Sicherungsbedürfnis und Angst, von Gefügigkeit und Gewalt, von infantiler Bequemlichkeit und von Selbstbetrug. Nicht etwa, als ob wir Glauben als solchen zu prüfen und zu beurteilen hätten. Eine solche Anmassung sei ferne! Aber die seelische Wirklichkeit eines Menschen, die seinen Glauben ja ganz unmittelbar ausdrückt, macht uns zu seinem Zeugen, ob wir es wollen oder nicht"[174].
Die "seelische Wirklichkeit" des Glaubens sind nach Herzog-Dürck die "fundamentalen transzendierenden Kräfte der Seele", die gerade beim neurotischen Menschen eingeengt und gebrochen sind: "Die Freude, die Hoffnung, das Vertrauen, das Staunen, die Festlichkeit, die grundlose

173 Vgl. H.R. Schlette: Kommunikation und Sakrament. Quaestiones disputatae 8, Basel-Freiburg-Wien 1959, bes. 64 und 66.
174 J. Herzog-Dürck: Die religiöse Problematik.., 399.

Dankbarkeit, das Mitgefühl, das Ergriffenwerden, das leidenschaftliche Menschsein im Unbekannten"[175].

Um die Abgrenzung zwischen Psychotherapie und kirchlicher Seelsorge deutlich machen zu können, wollen wir an dieser Stelle noch etwas ausführlicher werden. Wie nach Herzog-Dürck die Neurose in ihrem Kern "bedingt (ist) durch die Lähmung und Verdunkelung der personalen Kraft des Antwortens und des Begegnens", so kann unsere Autorin die Heilung der Neurose nicht anders verstehen "als ein im tiefsten Grunde 'religiöses' Phänomen,... gleichviel ob dies ausdrücklich in der Bewusstseinssphäre als solches in den Blick tritt oder sich mehr oder weniger verschleiert vollzieht... Denn das Wesen des religiösen Phänomens besteht doch ganz grundlegend im Ergriffenwerden des Menschen vom öffnenden Offenen, von einem ihm offenbar werdenden Sein"[176]. Diese Auffassung ist verwandt mit jener von Karl Jaspers, "der Existenz interpretiert als das Offenwerden für das Umgreifende der Transzendenz", und auch mit Paul Tillich, der Religion als die "Dimension der Tiefe" bezeichnet[177].

Die Beziehung zwischen Psychotherapie und Kirche versucht nun Herzog-Dürck wie folgt zu kennzeichnen: "Wo die Offenbarung bereits gefasst ist im Bereich der Glaubenssätze und der dogmatischen Wahrheiten, der Theologie und des Kultes, der Kirche also, da liegt der therapeutische Heilungsweg wohl ausserhalb der Schwellen dieses Bereiches. Der von der Neurose, von der seelischen Erstarrung Freigewordene hat aber die Freiheit erlangt, sich mit diesem Bereich in eigener Entscheidung und Stellungnahme neu auseinanderzusetzen, z.B. in der Form, dass er seine vorher vorhandene, unverstandene Abhängigkeit oder Bevormundung mit der Reifung seiner Persönlichkeit zu überwinden fähig wird (vielleicht aber damit auch erstmalig sieht, was 'Kirche' eigentlich ist)"[178].

Wie dieses Zitat zeigt, weist der Versuch J. Herzog-Dürcks, Psychotherapie und Theologie voneinander abzugrenzen, in die gleiche Richtung, wie er hier vorgeschlagen wird. Wo der Transzendenzbezug des Menschen kategorial-thematisch zum Ausdruck gebracht wird, befinden wir uns im Raum und in der Zuständigkeit der Theologie - es sei denn der Philosophie, von der hier abgesehen wird. Aufgabe der Theologie ist es, mit Hilfe der Offenbarung die Gott-Mensch-Beziehung gültig zu interpretieren. Hier ist die Psychotherapie nicht mehr zuständig, hier muss der Therapeut den Analysanden in seine freie Stellungnahme entlassen, bzw. an den Theologen und Seelsorger verweisen. Wie schon

---

175 A.a.O. 399f.
176 Personale Psychotherapie u. R., 119.
177 A.a.O. 121.
178 A.a.O. 119.

deutlich wurde, kann die Psychotherapie insofern eine Hilfe bedeuten, als sie Hindernisse abbaut und die religiöse Betätigung vor einem Missbrauch schützt. Wie die Erfahrung zeigt, verliert eine gesunde Frömmigkeit durch die Analyse nicht an Innigkeit, echte Religiosität kann einer Analyse sogar förderlich sein - auch diese Seite, dass nämlich echte Frömmigkeit der Analyse zu Hilfe kommt, sollte nicht vergessen werden[179]. Umgekehrt ist es wahrscheinlich, dass ein falsches Gottesbild und eine falsche Frömmigkeit in der Therapie erschüttert werden, wobei allerdings an ihre Stelle nicht gleich eine echte Frömmigkeit treten muss; häufig ist es so, dass die Therapie zunächst eine "Leere" zurücklässt. Diese Leere muss jedoch positiv bewertet werden, da sie einen Neuanfang für einen echten Glauben darstellt. Bezeichnend ist, was ein Katholik über den Einfluss der Therapie auf seine religiöse Einstellung schreibt: "Vorausschicken möchte ich, dass ich meine 'religiöse Entwicklung' trotz Abschluss der psychoanalytischen Behandlung durchaus nicht als abgeschlossen betrachte. Ich habe vielmehr den Eindruck, hinsichtlich meiner religiösen Weltauffassung am Anfang zu stehen, allerding an einem Beginn, der ohne die vorausgegangene Analyse gar nicht möglich wäre"[180]. Bei Menschen, denen allerdings "Gott" und die Religion nie etwas bedeutet haben, wird oft auch die Analyse nicht viel zu ändern vermögen. Medard Boss sagt von einer Frau, dass sie dabei blieb, "dass ihr die Vorstellung von einem 'Gott' oder einer 'Göttlichkeit' nicht das geringste bedeute. Das seien ihr alles leere Worte ohne jeden Sinn und Gehalt. Eher würde sich ihr alles Reden, Denken und Vorstellen darüber nur störend in den Weg ihrer Liebe zu den Dingen und Mitmenschen stellen"[181]. Ihrer Aussage nach wäre diese Frau also atheistisch zu nennen. Sicher ist sie es in bezug auf ihr reflexives Bewusstsein. Eine Thematisierung des Transzendenzbezugs glaubt sie ablehnen zu müssen zugunsten einer unmittelbaren Beziehung zur Mitwelt. Damit ist jedoch noch nicht gesagt, dass sie in ihrem Innersten wirklich "gottlos" wäre, es ist eher das Gegenteil anzunehmen. Darauf scheint auch M. Boss hinzuweisen, wenn er zu diesem Fall schreibt: "Ein nach der Psychotherapie also wieder glücklicher, reicher, aber ganz und gar areligiöser und atheistischer Mensch. Oder gibt es vielleicht auch eine atheistische Religion? Vermutlich schon, wenn es erlaubt sein sollte, unter Religion eine erfahrene Rückbindung an Kräfte, Mächte und Gesetze zu verstehen, die menschliches Vermögen übersteigen"[182].

---

179 Vgl. Oskar Pfister: Was bietet die Psychoanalyse dem Erzieher? Leipzig 1917, 98f.
180 M. Boss: Beispiele.., 226.
181 A.a.O. 233.
182 Ebd.

Gerade das letzte Beispiel mag uns zeigen, dass mit der Psychotherapie die kirchliche Seelsorge nicht "arbeitslos" und überflüssig oder zweitrangig gemacht wird. Sie hat nach wie vor den grossen Auftrag, dem Menschen seine Beziehung zum Transzendenten in ihrer entscheidenden Bedeutung bewusst werden zu lassen und ihm die Botschaft Gottes, des Vaters Jesu Christi zu verkündigen. Gewiss muss der Gnadencharakter des Daseins schon ausserhalb der sichtbaren Kirche erfahren werden - dazu verhilft vornehmlich die Psychotherapie - dass aber darüber hinaus das Leben letztlich Geschenk Gottes und Anteilgabe an Gottes eigenem Leben ist, das kann nur als Botschaft "gehört" werden - darin liegt der Auftrag der Kirche. Insofern meint die oben angeführte Unterscheidung zwischen Natur und Uebernatur doch etwas Richtiges, sie darf jedoch nicht so verstanden werden, als wäre die Gnade Gottes nur innerhalb der sichtbaren Kirche wirksam. Sie ist es auch schon in der zwischenmenschlichen Praxis. Aber *dass* sie es ist, wissen wir nur von der Offenbarung her, und nur im thematischen Glauben kommt die Gnade erst zu ihrer notwendigen Explizitheit - darin liegt das "Mehr" der Kirche.
Von hieraus dürfte auch eine klärende Antwort auf die praktische Frage möglich sein, ob und wann der Therapeut dem Analysanden raten solle, sich an den Seelsorger und Priester zu wenden, um in der Absolution von der "religiösen" Schuld befreit zu werden. Ein solcher Rat bzw. eine Ueberweisung kann nur dann sinnvoll sein, wenn dem Analysanden wirklich sittliche Schuld bewusst wird, wenn er der religiösen Dimension der Schuld inne wird und zudem in der Kirche beheimatet ist. In den meisten Fällen wird der Arzt die Entscheidung darüber der Freiheit des Patienten anheimstellen können. In der Regel wird es genügen, wenn er der Glaubensüberzeugung des Analysanden mit Respekt und Achtung begegnet und ihn dann an einen Priester verweist, wenn Fragen in theologisch-kirchlicher Angelegenheit abzuklären sind. Gewiss, von kirchlicher Seite aus gesehen ist es natürlich wünschenswert, dass ein Analysand durch die Therapie den Kontakt mit der Kirche nicht verliert, ihn vielmehr neu findet und vertieft. Wie wir gesehen haben, ist aber mit der Möglichkeit zu rechnen, dass in der Therapie zunächst eine vorwiegend neurotisch bedingte Bindung an die Kirche gelöst wird und eine freie, von echter personaler Ueberzeugung getragene Bindung erst wieder gefunden werden muss, was jedoch nicht termingemäss "in Ordnung" gebracht werden kann.
Von hieraus gesehen erscheint die Argumentation, wie sie in der eingangs zitierten Papstansprache vorliegt, als eine sachfremde Simplifizierung. An diese Stelle sei nochmals erinnert. Es heisst da: "Wesentlich... ist, dass ein wirkliches Schuldiggewordensein durch keine blosse psychologische Behandlung geheilt werden kann. Wenn der Psycho-

therapeut es auch, vielleicht im besten Glauben, in Abrede stellt, es besteht fort. Mag durch die ärztliche Autorität, durch Auto- oder Fremdsuggestion das Schuldgefühl zum Abklingen gebracht werden - die Schuld bleibt, und es wäre Selbst- und Fremdtäuschung, wollte die Psychotherapie, um das Schuldbewusstsein zu beheben, behaupten, die Schuld bestehe nicht mehr. Der Weg, die Schuld zu beheben, liegt..., wie der Christ weiss, in der Reue und in der sakramentalen Lossprechung durch den Priester. Hier wird die Quelle des Uebels, die Schuld selbst, weggenommen, auch wenn das Schuldbewusstsein weiterwirken sollte... hier ist der Fall gegeben, wo... der Arzt seinen Patienten Gott bzw. jenen zuführen sollte, die die Macht haben, ihm an Gottes Stelle die Schuld selber abzunehmen".

Dazu ist zu sagen, dass in der Psychotherapie, wo sie lege artis praktiziert wird, die Schuld nicht weganalysiert wird (obwohl zugegeben sei, dass die Suggestion in der Therapie vielfach unterschätzt wurde). Echte Schuld und damit echtes Schuldbewusstsein wird im Gegenteil oft erst bewusst gemacht. Zudem haben wir feststellen können, dass es auch in der Psychotherapie eine wirkliche Schuldbefreiung gibt. Man sollte doch langsam einsehen, dass die Bedeutung der sakramentalen Busse nicht durch Geringschätzung und Entwertung anderer Formen der Schuldvergebung erkauft werden kann. Einseitig und deshalb falsch wäre es, die Wirkung der Therapie lediglich in Symptombeseitigung, psychischer Erleichterung bzw. bloss "psychischer" Schuldbehebung zu sehen, und sie so der sakramentalen Lossprechung gegenüberzustellen. Eine solche Unterscheidung ist zwar einfach, sie verkennt aber die personale Dimension sowohl in der therapeutischen wie in der sakramentalen Wirklichkeit. Es ist jedoch möglich, auch ohne eine solche Verkürzung das Sakrament der Busse zu würdigen. Darauf wollen wir abschliessend nochmals zurückkommen.

Der Grund für die Bedeutung des Sakraments liegt in der Tatsache, dass der Transzendenzbezug des Menschen einer kategorialen Auslegung bedarf, um überhaupt als solcher bewusst zu werden. Das gilt auch in bezug auf die Schuldthematik. Im theologischen Schuldverständnis ist der Mensch schuldig vor Gott und muss sich vor ihm als schuldig bekennen und kann insofern auch nur von Gott her freigesprochen werden. Im Sakrament der Busse wird in besonderer Weise das Vergebungswort Gottes zeichenhaft gegenwärtiggesetzt[183]. Im Befreiungswort von Gott her liegt auch der letzte Grund dafür, dass sich der Mensch selber anzunehmen vermag, auch dann noch, wenn von seiner Mitwelt her eine solche Annahme ausbliebe. Gewiss - und darin besteht die Beziehung zur

183 Vgl. oben erstes Kapitel und fünftes Kapitel II B 5c.

Psychotherapie - verlangt ein solches Wissen um das Angenommensein von Gott her eine vorgängige Erfahrung eines grundsätzlichen Angenommenseins vom (Mit)-Menschen her, da die Beziehung zu Gott immer noch vermittelt bleibt durch die Beziehung zur Welt und deswegen ohne jegliche innerweltliche Erfahrung von Vergebung, von Angenommen- und Geliebtsein ein Glaube an das Angenommensein von Gott gar nicht möglich wäre. Einen Begründungszusammenhang gibt es aber, wie bereits erwähnt, auch im umgekehrten Sinne. Erst der Glaube an die göttliche Schuldvergebung vermag der menschlichen Erfahrung von Schuldvergebung die letzte Tiefe und Sicherheit zu geben - und letztere sogar im Einzelfall zu ersetzen.

Helmut Gollwitzer erinnert an einen Judas Ischarioth, der sich nicht selbst annehmen *könne*, auch wenn man ihm noch so freundlich zuredete - er erinnert an einen Auschwitz-Mörder, bei dem man fragen müsse, wie er von der Selbstverwerfung zur Selbstannahme komme - vorausgesetzt, dass er die entsetzliche Schuld erkenne, die auf ihm laste. "Wie schafft er diesen Uebergang (von der Selbstverwerfung zur Selbstannahme, Verf.), da ihm ja nicht nur der Mut dazu fehlt, sondern auch das *Recht* dazu, und eben, weil er dies mit Grund erkennt, auch Mut und Kraft dazu?" (Hervorh. im Or.)[184]. Das Recht dazu kann im Grunde nur im Ereignis des Jesus von Nazareth gefunden werden, in der Botschaft, dass Gott uns *vor* unserer Selbstannahme annimmt. Dies sagt H. Gollwitzer so: "In seiner Selbstverurteilung spricht der Mensch nicht nur seine eigene Meinung über sich aus, die ja auch falsch (z.B. Ausdruck übertriebener Skrupulosität) sein könnte, sondern entspricht einer 'objektiven', über ihm kundgetanen Wahrheit. In seiner Selbstannahme würde der Mensch nur leichtsinnig, illusionär, verharmlosend sich selbst helfen, wenn sie nicht wiederholende Entsprechung zu dem sie begründenden und ihr deshalb vorhergehenden Freispruch Gottes wäre, der ihm in der Absolution durch das Wort Gottes zugesprochen wird"[185]. Dieser Freispruch ist aus keinem Sachverhalt ableitbar, "sondern das *Wunder* der *freien* Gnade. Zugleich aber nicht ein willkürlicher Freispruch, nicht billige Gnade, sondern ein 'teuer erkauftes' Recht des Freisprechenden, das Recht seiner Liebe, und zwar das durch die Tat seiner Liebe erworbene Recht... Dieses Recht, auf das der Glaube sich beruft, dieser Grund, auf den er sich 'stützt' und auf den hin er das Ja mutig wagt und ohne den sein Wagen nur zum Scheitern verurteilte Vermessenheit wäre, bekommt der Mensch durch das Evangelim dargereicht, und zwar so, dass ihm hier in einem der Grund und die Folge,

184 H. Gollwitzer: Zu Helmut Dee.., 655.
185 A.a.O. 656.

die Kunde von der vorhergehenden Gottestat *und* der darauf gründende Freispruch samt dem Aufruf zum Mut, daraus zu leben, zugerufen wird" (Hervorh. im Or.)[186].

Sowohl Schuld als auch Vergebung, so sehen wir, erfahren in der Beziehung zu Gott eine Radikalisierung, menschliche Vergebung findet hier ihre letzte Begründung und Rechtfertigung, und so bleibt die innerweltliche Schuldvergebung als vorläufige und provisorische immer bezogen auf den Glauben an die Vergebung Gottes durch Jesus Christus. Im Sakrament der Busse wird diese Vergebung zeichenhaft gegenwärtig, und es ist keine Frage, dass der Christ oft erst im Empfang des Sakramentes die Schuldvergebung wirklich existentiell erfahren wird. Eine psychische "Erleichterung" kann dann durchaus eine Folge dieser Erfahrung sein, gerade dann, wenn sie nicht direkt intendiert und erwartet wird, wenn einer also nicht nur zur Beichte geht, "um sich zu erleichtern". Eine solche Folge kann eintreten, sie muss aber nicht. Es kann auch sein, dass die Beichte "von sich aus keine psychologisch wahrnehmbare Veränderung" (G. Bartning) erbringt, da sich die Schuldvergebung zunächst in der personalen Mitte vollzieht und es einer weiteren (unter Umständen psychotherapeutischen) Arbeit bedarf, um auch die peripheren Sphären der Person in diesen Vollzug hineinzuintegrieren.

Wir können also sagen, dass sowohl im Anliegen Pius XII wie etwa in jenem von G. Bartning Teilwahrheiten ausgesprochen werden, wenn ersterer betont, erst in Reue und sakramentaler Lossprechung werde die Quelle des Uebels weggenommen und letzterer sagt, das Ziel der Beichte sei nicht eine "Erleichterung". Wie wir sahen, intendieren auf je verschiedene Weise und einander ergänzend doch beide (sakramentale Lossprechung und Psychotherapie) dasselbe: Das Ja des Menschen zu sich selbst und zum Menschsein überhaupt - und den Mut, daraus zu leben.

186 A.a.O. 656f.

ERGEBNIS

"Die Frage nach dem Schuldigsein und -werden des Menschen berührt alle Dimensionen menschlicher Existenz. Deshalb darf sie nicht vorschnell rein theologisch entschieden werden, sondern dieses Phänomen ist als solches allererst unverkürzt zur Sprache zu bringen"[1]. Die vorliegende Arbeit wollte einen Beitrag dazu leisten, indem sie die Schuldauffassung der Psychotherapie untersuchte, wobei selbstverständlich sein dürfte, dass es sich immer nur um ein vorläufiges Ergebnis handeln kann, da der Dialog zwischen Theologie und Psychotherapie zu keinem Abschluss kommen dürfte.

Es ist nicht möglich, abschliessend nochmals alle Aspekte, die sich um das Schuldphänomen gruppieren und aus den verschiedenen Texten der tiefenpsychologischen Literatur eruiert werden können, erschöpfend aufzuzeigen. Einige wichtige Gesichtspunkte sollen aber doch noch erwähnt werden.

1. Das Werk Sigmund Freuds hat uns gezeigt, dass es die Psychotherapie zunächst mit den Schuldgefühlen, d.h. mit dem an Schuldgefühlen leidenden Menschen zu tun hat. Bemerkenswert ist dabei, dass dieses Schuldgefühl nicht einfachhin auf eine sittliche Schuld bezogen werden darf, obschon diese Möglichkeit auch von Freud nicht ausgeschlossen wird. Freud glaubte einen Bezugspunkt für das sog. unbewusste Schuldgefühl in den Inzest- und Vatertötungsimpulsen gefunden zu haben. Es scheint jedoch, dass die Oedipussituation selber schon die Folge einer missglückten Kind-Eltern-Beziehung darstellt. Den wirklichen Grund für das unerklärliche Schuldgefühl zu finden, macht auf jeden Fall grosse Schwierigkeit, schon deswegen, weil das Gefühl selber eine schillernde Wirklichkeit ist und oft schwer von einem Angst- oder Minderwertigkeitsgefühl, von einem Strafbedürfnis oder auch nur von einem Gefühl des Unbehagens zu unterscheiden ist. Oft ist dort, wo von einem (neurotischen) Menschen eine Schuldtat oder ein Versagen angegeben wird, eine "falsche Verknüpfung" festzustellen: das Schuldgefühl wird falsch lokalisiert. Das übertriebene Schuldgefühl kann auch, wie vor allem Alfred Adler gezeigt hat, ein "Arrangement" sein, um die eigene Gewissenhaftigkeit zu dokumentieren und steht so als Kompensation im Dienste des Ueberlegenheitsstrebens. Diese Verwandtschaft mit dem Minderwertigkeitsgefühl lässt vermuten, dass der Grund für das Schuldgefühl meist tiefer liegt: Es bezieht sich nicht auf eine isolierte Tat, es meint die eigene Existenz als ganze. Nicht nur das Tun, das Sein selber schon steht unter dem Zeichen der Schuld. Die Entstehung dieses Gefühls ist dann in der

---

1 H.L. Goldschmidt u.a.: Schuld und religiöse Erfahrung, Weltgespräch 6, Freiburg 1968, Umschlagtext.

Regel schon in der frühen Kindheit zu suchen: das Nichtangenommensein eines Menschen von seiten seiner Eltern verunmöglicht oder erschwert die für das Leben notwendige Selbstannahme.
Die Schuldgefühle können sich im Leben verhängnisvoll auswirken, da sie häufig eine Selbstbestrafungstendenz im Gefolge haben. S. Freud erinnert an den Menschen, der am Erfolg scheitern muss, der sich an seinem Erfolg nicht freuen kann. Selbst ein Verbrechen kann Folge eines Strafbedürfnisses bzw. Schuldgefühls sein - ohne dass deswegen wirkliche Schuld vorhanden sein muss. Wohl am deutlichsten und am häufigsten ist Freud dieses Phänomen in der sog. "negativen therapeutischen Reaktion" begegnet.
Natürlich gehören die hier erwähnten Fälle in den Bereich der Psychotherapie. Sie dürften aber trotzdem für den Seelsorger nicht ohne Bedeutung sein. Er begegnet ebenfalls, meist allerdings in abgeschwächter Form, solchen von "Gewissensbissen" und Schuldgefühlen gequälten Menschen. Auch wenn er sich den Grund dieser Gefühle nicht erklären kann - was ja auch nicht zu seinem Kompetenzbereich gehört - es ist schon viel, wenn er um die Komplexität dieses Phänomens weiss. Er wird daran denken, dass ein Schuldbekenntnis unter dem Druck von Schuldgefühlen zustande kommen kann - und er wird ein solches Bekenntnis nicht als bare Münze nehmen. Er wird vermuten, dass in Wirklichkeit keine sittliche Schuld vorliegt oder an einer ganz andern Stelle zu suchen ist als der Pönitent angibt. Er wird dem Pönitenten die Schuldgefühle nicht einfach ausreden wollen - er würde ihm damit einen schlechten Dienst erweisen - aber doch fragen können, ob nicht vielleicht an eine andere Schuld zu denken sei, an eine Schuld, die nicht offenkundig zutage tritt (in vielen Fällen wäre auch an eine Fehlentwicklung, an eine "Existenzschuld" zu denken)[2]. Besonders dort, wo er eine Fixierung der Schuld auf einen bestimmten Bereich festgestellt, müsste er bemüht sein, dem Pönitenten das Auge für andere wichtige Lebensbereiche zu öffnen. Der Seelsorger wird des weitern nicht vergessen, dass ein "grossartiges" Bekenntnis im Grunde nicht viel mehr sein kann als ein Zeugnis von Eitelkeit und Stolz - dabei aber (was für all diese Fälle gilt) den Blick für ein tieferliegendes Minderwertigkeitsgefühl nicht verlieren. Hier, so scheint es, liegt seine primäre seelsorgerliche Aufgabe. Sie besteht darin, dem Menschen Mut zu machen, den Pönitenten in seinem echten Selbstwertstreben zu unterstützen, dessen Ich zu stärken (erst dann ist auch echte Demut möglich), ihm Gottes Güte und Vergebung zuzusprechen, damit dieser sich als der von Gott Angenommene zu verstehen lernt, um dann auch sich selbst annehmen zu können.

---

2 Vgl. H. Harsch: Das Schuldproblem.., 172f.

Es geht nicht etwa darum, die Schuld auszureden oder zu bagatellisieren. Der Seelsorger wird auch das Vergebungswort nicht leichtfertig zusprechen, dem Pönitenten vielmehr zu spüren geben, dass der Lossprechung keine automatische Wirksamkeit zukommt, sondern nur im Glauben und in der Hoffnung angenommen werden kann, dass sie ein Loslassen von sich selbst verlangt - dass sie tief in der Existenz erfahren werden muss, was eine grosse eigene "Anstrengung" nötig machen kann, so dass diese Erfahrung vielleicht erst nach einem langen Reifungsprozess möglich sein wird. Möglicherweise wird erst jetzt und allmählich dem Pönitenten aufgehen können, wo seine wirkliche Schuld liegt, er wird es lernen (oder zumindest zu lernen versuchen), sich selbst in seiner Schuld anzunehmen und sich so seinem Gott zu übereignen. Wie vor allem C.G. Jung gezeigt hat, ist die Annahme des Schattens eine schwere, aber notwendige Aufgabe. Es müsste vermehrt gesehen werden, dass das Versöhnungswort von dieser Aufgabe nicht dispensiert, sondern sie erst recht ermöglicht und fordert.

2. Die Identifizierung von Ueber-Ich und Gewissen bei Freud ist zwar falsch, die Unterscheidung beider Grössen ist aber für Theologie und Seelsorge von grosser Bedeutung. Schuldgefühl und -bewusstsein sind häufig Ausdruck der Spannung zwischen den Ueber-Ich-Forderungen (d.h. den Forderungen der introjizierten Elternautorität und der Gesellschaftsmoral) und dem Ich. Oft genug lassen sich solche Forderungen vor der Vernunft nicht rechtfertigen, nichtsdestoweniger üben sie aber eine tyrannisierende Macht aus. An dieser Stelle bieten sich dem Seelsorger Gelegenheiten genug, klärend einzugreifen. Er muss sich aber dabei bewusst bleiben, dass das Ueber-Ich grösstenteils unbewusst ist und wirkt, die Hilfeleistung des Seelsorgers also nicht immer in die nötige Tiefe einzudringen vermag. Er wird sich meist mit dem Hinweis begnügen müssen, dass viele Forderungen vielleicht gar nicht so unbedingte Gültigkeit haben und ruhig hinterfragt werden dürfen - dass manches sogar, was sich als Gewissensforderung ausgibt, diese Qualifikation gar nicht verdient. Auf diese Weise mag es da und dort gelingen, im Pönitenten etwas in Bewegung zu bringen, den Reifungsprozess "anzukurbeln", was zu einer vermehrten Ablösung von den Elterninstanzen führt und dann so ein nun wirklich reifes und persönliches Gewissensurteil möglich macht. Sicher ist es richtig, wenn der Seelsorger seine Pönitenten auf ihr Gewissen verweist, dabei ist aber nicht zu vergessen, dass das personale Gewissen vielfach noch vom Ueber-Ich beherrscht wird[3]. Dies scheint man insofern in der Beichtpraxis erkannt zu haben,

---

3 Vgl. W. Bitter: Der Verlust der Seele, Herder-Bücherei 333, Freiburg-Basel-Wien 1969, 66f.

als da vom Skrupulanten unbedingter Gehorsam gefordert wird (vgl. oben S. 30).

An dieser Stelle ist noch darauf hinzuweisen, dass das Ziel der Therapie das verantwortungsbewusste und gewissenhafte Handeln ist, was im Gegensatz steht zum Rat an den Kranken, "das materiell Verkehrte ruhig weiterzutun, weil er es ja ohne subjektive Schuld tun (würde)" (so die zitierte Papstansprache). Die Frage ist nur jeweils die, was denn wirklich materiell verkehrt ist und was nicht.

3. S. Freud hat das Schuldgefühl als eine Angst vor Liebesverlust (Missbilligung), als Angst vor der strafenden Autorität bzw. dem Ueber-Ich qualifiziert.

Ein Schuldbekennntis wird häufig den Sinn einer Angstbeschwichtigung haben, ohne dass dabei ein echtes Schuldbewusstsein vorzuliegen braucht. Es handelt sich hier um eine noch infantile Sittlichkeit. Der Seelsorger weiss, dass die Angst nur durch die Liebe überwunden werden kann. Der Seelsorger muss demnach bemüht sein, das Bild des tyrannischen, rächenden Gottes im Pönitenten abzubauen und ihm die Liebe Gottes zu zeigen, jene Liebe, die ihrerseits die Gegenliebe im Herzen des Menschen zu erwecken vermag. Auch hier ist nicht zu vergessen, dass diese Umwandlung nicht in erster Linie eine Angelegenheit auf der bewussten, begrifflichen Ebene ist, sondern weit ins Unbewusste vorzudringen hat. Hier wäre an die Gefahr des Rationalismus, des "Supranaturalismus" und an die Ideologisierung des Glaubens zu erinnern[4].

Besonders dem Jugendlichen fällt es noch schwer, Angst vor Liebesverlust von einer echten Schuld zu unterscheiden. Bei ihm haben ja auch Schuldgefühl und -bewusstsein noch weitgehend exogene Ursachen[5]. Gerade bei ihm muss aber der Unterschied zwischen einer echten Schuld und einer blossen Unbotmässigkeit, zwischen echter Schuld und innerer Unruhe mehr und mehr bewusst gemacht und eine Instanzverschiebung eingeleitet werden, eine Verschiebung von der äusseren Autorität und dem Ueber-Ich auf das Verantwortungsgewissen und die Transzendenz.

---

4 Vgl. A. Beeli: Ekklesiogene Neurosen, 116, und R. Egenter - P. Matussek: Ideologie.. bes. 106f. und 153.

5 Vgl. L. Kunz: Das Schuldbewusstsein des männlichen Jugendlichen, Luzern 1949. In diesem Zusammenhang seien noch erwähnt: L. Gilen: Das Gewissen bei Fünfzehnjährigen, Münster 1965; ders.: Das Gewissen bei Jugendlichen, Göttingen 1956; J. Piaget: Das moralische Urteil beim Kinde, Zürich 1954; R. Scholl: Das Gewissen des Kindes, Stuttgart 1956; L. Zarncke: Kindheit und Gewissen. Psychologische Studien, Freiburg 1951; dies.: Gewissensbildung in der frühen Kindheit, Berlin 1955; H. Zulliger: Umgang mit dem kindlichen Gewissen, Stuttgart, 4. Aufl. 1965; ders.: Was weisst du vom Gewissen deines Kindes, Stuttgart 1954; von theologischer Seite: W. Heinen: Das Gewissen - sein Werden und Wirken zur Freiheit, bearbeitet und herausgegeben von H. Kramer, Würzburg 1971.

4. Das zuletzt gesagte führt uns auf einen andern wichtigen Hinweis: Die Schuld muss in ihrem jeweiligen Stellenwert im Ganzen eines menschlichen Lebens gesehen werden. In dieser Ganzheit ist vor allem auch der Zeitfaktor zu berücksichtigen. Erst dann besteht Aussicht, den Ursprung der Schuld zu entdecken und damit auch eine Aussicht, sie wirksam zu bekämpfen. Auf diese Weise kann dem Pönitenten auch vermehrt bewusst werden, dass seine Unarten und schlechten Gewohnheiten vielleicht eine bis tief in die Kindheit zurückreichende Wurzel haben, dass es demzufolge auch eines langen Prozesses bedarf, um von solchen "Lastern" befreit zu werden.

Man kann von der Beichte auch zuviel erwarten, was dann unausweichlich zu Enttäuschungen führen muss: Die Beichte nützt nichts. Ich muss immer wieder die gleichen Fehler bekennen. Insofern ist es richtig, wenn der "transempirische" Charakter der Beichte gegenüber der Psychotherapie betont wird. Wenn man von der Beichte eine automatisch eintretende Erleichterung erwartet, dann muss die Beichte enttäuschen - und wo die Erleichterung eintritt, handelt es sich oft um eine Selbsttäuschung, auf die früher oder später eine Ent-Täuschung folgen muss.

5. Es wäre verkehrt, wollte man einzig oder vorwiegend die Kirche für die Entstehung einer Neurose verantwortlich machen, aber Seelsorge und religiöse Erziehung können doch leicht zu einer Neurotisierung des Menschen führen[6]. Die religiöse Praxis kann zudem vom Neurotiker als "Arrangement" verwendet werden, als Beruhigungsmittel für das Gewissen, und damit kann gerade eine Umwandlung oder ein notwendiger Reifungsschritt umgangen werden[7]. Dies ist besonders dort der Fall, wo ein infantiles Ueber-Ich noch nicht von einem personalen Gewissen abgelöst worden ist. Ohne Zweifel hat die Kirche vielfach einen moralischen und religiösen Infantilismus begünstigt durch eine übertriebene Kasuistik und einen mehr oder weniger bewussten Legalismus. Besonders für den religiösen Menschen sind Moralismus, Legalismus und Pharisäertum eine bleibende Gefahr. Von daher gesehen ist die heute festzustellende Entfremdung vieler Christen von der Kirche nicht nur eine beklagenswerte Erscheinung, sie ist nicht nur als ein Verlust des Transzendenzbezuges zu bewerten - so oft das auch der Fall sein mag - die Entfremdung muss auch als ein Zeichen des Mündigwerdens verstanden werden. Dasselbe darf für die veränderten Wert- und Moralvorstellungen gelten. Was zunächst als Sittenzerfall erscheinen mag, ist vielfach Zeichen zunehmender (oder wenigstens versuchter) Personwerdung, also Zeichen einer Höherentwicklung[8]. Das In-Frage-Stellen überlieferter (sogar angeblich

---

6 Vgl. A. Beeli: Ekklesiogene Neurosen, 116f.; A. Görres: Pathol...
7 Vgl. R. Egenter - P. Matussek: Ideologie.., 125.
8 Vgl. P. Matussek: Die Moral der Gegenwart in psychotherapeutischer Sicht. Verfall oder Höherentwicklung, in: A. Schelkopf (Hrsg.): Möglichkeiten moderner Psychotherapie, Göttingen 1967, 49-65; L. Monden: Sünde.., 7.

absoluter) Normen ist unumgänglich, wenn die Macht des Ueber-Ichs abgebaut werden soll, sie muss aber immer von einer Neubesinnung auf das Ur-Gewissen begleitet sein.

6. Es kann vorkommen, dass ein Seelsorger das Sündenbewusstsein möglichst verstärken möchte, um so das Erlösungserlebnis zu intensivieren. Ein solches "manipuliertes Sündenbewusstsein" erreichen zu wollen, wäre (wie M. Horatczuk bemerkt) verdächtig. Es sähe aus "wie das künstliche Erzeugen einer Hungersnot, um das Brot sicher - und teuer - verkaufen zu können"[9].

Sicher darf die Botschaft vom Sündersein des Menschen nicht unterschlagen werden. Nur darf das nicht in einem moralisierenden Reden geschehen und nicht mittels einer "Doppelmoral"[10].

Ziel der biblischen Botschaft von der Sünde ist die Umkehr des Menschen, Umkehr zur (grösseren und totaleren) Liebe und nicht etwa Umkehr zur noch genaueren Gesetzeserfüllung - die Botschaft soll das Herz des Menschen treffen und nicht sein Ueber-Ich. Vielleicht könnte heute am ehesten (im Sinne personaler Psychotherapie) ein geeigneter Ansatzpunkt für die Verkündigung im Verantwortungsbewusstsein des Menschen gefunden werden - im Gegensatz zur Flucht aus der Verantwortung in die Anonymität, wobei "Verantwortung" primär zu verstehen wäre als Anruf-Verstehen und Antwort-geben.

7. Das psychisch Böse ist nicht mit dem moralisch Bösen zu verwechseln. Es ist das, was C.G. Jung mit dem "Schatten" bezeichnete, also zunächst naturhafte Mängel, struktur- oder entwicklungsbedingte Einseitigkeiten, und es gehört insofern in die Kategorie des "physisch" Bösen, des Uebels[11]. (Schon aus diesem Grund ist der neurotische Mensch generell gesehen nicht ein grösserer Sünder als der sog. normale Mensch.) Aber auch das moralisch Böse kann in einer Psychotherapie nicht ausgeklammert werden, das psychisch und moralisch Böse sind, wie auch Gut und Böse im konkreten Menschen, unentwirrbar verflochten[12]. Das Böse ist nicht immer so böse, wie es aussieht, aber auch das Gute ist nicht immer so gut, wie es sich gebärdet - eine forcierte, krampfhafte "Tu-

---

9 M. Horatczuk: Sündenbewusstsein, in: Entschluss, Nr. 5, 1970, 193-194, 193.

10 Unter "Doppelmoral" ist hier das Festhalten an geltenden Gesetzen gemeint, wobei aber in der Praxis (z.B. in der Beichte) andere Gesichtspunkte massgebend sind. Vgl. St. Pfürtner: Gefahr der doppelten Moral: Probleme kirchlicher Sexualität, in: Herder Korrespondenz, H. 3, 1973, 145f. In unserem Zusammenhang ist diese "Doppelmoral" insofern von Bedeutung, als durch Festhalten an (uneinsichtig gewordenen) Normen ein "künstliches" Sündenbewusstsein erzeugt werden kann. ("Doppelmoral" bezeichnet hier also nicht "eine Sittlichkeit, die einen einheitlichen Massstab für das freie Handeln leugnet und mit Berufung auf die Eigengesetzlichkeit bestimmter Situationen, Lebensgebiete und Personentypen ein Verhalten als zulässig erklärt, das gewöhnlich als böse gilt". So F. Scholz: "Doppelmoral", in: LThK Bd. 3, 513f., Zitat: 513).

11 J. Rudin: Vom psychisch zum moralisch Bösen, 153.

12 A.a.O. 155f.

gend" z.B. muss den Gedanken an eine Reaktionsbildung nahelegen. Dieser Tatbestand mahnt zur Vorsicht sowohl in der Eigen- wie in der Fremdbeurteilung.

8. Die Tatsache, dass es der Therapeut zunächst mit "psychisch" Bösem zu tun hat und er Zurückhaltung übt in der Beurteilung moralischen Uebels, heisst nicht, dass er sittliche Schuld überhaupt leugnen oder als irrelevant betrachten würde[13], obschon es solche Tendenzen in der Psychotherapie sicher immer geben wird[14].

Im Heilverfahren können durchaus Schuldbezüge aufgedeckt und dadurch Schuldbewusstsein und -gefühl geweckt werden. Die Psychotherapie unterstützt also nicht eine Reduzierung der moralisch-ethischen Dimension - ganz im Gegenteil.

Das Ziel der Therapie ist nicht einfach Konfliktlosigkeit und Spannungslosigkeit. Der Abstand zum Ideal bleibt, er muss aber bewusst ertragen werden. "Zunächst einmal", so sagt Rudolf Affemann, "muss es der Mensch lernen, sich selbst in seiner schuldhaften Existenz anzunehmen. Das heisst, er muss lernen, sich zu lieben, obgleich er ganz anders sein soll und ganz anders sein will, als er ist... die objektive Schuld - als Verfehlung der Existenz - wird integriert. Das heisst nicht, dass sie damit verharmlost wird. Schuld bleibt Schuld. Sie wird allerdings zum bewusst ertragenen, bewusst erlittenen Teil der Existenz"[15].

Ein echtes Schuldbewusstsein wird in der Psychotherapie nicht abgebaut, sondern oft erst ermöglicht. Die Schuldentlastungsformen, wie

---

13 Erwähnt sei hier noch: Konrad Wolff: Psychologie und Sittlichkeit. K. Wolff hebt hervor, dass neben der traumatischen auch die sittliche Wurzel der Neurose zu berücksichtigen ist (269). Der Autor erklärt: "Als tiefster Grund der neurotischen Störung zeigte sich uns dies, dass der Mensch seine sittliche Sendung nicht annehmen will. Damit vergeht er sich gegen sein eigenstes Wesen" (268). Wo nämlich das Schuldbewusstsein nicht angenommen wird, "kommt es zu psychischen Reaktionsbildungen, Wucherungen in der Art von Schuldkomplexen, Schuldangst usw. - eben zum Schuldgefühl. Es ist dies die Reaktionsform des Menschen, der eigentlich und von Grund auf nicht schuldig sein möchte... Es erfolgt dadurch eine Verschiebung der Schuldeinstellung aus dem Bereich der Verantwortung in den psychischen Raum" (182). "Mit einer gewissen Notwendigkeit" bekommt deshalb die Analyse "imperativen Charakter" (183), hier zeigt sich, "dass Tiefenpsychotherapie im Grunde ein sittliches Phänomen ist..." (184).

14 L. Poljak z.B. tendiert in diese Richtung, wenn er sagt, Gut und Böse gebe es nicht mehr. Wenn sich L. Poljak eines Urteils über Eichmann z.B. enthält und ihn nicht verurteilt ("ihn auszurotten ist nicht meine Sache"), heisst das noch nicht, man müsse die Existenz von Gut und Böse leugnen. Deswegen muss ein Eichmann nicht "böser" sein als irgend ein anderer Mensch. Darin liegt das Richtige bei L. Poljak: "Eichmann ist also nicht böse. Er hatte Schwierigkeiten. Ich habe auch Schwierigkeiten. Er brachte dadurch andere in Schwierigkeiten. Ich bringe auch Andere in Schwierigkeiten. Und zuletzt brachte er sich selbst in Schwierigkeiten - so wie ich es tue". L. Poljak: Vom guten Bösen, 124f.

15 R. Affemann: Schuld.., 136f.

z.B. die Projektion, sind dem Psychotherapeuten bekannt genug. Auch der Theologe darf und muss zu einem echten Bewusstsein der Schuld verhelfen. Er braucht sich nicht zu scheuen, dem Menschen ein "Ideal" vorzuhalten, ein Ideal, wie es z.B. in der Bergpredigt vorliegt. Er darf nur nicht die richtige Dimension verfehlen. Die Forderung, die an den Christen gestellt ist, setzt in der Mitte seiner Existenz an. Gott will nicht (nur) dessen gesetzeskonformes Handeln (als Erfüllung eines nicht zu erreichenden Leistungs-Soll), er will den Menschen selbst und ganz.

Die Spannung zwischen Sein und Soll muss der Christ anzunehmen lernen, was er letzten Endes nur kann, wenn er von sich weg auf Gott und dessen Verheissung hinschaut.

9. Wenn der Psychotherapeut von moralischer Schuld spricht, meint er meistens die Gesetzesschuld, ohne dabei das für moralische Schuld (im moraltheologischen Sprachgebrauch) notwendige Moment der Freiheit zu bedenken. Wenn der Psychotherapeut von Schuld spricht, denkt er vorwiegend an jene Schuld, die von der anthropologischen Psychotherapie meist "Existenzschuld" genannt wird, an eine Reifungsschuld (ein debitum also). Der Unterschied zwischen formeller und materieller Sünde, zwischen culpa und debitum wird (leider) kaum berücksichtigt - was die gegenseitige Verständigung erschwert. Dies hat der Theologe zu beachten, wenn im Gespräch mit dem Psychotherapeuten keine Konfusion entstehen soll.

Der zentrale Begriff der Existenzschuld verdient es, vom Theologen bedacht zu werden. Die therapeutische Praxis zeigt, dass der Mensch sich unaufgebbar zugelastet ist, dass er ein freier, reifer und verantwortungsbewusster Mensch zu werden hat. Tut er das nicht, wird er "existentiell" schuldig, weil er seiner Bestimmung nicht nachkommt.

Die Therapie soll eine fortschreitende Befreiung und Personalisation bewirken, zu einer fortschreitenden Uebernahme der Verantwortung führen - und somit auch zur Uebernahme der existentiellen Schuld, d.h. zur Annahme des Auftrags zum Menschsein, zur Verwirklichung seiner in ihm liegenden Möglichkeiten, zur Annahme der Grundbedingungen menschlichen Daseins.

Mit der Uebernahme von Freiheit und personaler Verantwortung wird es nun auch möglich, sittliche Schuld zu sehen und zu übernehmen. Im Antworten-Können darf wohl nicht zuletzt jene Fähigkeit gesehen werden, die dem Menschen das Leben erst sinnvoll machen kann (Gewissen als "Sinn-Organ").

Im Grunde dürften dem Theologen diese Kategorien nicht fremd sein, wird doch in der Heiligen Schrift das Verhältnis zwischen Gott und Mensch wesentlich als ein Wort-Antwort-Verhältnis verstanden: Gott, der ruft - der Mensch, der hört und antwortet. Müsste nicht dieser ursprüngliche Auftrag, Antwortender zu sein, vermehrt ins Bewusstsein gebracht werden? Es scheint, als wäre dann schon viel getan für ein vertieftes und echtes Schuldverständnis. Der Seelsorger wird sich bemühen müssen, den Menschen in seine ihm eigene Verantwortung zu führen, ihn dazu aufzurufen, seine in ihm liegenden Talente und Möglichkeiten zum Austrag zu bringen.

10. Es wäre unsachlich, wollte man der Psychotherapie jede Möglichkeit der Schuldbewältigung absprechen. Schuldüberwindung besteht, so paradox das klingen mag, im wesentlichen in der Schuldannahme, welche allerdings ohne Liebe nicht möglich ist. Durch die Erziehung zur Liebesfähigkeit verhilft die Psychotherapie auch zur richtigen Begegnung mit der Schuld.

Es ist bemerkenswert, dass von seiten der Psychotherapie von "Schuldannahme" und kaum von "Schuldvergebung" gesprochen wird. Offenbar sieht sie in der Schuldannahme doch eine fundamentale Aufgabe des Menschen und steht anderseits der Vorstellung eines "Auslöschens" oder "Wegwischens" der Schuld skeptisch gegenüber.

Der Theologe kann vom Psychotherapeuten hören, dass die Schuldannahme eine schwere Aufgabe ist und deswegen vom Menschen gerne umgangen wird. Dasselbe gilt auch für die Reue, wenn zur Reue wesentlich Schuldannahme gehört - in der Hoffnung auf Versöhnung[16].

Die Botschaft von der Vergebung Gottes darf demnach nicht als Schuldentlastungsform missverstanden werden. Sie besagt, dass dem Menschen in der Schuld auf wunderbare Weise ein Neuanfang geschenkt ist, dass er, obschon immer wieder in Schuld kommend, von Gott angenommen ist und auf das "Heil" hoffen darf.

Im Lichte der Offenbarung erscheint der Mensch als der "radikal Böse", als der entfremdete und gespaltene Mensch. In Röm 7,7-25 wird deutlich, dass der Mensch nicht nur von einer schuldigen Tat befreit werden muss, dass die Sünde die ganze menschliche Existenz bestimmt, dass die Entfremdung seine "condition humaine" ist und dem Menschen nur noch der Aufschrei nach Erlösung bleibt, "der Ruf nach einer grundlegend geänderten menschlichen Daseinsverfassung" (Josef Blank)[17]. Die Sündenvergebung muss von daher wie die Ueberwindung des Todes auch in ihrer eschatologischen Dimension gesehen werden: Sie ist wesentlich Verheissung und kann nur im Glauben und in der Hoffnung ergriffen werden. Die gläubige Einsicht in die Radikalität der Sünde verweist den Menschen auf die Barmherzigkeit Gottes. Im Verzicht auf Selbstsicherung und Selbsterlösung erfährt der Christ erst seine wahre Freiheit, seine Erlösung.

---

16 Vgl. A. Esser: Das Phänomen Reue, Köln 1963, 145ff.

17 J. Blank: Der gespaltene Mensch. Zur Exegese von Röm 7,7-25, in: Bibel und Leben, H. 1, 1968, 11-20, 19.

Dies ist die frohe Botschaft, die der Priester dem leidenden Menschen zu verkünden hat - die aber auch dem Menschen den Frieden zu geben vermag. Die Botschaft kann dem leidenden Menschen helfen, seine Not auch nicht vorschnell mit einer Sünde in Verbindung zu bringen, seine Last als "Stachel im Fleische" zu verstehen lernen und sie schliesslich mit der Geduld Gottes tragen zu können[18].

"Ist eine reale Schuld bewusst gemacht, so ist es manchmal möglich, den Patienten an den Geistlichen weiterzuleiten", erklärt Felicia Froboese[19]. "Quasi als Nebenprodukt" hat die Therapie auch den glaubensfähigen Menschen zum Ziel, der damit "reif (wird) für den Empfang der Vergebung durch die Kirche"[20]. Der schuldhafte Mensch muss sich angenommen fühlen und es bedeutet für ihn schon viel, wenn er sich in der Schuld solidarisch weiss mit allen Menschen. "Wenn die Schuld bewusst gemacht ist und der betreffende nicht an die Vergebung der Kirche glauben kann, muss sich der Therapeut zunächst damit begnügen, den Patienten auf die tragische Situation hinzuweisen, der seinem Wesen nach nicht ohne Schuld sein kann"[21]. Hier kommt der Psychotherapeut an eine Grenze.

Nicht in dem Sinne, dass dem Sünder die Schuld einfach "weggenommen" würde, bedeutet die Vergebung der Kirche eine Hilfe für den Menschen, sondern dadurch, dass der Mensch in seiner Sünde vor die Transzendenz gestellt wird und so sich dem barmherzigen Gott anvertrauend vielleicht mit Paulus das befreiende Wort zu sprechen vermag: "Der mich richtet, ist der Herr" (1 Kor 4,4).

---

18 Vgl. H. Kahlefeld: Die kreatürlichen Leiden, 595-598.
19 F. Froboese: Gedanken.., 165.
20 A.a.O. 164.
21 A.a.O. 167; vgl. K. Wolff: Psychologie und Sittlichkeit, bes. 180-182.

BIBLIOGRAPHIE

Abkürzungen:

D	H. Denzinger, Enchiridion Symbolorum Definitionum et Declarationum de Rebus Fidei et Morum, Hrsg. K. Rahner, Freiburg und Rom, ^{31}1957.
Hb	Handbuch
HNPth	Handbuch der Neurosenlehre und Psychotherapie, Hrsg. V.E. Frankl, V.E.v. Gebsattel, J.H. Schultz, 5 Bände, München-Berlin 1959-1961.
HthG	Handbuch theologischer Grundbegriffe, Hrsg. H. Fries, München 1962 und 1963.
Jb	Jahrbuch
LThK	Lexikon für Theologie und Kirche, Hrsg. J. Höfer und K. Rahner, Freiburg, ^{2}1957ff.
Tb	Taschenbuch.
Ztschr.	Zeitschrift.
I, II etc.	Eine römische Ziffer bei S. Freud bzw. C.G. Jung bezieht sich auf den entsprechenden Band der Gesammelten Werke. Die Seitenzahl wird in arabischen Zahlen angegeben.

LITERATUR

Adler, Alfred — Ueber den nervösen Charakter, München ^{4}1928

Ders. — Praxis und Theorie der Individualpsychologie, München, ^{4}1930

Ders. — Menschenkenntnis, Frankfurt/M. 1966 Fischer-Bücherei 726

Ders. — Der Sinn des Lebens, Wien-Leipzig 1933

Ders. — Religion und Individualpsychologie, in: E. Jahn und A. Adler: Religion und Individualpsychologie, Wien-Leipzig 1933, 58-92

Affemann, Rudolf — Schuld, Schulderfahrung und Gewissen, in: Herderkorrespondenz (1973) H. 3, 131-137.

Auer, Alfons — Das Gewissen als Mitte der personalen Existenz, in: Das Gewissen als freiheitliches Ordnungsprinzip, Hrsg. Karl Forster, Würzburg 1962, 37-59.

Ders. — Autonome Moral und christlicher Glaube, Düsseldorf 1971.

Bally, Gustav — Einführung in die Psychoanalyse Sigmund Freuds, Hamburg 1961 (Rowohlts deutsche Enzyklopädie 131/132)

Ders. — Das Schuldproblem und die Psychotherapie, in: Schweizer Archiv für Neurologie und Psychiatrie LXX (1952) H. 2, 227-238

Ders. — Schuld und Existenz, in: Wege zum Menschen (1960) H. 12, 305-315

Bartning G./Kurth W. — Psychotherapie in der Seelsorge, München-Basel 1964

Beeli, Armin — Ekklesiogene Neurosen, in: Diakonia (1966) H.2, 115-117

Blum, Ernst — Grundsätzliches zur psychotherapeutischen Situation, in: Der leidende Mensch, Hrsg. A. Sborowitz, Darmstadt, [2]1965, 118-144

Böckle, Franz — Grundbegriffe der Moral, Aschaffenburg, [5]1969

Ders. — Gesetz und Gewissen, Luzern-Stuttgart 1965

Ders. (Hrsg.) — Das Naturrecht im Disput, Düsseldorf 1966

Bommer, J./Rast, W. — Beichtprobleme heute. Prinzipien und Anregungen, Zürich 1968

Ders. und Condrau G. — Schuld und Sühne, Zürich 1970

Boss, Medard — Körperliches Kranksein als Folge seelischer Gleichgewichtsstörungen, Bern, [2]1940

Ders. — Psychoanalyse und Daseinsanalytik, Bern-Stuttgart 1957

Ders. — Lebensangst, Schuldgefühle und psychotherapeutische Befreiung, Bern-Stuttgart 1962

Ders. — Beispiele für den Einfluss einer Psychotherapie auf die religiöse Einstellung von Analysanden, in: Theologia practica (1966) H. 3, 222-234

Buber, Martin — Ich und Du. Werke I. Schriften zur Philosophie, München-Heidelberg 1962, 77-170

Ders. — Urdistanz und Beziehung. Werke I. 411-423

Ders. — Schuld und Schuldgefühle. Werke I. 475-502

Ders. — Bilder von Gut und Böse. Werke I. 605-650

Caruso, Igor A. — Psychoanalyse und Synthese der Existenz, Freiburg-Wien 1952

Ders. — Bios, Psyche, Person. Eine Einführung in die allgemeine Tiefenpsychologie, Freiburg-München 1957

Ders. — Schema, Gewissen, Neurose, in: HNPth II. 727-732

Ders. — Bemerkungen über Leistung und Schuldgefühl, in: Jb für Psychologie, Psychotherapie und medizinische Anthropologie (1968) H. 3-4, 185-196

Condrau, Gion — Angst und Schuld als Grundprobleme der Psychotherapie, Bern-Stuttgart 1962

Ders. — Daseinsanalytische Psychotherapie, Bern-Stuttgart 1963

Ders. — Das Problem der Schuld in der Psychotherapie, in: J. Bommer/G. Condrau: Schuld und Sühne, Zürich 1970, 55-78

Daim, Wilfried — Umwertung der Psychoanalyse, Wien 1951

Ders. — Der Grundfehler C.G. Jungs. Zu einer gnostischen Entgleisung, in: Wissenschaft und Weltbild (1953) H. 2, 58-67

Ders. — Tiefenpsychologie und Gnade, in: Jb für Psychologie und Psychotherapie (1953) H. 2, 226-232

Ders. — Tiefenpsychologie und Freiheit, in: Der Psychologe (1957) H. 10, 389-400

Dessauer, Philipp — Aerztliche Psychotherapie und priesterliche Seelsorge, in: Geist und Leben 24 (1951) 440-453

Egenter, Richard — Psychotherapie und Gewissen, in: Münchener Theologische Zeitschr. (1957) H. 1, 33-45

Ders./Matussek P. Ideologie, Glaube und Gewissen. Diskussion an der Grenze zwischen Moraltheologie und Psychotherapie, München-Zürich 1965

Elsässer, Günter Objektives Verschulden und Neurose, in: Psyche 10 (1956) H.5, 348-356

Engelmayer, Otto Die Frage des Gewissens in psychologischer Sicht, in: Gewissen und Gewissensbildung, Augsburg 1968

Fohrer, Georg Studien zum Buche Hiob, Gütersloh 1963

Ders. Das Buch Hiob, Gütersloh 1963, Kommentar zum Alten Testament

Frankl, Viktor Emil Das Menschenbild der Seelenheilkunde, Stuttgart 1959

Ders. Der unbewusste Gott, Wien, ^{2}1949

Ders. Aerztliche Seelsorge, Wien, ^{7}1966

Ders. Kritische Bemerkungen zum analytischen Psychologismus, in: Jb für Psychologie und Psychotherapie (1958) 224-239

Ders. Logotherapie und Religion, in: Psychotherapie und religiöse Erfahrung, Hrsg. W. Bitter, Stuttgart 1965, 97-111

Franz, M.L.v. Der Individuationsprozess, in: C.G. Jung: Der Mensch und seine Symbole, Olten-Freiburg 1968

Freud, Sigmund Gesammelte Werke, Imago publishing Co. London ab 1940

Ders. Quelques Considérations pour une Etude Comparative des Paralysies Motrices Organiques et Hysteriques (1893), I (1892-1899) 37ff.

Ders. Die Abwehr-Neuropsychosen. Versuch einer psychologischen Theorie der acquirierten Hysterie, vieler Phobien und Zwangsvorstellungen und gewisser halluzinatorischer Psychosen (1894), I 57ff.

Ders. Studien über Hysterie (1895), I 75-312

Ders. Ueber den psychischen Mechanismus hysterischer Phänomene, I 81ff.

Ders. Krankheitsgeschichten, I 99-251

Ders. Zur Psychotherapie der Hysterie, I 252ff.

Ders. Weitere Bemerkungen über die Abwehr-Neuropsychosen (1896), I 377ff.

Ders. Einige Nachträge zum Ganzen der Traumdeutung (1925), I 559ff.

Ders. Drei Abhandlungen zur Sexualtheorie (1905), V (1904-1905), 27ff.

Ders. Der Wahn und die Träume in W. Jensens "Gradiva", (1907), VII (1906-1909), 31ff.

Ders. Zwangshandlungen und Religionsübungen (1907) VII 129ff.

Ders. Bemerkungen über einen Fall von Zwangsneurose (1909), VII 381ff.

Ders. Ueber Psychoanalyse (1910), VIII (1909-1913) 1ff.

Ders. Eine Kindheitserinnerung des Leonardo da Vinci (1910), VIII 127ff.

Ders. Ueber neurotische Erkrankungstypen (1912) VIII 321ff.

Ders. Zur Einleitung der Onaniediskussion. Schlusswort. (1912), VIII 331ff.

Ders. Totem und Tabu, IX (1913)

Ders.	Zur Geschichte der psychoanalytischen Bewegung (1914), X (1913-1917), 43ff.
Ders.	Zur Einführung des Narzissmus (1914), X 138ff.
Ders.	Der Moses des Michelangelo (1914), X 172ff.
Ders.	Zeitgemässes über Krieg und Tod (1915), X 324ff.
Ders.	Einige Charaktertypen aus der psychoanalytischen Arbeit (1915), X 364ff.
Ders.	Trauer und Melancholie (1916), X 428ff.
Ders.	Vorlesungen zur Einführung in die Psychoanalyse, XI (1916-1917)
Ders.	Ueber die Psychogenese eines Falles von weiblicher Homosexualität (1920), XII (1917-1920), 269-302
Ders.	Jenseits des Lustprinzips (1920), XIII (1920-1924), 1ff.
Ders.	Massenpsychologie und Ich-Analyse (1921) XII 71ff.
Ders.	"Psychoanalyse" und "Libidotheorie" (1923) XIII 209ff.
Ders.	Das Ich und das Es (1923), XIII 235ff.
Ders.	Das ökonomische Problem des Masochismus (1924), XIII 369ff.
Ders.	Der Untergang des Oedipuskomplexes (1924) XIII 393ff.
Ders.	Kurzer Abriss der Psychoanalyse (1928) XIII 403ff.
Ders.	Hemmung, Symptom und Angst (1926), XIV (1925-1931), 111ff.
Ders.	Die Zukunft einer Illusion (1927), XIV 323ff.
Ders.	Dostojewski und die Vatertötung (1928) XIV 397ff.
Ders.	Das Unbehagen in der Kultur (1930), XIV 419ff.
Ders.	Neue Folge der Vorlesung zur Einführung in die Psychoanalyse, XV (1932)
Ders.	Die endliche und die unendliche Analyse, (1937), XVI (1932-1939), 57ff.
Ders.	Der Mann Moses und die monotheistische Religion (1937), XVI 101ff.
Ders.	Die Ichspaltung im Abwehrvorgang (1938) XVII (1892-1938), 59ff.
Ders.	Abriss der Psychoanalyse (1938), XVII 63ff.
Ders.	Ergebnisse, Ideen, Probleme, XVII 151ff.
Ders.	Briefe 1873-1939, Frankfurt/M. 1960
Ders.	Aus den Anfängen der Psychoanalyse, Briefe an Wilhelm Fliess. Abhandlungen und Notizen aus den Jahren 1887-1902, Hamburg 1962
Ders./Pfister, O.	Briefe 1909-1939, Hrsg. E.L. Freud und H. Meng, Frankfurt/M. 1963
Froboese, Felicia	Gedanken über das Verhältnis von christlicher Seelsorge und Psychotherapie, in: Seelsorge als Lebenshilfe, Hrsg. Helmut Harsch, Heidelberg 1965, 160-169.
Fromm, Erich	Psychoanalyse und Ethik, Stuttgart-Konstanz-Zürich 1954
Fuchs, Josef	Theologia moralis generalis, Rom 1963
Furrer, Walter	Psychoanalyse und Seelsorge, München 1970
von Gebsattel, Victor Emil	Imago Hominis, Schweinfurt 1964
Goldbrunner, Josef	Sprechzimmer und Beichtstuhl. Ueber Religion und Psychologie. Freiburg-Basel-Wien 1965 (Herder-Bücherei 227)

Gollwitzer, Helmut — Zu Helmut Dee "Vergebung von Sünden" in: Evangelische Theologie, (1966) H. 12, 652-662

Görres, Albert — Methode und Erfahrungen der Psychoanalyse, München 1965 (Geist und Psyche 2019/20)

Ders. — Heilung und Heil. Zur Kritik der Psychoanalyse, in: Der leidende Mensch, Hrsg. Arie Sborowitz, Darmstadt, [2]1965, 189-203

Ders. — Vernunft und Leidenschaft - Determination und Willensfreiheit in der Sicht der Psychoanalyse, in: Freiheit und Determination, Hrsg. K. Forster, Würzburg 1966, 39-56

Ders. — Pathologie des katholischen Christentums, in: Hb der Pastoraltheologie Band II/1, Hrsg. F.X. Arnold etc., Freiburg-Basel-Wien 1966, 277-343

Griesl, Gottfried — Gewissen, Ursprung-Entfaltung-Bildung, Augsburg 1960

Gründel, Johannes — Das Gewissen als "norma normans" und "norma normata", in: Grenzfragen des Glaubens, Hrsg. Charlotte Hörgl und Fritz Rauh, Zürich-Köln 1967, 389-422

Ders. — Das Gewissen in moraltheologischer Sicht, in: Gewissen und Gewissensbildung, Otto Engelmayer (etc.), Donauwörth 1968, 39-87

Haendler, Otto — Schuldverhaftung und Schuldlösung in Theologie und Psychologie, in: Gut und Böse in der Psychotherapie, Hrsg. W. Bitter, Stuttgart, [2]1966

Häfner, Heinz — Schulderleben und Gewissen, Stuttgart 1956

Ders. — Psychotherapie und Gewissen, in: Münchener Theologische Ztschr. (1959) H. 1, 19-28

Ders. — Zur Problematik von Schuld und Schuldgefühl in der Psychotherapie, in: Wege zum Menschen (1959) H. 11, 369-382

Ders. — Daseinsanalytische Psychotherapie und existentielles Gewissen, in: Jb für Psychologie und Psychotherapie und Medizinische Anthropologie (1959) 48-54

Ders. — Das Gewissen in der Neurose, in: HNPth, Band 2, (1959) 692-726

Ders. — Das Gewissen in tiefenpsychologischer Sicht, in: Grenzfragen des Glaubens, Hrsg. Ch. Hörgl und F. Rauh, Zürich-Köln 1967, 113-151

Häring, Bernhard — Das Gesetz Christi I, Freiburg, [6]1961

Harsch, Helmut — Das Schuldproblem in Theologie und Tiefenpsychologie, Heidelberg 1965

Heidegger, Martin — Sein und Zeit, Tübingen, [7]1953

Ders. — Ueber den Humanismus, Frankfurt/M. 1947

Heinen, Wilhelm — Schuldigkeit-Schuld-Sünde, in: Anima H. 1, 1962, 65-77

Herzog-Dürck, Johanna — Zwischen Angst und Vertrauen, Nürnberg o.J.

Dies. — Menschsein als Wagnis, Stuttgart 1960

Dies. — Die religiöse Problematik der Neurose, in: Wege zum Menschen (1963) H. 11, 398-412

Dies. — Der Depressive und die Hoffnung, in: Der leidende Mensch, Hrsg. A. Sborowitz, Darmstadt, [2]1965, 353-366

Dies. Personale Psychotherapie und Religion, in: Psychotherapie und religiöse Erfahrung, Hrsg. W. Bitter, Stuttgart 1965, 117-132

Dies. Personale Psychotherapie und menschliches Selbstverständnis, in: Die pädagogische Provinz (1967) H. 1-2, 1-17

Dies. Auf der Suche nach der verlorenen Geschichtlichkeit, in: Transzendenz als Erfahrung, Festschrift zum 70. Geburtstag von Graf Dürckheim, Weilheim/Obb 1966, 163-174

Dies. Probleme menschlicher Reifung. Person und Identität in der personalen Psychotherapie, Stuttgart 1969

Dies. Die Arbeit der Seele, Hamburg 1972 (Stundenbücher 107)

Heyer, Gustav Richard — Praktische Seelenheilkunde, München, [3]1950 (Kindler Tb., Geist und Psyche 203)

Hollenbach, Johannes M. — Schuld und Neurose, in: A. Snoeck: Beichte und Psychoanalyse, Frankfurt/M., [2]1960, 138-164

Hostie, Raymund — C.G. Jung und die Religion, Freiburg 1957

Jacobi, Jolande — Der Weg zur Individuation, Zürich-Stuttgart 1965

Jaffé, Aniela — Bildende Kunst als Symbol, in: C.G. Jung: Der Mensch und seine Symbole, Olten-Freiburg 1968

Jahn, Ernst — Epilog, in: E. Jahn und A. Adler: Religion und Individualpsychologie, Wien-Leipzig 1933

Jones, Ernest — Das Leben und Werk Sigmund Freuds, Band II. Bern 1962

Jung, Carl G. — Gesammelte Werke, Hrsg. Marianne Niehus-Jung, Lena Hurwitz-Eisner etc., Zürich-Stuttgart 1958 ff.

Ders. Der Kampf um die Befreiung von der Mutter, in: Symbole der Wandlung, V (1952)

Ders. Psychologische Typen (1921), [7]1937 VI (1960/1967)

Ders. Ueber die Psychologie des Unbewussten (1943) VII (1964)

Ders. Die Beziehungen zwischen dem Ich und dem Unbewussten (1928), VII

Ders. Die transzendente Funktion (1916), VIII (1967)

Ders. Allgemeines zur Komplextheorie (1934), VIII

Ders. Theoretische Ueberlegungen zum Wesen des Psychischen (1947), VIII

Ders. Allgemeine Gesichtspunkte zur Psychologie des Traumes (1928), VIII

Ders. Vom Wesen der Träume (1945), VIII

Ders. Geist und Leben (1926), VIII

Ders. Das Grundproblem der gegenwärtigen Psychologie (1931), VIII

Ders. Analytische Psychologie und Weltanschauung, (1931), VIII

Ders. Seele und Tod (1934), VIII

Ders. Zur Phänomenologie des Geistes im Märchen, in: Symbolik des Geistes, Zürich 1948, (IX)

Ders. Zur Empirie des Individuationsprozesses, in: Gestaltungen des Unbewussten, Zürich 1950 (IX)

Ders. Aion. Untersuchungen zur Symbolgeschichte, Zürich 1951 (IX, 2. Teil)

Ders. Nach der Katastrophe 1945, in: Aufsätze zur Zeitgeschichte, Zürich 1951 (X)

Ders. Gegenwart und Zukunft, Zürich 1957 (X)

Ders. Das Gewissen in psychologischer Sicht, in: Das Gewissen. Studien aus dem C.G. Jung-Institut, Zürich 1958 (X)

Ders. Gut und Böse in der Analytischen Psychologie, in: Gut und Böse in der Psychotherapie, Hrsg. W. Bitter, Stuttgart, [2]1966 (X)

Ders. Psychologie und Religion (1940), XI (1963)

Ders. Versuch einer psychologischen Deutung des Trinitätsdogmas (1942), XI

Ders. Das Wandlungssymbol in der Messe (1942), XI Vorwort zu V. White: God and the Unconscous (1952), XI

Ders. Bruder Klaus (1933), XI

Ders. Ueber die Beziehung der Psychotherapie zur Seelsorge (1932), XI

Ders. Antwort auf Hiob (1952), XI

Ders. Zum Problem des Christussymbols (aus einem Brief an einen katholischen Geistlichen 1953) XI

Ders. Psychologie und Alchemie, Zürich 1944 (XII, Olten-Freiburg 1972)

Ders. Der Geist Mercurius, in: Symbolik des Geistes, Zürich 1948 (XIII)

Ders. Paracelsus als geistige Erscheinung, in: Paracelsica, Zürich-Leipzig 1942, (XIII)

Ders. Mysterium Conjunctionis. Untersuchung über die Trennung und Zusammensetzung der seelischen Gegensätze in der Alchemie, Zürich, 1. Teil 1955, 2. Teil 1956, (XIV, 1968)

Ders. Sigmund Freud als kulturhistorische Erscheinung, in: Wirklichkeit der Seele, Zürich 1947, (XV, 1971)

Ders. Grundsätzliches zur praktischen Psychotherapie (1935), XVI (1958)

Ders. Die Probleme der modernen Psychotherapie (1929), XVI

Ders. Der therapeutische Wert des Abreagierens (1921), XVI

Ders. Die praktische Verwendbarkeit der Traumanalyse (1934), XVI

Ders. Die Psychologie der Uebertragung (1946), XVI

Ders. Vom Werden der Persönlichkeit (1934), in: Wirklichkeit der Seele, Zürich 1947, (XVII)

Ders. Symbolik des Geistes, Zürich 1948

Ders. Aufsätze zur Zeitgeschichte, Zürich 1951

Ders. Von den Wurzeln des Bewusstseins, Zürich 1954

Ders. Erinnerungen, Träume, Gedanken. Aufgezeichnet und herausgegeben von Aniela Jaffé, Zürich 1962

Ders. Der Mensch und seine Symbole, Olten-Freiburg 1968

Ders./Wilhelm R. Das Geheimnis der Goldenen Blüte, Zürich, [4]1944

Kahlefeld, Heinrich Die kreatürlichen Leiden, in: Interpretation der Welt, Hrsg. Helmut Kuhn etc., Würzburg 1965, 586-598

Kierkegaard, Sören — Die Krankheit zum Tode, München 1962, Werke IV (rororo Klassiker 113)

Klein, Melanie — Das Seelenleben des Kleinkindes und andere Beiträge zur Psychoanalyse, Hamburg 1972 (rororo studium 6)

Köberle, Adolf — Das Schuldproblem in theologischer und tiefenpsychologischer Sicht, in: Psychotherapie und Seelsorge, Hrsg. W. Bitter, Stuttgart, ^{2}1954, 155-163

Kramer, Hans — Die sittliche Vorentscheidung. Ihre Funktion und ihre Bedeutung in der Moraltheologie, Würzburg 1970

Kuhn, Helmut — Begegnung mit dem Sein, Tübingen 1954

Kuiper, P.C. — Die seelischen Krankheiten des Menschen, Bern-Stuttgart ^{2}1969

Ders. — Abwehrformen neurotischer Schuldgefühle in der Gegenwart, in: Psychoanalyse und soziale Verantwortung, Festschrift für A. Mitscherlich, Stuttgart, 1968, 49-60

Künkel, Fritz — Die Arbeit am Charakter, Schwerin, ^{2}1939

Ders. — Charakter, Krisis und Weltanschauung, Leipzig 1935

Ders. — Das Wir. Die Grundbegriffe der Wir-Psychologie, Schwerin, ^{3}1939

Ders. — Grundzüge der praktischen Seelenheilkunde, Stuttgart, ^{2}1935

Ders. — Neurasthenie und Hysterie, in: Hb der Individualpsychologie, Hrsg. E. Wexberg, l. Band, München 1926, 460-506

Kurth, W./Bartning, G. — Psychotherapie und Seelsorge, München-Basel 1964

Kütemeyer, Wilhelm — Körpergeschehen und Psychose, Stuttgart 1953

Ders. — Die Krankheit in ihrer Menschlichkeit, Göttingen 1963

Lauer, Werner — Schuld - das komplexe Phänomen. Ein Vergleich zwischen schicksals- und daseinsanalytischem Schuldverständnis im Lichte christlicher Ethik. Eichstätter Studien, Neue Folge, Band VI, Kevelaer 1972

Leist, Fritz — Die Grenzen zwischen Tiefenpsychologie und Seelsorge, in: Psychotherapie und Seelsorge, Hrsg. W. Bitter, Stuttgart, ^{2}1954, 164-177

Marck, Wilhelm van der — Grundzüge einer christlichen Ethik, Düsseldorf 1967

Matussek, Paul — Metaphysische Probleme der Medizin, Berlin-Göttingen-Heidelberg, ^{2}1950

Mausbach-Ermecke G. — J. und G. Katholische Moraltheologie, Erster Band, Münster, ^{9}1951, Dritter Band, Münster ^{10}1961

Metz, J.B. — "Natur", (philosophisch und formaltheologisch), in: LThK 2. Aufl. Bd. 7, 1962, 807

Ders. — "Freiheit", (theologisch), in: HthG I, Hrsg. Heinrich Fries, München 1962, 403-414

Michel, Ernst — Zur anthropologischen Deutung der Hysterie, in: Der leidende Mensch, Hrsg. A. Sborowitz, Darmstadt, ^{2}1965, 310-326

Monden, Louis — Sünde, Freiheit und Gewissen, Salzburg 1968

Müller-Eckhard, Hans — Die Zwangsneurose als Pantomime des Nichts, in: Der leidende Mensch, Hrsg. A. Sborowitz, Darmstadt, [2]1965, 327-351

Müncker, Theodor — Die psychologischen Grundlagen der katholischen Sittenlehre, Düsseldorf, [4]1953

Neumann, Erich — Tiefenpsychologie und neue Ethik, München 1964 (Kindler Tb, Geist und Psyche 2005)

Odier, Charles — Les deux sources consciente et inconsciente de la vie morale, Neuchâtel 1943

Orgler, Hertha — Alfred Adler. Der Mann und sein Werk, Wien-Innsbruck 1956

Pfürtner, Stephan — Triebleben und sittliche Vollendung, Fribourg 1958

Pieper, Josef — Die Wirklichkeit und das Gute, München, [6]1956

Ders. — Ueber die Hoffnung, München, [6]1949

Poljak, Leo — Vom guten Bösen. Ueber Ethik und Tiefenpsychologie, Zürich 1970

Prümmer, D.M. — Manuale Theologiae Moralis I, Freiburg, [2]1931

Rahner, Karl — Zum theologischen Begriff der Konkupiszenz, in: Schriften zur Theologie I, Zürich-Köln, [6]1962, 377-414

Ders. — Schuld und Schuldvergebung als Grenzgebiet zwischen Theologie und Psychotherapie, in: Schriften zur Theologie II, [6]1962, 279-297

Ders. — Das "Gebot" der Liebe unter den anderen Geboten, in: Schriften zur Theologie V, 1962 494-517

Ders. — Gerecht und Sünder zugleich, in: Schriften zur Theologie VI, 1965, 262-276

Ders. — Ueber die Einheit von Nächsten- und Gottesliebe, in: Schriften zur Theologie VI, 1965, 277-298

Ders. — "Buss-Sakrament", in: LThK 2. Aufl., Bd. 2, 1958, 826-838

Ders. — "Erlösung", in: Herders Theologisches Taschenbuch, Band 2, Freiburg 1972, 196-208

Rattner, Josef — Individualpsychologie, München-Basel 1963

Ders. — Alfred Adler in Selbstzeugnissen und Bilddokumenten, Hamburg 1972 (Rowohlts Monographien 189)

Reiners, Hermann — Grundintention und sittliches Tun, Freiburg-Basel-Wien 1966 (Quaestiones disputatae 30)

Ricoeur, Paul — De l'interprétation. Essai sur Freud, Paris 1965, deutsch: Die Interpretation. Ein Versuch über Freud, Frankfurt/M. 1969

Ders. — Der Atheismus der Psychoanalyse Freuds, in: Concilium[2] (1966) H. 6, 430-435

Ders. — Schuld, Ethik und Religion, in: Concilium[6] (1970) H. 6/7, 384-393. Original: Culpabilité, éthique et religion, in: Le conflit des interprétations. Essais d'herméneutique, Paris 1969, 431-457

Rief, Josef — Das zweifelnde, irrige, perplexe, skrupulöse, zarte und laxe Gewissen in pastoralpsychologischer Schau, in: Anima (1965) H.1, 45-55

Ringel, Erwin — Religiöse Probleme in der Psychotherapie vom individualpsychologischen Standpunkt, in: Psychotherapie und religiöse Erfahrung, Hrsg. W. Bitter, Stuttgart 1965, 87-96

Rudin, Josef — C.G. Jung und die Religion, in: Psychotherapie und religiöse Erfahrung, Hrsg. W. Bitter, Stuttgart 1965, 73-86

Ders. — Psychotherapie und Religion, Olten-Freiburg, [2]1964

Ders. — Gott und das Böse bei C.G. Jung, in: Neue Zürcher Zeitung, 30. Juli 1961, Blatt 4

Ders. — C.G. Jung und die Religion, in: Orientierung (1964) Nr. 21

Ders. — Vom psychisch zum moralisch Bösen, in: Orientierung (1973) Nr. 13/14

Sborowitz, Arie (Hrsg.) — Der leidende Mensch. Personale Psychotherapie in anthropologischer Sicht, Düsseldorf-Köln 1960, 2. Aufl. Darmstadt 1965

Scharfenberg, Joachim — Sigmund Freud und seine Religionskritik als Herausforderung für den christlichen Glauben, Göttingen 1968

Ders. — Jenseits des Schuldprinzips? in: Religion zwischen Wahn und Wirklichkeit, Hamburg 1972, 189-208

Schmaltz, Gustav — Komplexe Psychologie und körperliches Symptom, Stuttgart 1955

Schoonenberg, Piet — Theologie der Sünde, Zürich-Köln, 1966.

Ders. — Der Mensch in der Sünde, in: Mysterium Salutis, Hrsg. Joh. Feiner u. M. Löhrer, Bd. 2, Zürich-Köln 1967, 845-941

Ders. — Sünde und Schuld, in: Sacramentum Mundi, Hrsg. K. Rahner etc., Bd. 4, Freiburg 1969

Schöllgen, Werner — Psychotherapie und sakramentale Beichte, in: Aktuelle Moralprobleme, Düsseldorf 1955, 106-118

Schüller, Bruno — Gesetz und Freiheit, Düsseldorf 1966

Ders. — Das irrige Gewissen, in: Karl Rahner u. Otto Semmelroth: Theologische Akademie II, Frankfurt/M. 1965, 7-28

Schultz-Hencke, H. — Der gehemmte Mensch, Stuttgart, [3]1969

Schulze-Maizier, F. — Individualpsychologie und Religion, in: Hb der Individualpsychologie, Hrsg. E. Wexberg, 2. Band, München 1926, 40-55

Seifert, Friedrich — Psychologische Aspekte der Probleme von Gut und Böse, in: Gut und Böse in der Psychotherapie, Hrsg. W. Bitter, Stuttgart, [2]1966, 9-30

Siebenthal, Werner von — Schuldgefühl und Schuld bei psychiatrischen Erkrankungen, Zürich 1956

Siewerth, Gustav — "Freiheit", in: LThK IV, 325-328
"Freiheit", in: HthG I. 392-398

Snoeck, Andreas — Beichte und Psychoanalyse, Frankfurt/M., [2]1960

Spengler, Ernst — Das Gewissen bei Freud und Jung mit einer philosophisch-anthropologischen Grundlegung, Zürich 1964

Stelzenberger, Johannes — Das Gewissen, Paderborn 1961

Ders. — Moraltheologie, Paderborn, [2]1965.

Ders. "Gewissen", in: HthG I, 1962, 519-528

Tellenbach, H. Die Dekomposition religiöser Grundakte in Wahn und Melancholie, in: Jb für Psychologie und Psychotherapie und medizinische Anthropologie (1966) H. 14, 278-287

Tournier, Paul Echtes und falsches Schuldgefühl, Zürich 1959

Trüb, Hans Heilung aus der Begegnung. Eine Auseinandersetzung mit der Psychologie C.G. Jungs, Stuttgart 1951

Vieujean, Jean Echtes und falsches Schuldgefühl, in: Anima 9 (1954) 255ff.

Weizsäcker, Viktor von Begegnungen und Entscheidungen, Stuttgart 1949

Ders. Pathosophie, Göttingen 1956

Welte, Bernhard Ueber das Böse, Freiburg 1959 (Quaestiones disputatae 6)

White, Victor Gott und das Unbewusste, Zürich 1957, Or.: God and the Unconscious, London 1953

Ders. Seele und Psyche, Salzburg 1964, Or.: Soul and Psyche. London 1960

Wolff, Konrad Psychologie und Sittlichkeit, Stuttgart 1958

Wolff, Toni Einführung in die Grundlagen der Komplexen Psychologie, in: Die kulturelle Bedeutung der Komplexen Psychologie, Hrsg. Psychologischer Club Zürich, Berlin 1935, 1-168

PERSONENREGISTER

Für ausführliche Erörterungen über die betreffenden Personen siehe Inhaltsverzeichnis.

Die Seitenzahlen in Klammern beziehen sich auf die Fussnoten auf der betreffenden Seite.

SACHREGISTER

Für ausführliche Erörterungen über die betreffenden Themenkreise siehe Inhaltsverzeichnis.

(s.a. = siehe auch)